JN272516

木製品から考える地域社会

−弥生から古墳へ−

樋上　昇

カラー図版1　曲柄平鍬の刃部幅分布グラフ
（伊賀～西遠江：弥生中期後葉～古代）

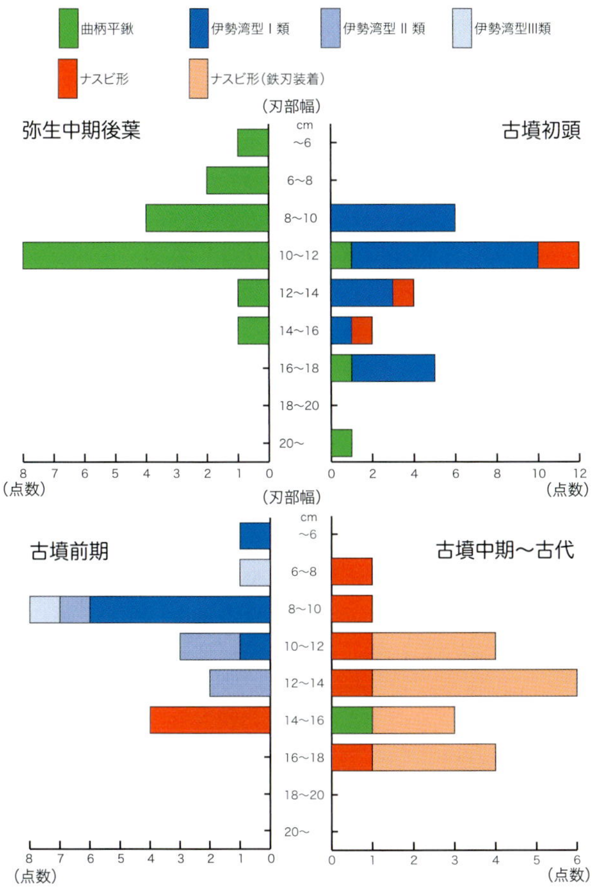

cf.1　近畿地方から出土した曲柄平鍬の刃部幅
（上原 1993より）

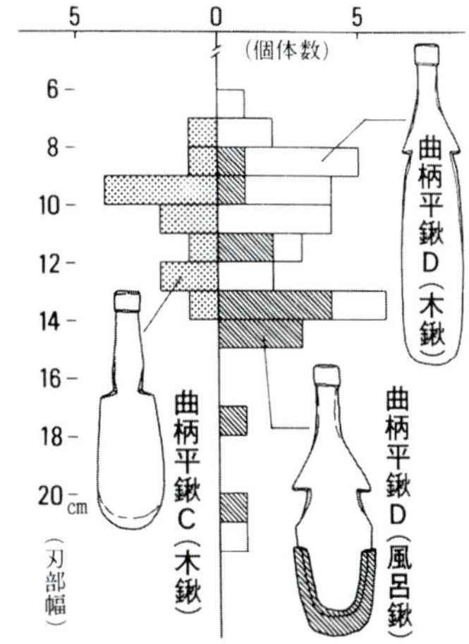

カラー図版3　膝柄・反柄の装着角度分布グラフ
（伊勢～西遠江：弥生中期後葉～古墳中期）

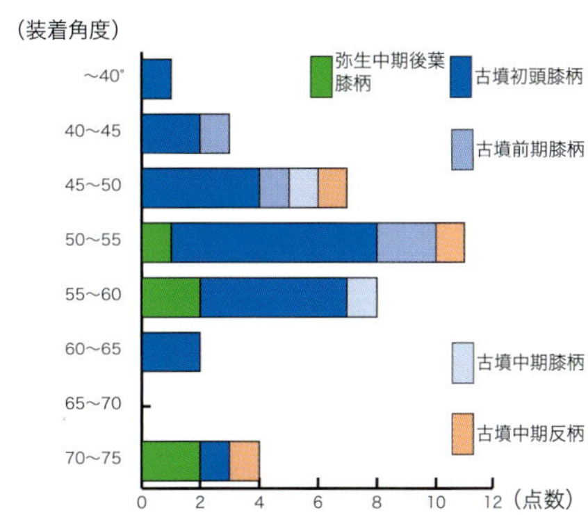

カラー図版2　曲柄二叉鍬の刃部幅分布グラフ
（伊賀～西遠江：弥生中期中葉～古墳中期）

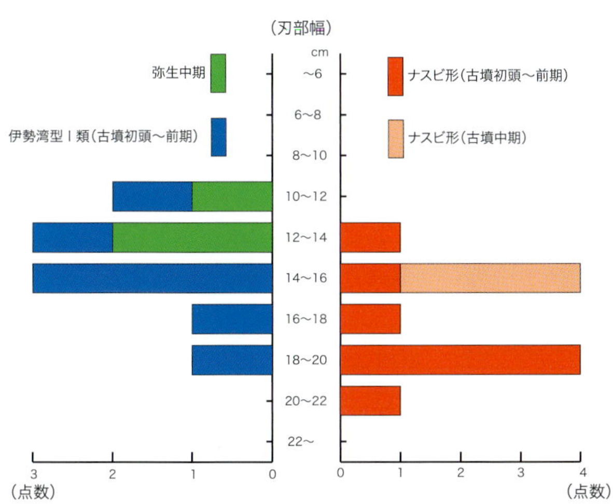

cf.2　近畿地方から出土した曲柄二叉鍬の刃部幅
（上原 1993より）

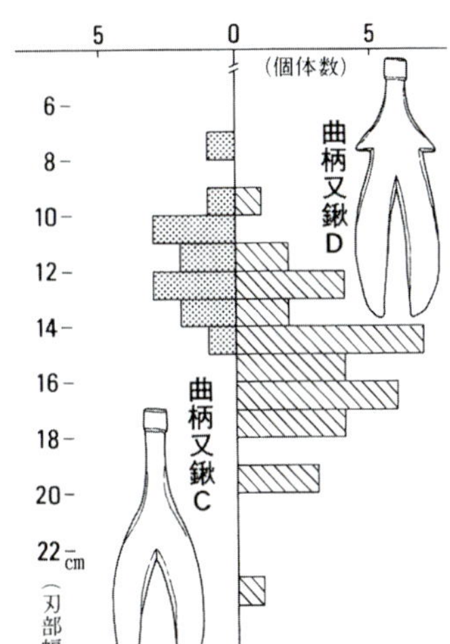

カラー図版5　直柄平鍬・小型鍬の刃部幅・柄の装着角度
相関関係グラフ-1（伊勢・濃尾平野：弥生前～後期）

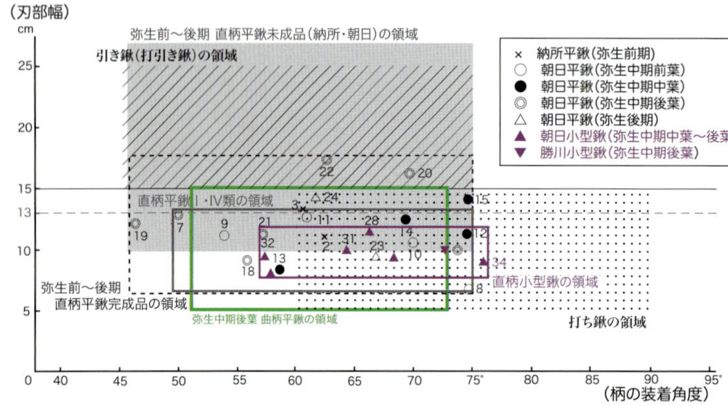

cf.3　近畿地方出土の直柄平鍬・横鍬の刃部幅
（上原 1993より）

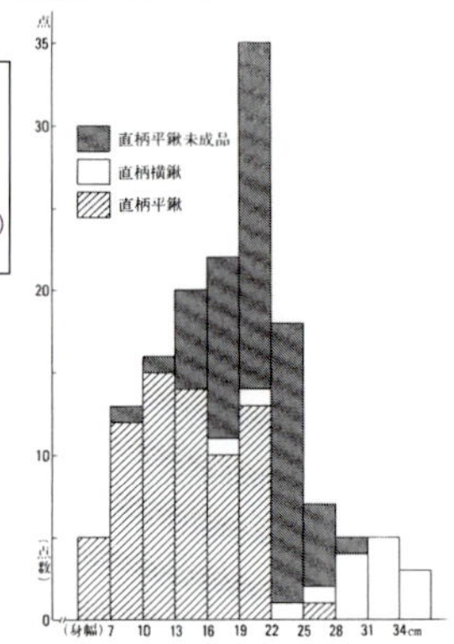

カラー図版6　直柄平鍬・小型鍬の刃部幅・柄の装着角度
相関関係グラフ-2（東三河・西遠江：弥生中期中葉～後葉）

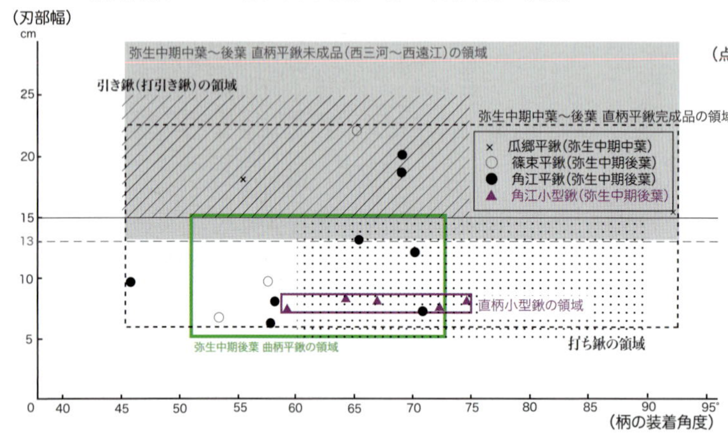

カラー図版4　直柄平鍬・横鍬未成品の刃部幅分布グラフ
（伊勢～西遠江：弥生前期～古墳中期）

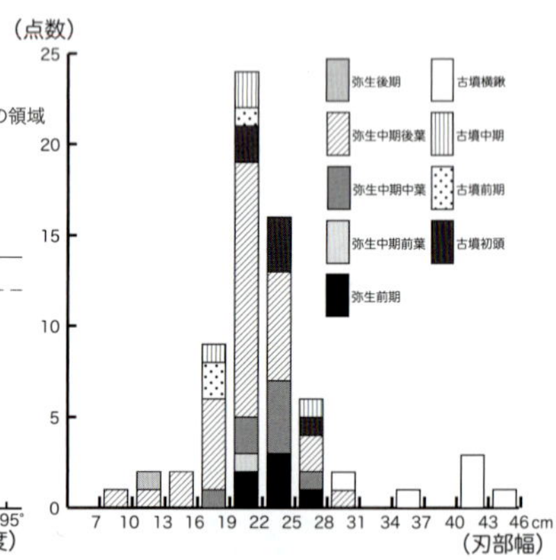

カラー図版7　直柄平鍬・横鍬・払い鍬の刃部幅・柄の装着角度
相関関係グラフ（伊勢・濃尾平野・西遠江：古墳初頭～中期）

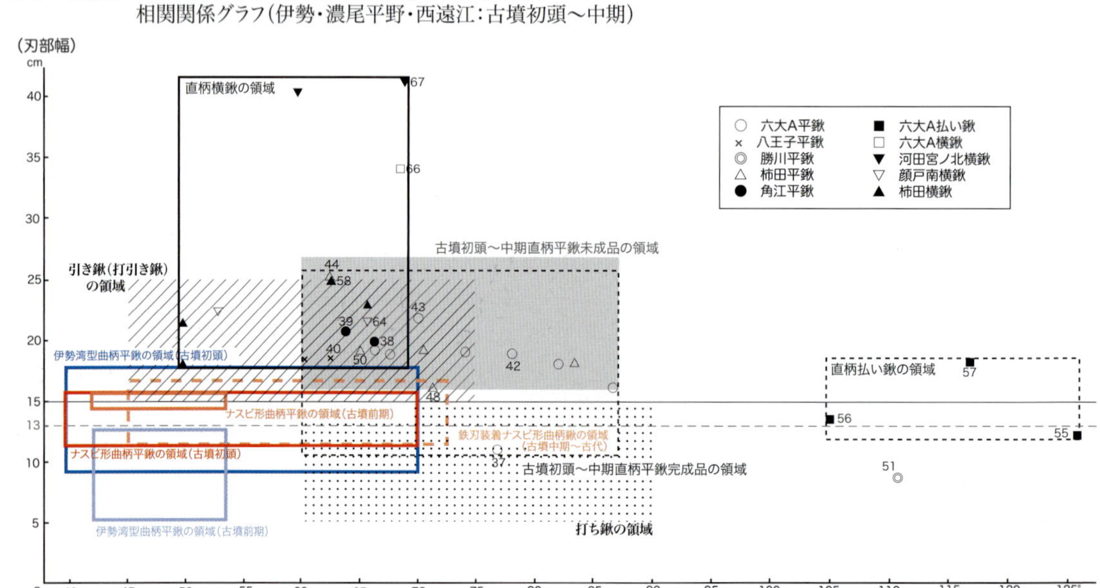

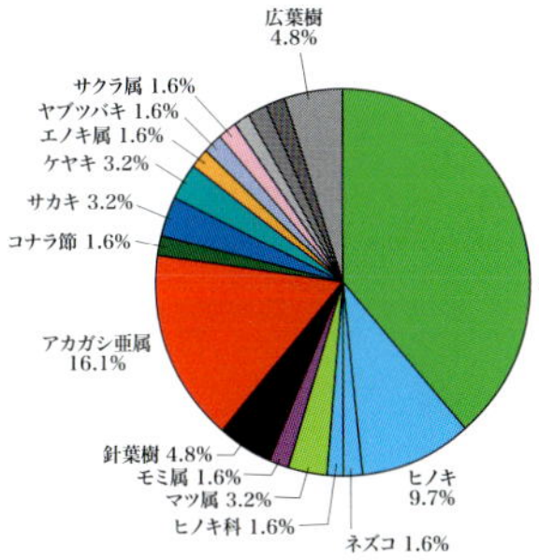

朝日2・3期

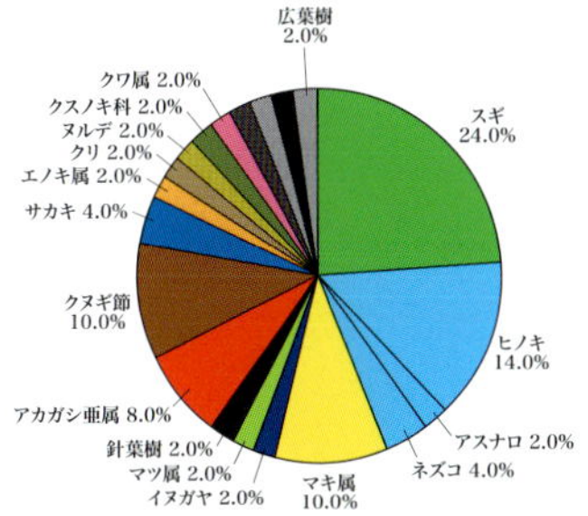

朝日3〜4期

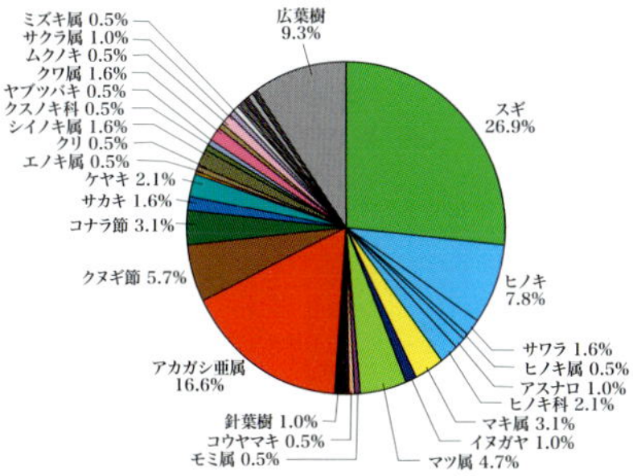

朝日4・5期

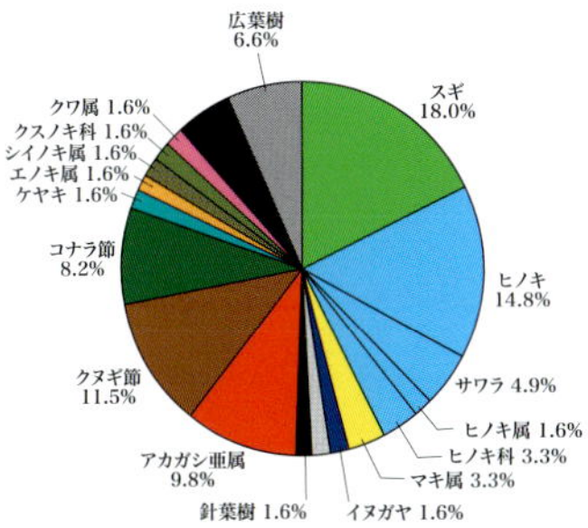

朝日5〜6期

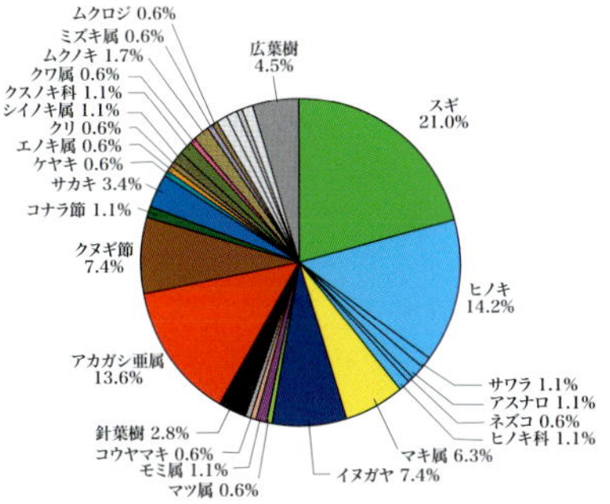

朝日6期

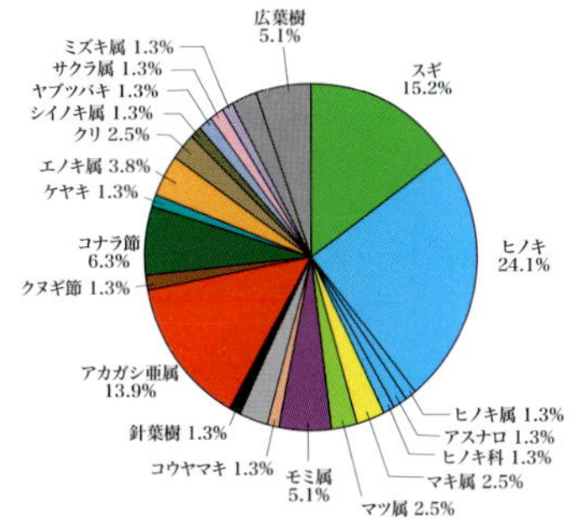

朝日7期

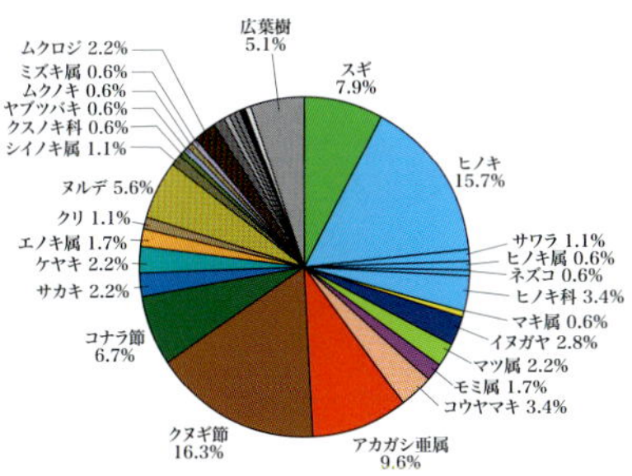

朝日8期
（廻間Ⅰ式期）

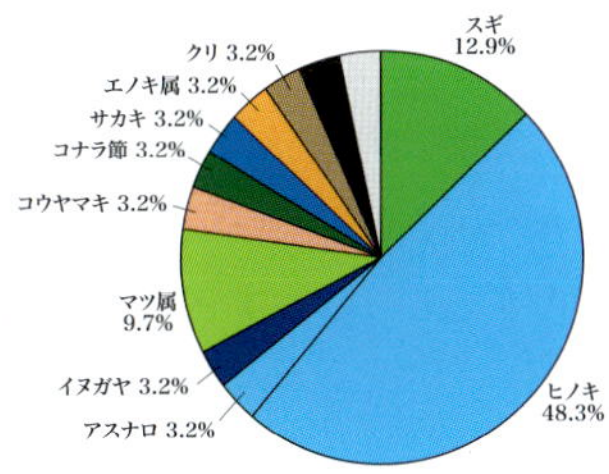

朝日8期
（廻間Ⅱ式期）

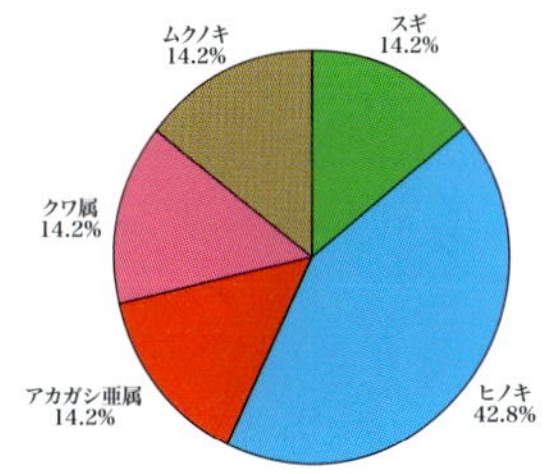

朝日8期
（廻間Ⅲ式期）

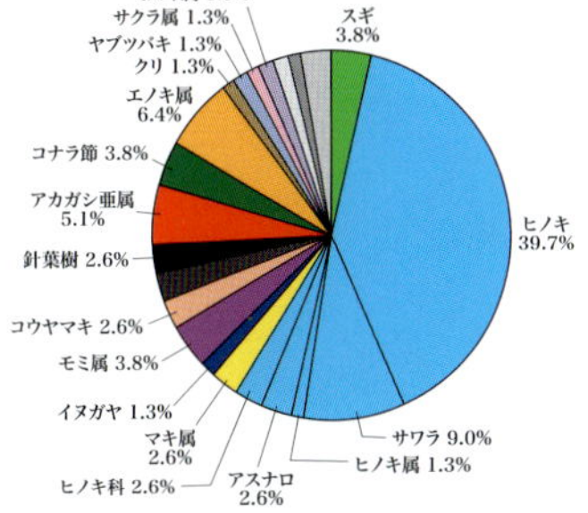

朝日9期
（松河戸Ⅱ式期）

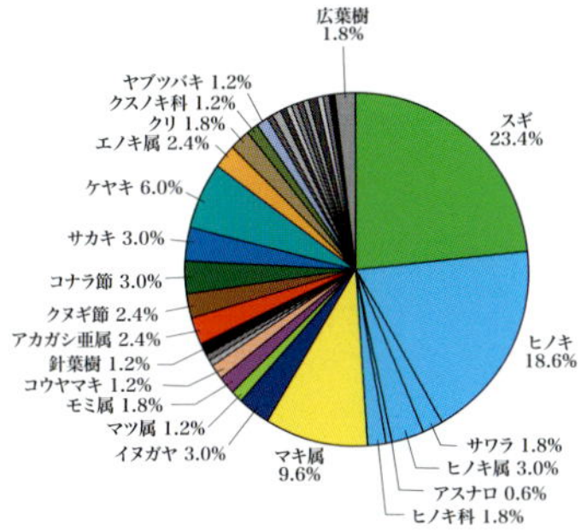

時期不詳

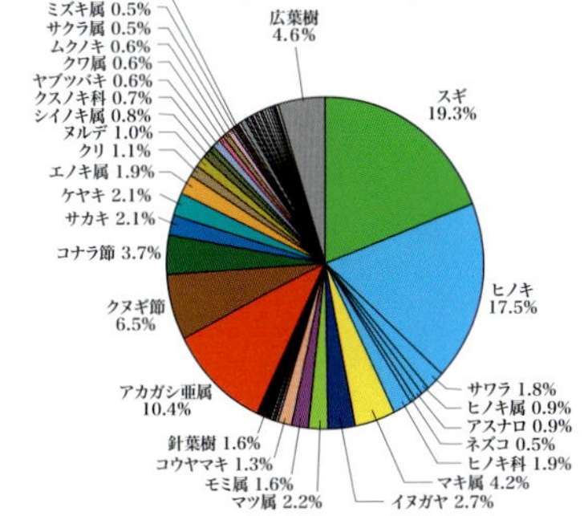

全時期

カラー図版８　朝日遺跡出土木製品 時期別樹種組成グラフ

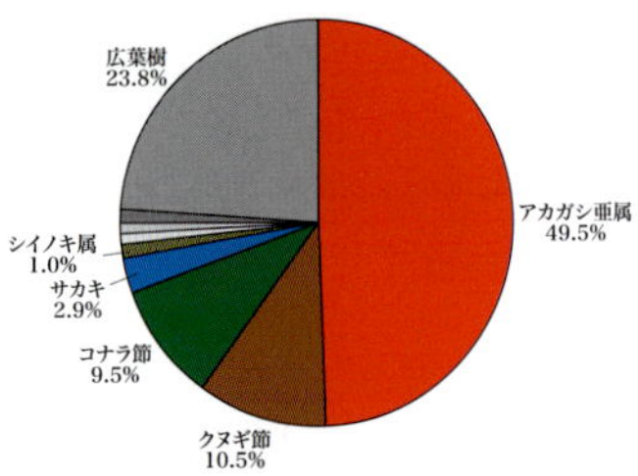

掘削具・柄

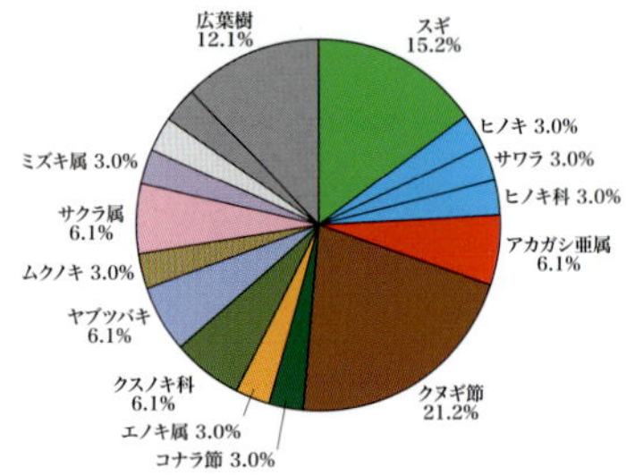

農具

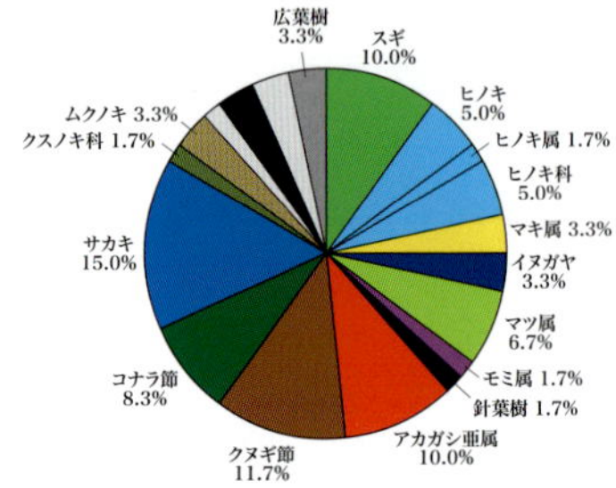

工具・雑具

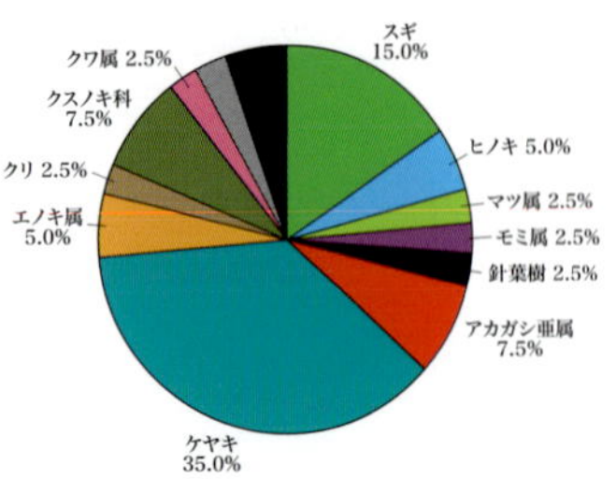

容器・食事具

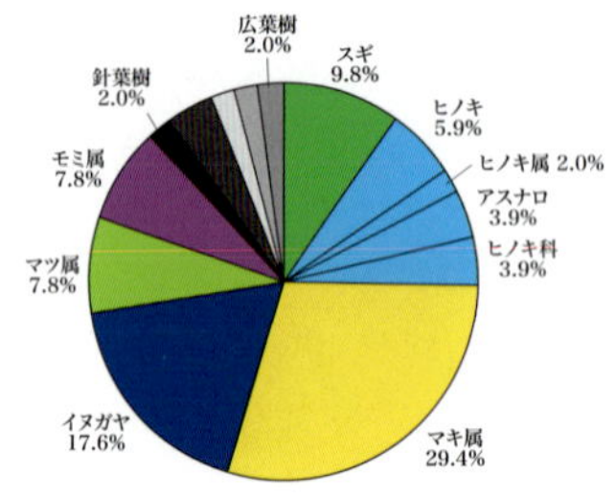

狩猟具・武具

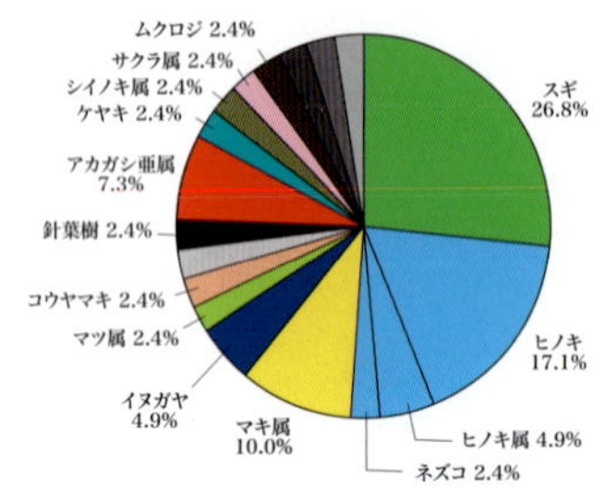

建築部材

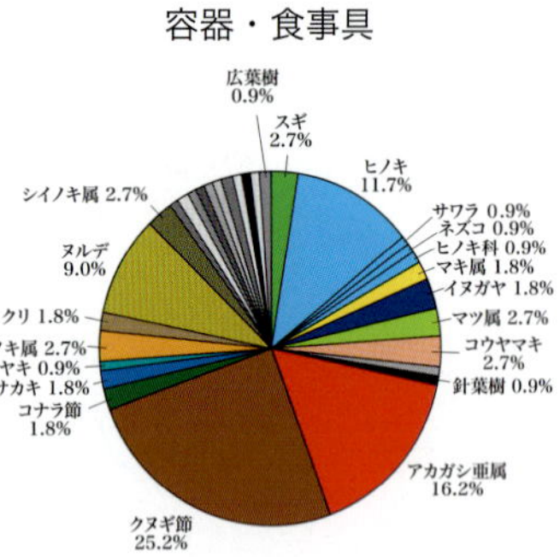

杭

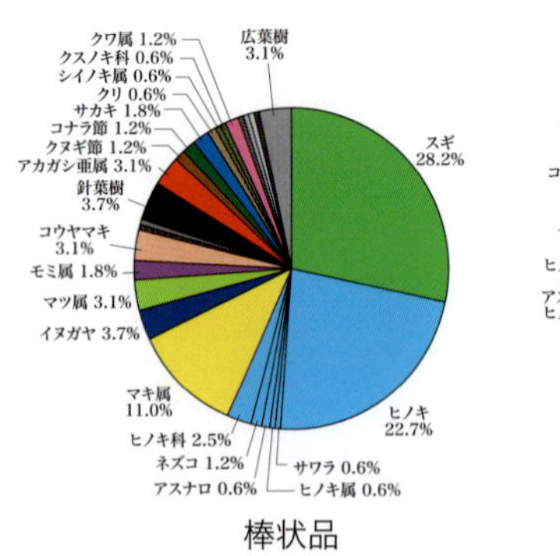

棒状品

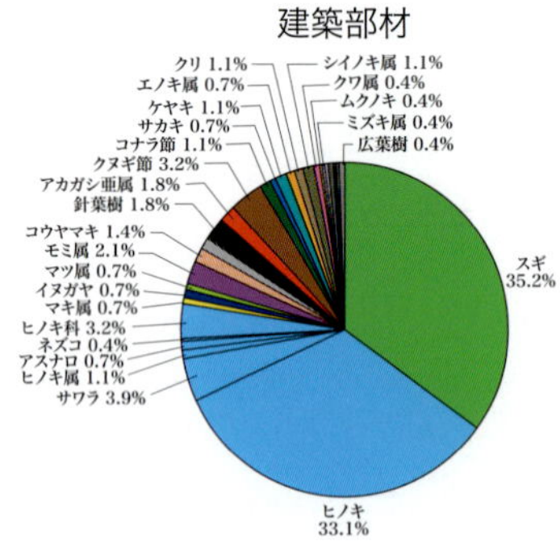

板状品

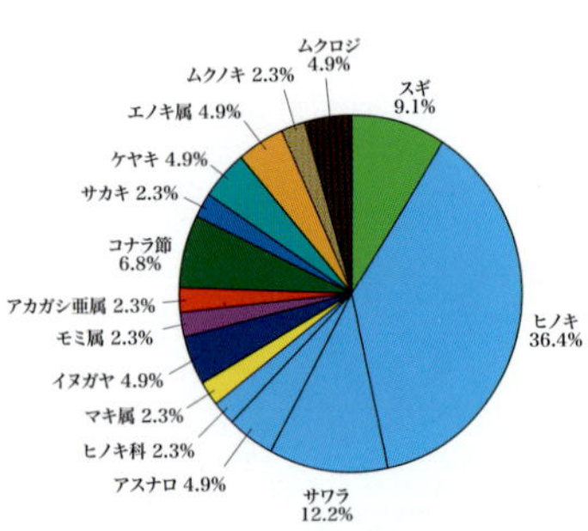

残材

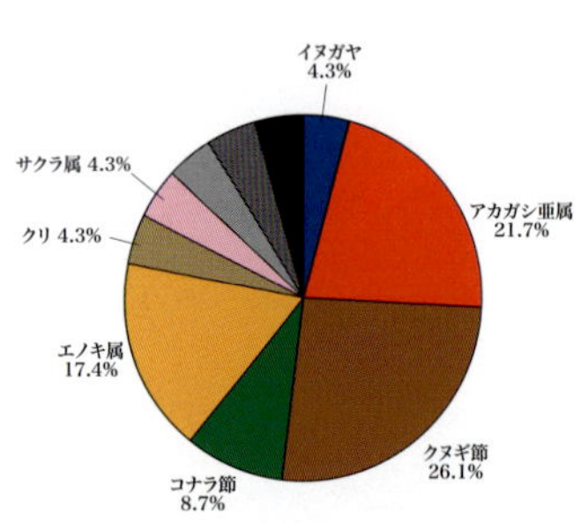

分割材

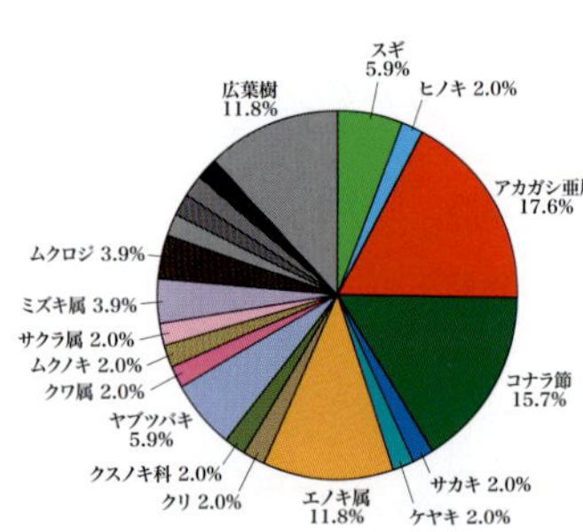

丸太

カラー図版９　朝日遺跡出土木製品 主要器種別樹種組成グラフ

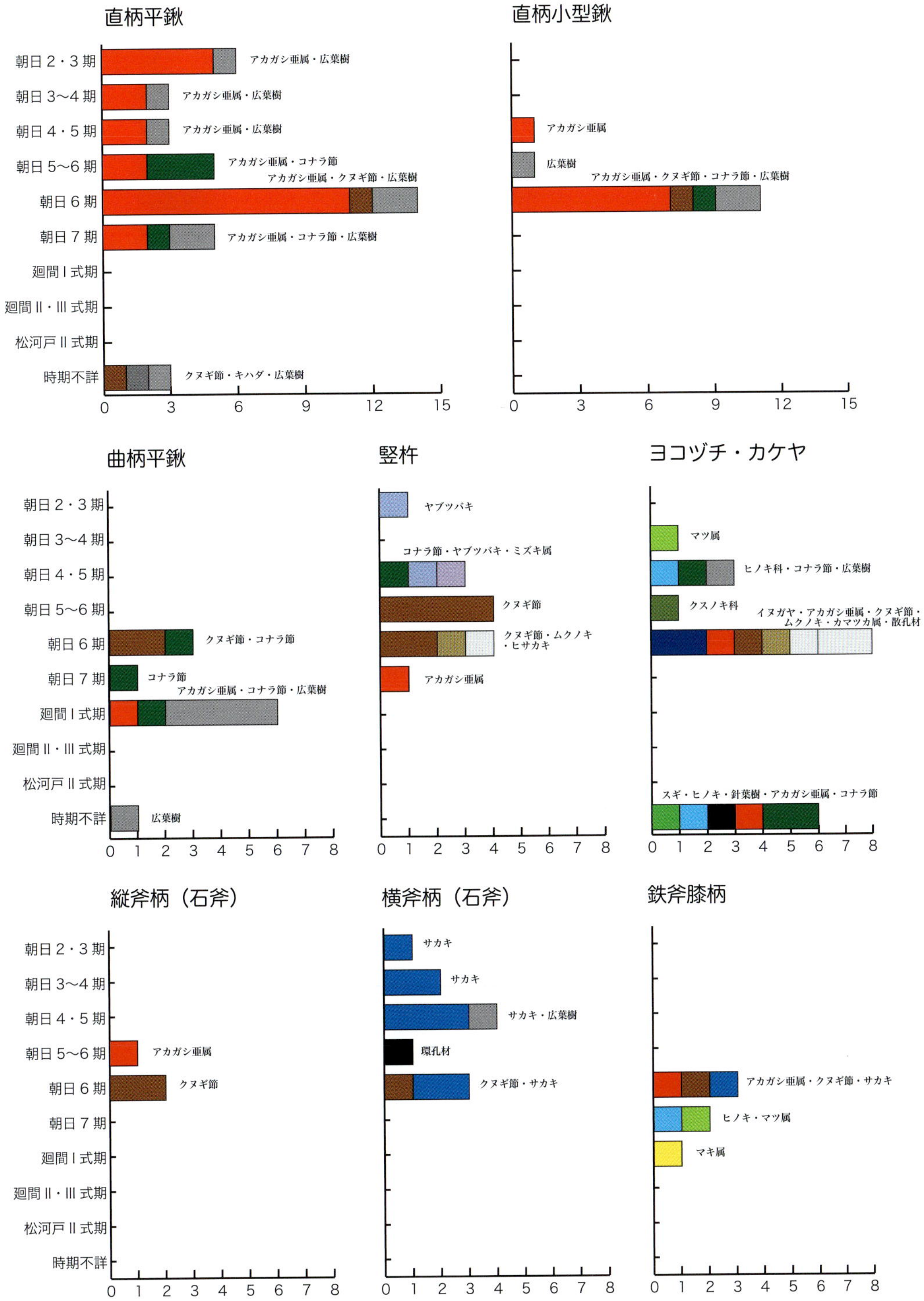

カラー図版 10　主要器種の樹種変遷グラフ -1

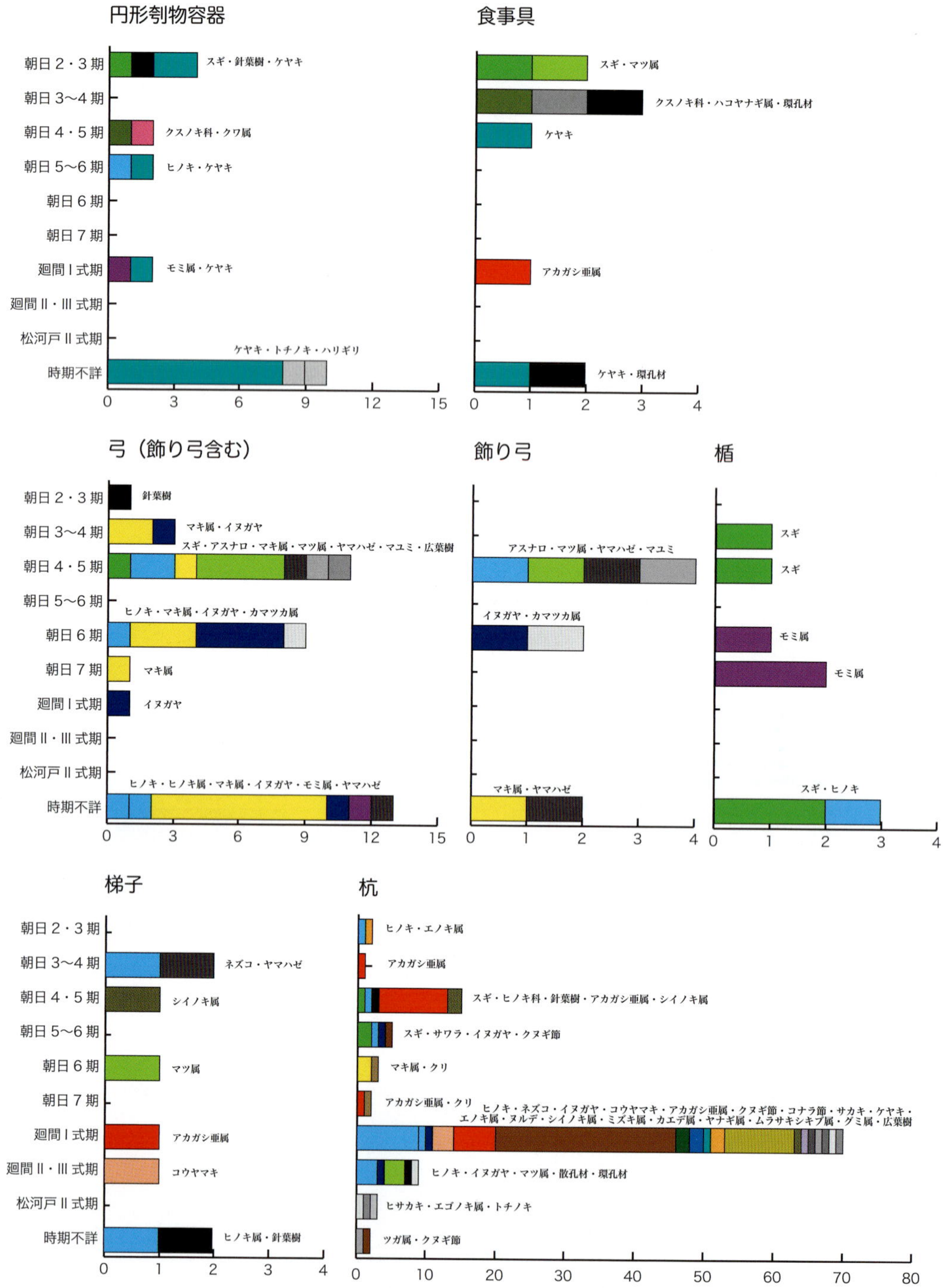
円形刳物容器
食事具
朝日２・３期
朝日３～４期
朝日４・５期
朝日５～６期
朝日６期
朝日７期
廻間Ⅰ式期
廻間Ⅱ・Ⅲ式期
松河戸Ⅱ式期
時期不詳
スギ・針葉樹・ケヤキ
クスノキ科・クワ属
ヒノキ・ケヤキ
モミ属・ケヤキ
ケヤキ・トチノキ・ハリギリ
スギ・マツ属
クスノキ科・ハコヤナギ属・環孔材
ケヤキ
アカガシ亜属
ケヤキ・環孔材
弓（飾り弓含む）
飾り弓
楯
針葉樹
マキ属・イヌガヤ
スギ・アスナロ・マキ属・マツ属・ヤマハゼ・マユミ・広葉樹
ヒノキ・マキ属・イヌガヤ・カマツカ属
マキ属
イヌガヤ
ヒノキ・ヒノキ属・マキ属・イヌガヤ・モミ属・ヤマハゼ
アスナロ・マツ属・ヤマハゼ・マユミ
イヌガヤ・カマツカ属
マキ属・ヤマハゼ
スギ
スギ
モミ属
モミ属
スギ・ヒノキ
梯子
杭
ネズコ・ヤマハゼ
シイノキ属
マツ属
アカガシ亜属
コウヤマキ
ヒノキ属・針葉樹
ヒノキ・エノキ属
アカガシ亜属
スギ・ヒノキ科・針葉樹・アカガシ亜属・シイノキ属
スギ・サワラ・イヌガヤ・クヌギ節
マキ属・クリ
アカガシ亜属・クリ
ヒノキ・ネズコ・イヌガヤ・コウヤマキ・アカガシ亜属・クヌギ節・コナラ節・サカキ・ケヤキ・
エノキ属・ヌルデ・シイノキ属・ミズキ属・カエデ属・ヤナギ属・ムラサキシキブ属・グミ属・広葉樹
ヒノキ・イヌガヤ・マツ属・散孔材・環孔材
ヒサカキ・エゴノキ属・トチノキ
ツガ属・クヌギ節
0
3
6
9
12
15
1
2
4
10
20
30
40
50
60
70
80

カラー図版 11　主要器種の樹種変遷グラフ -2

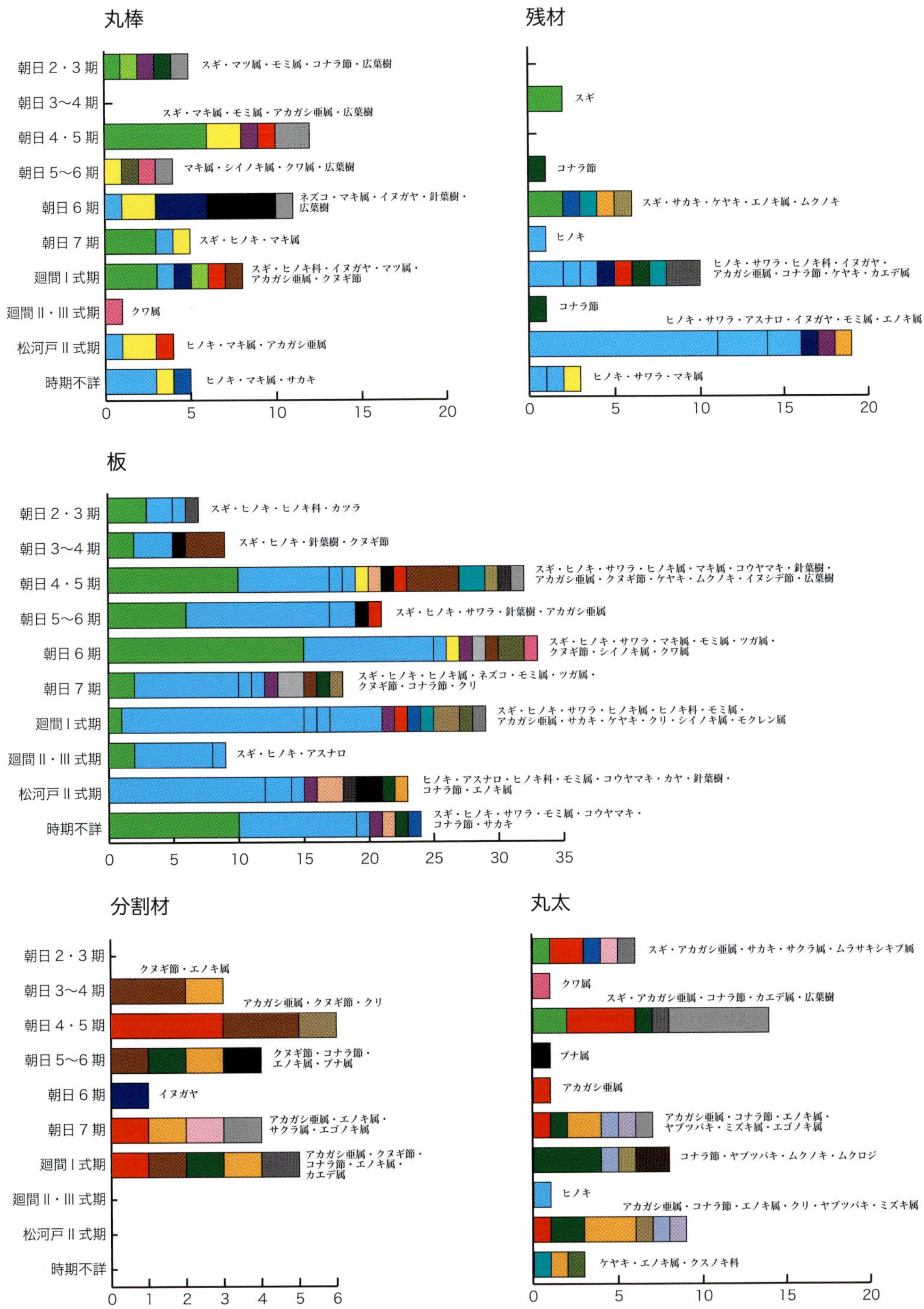

丸棒
朝日2・3期
朝日3～4期
朝日4・5期
朝日5～6期
朝日6期
朝日7期
廻間Ⅰ式期
廻間Ⅱ・Ⅲ式期
松河戸Ⅱ式期
時期不詳
スギ・マツ属・モミ属・コナラ節・広葉樹
スギ・マキ属・モミ属・アカガシ亜属・広葉樹
マキ属・シイノキ属・クワ属・広葉樹
ネズコ・マキ属・イヌガヤ・針葉樹・広葉樹
スギ・ヒノキ・マキ属
スギ・ヒノキ科・イヌガヤ・マツ属・アカガシ亜属・クヌギ節
クワ属
ヒノキ・マキ属・アカガシ亜属
ヒノキ・マキ属・サカキ
0 5 10 15 20
残材
スギ
コナラ節
スギ・サカキ・ケヤキ・エノキ属・ムクノキ
ヒノキ
ヒノキ・サワラ・ヒノキ科・イヌガヤ・アカガシ亜属・コナラ節・ケヤキ・カエデ属
コナラ節
ヒノキ・サワラ・アスナロ・イヌガヤ・モミ属・エノキ属
ヒノキ・サワラ・マキ属
0 5 10 15 20
板
朝日2・3期
朝日3～4期
朝日4・5期
朝日5～6期
朝日6期
朝日7期
廻間Ⅰ式期
廻間Ⅱ・Ⅲ式期
松河戸Ⅱ式期
時期不詳
スギ・ヒノキ・ヒノキ科・カツラ
スギ・ヒノキ・針葉樹・クヌギ節
スギ・ヒノキ・サワラ・ヒノキ属・マキ属・コウヤマキ・針葉樹・アカガシ亜属・クヌギ節・ケヤキ・ムクノキ・イヌシデ節・広葉樹
スギ・ヒノキ・サワラ・針葉樹・アカガシ亜属
スギ・ヒノキ・サワラ・マキ属・モミ属・ツガ属・クヌギ節・シイノキ属・クワ属
スギ・ヒノキ・ヒノキ属・ネズコ・モミ属・ツガ属・クヌギ節・コナラ節・クリ
スギ・ヒノキ・サワラ・ヒノキ属・ヒノキ科・モミ属・アカガシ亜属・サカキ・ケヤキ・クリ・シイノキ属・モクレン属
スギ・ヒノキ・アスナロ
ヒノキ・アスナロ・ヒノキ科・モミ属・コウヤマキ・カヤ・針葉樹・コナラ節・エノキ属
スギ・ヒノキ・サワラ・モミ属・コウヤマキ・コナラ節・サカキ
0 5 10 15 20 25 30 35
分割材
朝日2・3期
朝日3～4期
朝日4・5期
朝日5～6期
朝日6期
朝日7期
廻間Ⅰ式期
廻間Ⅱ・Ⅲ式期
松河戸Ⅱ式期
時期不詳
クヌギ節・エノキ属
アカガシ亜属・クヌギ節・クリ
クヌギ節・コナラ節・エノキ属・ブナ属
イヌガヤ
アカガシ亜属・エノキ属・サクラ属・エゴノキ属
アカガシ亜属・クヌギ節・コナラ節・エノキ属・カエデ属
0 1 2 3 4 5 6
丸太
スギ・アカガシ亜属・サカキ・サクラ属・ムラサキシキブ属
クワ属
スギ・アカガシ亜属・コナラ節・カエデ属・広葉樹
ブナ属
アカガシ亜属
アカガシ亜属・コナラ節・エノキ属・ヤブツバキ・ミズキ属・エゴノキ属
コナラ節・ヤブツバキ・ムクノキ・ムクロジ
ヒノキ
アカガシ亜属・コナラ節・エノキ属・クリ・ヤブツバキ・ミズキ属
ケヤキ・エノキ属・クスノキ科
0 5 10 15 20

カラー図版12　主要器種の樹種変遷グラフ -3

朝日 1 期
（縄紋晩期〜弥生前期）

木曽川による沖積作用が縄紋晩期には沈静化し、濃尾平野低地部にも樹木が進出する。
まず最初に草地（葦原）に生え出したのがマツ属（二葉松）やヤナギ属で、木曽川扇状地など標高のやや高い場所にはクヌギ節・コナラ節・ケヤキ・クリなどを主体とする落葉広葉樹林が広がっていたようだ。
洪積台地上にはアカガシ亜属やクスノキ科が主体の常緑広葉樹林があり、丘陵裾にスギ、丘陵にはヒノキ科を主体とし、コウヤマキ・モミ属・ツガ属などが局所的に生える針葉樹林が広がっていたと考えられる。

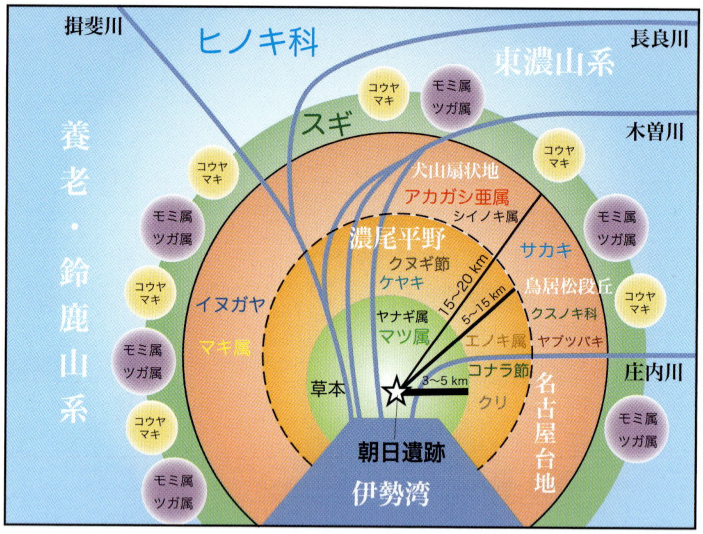

朝日 2〜7 期
（弥生中期前葉〜後期）

草地にマツ属・ヤナギ属程度しかなかった朝日遺跡周辺にも落葉広葉樹林が進出してくる。
朝日遺跡など、沖積低地に居住する弥生人は、このクヌギ・コナラ林を施設材・器具材・燃料材などさまざまに利用していたようだ。
また、掘削具にはアカガシ亜属、柄にはサカキ、弓にはマキ属・イヌガヤ、臼にはクスノキ科など、洪積台地上の常緑広葉樹林も盛んに伐採して利用したため、これらの大径木は徐々に丘陵側へと後退していった。
スギ・コウヤマキ・モミ属なども同様に、盛んに伐採されたために、その領域を狭めていったと考えられる。

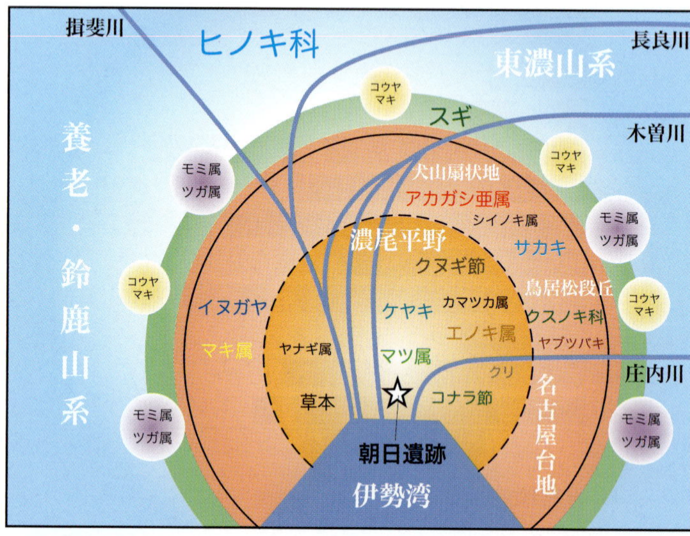

朝日 8〜9 期
（廻間 I 〜松河戸 II 式期）

台地上のアカガシ亜属や丘陵裾のスギ・コウヤマキ・モミ属などはさらにその領域を狭めていく。
その一方で、人口が激減した朝日遺跡の周辺には、アカガシ亜属が新たに進出してきたようだ。
ただし、掘削具などに利用できるような大径木はなく、幹の直径が10cm 程度の小径木ばかりだった。
このアカガシ亜属の小径木は、クヌギ節やヌルデなどとともに、杭材に用いられていた。

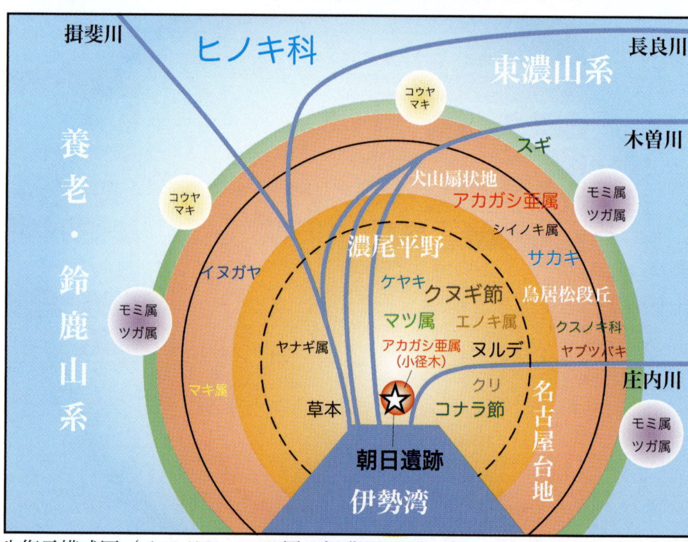

カラー図版 13　朝日遺跡周辺の植生復元模式図（イヌガヤ・マキ属は揖斐川以西に書いてあるが、必ずしも揖斐川以西に生えていたという意味ではなく、濃いオレンジのエリアに分布していたことを示している）

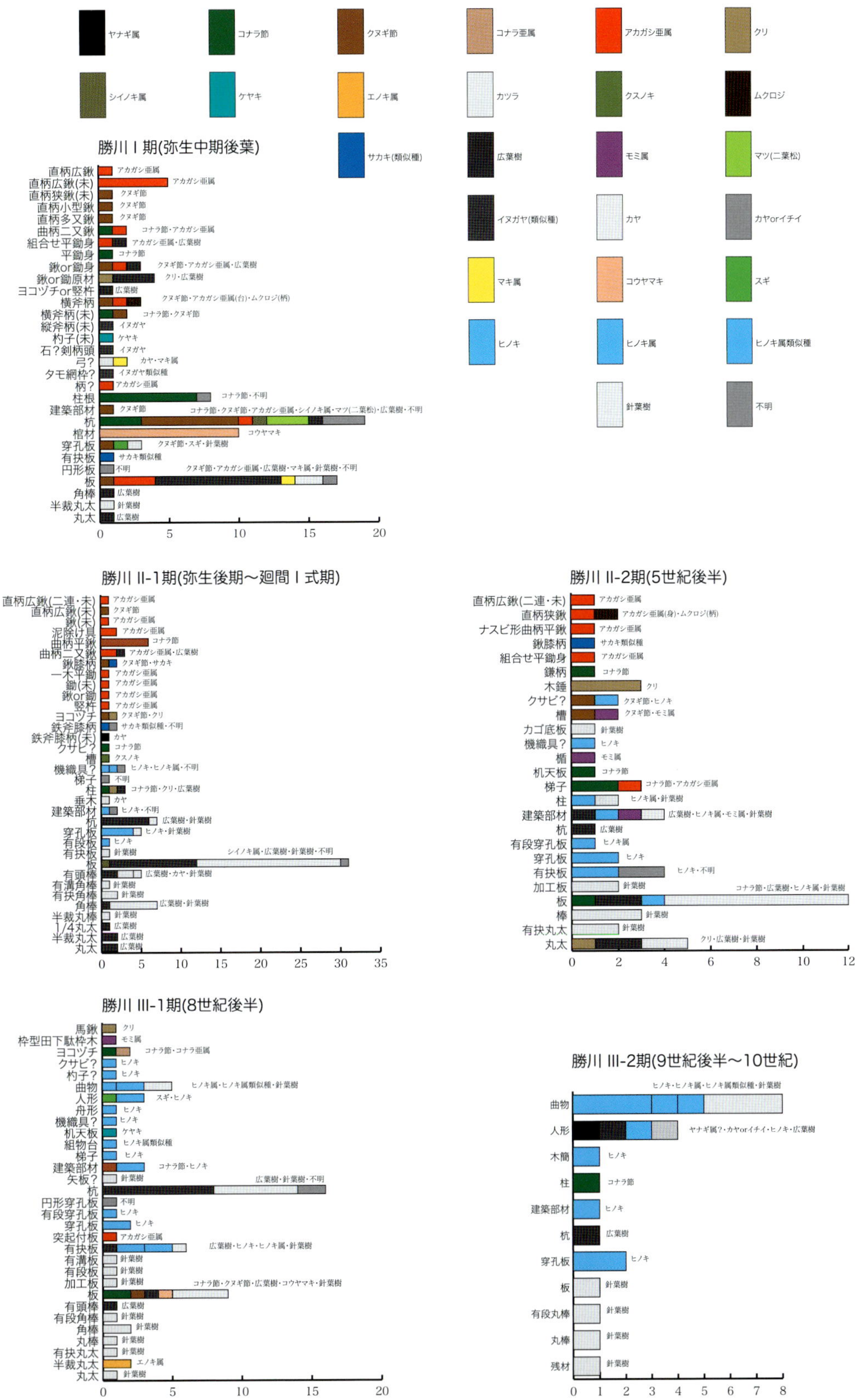

カラー図版 14　勝川遺跡出土木製品 時期別器種組成グラフ

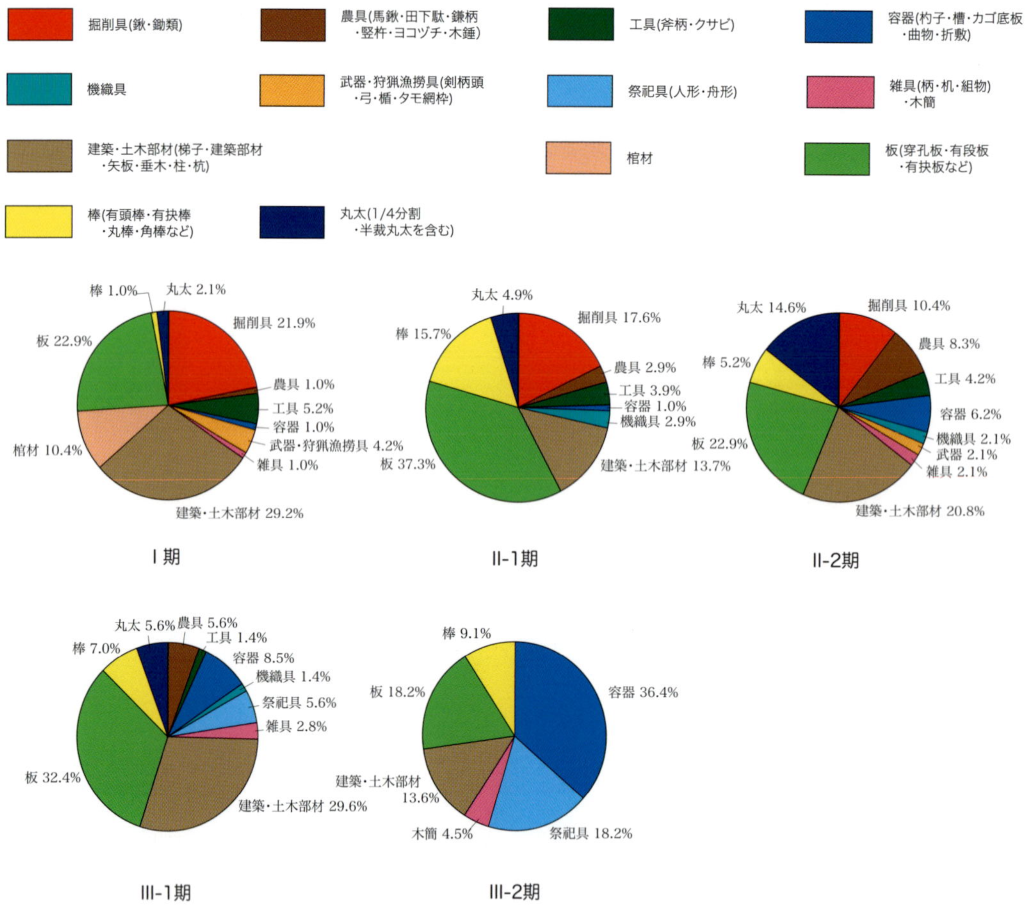
掘削具(鍬・鋤類)
農具(馬鍬・田下駄・鎌柄
・竪杵・ヨコヅチ・木錘)
工具(斧柄・クサビ)
容器(杓子・槽・カゴ底板
・曲物・折敷)
機織具
武器・狩猟漁撈具(剣柄頭
・弓・楯・タモ網枠)
祭祀具(人形・舟形)
雑具(柄・机・組物)
・木簡
建築・土木部材(梯子・建築部材
・矢板・垂木・柱・杭)
棺材
板(穿孔板・有段板
・有抉板など)
棒(有頭棒・有抉棒
・丸棒・角棒など)
丸太(1/4分割
・半裁丸太を含む)
棒 1.0%
丸太 2.1%
掘削具 21.9%
板 22.9%
農具 1.0%
工具 5.2%
容器 1.0%
武器・狩猟漁撈具 4.2%
棺材 10.4%
雑具 1.0%
建築・土木部材 29.2%
I期
丸太 4.9%
掘削具 17.6%
棒 15.7%
農具 2.9%
工具 3.9%
容器 1.0%
機織具 2.9%
板 37.3%
建築・土木部材 13.7%
II-1期
丸太 14.6%
掘削具 10.4%
農具 8.3%
棒 5.2%
工具 4.2%
容器 6.2%
機織具 2.1%
板 22.9%
武器 2.1%
雑具 2.1%
建築・土木部材 20.8%
II-2期
丸太 5.6%
農具 5.6%
工具 1.4%
棒 7.0%
容器 8.5%
機織具 1.4%
祭祀具 5.6%
雑具 2.8%
板 32.4%
建築・土木部材 29.6%
III-1期
棒 9.1%
板 18.2%
容器 36.4%
建築・土木部材
13.6%
木簡 4.5%
祭祀具 18.2%
III-2期

カラー図版15　勝川遺跡出土木製品 器種組成変遷グラフ

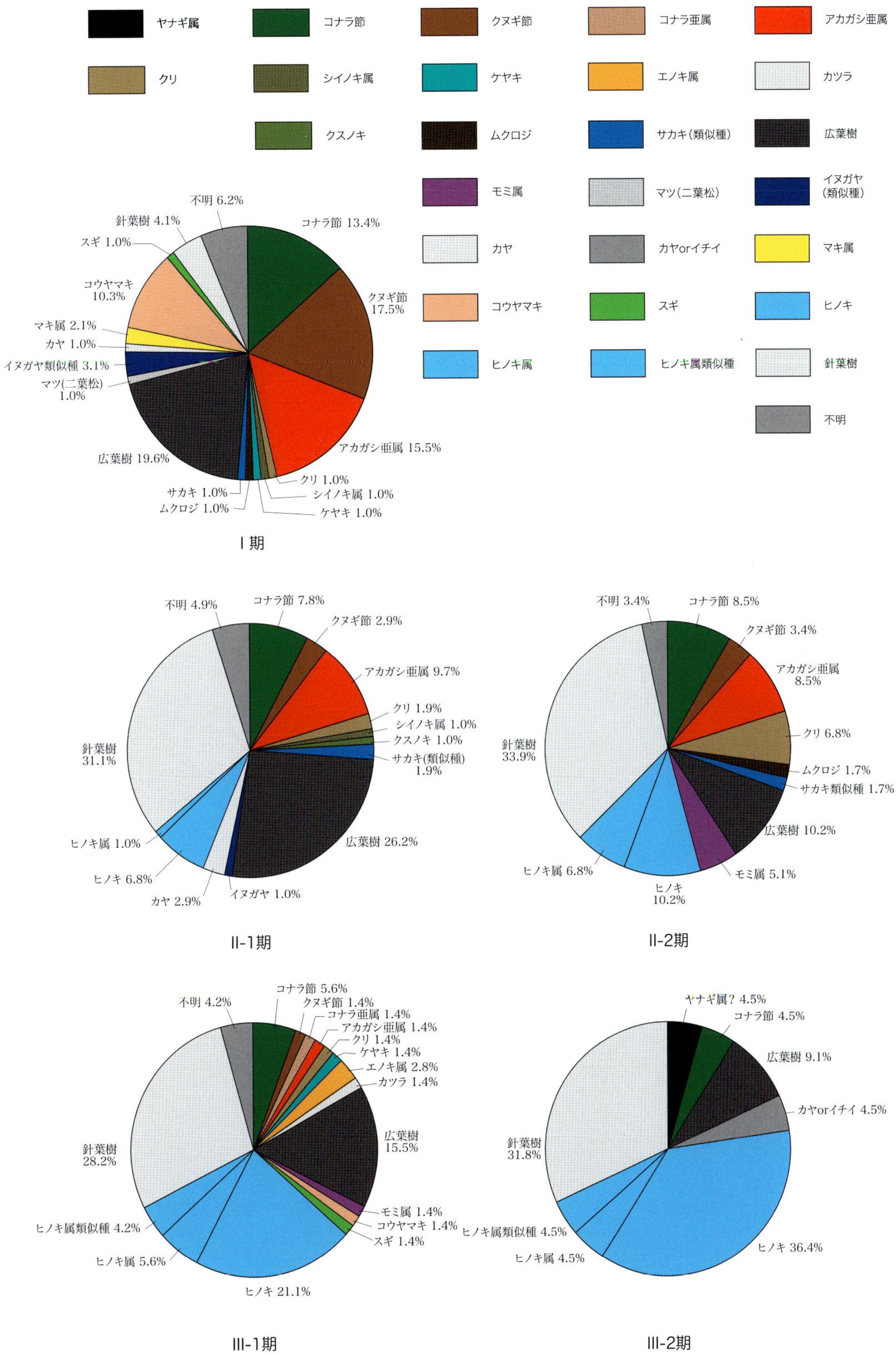

カラー図版16　勝川遺跡出土木製品 樹種組成変遷グラフ

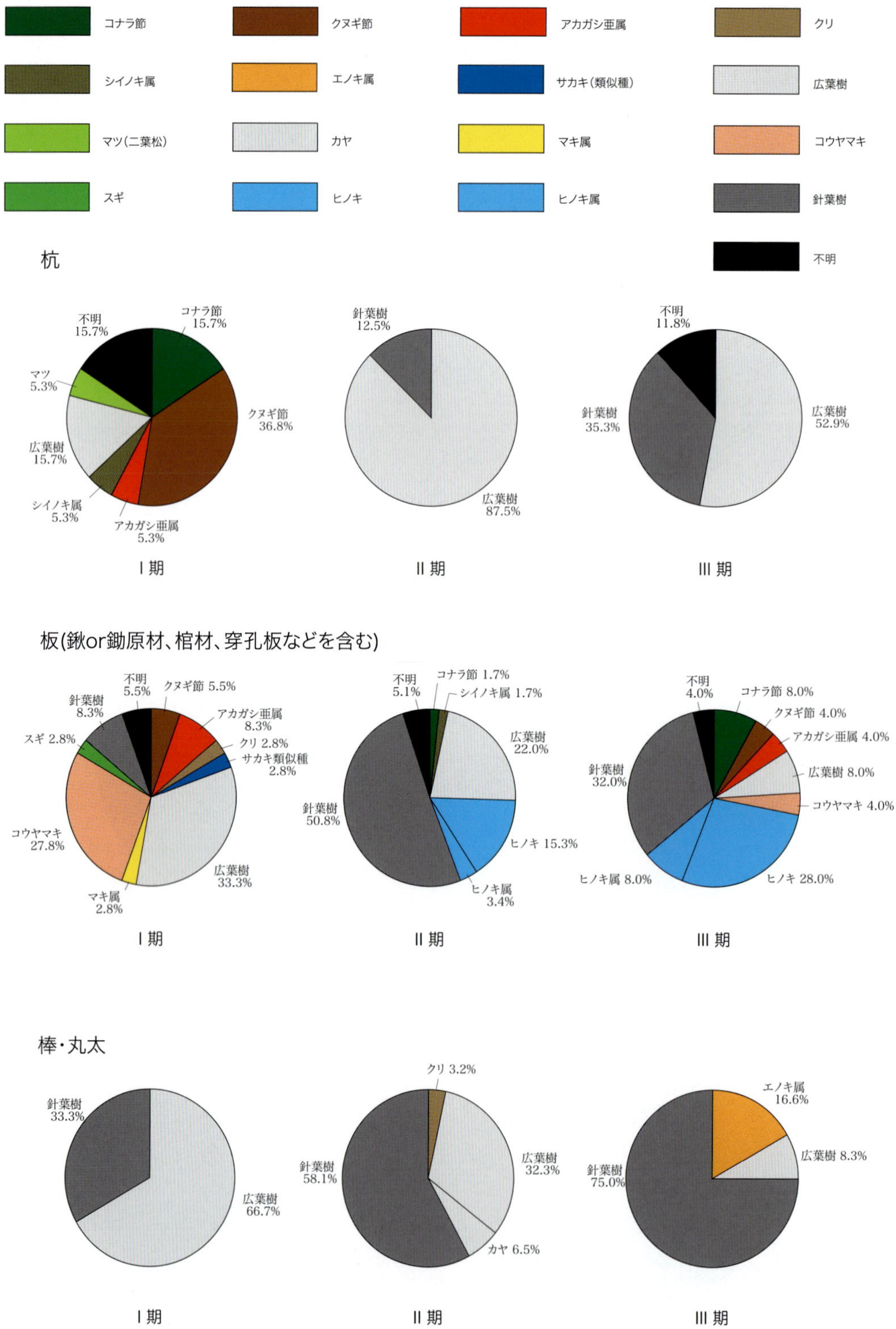
コナラ節
クヌギ節
アカガシ亜属
クリ
シイノキ属
エノキ属
サカキ(類似種)
広葉樹
マツ(二葉松)
カヤ
マキ属
コウヤマキ
スギ
ヒノキ
ヒノキ属
針葉樹
不明
杭
不明 15.7%
コナラ節 15.7%
マツ 5.3%
クヌギ節 36.8%
広葉樹 15.7%
シイノキ属 5.3%
アカガシ亜属 5.3%
I 期
針葉樹 12.5%
広葉樹 87.5%
II 期
不明 11.8%
針葉樹 35.3%
広葉樹 52.9%
III 期
板(鍬or鋤原材、棺材、穿孔板などを含む)
不明 5.5%
クヌギ節 5.5%
針葉樹 8.3%
アカガシ亜属 8.3%
スギ 2.8%
クリ 2.8%
サカキ類似種 2.8%
コウヤマキ 27.8%
広葉樹 33.3%
マキ属 2.8%
I 期
不明 5.1%
コナラ節 1.7%
シイノキ属 1.7%
広葉樹 22.0%
針葉樹 50.8%
ヒノキ 15.3%
ヒノキ属 3.4%
II 期
不明 4.0%
コナラ節 8.0%
クヌギ節 4.0%
アカガシ亜属 4.0%
針葉樹 32.0%
広葉樹 8.0%
コウヤマキ 4.0%
ヒノキ属 8.0%
ヒノキ 28.0%
III 期
棒・丸太
針葉樹 33.3%
広葉樹 66.7%
I 期
クリ 3.2%
広葉樹 32.3%
針葉樹 58.1%
カヤ 6.5%
II 期
エノキ属 16.6%
広葉樹 8.3%
針葉樹 75.0%
III 期

カラー図版 17　勝川遺跡出土杭・板・棒・丸太の樹種組成変遷グラフ

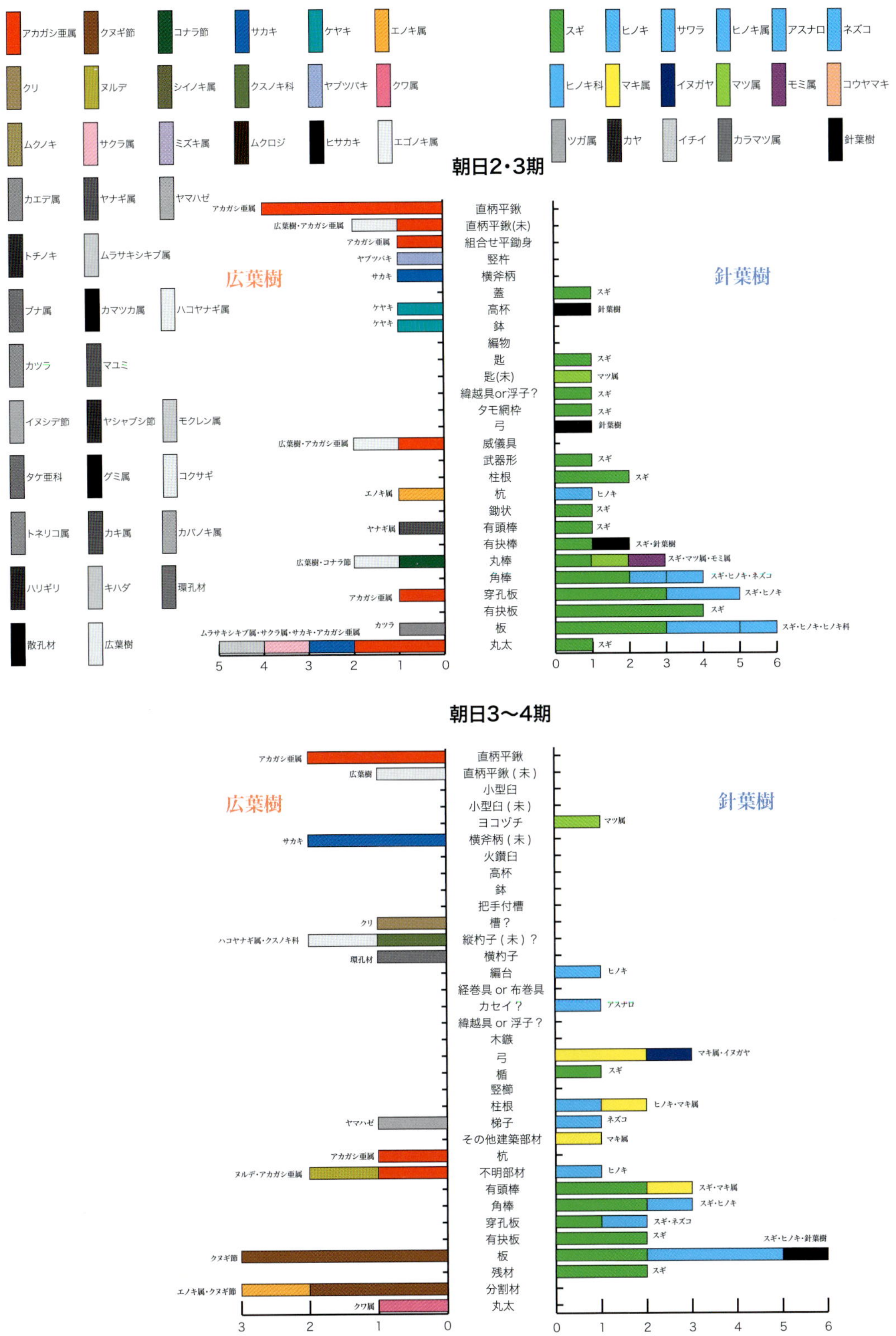
アカガシ亜属
クヌギ節
コナラ節
サカキ
ケヤキ
エノキ属
クリ
ヌルデ
シイノキ属
クスノキ科
ヤブツバキ
クワ属
ムクノキ
サクラ属
ミズキ属
ムクロジ
ヒサカキ
エゴノキ属
カエデ属
ヤナギ属
ヤマハゼ
トチノキ
ムラサキシキブ属
ブナ属
カマツカ属
ハコヤナギ属
カツラ
マユミ
イヌシデ節
ヤシャブシ節
モクレン属
タケ亜科
グミ属
コクサギ
トネリコ属
カキ属
カバノキ属
ハリギリ
キハダ
環孔材
散孔材
広葉樹
スギ
ヒノキ
サワラ
ヒノキ属
アスナロ
ネズコ
ヒノキ科
マキ属
イヌガヤ
マツ属
モミ属
コウヤマキ
ツガ属
カヤ
イチイ
カラマツ属
針葉樹
朝日2・3期
広葉樹
針葉樹
直柄平鍬
直柄平鍬(未)
組合せ平鋤身
竪杵
横斧柄
蓋
高杯
鉢
編物
匙
匙(未)
緯越具or浮子？
タモ網枠
弓
威儀具
武器形
柱根
杭
鋤状
有頭棒
有抉棒
丸棒
角棒
穿孔板
有抉板
板
丸太
5 4 3 2 1 0
0 1 2 3 4 5 6
朝日3～4期
広葉樹
針葉樹
直柄平鍬
直柄平鍬（未）
小型臼
小型臼（未）
ヨコヅチ
横斧柄（未）
火鑽臼
高杯
鉢
把手付槽
槽？
縦杼子（未）？
横杼子
編台
経巻具 or 布巻具
カセイ？
緯越具 or 浮子？
木鏃
弓
楯
竪櫛
柱根
梯子
その他建築部材
杭
不明部材
有頭棒
角棒
穿孔板
有抉板
板
残材
分割材
丸太
3 2 1 0
0 1 2 3 4 5 6

カラー図版 18　朝日遺跡出土木製品 時期別器種組成グラフ -1

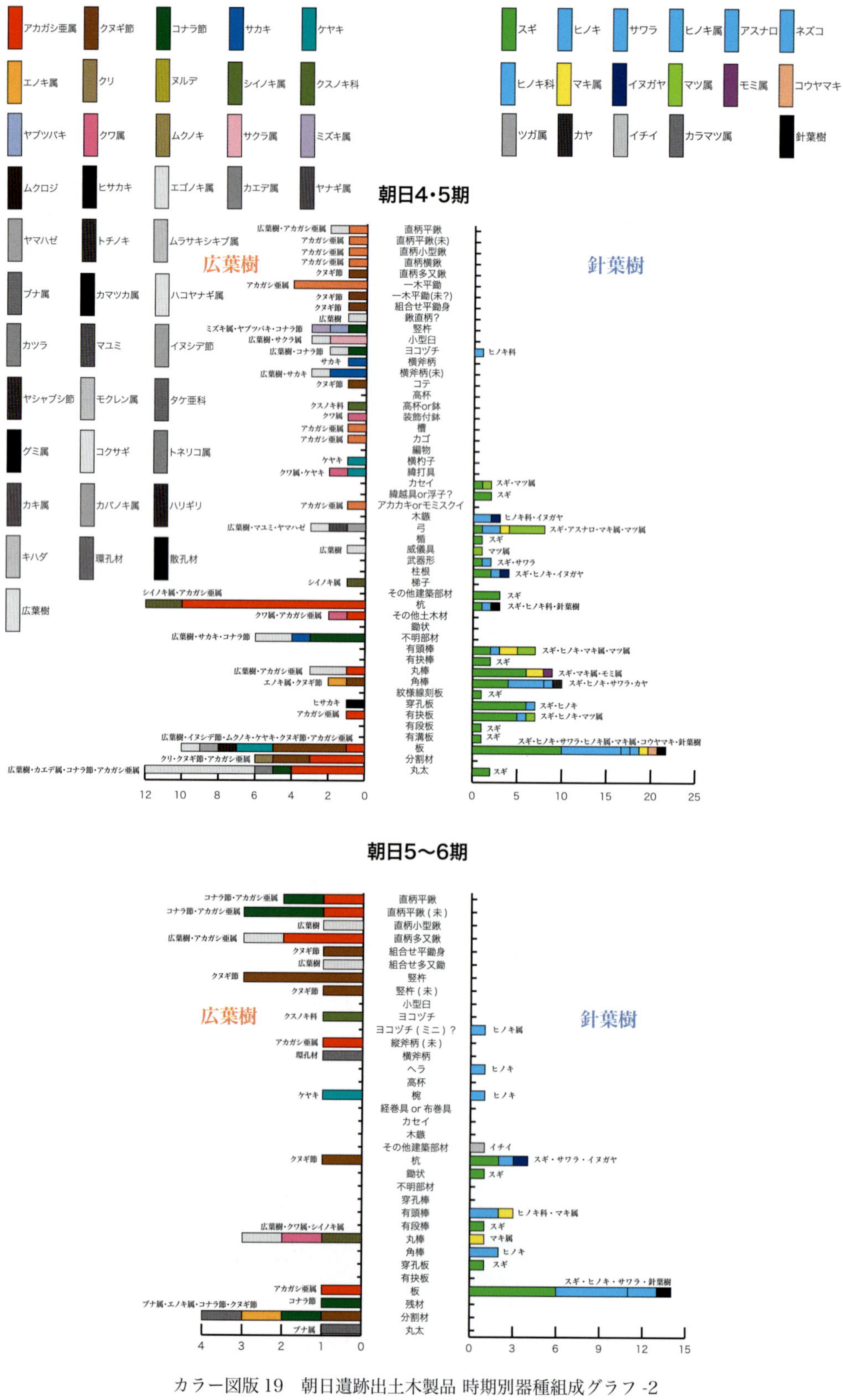

カラー図版 19　朝日遺跡出土木製品 時期別器種組成グラフ -2

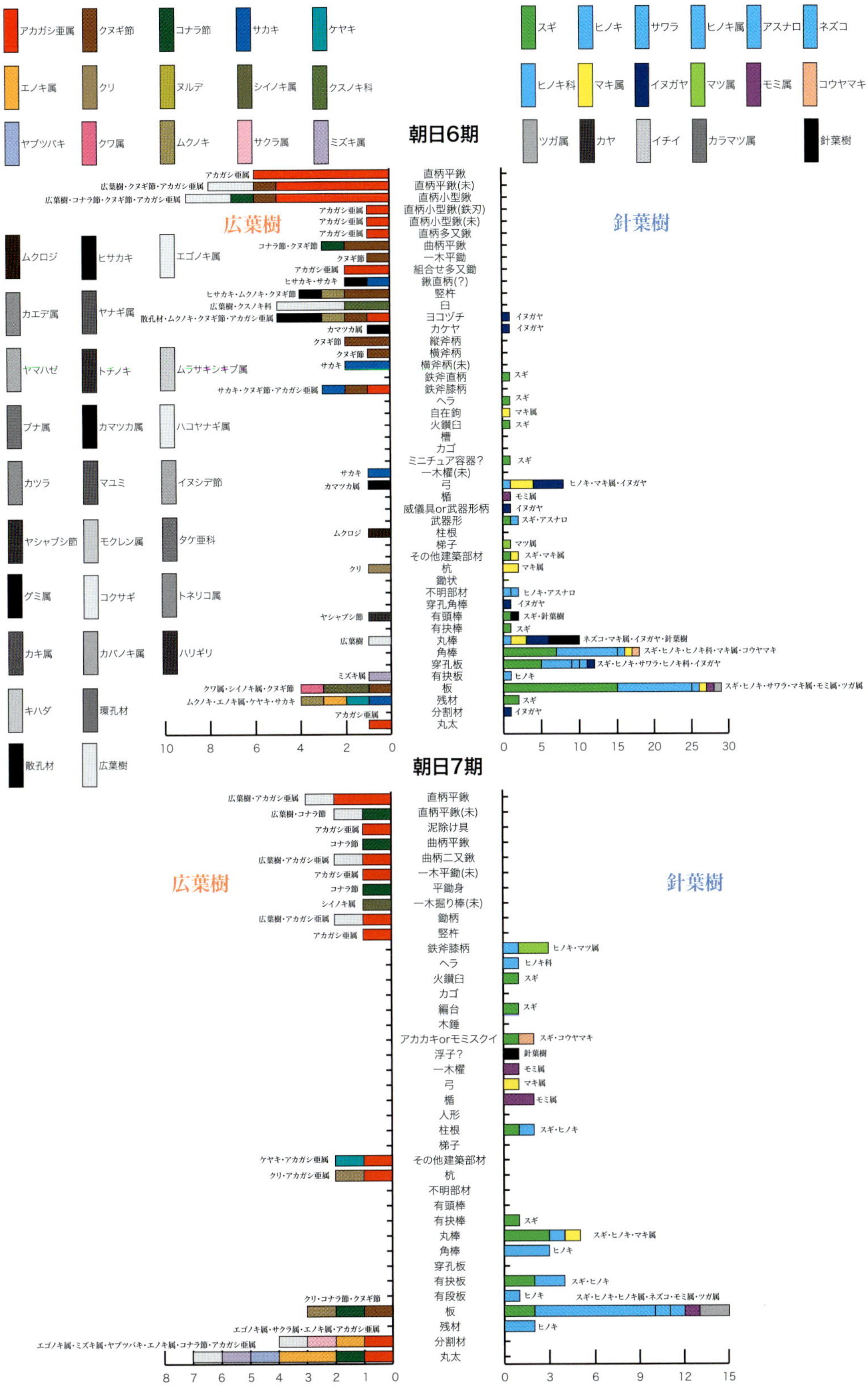

カラー図版 20　朝日遺跡出土木製品 時期別器種組成グラフ -3

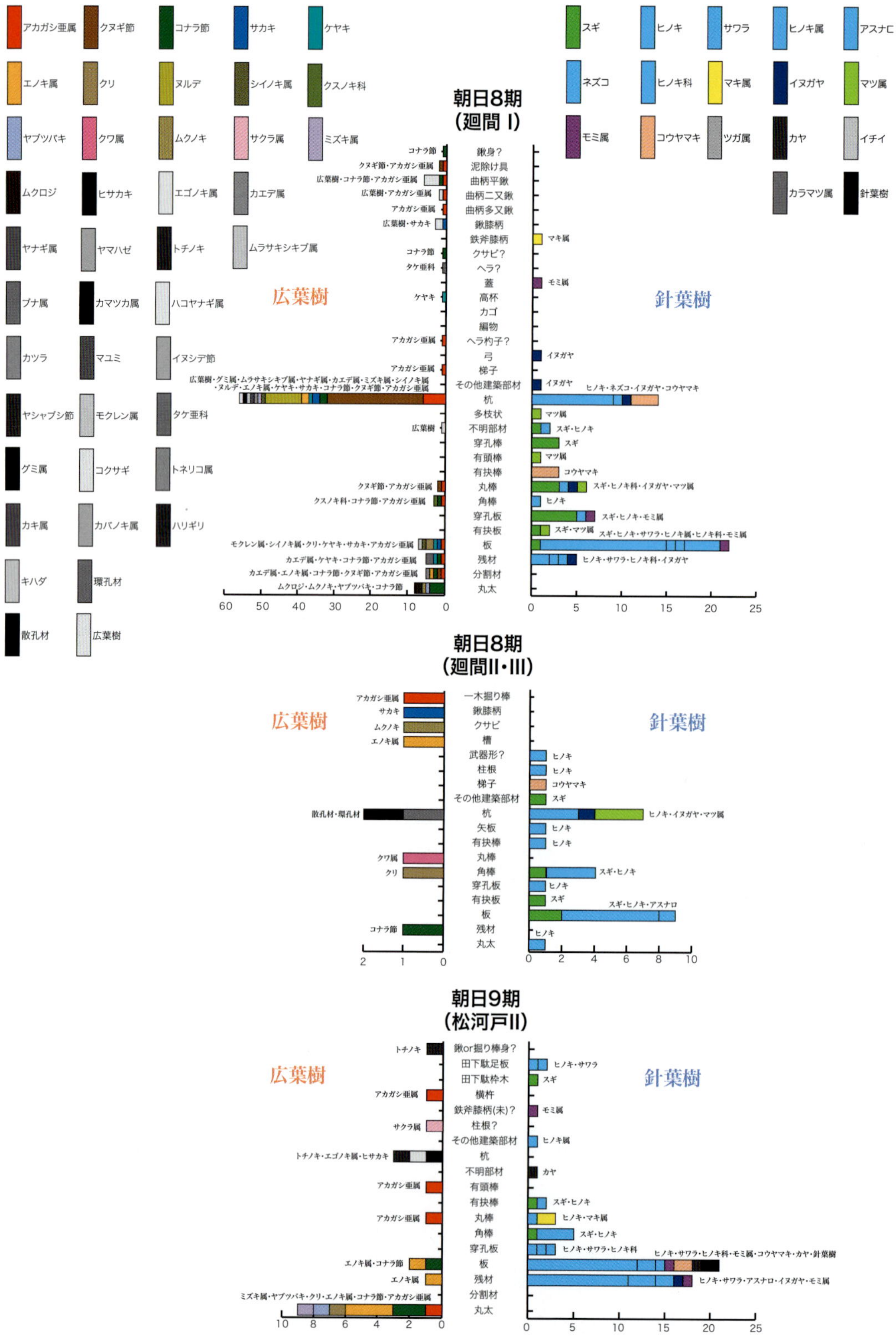

カラー図版 21　朝日遺跡出土木製品 時期別器種組成グラフ -4

木製品から考える地域社会　目次

図版・表一覧

第 I 章　木製農耕具の研究

第 1 節　東海系曲柄鍬の波及と展開

第 2 節　木製農耕具と耕作の技術

第 3 節　鍬の機能に関する基礎的研究

第 II 章　首長関連木製品の研究

第 1 節　木製容器の行方

第 2 節　儀杖の系譜

第 III 章　用材の選択と集落周辺の古植生

第 1 節　中部地方における弥生時代の木材利用

第 2 節　朝日遺跡出土木製品の樹種組成と周辺の古植生

第 IV 章　木製品からみた弥生・古墳時代の集落像

第 1 節　出土木製品からみた勝川遺跡

第 2 節　朝日遺跡出土木製品の分析

第 3 節　木製品からみた中部・北陸地方の弥生・古墳時代集落

第 V 章　木材・木製品の生産と流通

第 1 節　木工技術と地域社会

第 2 節　木製品専業工人の出現と展開

序章　木製品研究の現状と本研究の目的

1.　現在の木製品研究における問題点

1937年に京都大学による奈良県唐古（・鍵）遺跡の発掘調査で弥生時代の木製品が大量に出土して以来、すでに70年もの年月が経っている。終戦直後におこなわれた静岡県登呂遺跡の発掘調査以降、日本列島各地の沖積低地から、さまざまな木製品が出土しており、特に1980年代以降は大規模開発によってその出土量が急増している。

それに伴い木製品研究も徐々に活発化しつつある。ことに1997年に始まった出土木器研究会の活動は、全国各地で出土した木製品の情報を出身地や出身大学の枠を超えた研究者同士で共有化できた点で、きわめて大きな意義を有している。

この出土木器研究会の活動により、木製品研究者の数は筆者が研究を始めた20年前とは比較にならないほど増えている。しかし、出土する木製品が当時の人々の生活道具のほぼ全般におよぶのに対して、研究者の興味は未だに「農耕具」、「工具」、「容器」、「武器」、「威儀具」、「祭祀具」、「紡織具」、「建築部材」など、きわめて細分化された狭い領域にのみ終始しているため、ある遺跡（あるいは地域）から出土した木製品を総体（様式）として見、そこから遺跡・地域ごとの個性を見いだし、さらには当時の人々の生活様式を復元しようという意欲に欠けることが第1の問題点である。

第2の問題点としては、弥生・古墳時代の遺跡から出土する木製品が、つい数十年前まで使われていた民具ときわめてよく似ていることから、それぞれの器種の用途論（機能論）的研究に終始してしまうことである。このことは、ただかたちが何かの民具に似ているだけで、充分な民俗学的知識もないままに、約2,000年間もの歴史の流れ（生活様式の変化）を無視してその用途を安易に決定してしまいがちであるとともに、逆に当時の人々が重要視していたにも関わらず、その後の歴史のなかで用途が全くわからなくなった多くの木製品の存在を無視しやすいという結果にもつながる。

第3は、出土木製品に対して、膨大な費用をかけて樹種同定や花粉分析をおこなっているが、考古学研究者がその成果を積極的に活用してこなかった点である。樹種・花粉データは遺跡周辺の古植生とともに、当時の人々の植物に対する知識や働きかけ方を知るうえで貴重な情報を有している。多額の税金をつぎ込んで分析している以上、考古学（特に木製品）研究者はこれらをより有効に活用していく義務がある。

これらは、筆者自身もふくめて現在の木製品研究者が陥りがちな問題点であると感じている。そのためか、多くの考古学研究者から木製品はきわめて特異な研究分野とみられており、木製品研究者は土器・石器・鉄器研究者らと共通した話題で議論をすることすら難しくなっているのが現状である。

しかし、弥生・古墳時代（さらには縄紋～近代）には、1人の人間が、木・石・金属・土といった異なる性質の物質を巧みに使い分けることによって生活していたため、これら素材ごとに細分化された研究は、本来あるべき「過去の人間の行動や社会を復元する」という考古学研究の目的とは、およそかけ離れたものといえる。その意味で木製品研究者も、木という素材のみにこだわることのない広い視野をもち、他分野の研究者にも理解され、利用できるような研究を心がける必要性があろう。

そして、ある特定器種の研究についても、できうる限り所属時期を厳密に決定し、土器などと同様の手法で形式変化を確認し、かつ、近い機能を有する器種を総体としてみることにより、器種組成の変遷をあきらかにしたうえで機能論に言及することが必要である。さらには、同一時期・同一遺跡（地域）から木製品全体を一つの様式として捉え、そこから地域の特性や生活様式、さらには社会や政治の変化を読みとろうという努力を怠ってはならないと考える。

2. 本研究の目的

本研究は、前項であげた木製品研究の問題点に鑑み、筆者なりに解答を模索した結果である。

第Ⅰ章「木製農耕具の研究」では、筆者が木製品研究に携わるきっかけとなった農耕具についての研究をまとめた。

第1節「東海系曲柄鍬の波及と展開」は、1987年に筆者が発掘調査を担当した愛知県勝川遺跡から出土した多量の木製品のなかで特に興味をもった、弥生後期に伊勢湾周辺地域で発生した曲柄鍬（東海系曲柄鍬）が、主として東日本の各地へと伝播していく過程を段階的に捉え、この鍬の伝播がもつ意義を各地の沖積低地の再開発と関連づけた論考である。これは1988年に筆者が書いた「木製農耕具の地域色とその変遷」という論考以来、追い続けてきたテーマである。

第2節「木製農耕具と耕作の技術」は、前節で扱った曲柄鍬のみではなく、農耕具（鍬・鋤類）全般が、縄紋晩期から古墳初頭までの列島内（および朝鮮半島南部）でどのような伝播経路をたどって変遷していったのかを描いたものである。

第3節「鍬の機能に関する基礎的研究」は、伊勢湾周辺地域の弥生前期～古墳後期の鍬について、刃部幅と柄の装着角度の相関関係を検討したものである。この結果、画一化した古墳時代の鍬に対し、弥生時代のものはバラつきが著しく、平面形態の違い以上に使用者の体格や好みの差が反映されており、鍬の製作者と使用者がきわめて近い関係（あるいは同一者）にある可能性を指摘した。このことから、民具学（農学）的な鍬の分類法や機能論を安易に援用することに警鐘を鳴らすとともに、弥生時代と古墳時代では、直柄平鍬の生産と流通のあり方に大きな差があることを確認した。

第Ⅱ章「首長関連木製品の研究」では、近年筆者が興味をもって取り組んできた木製品の階層性における、主として上位の木製品を扱った。

第1節「木製容器の行方」は、朝日遺跡04Ab区SD02から出土した木製合子を主体とする精製容器類をもとに、木製合子から石製・土製合子への変遷過程をあきらかにした。さらに、弥生中期の土製高杯は、木製高杯を模倣することによって成立していること、そして木製高杯は、首長が執行する祭祀に用いられた食器であるのに対して、土製高杯は一般成員の食器と考えられることから、木製容器（高杯）と土製容器（高杯）の関係が、階層差として説明できるのに対し、弥生後期以降は、木製容器が合子に代表されるように、首長の個人的な宝物入れとなり、祭祀や儀礼の場で一般成員に誇示する対象ではなくなること、そして土製容器から木製容器的な要素が喪失することから、木製容器と土製容器の関係が、階層差ではなく機能差へと変質することをあきらかにした。

第２節「儀杖の系譜」は、弥生前期から古墳中期にかけて認められる儀杖形木製品を全国的に集成して分類し、その変遷をあきらかにすることを目的とした。その結果、弥生時代と古墳時代では儀杖形木製品の形態が大きく異なり、持ち方や使用法そのものが全く違うことがわかった。また、古墳時代の儀杖形木製品は、朝鮮半島南部や日本列島内の儀杖形鉄製品や玉杖・琴柱形石製品と深い関連を有し、使用される場面に応じて素材が使い分けられていることをあきらかにした。

第III章「用材の選択と集落周辺の古植生」では、さまざまな遺跡の樹種同定結果をもとに、弥生時代の木材利用のあり方と遺跡周辺の古植生の復元を試みた。

第１節「中部地方における弥生時代の木材利用」では、筆者も作成に関わってきた出土木材の樹種データベースを利用し、中部地方（東海・北陸・中部高地）の主要遺跡・主要器種ごとの樹種をグラフ化して使用樹種の違いを明確化するとともに、そこには地域ごとの植生の差が反映されていることをあきらかにした。

第２節「朝日遺跡出土木製品の樹種組成と周辺の古植生」では、筆者が調査・整理に携わった『朝日遺跡VII』の報告書において、過去の調査分もふくめた1082点の樹種データを分析した。その結果、朝日遺跡周辺では、縄紋晩期〜弥生前期の集落形成期には草地にマツ属・ヤナギ属程度の疎林しか存在せず、中期にようやく周辺に継続して利用可能な二次林（落葉広葉樹林）が形成され、集落が衰退する古墳初頭にはアカガシ亜属主体の極相林化していく過程を描きだした。そして、集落で必要とされるアカガシ亜属・ヒノキ科・スギなどの大径木は、ほとんどが遠隔地の丘陵部から持ち運ばれていることをあきらかにした。

第IV章「木製品からみた弥生・古墳時代の集落像」では、筆者が調査に関わった愛知県勝川遺跡・朝日遺跡を主体として、それぞれの遺跡から出土する木製品の器種組成をもとに、集落の階層差と木製品の生産・流通のあり方を描きだすことを目的とした。

第１節「出土木製品からみた勝川遺跡」では、筆者が1992年に作成した『勝川遺跡IV』の報告書段階で充分に検討できなかった勝川遺跡の性格を木製品から描いた。この遺跡は弥生中期後葉から古代にいたるまで未成品が多く、継続的に木製品の生産に携わっていたことがわかっている。そこには濃尾平野縁辺の段丘崖という、木材が得やすく、かつ近辺を流れる庄内川を通じて下流域の集落へと搬出するにも好適な立地にあった点が重要であることを指摘した。

第２節「朝日遺跡出土木製品の分析」では、『朝日遺跡VII』の報告書に掲載した木製品を時期ごとに紹介するとともに、これまでの調査で出土した主要木製品の出土地点を遺構図に落とし、弥生中期前葉から古墳前期後半までの朝日遺跡における木製品の生産と流通のあり方、そして朝日遺跡内での北居住域と南居住域の性格（居住者の階層）の違いなどを検討した。

第３節「木製品からみた中部・北陸地方の弥生・古墳時代集落」は、本研究の最も中核をなす論考である。ここでは木製品を主体とする出土遺物と遺構の両面からの検討によって、中部・

北陸地方の弥生・古墳時代集落が、いくつかの階層に分けられることをあきらかにした。そして、弥生時代の拠点的集落（筆者分類の集落A・B）から古墳時代の首長居館への出現過程を、いくつかの遺跡を具体例をあげながら描きだすことを試みた。

第Ⅴ章「木材・木製品の生産と流通」では、第Ⅲ・Ⅳ章の研究成果をもとに、木製品の生産・流通面を具体的に検討した。

第１節「木工技術と地域社会」では、弥生時代における全国の主要木製品出土遺跡を、遺跡の立地（森林との距離）などからⅠ～Ⅳ類型に分け、それぞれの類型ごとに木材の調達から木製品の生産・消費の状況を描きだした。その結果、弥生中期には福岡平野と河内平野を除くほとんどの地域において、なんらかの木製品生産をおこなっていることがわかった。濃尾平野や岡山平野のような、木材（特にアカガシ亜属の大径木）が得にくい地域では、河川の上流域から木材を調達していることをあきらかにした。また、一見大量に木製品を生産しているようにみえる集落でも、河川の下流域に供給先がない集落では、基本的に自給自足の範囲を超えないことを確認した。そして、弥生時代には自給自足の範囲を超えて木製品生産が突出してみえる（他の集落へと木材・木製品を供給する役割を担った）集落はあるが、それのみに特化した集落（木製品専業集団）は少なくとも弥生中期後葉までは存在しないことも指摘した。

第２節「木製品専業工人の出現と展開」は、第Ⅳ章第３節と対をなす論考である。ここでは伊勢湾周辺地域の弥生・古墳時代集落の木製品、特に未成品と工具の出土状況を詳細に検討することによって、当地域における木製品生産の変遷を具体的に描きだすことを試みた。前述のように、弥生中期後葉まで木製品専業集団は存在しないが、巨大集落（集落A）では、すでに首長層が使用するための精製容器類や祭祀関連の木製品をパートタイム的に製作する人々がいた。弥生後期以降、精製品の需要が増大化するにつれて首長層が彼らを囲い込み、結果的に専業工人化していく過程をあきらかにした。

第Ⅰ章　木製農耕具の研究

第１節　東海系曲柄鍬の波及と展開

１．はじめに

本節では、東日本の各地に広く分布する東海系曲柄鍬を形態分類し、共伴する土器を基準に各地域ごとの編年案を提示する。ここで取り上げる地域は伊勢湾地方、静岡県中・東部、南関東（千葉県・東京都）、長野県北部、北関東（群馬・埼玉県）、東北中部（宮城県）、奈良盆地東南部（桜井市城島遺跡）の７地域である。さらにそれぞれの地域的特徴を抽出して各地域間の比較検討をおこない、東海系曲柄鍬の伝播のあり方から３～５世紀における人と情報の流れについて類型化を試みたいと考えている。

東海系曲柄鍬は、２世紀後半～３世紀初頭頃に伊勢湾地方（伊勢中部～西遠江）で創出された伊勢湾型曲柄鍬を原形として、東日本を中心とする地域で用いられた曲柄鍬の総称である（樋上1993・1994)。器種は曲柄平鍬・曲柄二又鍬・曲柄多又（三又以上）鍬があり（以下、基本的に曲柄をはぶいて平鍬・二又鍬と記述する)、軸部上端付近に施された溝などの紐掛け用の細工と、肩部から刃部にかけての平面・側面形態に特徴がある（図１)。

軸部と刃部の形態は図２のように細分が可能で、軸部は弥生Ⅲ～Ⅳ期のものをふくめてＡ～Ｇ類（うち、東海系曲柄鍬はＣ～Ｆ類)、刃部は平鍬・二又鍬ともにⅠ～Ⅲ類に分けられることがわかっている（樋上2000a)。

Ａ類－軸部後面側の中央に幅広の段をもつ。
Ｂ類－軸部後面側の中央が菱形に広がる。
Ｃ類－軸部後面側の中央から上半部を徐々に削り込み、上端部を突起状に残す。
Ｄ類－軸部後面側の上端部に一条Ｖ字状の深い溝を横方向に刻む。
Ｅ類－Ｄ類でみられた軸部後面側の溝を側面までめぐらし、上端部のみ削り残す。
Ｆ類－Ｄ類の溝を浅く幅広にする。
Ｇ類－軸部上半の両側面を幅広に削り込む。

平鍬Ⅰ類－斜めに削り落とした肩部をもち、刃部はほぼ平行のまま下端にいたる。
平鍬Ⅱ類－Ⅰ類の肩部を省略し、下ぶくれの形態となる。
平鍬Ⅲ類－Ⅱ類をさらに幅狭で長大化する。
二又鍬Ⅰ類－平鍬Ⅰ類と同様に肩部を削り込み、刃部幅はほぼ一定で平面形は長楕円形を呈する。
二又鍬Ⅱ類－Ⅰ類の肩部を省略し、刃部最大幅が下端付近にくる。
二又鍬Ⅲ類－刃部最大幅がほぼ中央にきて平面形が菱形に近くなる。

なお、多又鍬についてはまだ出土例に乏しく、分類案を提示するにはいたっていない。

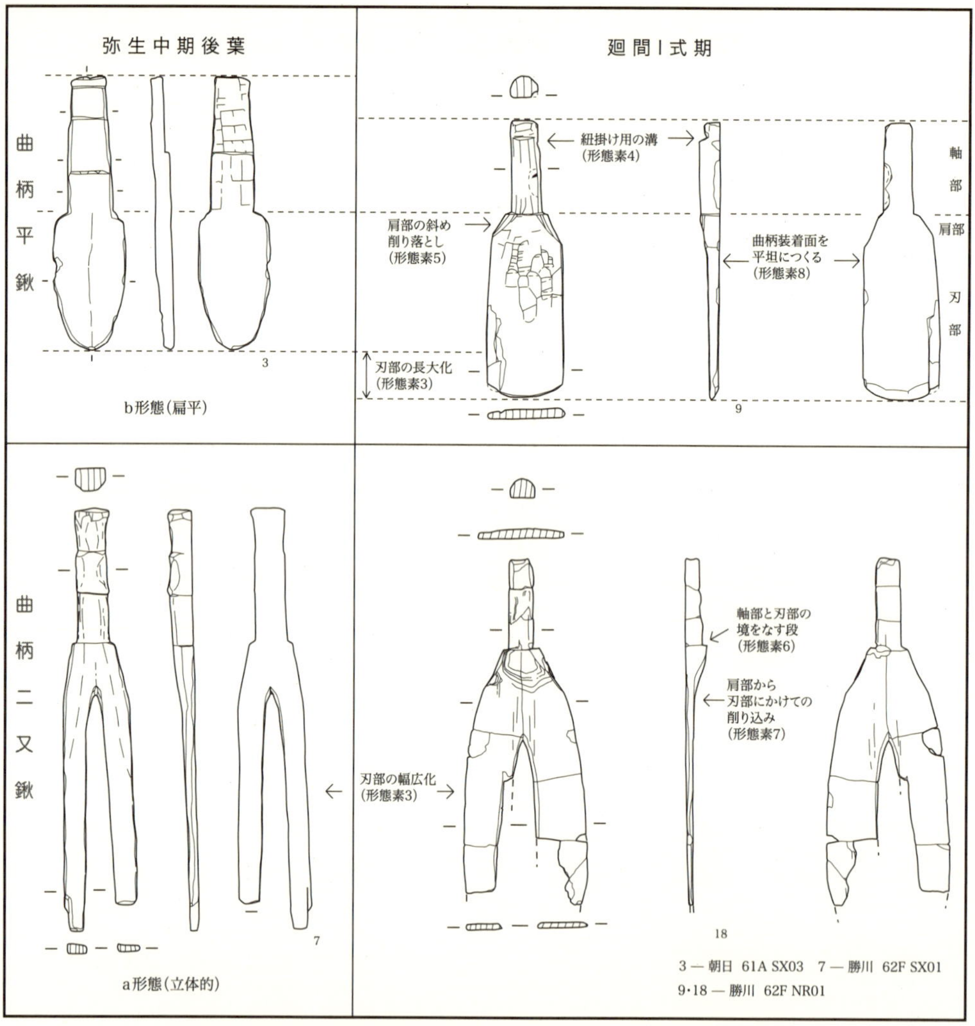

図1 東海系(伊勢湾型)曲柄鍬の形態的特徴(樋上 2000a より)

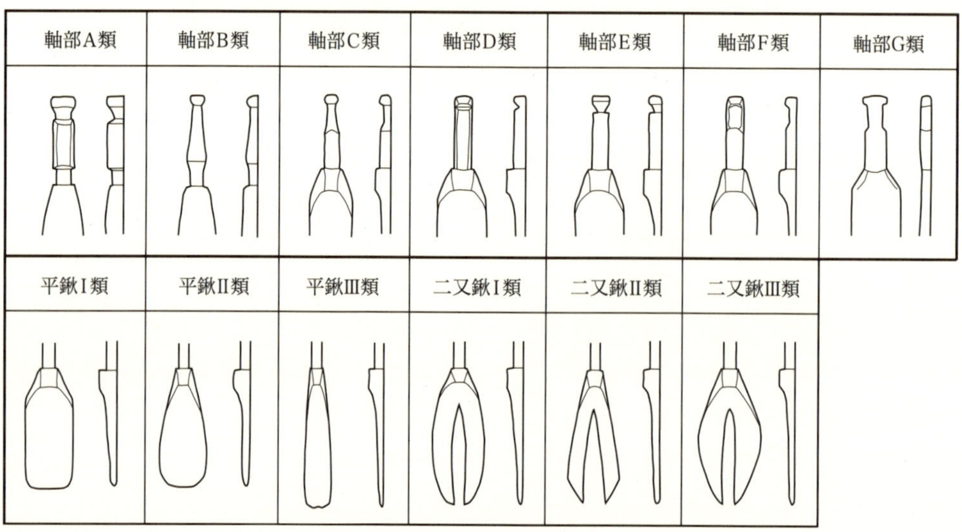

図2 東海系曲柄鍬の形態分類模式図(樋上 2000a に加筆)

時期区分については赤塚次郎による尾張平野部の土器編年（廻間・松河戸・宇田式）を採用し[1)]、伊勢湾以外の地域については、それぞれの地域の研究者からご教示を得たうえで、筆者が最終的に併行関係を判断した。なお、おおよその実年代については、廻間Ⅰ式期－２世紀後半頃、廻間Ⅱ式期－３世紀前半頃、廻間Ⅲ式期－３世紀後半頃、松河戸Ⅰ式期－４世紀前半頃、松河戸Ⅱ式期－４世紀後半～５世紀初頭頃、宇田式期－５世紀前葉～末頃と考えている（赤塚・早野2001）。

２．伊勢湾地方の状況（図３～５）

まずは東海系曲柄鍬の祖形となる伊勢湾型曲柄鍬を生みだした伊勢湾地方の状況からみていくこととしたい。

弥生中期中葉～後葉　伊勢湾地方では、弥生中期中葉～後葉段階から曲柄平鍬（１～７）・二又鍬（19・20）の出土例がある。軸部の形態にはＡ～Ｃ類の三種類が認められる。Ａ類（１～４・19・20）の分布範囲は伊勢湾周辺のほぼ全域をカバーしている。Ｃ類（６・７）は東三河から西遠江を中心とする。Ｂ類（５）は現在のところ浜松市角江遺跡でしか確認していない。これら三種類の軸部形態のうち、Ｃ類は後述するように静岡県中・東部を中心に伊勢湾型曲柄鍬の軸部に用いられるが、Ａ・Ｂ類については伊勢湾型には引き継がれない。この時期の平鍬は軸部と刃部の長さの比率がほぼ１：１で、刃部の平面形は長楕円形に近い[2)]。二又鍬は刃部幅が３cm前後ときわめて細く、しかも刃部全体に厚みがあるのを特徴とする。

弥生後期後半～廻間Ⅰ式期　この段階になると、軸部Ａ・Ｂ類は姿を消し、軸部後面側の上端付近に溝を刻むＤ・Ｅ類に変わる。Ｄ類（８～10・24）は横方向の深いＶ字状の溝を刻み、Ｅ類（11・12・22）は溝が側面までめぐる。この地域ではこれ以降、松河戸Ⅱ式期段階の伊勢湾型曲柄鍬消滅までＣ類の軸部は基本的に採用されない。Ｄ類の分布域は尾張平野部から伊勢中部に及び、Ｅ類は伊勢中部と西遠江に分布し、尾張平野部からの出土例がない。平鍬（８～12）の平面形態の特徴としては斜めに切り落とした明確な肩部をもち、その下はほぼ刃部幅が一定で下端にいたる勝川タイプ（8・9）と、やや丸みを帯びる六大Ａタイプ（10・11）に分けられる。

二又鍬（22～24）も肩部を強く削り込み、刃部幅が広く扁平となり、刃部上半から下端付近までの幅がほぼ一定となる。これらの特徴をもって伊勢湾型Ⅰ類とする。側面形態では平鍬・二又鍬ともに、軸部から肩部までをきわめて厚くつくり、肩部から刃部下半までの後面側を強く削り込むａ形態（８・11・12・22・23・26）と、板状で削り込みの弱いｂ形態（10・24）があり、ｂ形態の軸部はすべてＤ類に属する。

三又鍬（26・27）も軸部はＤ類で側面形も平鍬・二又鍬と同様のつくりである。また、伊勢中部には近畿地方から伝播したと考えられるナスビ形曲柄鍬があり、津市六大Ａ遺跡では二又鍬は22の１点を除くすべてがナスビ形で、平鍬は伊勢湾型の方がやや多い。なおこの段階では、ナスビ形曲柄鍬は尾張以東の地域からは全く出土していない。

廻間Ⅱ～Ⅲ式期　廻間Ⅱ～Ⅲ式段階になると、尾張平野部では曲柄鍬の出土量そのものが極端に減少し、平鍬は一宮市北道手遺跡出土のⅠ類（15）のみで、二又鍬は今のところ皆無である。逆に西三河では、安城市域において曲柄鍬の出土量が急増する。中狭間遺跡では平鍬と二又鍬

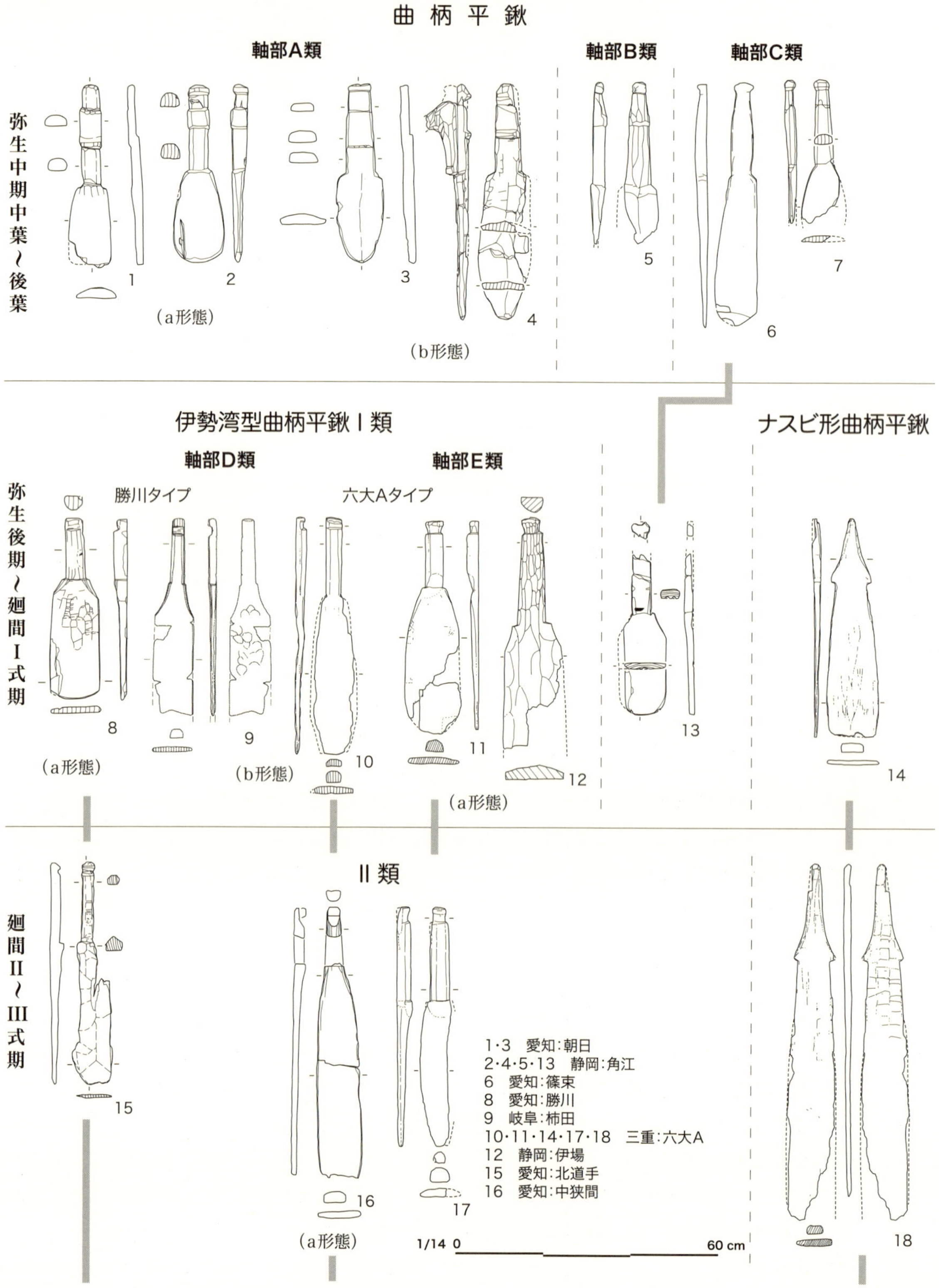
曲柄平鍬
軸部A類
軸部B類
軸部C類
弥生中期中葉〜後葉
(a形態)
(b形態)
1
2
3
4
5
6
7
伊勢湾型曲柄平鍬Ⅰ類
ナスビ形曲柄平鍬
軸部D類
軸部E類
弥生後期〜廻間Ⅰ式期
勝川タイプ
六大Aタイプ
8
9
10
11
12
13
14
(a形態)
(b形態)
(a形態)
Ⅱ類
廻間Ⅱ〜Ⅲ式期
15
16
17
18
(a形態)
1·3　愛知:朝日
2·4·5·13　静岡:角江
6　愛知:篠束
8　愛知:勝川
9　岐阜:柿田
10·11·14·17·18　三重:六大A
12　静岡:伊場
15　愛知:北道手
16　愛知:中狭間
1/14 0
60 cm

図3　伊勢湾地方 曲柄鍬編年表-1 (S=1/14)

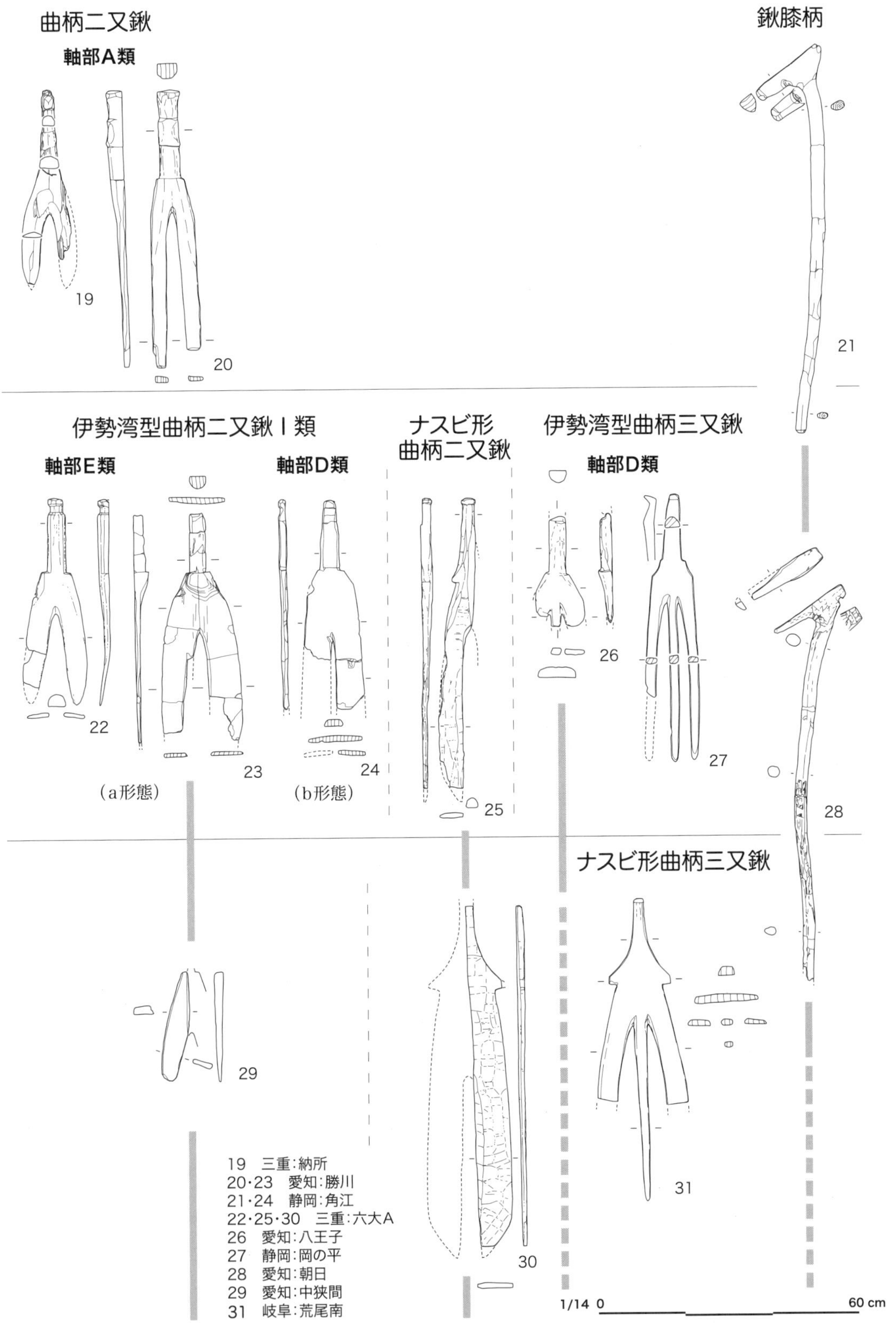
曲柄二又鍬
軸部A類
19
20
鍬膝柄
21
伊勢湾型曲柄二又鍬Ⅰ類
軸部E類
軸部D類
22
23
24
（a形態）
（b形態）
ナスビ形
曲柄二又鍬
25
伊勢湾型曲柄三又鍬
軸部D類
26
27
28
ナスビ形曲柄三又鍬
29
30
31
19　三重:納所
20･23　愛知:勝川
21･24　静岡:角江
22･25･30　三重:六大A
26　愛知:八王子
27　静岡:岡の平
28　愛知:朝日
29　愛知:中狭間
31　岐阜:荒尾南
1/14 0
60 cm

図４　伊勢湾地方 曲柄鍬編年表 -2（S=1/14）

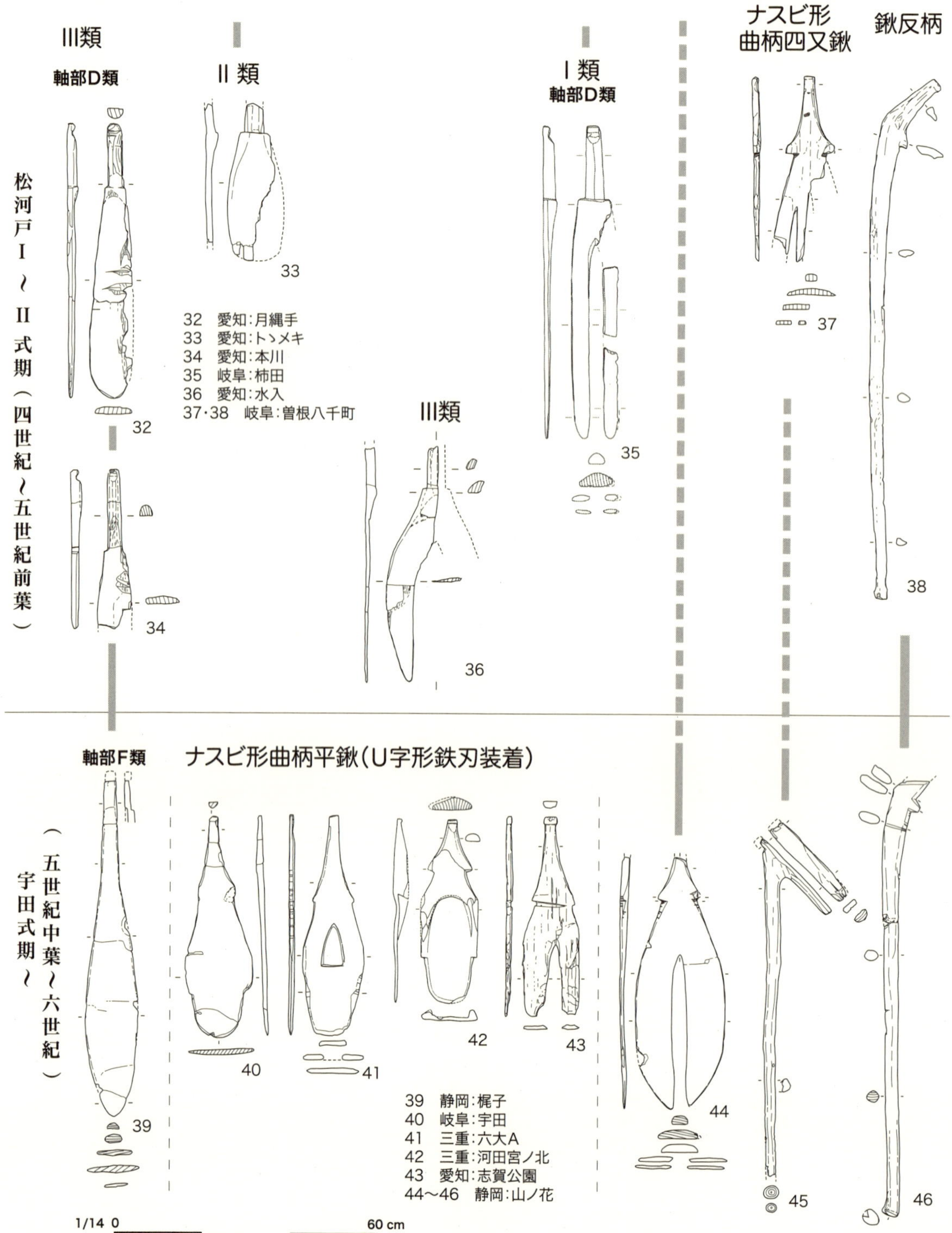
III類
軸部D類
II 類
I 類
軸部D類
ナスビ形
曲柄四又鍬
鍬反柄
松河戸I～II式期（四世紀～五世紀前葉）
32
33
32　愛知：月縄手
33　愛知：トゝメキ
34　愛知：本川
35　岐阜：柿田
36　愛知：水入
37･38　岐阜：曽根八千町
III類
34
35
36
37
38
軸部F類
ナスビ形曲柄平鍬（U字形鉄刃装着）
宇田式期～（五世紀中葉～六世紀）
39
40
41
42
43
44
45
46
39　静岡：梶子
40　岐阜：宇田
41　三重：六大A
42　三重：河田宮ノ北
43　愛知：志賀公園
44～46　静岡：山ノ花
1/14 0
60 cm

図5　伊勢湾地方 曲柄鍬編年表 -3（S=1/14）

が各２点出土している。平鍬のうち１点はⅠ類で、もう１点（16）は肩部の削り込みを省略し、刃部がやや下ぶくれ状を呈することからⅡ類とする。二又鍬のうち１点（29）はⅠ類で軸部と刃部下半を欠損し、もう１点は平鍬からの転用である。このほか、釈迦山遺跡からは平鍬５点（うち未成品１点）と二又鍬１点、桜林遺跡ではＤ類の軸部が１点出土している。軸部は釈迦山遺跡の平鍬に１点Ｃ類が認められるほかは、すべてＤ類である。釈迦山遺跡においても平鍬Ⅱ類が１点みられるが、それ以外はⅠ類。二又鍬は中狭間遺跡の例もふくめていずれもⅠ類で、Ⅱ類はない。伊勢中部では廻間Ⅱ式段階まで伊勢湾型平鍬は一応残るが（17）、曲柄鍬の大半はナスビ形（18・30）となり、さらに尾張平野部を避けるように美濃西部にその分布域をひろげる（31）。

松河戸Ⅰ〜Ⅱ式期　平鍬には伊勢湾型Ⅱ類とⅢ類、二又鍬はⅢ類がある。33は平鍬Ⅱ類である。平鍬Ⅲ類（32・34）はⅡ類の刃部は極度に幅狭で長大化し、全体につくりが華奢になる。軸部は大半がＤ類だが、わずかにＣ類が混じる[3)]。二又鍬Ⅲ類(36)は刃部の最大幅が中央付近にきて、平面形が菱形に近くなる。松河戸Ⅱ式期に属する豊田市本川（34）・水入（36）両遺跡からの出土資料をもって伊勢湾型曲柄鍬は終末を迎える。

宇田式期　浜松市梶子遺跡の出土例(39)を除いて基本的に伊勢湾型曲柄鍬はなくなり、Ｕ字形の鉄刃を装着するナスビ形平鍬(40〜43)が主流となる。39は前段階の伊勢湾型平鍬Ⅲ類からさらに長大化し、軸部と刃部の境が不明瞭となる。軸部は溝幅が極端に広いＦ類に属する。ナスビ形平鍬の刃部形態には三角形の透かしをあける例(41)や、二又状になる例(43)など、さまざまなヴァリエーションがある。また、きわめて少数ではあるが、ナスビ形二又鍬もみられる(44)。

３．他地域の状況

(1)　静岡県中・東部（図６・７）

静岡県は東西に長く、大河川ごとに土器様式が大きく変化することがすでに指摘されている。ここでは天竜川以東の東遠江から駿河までの範囲を静岡県中・東部として扱う。なお、静岡県東部とする際は駿河・伊豆（大井川以東）を指している。静岡県は登呂遺跡の調査以来、出土木製品が多いことで有名だが、意外にも共伴土器で時期の限定できる資料は少ないため、小論では複数の遺跡から出土した資料を組み合わせて掲載している。

弥生中期後葉　この段階では、現在曲柄平鍬のみが確認されている（47〜50）。うち、主体を占めるのはＣ類の軸部である（48・49）。軸部と刃部の長さの比率は伊勢湾地方と同様にほぼ１：１である。

廻間Ⅰ式併行期　東海系平鍬Ⅰ類（51・52）、同三又鍬（63）、同四又鍬（64〜66）がある。この段階での東海系曲柄鍬の出土地域は駿河湾東部から伊豆半島西部に比較的集中しており、東遠江から西駿河にかけての地域では現在のところ出土例が知られていない。51・52は伊勢湾型Ⅰ類（８・9）同様、刃部に明確な肩部をもち、軸部はＤ類である。この時期、二又鍬の出土例はきわめて少なく、三又以上の多又鍬が多いのがこの地域の特徴といえる。さらに重要なのは、63・65・66のように、刃部前面側を円弧状に強く削り込む技法がみられる点である。ただし、51・64はこれをおこなっていない。この技法は次の段階以降にも引き継がれていく。地域的には東遠江からの出土例にはなく、駿河以東の特徴である。

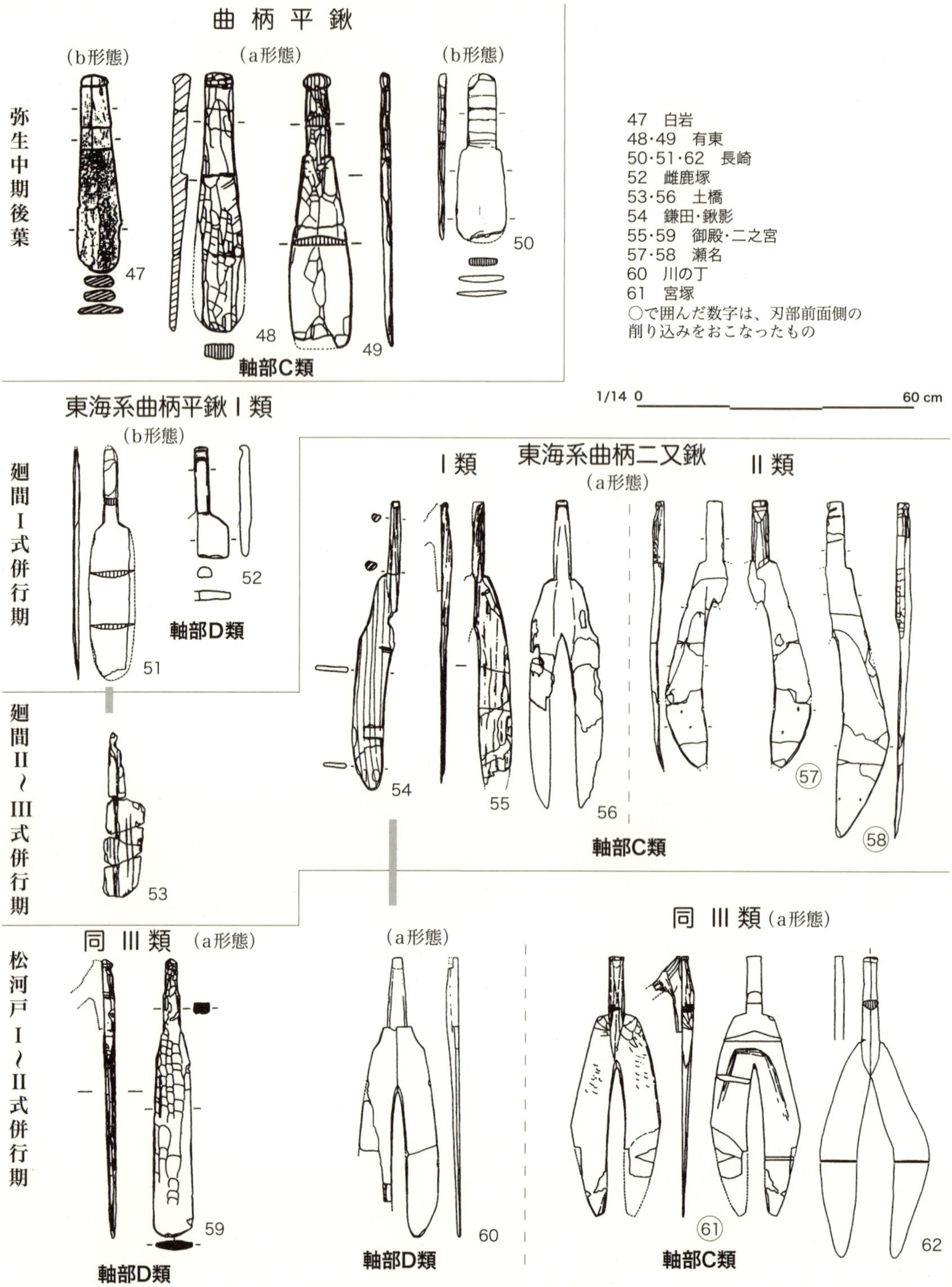
曲柄平鍬
（b形態）
（a形態）
（b形態）
弥生中期後葉
47
48
49
50
軸部C類
47　白岩
48・49　有東
50・51・62　長崎
52　雌鹿塚
53・56　土橋
54　鎌田・鍬影
55・59　御殿・二之宮
57・58　瀬名
60　川の丁
61　宮塚
○で囲んだ数字は、刃部前面側の
削り込みをおこなったもの
1/14 0
60 cm
東海系曲柄平鍬 I 類
（b形態）
廻間 I 式併行期
51
52
軸部D類
東海系曲柄二又鍬
I 類
（a形態）
II 類
54
55
56
57
58
軸部C類
廻間 II ～ III 式併行期
53
同 III 類（a形態）
松河戸 I ～ II 式併行期
59
軸部D類
（a形態）
60
軸部D類
同 III 類（a形態）
61
62
軸部C類

図6　静岡県中・東部 曲柄鍬編年表 -1（S=1/14）

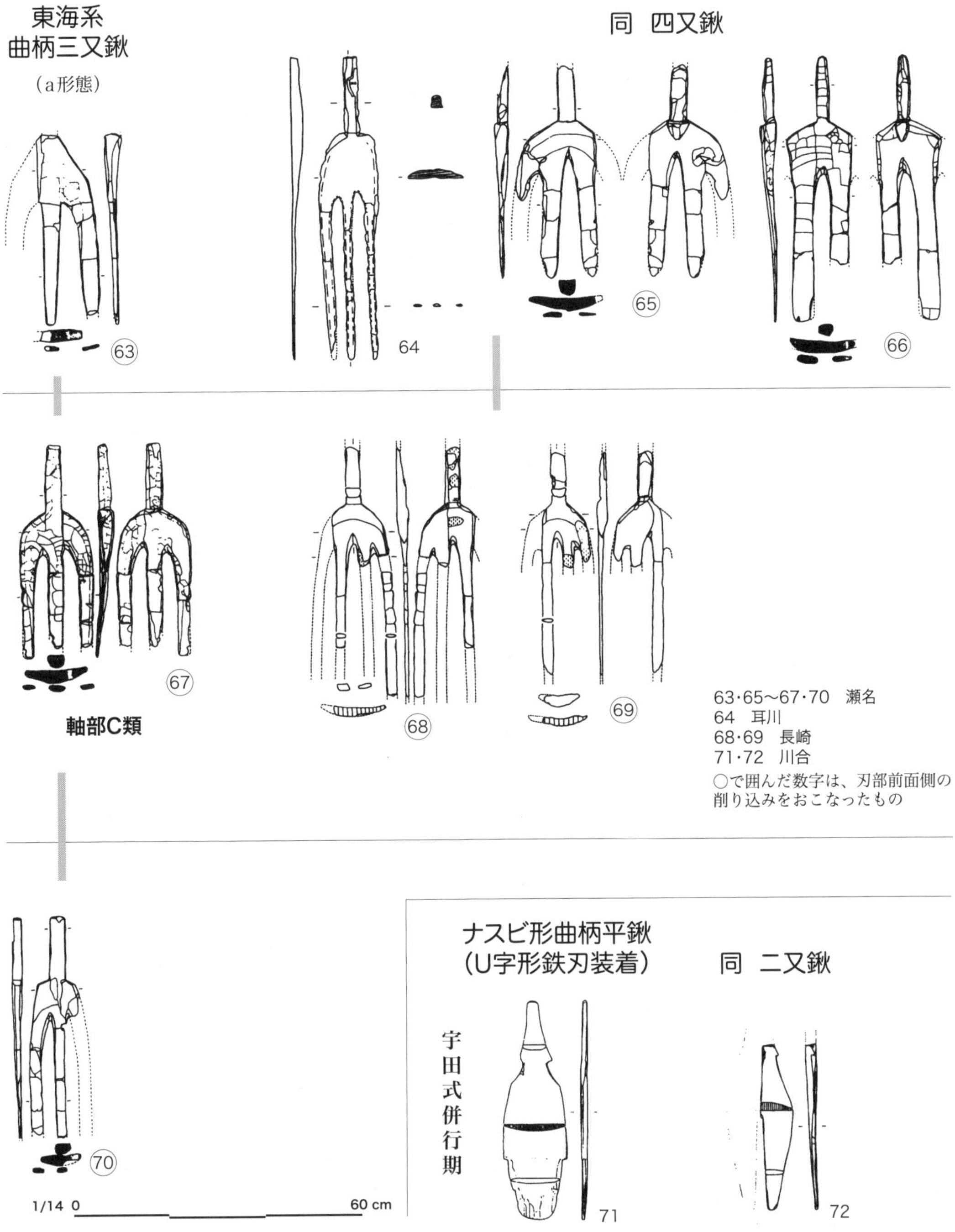

図7　静岡県中・東部 曲柄鍬編年表 -2（S=1/14）

廻間Ⅱ～Ⅲ式併行期　平鍬が減少し、東遠江（袋井市土橋遺跡）出土の 53（Ⅰ類）のみとなる。その一方で、前段階にはほとんどみられなかった二又鍬が増え、一定量出土するようになる（54～58）。多又鍬も相変わらず多い（67～69）。二又鍬は東遠江でⅠ類（54～56）、駿河ではⅡ類（57・58）が主体を占める。軸部形態は前段階のＤ類が一掃され、すべてＣ類に属する（54～58・67）。57・58・67～69 はいずれも刃部前面側を削り込んでいる。67 は前段階の 63 に比べて肩部のつくりが丸くなっている。

松河戸Ⅰ～Ⅱ式併行期　平鍬は依然として少なく、59 のみである。53 に比べて刃部が幅狭で長大化し、Ⅲ類に属する。軸部は一応Ｄ類とするが、Ｃ類に近い形態である。二又鍬は東遠江でⅠ類が残る（60）一方、駿河ではⅢ類に移行する（61・62）。60 は軸部形態もＤ類で刃部後面側の削り込みも比較的しっかりとしており、この時期としては古い要素をもつ。61・62 の軸部はＣ類で、61 は刃部前面側を削り込む。また、この段階になると多又鍬が極端に減少するようになる。70 も刃部前面側を削り込んでいる。

宇田式併行期　伊勢湾地方と同様に東海系曲柄鍬が姿を消し、Ｕ字形の鉄刃を装着するナスビ形平鍬（71）と二又鍬（72）が主体を占めるようになる。ただし、刃部に透かしが入る例や二又状になる例は現在のところ確認されていない。

（2）　南関東の状況（図８・９）

神奈川県（池子遺跡）・東京都（石川天野遺跡）・千葉県（常代・国府関・五所四反田遺跡）からの出土例がある。逗子市池子遺跡からは弥生中期後葉と廻間Ⅱ式併行期、茂原市国府関遺跡からは廻間Ⅱ式併行期に属する膨大な量の木製品が出土している。

弥生中期後葉　曲柄平鍬（73）・二又鍬（74）がある。うち、73 は軸部がＡ類で、なおかつ中央の突起が非常に幅狭であり、浜松市角江遺跡例（4）に酷似している。あるいは、伊勢湾東岸部（西遠江）からの搬入品である可能性も考えられる。

廻間Ⅱ式併行期　東海系平鍬（75～81）・二又鍬（88～97）・四又鍬（82・83）がある。平鍬はⅠ類（75～78）とⅡ類（79～81）に分けられる。Ⅰ類はさらに軸部形態でＣ類（75・76）、Ｄ類（77・78）に、Ⅱ類もＣ類（79・80）とＥ類（81）に分かれる。このうち特にⅠ類の平面形態は静岡県中・東部からの出土例（51・52）よりも伊勢湾地方のもの（８～12）により近いようにおもわれる。ただし、刃部の削り込みをおこなう面としては前面側（75・78～81）が後面側（76・77）よりも圧倒的に多く、製作技法の点では伊勢湾地方よりも静岡県の特に東部（駿河）からの強い影響が認められる。二又鍬は、刃部最大幅が下端近くにくるⅡ類であるが、Ⅰ類の特徴である肩部の削り込みも丁寧におこなう点に特徴があり、これは後述する東北中部の二又鍬にも受け継がれている。軸部形態は平鍬同様、Ｃ類（88～92）、Ｄ類（93～95）、Ｅ類（96・97）がある。刃部削り込みの面は 91・92 のみが後面側で、他はすべて前面側である。四又鍬の軸部形態は 82 がＤ類で 83 がＥ類。いずれも刃部前面側を削り込んでいる。

宇田式併行期　伊勢湾地方や静岡県中・東部では、すでにＵ字形鉄刃を装着するナスビ形曲柄鍬に転換しているこの時期にいたっても、依然として東海系曲柄鍬が優勢である。器種としては平鍬（84・85）、二又鍬（98・103）、多又鍬（86・87）がある。84 は平鍬Ⅰ類で、軸部はＣ類。85 は刃部中央に縦方向のスリット状の透かしが入る。これについては後ほど詳述するが、長野県北部に分布域の中心があり、北関東をへて南関東に流入してきたと考えられる。二又鍬の刃部形態は基本的にⅡ類だが、廻間Ⅱ式段階のものに比べて極度に肥大化している。軸部は101がC類で99はE類である。多又鍬のうち、86は肩部を強く削り込む古い技法をもち、刃部前面側を削り込む。87の軸部はC類である。この地域から東海系曲柄鍬が消え、ナスビ形曲柄鍬に変わるのは6世紀以降のことである。

(3)　**長野県北部**（図10～12）

長野県内で木製農耕具が時期的に継続して出土する地域は、善光寺平周辺の長野県北部（中野市七瀬遺跡、長野市石川条里遺跡・榎田遺跡など）に限られる。最近では諏訪湖周辺や伊那谷においても木製農耕具の出土例があり、長野県中・南部の様相も徐々にあきらかになりつつある。

弥生中期後葉　この段階から曲柄平鍬の出土が認められる（104～107）。うち、104～106はいずれも軸部がC類で、東三河～静岡県域との関連が想定できる。104の刃部はナデ肩で、刃部長が約37cmとこの時期としてはきわめて大型である。

廻間Ⅱ式併行期　東海系平鍬（108～112）・二又鍬（120～126）があり、刃部形態はそれぞれⅠ類とⅡ類に分けられる。平鍬Ⅰ類（108・109）は肩部を意識して斜めに削り込んでいる。側面形はきわめて扁平なb形態に属する。108の軸部は段をつけて先端を細く尖らせており、D～F類のいずれにもあてはまらない。平鍬Ⅱ類（110・111）も扁平なb形態である。110の軸部はE類だが、溝幅が広く浅い。112は平鍬の下端を二又状にして、両側面に段をつけている。おそらくは両端を折り曲げた方形の鉄刃を装着するための細工であろう。この地域以外の東日本では宮城県で2例確認されているのみである。二又鍬Ⅰ類（120～123）は刃部下端まで遺存していないが、同Ⅱ類（124～126）に較べて肩部を明瞭につくっており、刃部幅もほぼ一定である。軸部形態はC類（120）、D類（121）、E類（122）がある。123は刃部前面側を明瞭に削り込むこの地域では唯一の例である。二又鍬Ⅱ類には又部を方形に抉り込む例（124）と一般的なスリット状のもの（125・126）がある。いずれも肩部を省略した下ぶくれの刃部である。この地域の東海系平鍬・二又鍬はともに南関東からの出土例などと比較すると、平面形態や軸部の溝の刻み方など、伊勢湾地方のものとは異質な点が多いことを指摘しておきたい。

廻間Ⅲ式併行期　この地域ではすでに廻間Ⅲ式段階にはナスビ形曲柄鍬の流入が認められ、平鍬のすべて（113～115）と、二又鍬の約半数（127～129）がナスビ形に置き換えられる。この段階から南関東ですでに述べた刃部にスリット状の透かしをもつナスビ形平鍬（115）が出現する。これについて筆者は旧稿（樋上1993・1994）で、北陸からの影響とみたが、時期的にはこの長野市石川条里遺跡からの出土例が最も古く、しかもこれ以降、宇田式併行期にいたるまで数を増やしつつ継続してみられることから、このスリット状の透かしはこの地域を起源とすることに改めたい。また、前段階には東海系平鍬Ⅱ類の先端を加工して装着されていた方形の鉄刃は、この時期にはナスビ形二又鍬（116）の先端に装着されるようになる。ただしこの一例のみで、116以外の二又鍬にはその痕跡は認められない。さらに二又鍬にはナスビ形と東海系（132～134）の折衷型とみられる軸部形態（130・131）が現われる。ただし、ナスビ形二又鍬の刃部形態は、基本的に前段階の東海系Ⅱ類を踏襲しており、近畿地方や北陸地方のナスビ形曲柄鍬の形態をそのまま受け入れたものではないことはきわめて重要である。ナスビ形三又鍬はこの時

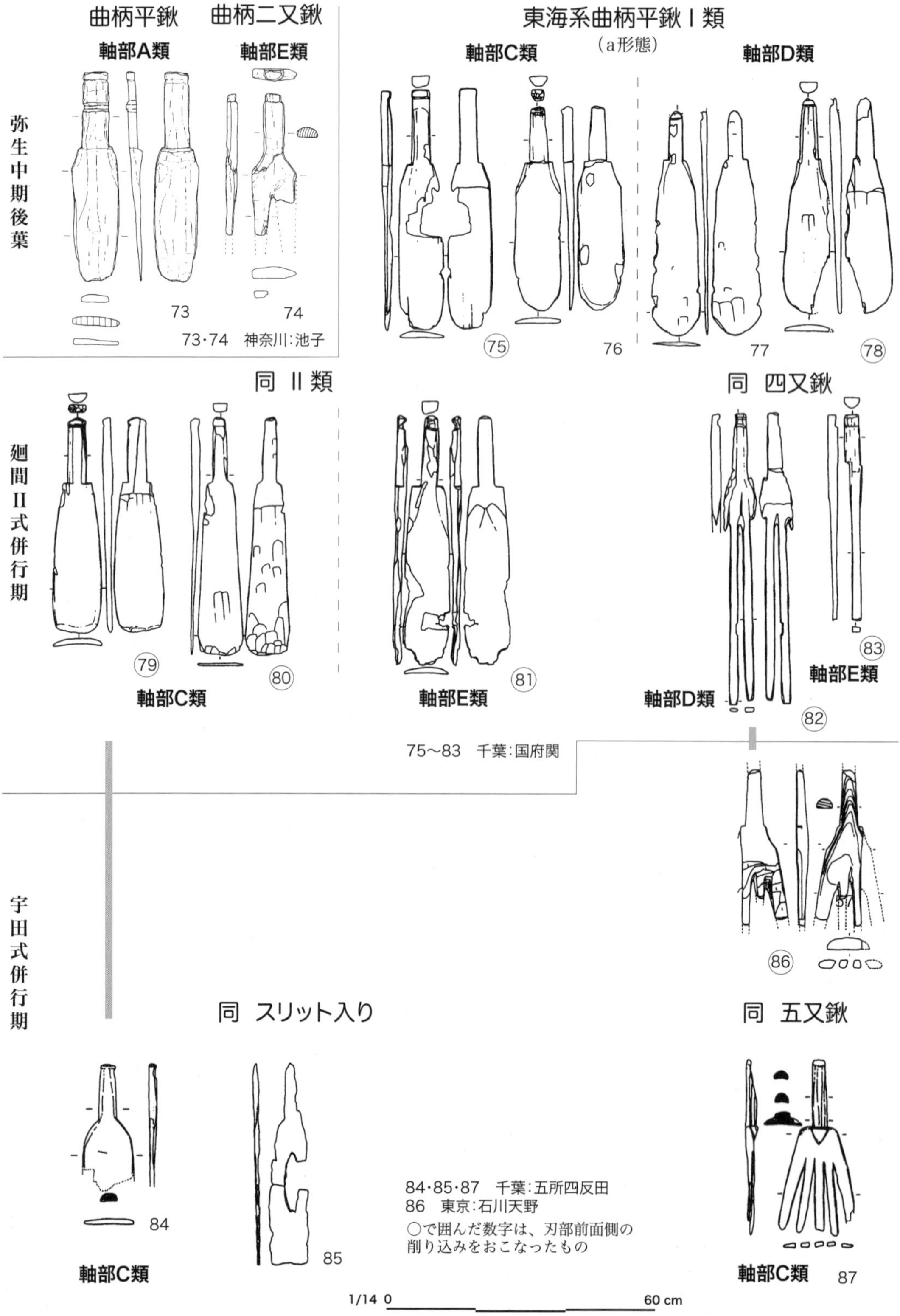
曲柄平鍬　曲柄二又鍬
軸部A類
軸部E類
東海系曲柄平鍬Ⅰ類
（a形態）
軸部C類
軸部D類
弥生中期後葉
73
74
73·74　神奈川：池子
75
76
77
78
同 Ⅱ類
同 四又鍬
廻間Ⅱ式併行期
79
80
81
82
83
軸部C類
軸部E類
軸部D類
軸部E類
75～83　千葉：国府関
宇田式併行期
86
同 スリット入り
同 五又鍬
84
85
84·85·87　千葉：五所四反田
86　東京：石川天野
○で囲んだ数字は、刃部前面側の削り込みをおこなったもの
軸部C類
軸部C類
87
1/14 0
60 cm

図８　南関東 曲柄鍬編年表 -1（S=1/14）

東海系曲柄二又鍬 II 類

（a形態）

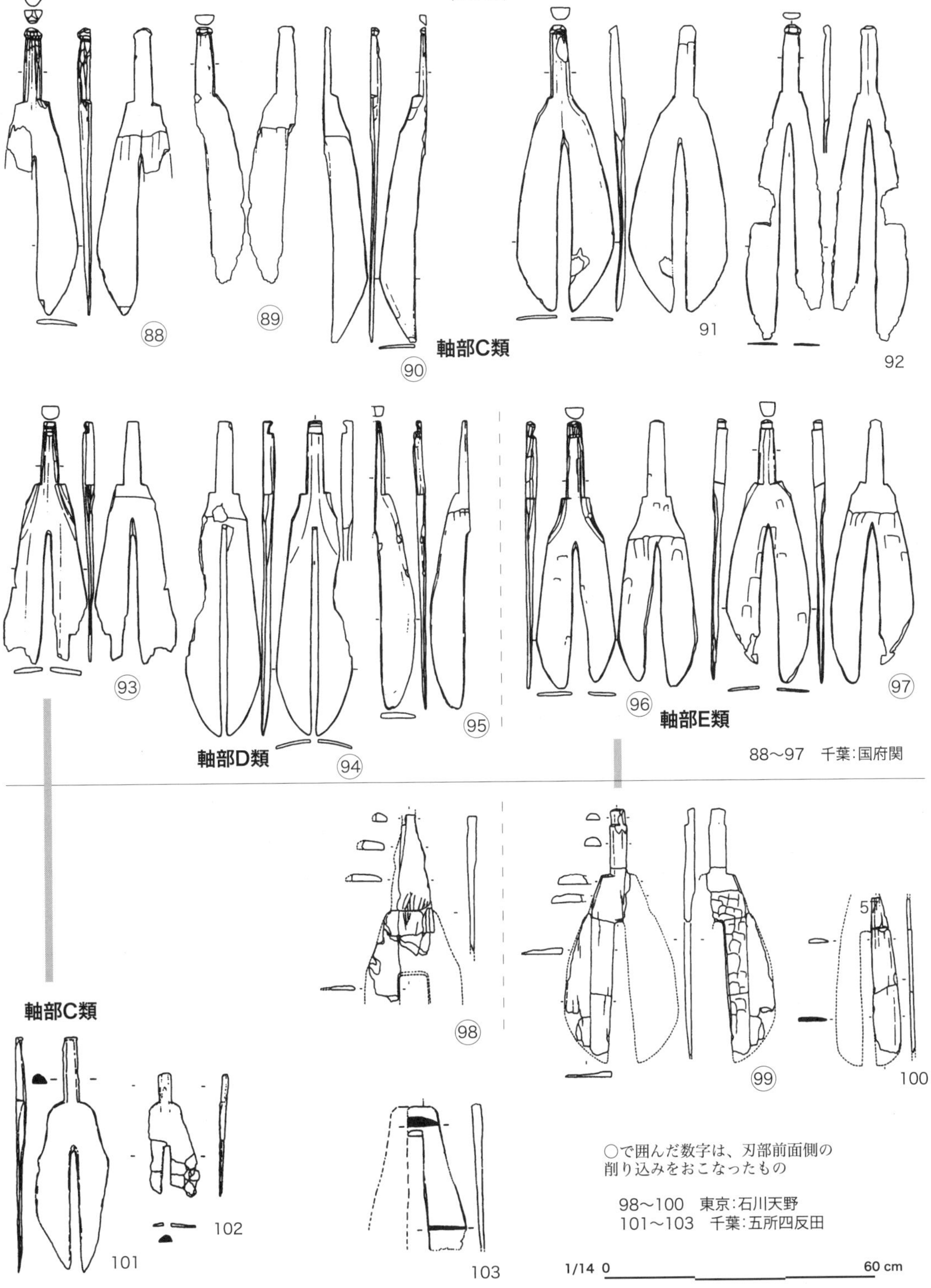

図 9　南関東 曲柄鍬編年表 -2（S=1/14）

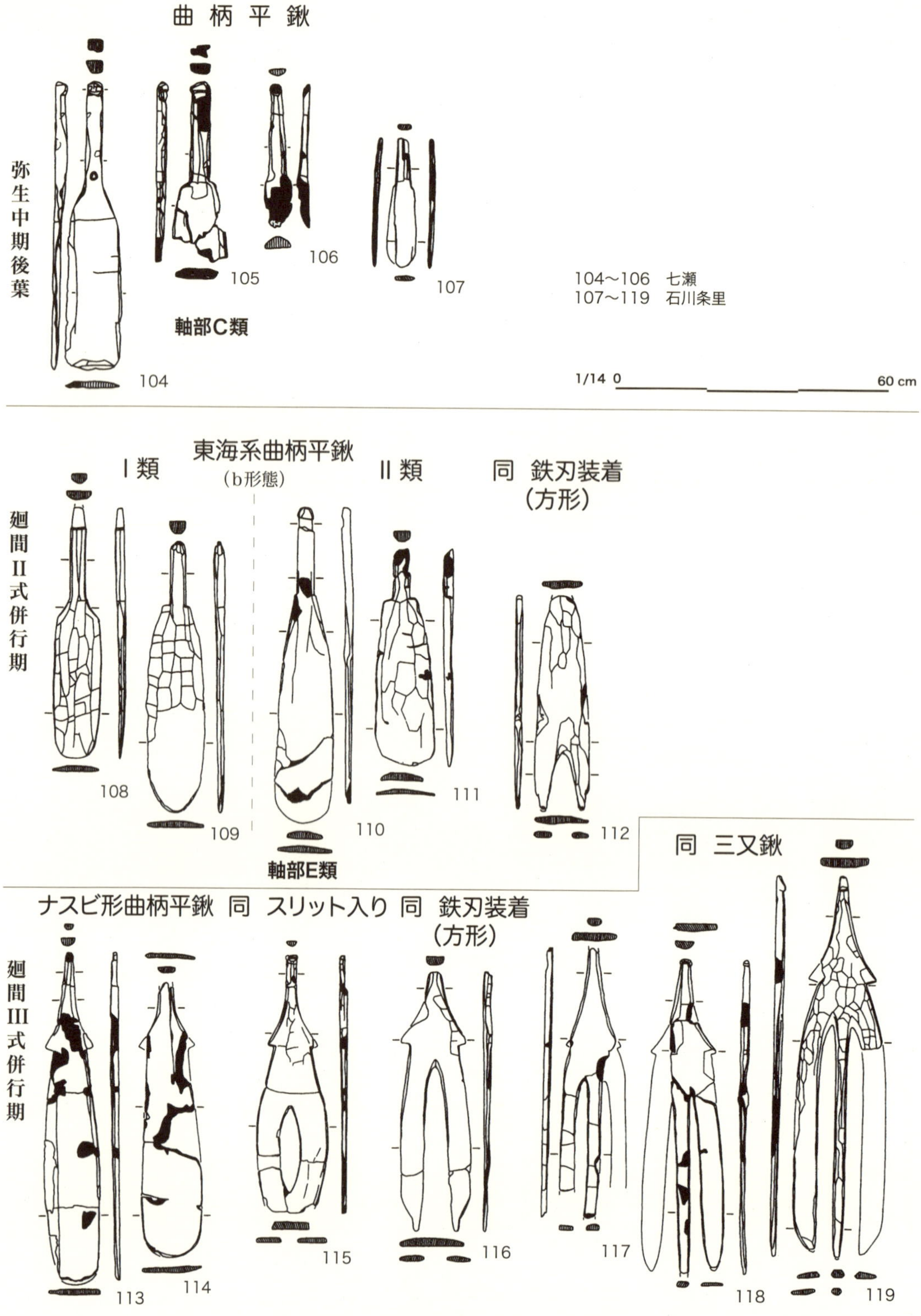

図 10　長野県北部 曲柄鍬編年表 -1（S=1/14）

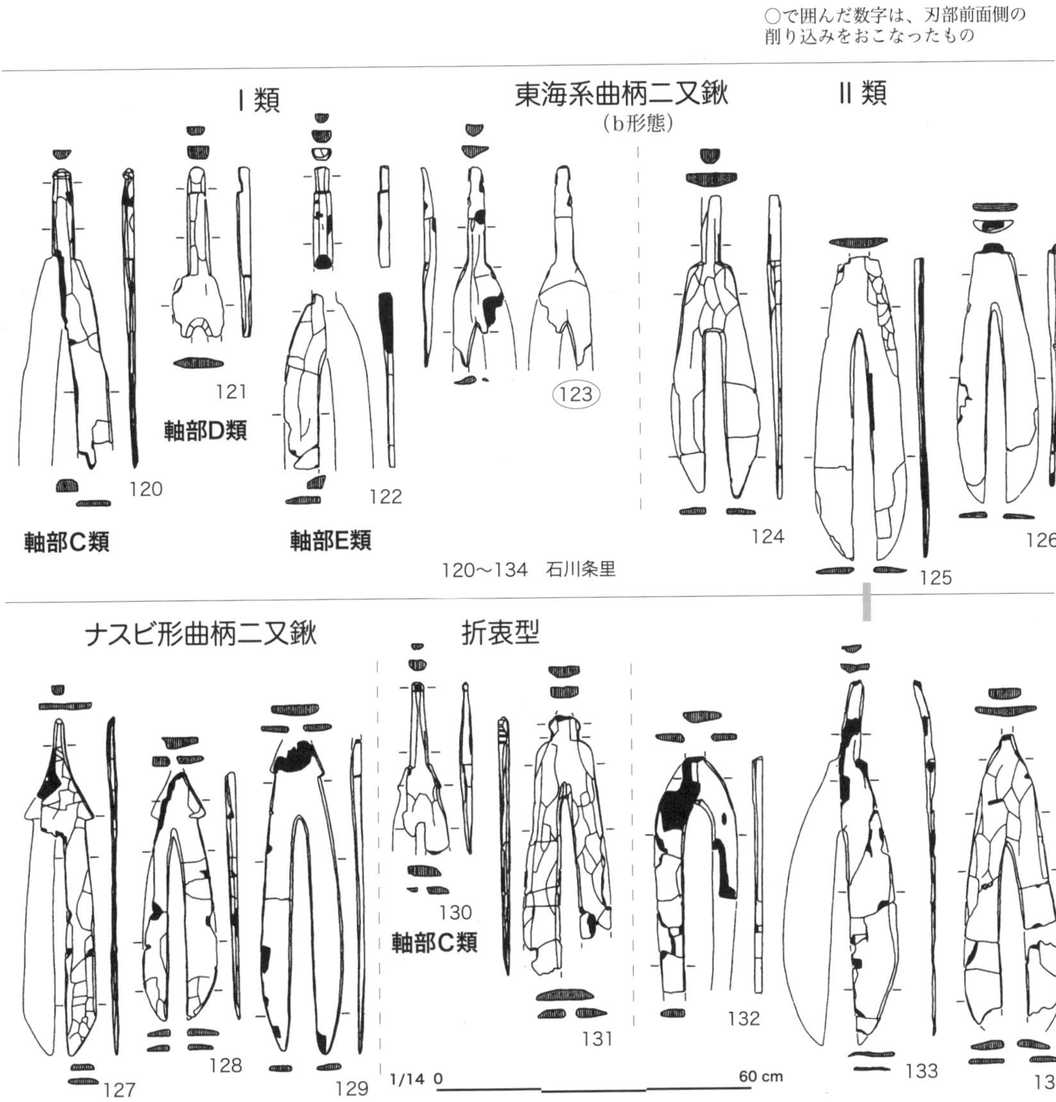

図11 長野県北部 曲柄鍬編年表 -2（S=1/14）

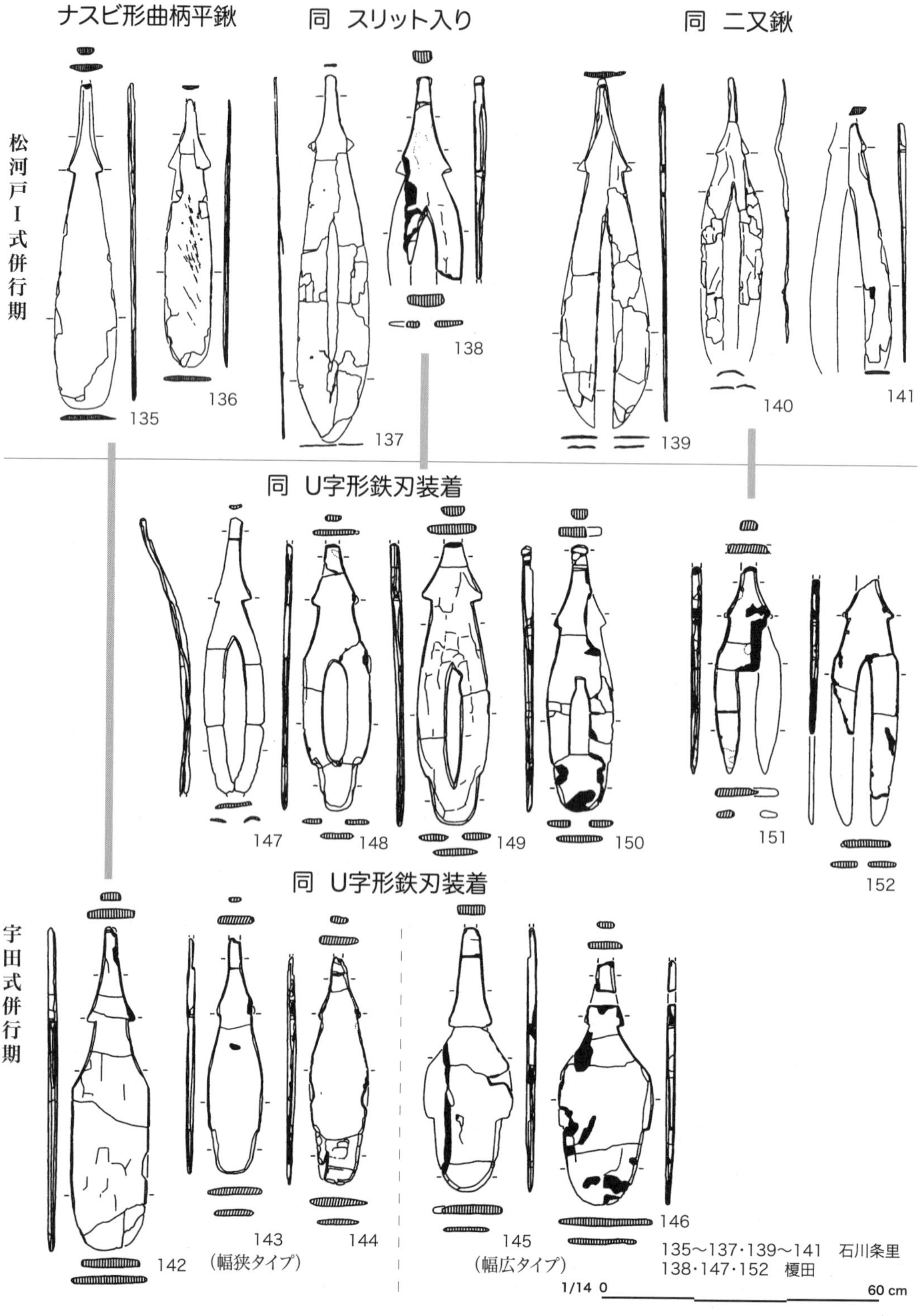

図 12 長野県北部 曲柄鍬編年表 -3（S=1/14）

期のみ認められる。

松河戸Ⅰ式併行期　この段階には東海系曲柄鍬は完全にその姿を消し、ナスビ形平鍬（135・136)、同スリット入り（137・138)、同二又鍬（139～141）のみとなる。二又鍬の刃部形態は依然として東海系Ⅱ類の系譜を引いている。

宇田式併行期　この時期には二又鍬の量が減少し（151・152)、平鍬には一例（142）を除くすべてにU字形鉄刃が装着されるようになる（143～150)。

(4)　北関東（図13～16)

北関東では、群馬県からの出土例が多く、特に新保遺跡は複数の時期にわたっており、農耕具の形態・組成の変遷が確認できる良好な資料である。また、豪族居館として著名な三ツ寺Ⅰ遺跡の周濠のほか、日高遺跡、元総社寺田遺跡、埼玉県小敷田遺跡からも時期の限定できる資料が出土している。

弥生後期（廻間Ⅰ式併行期）　この地域では弥生Ⅴ期から曲柄鍬の出土が認められる。器種は平鍬（153～158）と二又鍬（170・171）がある。平鍬の刃部は肩部をもち､刃部幅がほぼ一定で、東海系Ⅰ類に似ているが、軸部の断面が長方形を呈する点で大きく異なるため、在地系と判断している。軸部はC類（153）のほか、F類（154・155)、G類（156・157）があり、この点でも他地域（静岡県中・東部や長野県北部の弥生Ⅳ期）とは異なる。二又鍬も刃部の幅が比較的広く、伊勢湾地方の弥生Ⅲ～Ⅳ期のものとは形態的に異質である。

廻間Ⅱ式併行期　この時期から東海系曲柄鍬が出土するようになる。159・160は平鍬Ⅰ類、162・163は破片ではあるが、二又鍬Ⅰ類に分類できる。また、三又鍬もみられる（172・173)。軸部が遺存する159・172ともにD類で、特に159は刃部後面側の削り込みもしっかりとおこなわれており、伊勢湾地方のものと較べても遜色がない。162も刃部後面側の削り込みが確認できる。ただし、在地系の平鍬（161）もこの時期まで残っていることを付記しておく。

廻間Ⅲ式併行期　この時期になると、平鍬（164・165）は刃部幅がやや狭くなるが、依然としてⅠ類が残る。二又鍬もやはりⅠ類が主体だが（166～168)、Ⅱ類（169）も新たに加わるようになる。二又鍬は四例とも刃部後面側を削り込むが、小敷田遺跡出土の四又鍬（176・177）のみは前面側を削り込んでいる。軸部形態はC類（164・166)、D類（169・177)、E類（165)、F類（167）とバラつくようになる。また、この段階からナスビ形二又鍬（174・175）が出土するようになるが、笠部の矮小化した形態など、長野県北部の例と比べてもかなり異質な点が多い。

松河戸Ⅰ式併行期　この段階まで平鍬Ⅰ類（178）が残る一方、新たにⅡ類（179・180)・Ⅲ類（181）が現われる。Ⅱ類の平面形態は伊勢湾地域のものを忠実に写しているが、180は刃部前面側を削り込んでおり、静岡県東部あるいは南関東との関連を想起させる。なお、180の軸部はE類に属する。また、平鍬Ⅲ類は長野県北部や南関東でも確認されておらず、時期的にも伊勢湾地方とほとんど差がないことから、伊勢湾地域あるいは静岡県中部とこの地域の間で依然として情報の交流があったことがわかる。182は刃部にスリット状の透かしが入る平鍬で、軸部はC類である。長野県北部からの影響が認められる。さらに183は軸部に方形柄孔をもつ北陸系のナスビ形二又鍬である。しかし、笠部がきわめて低い位置に設けられており、柄孔もやや斜めに向

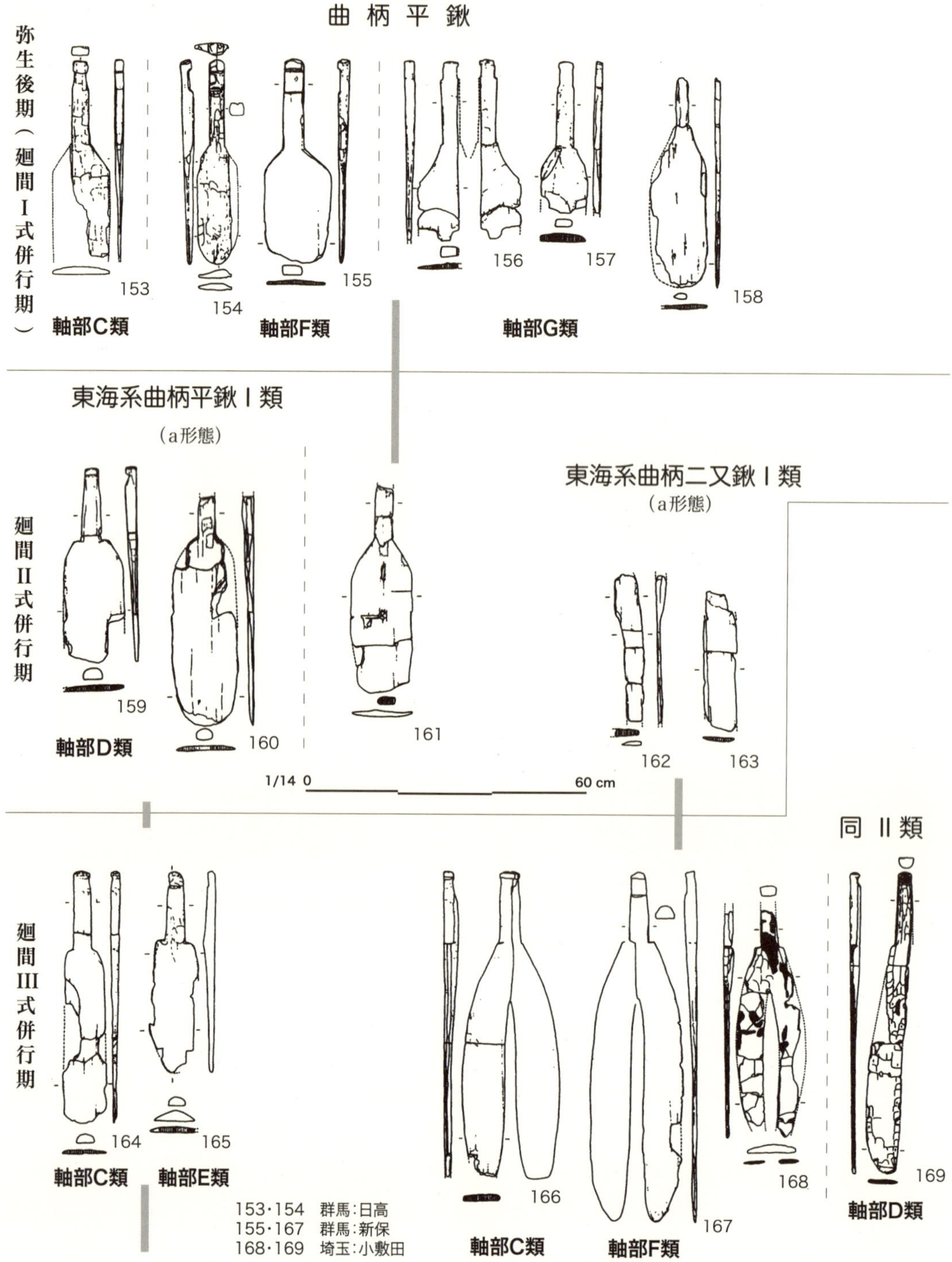
曲柄平鍬
弥生後期（廻間I式併行期）
153
154
155
156
157
158
軸部C類
軸部F類
軸部G類
東海系曲柄平鍬 I 類
（a形態）
廻間II式併行期
159
160
161
軸部D類
東海系曲柄二又鍬 I 類
（a形態）
162
163
1/14 0
60 cm
同 II 類
廻間III式併行期
164
165
166
167
168
169
軸部C類
軸部E類
153・154 群馬:日高
155・167 群馬:新保
168・169 埼玉:小敷田
軸部C類
軸部F類
軸部D類

図13 北関東 曲柄鍬編年表-1（S=1/14）

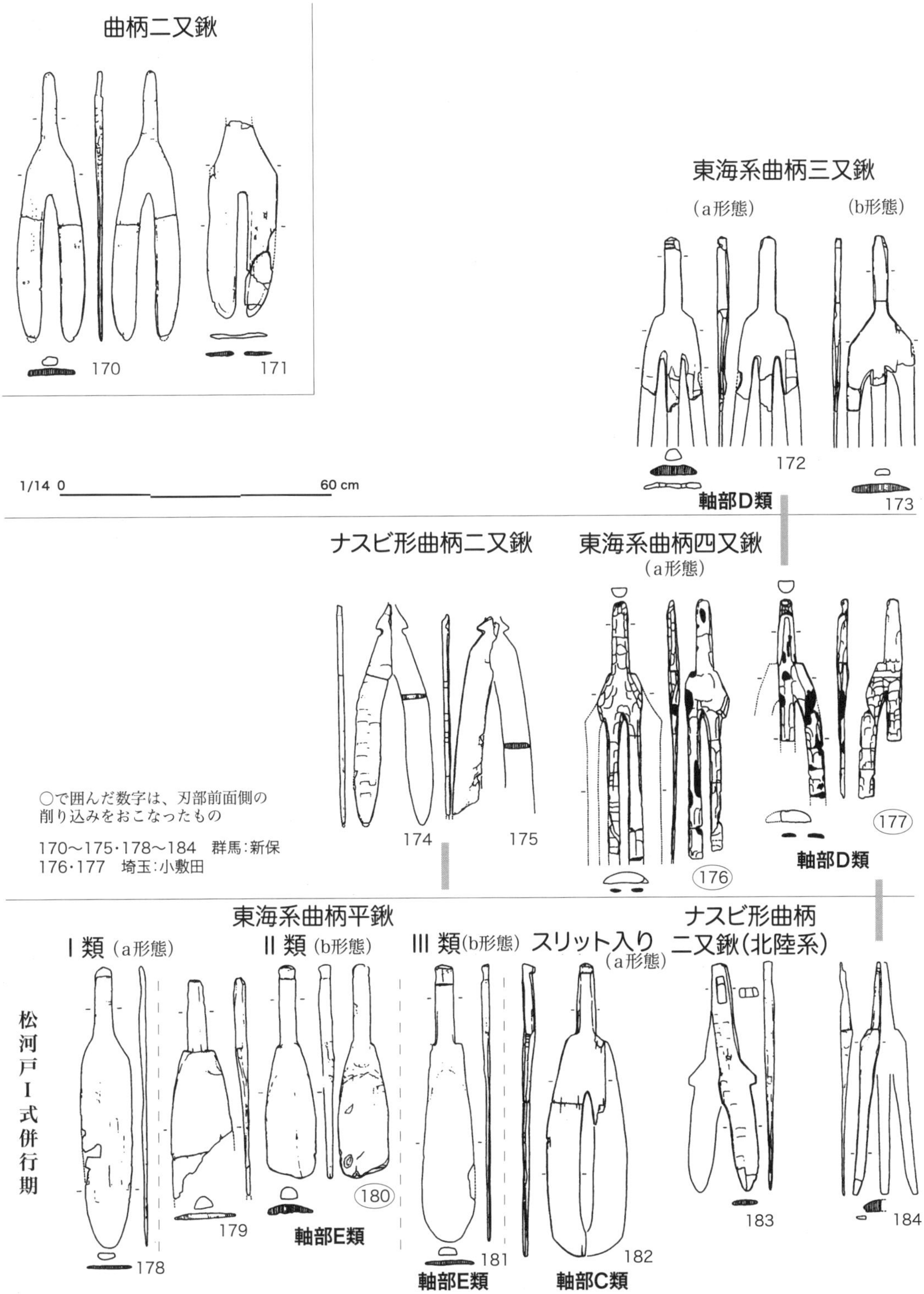

曲柄二又鍬
170
171
1/14 0
60 cm
東海系曲柄三又鍬
(a形態)
(b形態)
172
173
軸部D類
ナスビ形曲柄二又鍬
東海系曲柄四又鍬
(a形態)
○で囲んだ数字は、刃部前面側の
削り込みをおこなったもの
170〜175･178〜184　群馬:新保
176･177　埼玉:小敷田
174
175
176
177
軸部D類
東海系曲柄平鍬
Ⅰ類（a形態）
Ⅱ類（b形態）
Ⅲ類（b形態）
スリット入り
（a形態）
ナスビ形曲柄
二又鍬(北陸系)
松河戸Ⅰ式併行期
178
179
180
軸部E類
181
軸部E類
182
軸部C類
183
184

図14　北関東 曲柄鍬編年表 -2（S=1/14）

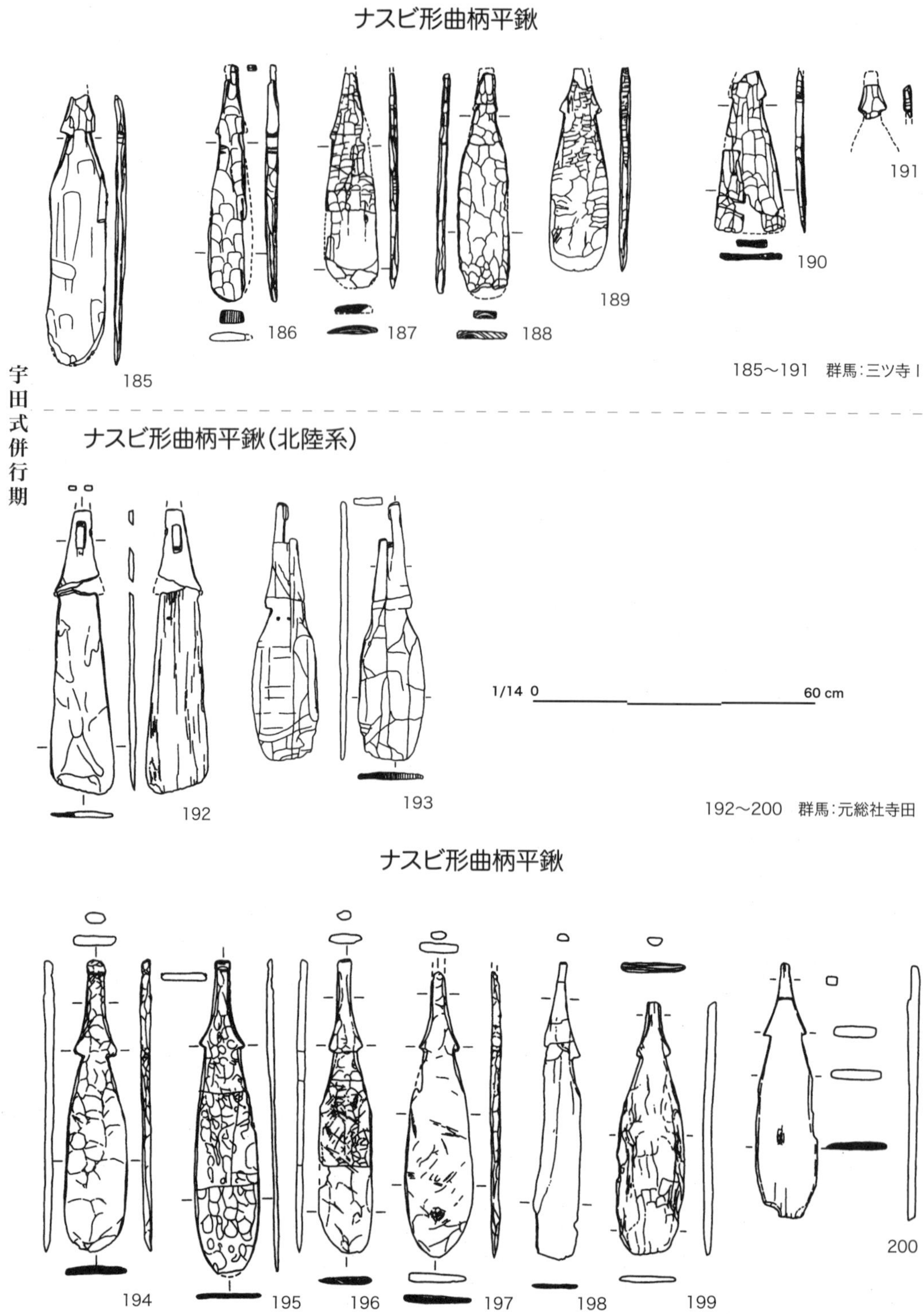

図 15　北関東 曲柄鍬編年表 -3（S=1/14）

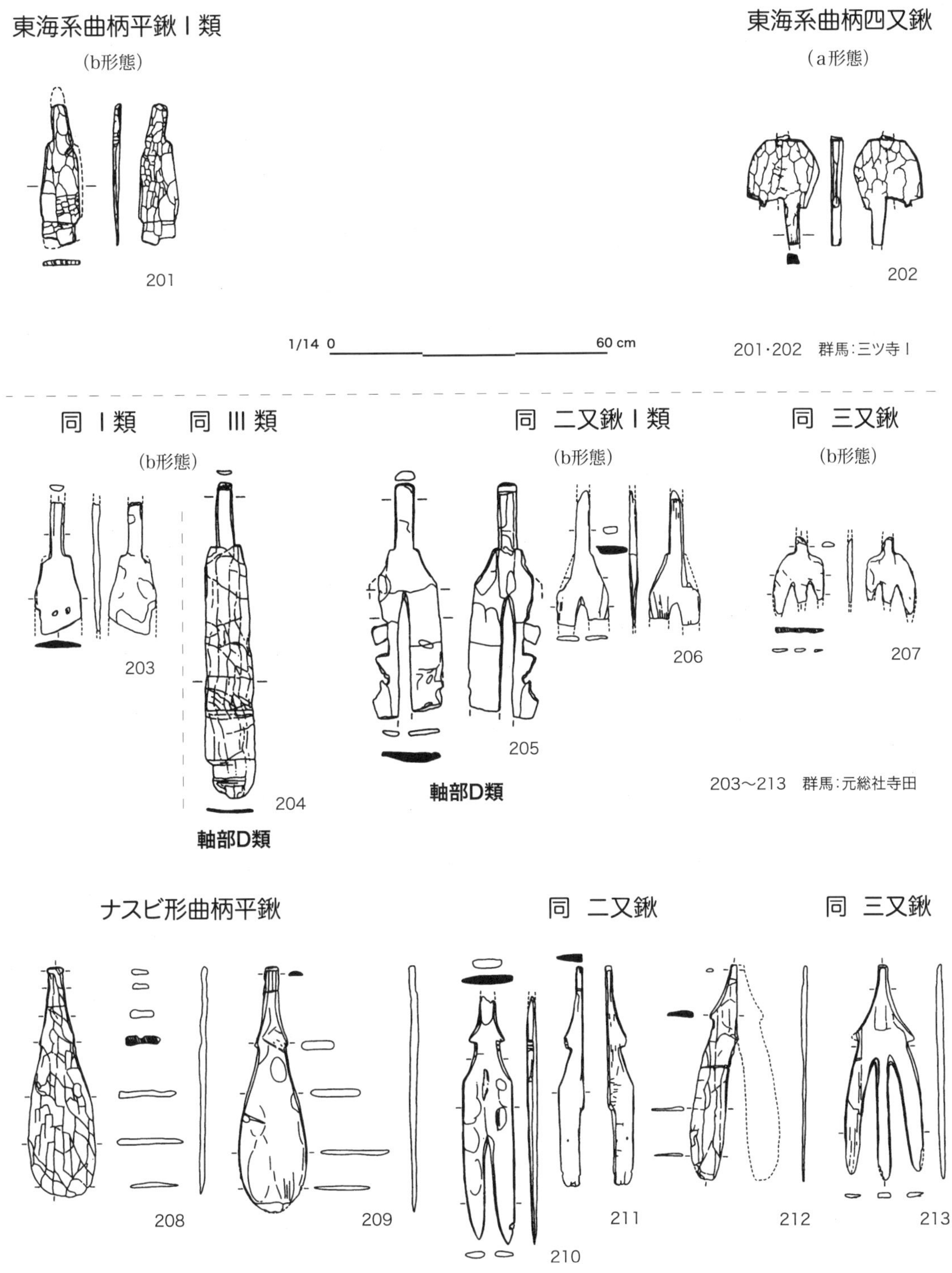

図16　北関東 曲柄鍬編年表 -4（S=1/14）

くなど、やはり北陸地方の例と較べると異質な点が多い。184は東海系の三又鍬である。
宇田式併行期　この時期に属する資料としては、前述のように三ツ寺Ⅰ遺跡と、元総社寺田遺跡がある。三ツ寺Ⅰ遺跡からはナスビ形平鍬（185～191）が圧倒的に多く、それに若干の東海系平鍬（201）・四又鍬（202）が混じる。ただし、ナスビ形平鍬にはいずれもU字形鉄刃を装着した痕跡はみられない。一方、元総社寺田遺跡はナスビ形平鍬（194～200・208・209）・二又鍬（210～212）・三又鍬（213）のほか、東海系平鍬（203・204）・二又鍬（205・206）・三又鍬（207）と北陸系ナスビ形平鍬（192・193）が混在しており、松河戸Ⅰ式期の新保遺跡ときわめてよく似た状況を示している。東海系平鍬のうち203はⅠ類（204はⅢ類）、二又鍬は二例ともにⅠ類で、軸部形態は204・205ともにD類と、きわめて古い要素を残している点は注目に値する。南関東で述べたように、この段階にはすでに伊勢湾地方でもナスビ形曲柄鍬に転換しているにもかかわらず、北関東では依然として古い時期からの東海系曲柄鍬の形態が忠実に維持されていた。

(5)　**東北中部**（図17・18上段）

東北中部は宮城県内で、仙台市中在家南遺跡や押口遺跡など、良好な資料が出土している。最近では山形県内でも資料が増えつつある[4)]。
廻間Ⅲ～松河戸Ⅱ式併行期　東海系平鍬Ⅰ類（214～218）、二又鍬Ⅰ類（228・229）・同Ⅱ類（230）、三又鍬（231）、ナスビ形二又鍬（232）がある。平鍬の軸部形態にはC類（215）とD類（216）がある。なかでも216は軸部のほぼ中央に円形の柄孔があり、当初は直柄平鍬であったものを曲柄平鍬に転用したことがわかるきわめて珍しい例である。217・218は長野県北部の116と同様に、二又鍬Ⅰ類の先端に加工を施して方形の鉄刃を装着した平鍬である。218の軸部は現状ではC類だが、軸部長そのものが10.5cmと極端に短いために、当初異なる軸部形態を再加工によってC類に改めた可能性が高い。二又鍬・三又鍬の軸部形態にはC類（228）、D類（229）、E類（230・231）がある。このなかで特に230は肩部から刃部にかけての平面形が、南関東における国府関遺跡の96などと酷似している点が注目される。しかも、この地域の東海系曲柄鍬のほとんどが刃部前面側に削り込みを施している（215・216・218・228～231）ことを重ね合わせると、東北中部と南関東の二地域はきわめて強い関連で結ばれていたことがわかる。ただし、現状では国府関遺跡出土の二又鍬はすべてⅡ類に属するのに対して、中在家南・押口遺跡出土例はⅠ類が主体をなしているため、今後は南関東からⅠ類の刃部形態をもつ二又鍬が出土することに期待しておきたい。なお、ナスビ形二又鍬は現在のところ232の一例のみである[5)]。すでにみてきたように、この時期、南関東にはナスビ形曲柄鍬の出土例がなく、また北関東の資料（174・175）とも形態に類似性がないために、現状では北陸地方からの伝播としておく。
宇田式併行期以降　219～222は宇田式併行期よりも若干時期的には下がる可能性のある資料である。219～221はいずれもU字形鉄刃を装着するナスビ形平鍬である。笠部が突起状になる点に特徴があり、同様の形態は山形県の西沼田遺跡・嶋遺跡からの出土資料にもみられる。222は北陸系のナスビ形二又鍬である。前段階のナスビ形二又鍬と同じく日本海ルートからの伝播が想定できるが、北関東からの可能性も考えられる。

(6)　**奈良盆地東南部**（城島遺跡：図 17・18 下段）

最後に、近畿地方から、奈良県桜井市城島遺跡の出土資料をみていきたい。この遺跡は、調査担当者の清水真一によると、桜井茶臼山古墳の造営にともなうキャンプサイト的な性格とされている（清水 1999）。東海系・山陰系・河内系・近江系・北陸系など各地方からの土器とともに大量の土木具が出土している（223 〜 227・233 〜 240）。そのうち、223 〜 225 は東海系平鍬Ⅰ類にあたる。軸部形態にはＣ類（223）とＤ類（224・225）があり、いずれも板状のｂ形態に属する。出土土器の胎土分析によると、東海系のＳ字状口縁台付甕（以下、Ｓ字甕とよぶ）は奈良県の初瀬川流域の砂礫構成に酷似することが指摘されており（奥田 1991）、搬入品ではなく遺跡の周辺で製作されたことがわかる。おそらくは東海系平鍬も伊勢湾地方からもち運ばれたのではなく、この遺跡で製作されたのであろう。ただし、この遺跡の年代観に関しては、清水は４世紀前半頃とするが、赤塚によると廻間Ⅱ式期（３世紀前半頃）を下ることはないとのことである。

この城島遺跡以外に奈良盆地周辺では、田原本町唐古・鍵遺跡（弥生後期後半）、羽子田遺跡（廻間Ⅰ式併行期）、桜井市纒向石塚古墳（廻間Ⅰ式併行期）、榛原町谷遺跡（廻間Ⅰ式併行期）などから、東海系曲柄平鍬Ⅰ類が出土している。軸部はＥ類が多く、刃部の平面形に丸みがあることから、いずれも尾張系（勝川タイプ）ではなく、伊勢系（六大Ａタイプ）に属する。

４．刃部整形技法と軸部形態の変遷

本項では、これまでみてきた各地域の東海系曲柄鍬からいくつかの要素を抽出して、その地域差を整理する。

(1)　**刃部平面形態と整形技法**

まずは刃部の平面形態を比較する。すでに述べたように、伊勢湾地方の平鍬・二又鍬に最も近い形態をもつ地域は廻間Ⅱ式併行期の南関東と北関東、そして奈良盆地東南部である。南関東と東北中部の二又鍬も酷似している。また、平鍬・二又鍬Ⅲ類が出土する地域は伊勢湾・静岡県中部・北関東に限られ、長野県北部・南関東からは確認されていない。このことは、静岡県中部と北関東は、伊勢湾地方と松河戸Ⅰ式期段階にいたるまで継続して情報の交流があり、長野県北部と南関東はある時期からそれがなくなったとみることができよう。ただし南関東については、廻間Ⅲ式期以降の資料が乏しいためにまだ断定することはできない。

次に刃部の整形技法をみると、図 19-1 のように、伊勢湾・静岡県中部・長野県北部・北関東は後面側を削り込み、静岡県東部・南関東・東北北部は前面側を削り込む。ただし、南関東には後面側削り込みが、長野県北部・北関東には前面側削り込みが、それぞれ少数ではあるが認められる。単純に刃部の平面形態を似せることはさほど難しいことではないが、整形技法の共通性はある程度密接な交流がなければ生まれないことを考えれば、上記二地域にはそれぞれに人の動きをふくめた深い結びつきがあったことが想定できよう。

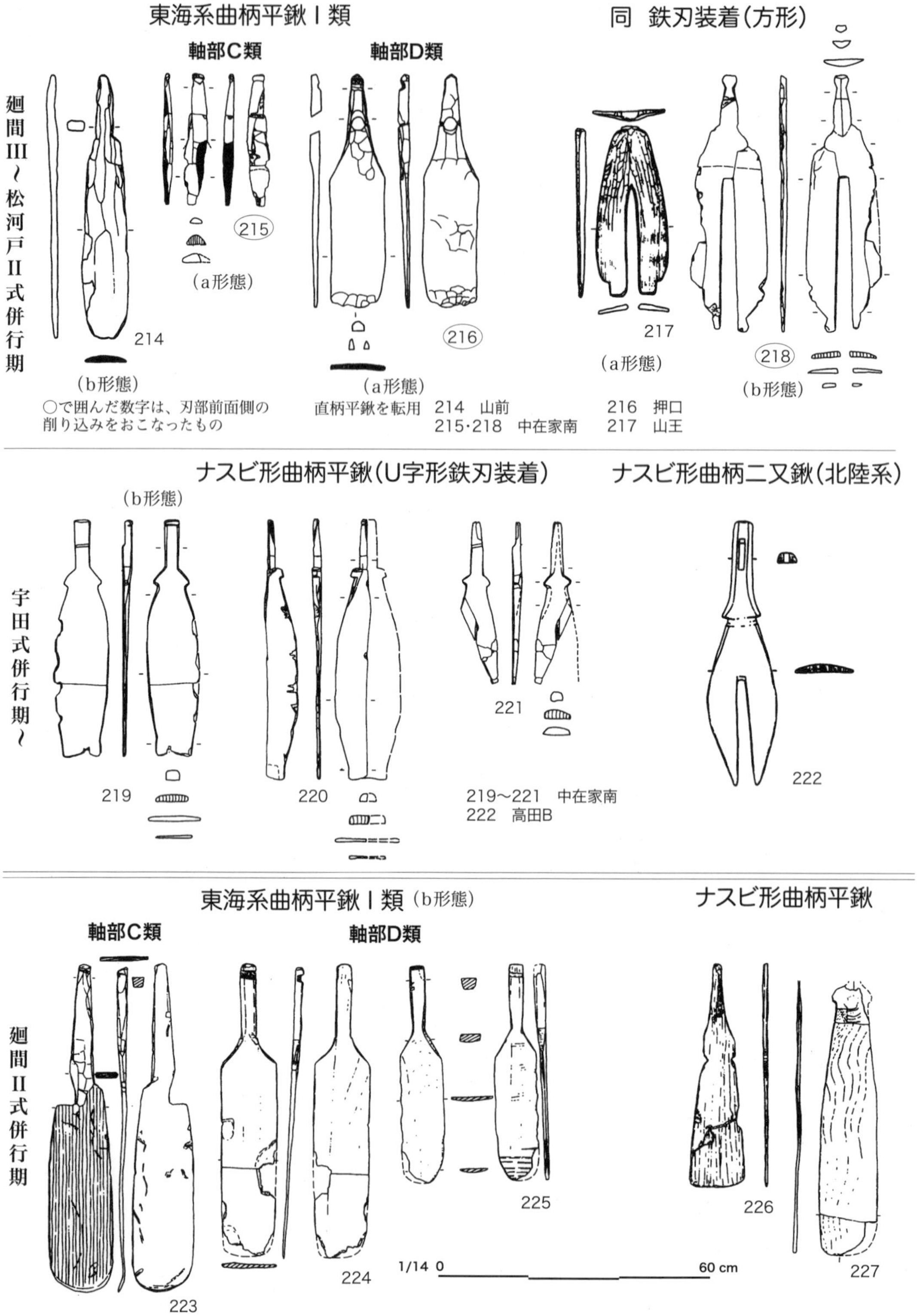
東海系曲柄平鍬Ⅰ類
同　鉄刃装着（方形）
軸部C類
軸部D類
廻間III～松河戸II式併行期
214
215
216
217
218
（a形態）
（b形態）
○で囲んだ数字は、刃部前面側の
削り込みをおこなったもの
直柄平鍬を転用　214　山前
215･218　中在家南
216　押口
217　山王
ナスビ形曲柄平鍬（U字形鉄刃装着）
ナスビ形曲柄二又鍬（北陸系）
宇田式併行期～
219
220
221
222
219～221　中在家南
222　高田B
東海系曲柄平鍬Ⅰ類（b形態）
ナスビ形曲柄平鍬
廻間II式併行期
223
224
225
226
227
1/14　0
60 cm

図17　東北中部（上）・奈良県城島（下）曲柄鍬編年表 -1（S=1/14）

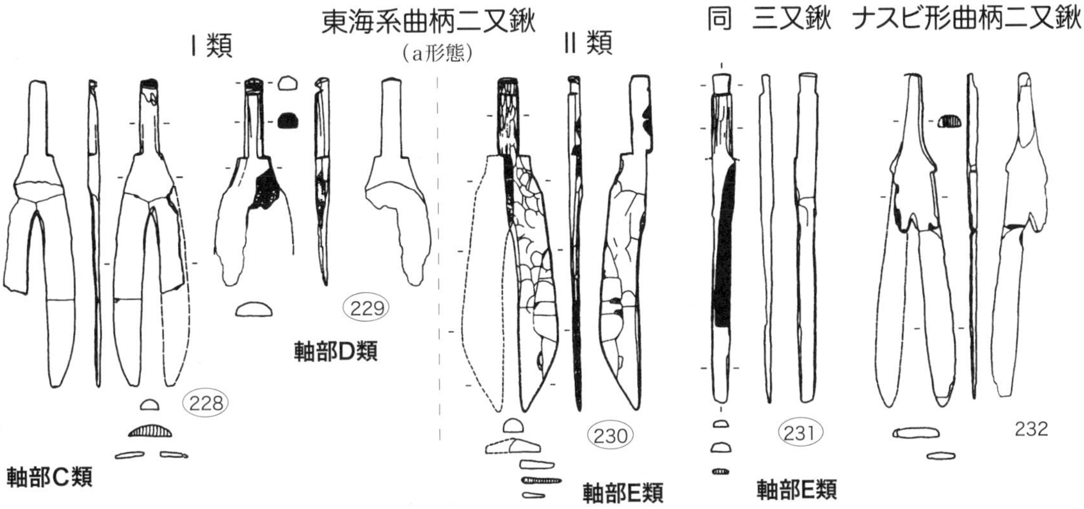

○で囲んだ数字は、刃部前面側の削り込みをおこなったもの

228・230・231　押口
229・232　中在家南

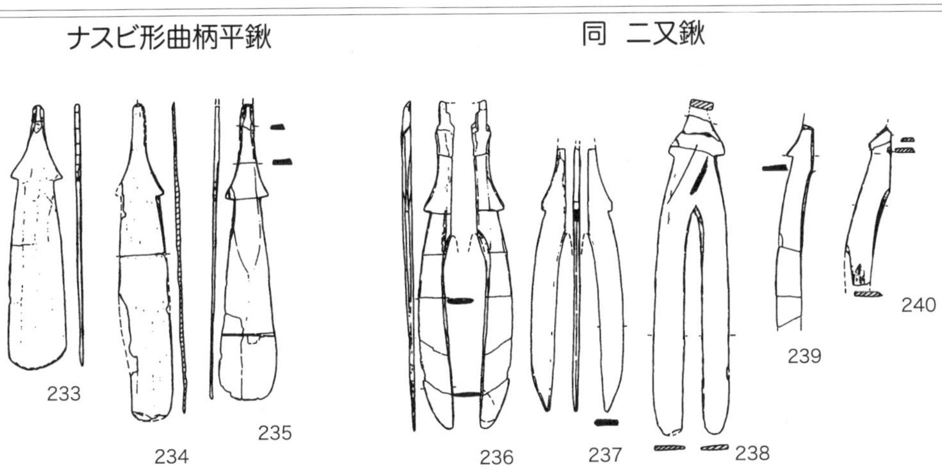

図 18　東北中部（上）・奈良県城島（下）曲柄鍬編年表 -2（S=1/14）

(2) 軸部形態の変遷と伝播

刃部平面形態と整形技法に加え、以下に述べる軸部形態の伝播についても同じことがいえる。時期ごとにみてみよう。

弥生中期後葉〜後期　この時期の軸部形態をみると、A類は伊勢湾に、C類は東三河から静岡県東部と長野県北部から群馬県に、F・G類は群馬県にそれぞれ分布している（図19-2）。

廻間Ⅰ式併行期　この時期になると、尾張平野部から伊勢中部にかけての地域にD類が、伊勢中部から美濃西部と西遠江にE類が分布しており、まずD類が駿河・伊豆地方（特に駿河湾東部から伊豆半島西部）に、E類分布地域（西遠江）を越えて伝播する（図19-3）。

ナスビ形曲柄鍬は、おおむね弥生Ⅴ期後半には近畿地方（中心は河内平野）に定着し、急速に伊勢中部から滋賀県、そして北陸中部にまでその分布範囲を広げる。また、北陸中部では軸部に方形柄孔をもつナスビ形曲柄鍬（北陸系）を創出している。

廻間Ⅱ式併行期　この時期に東海系曲柄鍬は一気に関東のほぼ全域にまで分布範囲を拡大する。軸部形態ではD類とE類がほぼ重なって北関東と南関東に伝播していく（図19-4）。C類は伊勢湾地方ではほとんどみられないが、静岡県中部から長野県北部・北関東・南関東に広く分布している。また、ナスビ形曲柄鍬の分布域は美濃西部までをふくむようになるが、その一方で近畿地方（奈良盆地東南部）でも東海系曲柄鍬（C・D類）が出土するようになる。

廻間Ⅲ〜松河戸Ⅱ式併行期　廻間Ⅲ式期になると、まず長野県北部はナスビ形曲柄鍬の分布域に入り、松河戸Ⅰ式期には東海系曲柄鍬を駆逐する。また、北関東からも形態的には長野県北部とは異質だが、ナスビ形二又鍬が少量出土するようになる（図19-5）。一方東海系曲柄鍬は、C・D・E類のそれぞれが広い分布域を保っており、おそらくは南関東を経由して東北中部に伝播していく。なお、東北中部からはナスビ形二又鍬が出土しており、北陸地方から日本海ルートで伝播したと考えられる。

宇田式期　宇田式期になると静岡県以西はU字形鉄刃を装着するナスビ形曲柄平鍬へと変化するが、関東地方では東海系・北陸系の曲柄鍬が依然として残る。

(3) 北陸系ナスビ形・スリット入り平鍬の伝播経路

北陸系（型）ナスビ形曲柄鍬は石川県と富山県にその分布域の中心をもち（楠1996・1999、深堀1999）、北関東と東北中部に伝播して北関東においては、ある程度定着している（図19-6）。かつて筆者は、この北陸系ナスビ形曲柄鍬について、方形柄孔は北部九州の直柄鍬からの影響とし、ナスビ形の笠部はすでに本来の機能を失ったものとした（樋上1993・1994）。しかしその後、これに合う突起部をもった反柄が確認されたために、楠正勝は北陸地方で新たに改良されたホゾ結合のナスビ形曲柄鍬として再評価している。筆者も小論では楠の説にしたがい、この形態のナスビ形曲柄鍬のみを北陸系（型）とする。

スリット入り平鍬についても旧稿では、山陰地方で弥生中期後葉に出現する、刃部に三角形の透かしをもつナスビ形曲柄平鍬が北陸地方でスリット状に変わり、長野県北部に伝播したと考えた（樋上1993・1994）。しかし、北陸地方では石川県金沢市二口六丁遺跡の一例しかないのに対して、長野市石川条里・榎田遺跡の報告書により、長野県北部に分布域の中心があることが判明し、時期的にも石川条里遺跡出土例が最も古いことが確認された。ゆえに小論では、山陰地方

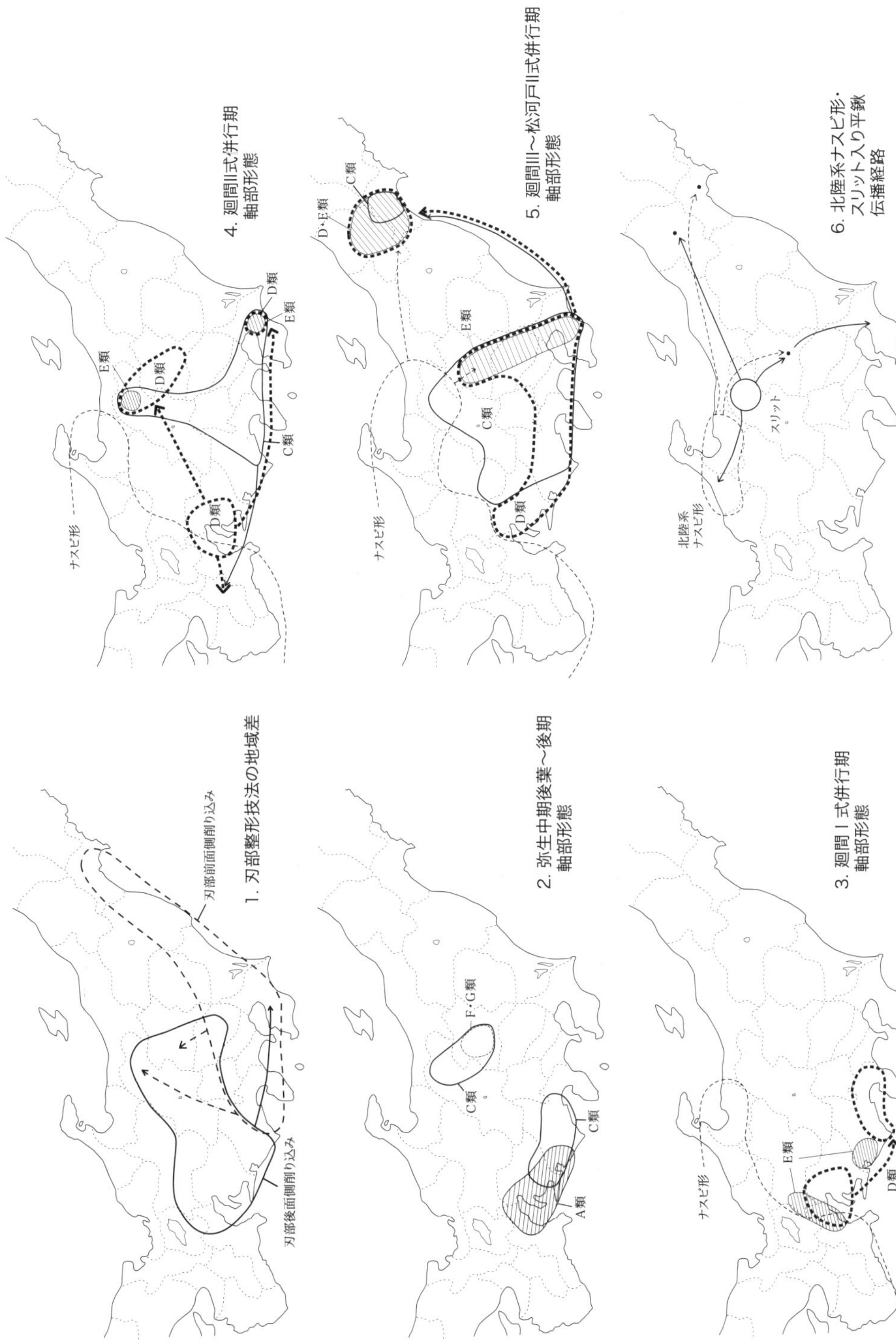

図19　刃部整形技法と軸部形態の変遷

の三角形透かしのナスビ形曲柄平鍬とは切り離して考えることとする。長野県北部で新たに創出されたスリット入りナスビ形平鍬が北陸地方と北関東、さらには東北中部に伝播し、北関東では東海系C類の軸部と結合してさらに南関東に流入する。

5．東海系曲柄鍬伝播パターンの類型化と伝播の要因

前項までに整理した東海系曲柄鍬の動きに、ナスビ形曲柄鍬の伝播を重ねると、おおむね図20のようになる。なお、太線は強い結びつきを、細線はやや弱い結びつきを示している。

東海系曲柄鍬の原形を生み出した伊勢湾地方と静岡県中・東部とは、隣接する地域であり、刃部形態の変化がほぼ共通することから、常に密接な関係を維持していた。しかしながら、特に静岡県東部については刃部削り込みの面を伊勢湾地方の後面側から前面側へと変えており、この点に独自性がみいだせる。さらに軸部形態でも、東海系曲柄鍬を受け入れる初期段階の廻間Ⅰ式期のみ、伊勢湾地方で主体を占めるD類を採用するが、廻間Ⅱ式期以降は本来この地域にみられたC類に戻してしまう。すなわち、静岡県東部は伊勢湾地方から曲柄鍬の平面形態のみを常に受容して、それを在地の技術系譜のなかに取り込んで生産をおこなっていた。

長野県北部は、廻間Ⅱ式期のみ東海系曲柄鍬を導入するが、廻間Ⅲ式期にはすぐにナスビ形曲柄鍬へと切り換えている。この地域は在地の権力基盤が比較的強固であることから、彼ら自身によってきわめて主体的に曲柄鍬の導入先を変えていた可能性が高い。さらに、東海系曲柄鍬の形態そのものも、伊勢湾地方とは異なる部分が多いことから、静岡県東部と同様に、おおまかな平面形態のみを取り入れて独自の系譜で生産していたと考えてよかろう。また、廻間Ⅲ式期における二又鍬の刃部形態をみると、東海系とナスビ形では共通する要素が多く、新たに折衷型まで生み出していることを考慮に入れると、ナスビ形曲柄鍬そのものも近畿地方や北陸地方から移動した人々によってつくられたのではなく、東海系曲柄鍬と同じく、ナスビ形という形態のみを取り入れて独自で製作していたと考えている。そのなかで、刃部にスリット状の透かしを入れることを創造した可能性が高い。

南関東は、刃部の整形技法（前面側削り込み）からみて、静岡県東部との結びつきがきわめて強く、何らかのかたちで人の移動も伴っていた可能性が高い。ただし、静岡県中・東部には少ない曲柄平鍬が多いことや、刃部の平面形態、D・E類の軸部が継続して採用されていることを考え合わせると、静岡県中・東部を経由せず、伊勢湾地方とも直接的な交流があったことも否定できない。すなわち、静岡県東部とはより強く、伊勢湾地方とはやや弱い人的交流があったのではなかろうか。

伊勢湾地方と人的交流という点で、最も密接に結びついていた可能性が高い地域は北関東である。東海系曲柄鍬の平面形態・刃部整形技法・軸部形態のいずれをとっても伊勢湾地方のものにきわめて近似している。時期的な継続性をみても同様である。おそらくは、伊勢湾地方からかなりの人的移動があったとおもわれる。また、この地域からは北陸系のナスビ形曲柄鍬も一定量出土しており、北陸地方からの人的移動も想定できる。しかもその人たちの末裔は、それぞれの出自とする地域において、在来の曲柄鍬を捨て、新たに近畿地方から流入したU字形鉄刃を装着するナスビ形曲柄平鍬を採用するようになった宇田式期にいたるまで、自らの伝統的な曲柄鍬を用い続けていた。

直接的な人的移動を伴うという点では、奈良盆地東南部の城島遺跡も同様である。この遺跡が桜井茶臼山古墳の造営キャンプであるとするならば、おそらく近畿中枢の大王権力によって各地

から徴集された人々がこの地に集住して労働に従事していた可能性が高い。その際、彼らはそれぞれに使い慣れた土木具を用いて作業をおこない、生活面でもおのおのの出自を示す土器をこの地で製作して使用していたと想像できる。そして、この作業が終われば、それぞれ彼らの出身地へと帰っていったのであろう。今後、大王墓とされる巨大古墳の周辺ではこのような遺跡が数多くみつかる可能性がある[6)]。また他地域からの搬入土器が多い纏向遺跡のような遺跡でも、搬入品かあるいは在地でつくられた他地域系の農耕・土木具や生活用の木製品が確認される可能性が高い。ただし、それらを識別するためには、全国各地でそれぞれに木製品の地域色の研究をさらに深めていく必要がある。

東北中部に関しては、現状では伊勢湾地方と直接的に結びつける要因は乏しい。むしろ、南関東との人的つながりがより重視される。また、ナスビ形曲柄鍬の伝播については北陸地方との関連が注目される。この地域は、弥生中期段階までは太平洋側での交流はきわめて少なく、むしろ日本海ルートでの流通が一般的であった（禰宜田 1999）。古墳時代に入って曲柄鍬の伝播ルートが南関東に移った要因が何であったのか、きわめて興味深い。

以上、伊勢湾地方から各地域への、東海系曲柄鍬の波及のしかたを人の動きと曲柄鍬の刃部・軸部形態の情報の動きに分けて類型化すると、おおむね図 21 のように整理できる。

すなわち、伊勢湾地方からの第一次波及地域として、静岡県中・東部、北関東、長野県北部、近畿地方（奈良盆地東南部）がある。そのなかで長期継続パターンとしては静岡県中・東部と北関東があり、短期転換パターンとしては長野県北部と近畿地方がある。また、静岡県中・東部と長野県北部は情報が主体で人的移動をさほど伴った形跡はない。一方、北関東と近畿地方へは比較的多くの人々が移動していた可能性が高い。

第二次波及地域としては南関東があげられる。刃部整形技法にみられるように、静岡県東部からの人的移動が想定できる。さらに、伊勢湾地方からの直接的な人の動きも若干認められる。

第三次波及地域には東北中部が該当する。南関東からの人的移動があった可能性が高い。

古墳時代前期には、さまざまな東海系文化が東日本で広範囲に伝播することがあきらかとなっている。なかでもＳ字甕の伝播に関しては、赤塚次郎らによる精力的な研究によって一般的な認識が高く、2000（平成 12）年 1 月には三重県で「Ｓ字甕を考える」と題するシンポジウムが

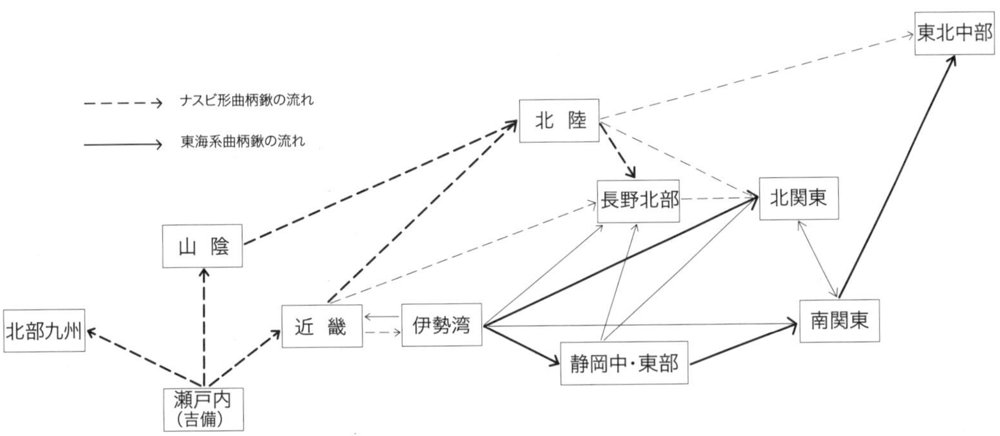

図 20　東海系曲柄鍬とナスビ形曲柄鍬の伝播経路模式図

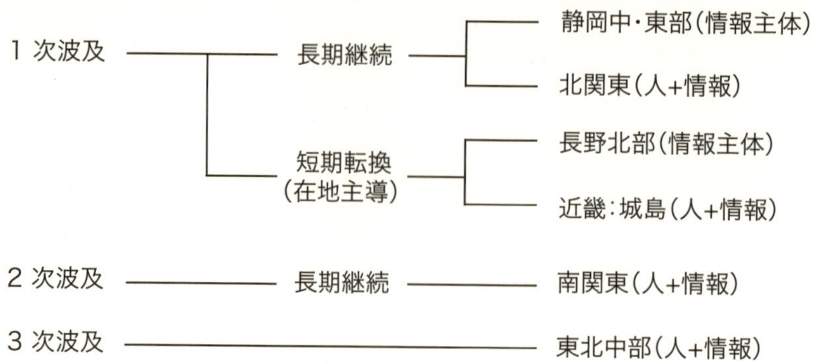

図21　東海系曲柄鍬の波及模式図

開催されるにいたっている（東海考古学フォーラム三重大会 2000)。この資料集によると、現在Ｓ字甕の搬入品あるいは忠実な模倣品の北限は新潟県北部である。東海系曲柄鍬はすでに述べてきたように宮城・山形両県からも大量に出土しており、Ｓ字甕の分布圏よりさらに北に広がっているのである。Ｓ字甕の広範囲におよぶ拡散現象は前方後方墳や多孔銅鏃など東海系文化要素の伝播とともに何らかの要因に伴う人々の直接的な移動を示すとされている（赤塚 1992・1996a)。それに対し、小論でみてきたように東海系曲柄鍬に関しては、伊勢湾地方からのまとまった人的移動を伴う伝播類型（北関東・奈良盆地東南部など）とともに、必ずしも直接的な人の移動を介さない伝播の類型による地域（長野県北部・東北中部など）が存在していることがあきらかとなった。そこで、東海系曲柄鍬が人的移動を伴わない地域へも広範囲に伝播していった主たる要因が何であったのかを考えてみたい。

弥生後期後半から廻間Ｉ式期にかけておこなわれたとみられる、幅 10m を超える大溝の掘削・河川の改修・大規模な堰の構築・広大な水田域の造成といった土木工事の跡が、近年濃尾平野や伊勢中部の沖積低地において各所で確認されている。また、前方後方墳の築造が始まるのもこの時期とされる（赤塚 1996a・b)。こういった沖積低地の再開発と軌を一にするかのように、東海系曲柄鍬の原形である伊勢湾型曲柄鍬が出現してくる。これは単なる偶然ではなく、上記のような大規模開発を遂行するために、弥生中期中葉以来の曲柄鍬を元にして新たに創出された土木具であると筆者は考えている[7)]。このような開発行為を可能にした背景には、広域的な支配権をもつ首長層の出現が想定できる。そして、伊勢湾型曲柄鍬は彼ら首長層によって大量に生産・供給されていた可能性が高いのである（穂積 2000)。小論で検討した静岡県中・東部や長野県北部、南関東、東北中部など各地域の首長層が、沖積低地の再開発を意図した際に、すでに伊勢湾地方で花開いていたさまざまな土木技術を必要とし、直接的あるいは間接的にこれを受容していった。その証しが各地から出土する東海系曲柄鍬といえるのではなかろうか。このように、東海系曲柄鍬には開発を主体とする土木具であるがゆえに、農耕により比重をおく直柄鍬とは異なる、きわめて高度な政治性が付与されていた可能性が高い。おそらくはほぼ同じ時期に、近畿・北陸地方でそれぞれに定型化し、東海系曲柄鍬と争うように広域的に伝播していくナスビ形曲柄鍬についても同様の背景があったと考えられる。こういった列島規模での沖積低地開発技術の伝播こそが古墳時代への胎動となったのである。

註

1) 廻間・松河戸式はそれぞれの遺跡の報告書（赤塚 1990・1994）、宇田式は（赤塚 1998、赤塚・早野 2001）によっている。実年代は、最近の AMS による較正暦年代を採用している。

2) 弥生Ⅲ～Ⅳ期と廻間Ⅰ式期の曲柄鍬の刃部の長さの比較については、使用の頻度の違いからくる摩耗の差ではないのかという山田昌久の意見がある。実際にその可能性は高く、使用頻度以外に使用される場面の土質の差も大きいのではないかと考えている。そのために刃部長での比較は困難だが、軸部長は確実に弥生Ⅳ期より廻間Ⅰ式期の方が短くなっており、相対的に軸部と刃部の長さの比率は変化している。

3) 美濃東部の岐阜県顔戸南遺跡からはＣ類の軸部をもつ三又鍬が出土している（岐阜県文化財保護センター 2000a）。

4) 山形県内では、山形市服部・藤治屋敷遺跡から４世紀後半頃の東海系平鍬Ⅰ類・二又鍬Ⅰ類など、天童市板橋２遺跡からは４世紀後半～５世紀前半頃のナスビ形平鍬（スリット入り）などが出土している（山形県埋蔵文化財センター 2004）。

5) 上記註４のように、天童市板橋２遺跡からスリット入りのナスビ形平鍬が出土している。笠部の形態は長野県北部の資料よりも、５世紀後半以降の天童市西沼田遺跡・山形市嶋遺跡のものに近いため、搬入品ではなく在地で製作されたことは間違いない。なお、鉄刃の装着痕はない。

6) 奈良県平城宮下層（佐紀）遺跡も城島遺跡と同様に、佐紀盾列古墳群の築造にかかわるキャンプサイトである可能性が高い。ここからは、ナスビ形曲柄鍬・東海系曲柄鍬とともに、朝鮮半島・北部九州型直柄鍬も出土している。このことは、大王墓の築造に伴って、作業に従事する人々の動員された地域が、古墳前期初頭よりも大幅に広がっていることを示している。

7) 曲柄鍬に限らず、遺跡から出土する鍬・鋤類の多くは実際に農耕具として使用されたものではなく、土木具であったと筆者は考えている（樋上 2000c）。

第２節　木製農耕具と耕作の技術

１．はじめに

本節ではまず第一に、縄紋晩期から弥生後期（古墳初頭をふくむ）にかけて、各地域における木製農耕具（掘削具−鍬・鋤類）の器種組成の変遷をあきらかにする。次いで、これら農耕具（特に鍬）の形態にみる類似性から、どのような伝播ルートをたどって耕作技術が列島各地へと受容されていったのかを明確にしていくことを目的とする。

２．稲作受容期の木製農耕具（縄紋晩期〜弥生前期−図 22）

木製農耕具には大きく分けて、鍬と鋤の２種類が存在する。鍬は主に、地面に打ち込んで土を反転あるいは均すことを目的とした道具であり、鋤は踏み込んで土をすくい取り、移動させることを目的としている。水田および畑での農作業には、現在でも基本的に鍬を用いるが、根菜掘りなどの作業には細身の鋤（掘り棒）が適している。鋤・掘り棒は、すでに縄紋中期後半には日本列島に存在しており（山田 1999）、竪穴建物や溝・土坑の掘削などの土木作業にも用いられてきた。その形態は、図 22-5・9・12 とほぼ同じである。

現在、日本列島で最古の鍬は、高知県居徳遺跡の出土例（図 22-1・2）で、縄紋晩期中葉〜後葉に属する。身の平面は長楕円形で、使用者側に内刳りをほどこす。この形態の鍬は、突帯紋期以降へも引き継がれ（図 22-4・6）、弥生中期前葉まで残る（図 23-27）が、突帯紋期以降のものには内刳りがない。突帯紋期には、このほかに耕起具として直柄諸手鍬（図 22-3・10）がある。直柄諸手鍬には幅広（図 22-3）と幅狭のもの（図 22-10）があり、特に後者は水田開発や田畑の荒起こしなどの深耕用と考えられる。田面を均す調整具としては、直柄横鍬（図 22-7・11）がある。このほか、鍬に装着する泥除け具とおもわれる器種（図 22-8）もあるが、この時期の直柄鍬に泥除け具を装着するための細工がないため、泥除け具か否かを決定することは困難である。

縄紋晩期には北部九州から瀬戸内（沿岸地域−以下、省略）までであった木製農耕具の分布圏が、弥生前期には伊勢湾[1]にまで拡大する。それとともに、新たな器種の出現が認められる。直柄平鍬は、前段階にあった楕円形のものから、さまざまな形態のものへと分化し、地域ごとに異なる形態の鍬が用いられるようになる。幅広の鍬（広鍬）には土に鍬を打ち込んだ際に、手元に泥がかかるのを防ぐ泥除け具（図 22-25・31・45・53・69・75）を装着する（黒崎 1988）ように、柄穴の両側に小孔をあけたもの（図 22-29・39・40・41・57・58・74）や、使用者側の面に泥除け具を受けるためのゲタとよばれる突起をつくりだした例（図 22-27 〜 29・59）がある。幅狭の鍬（狭鍬）には下端部以外に側縁部が使用できるように面取りをほどこした例が各地で認められる（図 22-37・38・51・64）。このほか、のちの備中鍬に似た形態の直柄多叉鍬（図 22-18・22・60・70・71）も出現する。鋤では、縄紋晩期以来の細身の一木掘り棒（図 1-26）以外に、幅広で足掛け用の肩が明瞭につくりだされた一木平鋤（図 22-23・62）や、柄と身を別づくり

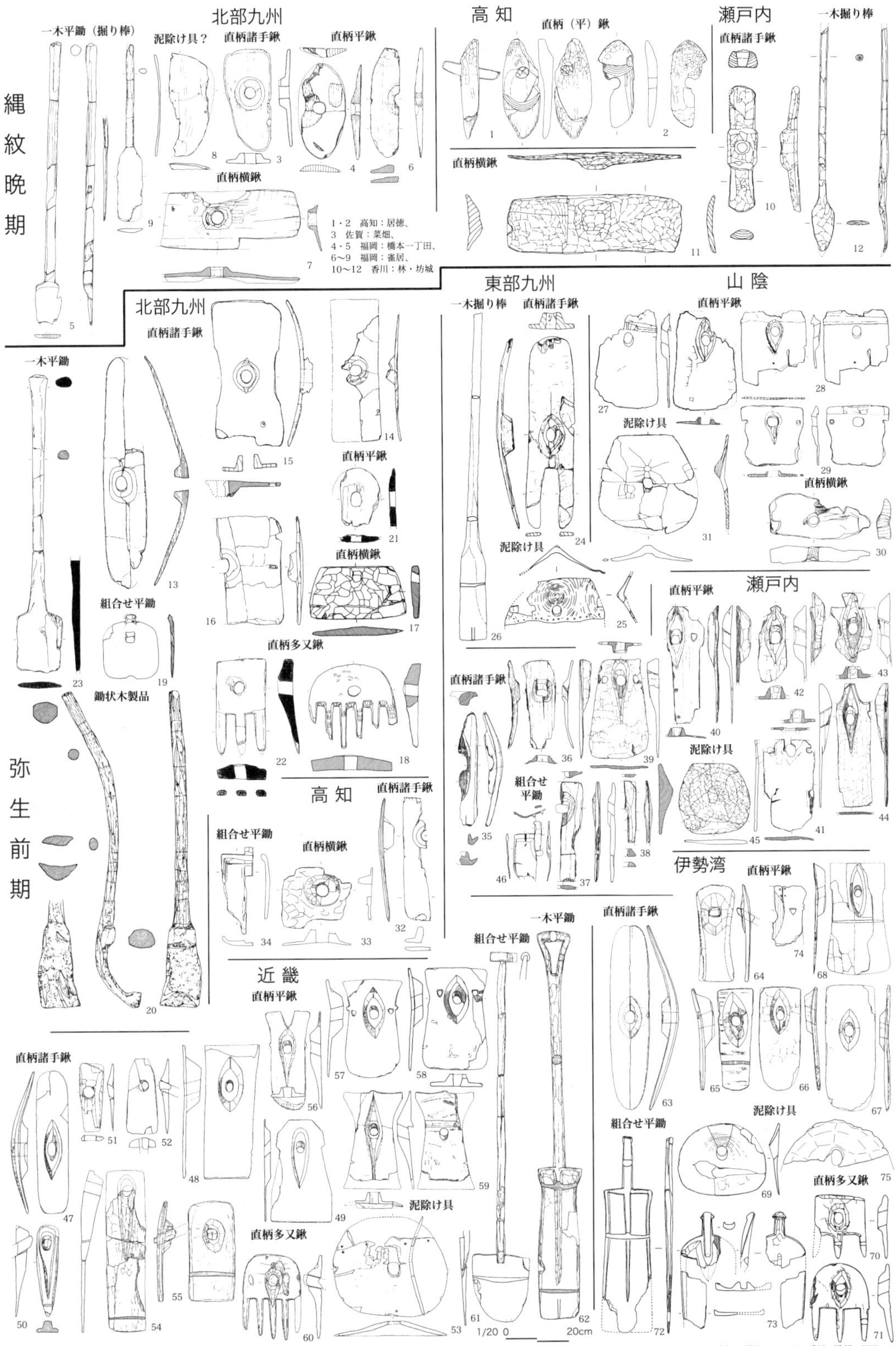

13・14　福岡：鶴町、15　福岡：比恵、16〜20　福岡：拾六町ツイジ、21〜23　福岡：雀居、24　福岡：下稗田、25・26　福岡：長行、27〜31　島根：西川津、32〜34　高知：居徳、35〜46　香川：鴨部・川田、47〜49　奈良：唐古、50〜53　大阪：山賀、54　兵庫：丁・柳ケ瀬、55　大阪：安満、56　大阪：高宮八丁、57　大阪：瓜破、58　滋賀：川崎、59　兵庫：戎町、60・61　大阪：池上、62　大阪：瓜生堂、63〜73　三重：納所、74・75　愛知：松河戸

図22　縄紋晩期〜弥生前期の木製農耕具（S=1/20）

にした組合せ平鋤（図22-19・34・46・61・72・73）、一木鋤に似た形状だが、両側縁に面取りをほどこした鋤状木製品（図1-20）などが認められる。

3. 定着期の木製農耕具（弥生中期–図23～25）

弥生中期には、南部九州（鹿児島県）から東北（宮城県）にいたる地域で木製農耕具が出土しており、この時期に北海道を除くほぼ列島の各地で稲作農耕が定着したことを示している。そして、前期に山陰で出現した幅広の直柄平鍬（図22-27～29）を皮切りに、おそらくは各地でその地域の土質にあった個性的なかたちの鍬が生みだされて伝播していく。

まず北部九州では、中期前葉に、朝鮮半島南西部から新たな方形柄穴に複雑な構造の柄がつく直柄鍬が伝播し、定着する（図23-1～5・8・11・13～15・19）。その一方で、直柄諸手鍬はこの時期を境にほぼ姿を消していく。

中期中葉～後葉には、直柄横鍬の下端（刃部）を鋸歯状にしたサラエという器種が西日本に現れ（図24-9・27・46・63）、後期には全国的に広がる（図26-7・30・55、図27-7・21・53・68）。

また、南部九州および山陰・瀬戸内から南関東にかけての広範囲で曲柄鍬という新たな器種が出現する。これは、直柄鍬のように鍬身に穴をあけて柄を通すのではなく、鍬身の上端に棒軸部を設け、ここに膝柄（図23-32・50、図24-73、図25-67）あるいは反柄（図24-74）を結わえて用いる鍬である。平鍬（図23-23・44、図24-32・44・64～68、図25-10・33・42・51・65・80）、二又鍬（図24-28・33・69～72、図25-8・44・66）、三又鍬（図23-30・31、図25-17）があり、うち曲柄平鍬の身幅は直柄平鍬の狭鍬にほぼ相当する。この曲柄鍬は類似例が縄紋前期から東日本で認められており（山田 1999）、石鍬（打製石斧）との関連性もしばしば指摘されるが、その起源はまだ明確ではなく、今後は朝鮮半島もふくめて系譜を考えていく必要がある。これら列島各地の曲柄鍬のうち、瀬戸内の岡山平野では、柄との装着部分においてズレを防ぐためのさまざまな工夫がなされた結果、ちょうど野菜のナスビを縦に切ったような平面形を呈する、いわゆるナスビ形曲柄鍬が出現する（図24-67・68・71・72）。そしてこのナスビ形曲柄鍬は、短期間のうちに山陰（図24-28・32）から北陸（図24-44）へと伝播していくこととなる（樋上 1993）。

伊勢湾から東海東部では、ほぼ弥生中期を通して泥除け具が姿を消す一方、直柄小型鍬（図25-29・30・48）が出現し、南関東へと伝播していく（図25-57・62）。うち、愛知県朝日遺跡出土例（図25-30）には、鉄製の刃先を装着した痕跡が認められる。曲柄平鍬では、静岡県角江遺跡出土例（図25-42）と神奈川県池子遺跡出土例（図25-65）が酷似しており、泥除け具では、同じく池子遺跡出土例（図25-64）と宮城県中在家南遺跡出土例（図25-78）が同形であることから、伊勢湾（特に西遠江）～南関東～東北という木製農耕具の伝播ルートが想定できる。直柄平鍬については、山陰～北陸～東北の近縁関係が指摘できる。

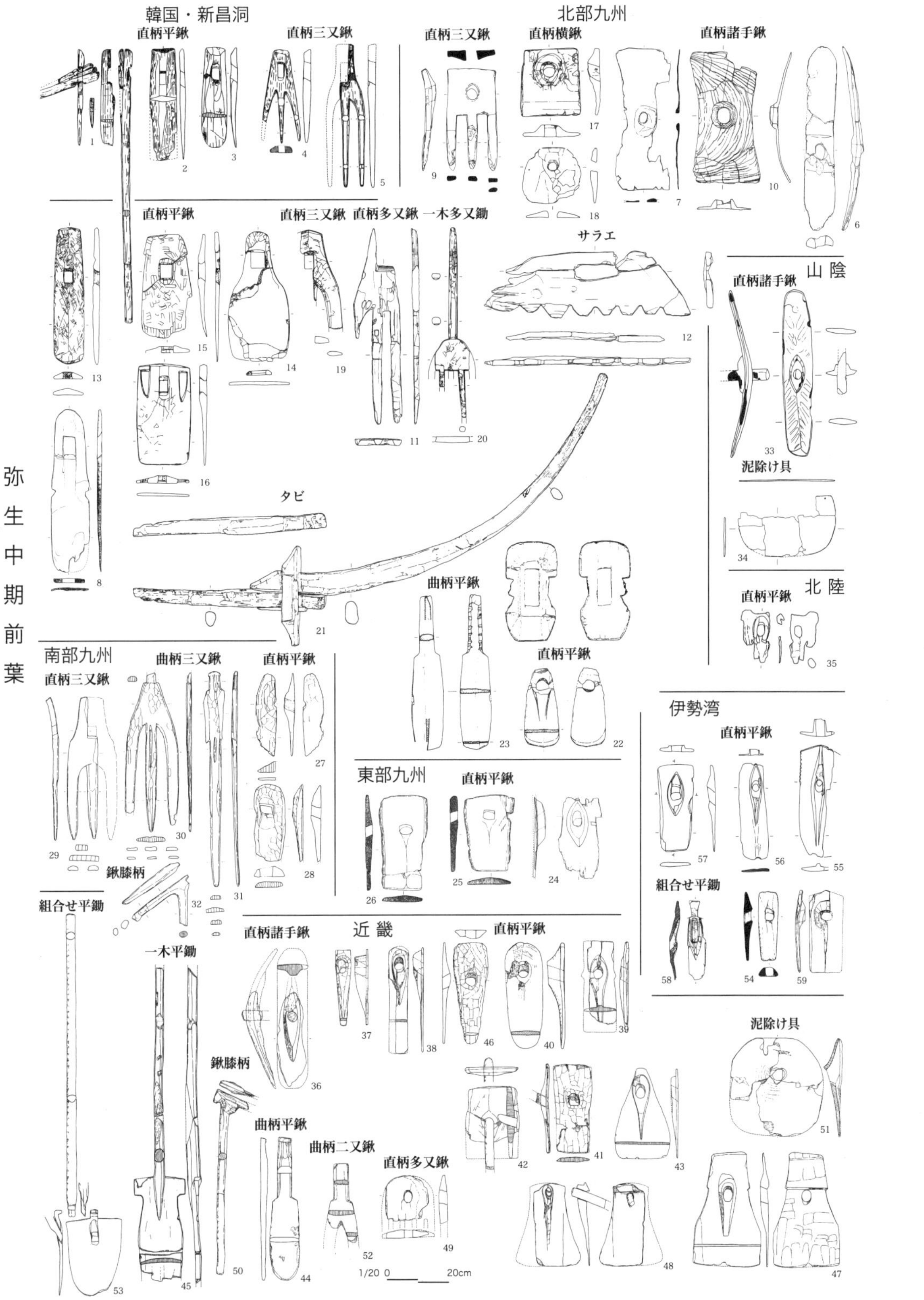

1～5　韓国：新昌洞、6～9　福岡：雀居、10～12　佐賀：梅白、13～21　佐賀：土生、22・23　福岡：鹿部東町、24～26　大分：下郡桑苗、27～32　鹿児島：京田、33・34　島根：西川津、35　石川：吉崎・次場、36～45　大阪：鬼虎川、46　京都：太田、47　兵庫：新方、48～50　大阪：池上、51　京都：深草、52　京都：鶏冠井、53　大阪：安満、54～58　愛知：朝日、59　三重：納所

図 23　弥生中期前葉の木製農耕具（S=1/20）

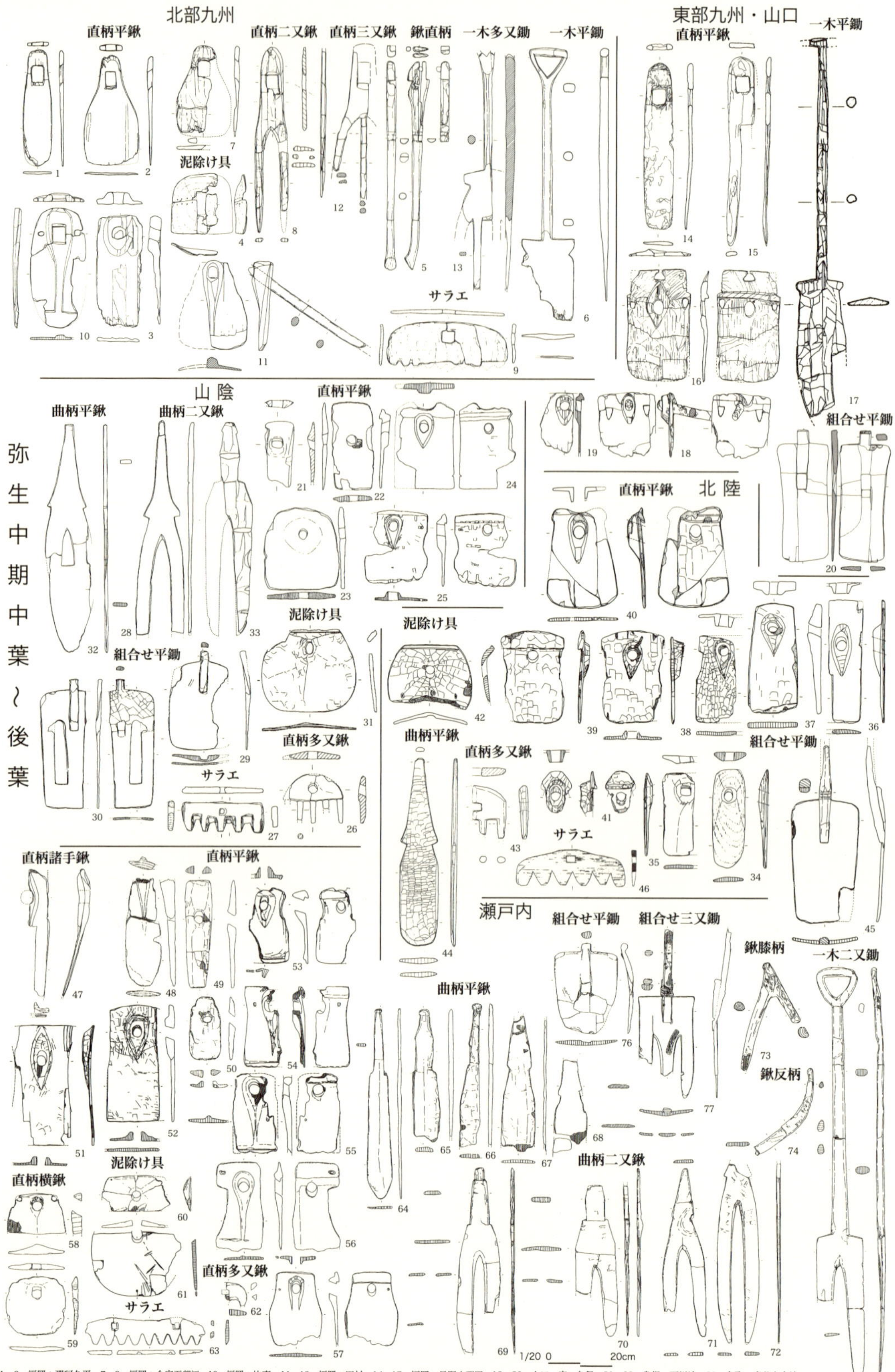

1～6 福岡：那珂久平、7～9 福岡：今宿五郎江、10 福岡：比恵、11～13 福岡：田村、14～17 福岡：長野小西田、18～20 山口：宮ヶ久保、21～30 島根：西川津、31 鳥取：青谷上寺地、32 鳥取：目久美、33 島根：布田、34～45 石川：八日市地方、46 石川：吉崎・次場、47～77 岡山：南方

図 24 弥生中期中葉～後葉の木製農耕具 -1（S=1/20）

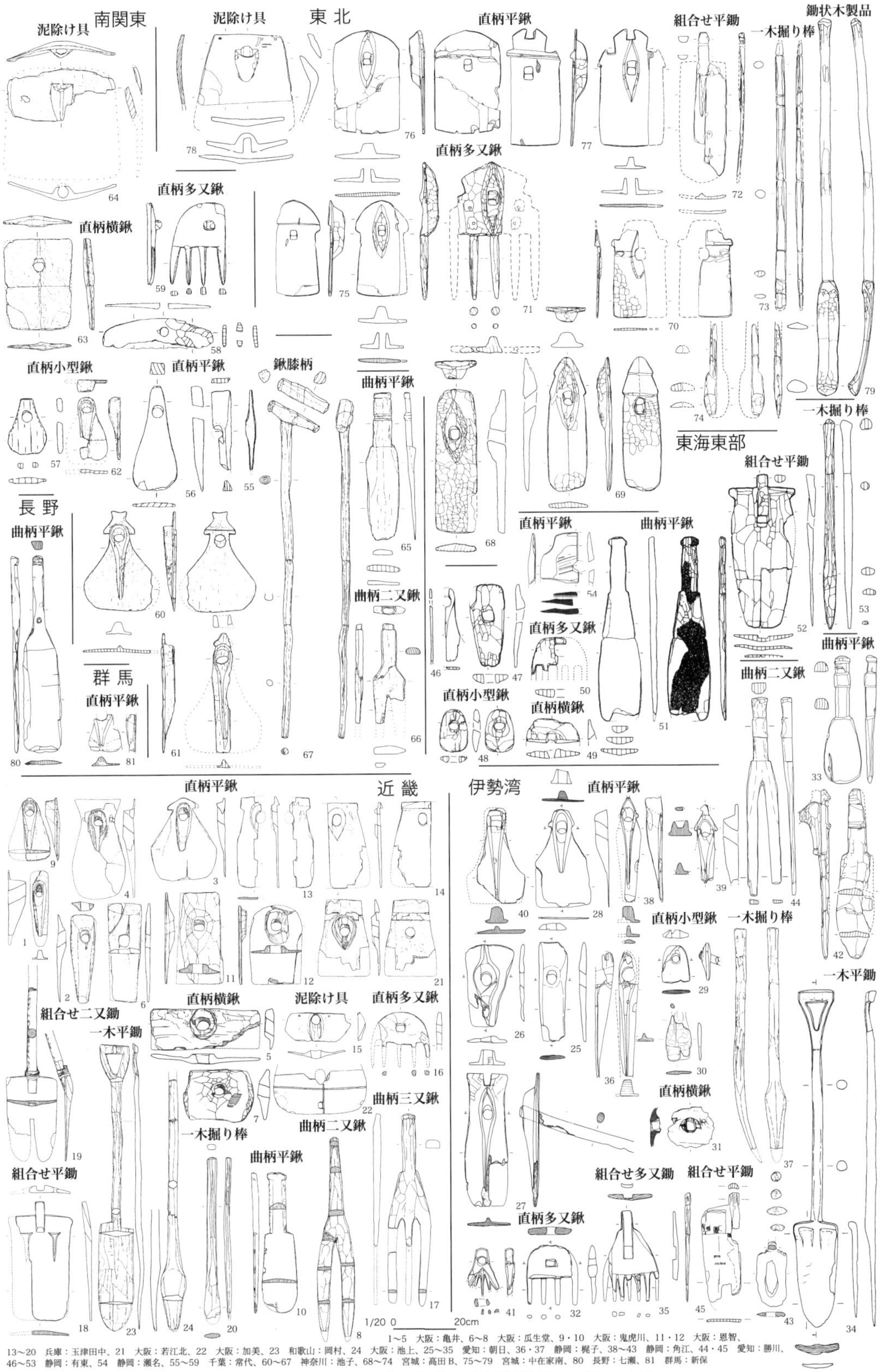

1～5 大阪：亀井、6～8 大阪：瓜生堂、9・10 大阪：鬼虎川、11・12 大阪：恩智、
13～20 兵庫：玉津田中、21 大阪：若江北、22 大阪：加美、23 和歌山：岡村、24 大阪：池上、25～35 愛知：朝日、36・37 静岡：梶子、38～43 静岡：角江、44・45 愛知：勝川、
46～53 静岡：有東、54 静岡：瀬名、55～59 千葉：常代、60～67 神奈川：池子、68～74 宮城：高田 B、75～79 宮城：中在家南、80 長野：七瀬、81 群馬：新保

図 25 弥生中期中葉～後葉の木製農耕具 -2（S=1/20）

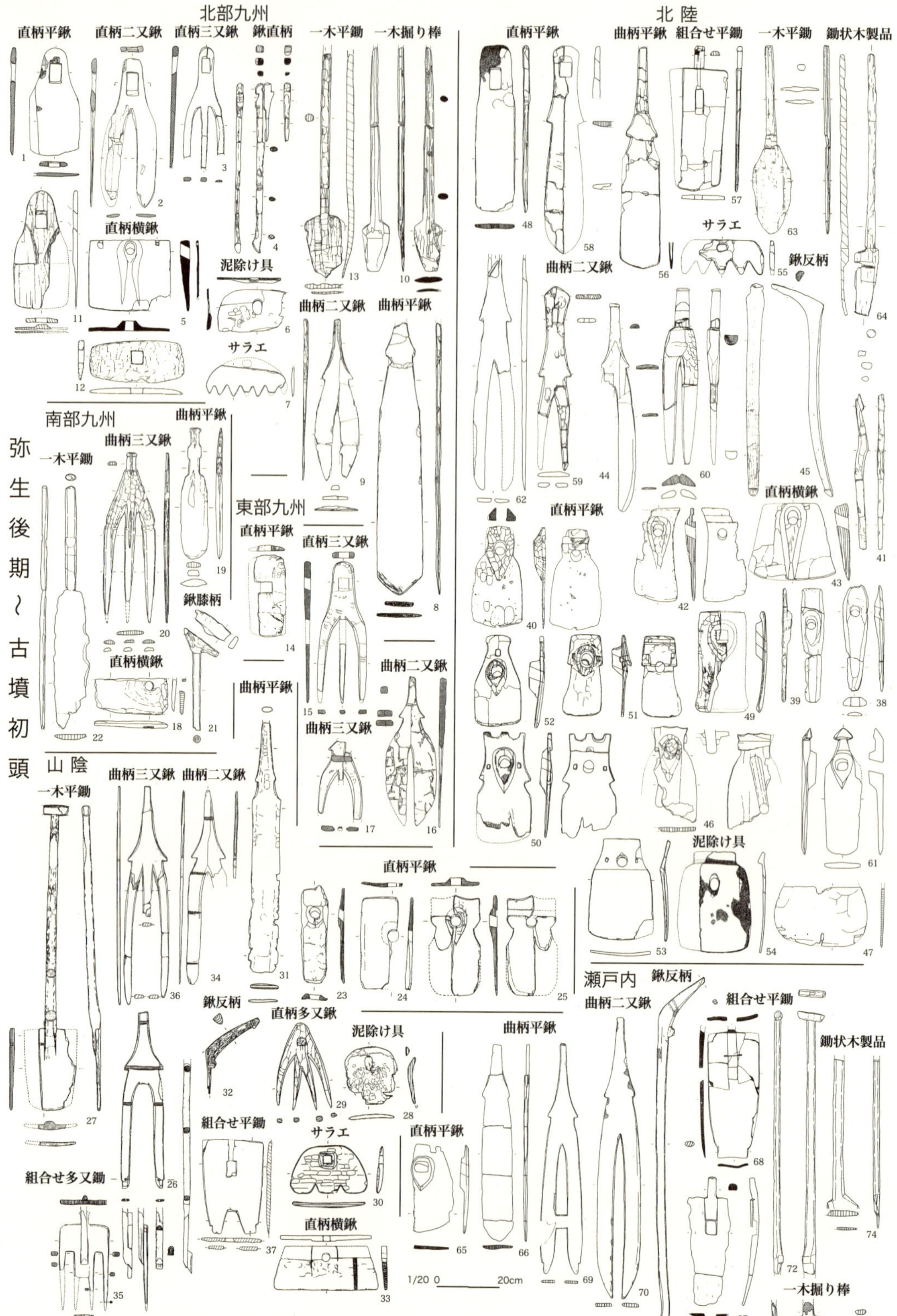

1～10　福岡：雀居、11～13　福岡：今宿五郎江、14～17　大分：安国寺、18・19　鹿児島：楠元、20～22　鹿児島：京田、
23　島根：田中谷、24～27　島根：姫原西、28～32　鳥取：青谷上寺地、33　島根：向小紋、34・35　島根：上小紋、36・37　鳥取：目久美、
38　福井：糞置、39　石川：畝田・無量寺、40・41　石川：二口六丁、42～45　石川：畝田、46・47　石川：千代・能美、48～57　富山：江上A、
58～60　富山：中小泉、61・62　富山：下老子笹川、63　石川：西念・南新保、64　石川：戸水ホコダ、65～68　岡山：上東、69～74　岡山：津島

図26　弥生後期～古墳初頭の木製農耕具 -1（S=1/20）

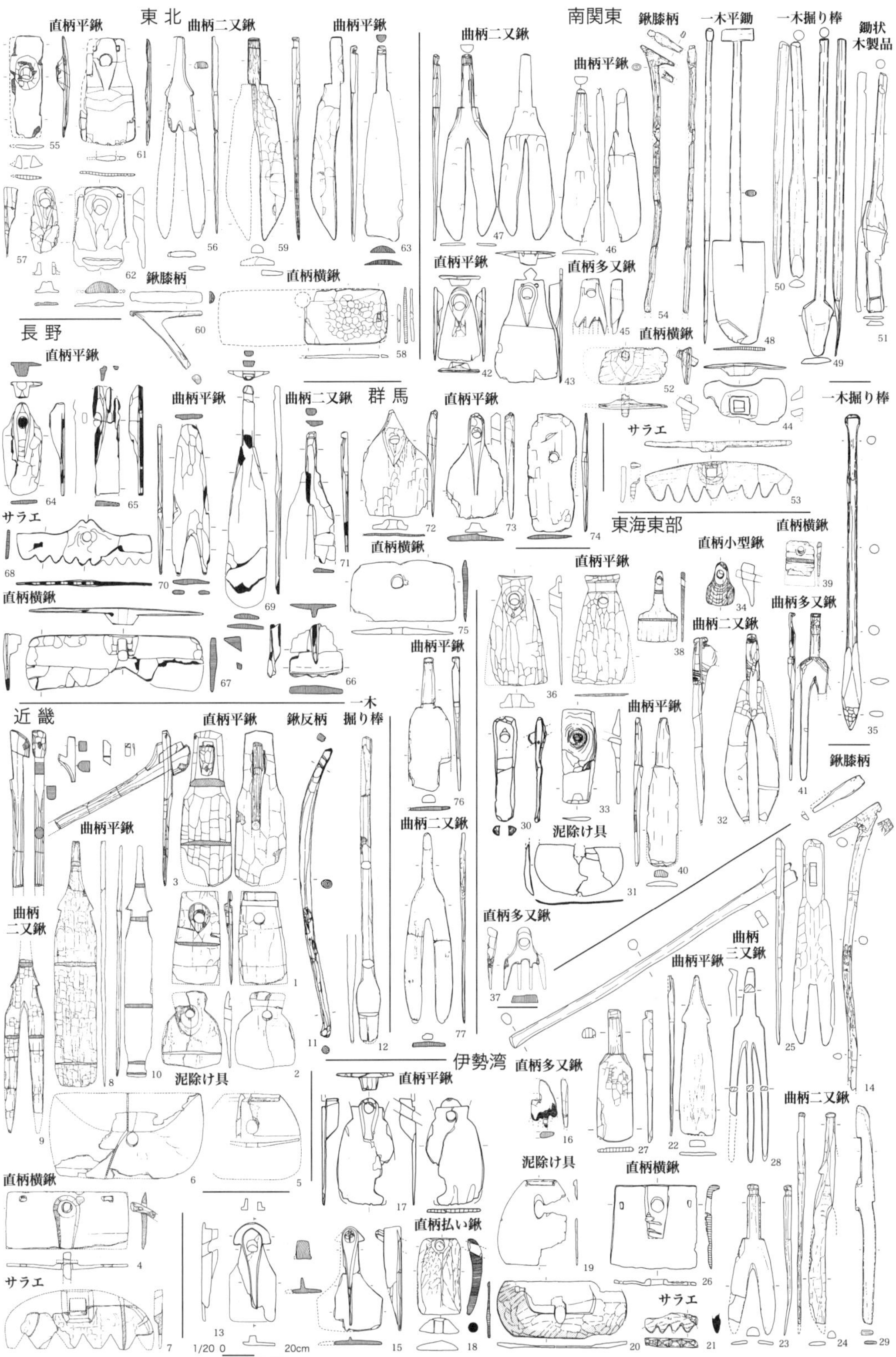

1　奈良：四分、2　京都：羽束師、3　滋賀：松原内湖、4　大阪：瓜生堂、5　滋賀：赤野井湾、6　兵庫：丁・柳ケ瀬、7　大阪：新家、8・9　大阪：西岩田、10　兵庫：長越、11　滋賀：下長、12　大阪：池上、13・14　愛知：朝日、15・16　静岡：角江、17　愛知：八王子、18〜24　三重：六大A、25　岐阜：荒尾南、26　岐阜：柿田、27　愛知：勝川、28　静岡：岡の平、29　岐阜：米野、30〜32　静岡：瀬名、33〜35　静岡：雌鹿塚、36・37　静岡：川合、38・39　静岡：登呂、40・41　静岡：瀬名川、42〜51　千葉：国府関、52〜54　神奈川：池子、55・56　宮城：押口、57〜60　宮城：中在家南、61　宮城：高田B、62・63　山形：服部・藤治屋敷、64〜71　長野：石川条里、72〜77　群馬：新保

図27　弥生後期〜古墳初頭の木製農耕具 -2（S=1/20）

４．拡散期の木製農耕具（弥生後期〜古墳初頭–図 26・27）

弥生後期から古墳初頭は、木製農耕具（それに伴う耕作・土木技術）が激しく広範囲に動く時期である。

中期中葉頃、岡山平野で出現したナスビ形曲柄鍬は、後期後半〜終末期に北部・東部・南部九州（図 26-8・9・16）と近畿の河内平野（図 27-8・9）へと伝播し、さらに伊勢湾西岸部（図 27-22・24）や東北（図 27-56）へと拡散する。

伊勢湾ではナスビ形曲柄鍬とは異なる新たに画一化した形態の曲柄鍬（図 27-23・27・28）が生みだされ､東日本へと拡散していく。これが東海系曲柄鍬である（樋上 2000a・b）。そして、この東海系曲柄鍬には形態の類似性から、伊勢湾〜東海東部（図 27-32・40・41）〜南関東（図 27-46・47）〜東北（図 27-59・63)、伊勢湾〜長野（図 27-69 〜 71)、伊勢湾〜群馬（図 27-76･77）という３つの伝播ルートを見いだすことができる。うち前者のルートでは、伊勢湾の曲柄鍬が使用者の反対側の刃部を強く抉り込むのに対し、東海東部以東は使用者側の面を抉り込む点で大きな違いが認められる。一方、群馬では伊勢湾同様に使用者の反対側の面を抉り込むことから、南関東（神奈川・千葉）と北関東（群馬）では、同じ伊勢湾を起点としながらも曲柄鍬の伝播経路はあきらかに異なっていたことがわかる。また、近畿でも奈良・滋賀では東海系曲柄鍬が出土しており、特に奈良盆地ではナスビ形曲柄鍬の伝播に先立って東海系曲柄鍬が定着していたことが判明している。

さらに、これまで東部九州以東へ広がることのなかった方形柄穴の直柄鍬が、山陰・瀬戸内を飛ばして北陸（図 26-48・58)・近畿（図 27-3)・伊勢湾（図 27-25）から出土するようになる。このうち､滋賀県松原内湖遺跡出土例（図 27-3）と岐阜県荒尾南遺跡出土例（図 27-25）は、いずれも韓国・新昌洞遺跡（図 23-1）や福岡県那珂久平遺跡（図 24-5)・雀居遺跡（図 26-4）と同形の柄が装着されたままであり、朝鮮半島・北部九州型の直柄鍬であることは疑いえない。北陸ではこの直柄鍬を原形に、小さな方形柄穴をもち、出ホゾを有する反柄（図 26-41）に固定するタイプのナスビ形曲柄鍬を創出していく（図 26-59・62）のに対し、近畿では琵琶湖周辺、伊勢湾では大垣市周辺でごく短期間使用されたのみで、古墳前期以降定着することはなかった。

こういったナスビ形曲柄鍬、東海系曲柄鍬、朝鮮半島・北部九州型直柄鍬の広範囲な拡散現象には、弥生中期までの稲作技術に伴う漸進的な木製農耕具の伝播とは異なる、首長層を介した列島規模での新たな低湿地開発技術の伝播が背景にあり、それこそが古墳時代を生みだす原動力となった（樋上 2000b)。この時期には鉄製刃先を装着した痕跡が認められる鍬（図 26-26・69、図 27-10・70）や鋤（図 26-37・68）が増加することも、その傍証となろう。

このほか直柄平鍬では、近畿で泥除け具装着用のために、鍬身の上端部に逆台形の断面をもつ溝（蟻溝）を切り、泥除け具の上端部に設けた逆台形状の突起（蟻ホゾ）にスライドさせるタイプの固定法が定着し（図 27-1・2)、これが伊勢湾（図 27-17）〜東海東部（図 27-36）へと伝播していく。

5. 地域型鍬の波及経路（図28～30）

最後に、いくつかの地域型鍬を抽出し、それらがどのような経路をたどって伝播していくのかをみていきたい。

まず直柄鍬（図28）では、朝鮮半島南西部の新昌洞遺跡とほぼ同じ形態の鍬が中期前葉に北部九州で定着し、東部・南部九州を取り込むが、中期後葉まではその範囲を超えることはなかった。ところが、後期後半～周辺にいたって、遠隔地である北陸・近畿・伊勢湾へと伝播し、北陸では北陸型の曲柄鍬を生みだす。

山陰では、前期段階にほぼ正方形で身の上端が丸いタイプ（丸形頭系）と中央部が凹んだタイプ（凹形頭系）が現われ、中期前葉には北陸へと伝播する。中期中葉～後葉には、岡山県南方遺跡、石川県八日市地方遺跡で両タイプがあり、さらに宮城県中在家南遺跡でもその影響を受けたとみられる直柄平鍬が一定量認められる。そして後期には、凹形頭系から北陸型の山形頭系直柄平鍬が生み出されたと想定できる。ただ、この山陰型直柄平鍬の出現には、列島内部における直柄平鍬の形式変化のみでは説明をつけることが困難であることから、朝鮮半島東岸部の直柄平鍬も視野に入れて検討していくことが必要であろう。

近畿では、身の上端部に小さな三角形の突起がつくタイプ（三角形頭系）が中期中葉に出現し、中期後葉には伊勢湾～南関東へと伝播する。この際、東海東部の静清平野を経由した形跡が認められないことは重要である。南関東に定着したこのタイプの鍬が、古墳初頭には泥除け具装着のために上端部を拡張して国府関遺跡出土例のように変化し、さらには頭部の突起を除去したかたちが宮城県高田B遺跡で認められる。また、この三角形頭系は石川県八日市地方遺跡にもあり、この系譜が富山県下老子笹川遺跡の直柄平鍬へとつながる。近畿では泥除け具装着用に蟻溝（断面が逆台形の溝）をほどこすタイプが中期後葉に現われる。このタイプは身の上半部が逆台形へと発達し（逆台形頭系）、古墳初頭には伊勢湾へと伝播する。

要約すると直柄鍬には、朝鮮半島～北部九州～北陸・近畿（北部）・伊勢湾（北西部）、山陰～瀬戸内、山陰～北陸～東北、近畿～伊勢湾～南関東～東北、という伝播ルートが想定できる。

一方、曲柄鍬（図29）では前述のように、ナスビ形が瀬戸内（岡山平野）で中期中葉頃成立し、ほぼ時を経ずに山陰～北陸へと伝播していく。そして、後期後半～古墳初頭には、改めて瀬戸内を起点として、東部九州～北部九州～南部九州へ、また近畿、伊勢湾西岸部（伊勢・西美濃）へと伝播するが、太平洋側での進路は伊勢湾西岸部止まりとなり、尾張以東へは流入しない（東北出土のナスビ形曲柄鍬は北陸からの日本海ルートによる）。その尾張では、後期初頭に伊勢湾型（東海系）曲柄鍬が出現し、東海東部～南関東～東北と、長野・群馬、そして奈良盆地へと伝播していく。このうち、前２者は尾張を起点とするのに対し、奈良盆地から出土する東海系曲柄鍬は、伊勢中部（津市周辺）の出土例に近いかたちをもつことから、奈良盆地に東海系曲柄鍬を伝えたのは、伊勢の人々であったと想定できる。また、長野と群馬では東海系曲柄鍬の受容に差があり、群馬からの出土例の方が、より尾張のものに近いことがわかっている。

つまり曲柄鍬には、瀬戸内～山陰～北陸～東北、瀬戸内～東部九州～北部九州～南部九州、瀬戸内～近畿・伊勢湾西岸部、伊勢湾～東海東部～南関東～東北、伊勢湾（～長野）～群馬、とい

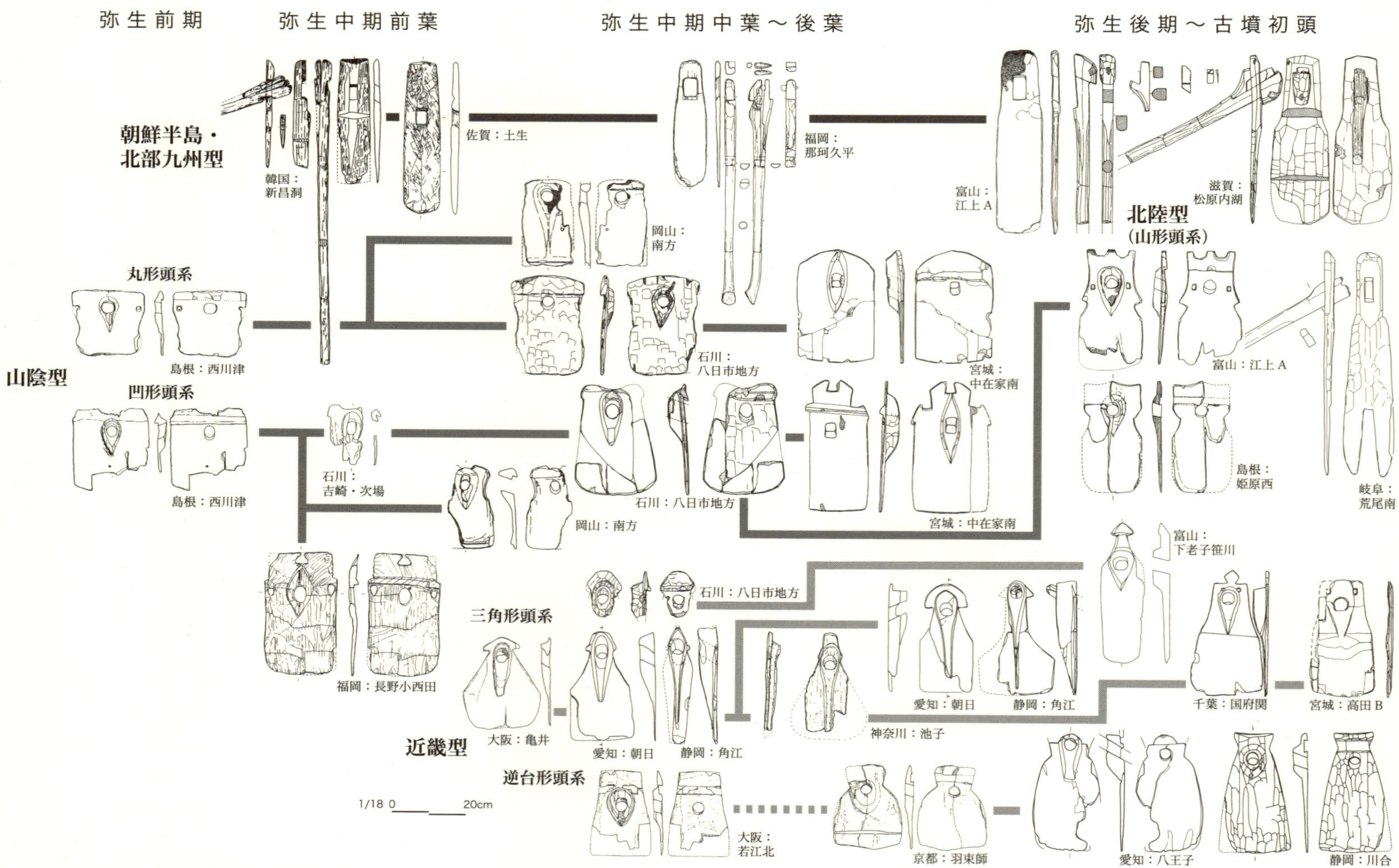

図28　地域型直柄平鍬の伝播過程（S=1/18）

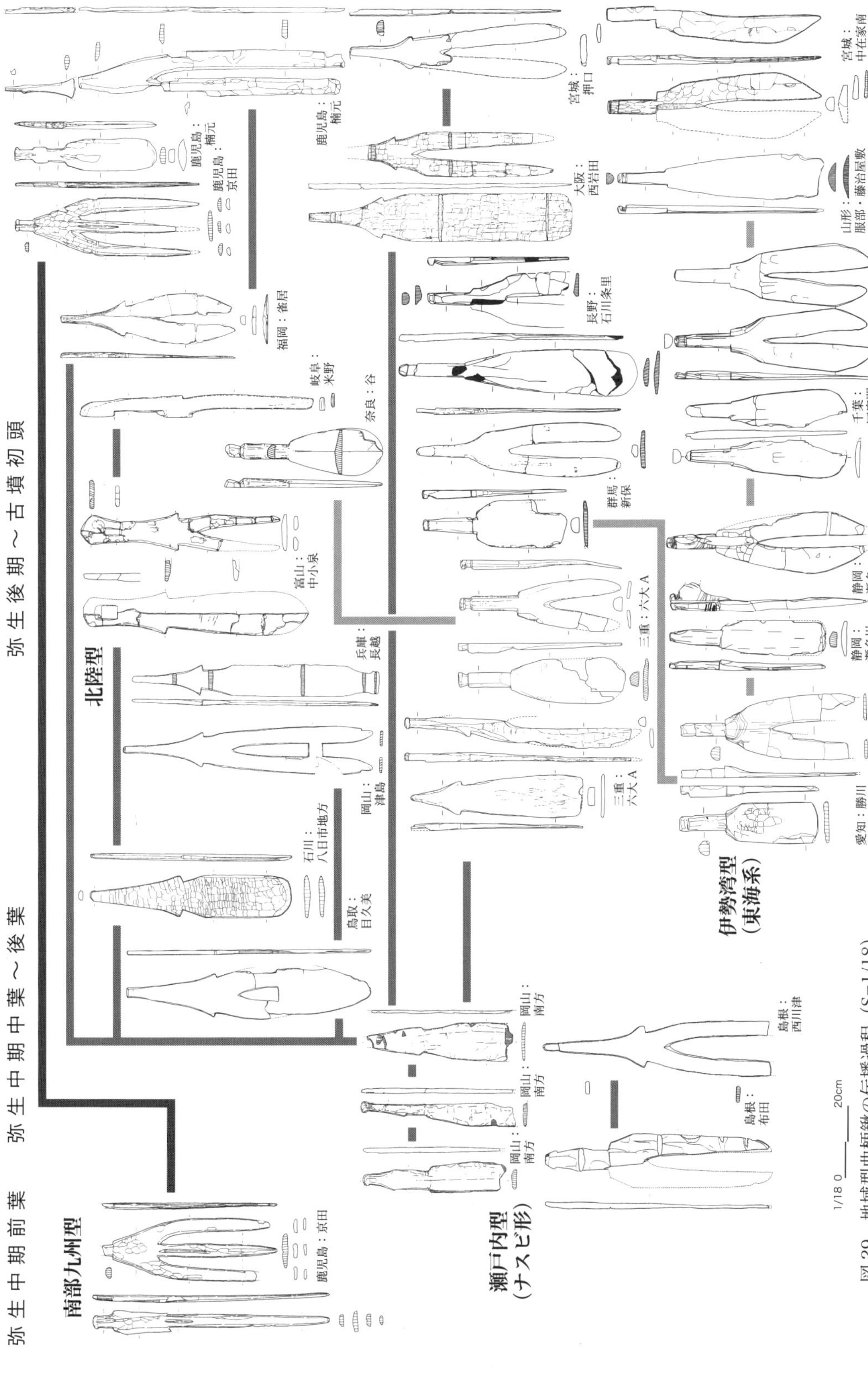

図29 地域型曲柄鍬の伝播過程（S=1/18）

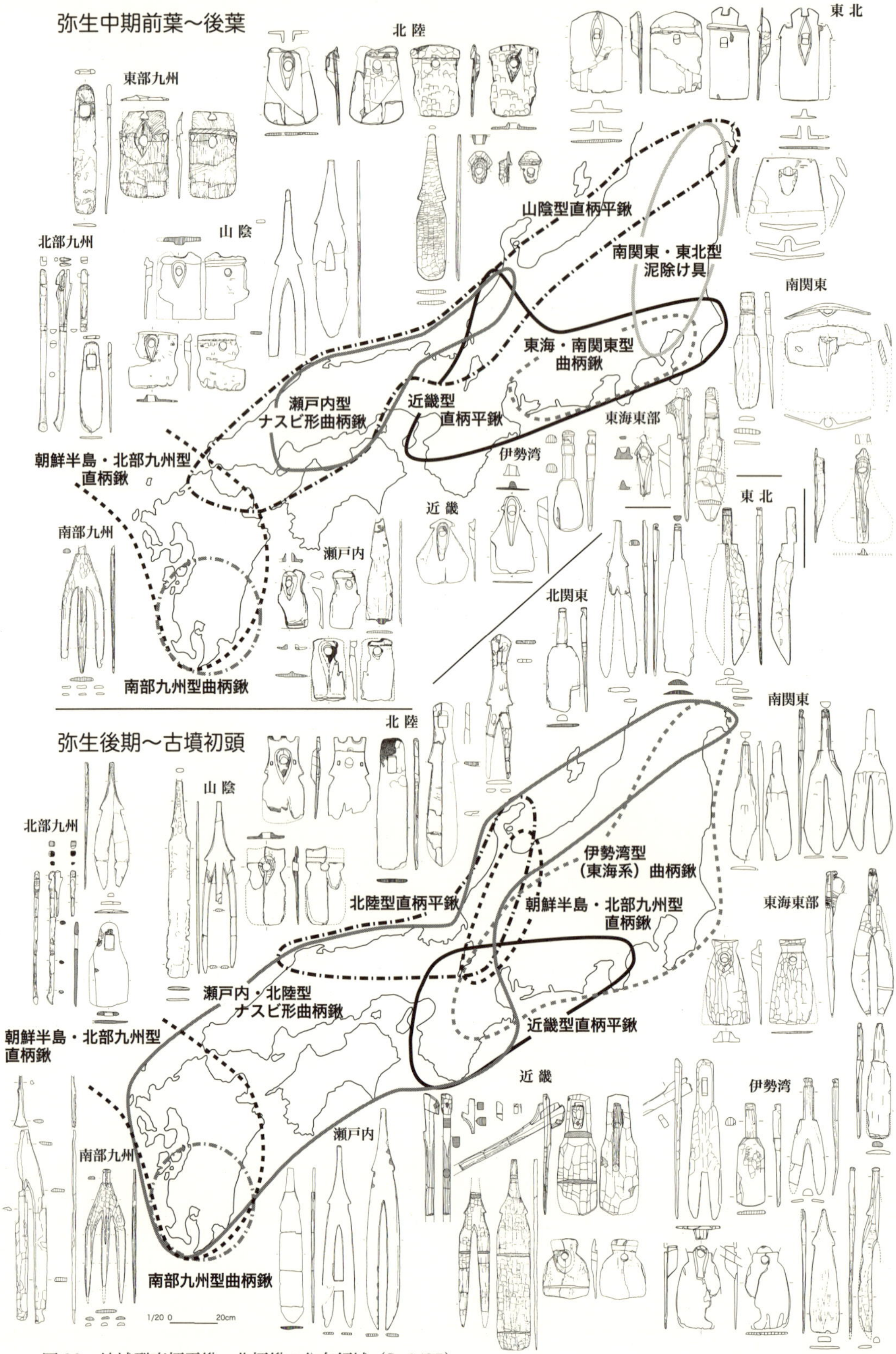

図 30　地域型直柄平鍬・曲柄鍬の分布領域（S=1/25）

う伝播ルートが存在する。特に関東の木製農耕具をみる限り、南関東と北関東（群馬）はともに伊勢湾の影響を受けつつも、相互に交流した形跡があまり認められないのはきわめて興味深い。

以上述べてきた直柄平鍬・曲柄鍬の分布領域を、弥生中期前葉〜後葉と、弥生後期〜古墳初頭に分けて描きだすと、図30のようになる。ここでは発祥地の異なる直柄平鍬・曲柄鍬が、それぞれ複雑に錯綜した領域をもつ状況が看て取れる。すなわち、朝鮮半島から北部九州に伝わった木製農耕具が、ただ単純に東へと伝播していったのではないことがわかる。そして、そこには自らが生活するための土地を開発する道具として、鍬のかたち・機能を常に改良し続けた先人たちのたゆまぬ努力と、他所で生み出された農耕具（およびその背景にあるさまざまな土木技術）を受容する際に起こったであろう、それぞれの地域での人々の葛藤のあとが窺えるのである。

註

1) 本稿での伊勢湾の領域は、律令期の旧国における伊勢・美濃・尾張・三河・遠江で、東海東部は駿河・伊豆を指している。南部九州は鹿児島・宮崎、東部九州は北九州市およびそれ以南のおおむね豊前・豊後地域を指している。

第３節　鍬の機能に関する基礎的研究

１．はじめに

本節では、伊勢湾周辺地域（図 31）から出土した、弥生前期から古墳後期前半（6 世紀前葉）の鍬類について、まず形態分類と編年的な位置づけをおこなう。次に、それぞれの鍬の刃部幅と柄孔の角度（膝柄・反柄の場合は、台部と柄部の角度）の相関関係を示し、これらの考古資料が民具学的な鍬の機能に合致し、同様の機能論的研究が可能なのかを検討してみたい。

なお、編年表に掲載した資料は、原則として完成品のみとし、完成品が確認されない形態についてのみ、未成品を載せている。また、やや煩雑になるが、他地域との比較を容易にするため、『木器集成図録　近畿原始篇』で上原眞人がおこなった分類（上原 1993）に合致するものについては、上原分類を併記しておく。

２．直柄鍬の編年的位置づけ

弥生～古墳時代の鍬には、鍬の身部上半に孔をあけて真直ぐな柄を通すタイプの鍬(直柄鍬)と、身部の上に棒軸状の突出部を設け、その突出部に木の枝分かれ部分などを利用した「く」の字状を呈する膝柄や反柄を固定するタイプの鍬（曲柄鍬）が存在する。まず本項では、直柄鍬について、編年的な位置づけをおこなう（図 32 ～ 35）。

(1)　弥生前期

弥生前期の直柄鍬は、三重県津市納所遺跡（1 ～ 4・26・27）と愛知県春日井市松河戸遺跡（5 ～ 7）から出土している。器種としては、直柄諸手鍬(1)・直柄平鍬（2・3・5・6）・泥除け具（4・7）・直柄多叉鍬(26・27）がある（以下、本章ではそれぞれの鍬の名称から直柄を省略する)。

諸手鍬は中央の円形柄孔周辺につくり出された隆起部のある面にむかって上下ともに強く湾曲している。上原分類では、狭鍬ＩA1 式に相当する。

平鍬は、いずれも柄孔の周囲

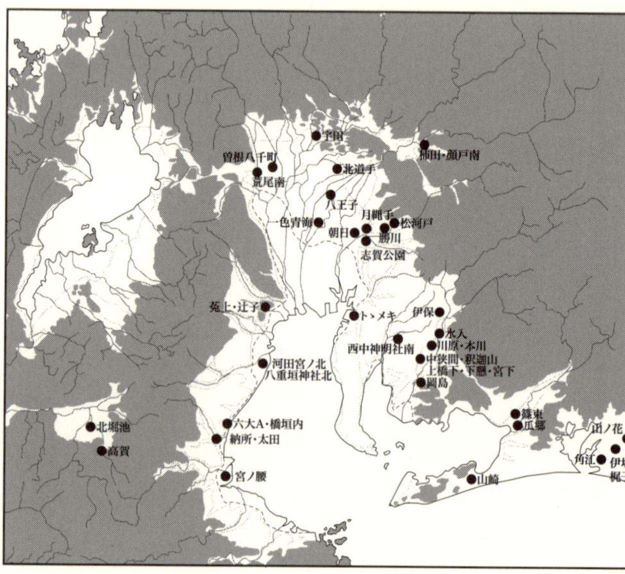

図 31　木製品出土主要遺跡位置図

に明確な隆起部をつくり出す。Ⅰ類（2）は平面が縦長の長方形で、隆起部が丸く、身部の下端ではなく側縁に刃をつけている。柄孔は円形ではなく、やや隅丸の方形を呈する。上原分類の狭鍬IIA5式に属する。II類（3・5）も同じく縦長の長方形の平面だが、下端部に刃をつける。上下に長い舟形の隆起部をもち、柄穴は円形である。上原分類では、広鍬IIA1式にあたる。III類（6）は全形が不明だが、舟形隆起部の両横に逆三角形の孔をあけ、さらにその横の側縁部には2つの小突起を設ける。この逆三角形の孔と小突起は泥除け具を固定するための細工と考えられる。上原分類の広鍬I式に該当する。

泥除け具（4・7）は、文字どおり水気をふくんだ土壌に鍬を打ち込む際に、跳ねた泥から手元を守るための補助具で、かつて丸鍬とよばれたものに相当する。4・7ともに陣笠状の立体的なつくりで、上原分類では泥除I式とされている。前述の直柄平鍬に固定するための細工はみられないが、III類の直柄平鍬に装着されたとおもわれる。

多又鍬（26・27）は平鍬同様、舟形ないしは円形の隆起部をもち、下端には熊手状に3本の細い刃部をつくりだす。上端部は半円形と方形のものがある。

(2) 弥生中期前葉

弥生中期前葉の直柄鍬は、愛知県清須市の朝日遺跡においてのみ認められる（8～11）。このうち、10・11は大型方形周溝墓の周溝底面からの出土である。

諸手鍬はこの時期まで残らず、多又鍬も現状での出土例はない。

平鍬では、I類から隆起部の不明瞭なIV類（8）へと移行し、II類（9）は弥生前期の形態が維持されるが、柄孔は隅丸方形を呈する。なお、このIV類は上原分類の狭鍬IIB式にあたる。この時期、新たに舟形の隆起部が下方に長くのびるV類が出現する。平面形は縦長の長方形だが、柄孔付近で両側縁がわずかにくびれ、上半部に鋸歯状の細工をほどこす例（11）もある。

(3) 弥生中期中葉

弥生中期中葉は朝日遺跡（12～16・28～30）のほか、納所遺跡、愛知県西尾市岡島遺跡、豊橋市瓜郷遺跡などの出土例がある。

平鍬IV類は弥生中期前葉以来の幅狭タイプ（13）に幅広タイプ（12）が加わる。II類（14）は残り、V類（15）は柄孔の両側縁がゆるやかにくびれ、上端に逆台形の抉りがつく。新たにVI類として、隆起部は逆水滴状を呈し、柄孔の両側縁が強くくびれるタイプが出現する（16）。このうち、14・15は大型方形周溝墓の周溝底面から出土している。

この時期、身部の全長が15cm以下、最大幅が10cm程度で、上端部が丸く、両側縁・下端部ともに刃がつく小型鍬（28）が出現する。このタイプの鍬は弥生中期中葉～後葉の伊勢湾周辺地域から静岡県の駿河湾沿岸地域にかけて特徴的に認められる器種である。完形品では、弥生中期後葉の34のように、60cm以上の柄がつく。

29は木目が身部に対して横方向に走り、平面形が縦方向よりも横方向に長い、いわゆる横鍬である。現在、伊勢湾周辺地域で弥生前期～中期に属する直柄横鍬はこれ1例のみである。

30は多又鍬で、4本歯で、身部上端は隅丸方形を呈し、柄孔は横長の方形である。

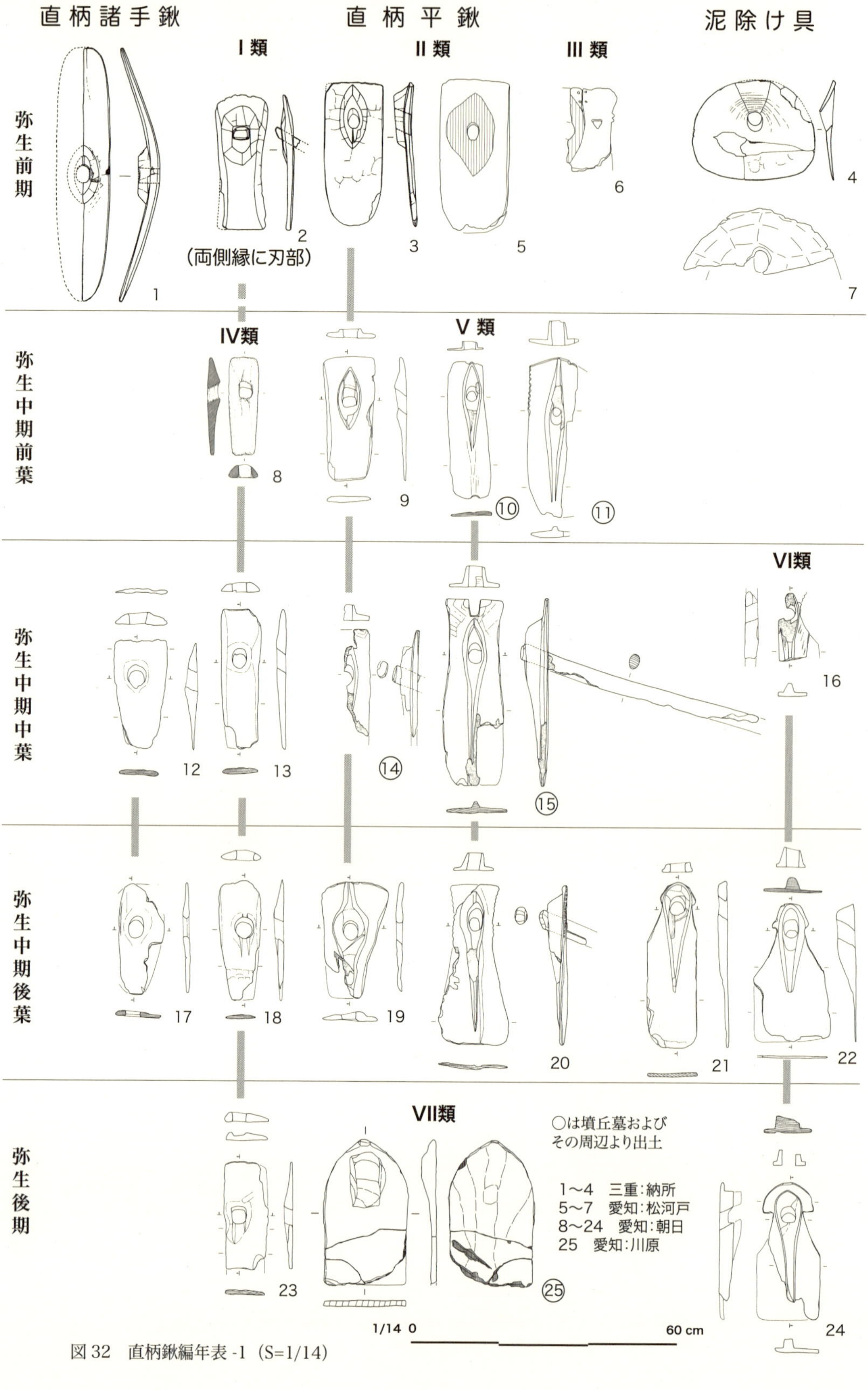

図 32　直柄鍬編年表 -1（S=1/14）

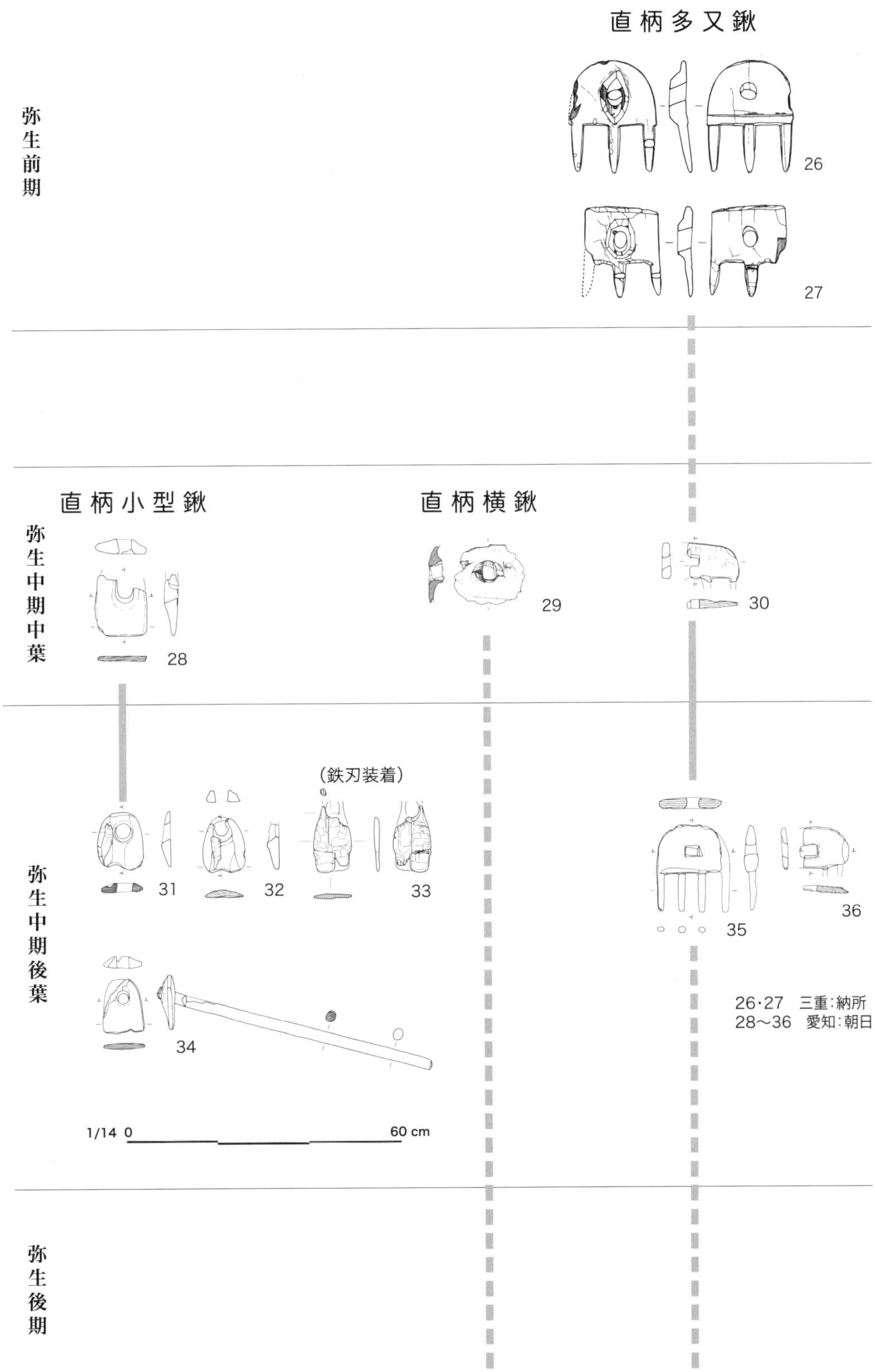

図33　直柄鍬編年表 -2（S=1/14）

(4) 弥生中期後葉

弥生中期後葉は朝日遺跡（17～22・31～36）のほか、各地で多数の出土例がある。

平鍬（17～22）・小型鍬（31～34）・多又鍬（35・36）はいずれも弥生中期中葉以来の系譜を引き継ぐ。このうち平鍬では、VI類の出土が各地で特にめだち、未成品も多数出土する。

小型鍬の出土例も多く、朝日遺跡出土の33には、両端を折り曲げるタイプの鉄刃を装着した痕跡が認められる。

(5) 弥生後期

弥生後期は朝日遺跡（23・24）のほか、愛知県豊田市川原遺跡（25）の出土例があるが、弥生中期後葉に較べて木製品全般の出土量が極端に減少する。

直柄鍬は平鍬のみで、IV類（23）・VI類（24）がある。下端の刃部幅が広く、上端部が丸いVII類（上原分類の広鍬IIA3式）は未成品が川原遺跡で出土しているのみである。

なお、泥除け具もわずかながら、この時期から出土するようになる。

(6) 弥生終末期～古墳前期前半（2・3世紀）

弥生後期の貧弱な様相に対し、突如として各地で出土例が増加し、活況を呈するようになる（37～47・55～63）。

平鍬では、弥生中期中葉以来のIV類（37）、VI類（38・39）が濃尾平野以外の地域に遺存しており、うちVI類はこの時期で姿を消す。新たに泥除け具の装着を意図して身の上端部を幅広にし、隆起部とは反対側の面に断面が逆台形の溝（蟻溝）を切る鍬（VIII類－上原分類の広鍬VIIA3式に相当）が出現する（40～45）。このうち、40～42は平面形・法量に遺跡の単位を超えた広い地域におよぶ強い企画性が認められることから、特にVIIIa類として分類する。ただし、隆起部の形態は遺跡ごとにやや異なる。一方、43～45はVIIIa類をモデルとしつつ、1点ごとに個性が認められるグループをVIIIb類としてまとめておく。

泥除け具は、弥生I期とは異なる平面的なつくりである（上原分類の泥除III式）。平鍬VIII類の蟻溝に対応して、身の上端部に断面が逆台形の突出部（蟻ホゾ）をもうけ、下端部中央付近には装着角度を一定にするために柄と紐で固定するための小孔があく例が多い（47など）。

55～57は、柄の装着角度が105.5～126.0°といずれも鈍角で、木目が身に対して横方向に走る鍬である。しかも身部の下端が柄孔隆起部のある面（使用者側）に強く反り返る形態をもち、刃は下端部ではなく両側縁についている。この種の鍬を上原は横鍬I式とし、山田昌久は除草用の鍬として払い鍬と命名した（山田2003）。本稿では山田の名称にしたがう。身の側縁に刃がつくことから、弥生前期以来の平鍬I・IV類とおなじ系譜に属する可能性がある。

また、横鍬も久々に現われ（上原分類の横鍬II式）、専用の泥除け具（上原分類の泥除II式）が装着される（58・59）。さらに横鍬とは別に、下端部に鋸歯状の歯をつけたエブリ（サラエ）も認められる（60・61）。この種のエブリを上原は横鍬III式に分類している。このほか、多又鍬も出土している（63）。

さらに特殊な例として、福岡平野を中心とする北部九州地方に特徴的な縦長の方形柄孔を有する鍬が岐阜県大垣市で数例認められる（62）。この種の鍬はほぼこの時期にのみ、滋賀県湖東地方や北陸地方からも出土していることから、日本海からのルートで伊勢湾周辺地域に流入したと考えられる。

(7) 古墳前期後半～中期前半（4世紀～5世紀初頭）

前段階に較べて出土量は著しく減少する（48・49・64・65）。

48は平鍬VIIIa類で、49はその泥除け具。64・65は横鍬で、特に64は泥除け具装着のために、上端部に突起を設ける。柄孔は方形で隆起部をもたない。現状では、岐阜県東濃地方の可児市周辺のみに分布範囲が限定される。

(8) 古墳中期後半～後期（5世紀前葉～6世紀）

この時期は直柄鍬の出土量がやや増加する（51～54・66～74）。

51は刃部幅が8.9cmと狭く、身と柄は110.4°と鈍角に装着されている。柄孔周辺の隆起部は逆水滴状でしっかりしており、隆起部とは反対側の面の上端に段がつく。通常、隆起部は使用者側とは反対の面につき、かつ身に対して鋭角に柄が装着される場合が多いことから、本例は意識的に逆方向に柄を装着していることがわかる。明確な隆起部や本来ならば使用者側の面の上端につく段など、弥生II期以来のIV類とは異なる特徴や、この時期には珍しい刃部幅の狭い鍬であることから、一応IX類としておくが、VIIIa類を再加工しての転用品である可能性が高い。なお、上原分類では狭鍬IIA3式に相当する。52はVIIIa類の未成品で、二連の連続成形段階のものである。50は上原分類では広鍬VA3式で、筆者の分類ではVIIIb類にあたる。

53は弥生I期以来の直柄平鍬とは全く異なる系譜として、この時期新たに登場する直柄鍬である。身の上半部は截頭三角形で、下半部にはU字形の鉄刃が装着される。柄孔は縦長の長方形で、54の柄がつく。柄孔の周囲に隆起部をもたず、側面形は真っ平らである。これは、近世のいわゆる風呂鍬の原形にあたるもので、ここでは直柄風呂鍬とよんでおく。

66・67は横鍬で68はその泥除け具。70・71は下端部が鋸歯状になるエブリで、72・73は下端部が平らなエブリである。柄孔は横長の長方形。74は多又鍬である。

69は、長手方向の両端が柄孔周囲の隆起部がある面にむかって反る鍬で、一見、弥生前期の諸手鍬に似ている。ただし、隆起部の形状は図面上の下にむかう逆水滴状で、下端部中央に三角形の抉りが入る。左右両端は欠損しているが、完形品のなかには片側にのみU字形の鉄刃を装着する細工をもつものがあることから、図面上の縦方向にも横方向にも用いられる多目的な鍬である。関東以北に多く分布しており、この地域では静岡県西遠江地方がその分布圏の西端に位置する。必ずしも適当な名称ではないが、黒崎直の命名（黒崎1996）にしたがって変形諸手鍬とよんでおく。

3. 曲柄鍬の編年的位置づけ

曲柄鍬に関しては、筆者が1989年以降、たびたびその分類案と変遷案を示してきた（樋上1989・1993・1994・2000a・b・2002a）ため、本稿での詳述はひかえ、概略のみ記す。

まず器種として（曲柄）平鍬・二又鍬・多又鍬が存在する（第1節図3～5）。この地域では

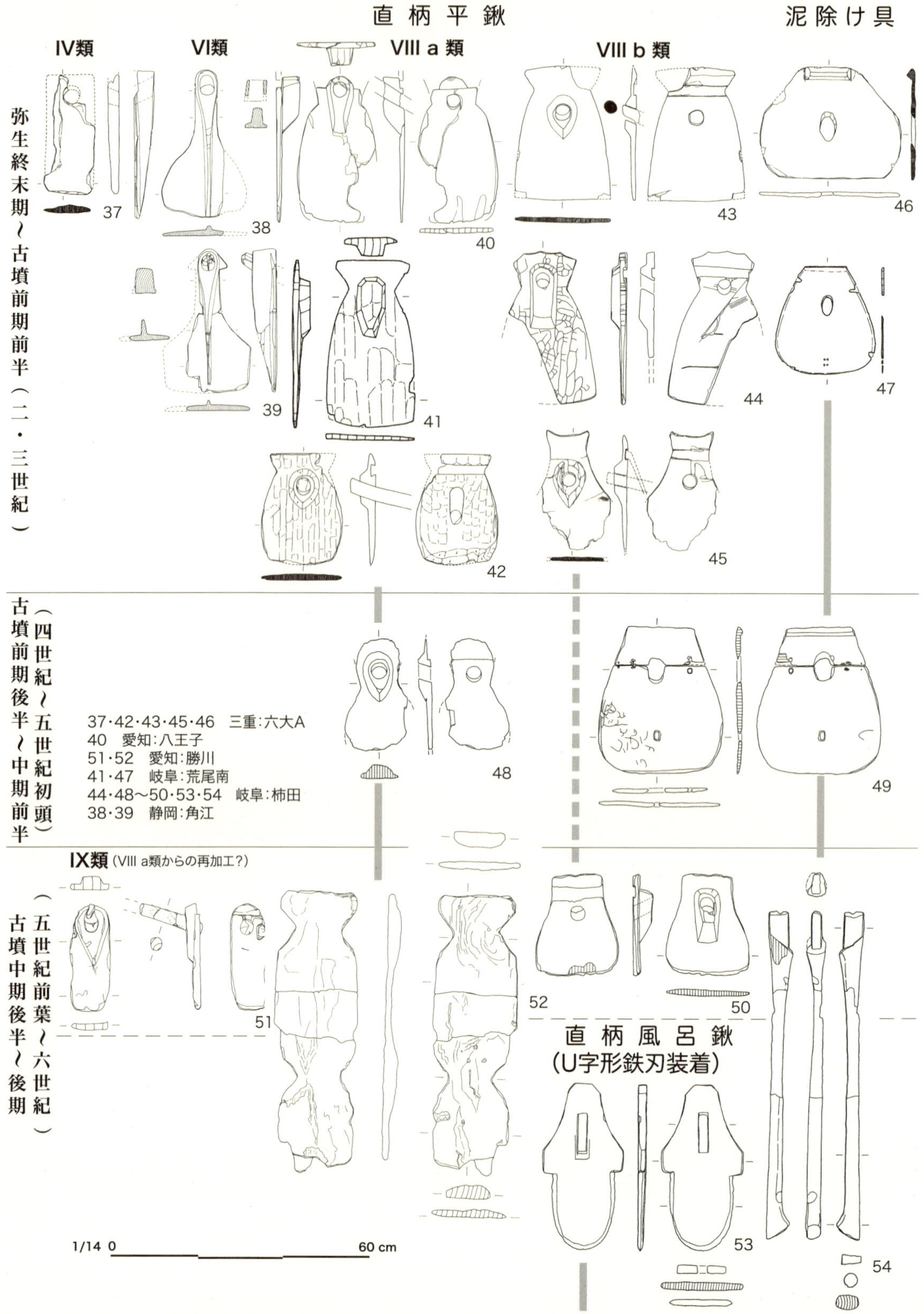
直柄平鍬
泥除け具
IV類
VI類
VIII a 類
VIII b 類
弥生終末期～古墳前期前半（二・三世紀）
古墳前期後半～中期前半（四世紀～五世紀初頭）
古墳中期後半～後期（五世紀前葉～六世紀）
37
38
39
40
41
42
43
44
45
46
47
48
49
50
51
52
53
54
37·42·43·45·46 三重：六大A
40 愛知：八王子
51·52 愛知：勝川
41·47 岐阜：荒尾南
44·48～50·53·54 岐阜：柿田
38·39 静岡：角江
IX類（VIII a類からの再加工？）
直柄風呂鍬
（U字形鉄刃装着）
1/14 0
60 cm

図 34　直柄鍬編年表 -3（S=1/14）

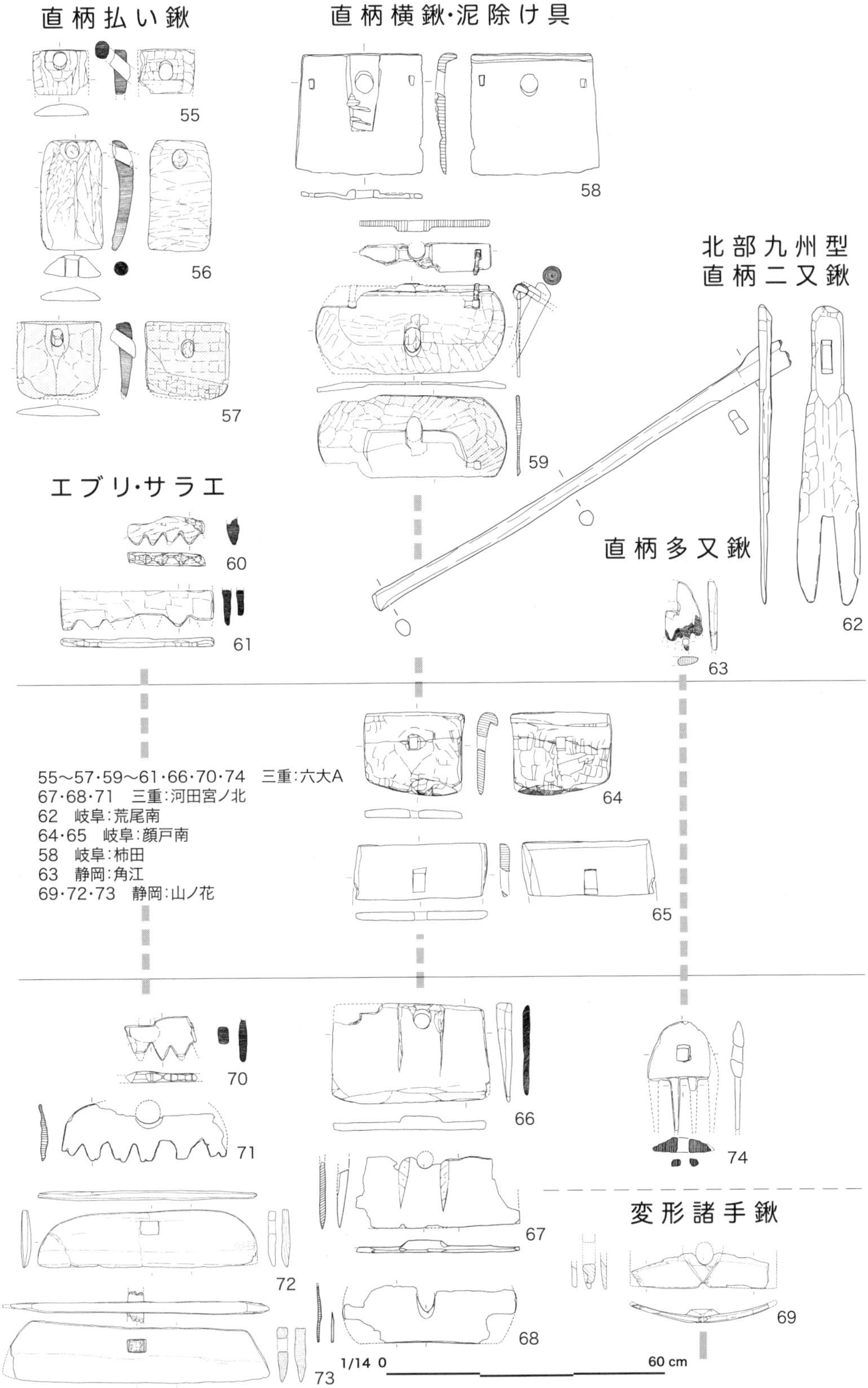
直柄払い鍬
直柄横鍬・泥除け具
北部九州型
直柄二又鍬
エブリ・サラエ
直柄多又鍬
変形諸手鍬
55
56
57
58
59
60
61
62
63
64
65
66
67
68
69
70
71
72
73
74
55～57・59～61・66・70・74　三重：六大A
67・68・71　三重：河田宮ノ北
62　岐阜：荒尾南
64・65　岐阜：顔戸南
58　岐阜：柿田
63　静岡：角江
69・72・73　静岡：山ノ花
1/14 0
60 cm

図35　直柄鍬編年表 -4（S=1/14）

弥生中期中葉に出現し、弥生後期には伊勢湾型（東海系）曲柄鍬とよばれる独特の形態を生み出して、弥生終末期から古墳中期前半には近畿地方以東の地域に広く分布するようになる。

一方、西日本では弥生中期中葉頃、岡山県の吉備地方でナスビを縦割りにしたような形状をもつ曲柄鍬（ナスビ形曲柄鍬）が創出され、弥生終末期に大阪府の河内平野に定着する。さらに古墳前期には東海系曲柄鍬と拮抗して全国に伝播する。

この地域では、伊勢湾型曲柄鍬に２つのタイプが存在し、愛知県尾張地方に特徴的なものを勝川タイプ（図3-8･9)、三重県伊勢地方に特徴的なものを六大Ａタイプ（図3-10･11）とよぶ。弥生終末期には奈良盆地周辺から六大Ａタイプが、古墳前期前半には北関東（群馬県）から勝川タイプが多く出土する。また、愛知県西三河地方では両者とも在地で製作されている。伊勢地方では、いち早くナスビ形曲柄鍬が流入するが、伊勢湾型曲柄鍬も根強く残る。

古墳前期後半（4世紀）には岐阜県西濃地方にナスビ形曲柄鍬が流入し、中期前半（5世紀前葉）には尾張・三河地方を飛び越して西遠江地方へと分布圏を拡大する。

古墳中期後半(5世紀中葉)頃、このナスビ形曲柄平鍬にU字形の鉄刃を装着することによって、この地域の伊勢湾型曲柄鍬が一掃され、尾張・三河地方にもナスビ形曲柄鍬が定着するようになる。

柄との対応関係では、古墳前期後半以降、ナスビ形曲柄鍬には反柄がつくことがわかっており、伊勢湾型曲柄鍬および古墳前期前半以前のナスビ形曲柄鍬には膝柄が伴う。

4．曲柄鍬の刃部幅および柄の装着角度の検討

(1)　曲柄平鍬の刃部幅

まず、曲柄平鍬の刃部幅を検討する（カラー図版1)。

弥生中期後葉および古墳初頭は10～12cmをピークとする正規分布を示す。ただし全体的には、弥生中期後葉は10cm未満に、古墳初頭は12cm以上にシフトしており、静岡県浜松市の角江遺跡では20cmを超える刃部幅の平鍬がある。

古墳前期には、伊勢湾型のピークが8～10cmとより狭い刃部幅に移行するのに対して、ナスビ形は14～16cmと逆に幅広化傾向を示す。

古墳中期以降は12～14cmをピークとする分布になるが、鉄刃を装着しないナスビ形の刃部幅が7.3cm～17.5cmと著しくバラつくのに対し、鉄刃装着のナスビ形は12～14cmと16～18cmの２つの山をもつ分布域を示す。

上原による近畿地方の例と比較すると、平鍬Ｃ（非ナスビ形）は10cmと12cmあたりにピークをもつ点や、鉄刃装着のナスビ形(平鍬D)の刃部幅が14cmあたりにピークがくることなど、共通点が多い（カラー図版cf.1)。特にU字形の鉄刃は製作地が限られる規格品であることから、鉄刃のサイズに合わせて身部（風呂部）がつくられた可能性が高い。

(2)　曲柄二又鍬の刃部幅

曲柄二又鍬では、弥生中期以降、伊勢湾型Ⅰ類・ナスビ形（古墳初頭～前期）へと、刃部幅の拡大化傾向が認められる（カラー図版2)。ただし、古墳中期のナスビ形は、前段階に対して刃

部幅が狭くなる。
大まかな傾向としては、近畿地方のデータともほぼ共通する（カラー図版 cf.2）。

(3)　柄の装着角度

柄（膝柄・反柄）の装着角度は 50 ～ 55°をピークとする正規分布を示す（カラー図版 3）。そのなかで、弥生中期後葉は 52.2°～ 72.7°と角度がやや緩やかな方にシフトしている。

5．直柄鍬の刃部幅および柄の装着角度の検討

(1)　直柄平鍬・横鍬未成品の刃部幅

本稿では、ここまで完成品についてのみ、形態分類と変遷案を提示してきたが、ここではじめて当地域の直柄平鍬・横鍬未成品の刃部幅を確認しておく（カラー図版 4）。全時期を通じて 19 ～ 22cm をピークとする正規分布を示す。時期別にみると、弥生前～中期中葉は 22 ～ 25cm にピークがある。最も未成品が多い弥生中期後葉は 19 ～ 22cm に集中する一方で、分布域は 9.8cm から 29.4cm と裾野も広い。それに対し、古墳初頭以降は 16.5cm から 27.2cm と分布域がかなり狭まる。

19 ～ 22cm のピークは近畿地方の直柄平鍬未成品の刃部幅も同様である（カラー図版 cf.3）。ただし直柄横鍬では、近畿地方が 31 ～ 34cm をピークとする正規分布を示すのに対し、当地域では完成品が 17.9 ～ 40.5cm とバラつき、未成品も 30.0 ～ 45.8cm とかなりの幅がある。

(2)　伊勢・濃尾平野の直柄鍬（弥生前～後期）

直柄平鍬に関しては資料数が多いことから、時期と地域を限定して検討を試みる（カラー図版 5 ～ 7）。

まず、伊勢～濃尾平野（納所・朝日遺跡）の弥生前～後期では、刃部幅は 6.6cm（図 32-8）から 17.3cm（図 32-22）と、かなりの幅がある。柄孔の角度も 46.3°（図 32-19）から 74.7°（図 32-8・15）までバラつく。この範囲を示したのがカラー図版 5 の破線である。さらに同時期・地域（遺跡）の直柄平鍬未成品の刃部幅に完成品の柄孔の角度をあてはめたのがグレーのトーンをかけた範囲である。未成品の刃部幅は 9.8 ～ 27.6cm で、この幅から完成品の幅まで製作過程あるいは使用段階で削り込まれたことになる。

本稿ではここまで直柄平鍬について、特に刃部幅によって広鍬と狭鍬に分けることなく分類・変遷案を示してきた。これまでの出土木製農耕具（掘削具）の研究では、おおむね広鍬と狭鍬は刃部幅 15cm を境として分けられてきた（黒崎 1970、根木 1976、上原 1993 など）。ここでその分類を適合させると、完成品で広鍬の領域には朝日遺跡の弥生中期後葉に属する 2 点（図 32-20・22）がかろうじて入るのみで、他はすべて狭鍬の領域となる。

ではここに、民具学の分野でよく用いられる鍬の機能分類である打ち鍬・引き鍬（打引き鍬）の領域を重ねてみる。打ち鍬（土壌の反転・耕起用の鍬）の領域は一般に刃部幅 15cm 以下（5cm 以上）、柄の角度は 60 ～ 90°とされる（ドットで示した領域）。しかし引き鍬（土壌の削平・移動用の鍬）については、刃部幅 15cm 以上（25cm 以下）という点ではほぼ一致するが、柄の角

度は民具学の分野では40～45°（飯沼・堀尾1976など）と非常に鋭角なのに対し、出土遺物からみた根木修の研究では45～75°とかなり広めに設定されている。本稿では一応、根木の説にしたがい、引き鍬の領域を、打引き鍬（両者の中間的な鍬）込みの範囲として斜線で示した。それによると、カラー図版5では、全体のおよそ3分の1が打ち鍬・引き鍬（打引き鍬）のいずれにも該当しない範囲に属することになる。直柄小型鍬はすべて狭鍬でなおかつ打ち鍬の領域に属する（グレーの枠内）。しかし、小型鍬は身部の長さが短いため、地面に深く打ち込み、土を反転させるという打ち鍬本来の機能はない。つまり、この時期には、刃部幅と柄の装着角度に明確な相関関係が存在しなかった可能性が高い。ただし固有の平面形をもつ直柄小型鍬（図33-31～34）と、身の側縁に刃がつく平鍬Ⅰ（図32-2）・Ⅳ類（図32-8・12・13・17・18・23）に関しては、他の直柄平鍬とは異なる機能を有していたとおもわれる。

（3）　東三河・西遠江の直柄鍬（弥生中期中葉～後葉）

東三河および西遠江では、広鍬に分類されるものが伊勢・濃尾平野より多くなり、広鍬側の刃部幅はより広くなる傾向が認められる（カラー図版6）。しかし、やはり全体的には刃部幅・柄の装着角度は著しくバラついており、打ち鍬・引き鍬（打引き鍬）の領域を重ねても、両者に属さないものが3分の1を超えている。小型鍬は伊勢・濃尾平野と同様に打ち鍬の領域に収まるが、前述のように打ち鍬としての機能はなかったと考えている。

ここまでみてきた2地域について、直柄平鍬完成品の領域に、先に検討した弥生中期後葉の曲柄平鍬の領域（黒の太枠内）を重ねると、直柄平鍬（小型鍬）の大半が曲柄平鍬と重複することになる。以上のことから、弥生前～後期を通じて、当地域の直柄平鍬と曲柄平鍬の間には、明確な機能分化は存在しなかったと考えられる。

（4）　古墳初頭～中期の直柄鍬

最後に、古墳時代の直柄鍬を検討する（カラー図版7）。直柄平鍬は、図34-37・51を除いてすべて広鍬の領域に属する。37は平鍬Ⅳ類で、この時期としては希少例であり、51は先に検討したように平鍬Ⅷa類からの再加工品である可能性が高いことから、この時期の直柄平鍬は刃部幅の点でかなり規格性が高いことがわかる。また、柄の装着角度も51以外は60.5～86.7°と弥生前～後期の直柄平鍬よりもはるかにまとまっている。

曲柄平鍬は、刃部幅が5.6～17.5cm、柄の装着角度は39.7～72.5°と、ほとんど直柄平鍬とは重ならない領域にシフトしている。

以上の点から、古墳初頭以降に関しては、直柄平鍬のほとんどを広鍬とよぶことができ、かつ曲柄平鍬との間にも明確な機能分化が認められる。これに打ち鍬・引き鍬（打引き鍬）の領域を重ねると、直柄平鍬はかろうじて引き鍬（打引き鍬）の領域に重なってくるのに対し、曲柄平鍬はいずれの領域にも属さない。それぞれの鍬の形態からその機能を想定すると、まず直柄平鍬Ⅷ（a・b）類にはすべて泥除け具を装着するための細工がほどこされている。黒崎によると泥除け具装着の鍬は、「激しく打ち下ろして土を耕起する作業には不向きで、土を反転し砕きながら引き均す作業に適した鍬」（黒崎1996）であることから、直柄平鍬Ⅷ類は引き鍬ないしは打引き鍬の機能が相応しい。ただ近世の鍬から類推される引き鍬（装着角度が40～45°）に較べると、はるかに柄の装着角度は緩やかである。一方、曲柄平鍬については、刃部幅の点では打ち鍬に相当するが、柄の角度で打ち鍬の領域と重なる部分は少なく、むしろ引き鍬（打引き鍬）の領域にふくまれる。

直柄横鍬に関しては、刃部幅が25cm以下のものと30cmを超えるものに大きく分けることができる。柄の装着角度は50～69°と比較的狭い範囲に集中し、しかもそのほとんどに泥除け具を装着することから、ほぼ引き鍬としての機能に限定できる。

直柄払い鍬については、直柄平鍬（横鍬）・曲柄平鍬とも全くかけ離れた領域をもち、その独特の形状からも、他とは異なる特殊な機能を有していたことがわかる。

6．まとめ

前項では、伊勢湾周辺地域の鍬について、刃部幅と柄の装着角度からその機能の類推をおこなった。その結果、弥生前～後期には、直柄平鍬のうち、身の側縁に刃部を有するⅠ・Ⅳ類や直柄小型鍬以外は、広鍬・狭鍬という従来の分類基準も不明確で、曲柄平鍬との間にも明確な機能分化を認めることができなかった。

一定の規格性をもち、泥除け具を装着する直柄平鍬Ⅷ類が出現する古墳初頭にいたって、ようやく広鍬へのシフトが明確になり、曲柄平鍬との間にも機能差が認められるようになる。さらにこの時期、引き鍬として直柄横鍬、除草用？の直柄払い鍬が登場し、鍬の機能分化がいっそう明瞭になる。しかし、この段階でもなお、すべての鍬に対して打ち鍬・引き鍬・打引き鍬という民具学的分類が完全に適合するわけではない。とすれば、弥生～古墳時代の鍬にみる法量差には、民具学的な機能差では割りきれない、異なる原理が働いていたと考えられる。

弥生時代の鍬に関しては、沖積地にある多くの遺跡から製作途上の未成品が出土するため、基本的にどの集落でも製作されていた。製作者も専業工人とよばれる特殊な技術者ではなく、一般成員が農閑期などに製作していたとおもわれる（樋上2005a）。とすれば、この時期は鍬の製作者と使用者が、同一ないしは互いの顔がみえるようなきわめて近い関係にあったといえる。すなわち、刃部幅や柄の装着角度にみる著しいバラつきは、柄の長さもふくめて使用者の身体的特徴や作業姿勢などの違い（好み）を反映していた可能性がある。

さらに、西三河以東の直柄平鍬に較べて、濃尾平野（朝日遺跡）の刃部幅が総じて狭いことについては、鍬を作るためにその集落で調達できる原材の太さの差を反映している可能性も考えられる（樋上2002c）。

古墳初頭（弥生終末期）以降、直柄平鍬未成品（特に連続成形品）は沖積地の集落から姿を消し、山間部や丘陵（洪積台地）の縁辺部に立地する集落からしか出土しなくなる。この時期から、鍬の原材となるアカガシ亜属の大径材（直径70cm以上）が確保できる集落に鍬の製作地が限定され、木材資源に乏しい沖積地の集落は完成品（あるいは半完成品）の供給をうけるのみとなる（穂積2000、樋上2005a）。直柄平鍬の規格化が著しく進行し、未成品と完成品の領域がほとんど重なるのは、このためであろう。ただし、柄の装着角度は未だ若干のバラつきがあることから、着柄のみは使用者側でおこなわれていたとおもわれる。

この時期の鍬が、生産地と消費地の間で、どのようなかたちで取り引きされていたのかは不明である。しかし規格化の進行は、すでに商品としての鍬の第一歩を踏み出している可能性がある。その傾向がよりいっそう明確になるのは、直柄風呂鍬(図34-53)の出現以降と筆者は考えている。この段階をもって、弥生前期(あるいは縄紋晩期)以来続いた直柄平鍬の伝統が途絶え、かつ古墳前半期には隆盛をきわめたナスビ形(および伊勢湾型)曲柄鍬も終息にむかっていくという点で、この直柄風呂鍬の成立は非常に大きな意味をもっている。近世の農書や民具学の研究から復原される「打ち鍬・引き鍬・打引き鍬」という機能分化の、本当の意味での出発点も、この直柄風呂鍬が登場して以降のことだとおもわれる。ただ、この古墳後期〜古代の直柄風呂鍬はいまだ全国的にも数えるほどしか出土していない(山田 1998)。今後、これらの資料が増加し、本稿で示したような分析をおこなうことができれば、民具学からも追える近世の鍬への道筋がみえてくるのではなかろうか。

第II章　首長関連木製品の研究

第1節　木製容器の行方

～愛知県朝日遺跡04Ab区SD02出土資料から～

1.　はじめに

本節では、愛知県埋蔵文化財センターの調査による愛知県清須市朝日遺跡04Ab区SD02出土資料（愛知県埋蔵文化財センター 2009b）をもとに、弥生後期の木製（精製）容器の系譜を検討する。さらに、弥生中期の木製容器とともに、それぞれの時期における木製（精製）容器の性格を、土製容器（土器）との比較から考えてみたい。

2.　資料の紹介

朝日遺跡は今さらいうまでもなく、濃尾平野を代表する弥生時代の大集落である。北東から南西に流れる河道をはさんで、北と南に居住域と考えられる区画が存在し、その東西に広大な墓域が広がる。この集落プランは弥生中期前葉に成立し、基本的には弥生後期まで維持される。

ここで紹介する04Ab区のSD02は、北区画に設けられた外環濠から派生する溝で、北区画のほぼ真南に位置する。埋土の堆積は1～4層からなり、木製品は最下層である4層から出土している。所属時期は供伴する土器の検討から、弥生後期初頭（八王子古宮II式期～山中I式期1段階）である。

木製品には、本稿の目的である精製容器類のほかに、赤彩をほどこした楯、武器形木製品、小型の準構造船部材などが出土している。

木製容器は全部で6点ある（図36）。1はコウヤマキ製の円形の刳物蓋で、復元径23.0cm、器高2.4cmを測る。甲張り状に中央に向かって高くなり、頂部には円形の平坦面がある。側縁には浅く溝をめぐらせ、小孔があけられている。ここには別づくりの口縁部を付加し、目釘で固定したと考えられる。上部には2つの小孔があり、身と結わえることができるようになっている。身は欠損している口縁部の内側にくると推定され、身の口縁端部が接する箇所は平坦面となっている。上原眞人の分類では、被せ蓋（IかIIは身がないために不明）にあたる（上原 1993）。

2も蓋で、残存幅19.0cmで残存高は2.4cmを測る。樹種はケヤキである。平面形は隅丸方形で、比較的平坦な口縁部から頂部にかけて緩やかに湾曲して立ち上がるような、陣笠状を呈する立体的なつくりである。内面には、口縁端部よりもやや内側に、楕円形の平面となるかえり状の立ち上がりがあり、その内側には身を受けるために一段平坦面をつくりだし、さらに内側を刳り込むという、きわめて凝った細工がなされている。後述する石製合子との関連性から上原分類の印籠蓋と思われるが、身の形態が不明であるため、被せ蓋の可能性もある。

3は脚の破片で、内外面にベンガラによる赤彩をほどこす。長さ4.2cmほどの両側縁が生き

朝日遺跡 04Ab 区　SD02 出土　精製容器類

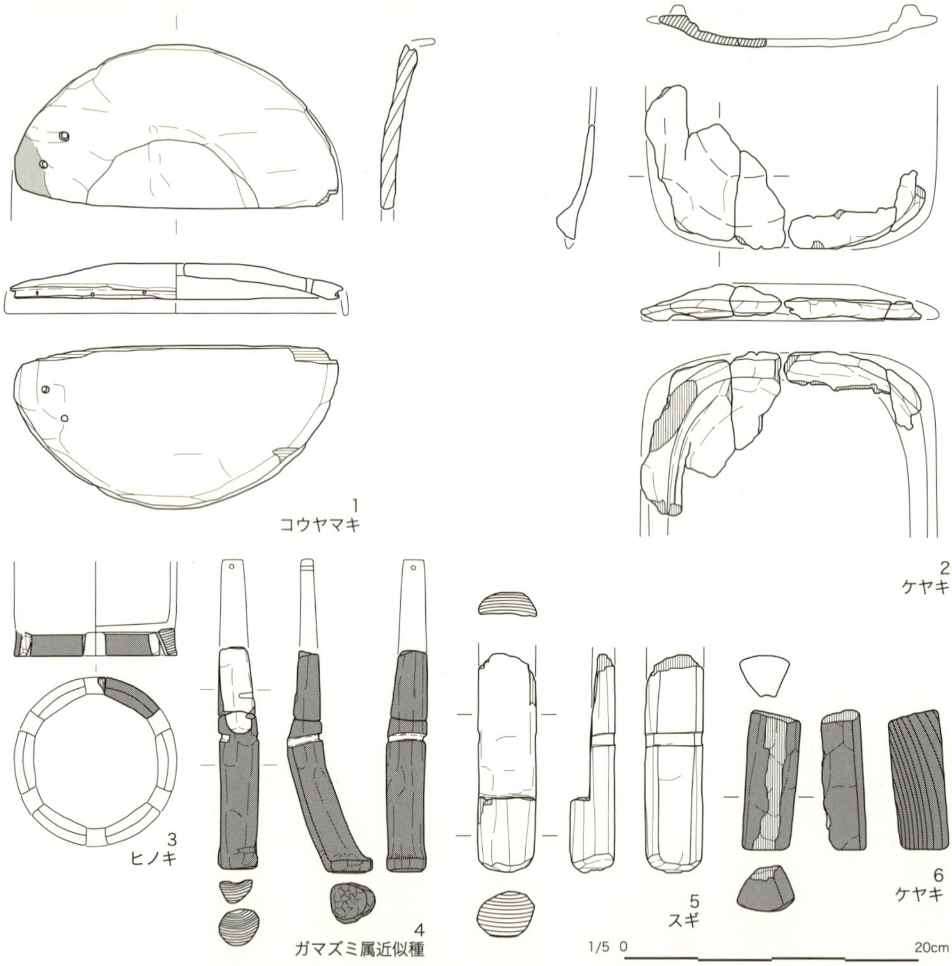

図 36　朝日遺跡 04Ab 区 SD02 出土の木製容器

ていることから透かしをもつ脚である。6 脚で 1 周し、復元径は 11.2cm で残存高は 1.8cm を測る。底部と身の立ち上がりは欠損しており、刳物・挽物・曲物のいずれかは不明である。樹種はヒノキ。

4 も脚で、身とは別づくりとなる。後述するように、類例が鳥取県の青谷上寺地遺跡ほかであり、赤彩する例が多い。本例もベンガラによる赤彩をほどこす。脚の端部は獣足状に強く外へ踏ん張る。中央付近に横方向の浅い溝があり、その上には身との接合を示す刳り込みを有する。上端部は欠損するが、他の類例から、ここには穿孔があり、目釘か樺皮で身と結合することがわかっている。残存高は 15.0cm で、樹種はガマズミ属近似種。

5 も 4 と同様の構造をとる別づくりの脚だが、スギ製で赤彩はない。下端部も外反せず、ほぼ直線的に丸みをつけて終わっている。身を受ける段は 4 よりも明確であり、段から下は短い。残存高は 14.6cm を測る。

6 も脚とみられる破片で、樹種はケヤキ。ベンガラによる赤彩をほどこす。断面は三角形で、外側とみられる面は緩やかに円弧を描く。下端を地面に接すると、わずかに内側へと傾く。上端が欠損しており、本来は身と一体になった容器の脚と推定される。残存高は 9.3cm。

3. 合子容器脚の類例と使用法

次に、別づくりの容器脚と推定される図 36-4・5 について、類例をみていく（図 37)。

まず 4 のような、身を受ける刳り込みが浅く、下端部が強く外反するタイプは、前述の青谷

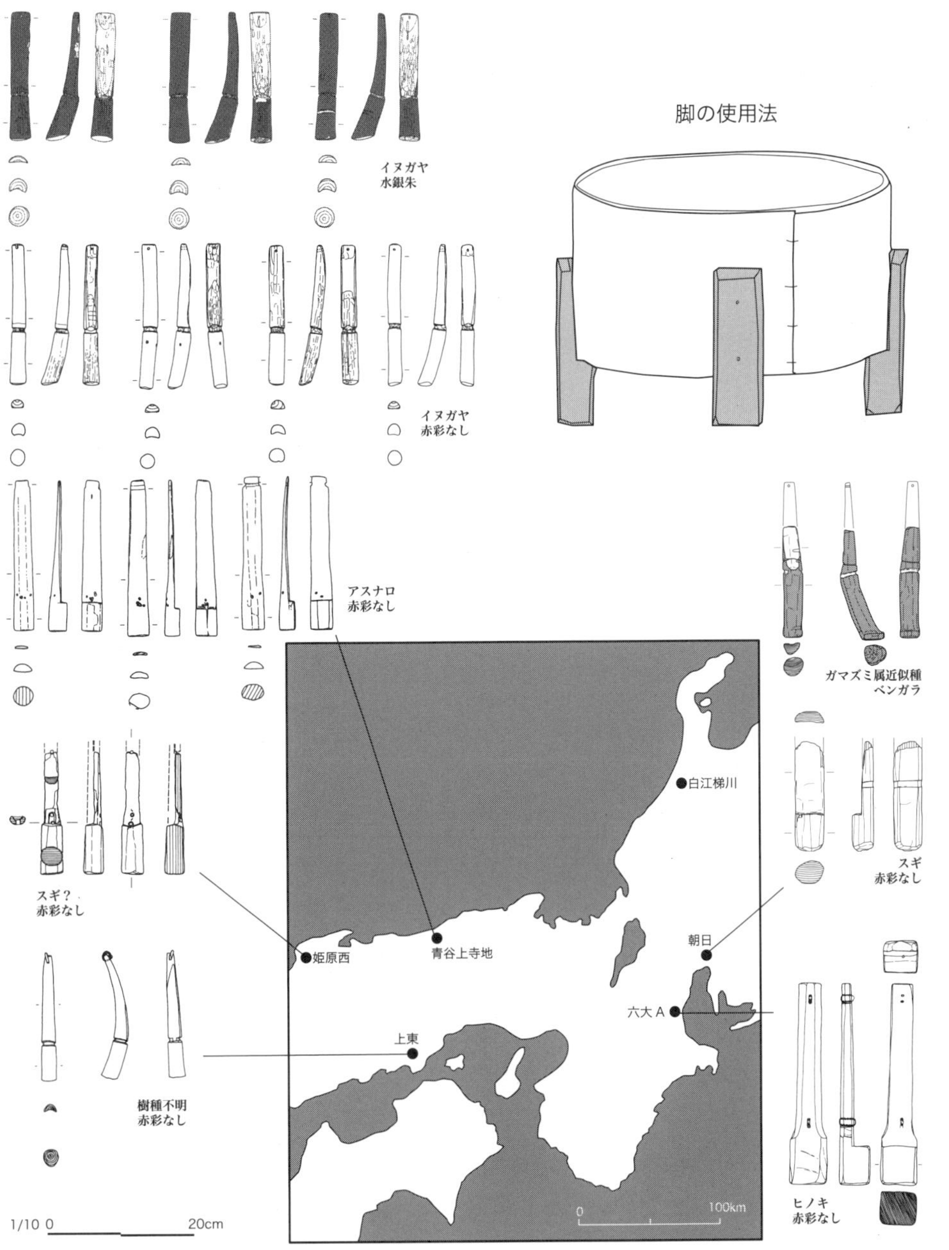

図 37　木製合子脚出土遺跡

上寺地遺跡において、報告書で確認できるだけで15点出土している（鳥取県埋蔵文化財センター 2005)。時期は弥生後期から古墳前期で、弥生中期には遡らないようである。樹種はほとんどがイヌガヤで、1点だけカヤを使った例がある。赤彩したものが多く、塗料にはいずれも水銀朱を用いている。

同様の脚は、石川県白江梯川遺跡と岡山県上東遺跡で各1点出土している。筆者が確認している限りでは朝日遺跡が4遺跡目にあたり、時期はいずれも弥生後期に属する。白江梯川遺跡例は未報告だが実見する機会が度々あり、青谷上寺地遺跡例同様に下端部の反りが強く、横方向の溝より下は青谷上寺地遺跡例よりも長い印象を受ける。樹種はイヌガヤで、やはり水銀朱で赤彩をほどこす。

岡山県上東遺跡例は赤彩がなく、樹種は不明である（岡山県教育委員会 2001)。反りは強いが、下端部が斜めに面取りされていない点が、青谷上寺地・白江梯川遺跡例とやや異なる。上端付近には、身と結わえるために穿孔をほどこし、樺皮が遺存している。

この4遺跡での比較では、朝日遺跡例（図36-4）は樹種のみならず、赤彩にベンガラを用いるという点が日本海側の2遺跡例と異なるうえ、下端部が獣足状に踏ん張ることも、他にはみられない特徴である。わずかな類例ではあるが、以上の点から朝日遺跡の脚は、日本海側からの直接的な搬入品ではなく、朝日遺跡のなかで製作された可能性がきわめて高いといえる。ただし製作者については、日本海側、特に青谷上寺地遺跡と関連性のある人物であったことを否定するものではない。

朝日遺跡から出土したもう一つの脚（図36-5）と同様の、ほとんど反りをもたないタイプの脚については、古代ないしは中世以降まで残るために、類例はさらに多くなりそうである。ここでは3遺跡を例としてあげた。まず前述の青谷上寺地遺跡でも、このタイプの脚が出土している。樹種はアスナロで赤彩はない。時期は弥生中期後葉まで遡ることから、このタイプの脚を原形として、反りが強いタイプの脚が生みだされた可能性が高い。このほか、島根県姫原西遺跡例はスギ製と思われ、時期は弥生後期（島根県教育委員会ほか 1999)、三重県六大A遺跡例はヒノキ製で、時期は古墳中期〜奈良時代に属する（三重県埋蔵文化財センター 2000)。このタイプの脚は、赤彩をほどこさないという点でも共通点がみられる。

これら2タイプの脚は、青谷上寺地遺跡以外では1点ずつしか出土していないが、青谷上寺地遺跡では3ないしは4点がまとまって出土している。しかも、その同一出土例は長さや形態が揃っていることから、本来は3〜4点をセットとし、身に結わえて用いていたことは間違いない。山田昌久は民俗事例を引用しつつ、これらの脚について、図37右上のような復元案を提示している（山田 1997)。

今回朝日遺跡から出土した図36-5に刻まれた横方向の溝は、おそらく身と固定する際に、紐状のもので縛りつけるために用いたのであろう。とすれば、反りが強いタイプの脚に認められる横方向の溝も、同様に紐状のものを固定する機能を有していたと思われるが、このタイプの溝をよく見ると、身と接合する部分の刳り込みよりも下に位置する例がほとんどである。しかも、地面に接する下端部を水平にすると、溝はほぼ例外なく内側に向かって斜めになり、紐を固定することはできなくなってしまう。以上の点を考慮すれば、反りが強いタイプの脚に認められる横方向の溝は、本来は紐を固定するためであった機能が喪失した痕跡器官とみることも可能である。

これらの脚が固定されていた身が、挽物であるのか、刳物であるのか、曲物であるのか、あるいは結桶状のものであるのかは、残念ながら遺存例がないためにあきらかではない。ただいずれにせよ、赤彩をほどこす例が多いことからもわかるように、非常に丁寧につくられた格の高い容器であることは間違いない。そして、この（3ないしは）4本の反りが強い脚で支えられ、かつその脚に横方向の溝を刻んだ形態の容器は古墳前期になると石に写されることになる。すなわち、石製合子の原形がこれであろうと筆者は考えている。

4. 木製合子から石製合子へ

石製合子の研究例は意外に少なく、これらを系統的にまとめたのは、西谷真治と赤塚次郎の2人の研究にほぼ絞られる（西谷 1970、赤塚 1999）。ここでは赤塚の分類案をもとに、検討を進めていく（図38）。

赤塚の分類では、石製合子は上面観が円形のＩ類と楕円形のII類に分けられている。

Ｉ類の身は4本の脚で支えられ、II類の身は裾広がりの平底となっている（後出する型式のＩc類は除く）。赤塚がＩ類のなかで最も古い型式と考えた愛知県東之宮古墳出土例1（犬山市教育委員会 2005）は、蓋の断面が緩やかで低い甲張り状をなし、身と結わえるための小孔をあける。これらは朝日遺跡で出土した図36-1と共通する要素である。身には口縁部のやや下と最下部に横方向の突帯をつくりだし、脚は4本で外方向へ強く踏ん張っている。脚の断面は半円形で、身の下端部との境に一条、横方向の溝を切っている。脚は石に写しているためか低いものの、このような特徴は、ほぼ先に検討した木製容器の脚（図36-4）と共通している。身にある横方向の突帯は、あるいは曲物か結桶を固定するための紐を写している可能性はあるが、断定はできない。ただ、東之宮古墳例以降のＩ類に共通しているのは、身の下端部にある突帯が脚の部分で切れている点で、このことは、モデルとなった木製合子の脚が身とは別づくりであったことを強調しているためであろう。また、岐阜県矢道長塚古墳例（大垣市教育委員会 1993）以降、奈良県マエ塚古墳（奈良県教育委員会 1969）・島の山古墳例（奈良県立橿原考古学研究所編 1997）でも脚には木製の脚同様、横方向の溝が刻まれている。以上の点から、石製合子Ｉ類の原形が朝日遺跡1・4のような木製合子であった可能性がきわめて高い。

次に石製合子II類の検討に移る。II類の身が木製の曲物容器を模していることは、西谷真治の指摘以来、上原眞人や赤塚次郎・飯塚武司らによって追認されており、筆者もあえて否定する必要性は全く感じていない（上原 1994、飯塚 2003b）。この弥生〜古墳時代の曲物容器は、底部の遺存例こそ多いものの、残念ながら薄く削いだ板ないしは樹皮製と推定される立ち上がり部分が全く残っていない。そのため、図38では曲物容器を模して、すべてを一木でつくりだした大阪府田井中遺跡例（弥生後期）をモデルとしてあげておく（大阪府教育委員会 1994）。II類は蓋の周縁部が突出するか否かによって、IIa類とIIb類に分けられており、そのいずれもが岐阜県親ヶ谷古墳出土例（赤塚・中司・中井 1988）を祖形としている。このうち、蓋の周縁部が突出しないIIa類について、赤塚は東之宮古墳2からの系譜を想定しているが、筆者は滋賀県雪野山古墳出土の木製合子蓋をその原形とみたい。雪野山古墳例は身こそ残存していないものの、漆塗りで全面に複合鋸歯紋をほどこした見事なつくりの合子蓋であり（雪野山古墳発掘調査団

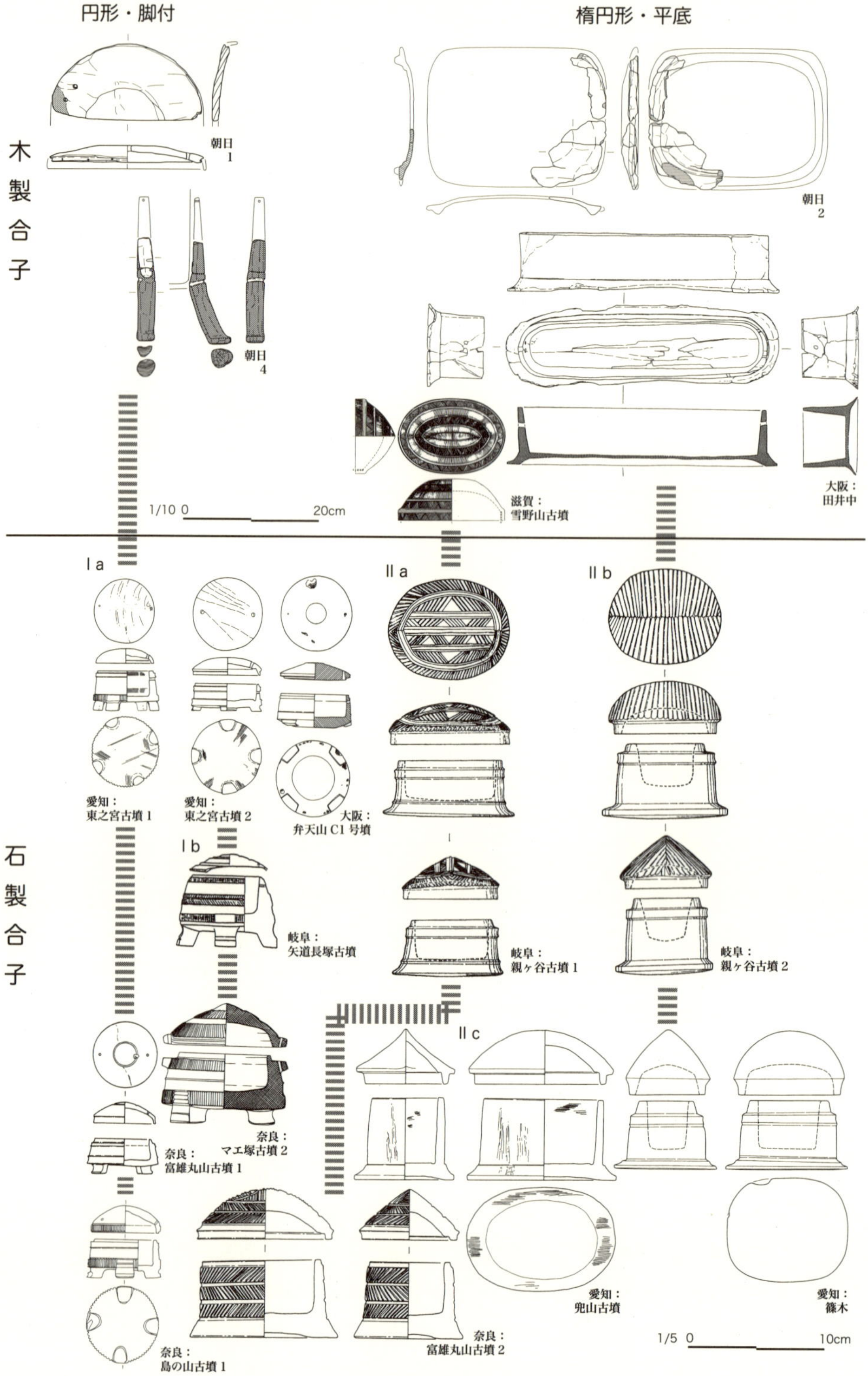

図 38　木製合子から石製合子へ

1996)、この紋様構成は親ヶ谷古墳1にやや簡略化して受け継がれている。

蓋の周縁部が突出する石製合子IIb類の原形は、今回朝日遺跡から出土した隅丸方形の蓋（図36-2)であろうと筆者は考えている。蓋の周縁よりやや内側の下端に平面楕円形の突出部を設け、その内側で身の口縁部を受ける形態は、IIb類の蓋へと受け継がれており、それゆえに朝日遺跡例は印籠蓋となる可能性が高いといえる。

赤塚が石製合子Ⅰ・II類それぞれの最古型式を愛知・岐阜など伊勢湾周辺地域の古墳出土例としているのに対して、その原形となるべき木製合子がこの地域にこれまで存在していなかったことから、やや否定的な見解があった。しかし今回の出土例により、弥生後期初頭段階に、石製合子の原形たる木製合子が濃尾平野の核といえる朝日遺跡に存在していたことがあきらかとなった。このことは、赤塚が想定した石製合子変遷案の妥当性を追認することとなり、さらには初期の石製合子の製作地を考えるうえでもきわめて重要な意味をもつ。

5. 木製合子から土製合子へ

次に、木製合子から土製合子への変遷をみていく（図39)。

朝日遺跡ではすでに、貝殻山貝塚の南地点の調査で、弥生後期の方形周溝墓群から土製合子が出土しており（愛知県埋蔵文化財センター 2000)、ほぼこれと同形のものが西三河の豊田市にある川原遺跡からも出土している（愛知県埋蔵文化財センター 2001b)。これらは頂部に狭い平坦面をもち、口縁部が下へややのびる笠形の蓋に、透かしを入れたハの字状に開く低い脚部をもつ身からなり、蓋と身を結わえるために左右に2ヶ所ずつの穿孔をおこなっている。朝日遺跡出土例では、蓋に綾杉紋を描き、全面に赤彩をほどこすなど、きわめて装飾的であり、容器としての格の高さを示している。これの原形といえるのが、今回出土した図36-1・3である。1は前述のように石製合子Ⅰa類の原形だが、同時に土製合子のモデルでもある。3は脚部のみの出土だが、緩やかにハの字状に開く形態は、まさにこの土製合子の原形にふさわしい。朝日遺跡の土製合子の身はよく見ると、脚と口縁部の境に段差を設け、わずかな突起をめぐらせていることから、曲物製の口縁部を模していることがわかる。つまり、脚と底部は一体でつくり、底部の周縁に薄く削いだ板ないしは樹皮製の曲物が固定されていたことがわかる。とすれば、3の木製合子脚も、底部までが一体で、口縁部は別づくりであった可能性が高い。

そして、まさにこの系譜を引く曲物底板が、三重県の六大A遺跡から出土しているのである（弥生後期末〜古墳初頭)。サイズはやや大型で、脚の数も増えているが、一見して朝日遺跡出土例（図36-3）との関連性が伺える。同様に、愛知県八王子遺跡からは、図36-1の系譜に連なる古墳初頭〜前期に属する合子の蓋が出土している（愛知県埋蔵文化財センター 2001c)。口縁端部に立ち上がりがつくかどうかは不明だが、周縁に溝をめぐらせるところまでよく似ている。ただし、頂部に平坦面がなく、側面形はどちらかといえば、石製合子Ⅰa類の蓋に近い。

楕円形・平底の木製合子もまた、土製合子へと写される。有名な岡山県金蔵山古墳出土の土製合子は、蓋の口縁部に鍔状の突起がめぐらされており、朝日遺跡出土の図36-2を彷彿とさせる（倉敷考古館 1959)。三重県明和町出土の土製合子も同様である（西谷 1970)。そして、これらはさらに、合子形埴輪へと引き継がれていく。

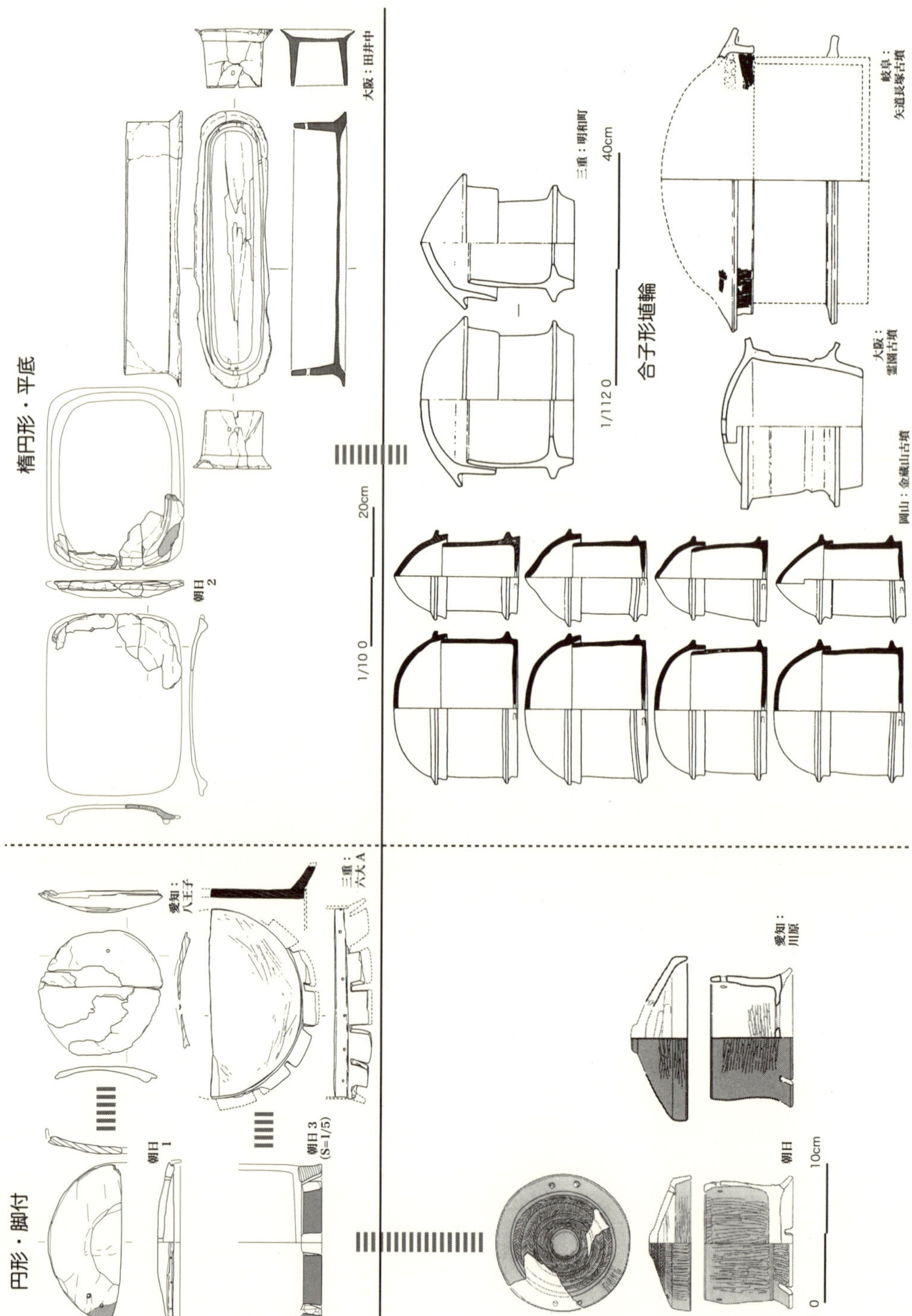

図 39　木製合子から土製合子へ

これら土製合子もまた石製合子同様に、愛知・岐阜・三重といった伊勢湾周辺地域に分布しているものであり、その原形である木製合子が、古墳前期以前（弥生後期段階）に同地域で定着していたことを示す証拠といえよう。

6. 木製盤から石製盤へ

残った図36-6の脚について、その系譜を検討する（図40）。

前述のように、やや外に開く断面が三角形の脚であり、身部は全く残っていないため、ほとんど推測となってしまうが、現状では木製盤の脚と考えるのが妥当であろう。口縁部の立ち上がりが低く、しかも強く外反する木製脚付盤は、弥生後期後半の島根県姫原西遺跡から完形品が出土している。これはスギ製で、脚の断面は円形だが、古墳前期の滋賀県服部遺跡出土例へと引き継がれる。

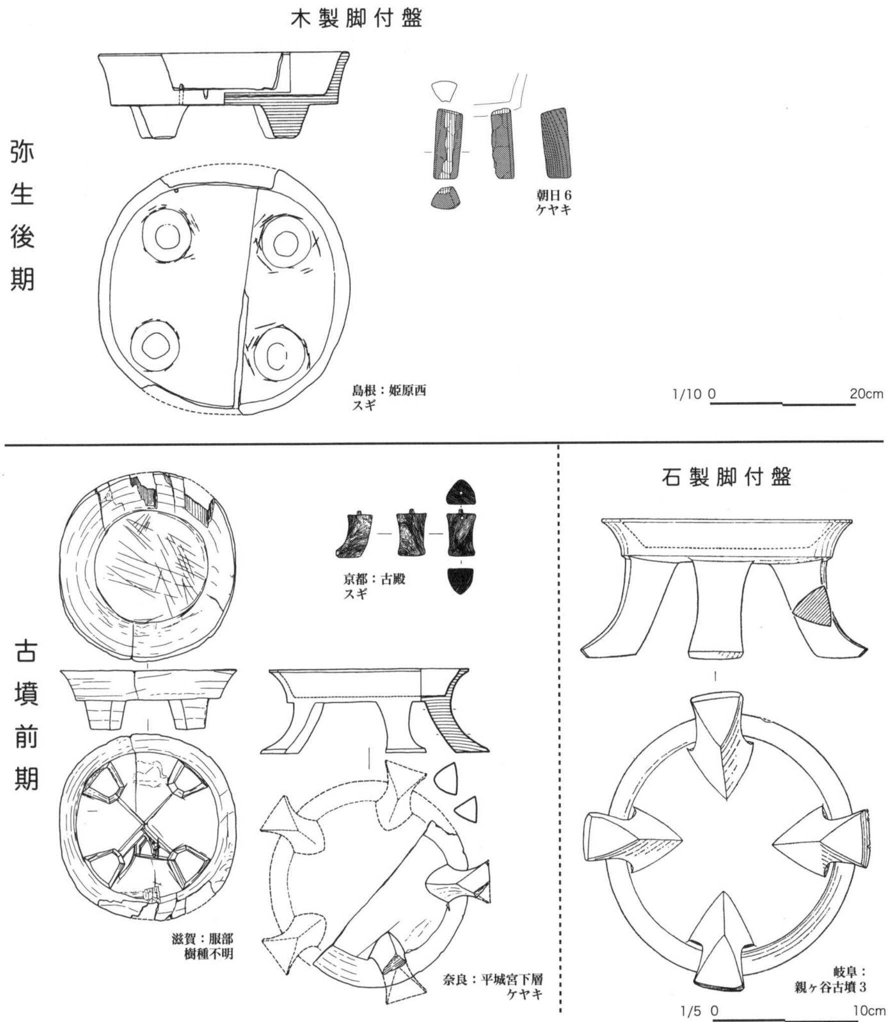

図40　木製脚付盤から石製脚付盤へ

これとは別に、断面が三角形を呈する脚が京都府古殿遺跡にあり（京都府埋蔵文化財調査研究センター 1988）、おそらくは奈良県平城宮下層遺跡出土例（奈良国立文化財研究所 1993）へとつながる。ただし、古殿遺跡例はスギ製の別づくりで、平城宮下層遺跡例はケヤキ製の一木である点が異なる。岐阜県親ヶ谷古墳出土の石製盤は、脚の本数こそ異なるものの、この平城宮下層遺跡の木製盤とほぼ同様の形態であることから、両者には密接なつながりが存在するが、時期的には親ヶ谷古墳例が先行する。そして親ヶ谷古墳例の方が、脚の反りがやや少ないことを考えれば、型式学的には、朝日～親ヶ谷～平城宮下層という系譜が想定できないこともない。また、朝日遺跡出土例と平城宮下層遺跡出土例がいずれもケヤキを用いている点からも、姫原西遺跡例とは別系譜となる可能性が推測できる。

この系譜に関してはやや確証に乏しいが、少なくとも朝日遺跡出土例がケヤキを用いており、しかも赤彩しているという点で、容器の脚であることは間違いなく、なおかつ合子の脚にはなりえないということ、そして楕円形合子で共通点を見いだしうる親ヶ谷古墳でこのような断面が三角形の脚を有する石製盤が出土していることを考えれば、現状では朝日遺跡出土例を木製盤の脚としておくのが最も妥当性の高い推論といえるのではないだろうか。

7. 木製合子の内容物

ここまで検討してきた朝日遺跡出土の木製容器のうち、特に木製合子に関して、その内容物がいかなるものであったのかを推定する。土製合子もふくめて、合子の内容物がわかる例は決して多くない。ここではその数少ない類例を紹介する（図 41）。

まずは、前述の滋賀県雪野山古墳の木製合子である。これには漆塗りの竪櫛 26 点が納められており、棺外の北側（頭部）に置かれていたことがわかっている。次いで京都府園部垣内古墳では、やはり棺外頭部に置かれた楕円形合子が腐朽して空洞化していた。その内部からは、鉄製の短刀 10 本と短剣 31 本が出土した（同志社大学文学部文化学科 1990）。さらに前述の岡山県金蔵山古墳では、土製合子 4 点に、鉄製農具・工具・漁撈具・武器類が大量に納められていた。

これらの内容物から、飯塚は合子を「実用品の道具入れ」と評するが、筆者は上原の言う「小物入れ」「宝石箱」に近いイメージをもっている。これら櫛や鉄製品は、古墳時代といえども貴重品であり、それらを納めた合子が棺外ではあるが、被葬者の頭部付近に置かれていたことは、この容器と内容物の重要性を示している。朝日遺跡や川原遺跡の土製合子も墓域から出土していることを考慮に入れると、これら小型の精製合子類がもつ、特定個人（首長）の宝物入れとしての性格は、弥生後期まで遡りうる可能性がきわめて高い。

8. まとめにかえて～弥生中期との比較から～

最後に、朝日遺跡における弥生中期前葉から古墳前期の木製容器のなかで、今回出土した合子・盤を位置づけ、その意義について考えてみたい。

朝日遺跡出土の木製容器を時期ごとに並べると、ほぼ図 42 のようになる。器種としては、高杯・鉢・盤・槽に、今回の合子が加わる。このうち、破線よりも左側に配置したのが食膳具としての

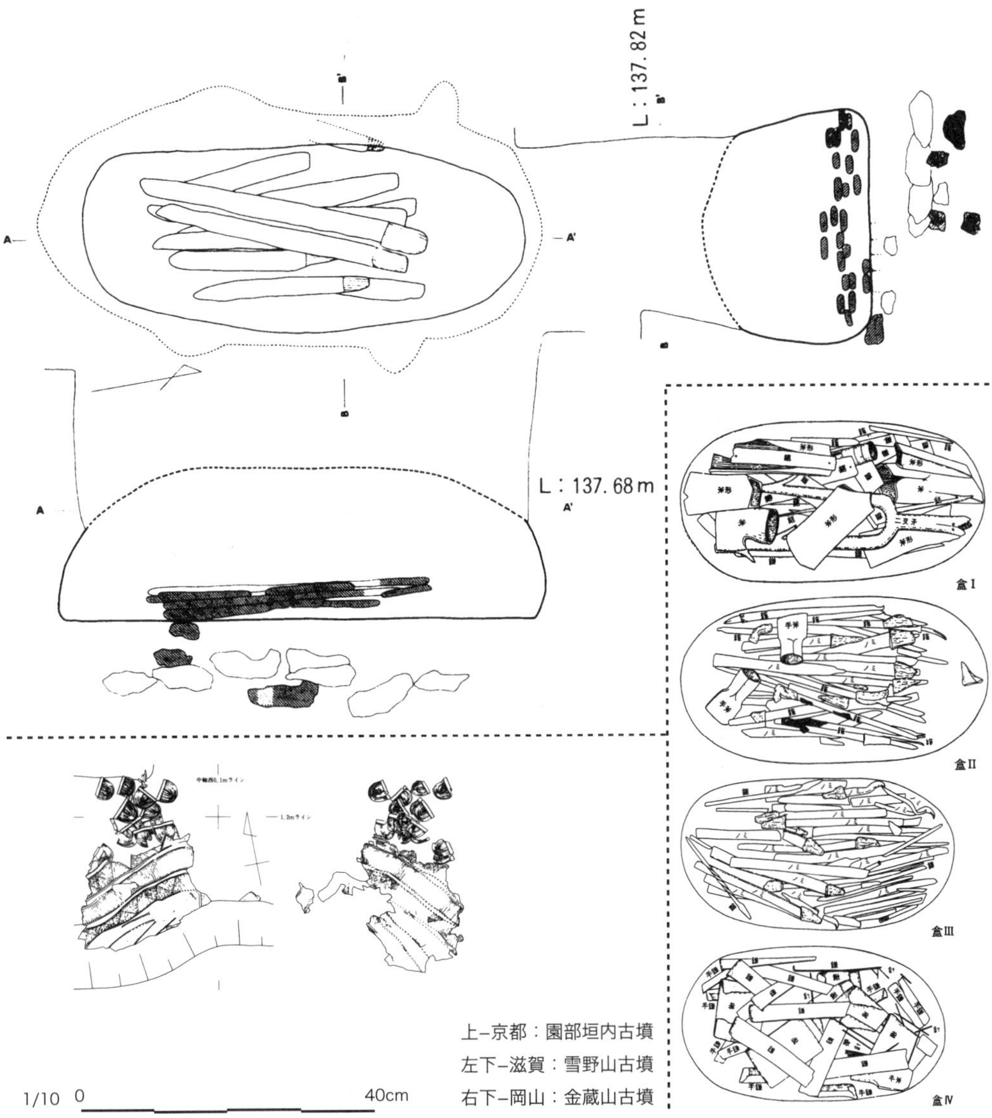

図41　合子の内容物

機能をもつもので、右側はそれ以外ということになる。一見してわかるのは、左側が弥生中期中葉〜後葉をピークとして急激に減少するのに対して、右側、特に槽類は古墳前期以降も定量的に出土し続けるという点である。そして、その分岐点といえる弥生後期初頭に今回の合子類が位置づけられるのである。

木製高杯や鉢などは、筆者の分類では「首長の所有物」だが（樋上 2004）、使用されるのがマツリや儀礼の場であることは、すでに飯塚が述べているとおりである。そして何より重要なのは、食物などを盛りつけた木製の精製高杯や鉢などを、マツリの主宰者たる首長が恭しく捧げもつ場面を一般成員に見せつけることよって、首長の権威を一般成員に知らしめることなのである。

木製高杯のうち、特に口縁部に鍔を有するタイプは、弥生中期中葉頃、土製の高杯に写され、

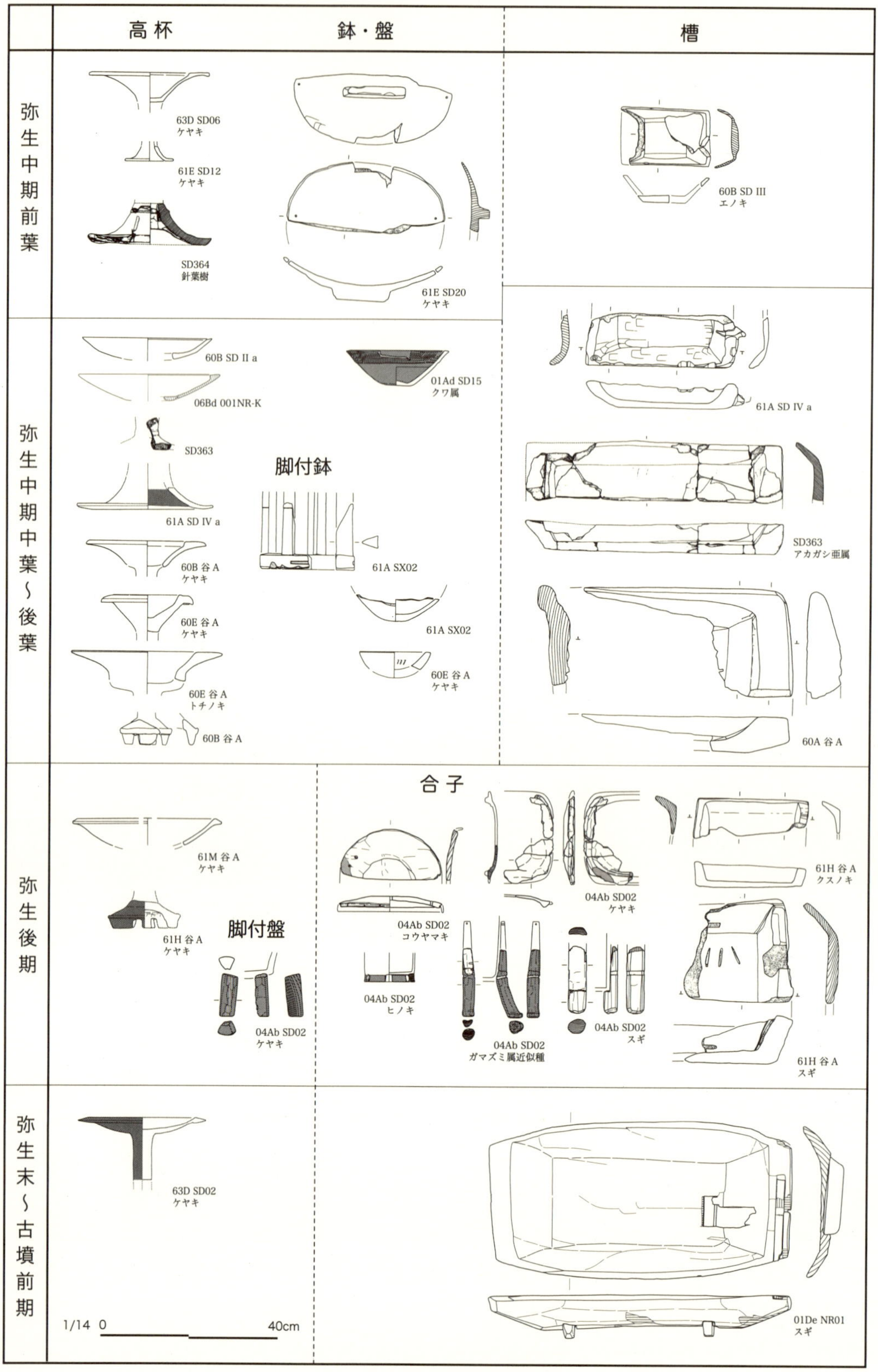

図42　朝日遺跡木製容器編年表

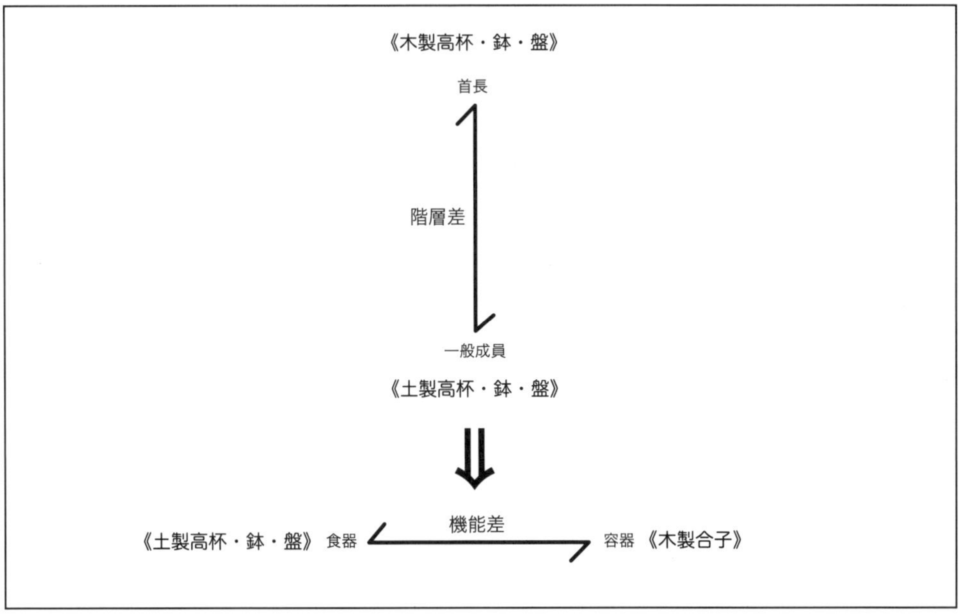

図 43　木製容器 / 土製容器の相関関係変遷模式図

この土製高杯は中期後葉に急増していく。これは、マツリの場における首長層の重要なアイテムである木製高杯を土器に置き換えることによって、高杯という器種を一般成員へと普及させるとともに、木製高杯と土製高杯の間に階層差を設けることを意図しているのであろう（図 43 上）。

高杯に代表される木製の精製食器類は古墳前期以降、徐々に姿を消していき、今回出土したような木製合子類が重要な位置を占めてくる。これら木製合子類は首長層のきわめて個人的な宝物入れであり、基本的には他人に見せびらかすような性格のものではない。そして、本来は内容物こそが重要であったのが、徐々にその容器自体が宝器化し、古墳前期には石へと写され、墓に副葬されるようになる。

さらに弥生後期以降、土製食器から木製品的な要素が喪失していく。古墳前期の土器様式には、もはや木製容器写しといえるものは、ほとんど認められない。木製容器もまた、合子や槽などが主体となり、食器としての機能を果たすものは基本的になくなる。すなわち土製容器と木製容器は、弥生中期にみられた階層差ではなく機能差へと置き換えられていく（図 43 下）。そして、見せびらかすことによって首長の権威を高めるアイテムは、儀杖形木製品に代表される威儀具（樋上 2006b）へと移っていくのである。

第２節　儀杖の系譜

１．はじめに

筆者は以前、中部地方の弥生〜古墳時代の集落から出土する木製品を、集落の階層性の視点から整理した（樋上2004）。その結果、弥生中期から古墳中期まで一貫して首長が所有する最上位の木製品として威儀具の存在があきらかとなった。しかし威儀具の範疇には、儀杖・団扇・翳・衣笠（蓋）などがふくまれ[1]、おのおの果たす役割・存続期間には若干のズレが認められる。このうち、団扇・翳は鈴木裕明（鈴木裕明 2000・2003）が、衣笠については浅岡俊夫（浅岡 1990）がすでに全国的な出土事例とその歴史的意義について詳細な論考を発表している。ただ儀杖に関しては、2000年の春、奈良県立橿原考古学研究所附属博物館にて開催された展覧会「権威の象徴－古墳時代の威儀具－」で集成・展示されたほかは、近年の各種展覧会において、古墳時代の首長居館との関連で、いくつかの出土例が個別に展示されるのみで、儀杖そのものを研究対象とした論文はきわめて少ない。

そこで本節では、数ある木製威儀具のなかでも、この儀杖にその焦点を絞り、弥生〜古墳時代の資料を全国的に集成・分類してその系譜を整理したうえで、玉杖や琴柱形石製品をはじめとする木以外の素材による儀杖関連遺物との関係についても考えてみたい。なお、儀杖という用語は本来、辞書には存在しないため、ここでは、「儀礼や祭祀の場において首長が直接手にすることによって、自らの権威を一般成員（民衆）に知らしめるための杖」と定義づけ、使用される素材によって「儀杖形○製品」とよびわけることとする。ただし、現状において儀杖の可能性を有するものを悉皆的に集めたため、将来的には儀杖形木製品から除外されるべきものも若干ふくまれていることをあらかじめ断っておきたい。

２．儀杖形木製品の分類

前稿では中部地方の出土例によったため、儀杖形木製品の出現期を弥生中期としたが、今回あらためて全国的に集成した結果、弥生前期から古墳中期まで、およそ50例の存在があきらかとなった。以下、筆者の分類案にしたがって概略を述べていく（図44〜49）。

Ⅰ類　棒軸の上半部に棘状の突起を多数つくりだすものを分類した（図44-1・10)。さらに、段状に簡略化されたもの（図46-23)、横方向に小溝を多数刻みつけたもの（図44-7・12）や、上半部が螺旋状に変形したもの（図44-8）もここにふくめた。全形がわかる例では、下端部に、野球のバットにあるグリップエンド状のすべり止めとおもわれる突起がつくりだされている。

Ⅱ類　棒軸の上端部に突起物をもつ例を集めた。大阪府鬼虎川遺跡の例では壺状を呈する（図44-2）が、他の例（図44-5・11、図45-16）はいずれも逆三角形の突起で、11・16ではさらにその下に横方向の小突起がつく。大阪府亀井遺跡例（図44-5）は手にもつ位置に紐状の物質が巻きつけられていた痕跡がある。完形品では、下端にⅠ類同様にグリップエンド状の突起があり、さらに小孔があく。

III 類　縄紋時代以来のいわゆる石棒を模したとみられる一群である（図 44-3・4、図 45-14・15)。3 はあたかも樺皮を巻いたような細工がほどこされ、4 には実際に樺皮が所々に巻きつけられている。3 および 14 は、下端部に突起を有する。

IV 類　非常に装飾性が高いものを集めた。図 44-6 は一般に冠とされるもので、強く湾曲し、逆台形の面には横型流水紋と面鋸歯紋（深澤 1987）が彫刻されている。同じく 44-9 は上に三角形、下に長方形のスカシをもち、その間を面鋸歯紋の彫刻で埋めている。下が棒状にのびることから、儀杖の一種と考えられている（岡山市教育委員会 2005)。

V 類　いずれも上端が欠損するため、全形は不明だが、下端には突起をつくりだし、棒軸部分には赤色顔料と細い紐状の物質で縞模様を描きだす。上端部はバチ状に開く（図 45-17・18)。

VI-1 類　十字状に交差する立ち飾りを有する一群を VI-1 類とする（図 46-27 ～ 29)。静岡県角江遺跡例（27）は鏑矢状を呈するが、股部に長方形の溝をもち、別材を組み合せたと考えられる。下端部は細く棒状にのびるため、先端に穴をあけた棒状の部材に挿入した可能性が高い。奈良県上之庄遺跡例（28）は上端部に 4 本の小突起を設け、ここに十字形の立ち飾りをはめ込んだと想定できる。おそらく千葉県国府関遺跡例（29）も同様の形態であろう。

VI-2 類　現状では岐阜県荒尾南遺跡の 1 例しかない（図 46-30)。大きく羽根状に開く立ち飾りを有する。中央に貫通孔があり、別材の棒と組み合せて儀杖となしたと考えられる。全体に赤色顔料をほどこし、細かな面鋸歯紋を彫刻する。

VII 類　これも滋賀県松原内湖遺跡の 1 例しか認められない（図 46-53)。上半部に漢字の「工」に似た突起をつくりだし、その上に 2 本の立ち飾りを表現する。

VIII 類　棒軸部の上端に円環状の飾りをつくりだした一群をまとめた（図 46-26・31・46）が、31・46 は儀杖形木製品の範疇にふくめられるか、やや疑問が残る。滋賀県下長遺跡例（26）は、上端部に二重円を彫刻し、さらに V 字状の立ち飾りをつくりだす。残存長が 120cm を超える大型品である。

IX 類（図 47・48）　棒軸部の上端に、逆台形の突出部（基部）を設け、その上に V 字形の立ち飾りを有する一群。基部の下にスカシをもつ例（24）や、棒軸部の中央ないしは下半にヒレ状の突出部を有する例（25・36 ～ 38）があり、22・33・34・39 はこれら IX 類の未成品と考えられる。35・38 には黒漆がほどこされ、35 の基部には直弧紋の線刻が描かれている。完形品をみる限り、下端部は尖る。この一群は、後述するタタリ柱と密接な関連性をもつ。

X 類（図 49）　棒軸部の上端に壺を模した突起を表現し、さらにこの壺の口縁から立ち飾りを一木でつくりだす。このうち、45・48 は壺の表現が退化したものと考えられる。棒軸部の上半には台形状の小突起をもち、IX 類同様ヒレ状の突出部を有する例もある（32)。この大阪府八尾南遺跡例は、従来上端部が壺状の表現で終わるとされてきたが、筆者が実見した結果、V 字状を呈するとおもわれる立ち飾りが欠損（意図的に削除？）した痕跡を確認した（写真の白線内)。完形品では IX 類同様、下端部が尖る。群馬県一本杉 II 遺跡からは、この X 類（49）の下端に装着したとみられる木製の石突き（50）が出土している。おそらく、下端部が尖る IX・X 類の儀杖には、石製ないしはこのような木製石突きがはめ込まれていたのであろう。

その他　現状では類型化が困難なものを集めた（図 45-13・19 ～ 21)。奈良県鴨都波遺跡例（13）は中央部に面鋸歯紋の彫刻をほどこし、下端部は尖る。岡山県津島遺跡例（20）は上端部に特

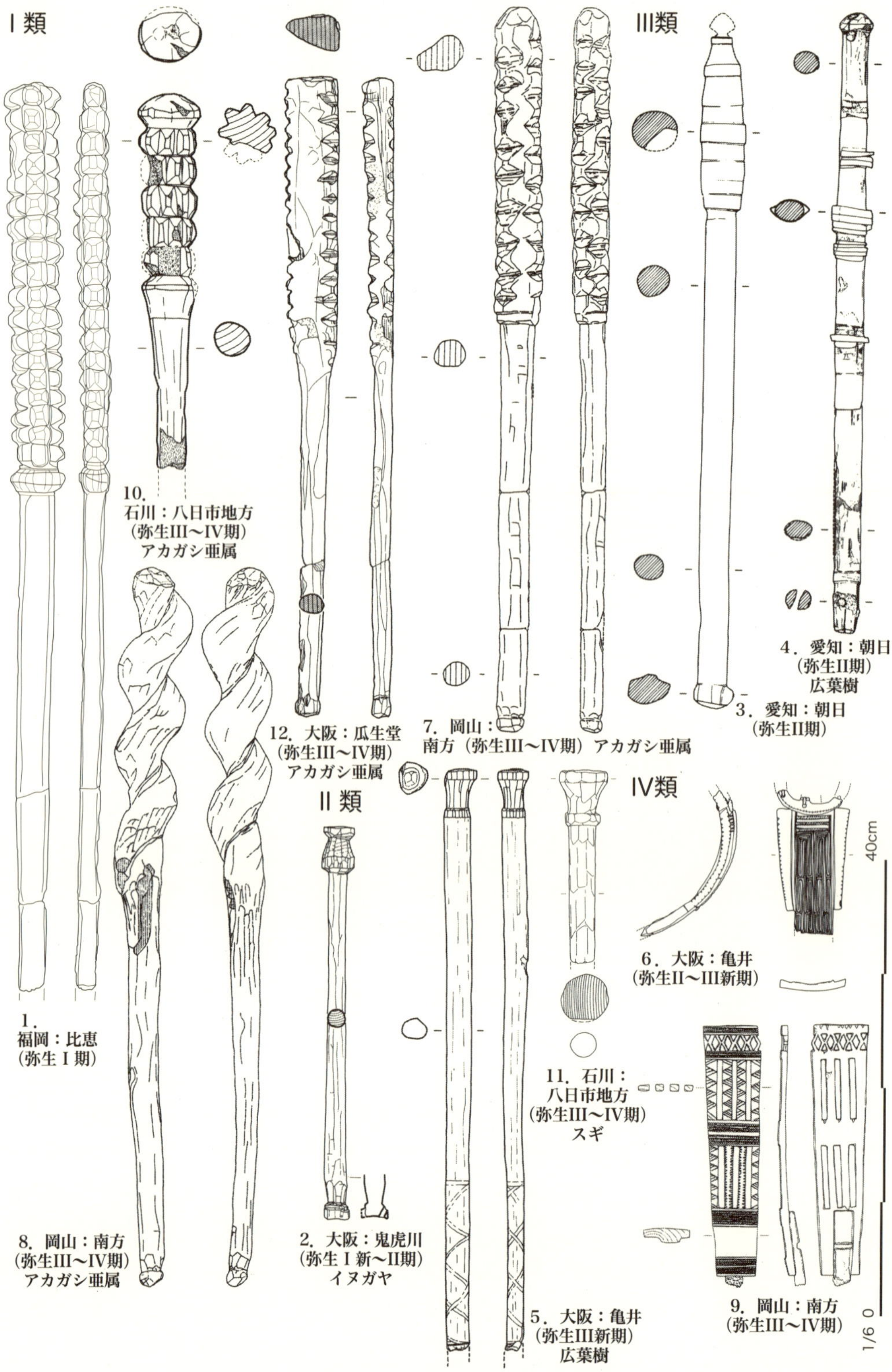
Ⅰ類
Ⅲ類
Ⅱ類
Ⅳ類
10．
石川：八日市地方
(弥生III～IV期)
アカガシ亜属
12．大阪：瓜生堂
(弥生III～IV期)
アカガシ亜属
7．岡山：
南方 (弥生III～IV期) アカガシ亜属
4．愛知：朝日
(弥生II期)
広葉樹
3．愛知：朝日
(弥生II期)
1．
福岡：比恵
(弥生Ⅰ期)
8．岡山：南方
(弥生III～IV期)
アカガシ亜属
2．大阪：鬼虎川
(弥生Ⅰ新～II期)
イヌガヤ
5．大阪：亀井
(弥生III新期)
広葉樹
11．石川：
八日市地方
(弥生III～IV期)
スギ
6．大阪：亀井
(弥生II～III新期)
9．岡山：南方
(弥生III～IV期)
40cm
0
1/6

図 44　弥生時代の儀杖形木製品 -1（S=1/6）

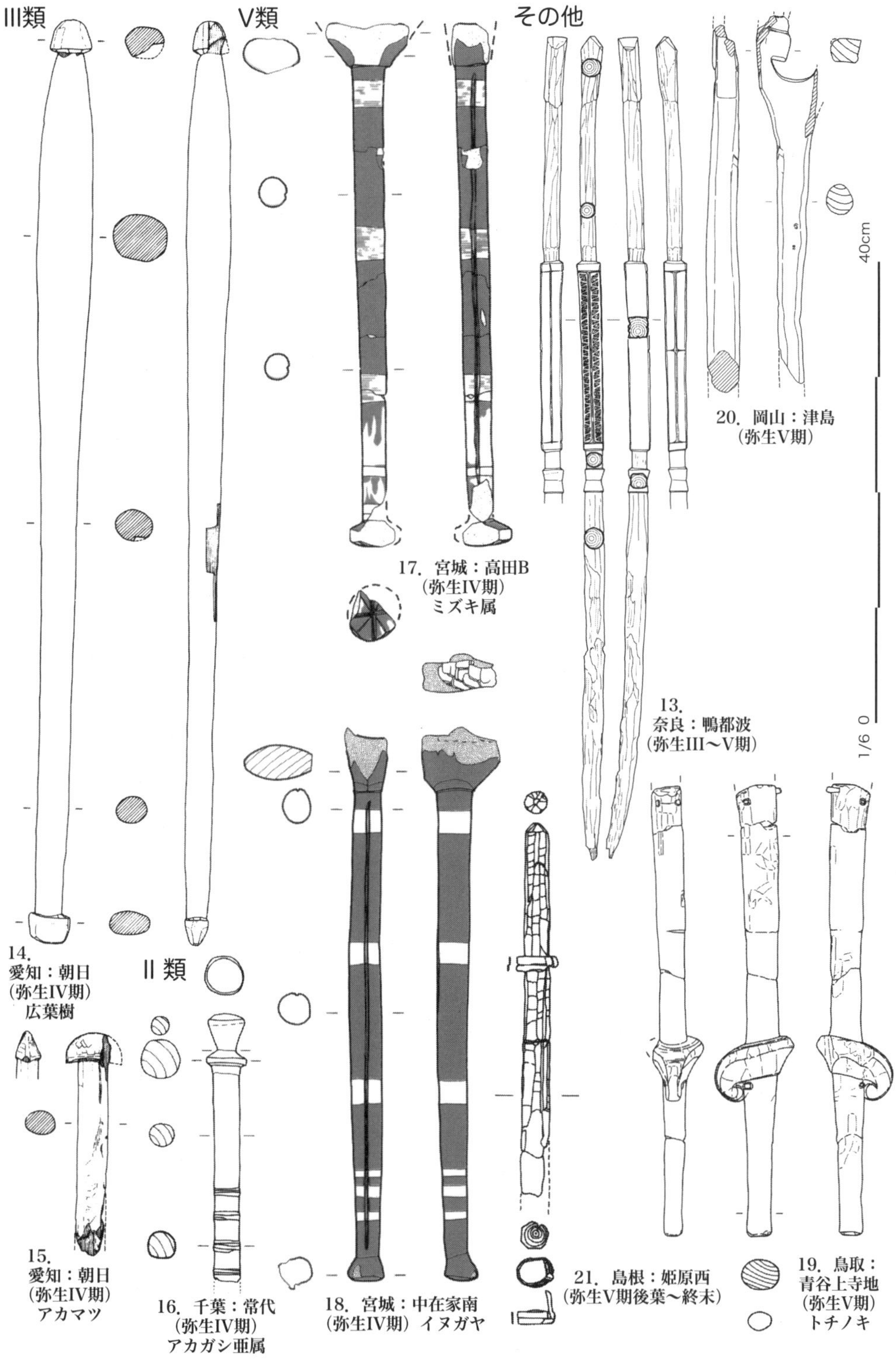

図 45　弥生時代の儀杖形木製品 -2（S=1/6）

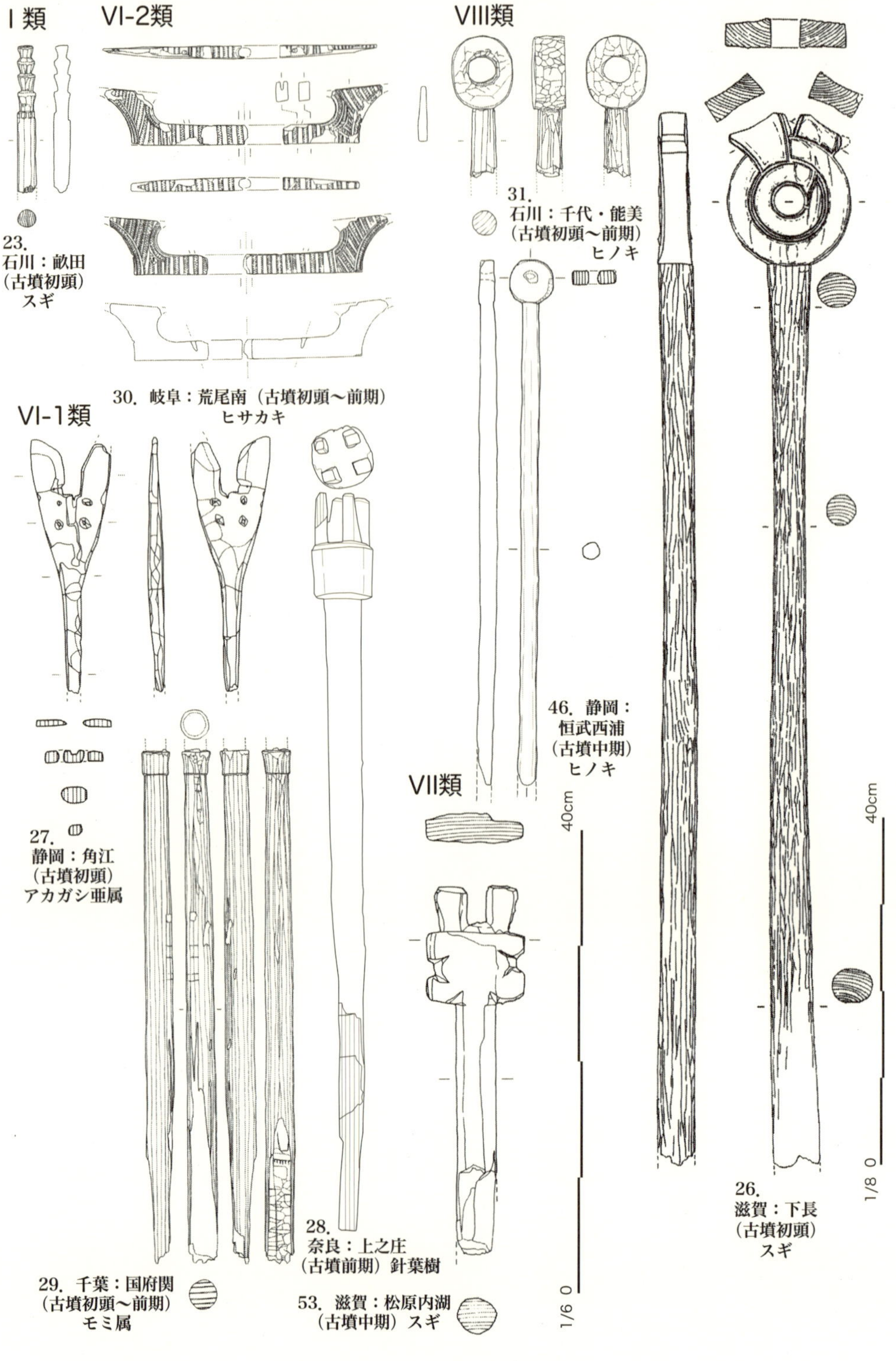

図46　古墳時代の儀杖形木製品 -1（S=1/6・1/8）

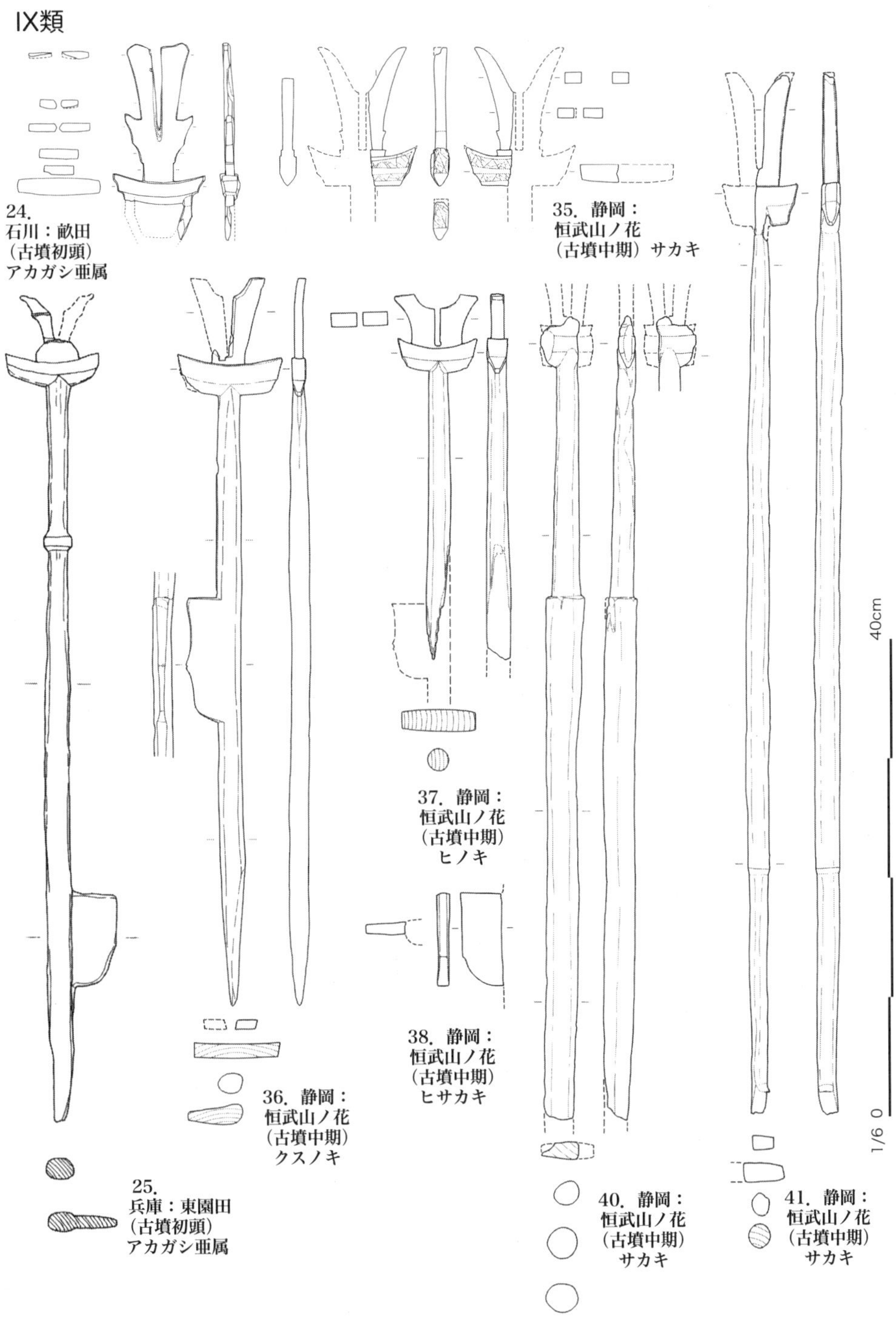

図 47　古墳時代の儀杖形木製品 -2（S=1/6）

Ⅸ類 未成品

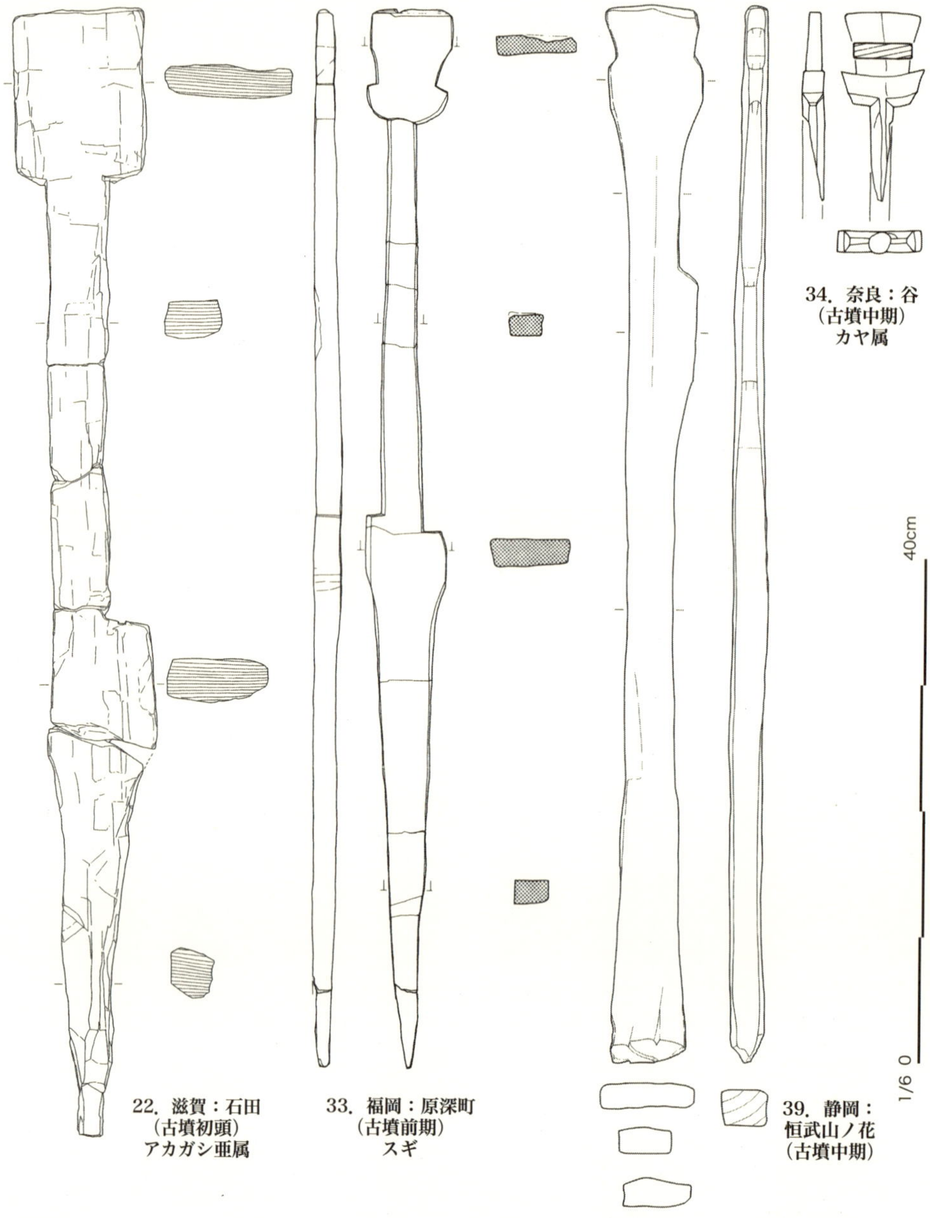

図48　古墳時代の儀杖形木製品 -3（S=1/6）

殊な立ち飾りをつくりだす。

3. 儀杖形木製品の関連遺物

『木器集成図録　近畿原始篇（解説）』で、上原眞人がかつて儀杖形木製品とされてきたもののうち、絹糸を紡ぐ道具であるタタリとして分離した一群である（上原 1993）。タタリ柱とよ

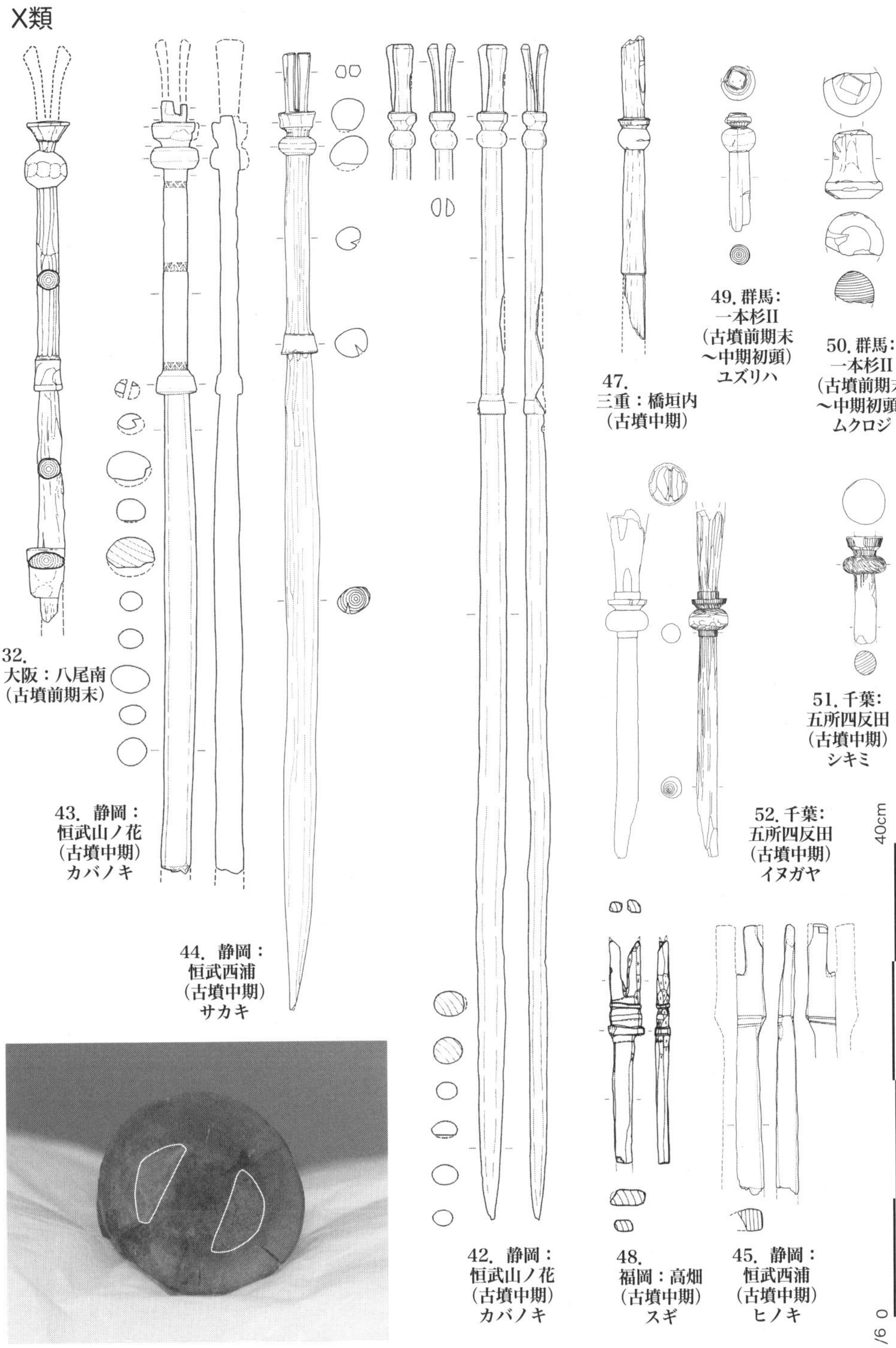

白線内が立ち飾りの欠損箇所（八尾南遺跡）
（八尾市立歴史民俗資料館提供）

図 49　古墳時代の儀杖形木製品 -4（S=1/6）

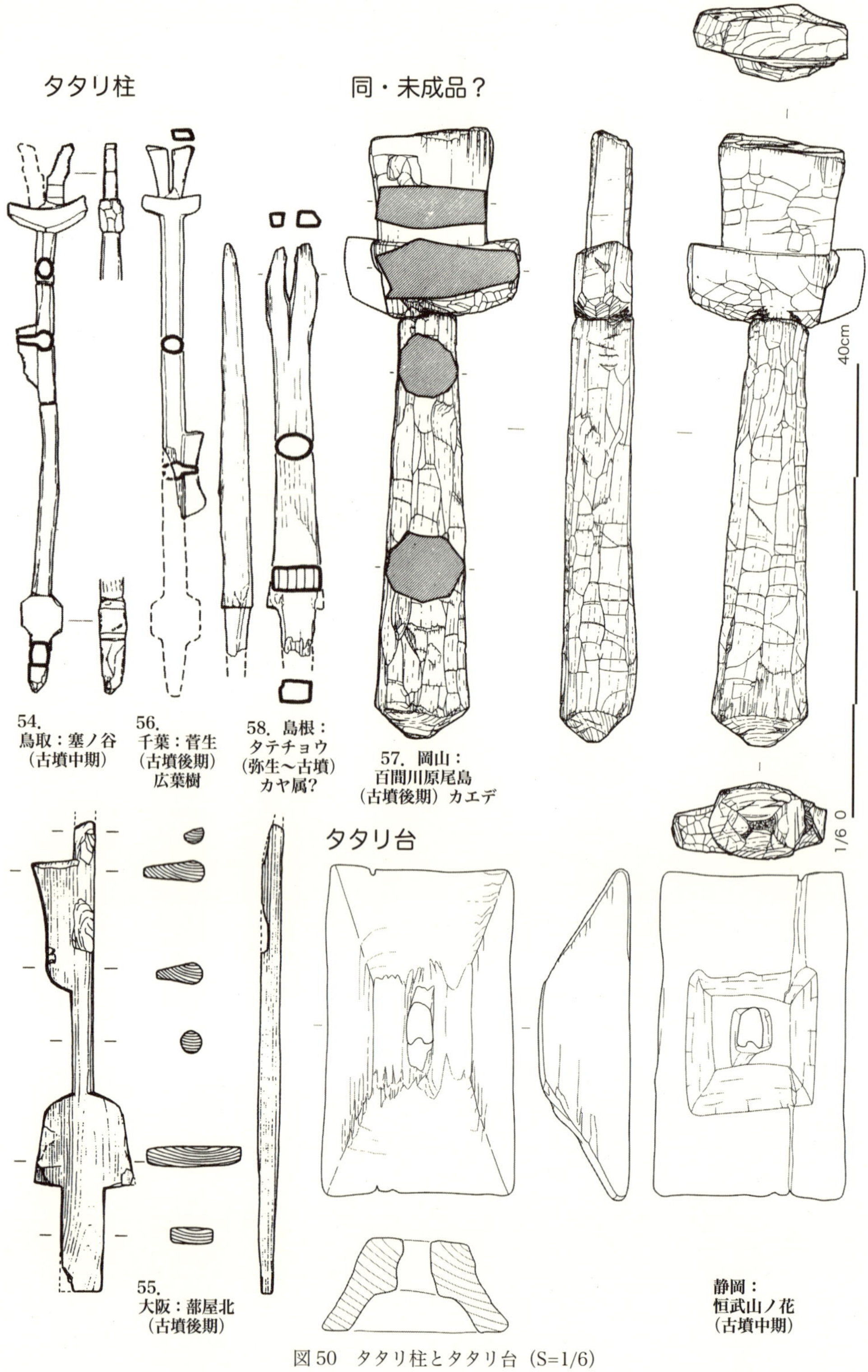

図 50　タタリ柱とタタリ台（S=1/6）

表1　儀杖形木製品・タタリ柱出土一覧表

番号	遺跡名	所在地	所属時期	類型	文献
1	比恵25次	福岡県福岡市	弥生Ⅰ期(板付II式中～新段階)	Ⅰ類	福岡市教育委員会 1991b「第25次調査地点」『比恵遺跡群(10)』
2	鬼虎川7次	大阪府東大阪市	弥生Ⅰ(新)期～II期	II類	東大阪市文化財協会 1987『鬼虎川の木質遺物－第7次発掘調査報告書　第4冊－』
3	朝日	愛知県清須市ほか	弥生II期(朝日期)	III類	愛知県教育委員会 1982『朝日遺跡 II(本文篇2・図版篇)』
4					
5	亀井	大阪府八尾市・大阪市	弥生III(新)期	II類	大阪文化財センター 1983b『亀井』
6			弥生II～III(新)期	IV類	大阪文化財センター 1984『亀井遺跡II』
7	南方(済生会)	岡山県岡山市	弥生III～IV期	Ⅰ類	岡山市教育委員会 2005『南方(済生会)遺跡－木器編－』
8					
9				IV類	
10	八日市地方	石川県小松市	弥生III～IV期	Ⅰ類	小松市教育委員会 2003a『八日市地方遺跡Ⅰ』
11				II類	石川県教育委員会ほか 2004『小松市八日市地方遺跡』
12	瓜生堂	大阪府東大阪市	弥生III～IV期	Ⅰ類	瓜生堂遺跡調査会 1981『瓜生堂遺跡III』
13	鴨都波	奈良県御所市	弥生III～V期	その他	上原眞人 1993『木器集成図録　近畿原始篇(解説)』奈良国立文化財研究所
14	朝日	愛知県清須市ほか	弥生IV期(凹線紋期)	III類	愛知県教育委員会 1982『朝日遺跡 II(本文篇2・図版篇)』
15					
16	常代	千葉県君津市	弥生IV期(須和田～宮ノ台式期)	II類	君津郡市文化財センター 1996『常代遺跡群　第3分冊』
17	高田B	宮城県仙台市	弥生IV期	V類	仙台市教育委員会ほか 2000『高田B遺跡』
18	中在家南	宮城県仙台市	弥生IV期	V類	仙台市教育委員会 1996『中在家南遺跡他』
19	青谷上寺地	鳥取県気高郡青谷町	弥生V期	その他	鳥取県文化財団 2002『青谷上寺地遺跡4(本文編2)』
20	津島	岡山県岡山市	弥生V期	その他	岡山県文化財保護協会 2003『津島遺跡4』
21	姫原西	島根県出雲市	弥生V期後葉～終末	その他	島根県教育委員会ほか 1999『姫原西遺跡』
22	石田	滋賀県能登川町	古墳初頭(庄内0～1式期)	IX類	能登川町教育委員会 2005『石田遺跡』
23	畝田	石川県金沢市	古墳初頭(月影～古府クルビ式期)	Ⅰ類	石川県立埋蔵文化財センター 1991『畝田遺跡』
24				IX類	
25	東園田	兵庫県尼崎市	古墳初頭(庄内式古段階)	IX類	尼崎市教育委員会 2003『東園田遺跡(第29次)発掘調査現地説明会資料』
26	下長(17次)	滋賀県守山市	古墳初頭(廻間II式期)	VIII類	守山市教育委員会 2001『下長遺跡発掘調査報告書VIII』
27	角江	静岡県浜松市	古墳初頭(廻間II式期)	VI-1類	静岡県埋蔵文化財調査研究所 1996b『角江遺跡 II　遺物編2(木製品)』
28	上之庄	奈良県桜井市	古墳前期(布留2式)	VI-1類	桜井市文化財協会ほか 1996『上之庄遺跡第4次発掘調査現地説明会資料』
29	国府関	千葉県茂原市	古墳初頭～前期(廻間II～III式期)	VI-1類?	長生郡市文化財センター 1993『国府関遺跡群』
30	荒尾南	岐阜県大垣市	古墳初頭～前期(廻間II～III式期)	VI-2類	鈴木　元1999「大垣市荒尾南遺跡出土の『儀杖』について」『美濃の考古学』第3号 美濃の考古学刊行会
31	千代・能美	石川県小松市	古墳初頭～前期(漆町6～8群)	VIII類	小松市教育委員会 2003b『千代・能美遺跡』
32	八尾南	大阪府八尾市	古墳前期(布留式新相)	X類	八尾南遺跡調査会 1981『八尾南遺跡』
33	原深町	福岡県福岡市	古墳前期	IX類	福岡市教育委員会 1981『原深町遺跡』
34	谷	奈良県宇陀郡榛原町	古墳中期	IX類	奈良県立橿原考古学研究所 2000『大和木器資料Ⅰ』
35	恒武山ノ花	静岡県浜松市	古墳中期	IX類	浜松市文化協会 1998『山ノ花遺跡　木器編(図版)』
36					
37					
38					
39					
40					
41					
42				X類	
43					
44	恒武西浦	静岡県浜松市	古墳中期	X類	静岡県埋蔵文化財調査研究所 2000『恒武西宮・西浦遺跡』
45					
46				VIII類	
47	橋垣内	三重県津市	古墳中期	X類	三重県埋蔵文化財センター 2009『橋垣内遺跡(A～C地区)発掘調査報告』
48	高畑	福岡県福岡市	古墳中期	X類	福岡市教育委員会 1989『板付周辺遺跡調査報告書(15)－高畑遺跡第12次調査地点－』
49	一本杉II	群馬県太田市	古墳前期～中期初頭	X類	新田町教育委員会 2000『新田東部遺跡群II』
50				石突き	
51	五所四反田	千葉県市原市	古墳中期	X類	近藤　敏2004「五所四反田遺跡について」『市原市八幡地区の遺跡と文化財』市原市地方史研究連絡協議会
52					
53	松原内湖	滋賀県彦根市	古墳中期	VII類	滋賀県教育委員会ほか 1992『松原内湖遺跡発掘調査報告書 II－木製品－』
54	塞ノ谷	鳥取県岩美郡岩美町	古墳中期	タタリ柱	小野山　節1987「古墳時代の装身具と武器」『日本原始美術大系　5　武器　装身具』講談社
55	蔀屋北	大阪府四條畷市	古墳後期	タタリ柱	大阪府教育委員会 2002『讃良郡条里遺跡(蔀屋北遺跡)発掘調査概要・IV』
56	菅生	千葉県木更津市	古墳後期	タタリ柱	大場磐雄・乙益重隆1980『上総菅生遺跡』中央公論美術出版
57	百間川原尾島	岡山県岡山市	古墳後期	タタリ柱	岡山県文化財保護協会 1984『百間川原尾島遺跡2』
58	タテチョウ	島根県松江市	弥生～古墳	タタリ柱	島根県教育委員会ほか 1990『タテチョウ遺跡発掘調査報告III』

ばれる棒軸部（図50-54～58）とタタリ台からなる。54・56は前述のIX類同様、逆台形の基部とV字状の立ち飾り、ヒレ状の突出部をもつ。ただし、下端部の形状がIX類とは異なる（鈴木敏則1999）。さらに、全形のわかる鳥取県塞ノ谷遺跡例では、全長が約48cmと短く、この未成品とおもわれる岡山県百間川原尾島遺跡例も約54cmを測るにすぎない。一方、IX類の儀杖形木製品は最も短いもので全長が60cmを超え、最長では約87cmにおよぶ（図52）。なお、IX類の儀杖形木製品とタタリの前後関係等については後述する。

現在、木製品以外で儀杖に関連するとみられている遺物には、琴柱形石製品や儀杖形石製品（玉杖）のほか、儀杖形鹿角製品・鉄製品・土製品、金銅製蓋弓帽、五輪塔形石製品があげられる（図51）。個々には詳述しないが、山口県地蔵堂遺跡出土金銅製蓋弓帽と奈良県桜井茶臼山古墳出土の五輪塔形石製品に関して、町田章は筆者の分類によるII類および八尾南遺跡出土の儀杖形木製品との関連性を指摘し、その原形と想定している（町田 1993）。また、大阪府亀井遺跡出土の儀杖形鹿角製品を北條芳隆は、雪野山類型の琴柱形石製品の源流とみなしている（北條 1996）。さらに、鈴木元は荒尾南遺跡の儀杖形木製品（VI-2類）と雪野山類型の琴柱形石製品との関連性を指摘している（鈴木元 1999）。儀杖形鉄製品は近年、奈良県黒塚古墳より出土して以来、注目を浴びつつあり、特に朝鮮半島南端に位置する金海良洞里古墳群出土例と日本列島出土の一群との強い関連性が指摘されている（大阪府立弥生文化博物館 2004）。

4. 儀杖の系譜と編年的位置づけ

(1) 金銅製蓋弓帽と儀杖形木製品との関連性

まず、前項にあげたII類および八尾南遺跡の儀杖形木製品と金銅製蓋弓帽との関連性を検討する。金銅製蓋弓帽は、日本国内では山口県下関市の地蔵堂遺跡で確認された箱式石棺からの出土例2点しかなく、共伴する内向花紋清白鏡の年代から、弥生中期後葉頃と推定されている（小田・韓編 1991）。また朝鮮半島からの出土例もおおむね紀元前後の時期に集中するようである。一方、II類の儀杖形木製品のうち、最も古い鬼虎川遺跡例は弥生前期新段階〜中期前葉に属する。近年のAMS法による暦年代では、弥生前期と中期の境が紀元前400年前後とされるため（春成・今村編 2004）、II類の儀杖形木製品の起源が日本および朝鮮半島出土の金銅製蓋弓帽とは到底考えられない。また八尾南遺跡例は、前述のように壺形の上に立ち飾りがあるX類に属するため、こちらも金銅製蓋弓帽および五輪塔形石製品とは別起源とおもわれる。

(2) 儀杖形鉄製品・タタリ柱と儀杖形木製品との関連性

次に儀杖形鉄製品との関連性をみる。朝鮮半島南端にある金海良洞里古墳群からは、有刺利器ないしは鑿頭形鉄器とよばれる鉄製品が出土しており（東義大学校博物館 2000）、これらはおおむね2世紀末〜3世紀初頭頃に属する。このうち、良洞里260号墳出土の有刺利器と平面形態がほぼ共通する鉄製品が滋賀県安土瓢箪山古墳から出土している。同種の鉄製品は、安土瓢箪山古墳以外に愛知県東之宮古墳で2例（犬山市教育委員会　2005）、奈良県黒塚古墳（奈良県立橿原考古学研究所編 1999）、京都府妙見山古墳から各1例が出土している。これら日本列島内出土例はその形態から、朝鮮半島南部（良洞里古墳群）出土例をモデルとしていることはあきらかだが、一方で明確な違いが存在する。良洞里古墳群出土例はいずれも頭部が鑿形を呈するのに対し、日本列島内出土例はV字形をなしている点である。このV字形の表現こそが、儀杖形木製品IX類と共通する要素である（図53）。現在、IX類の完成品で最古とみられる畝田遺跡例は、その他の要素でも安土瓢箪山古墳および東之宮古墳の鉄製品と共通している。鈴木裕明は、畝田遺跡例の立ち飾りを纒向遺跡出土の弧紋円板などにみられる原単位図形（バチ形紋）を造形化したものと考えた（鈴木裕明 2005）が、バチ形紋の造形化のみでこのIX類の儀杖形木製品が成

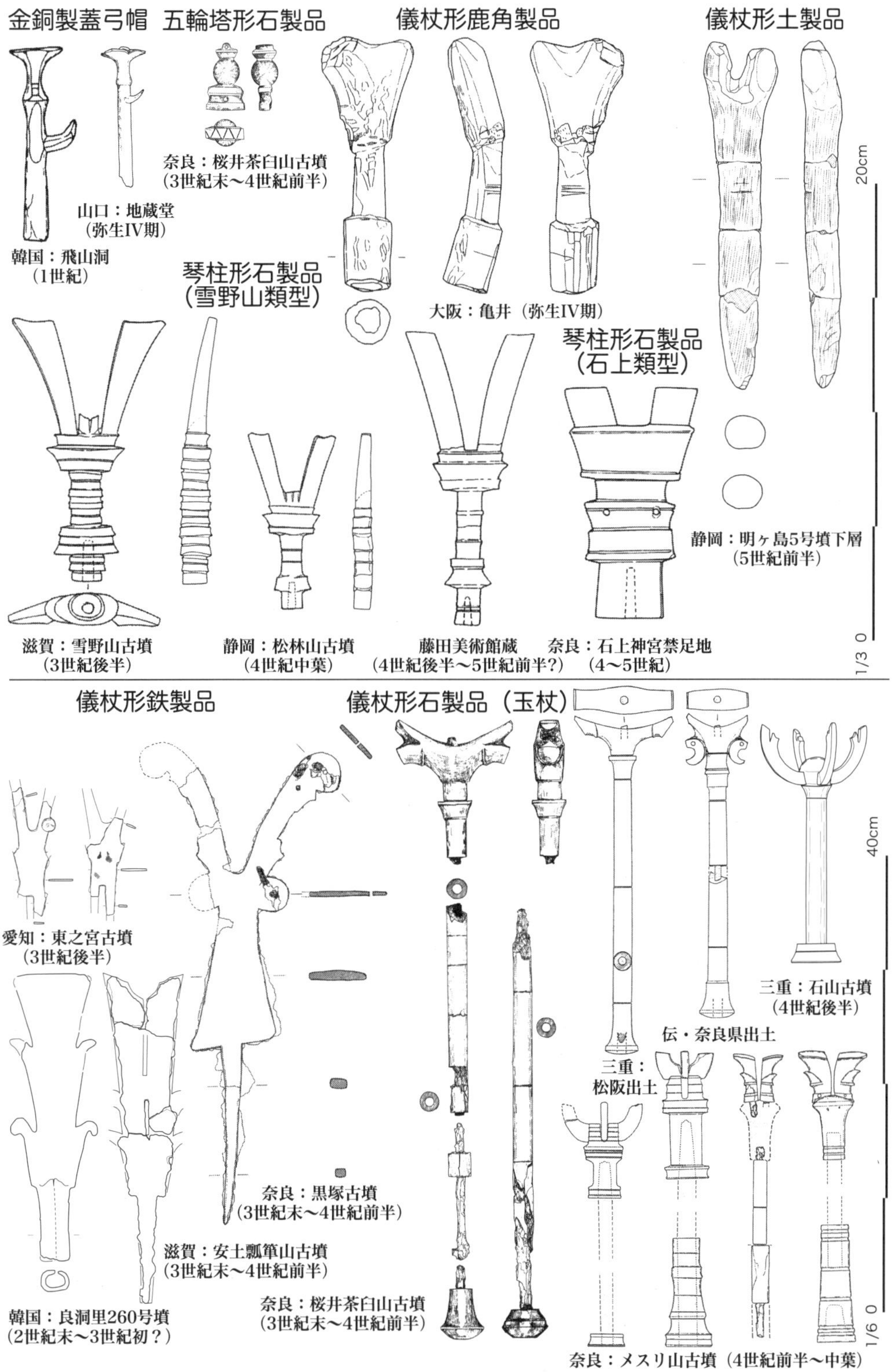
金銅製蓋弓帽
五輪塔形石製品
儀杖形鹿角製品
儀杖形土製品
奈良：桜井茶臼山古墳
(3世紀末～4世紀前半)
山口：地蔵堂
(弥生IV期)
韓国：飛山洞
(1世紀)
琴柱形石製品
(雪野山類型)
大阪：亀井（弥生IV期）
琴柱形石製品
(石上類型)
静岡：明ヶ島5号墳下層
(5世紀前半)
20cm
滋賀：雪野山古墳
(3世紀後半)
静岡：松林山古墳
(4世紀中葉)
藤田美術館蔵
(4世紀後半～5世紀前半?)
奈良：石上神宮禁足地
(4～5世紀)
1/3 0
儀杖形鉄製品
儀杖形石製品（玉杖）
40cm
愛知：東之宮古墳
(3世紀後半)
三重：石山古墳
(4世紀後半)
伝・奈良県出土
三重：
松阪出土
奈良：黒塚古墳
(3世紀末～4世紀前半)
滋賀：安土瓢箪山古墳
(3世紀末～4世紀前半)
奈良：桜井茶臼山古墳
(3世紀末～4世紀前半)
韓国：良洞里260号墳
(2世紀末～3世紀初？)
1/6 0
奈良：メスリ山古墳（4世紀前半～中葉）

図51　木製品以外の儀杖関連遺物（S=1/3・1/6）

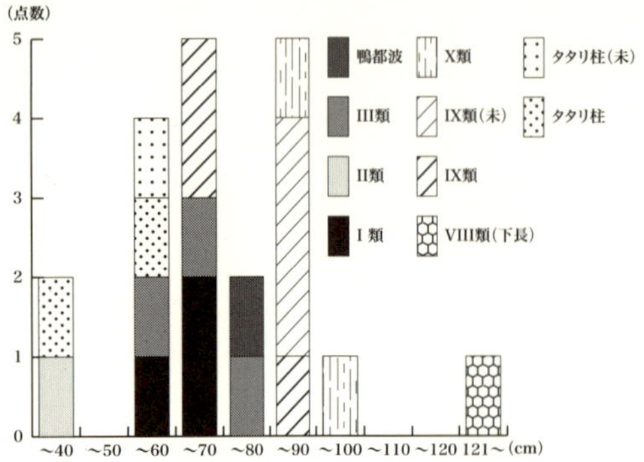

図 52　儀杖形木製品・タタリ柱の長さの比較

立し得たとみるには困難である。そこで筆者は、朝鮮半島南部の儀杖形鉄製品を原形に、バチ形紋を組み合せることによって、安土瓢箪山古墳などの儀杖形鉄製品と IX 類の儀杖形木製品が成立したと考えたい。

このIX類の儀杖形木製品は庄内０～１式期（石田遺跡例）に出現し、おおむね畝田（→東園田）→恒武山ノ花と変遷しつつ、徐々に立ち飾りの表現が退化していく。また、ヒレ状の突出部は古いものほど低い位置につき、時期が下がるにつれて高い位置につくようになる。このうち恒武山ノ花遺跡の出土例は、本稿でタタリ柱とした塞ノ谷・菅生遺跡出土例と形態的に共通する要素が多い。これらは年代的にも近いことから、何らかの理由によって、実用品のタタリ（タテチョウ遺跡例）に IX 類の儀杖形木製品にみられる要素が転化されたものと考える[2)]。この儀杖のかたちを模したタタリ柱は、のちに銅製品としてさらに儀器化していく。

(3)　琴柱形石製品・儀杖形鹿角製品と儀杖形木製品との関連性

X 類の儀杖形木製品も、IX 類からの発展型式である。IX 類の特徴として前述の頭部飾りのほかに、棒軸部上半の台形突起と下半のヒレ状突出部があり、この両者が X 類の八尾南遺跡例に引き継がれる（図 54）。その後、X 類ではヒレ状の突出部が省略されて台形の突起のみが残り、のちにこの突起も段のみの表現となる（橋垣内遺跡例）。また、頭部飾りは壺を模した基部に V 字状に開く立体的な立ち飾りへと変化する。5 世紀中葉以降、立ち飾りは徐々に直立化して V 字状の切り込みも浅くなり（五所四反田例）、基部の表現も最終的に壺形の意味を失っていく（高畑遺跡例）。

雪野山類型の琴柱形石製品と儀杖形木製品 IX・X 類には、V 字形に開く立ち飾り・逆台形の基部・棒軸部の台形突起などの共通点が認められる。また後者の完形品はいずれも下端部が尖っており、ここには前述の木製あるいは石製石突きか、筒形石製品を装着した可能性が高い。とすれば、琴柱形石製品の下端部にみられる穿孔表現も、筒形石製品にある下端部の穿孔を写した可能性が高くなる。時期的には、雪野山類型の琴柱形石製品は儀杖形木製品 X 類に先行し、同 IX 類とほぼ並行する。ただし、IX 類に特徴的なヒレ状突出部の表現は琴柱形石製品にはみられない。

雪野山類型の琴柱形石製品の祖形について、北條芳隆は亀井遺跡出土の儀杖形鹿角製品（図 51）をあげている（北條 1996）。ただし北條も述べているように、この儀杖形鹿角製品は弥生中期後葉に属し、琴柱形石製品とは年代に大きな開きがある。そこで、これらの間を埋める儀杖形木製品の存在を想定したいところだが、すでにみてきたように弥生中期後葉～後期には、V 字形に開く立ち飾りを有する儀杖形木製品はなく、その出現は庄内期初頭の石田遺跡例である（ただし、未成品）。そのため、儀杖形鹿角製品と儀杖形木製品・琴柱形石製品の間には未だかなりのヒアタスがあるといわざるをえず、今後さらに良好な資料の出現が待たれる。

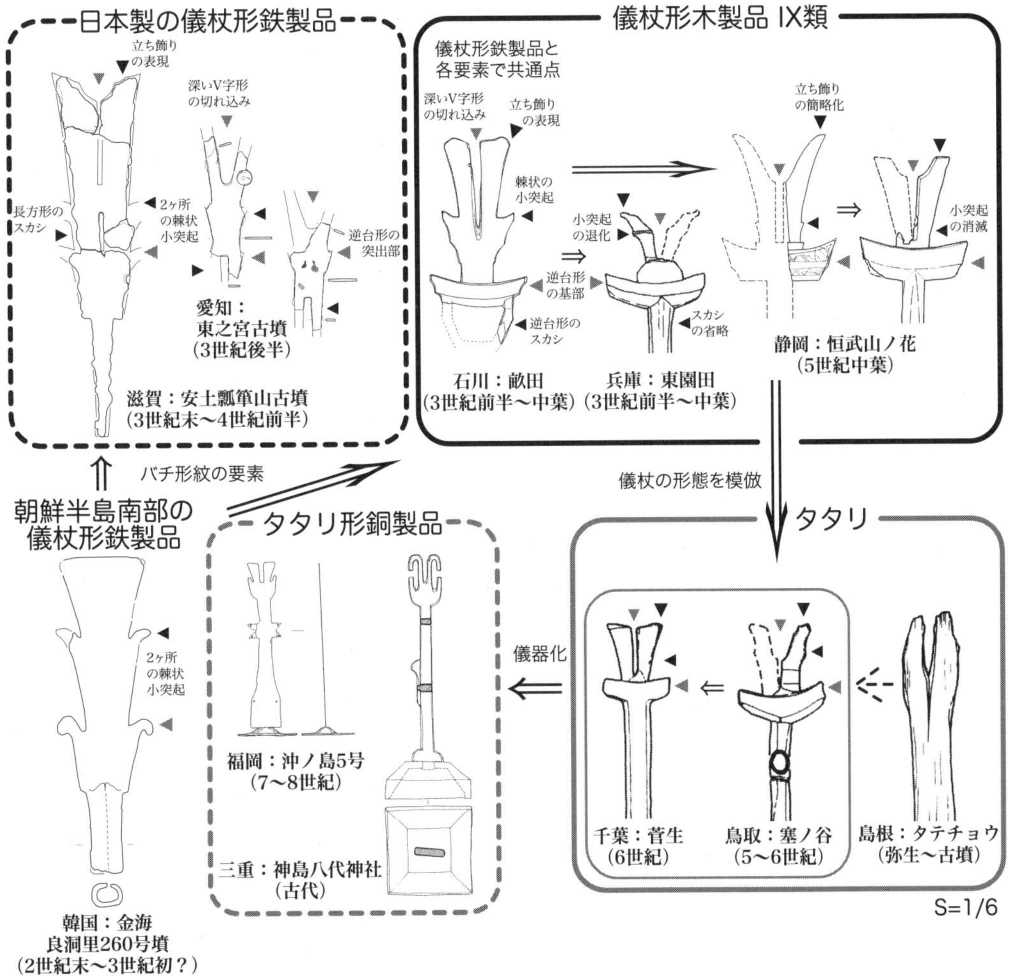

図 53　儀杖形鉄製品・同木製品 IX 類とタタリ柱の相関関係

(4)　儀杖形石製品と儀杖形木製品との関連性

古墳出土の儀杖形石製品（玉杖）には、翼状飾り型と十字形翼状飾り型がある（米田 1991）。このうち桜井茶臼山古墳出土例を標識とする前者に現状で最も類似する儀杖形木製品が荒尾南遺跡例である（図 54）。大きく横方向に開く立ち飾りは、同時期の儀杖形木製品 IX 類や琴柱形石製品（雪野山類型）とはあきらかに異なる系譜に属する。桜井茶臼山古墳の儀杖形石製品も同様に大きく横に開く立ち飾りを特徴とし、荒尾南遺跡例にはない下方突起が付加される。この下方突起を簡略化したのがメスリ山古墳の儀杖形石製品である。ここでは立ち飾りの下にある逆台形の突起は残るが、立ち飾りが別づくりとなり、基部との接合のために穿孔をほどこす。下端部の石突きも桜井茶臼山例とは異なる。さらに、このメスリ山古墳例を簡略化したのが石上類型の琴柱形石製品である。メスリ山古墳例ではすでに退化しつつあった下方突起は単なる逆台形の表現に省略され、本来立ち飾りを結わえるための穿孔が痕跡として残る。この琴柱形石製品を木製品に写し換えたのが、松原内湖遺跡出土の儀杖形木製品 VII 類である。穿孔こそ省略されるが、立ち飾りの形状は石上類型の琴柱形石製品そのままである。

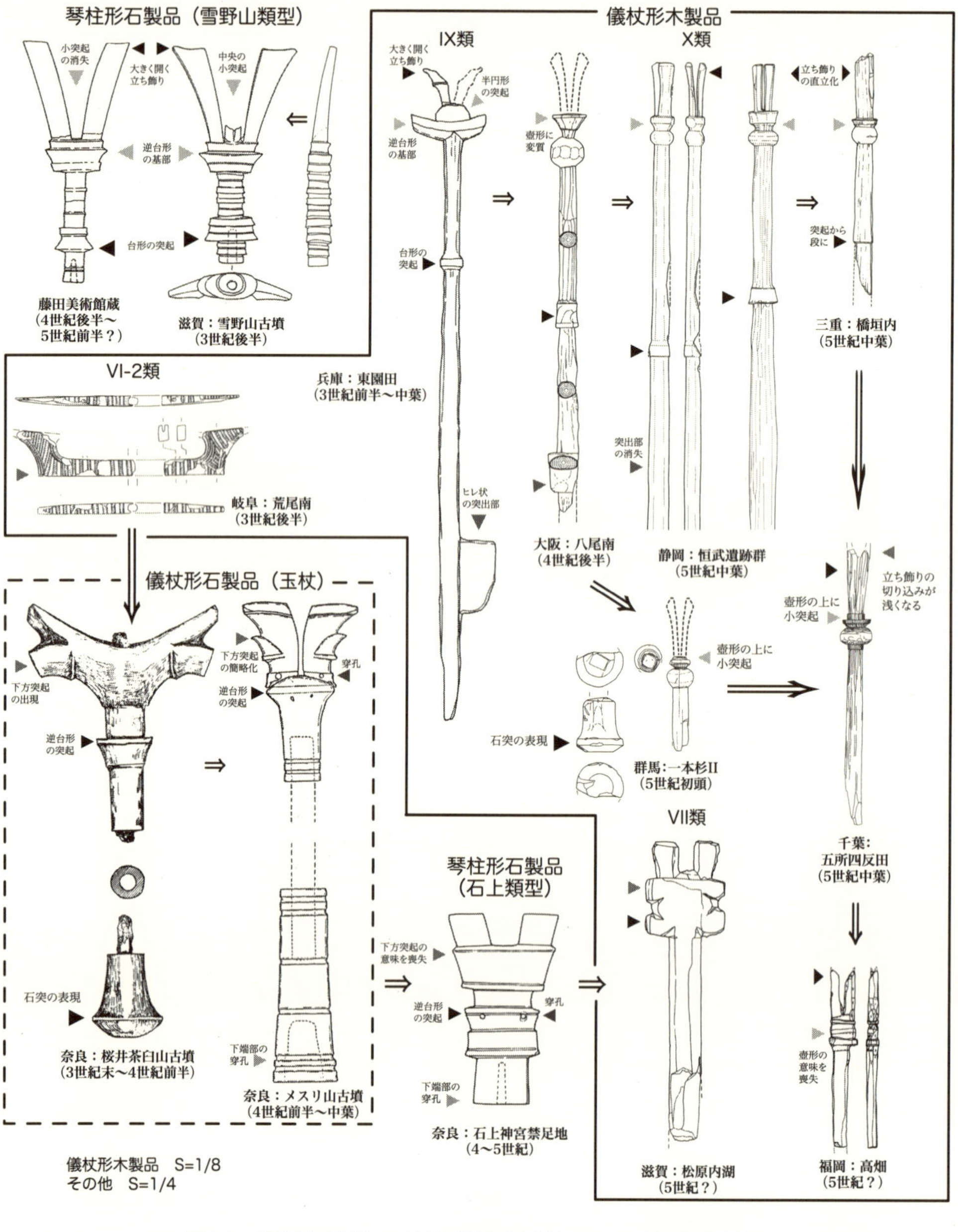

図 54　琴柱形石製品・玉杖と儀杖形木製品 IX・X 類の相関関係

翼状飾り型の系譜は以上だが、十字形翼状飾り型も、儀杖形木製品 VI-1 類の角江遺跡例に始まり、上之庄遺跡例を経て、メスリ山古墳で石製品に写され、さらに石山古墳の儀杖形石製品へとつながっていく。

(5)　編年的位置づけと分布状況の変遷

最後に、これら儀杖関連遺物の編年的な位置づけと、分布状況の変遷をみておく。編年的な位置づけは図 55・56 のとおりである。儀杖形木製品 I 類は弥生前期、同 II 類は弥生前期新段階

～中期前葉、同III類は弥生中期前葉にあり、その形態からみて、縄紋時代にその系譜を求めることが可能とおもわれる。そして弥生中期中葉～後葉には、首長の権威が高まるにつれ、各地で多様な形態の儀杖形木製品が現われるようになる。

I類は古墳初頭まで残るが、他の弥生系の儀杖形木製品は弥生後期のなかで終わり、庄内期以降、立ち飾りを有する儀杖形木製品が出現してくる。この立ち飾りをもつ儀杖形木製品のうち、現状ではIX類が最も古く位置づけられる。IX類は朝鮮半島南部の儀杖形鉄製品の影響を強く受け、日本製の儀杖形鉄製品や雪野山類型の琴柱形石製品と形態に共通性をもちつつ、X類へとつながる。IX類にやや遅れて出現したVI-1類は十字翼状飾り型の儀杖形石製品へ、VI-2類は翼状飾り型の儀杖形石製品へと受け継がれ、さらに後者は石上類型の琴柱形石製品を経てVII類の儀杖形木製品につながる。VIII類に関しては、頭部に円環状の立ち飾りを有する点で数例を認めることができるが、下長遺跡のような形態・サイズのものは他に類例がない。

分布状況（図57）では、弥生前～中期には、その分布範囲は北部九州から北陸～伊勢湾沿岸までで、岡山平野と河内平野・濃尾平野にやや分布が集中する傾向がある。弥生中期後葉～後期には北限が東北中部（仙台平野）までのびる一方、特に集中する地域がみられなくなる。

古墳初頭～前期には、河内平野～奈良盆地東南部～伊勢中部と、近江湖東～濃尾平野、金沢平野の3ヶ所に儀杖関連遺物の集中が認められる。このうち、奈良盆地東南部～伊勢中部には石製品（玉杖）が多いのに対し、近江湖東～濃尾平野は鉄製品・木製品と琴柱形石製品が多く分布する。古墳中期～後期は静岡県の浜名湖東岸部（天竜川西岸）に各種儀杖形木製品が集中する点が特に注目される。

5. まとめにかえて

儀杖には鹿角・鉄・石・木・土製品など多様な素材が用いられており、しかも同一系譜のものが素材を変えて引き継がれていくことがあきらかとなった。ただし、鉄・石製品はすべて古墳の副葬品で、首長居館や集落からの出土例は皆無である。また、土製品はあくまでも模造品である。以上の点から、首長が生前、儀礼や祭祀の場で手にした儀杖は原則的に木製品であったと考える。そして、死去した首長の埋葬に際し、王としての権威の永続性を願って、腐りやすい木製の儀杖ではなく、そのかたちを模した鉄や石製の儀杖を選択した可能性が高い。

儀杖形木製品の使用樹種は、弥生～古墳初頭は広葉樹、そして古墳前期以降針葉樹へと変わっていくが、同一形態でも使用樹種がさまざまで、しかも未成品が各所で出土することから、団扇や翳とは異なり、基本的に首長層の求めに応じて在地の首長居館付属工房などで生産したと考えられる（樋上 2005a）。

弥生時代の儀杖形木製品は上半部が重く、かつ下端部にグリップエンドをもつ例が多いことから、下端付近をもち、振り回すような動作を伴っていた可能性が高い。一方、古墳時代のものは長く華奢なつくりとなっている（図55・56）。下端部を尖らせ、筒形石製品などを装着するのに対し、上端の頭部飾りは軽いために、重心のバランスは最下端に位置するようになる。またIX類では、下半部にヒレ状の突出部がある点などを考慮すると、この時期の儀杖形木製品は中位より上を握って垂直にささげもつよう設計された可能性が高い。棒軸部の上半にある台形突

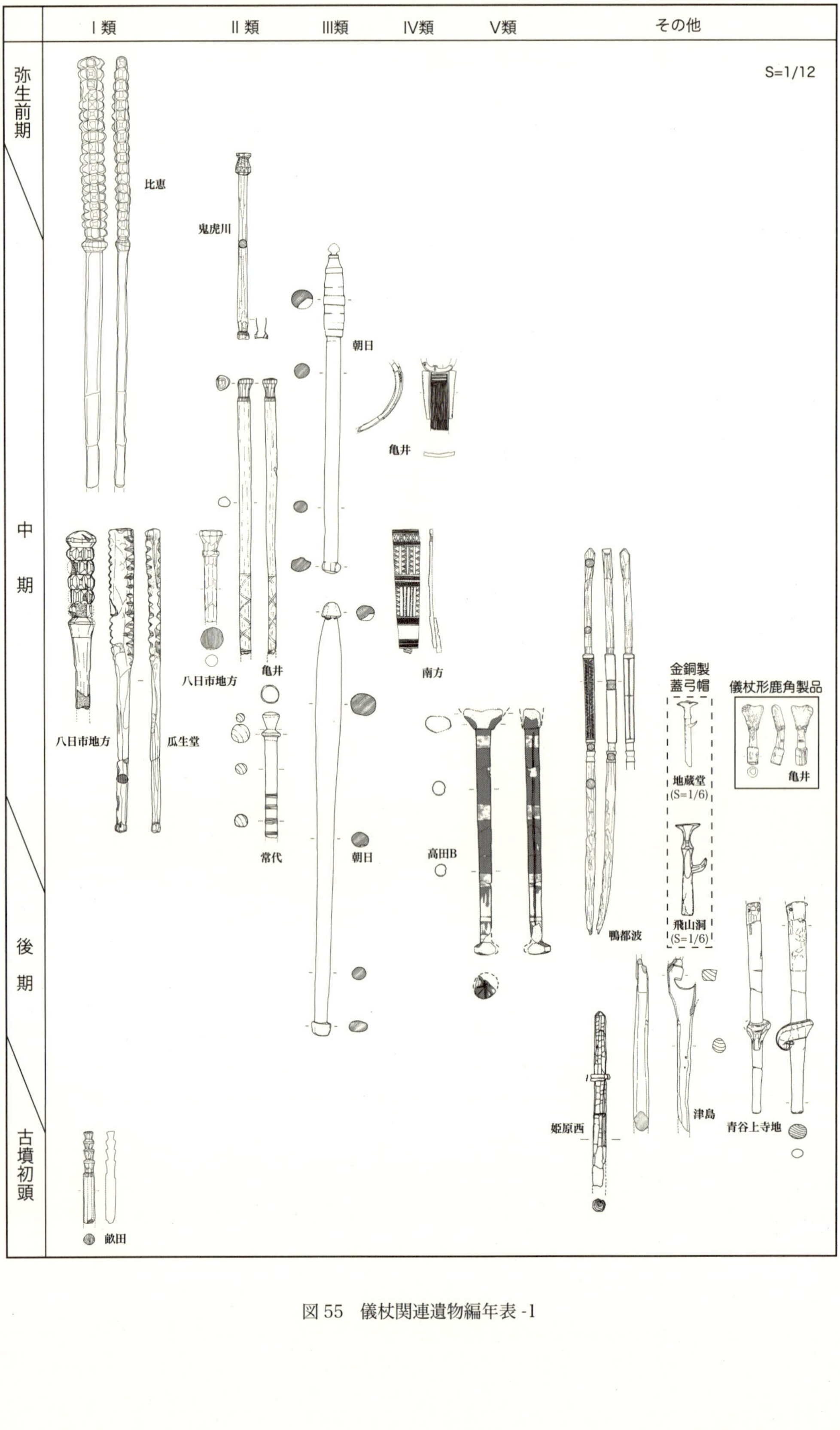

図 55　儀杖関連遺物編年表 -1

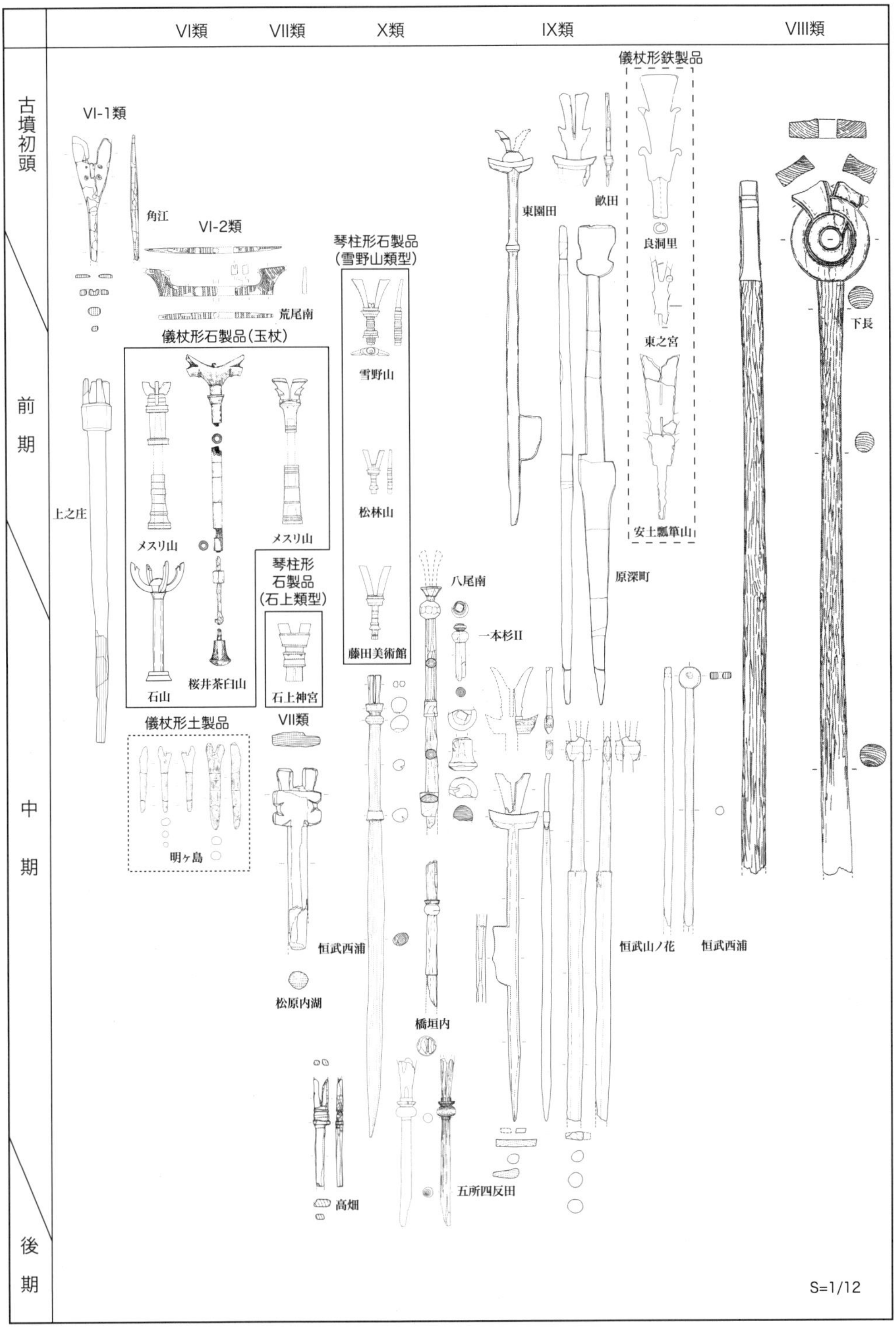

図 56　儀杖関連遺物編年表 -2

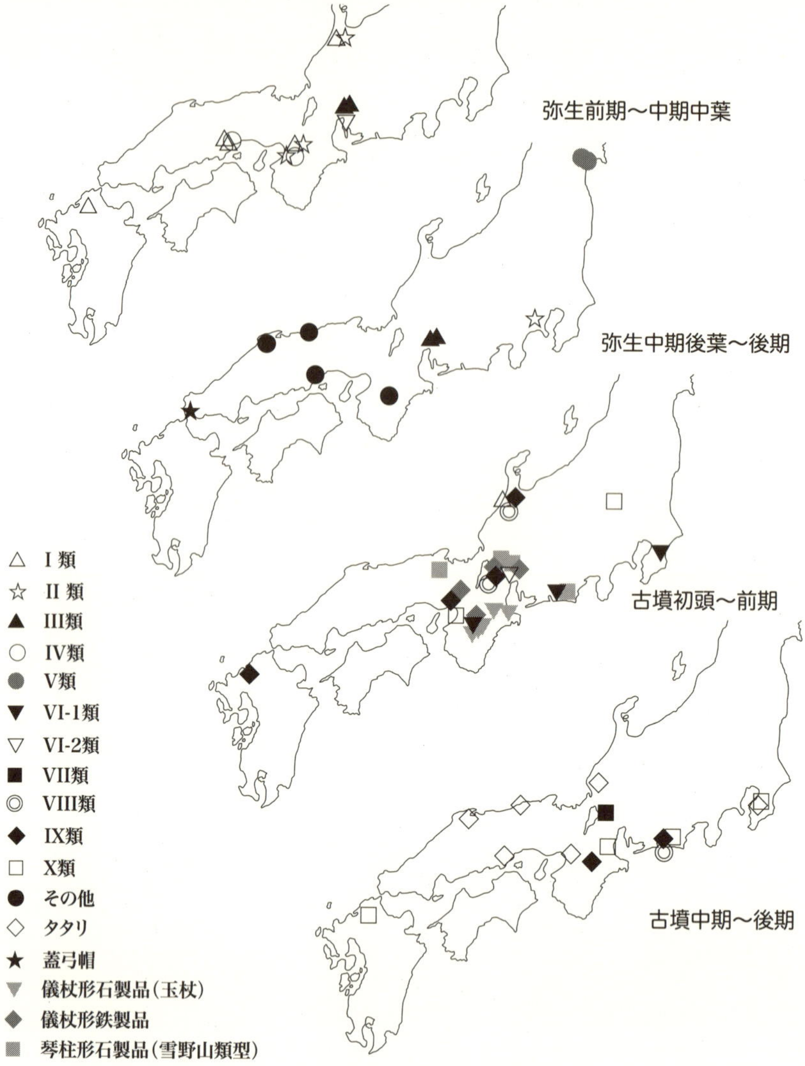

図 57　儀杖関連遺物の分布変遷

起は本来すべり止めの役割を果たしていたのかもしれない。こうした点から弥生時代と古墳時代では、儀礼や祭祀の場における首長の儀杖のもち方やおこなう所作が異なっていたと推測できる[3)]。儀杖に共伴する木製品の組成にも大きな差があり（樋上 2004）、古墳初頭以降、首長が執行する儀礼・祭祀の形態が、朝鮮半島や中国の王朝の影響を受けつつ大きく変化していったことがそこから読みとれるのである。

註

1)　祭祀具と威儀具の定義について、祭祀具はカミマツリの際に奉る品々を指す。威儀具は儀礼や祭祀の場で、首長が手にし、身に帯びることによって、首長の権威を参集者に知らしめるための道具立てと考える。

2)　出現当初より儀礼的な道具であるIX類の儀杖がなぜ、本来は実用的な道具であるタタリ柱にかたちを写すのか、現状で筆者は明確な解答をもちえていない。今後、タタリ柱の類例増加を待ってあらためて検討したい。

3)　威儀具や祭祀具を使用する際の動作や権威の示し方については、山田昌久がすでに触れている（山田 2003）。

第 III 章　用材の選択と集落周辺の古植生

第 1 節　中部地方における弥生時代の木材利用

1.　はじめに

本節では、1947 ～ 50 年度に日本考古学協会によって発掘調査された静岡県登呂遺跡以来、蓄積されてきた樹種同定の成果をもとに、中部地方（東海・北陸・中部高地）における弥生時代の用材法について詳しくみていきたい。1949・1954 年にだされた登呂遺跡の報告書には、1937 年に調査がおこなわれた奈良県唐古遺跡（末永ほか 1943）と同様に木材の項目があり、ここには主要樹種の概説と樹種利用・製材法が考察されている（日本考古学協会編 1949・1954）。1970 年代以降、静岡県山木遺跡、愛知県瓜郷・篠束遺跡など木製品出土遺跡の報告書では、主要器種について使用樹種を同定し、材の顕微鏡写真を添付したうえで樹種の概説をおこなっている。そして、この形式が引き継がれて現在の発掘調査報告書における出土木製品の樹種記載に対する一般的な体裁にいたっている。ただし、これら使用樹種の概説は、専ら樹種同定のトレーニングを積んだ植物学研究者がおこなっており、考古学研究者はほとんど関与してこなかった。そのため、せっかく報告書に樹種同定の結果が記載されているにもかかわらず、各報告書の執筆者たちは、遺跡周辺の環境復元などにその貴重なデータを全く利用することなく、民具学的アプローチによる主要木製品の用途論のみに終始してきたのである。

ようやく 1990 年代に入ってから、山田昌久や筆者らが、これまでに蓄積された膨大な樹種同定結果を利用して、地域の古植生復元と木材利用（流通）のあり方に新たな視点でメスを入れつつある（山田 1993、樋上 2002c・2005a など）。

2.　中部地方の潜在自然植生

まず図 58 に、日本列島の潜在自然植生図をあげておく。これは、人間の関与が全くない状態で本来の植生がどのようになるかを示した地図である。これによると中部地方は、海岸寄りが照葉樹林（シイ）帯で、内陸が夏緑広葉樹林（ブナ）帯、山岳部が常緑針葉樹林（オオシラビソ）帯および低小草原（ヒゲハリスゲ）帯となっている（中西ほか 1983）。

そして、実際にシイ帯の代償植生（人間が関与した植生）ではアカマツ林かコナラ林が多く、それよりやや内陸部の丘陵でカシ・ヤブツバキ・サカキなどの照葉樹（常緑広葉樹）が主体となる。ブナ帯では太平洋側の内陸部がブナ－ヤマボウシ群落、中部山岳地帯ではブナ－イヌブナ群落、日本海側ではブナ－オオバクロモジ群落となり、盆地ではミズナラ－コナラ林、湿地ではハンノキ・ヤチダモ・ハルニレ林、渓谷ではサワグルミ・トチノキ・カツラ林、河辺ではヤナギ・ヤマハンノキ林、岩角地ではヒノキ・ツガ林が発達する。オオシラビソ帯ではシラビソ・オオシラビソ・トウヒ林か、クロベ・カラマツ林が発達している。

優占種による植生帯	組成による群落分類体系	相観による群落区分	水平植生帯	垂直植生帯
シイ帯（アカマツ・コナラ林 シイ・カシ林）	ヤブツバキクラス スダジイ-リュウキュウアオキオーダー スダジイ-ヤブコウジオーダー	照葉樹林（常緑広葉樹林）	暖温帯	低地帯
ブナ帯（ブナ・ミズナラ林）	ブナクラス ブナ-ササオーダー ミズナラ-コナラオーダー	夏緑広葉樹林（落葉広葉樹林）	冷温帯	山地帯
オオシラビソ帯（オオシラビソ・エゾマツ林） ハイマツ帯（ハイマツ群落）	トウヒ-コケモモクラス トウヒ-シラビソオーダー ハイマツ-コケモモオーダー	常緑針葉樹林	亜寒帯	亜高山帯
ヒゲハリスゲ帯（低小草原）	クロマメノキ-ミネズオウクラス ヒゲハリスゲ-カラフトイワスゲクラス	低小草原	寒帯	高山帯

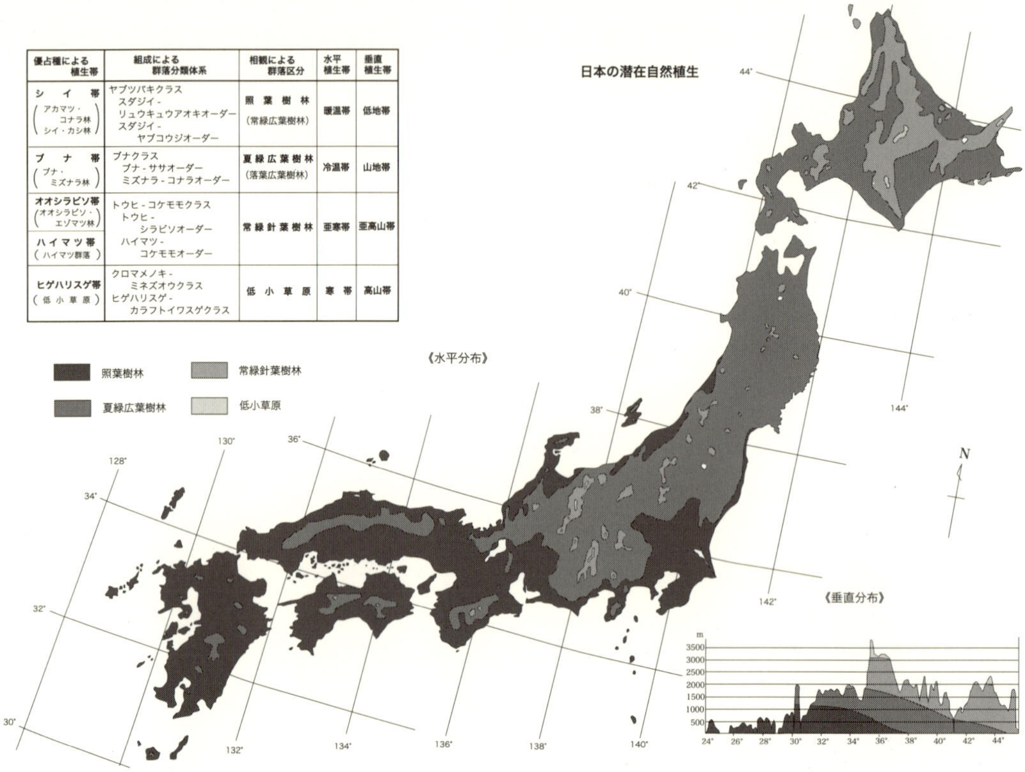

図 58　日本列島の潜在自然植生（中西ほか 1983 を一部改変）

3.　主要遺跡の樹種組成

次いで弥生時代を中心に、中部地方における主要遺跡から出土した木製品の樹種組成をみてみる。その際、地域を大きく東海・北陸・中部高地の 3 地域に区切り、さらにそれぞれを小地域ないしは県ごとに細分してグラフ化した。また、時代による樹種の変遷をみるために、縄紋時代から古墳前期までを扱っている。

(1)　東海地方

東海地方のグラフは、天竜川を境に東海西部（伊賀〜西遠江地方）と東海東部（東遠江〜伊豆地方）に分けている。また、この地方では縄紋後・晩期の出土例がないために、やむなく早期〜中期を扱っている（図 59）。

このグラフをみると、縄紋〜弥生前期は圧倒的にクリ・ケヤキなど広葉樹が多く、東海西部では愛知県朝日遺跡を除けば、弥生中期から古墳初頭にかけてもアカガシ亜属・コナラ節・クヌギ節を主体として広葉樹が優勢であるが、古墳前期には針葉樹、特にヒノキ科が高い比率を占めるようになる。

より細かくみていくと、東海西部の針葉樹はヒノキ科（ヒノキ・サワラ・アスナロ・クロベなど）が多く、スギは比較的少ないが、弥生中期の朝日遺跡ではスギが多く、弥生後期には逆にヒ

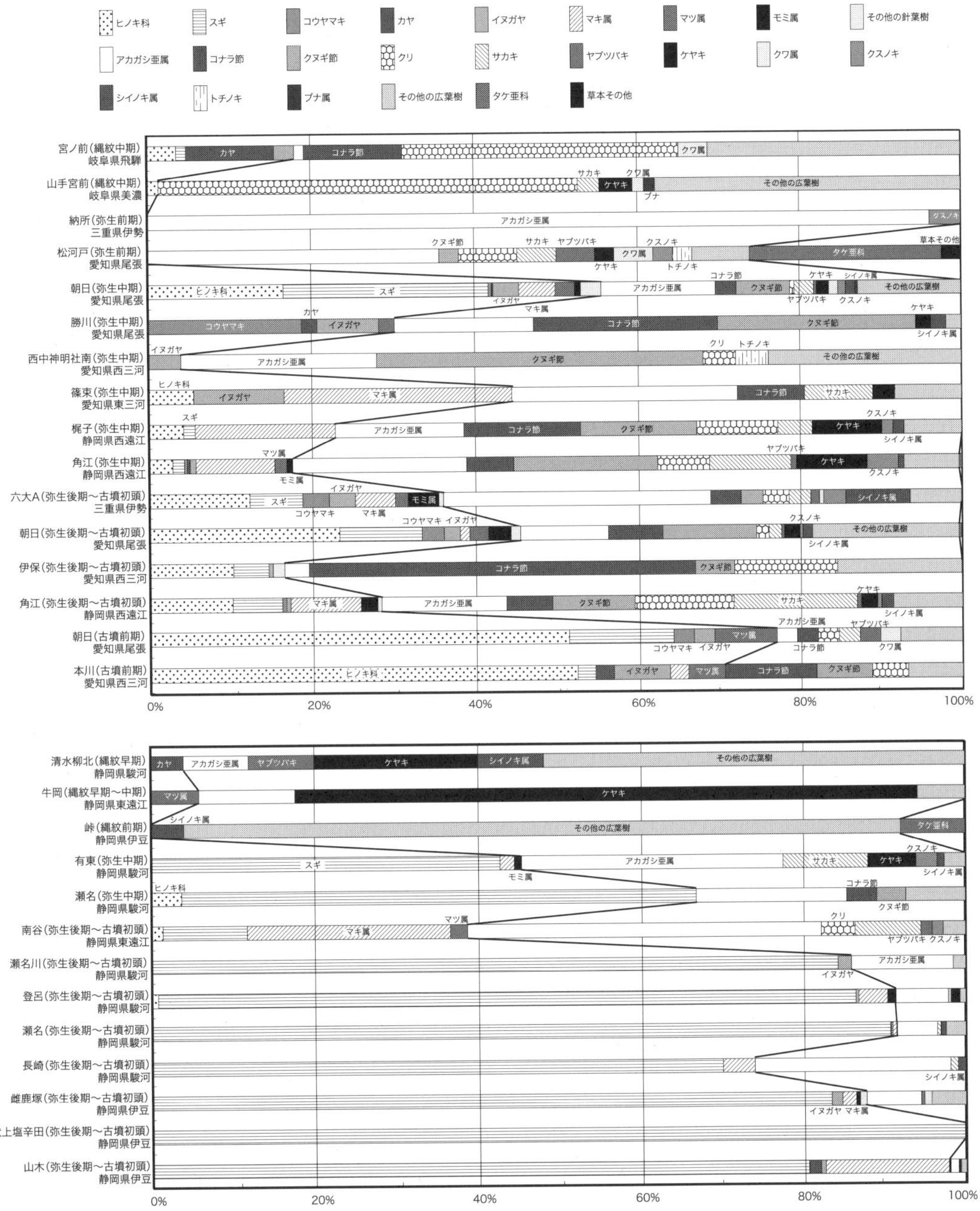

図 59　主要遺跡の使用樹種グラフ -1（東海地方−三重・岐阜・愛知・静岡県）

ノキ科が増加する。西三河以西では少ないイヌガヤとマキ属（イヌマキ）がほぼ同数程度であったのが、東三河以東ではほぼマキ属のみになる。コウヤマキは三重県六大 A 遺跡や愛知県朝日・勝川遺跡などで点的に認められる。東海西部の広葉樹では、アカガシ亜属（アカガシ・シラカシ・イチイガシなど）・コナラ節（コナラ・ミズナラなど）・クヌギ節（クヌギ・アベマキ）・クリ・サカキ・ヤブツバキ・ケヤキ・クスノキがめだち、なかでもアカガシ亜属が圧倒的に多い。また、朝日遺跡では、特に使用された広葉樹の種類がきわめて多いことも重要である。このことについ

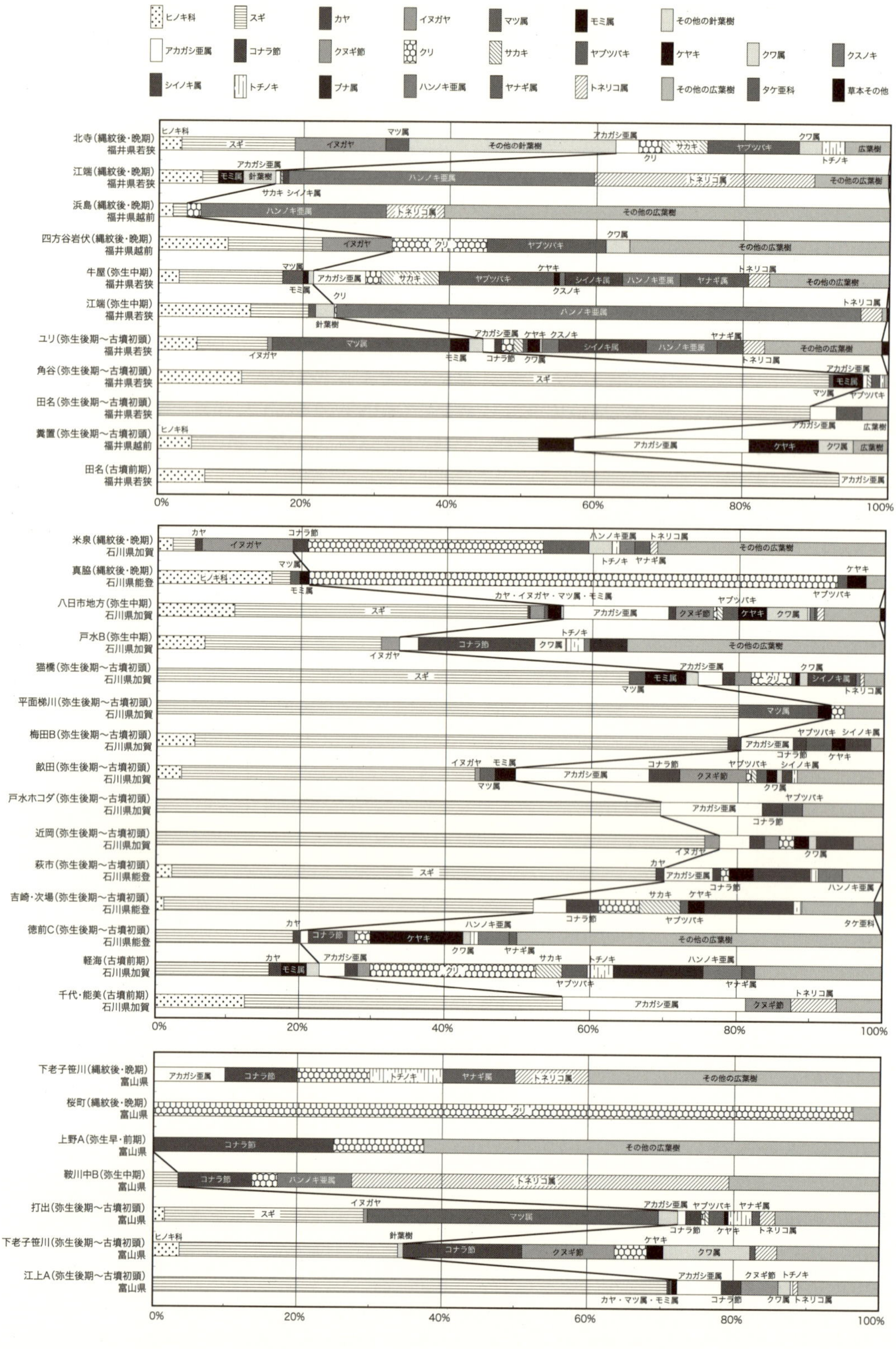

図 60　主要遺跡の使用樹種グラフ -2（北陸地方−福井・石川・富山県）

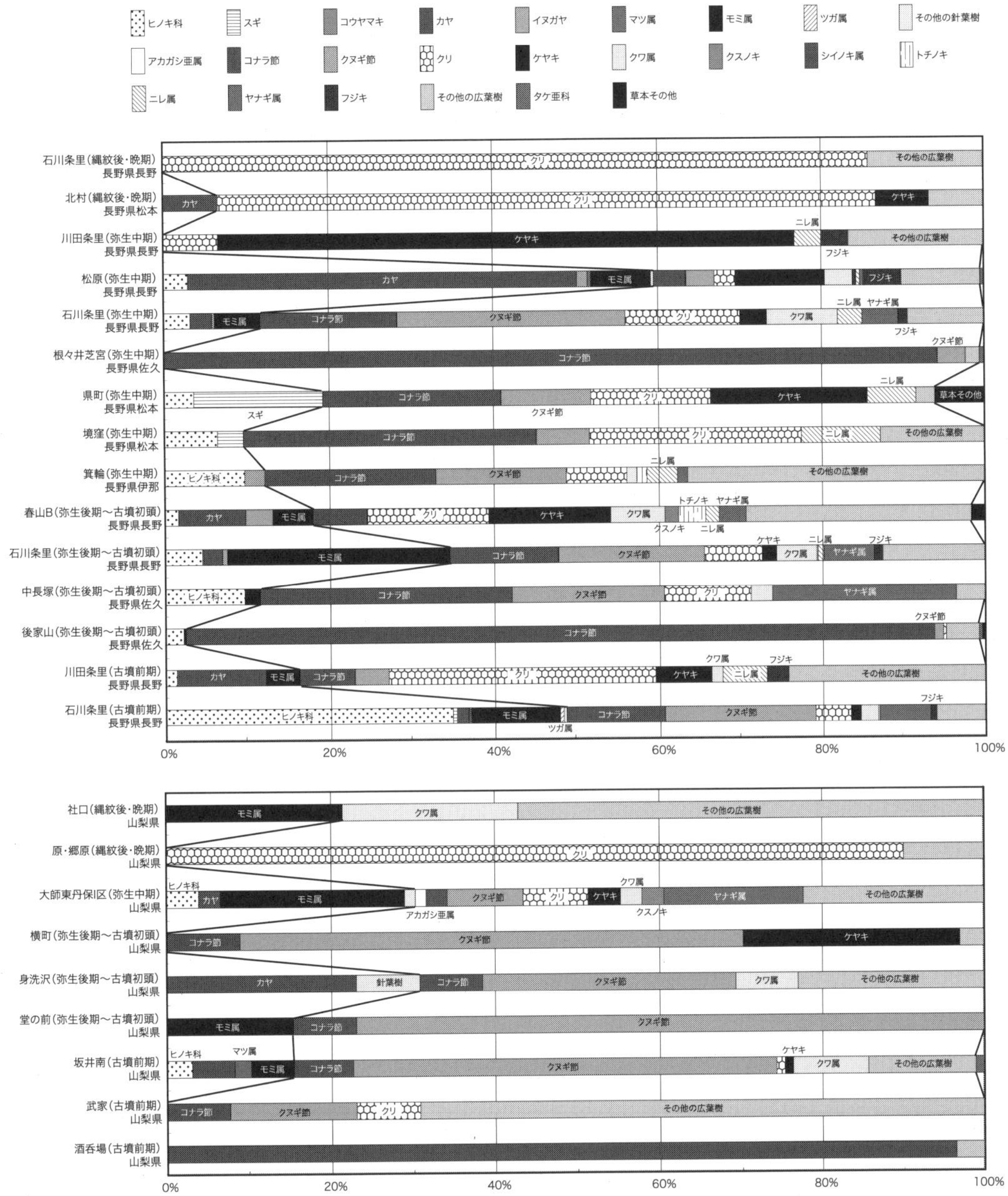

図61　主要遺跡の使用樹種グラフ -3（中部高地–長野・山梨県）

て筆者は、濃尾平野低地部には有用な大径木（特にアカガシ亜属）が少なかったために、周辺の利用できそうな樹木をことごとく使った結果であろうと考えている（樋上 2002c・2007b）。

東海東部では弥生中期以降、針葉樹が優位となり、特にスギが弥生後期以降、全体の８割以上を占める。近年、弥生時代の静岡・清水平野周辺には直径 1m を超えるスギの大径木が多数成育していたことが判明しており（山田 2007）、これら潤沢なスギ材を多方面に利用した結果がこのようなデータとなって現われているのであろう。針葉樹ではマキ属がそれに次ぐ。ヒノキ科もないわけではないが、きわめて少ない。広葉樹では、東海西部以上にアカガシ亜属の占める比率が高く、次いでサカキが多い。コナラ節・クヌギ節・クリなど東海西部ではアカガシ亜属の次に多く用いられた樹種の利用頻度は低い。

(2) 北陸地方

北陸地方のグラフは上から福井・石川・富山県の順に並べた（図60）。新潟県は弥生〜古墳前期のデータがないために掲載できなかった。

北陸地方全体では、弥生中期までは広葉樹の比率が高く、弥生後期以降、針葉樹が急増する傾向がある。針葉樹では、東海東部同様、スギを多く用いるが、多くの遺跡ではヒノキ科も一定量を占めている。また、東海地方（特に東海東部）に多かったマキ属は皆無である一方、カヤ・イヌガヤ・マツ属が比較的多くの遺跡から出土している。北陸地方は降水量が多いことから、縄紋後・晩期にはすでに低地のスギ林が発達していたことが知られている（植田 1999）。弥生中期以降急増するスギは、この低地のスギ林を盛んに伐採して利用した結果であろう。

広葉樹では、縄紋後・晩期に多いクリ・ハンノキ亜属・ヤナギ属・トネリコ属が弥生中期以降、激減している。弥生中期以降アカガシ亜属はめだつが、東海地方のように遺跡を問わず多いわけではなく、福井県糞置遺跡、石川県八日市地方遺跡、畝田遺跡、戸水ホコダ遺跡、千代・能美遺跡、富山県江上Ａ遺跡など、比較的限られた遺跡に集中する傾向があり、富山県は特にアカガシ亜属の比率が低い。また、石川県の遺跡ではシイノキ属の出土量が多い。

(3) 中部高地

中部高地では、長野県と山梨県を扱う（図61）。

これまでの東海・北陸地方と一見して異なるのは、針葉樹の圧倒的な少なさである。特にスギは、長野県県町・境窪・石川条里遺跡で認められるのみである。針葉樹のなかでは、ヒノキ科以上に、カヤ・モミ属がめだつ遺跡が多い。特にモミ属の多さは、遺跡の所在する標高に比例した冷涼な気候に対応するものとおもわれる。このことは広葉樹についても同様で、東海・北陸地方で広葉樹の主体を占めたアカガシ亜属はほぼ皆無である。そして、アカガシ亜属の代替としてコナラ節・クヌギ節・クリが広葉樹の大半を占めている。このほか、ケヤキ・クワ属（・トチノキ・ヤナギ属・ニレ属・フジキ－長野県のみ）が多数出土している。

4. 器種別の樹種組成

ここでは、器種ごとに使用樹種の違いをみてみる。そのことによって、弥生人がいかに用途に応じて木を巧みに使い分けてきたかがみえてくるであろう。

(1) 工具

斧柄（直柄・曲柄）と槌（ヨコヅチ・カケヤ）をみる（図62上）。

直柄は、東海・北陸ともにアカガシ亜属が半数以上を占め、コナラ節・クヌギ節・ヤブツバキがそれに次ぐ。いずれの樹種も立木伐採用の斧として必要な重量・硬さ・粘りをもつ点が重要視されたものと考えられる。一方、曲柄では、サカキが多く、針葉樹ではカヤ・イヌガヤなども認

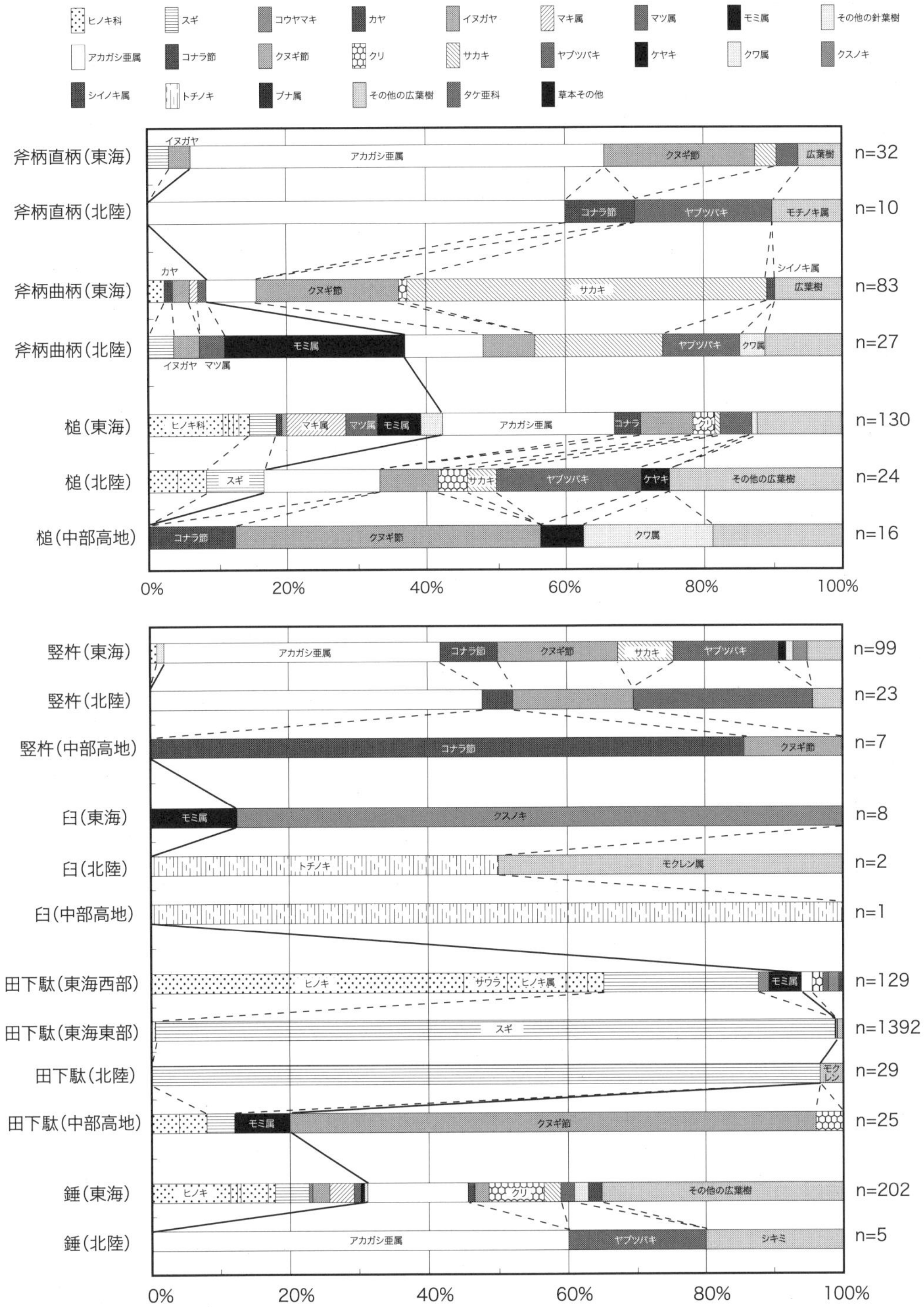

図 62　主要器種の使用樹種グラフ -1（工具・農具）

められる。こちらは加工斧として硬さよりも柔軟性が必要とされたためであろう。

槌は、樹種がバラつく。東海・北陸ではヒノキ科・スギ・アカガシ亜属ほかで、中部高地はコナラ節・クヌギ節・クワ属が多数を占める。これらは基本的に、それぞれの集落（遺跡）周辺で入手しやすい樹種を優先的に用いた結果と考えられる。

(2) 農具

竪杵・臼・田下駄・錘をみる（図62下）。

竪杵は、前述の斧柄直柄に近い結果であり、理由も同様であろう。ただ、中部高地ではアカガシ亜属が成育していないために、その代替としてコナラ節・クヌギ節が利用された。

臼は、東海ではモミ属1点を除き、すべてクスノキを用いる。クスノキは成長が早く、大径木になりやすいために、西日本の太平洋側では好んで用いられた。しかし、温暖な気候にしか成育しないために、北陸・中部高地ではクスノキではなく、トチノキ・モクレン属を利用したと考えられる。

田下駄は、東海西部ではヒノキ科、東海東部・北陸ではスギ、中部高地ではクヌギ節がほとんどを占める。特に足板は軽さが重要なことから、前3地域では針葉樹が好まれたと考えられる。

錘は、東海地方では槌同様に樹種がバラつく一方、北陸地方でアカガシ亜属・ヤブツバキ・シキミといった広葉樹が用いられている。北陸では重量に主眼が置かれていた可能性がある。

(3) 掘削具

直柄鍬身・曲柄鍬身・鋤・曲柄鍬柄をみる（図63）。

直柄鍬身は、東海・北陸地方ともにアカガシ亜属が大半を占めるのに対し、中部高地ではクヌギ節・コナラ節が多い。これはすでに述べたように、中部高地にはアカガシ亜属が成育していないために、クヌギ節・コナラ節で代替したことによる。曲柄鍬身・鋤も同様だが、東海地方における曲柄平鍬身のアカガシ亜属占有率は、同地方の直柄鍬身や曲柄又鍬身よりも低い点が重要である。特に濃尾平野低地部では、沖積層の形成が遅かったためにアカガシ亜属主体の照葉樹林が発達していなかった。それゆえ、朝日遺跡など沖積低地に立地する集落では、鍬をつくることができるようなアカガシ亜属の大径材は、ほとんど濃尾平野縁辺の丘陵あるいは洪積台地上の集落から調達していた形跡がある。そこで、沖積低地の集落群では、貴重なアカガシ亜属の大径材は、より刃部幅が広い直柄鍬身・曲柄又鍬身・鋤に優先的に用い、刃部幅が狭くて済む曲柄平鍬身には、材の径がアカガシ亜属よりも細いコナラ節・クヌギ節で代用していたようである（樋上 2002c）。北陸地方の曲柄又鍬身も東海地方のそれより細身のプロポーションであることから、アカガシ亜属を用いず、クヌギ節を主体に利用していたのかもしれない。

曲柄鍬柄では、膝柄は斧柄の曲柄同様、木の枝分かれ部分を利用するために、東海地方ではサカキを主体的に用いている。中部高地では照葉樹であるサカキがないために、針葉樹の比率が高い。反柄には、必ずしも枝分かれ部分を利用する必要がなく、分割材から削り出す例も多いことから、あまり樹種に対するこだわりは認められない。

(4) 狩猟具（武具）

素木弓・楯をみる（図64上）。

素木弓は、カヤ・イヌガヤ・マキ属など弾力性に富んだ針葉樹の芯持材を用いている。東海西部ではイヌガヤとマキ属（イヌマキ）がほぼ拮抗するのに対し、東海東部ではマキ属が圧倒的多

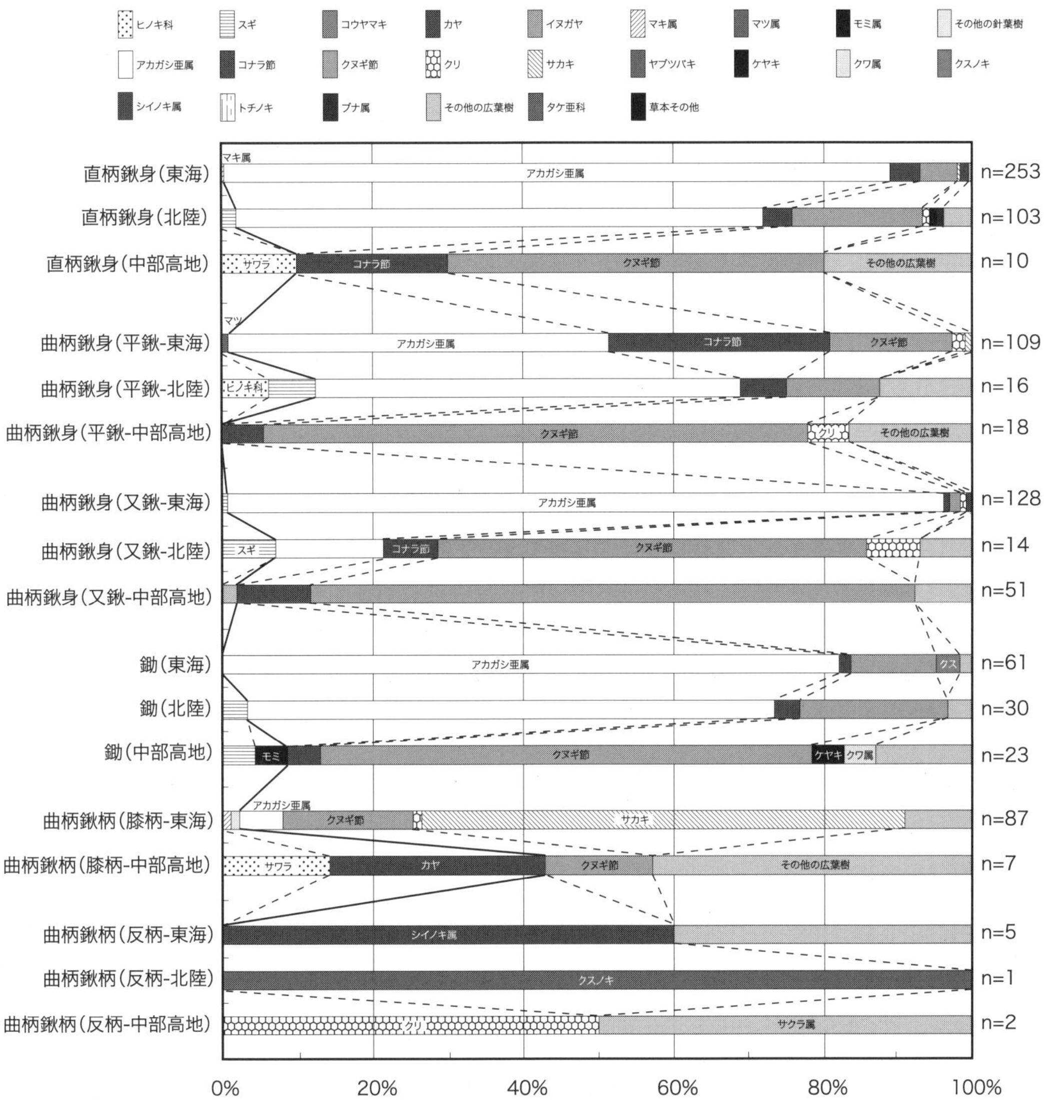

図 63　主要器種の使用樹種グラフ -2（掘削具）

数を占める。北陸・中部高地にはマキ属はなく、カヤとイヌガヤが多い。また、いずれの地域でもさほど弾力性があるとはおもわれないヒノキ科・スギ・マツ属・ケヤキなども弓に使用している点は注目される。

楯は、東海・中部高地ではモミ属が多く、北陸地方ではスギが多い。スギ・モミ属ともに大径木であり、しかも板目方向に分割しやすいのが特徴である。そのため、ある程度の幅が必要とされる楯には都合の良い材であったのかもしれない。

(5)　容器

刳物高杯・刳物槽をみる（図 64 下）。

刳物高杯は、東海東部を除いてケヤキが圧倒的に多い。これは、ケヤキのもつ美しい木目を生かすためと考えられる。西日本では、ケヤキと同様に木目が美しいクワ属（ヤマグワ）も精製の

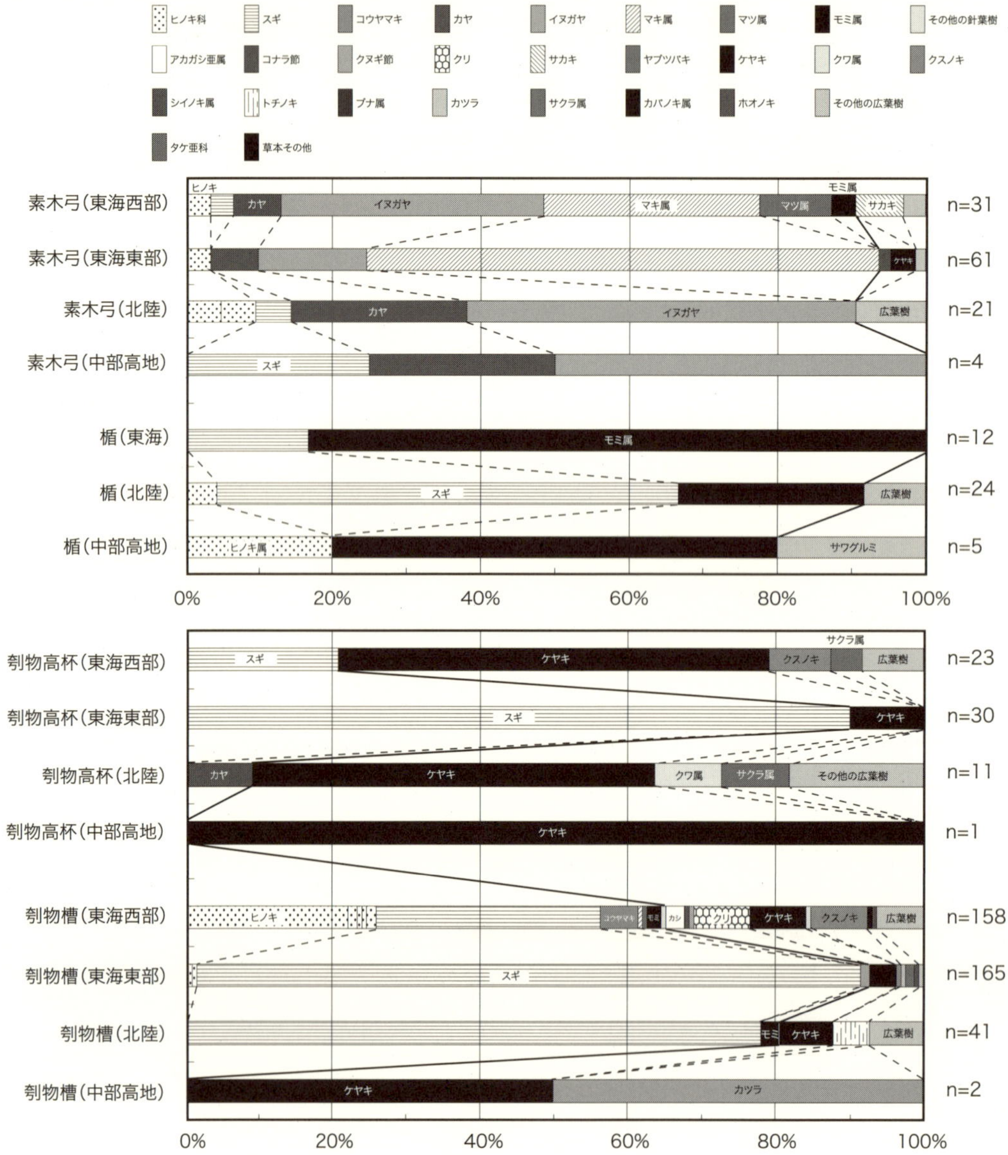

図 64　主要器種の使用樹種グラフ -3（狩猟具・武具・容器）

剞物容器に多く用いるが、この地域ではクワ属の占める比率は低い。東海東部のみは、豊富なスギの大径木を高杯に利用したようだ。

剞物槽では、一転して中部高地を除いて針葉樹の占める比率が高くなる。東海西部ではヒノキとスギがほぼ同数で、東海東部・北陸地方ではスギが圧倒的に多い。中部高地ではケヤキとカツラを用いている。

(6)　建築部材・杭

梯子・垂木・柱・その他の部材・杭をみる（図 65）。

梯子は、東海西部ではヒノキ・クリを主体としつつもバラつくが、東海東部・北陸地方ではス

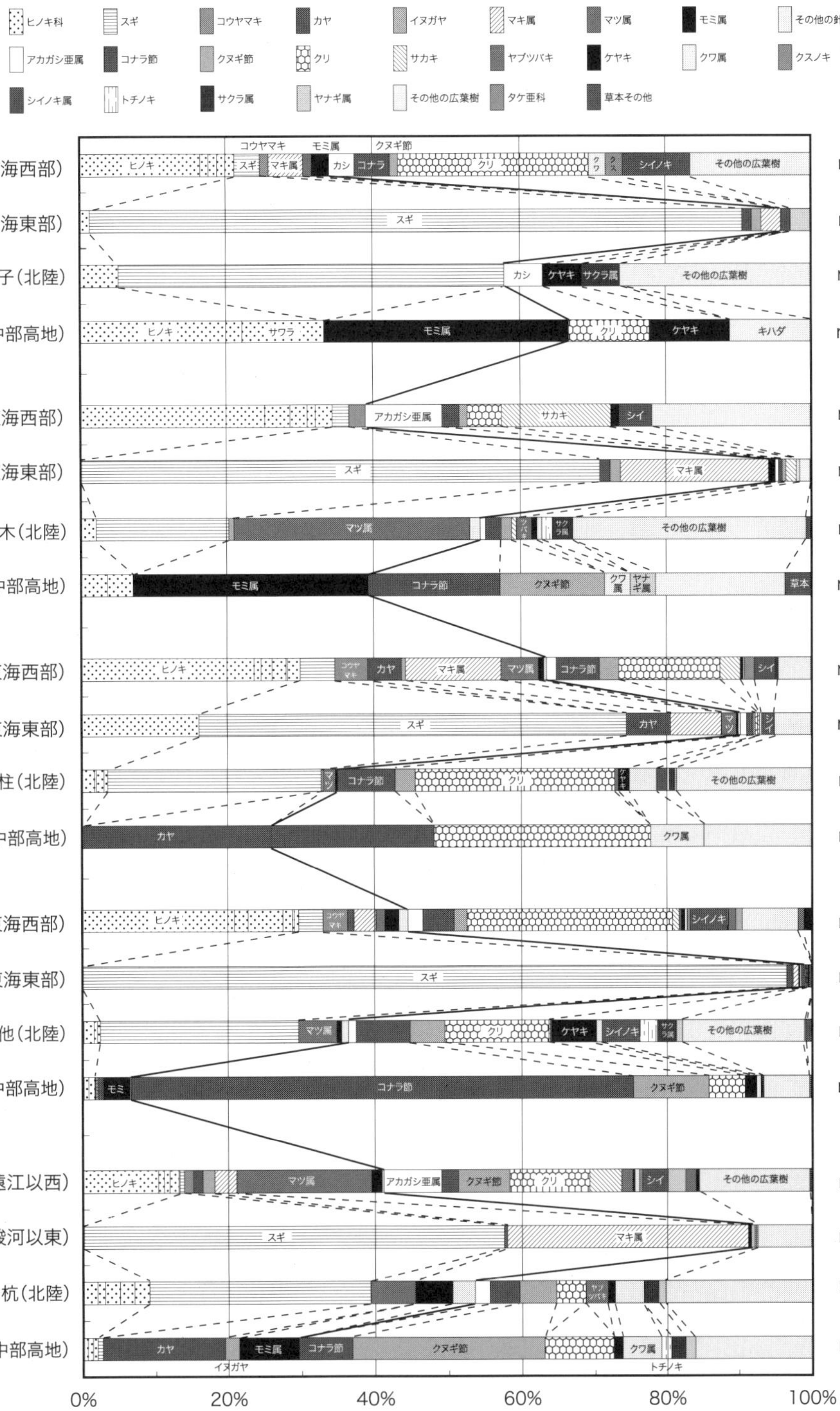

図 65　主要器種の使用樹種グラフ -4（建築部材・杭）

ギが多数を占める。中部高地ではヒノキ科・モミ属が多い。

垂木は、東海西部ではヒノキ科・アカガシ亜属・サカキ、東海東部ではスギが多い。北陸はスギ・マツ属、中部高地ではモミ属・コナラ節・クヌギ節が多い。

柱も垂木によく似た樹種組成だが、カヤ・クリがややめだつ。

その他の部材もほぼ同様で、建築部材はおそらく必要とされる材径の違いによって若干の組成差はあるものの、基本的にはその集落の周辺で入手しやすい樹種を優先的に選択している可能性が高い。

この点は、杭も同じである。そのため、ここに現われた樹種組成は、ほぼその地域の植生を反映しているとみてよかろう。

5. まとめにかえて〜数量比から法量比へ〜

ここまでは地域別および器種別の樹種組成について、出土点数での比較（数量比）をおこなってきた。一応、前者については冒頭で示した潜在自然植生に近い樹種組成であることがわかり、後者では用途の違いに応じた樹種の使い分けがなされていることを確認した。しかし数量での単純な比較では、巨大な建築部材であろうが、残材などほんの小片であろうが、1点としてカウントされてしまうため、この樹種組成データがその地域における植生の実態（森林相）をどこまで的確に反映しているのかということに、一抹の不安をおぼえざるをえなかった。そこで本来の森林相を知るすべとして、遺跡で使われた木材の本来のサイズを復元して比較（法量比）すること、そしてこれら木材の総年輪数と年輪幅を確認することが必要なのではないかと考えるにいたった。

木材の本来のサイズを推定するには、まず木製品の製作工程を確認しておく必要がある。木製品は前述のように材の性質と材の太さの相関関係で成り立っている。すなわち、木製品は丸太材を分割し、削りだすことによって製品をつくるという性格上、どうしても製品のサイズは材の法量によって規定されてしまうことになる。そのために弥生人たちは材の法量に応じて何がつくれるのかを考えていたはずである。ここではひとまず、材の直径が60cmを超える樹木を大径木、20〜60cmを中径木、20cm未満を小径木と規定したうえで、製作工程についてみていきたい。

森林から木材を切りだす際には、まずつくる予定の製品にあった性質の樹種を選び、特別な用途でない限りはまっすぐな幹ないしは枝の部分を丸太のまま、おおむね1〜3m程度の長さにカットする。この丸太を縦方向に分割することなく芯持ちのまま用いた製品として、大径木では臼、中径木では柱、小径木では素木弓・杭などがあげられる。次の工程として、大・中径木を箭（クサビ）で縦に4分割する。この4分割材からは、大径木で刳物容器、中径木では竪杵・直柄斧柄などができる。さらに、4分割材を縦に2分割し、木の外側を斜めに削り取ることによって柾目材ができる。この柾目材から直柄平鍬・曲柄平鍬・一木平鋤のほか、床・壁・扉材など各種の木製品をつくりだす。そのため柾目材からつくる木製品の幅は、木目を縦方向にとる限り、元の丸太材の半径を超えることはありえない。つまり、刃部幅30cmの直柄平鍬を製作するためには、直径60cm以上のアカガシ亜属が、刃部幅15cmの曲柄平鍬には直径30cm以上のアカガシ亜属・コナラ節・クヌギ節・クリなどの広葉樹材が、どうしても必要となる。そして、これらの材が居住している集落の周辺に成育していなければ、丘陵部の集落との交易によって必要なサイズの木材（あるいは未成品・完成品）を入手するか、細い材を板目に取って少しでも幅を確保しようとするか、性質がやや劣ることを承知で他の樹種で代用するか、のいずれかを選択することになる。

もし集落を新たに開発する際や大規模な改変をおこなう際には、掘立柱建物・竪穴建物の建築部材、河川に設ける堰に用いる杭・しがらみなどの土木材、竪穴建物・環濠の掘削や水田の造成に必要な掘削具（鍬・鋤類）などのほか、日常生活のさまざまな道具類を揃える必要がある。そして、これらの木製品を一度に調達するためには、近接する森林に分け入り、大径木を中心にかなりの規模で伐採をかけねばならない。このようにして手を加えられた森林は、これ以降集落が存在する間は、日常的に燃料材や芯持ちのまま使う細い柱・杭材などを採るために落葉広葉樹（コナラ節・クヌギ節・クリなど）主体の里山として維持されるが、この地で再びヒノキ科・スギ・アカガシ亜属などが大径木に成長するには、集落の存続期間を超える数十〜数百年もの歳月が必要となるのである。

樹種同定をおこなう植物学研究者にとっては、プレパラートに封入された木材の切片がアカガシ亜属であれば、その遺跡（と周辺の森林）にはアカガシ亜属が存在したことになる。このことは、花粉分析でも同様である。しかし本当の植生復元には、その1点のアカガシ亜属が、刃部幅30cmの直柄平鍬が製作できるような、直径60cm以上の大径材なのか、はたまた直径10cm程度の芯持ちの杭材にすぎないのかを知ることが重要であり、それを判別するのは考古学研究者の仕事である。それゆえ、面倒ではあるが年輪数と年輪幅を計測して本来の材径・総年輪数を算出すること、そして自然木もふくめて1点でも多くの樹種同定を実施することが必要となる。そして何より重要なのは、ふだん遺跡に密着して調査に携わっている考古学研究者が、さまざまな自然科学分野の研究者たちと対等に議論を重ねつつ、遺跡の環境復元を積極的におこなう姿勢をもつことだと筆者は考えている。

第２節　朝日遺跡出土木製品の樹種組成と周辺の古植生

1.　はじめに

朝日遺跡では、これまでに1082点の木製品について、樹種同定をおこなっている。その結果、針葉樹16種、広葉樹39種もの樹種が、木製品として利用されていたことがわかった。

ここでは、これら樹種同定の結果をさまざまな視点から分析し、朝日遺跡での木材利用の実態をあきらかにする。さらに、同じく朝日遺跡から出土した自然木・炭化材・種子の分析データをふまえて、朝日遺跡周辺における古植生の変遷を復元し、その植生に弥生（〜古墳）時代の人々がどのように関与していたのかをみていきたい。

2.　時期別の樹種組成

表２は、朝日遺跡から出土した1082点の木製品の樹種を、時期ごとに並べ替えたものである。これを円グラフにまとめると、カラー図版８のようになる。

朝日２・３期（弥生中期前葉）から朝日６期（弥生中期後葉）まではスギが卓越しており、特に弥生中期前葉では全樹種中の４割弱を占めている。ところが、７期（弥生後期）以降、ヒノキ（科）がスギをしのぐようになり、８期後半（廻間II・III期）から９期（松河戸II式期）では全樹種中の半数に達している。針葉樹では、このほかマキ属・イヌガヤ・マツ属・モミ属・コウヤマキの順に多く、ツガ属以降は急激に少なくなる。このうちマツ属が、朝日２・３期以降、弥生時代を通じてほぼまんべんなく出土している点が注目される。一般にマツ属は、弥生時代には木製品としての出土例がほとんどなく（山田 1993）、古墳時代以降急激に利用度が高まって、特に杭材などに多く用いられるようになる。朝日遺跡でマツ属の使用例が多いのは、弥生中期前葉以来きわめて利用しやすい環境にあった（集落の周辺にマツ林があった）ことを示していよう。

広葉樹では、朝日２・３期から７期まではアカガシ亜属が優占しているが、８期以降は他の広葉樹とほとんど差がなくなる。アカガシ亜属に次いで多いのは、クヌギ節とコナラ節だが、時期によってその順位が変動する。コナラ節は時期ごとの変動が比較的少ないのに対して、クヌギ節は廻間I式期に突出し、それ以降全く出土しなくなる。以下は、サカキ・ケヤキ・エノキ属・クリ・ヌルデ・シイノキ属・クスノキ科・ヤブツバキ・クワ属・ムクノキ・サクラ属・ミズキ属・ムクロジと続く。このうちエノキ属は点数こそ少ないものの、廻間III式期を除くすべての時期で出土している。逆に、ヌルデは廻間I式期にのみ集中する点で注目される。

3.　器種別の樹種組成

表３は、器種別の樹種一覧表である。これを円グラフにすると、カラー図版９のようになる。以下、主要器種ごとに分析を加える。

表２　朝日遺跡出土木製品 時期別樹種組成一覧表

	朝日2・3期	朝日3〜4期	朝日4・5期	朝日5〜6期	朝日6期	朝日7期	朝日8期(廻間Ⅰ)	朝日8期(廻間Ⅱ)	朝日8期(廻間Ⅲ)	朝日9期(松河戸Ⅱ)	時期不詳	合計
スギ	24	12	52	11	37	12	14	4	1	3	39	209
ヒノキ	6	7	15	9	25	19	28	15	3	31	31	189
サワラ			3	3	2		2			7	3	20
ヒノキ属			1	1		1	1			1	5	10
アスナロ		1	2		2	1		1		2	1	10
ネズコ	1	2			1		1					5
ヒノキ科	1		4	2	2	1	6			2	3	21
マキ属		5	6	2	11	2	1			2	16	45
イヌガヤ		1	2	1	13		5	1		1	5	29
マツ属	2	1	9		1	2	4	3			2	24
モミ属	1		1		2	4	3			3	3	17
コウヤマキ			1		1	1	6	1		2	2	14
ツガ属					1	2					1	4
カヤ			1							2		3
イチイ				1								1
カラマツ属											1	1
針葉樹	3	1	2	1	5	1				2	2	17
小計	38	30	99	31	103	46	71	25	4	58	114	619
	朝日2・3期	朝日3〜4期	朝日4・5期	朝日5〜6期	朝日6期	朝日7期	朝日8期(廻間Ⅰ)	朝日8期(廻間Ⅱ)	朝日8期(廻間Ⅲ)	朝日9期(松河戸Ⅱ)	時期不詳	合計
アカガシ亜属	10	4	32	6	24	11	17		1	4	4	113
クヌギ節		5	11	7	13	1	29				4	70
コナラ節	1		6	5	2	5	12	1		3	5	40
サカキ	2	2	3		6		4	1			5	23
ケヤキ	2		4	1	1	1	4				10	23
エノキ属	1	1	1	1	1	3	3	1		5	4	21
クリ		1	1		1	2	2	1		1	3	12
ヌルデ		1					10					11
シイノキ属			3	1	2	1	2					9
クスノキ科		1	1	1	2		1				2	8
ヤブツバキ	1		1			1	1			1	2	7
クワ属		1	3	1	1				1			7
ムクノキ			1		3		1		1			6
サクラ属	1		2			1				1		5
ミズキ属			1		1	1	1			1		5
ムクロジ					1		4					5
ヒサカキ			1		2					1		4
エゴノキ属			1			2				1		4
カエデ属			1				2				1	4
ヤナギ属	1						1				1	3
ヤマハゼ		1	1								1	3
トチノキ										2	1	3
ムラサキシキブ属	1						1					2
ブナ属				2								2
カマツカ属					2							2
ハコヤナギ属		1										1
カツラ	1											1
マユミ			1									1
イヌシデ節			1									1
ヤシャブシ節					1							1
モクレン属							1					1
タケ亜科							1					1
グミ属							1					1
コクサギ											1	1
トネリコ属											1	1
カキ属											1	1
カバノキ属											1	1
ハリギリ											1	1
キハダ											1	1
環孔材		1		1				1			1	4
散孔材					2			1				3
広葉樹	3	1	18	4	8	4	9				3	50
小計	24	20	94	30	73	33	107	6	3	20	53	463
合計	62	50	193	61	176	79	178	31	7	78	167	1082

(1)　掘削具・柄

掘削具・柄には、直柄平鍬・直柄小型鍬・直柄横鍬・直柄多又鍬・泥除け具・曲柄平鍬・曲柄二又鍬・曲柄多又鍬・一木平鋤・組合せ平鋤・組合せ多又鋤・一木掘り棒とそれらの柄がふくまれる。全体では、アカガシ亜属が圧倒的に多く、約半数を占めており、クヌギ節とコナラ節がほぼ同数でそれに続く。サカキはすべて鍬柄である。広葉樹が４分の１を占めるのは、樹種が未

表3　朝日遺跡出土木製品 器種別樹種組成一覧表

	掘削具	掘削具柄	土木具	農具	工具・雑具	容器	食事具	紡織具	運搬具漁撈具	狩猟具武具	服飾具	威儀具	祭祀具	建築部材	杭	土木材	不明部材	棒状品	板状品	残材	分割材	丸太	合計
スギ				5	6	5	1	7	4	5			6	11	3		4	46	99	4		3	209
ヒノキ				1	3	2		4		3	1		3	7	13	1	4	37	93	16		1	189
サワラ				1									1		1			1	11	5			20
ヒノキ属					1					1			1	2			1	1	3				10
アスナロ								1		2			1				1	1	2	2			10
ネズコ														1	1			2	1				5
ヒノキ科				1	3					2					1			4	9	1			21
マキ属					2			1		15				4	2			18	2	1			45
イヌガヤ					2			1		9		1		2	2		1	6	2	2	1		29
マツ属			1		4		1	1		4		1		1	3		1	5	2				24
モミ属					1	1			1	4								3	6	1			17
コウヤマキ									1					1	3			5	4				14
ツガ属															1				3				4
カヤ																	1	1	1				3
イチイ														1									1
カラマツ属																		1					1
針葉樹					1	1			1	1				1	1			6	5				17
小計			1	8	23	9	2	15	7	46	1	2	12	31	31	1	13	137	243	32	1	4	619
	掘削具	掘削具柄	土木具	農具	工具・雑具	容器	食事具	紡織具	運搬具漁撈具	狩猟具武具	服飾具	威儀具	祭祀具	建築部材	杭	土木材	不明部材	棒状品	板状品	残材	分割材	丸太	合計
アカガシ亜属	51	1		2	6	2	1		1			1		3	18	1	1	5	5	1	5	9	113
クヌギ節	10	1		7	7										28			2	9		6		70
コナラ節	10			1	5										2		4	2	3	3	2	8	40
サカキ		3			9			1	1						2			3	2	1		1	23
ケヤキ						12	2	1						1	1				3	2		1	23
エノキ属				1		2									3	1			2	2	4	6	21
クリ						1			3						2			1	3		1	1	12
ヌルデ															10		1						11
シイノキ属	1													1	3			1	3				9
クスノキ科				2	1	2	1											1				1	8
ヤブツバキ				2				1									1					3	7
クワ属						1		1								1		2	1			1	7
ムクノキ				1	2														1	1		1	6
サクラ属				2										1							1	1	5
ミズキ属				1											1				1			2	5
ムクロジ														1						2		2	5
ヒサカキ		1		1											1				1				4
エゴノキ属															1		1				1	1	4
カエデ属															1			1			1	1	4
ヤナギ属									1						1			1					3
ヤマハゼ										2				1									3
トチノキ	1					1									1								3
ムラサキシキブ属															1							1	2
ブナ属																					1	1	2
カマツカ属					1					1													2
ハコヤナギ属							1																1
カツラ																			1				1
マユミ										1													1
イヌシデ節																			1				1
ヤシャブシ節																		1					1
モクレン属																			1				1
タケ亜科					1																		1
グミ属															1								1
コクサギ				1																			1
トネリコ属														1									1
カキ属														1									1
カバノキ属																		1					1
ハリギリ						1																	1
キハダ	1																						1
環孔材					1		2								1								4
散孔材					2										1								3
広葉樹	22	3		4	2					1		2			1		3	5	1			6	50
小計	96	9		25	37	22	7	4	6	5		3		10	80	3	11	26	38	12	22	47	463
合計	96	9	1	33	60	31	9	19	13	51	1	5	12	41	111	4	24	163	281	44	23	51	1082

同定のものを意味している。

器種別にみると（カラー図版10）、直柄平鍬は各時期でアカガシ亜属が多数を占めている。ただし、5～6期以降は、クヌギ節・コナラ節が数点混じるようになる。

直柄小型鍬は4～6期に限定される器種で、やはりアカガシ亜属の占める比率が高い。

それに対し、曲柄平鍬で確実にアカガシ亜属製のものは1点しかなく、クヌギ節・コナラ節がめだつ。これは朝日遺跡だけに限った現象ではなく、勝川遺跡や八王子遺跡など、尾張低地部全般に認められる樹種選択である（樋上2002c）。

(2)　農具

農具には、田下駄・木庖丁・竪杵・横杵・臼がふくまれる。全体では、掘削具に較べてアカガシ亜属の占める比率が低く、わずか6.1%を数えるにすぎない。広葉樹ではクヌギ節が多く、クスノキ科・ヤブツバキ・サクラ属がアカガシ亜属同様、それに次ぐ。針葉樹では、スギが15.2%と全樹種中で最も多く、ヒノキ科（ヒノキ・サワラをふくむ）が9.0%で次に多い。このうち、スギ・ヒノキ科は田下駄の足板や枠木に、クスノキ科は大型臼、サクラ属は小型臼に用いられている。

竪杵は、2～5期はヤブツバキがやや多いものの、樹種にバラつきがある。5～7期はクヌギ節が7割以上を占めるようになる（カラー図版10）。

(3) 工具・雑具

工具・雑具には、ヨコヅチ・カケヤ・縦斧柄・横斧柄・鉄斧直柄・鉄斧膝柄・自在鉤・コテ・ヘラ・クサビ・火鑽臼がふくまれる。器種が多様なために樹種もバラつく。このうち、自在鉤にはマキ属、コテにはクヌギ節、ヘラにはスギ・ヒノキ・タケ亜科、クサビにはコナラ節・ムクノキ、火鑽臼にはスギが用いられている。

ヨコヅチ・カケヤは樹種がバラつく(カラー図版10)。これは、樋上2002cでも指摘したように、比較的入手しやすい樹種を用いた結果とおもわれる。

斧柄を詳細にみると、縦斧柄（石斧）は点数が少なく、クヌギ節2点とアカガシ亜属1点のみである。横斧柄（石斧）では、サカキが大半を占める。いずれも7期以降の出土例はない。鉄斧膝柄は6期からみられ、アカガシ亜属・クヌギ節・サカキといった広葉樹から、ヒノキ・マキ属・マツ属といった針葉樹へと変わる。

(4) 容器・食事具

容器・食事具には、円形刳物容器（蓋・高杯・鉢・椀）・方形刳物容器（槽・把手付槽）・縦杓子・横杓子・ヘラ杓子・匙がふくまれる。ケヤキがもっとも多く、全体の35.0%を占め、スギ（15.0%）、アカガシ亜属・クスノキ科（7.5%）、エノキ属（5.0%）が続く。

円形刳物容器では、4・5期以外でケヤキが用いられ、それ以外の樹種はすべて1点ずつを数えるにすぎない（カラー図版11）。ちなみに4期の装飾付鉢（図88-094）はクワ属である。西日本の弥生集落から出土する刳物容器はケヤキとクワ属（ヤマグワ）が拮抗し（あるいはクワ属が多い）、東日本ではケヤキを多く用いる[1)]。朝日遺跡ではクワ属の容器がこの装飾付鉢1点しかないことは注目される。

食事具は樹種がバラつく。このうち、2・3期の匙未成品にマツ属が用いられている点は、朝日遺跡の周辺植生を復元するうえで重要である。

(5) 狩猟具・武具

狩猟具・武具には、木鏃・弓・楯がふくまれる。樹種はすべて針葉樹で、なかでもマキ属(29.4%)・イヌガヤ（17.6%）・ヒノキ科（15.7%）が多い。このうち木鏃には、ヒノキ科とイヌガヤが用いられている。

弓にも多様な樹種がみられる。マキ属・イヌガヤ・マユミなど、弾力があり、全国的にも弓としての利用例が多い樹種が半数以上を占めるなかで、特に4・5期にはスギ・ヒノキ科（ヒノキ・

ヒノキ属・アスナロ）・マツ属など、一般に弓には不適合とおもわれる樹種もめだつ[2)]。これら特殊な樹種の弓のうちには、儀礼用の可能性がある飾り弓に使用された例もあるが、全く装飾のない弓にも不適合な樹種が用いられていることは、やはり周辺植生との関連で注目される。

楯にはスギ・ヒノキ・モミ属の板目材が使われる。このうち、スギは３〜５期、モミ属は６〜７期と、きれいに分かれる。勝川遺跡や三重県津市六大Ａ遺跡（三重県埋蔵文化財センター2000）でも、古墳前〜中期の楯にモミ属を用いていることから、６期（弥生中期後葉）以降、楯にはモミ属の板目材を使うという約束事が、濃尾平野周辺の広い地域で認識されていた可能性がある[3)]。

(6)　建築部材

建築部材には柱・梯子・栓などがふくまれる。樹種は４分の３が針葉樹で、なかでもスギとヒノキ科が４分の１ずつでほぼ拮抗している。

器種を梯子に絞ると（カラー図版 11）、ヒノキ科（ネズコ・ヒノキ属）のほか、マツ属・コウヤマキ・アカガシ亜属・シイノキ属・ヤマハゼと、針葉樹・広葉樹を織り交ぜてバラつく点は、ヨコヅチ・カケヤに似ている。同様の傾向は一宮市八王子遺跡（古墳初頭〜前期）でも認められる（樋上 2001c）。

(7)　杭

杭には、26 種におよぶきわめて多様な樹種が用いられている。全時期を通じてみると、クヌギ節が最も多く（25.2%）、アカガシ亜属（16.2%）、ヒノキ科（ヒノキ・サワラ・ネズコなど－14.4%）、ヌルデ（9.0%）の順となる。

時期別では、4･5 期にアカガシ亜属（10 点）、廻間Ｉ式期にはクヌギ節（26 点）･ヒノキ科（10点）･ヌルデ（10 点）･アカガシ亜属（7 点）、廻間II・III 式期のヒノキ・マツ属（いずれも３点）がめだつ（カラー図版 11）。このうち４・５期のアカガシ亜属は、過去の調査分であるために木取りは不明だが、廻間Ｉ式期はヒノキ科の多くが柾目材か板目材であるのに対して、アカガシ亜属・クヌギ節は芯持材が多数を占める。

(8)　棒状品

棒状品は、径（幅）の細い丸棒・角棒のほか、有頭棒・有抉棒・穿孔棒などが該当する。このなかには弓や紡織具の部材（糸巻具・腰当てなど）、建築部材、杭などもふくまれている可能性がある。樹種では、スギ・ヒノキ科（いずれも 28.2%）で５割を超え、マキ属（11.0%）、イヌガヤ（3.7%）、マツ属・コウヤマキ・アカガシ亜属（いずれも 3.1%）がそれに次ぐ。

このうち丸棒では、廻間Ｉ式期まで（６期を除く）スギがめだち、次いでマキ属・イヌガヤが多い（カラー図版 12）。

(9)　板状品

板状品には、ミカン割り材などの原材を除く板のほか、穿孔板・有抉板などをふくんでいる。全時期を通じて、ヒノキ科（42.4%）とスギ（35.2%）で、４分の３を超えている。

時期別にみると、6期まではスギが多く、7期以降ヒノキ科が優位となり、松河戸II式期にはスギの板がなくなる（カラー図版12)。このほか、3〜5期ではクヌギ節がややめだつ。

(10) 残材

残材は全時期を通してヒノキ科が多く(54.5%)、スギ(9.1%)・コナラ節(6.8%)がそれに次ぐ。

時期別にみると、スギは6期までで、7期以降ヒノキ科が優位となり、松河戸II式期ではほとんどがヒノキ科となる（カラー図版12)。残材は木製品の加工に際して出る木くずや端材であることから、朝日遺跡では7期以降（特に松河戸II式期)、ヒノキ科を用いた木製品の加工が盛んにおこなわれていたことを示している。

(11) 分割材

分割材には半裁丸太やミカン割り材など、製品を作る前段階のものがふくまれている。ここでは前述の残材とは異なり、針葉樹はイヌガヤの1点（6期）を除いてすべて広葉樹材となり、なかでもクヌギ節（26.1%)・アカガシ亜属（21.7%)・エノキ属（17.4%）が多い。

時期別では、3〜5期はクヌギ節・アカガシ亜属が多く、5〜6期以降は樹種がバラつく（カラー図版12)。容器や杭以外にめだった利用法がないエノキ属がほぼ各時期で1点ずつ出土していることが注目される。

(12) 丸太

丸太も全時期を通じて針葉樹が少なく、アカガシ亜属（17.6%)・コナラ節（15.7%)・エノキ属（11.8%）が多い。

時期別では、アカガシ亜属が比較的各時期にまんべんなく認められ、コナラ節は廻間I式期、エノキ属は7期と松河戸II式期に集中する（カラー図版12)。

4. 主要樹種の時期別変遷

(1) 出土点数の変遷

ここからは樹種を、針葉樹ではスギとヒノキ科、広葉樹ではアカガシ亜属・クヌギ節・コナラ節に絞って、その出土量の変化を確認する[4]（図66)。

スギは、2・3期から4・5期にかけて急激に増加し、その後また減少していく。6期までは30点前後を保つが、7期には12点と約3分の1にまで減り、8期後半以降は10点を切るようになる。一方ヒノキ科は、2・3期こそ8点と少ないが、4・5期には21点に増加し、その後は30点前後を推移しつつ、9期には43点まで増加する。この両者を比較すると、6期まではスギが優勢であったが、7期以降、スギが激減することによって逆転し、以後、ヒノキ科の優位が継続する。

広葉樹では、アカガシ亜属は4・5期の32点をピークに6・7期と減り続ける。8期前半には17点とやや持ち直すが、8期後半以降は激減している。クヌギ節は2・3期にはなく、4〜6期に10点以上出土するが、7期に激減する。8期前半にはまた急増してアカガシ亜属をしのぐよ

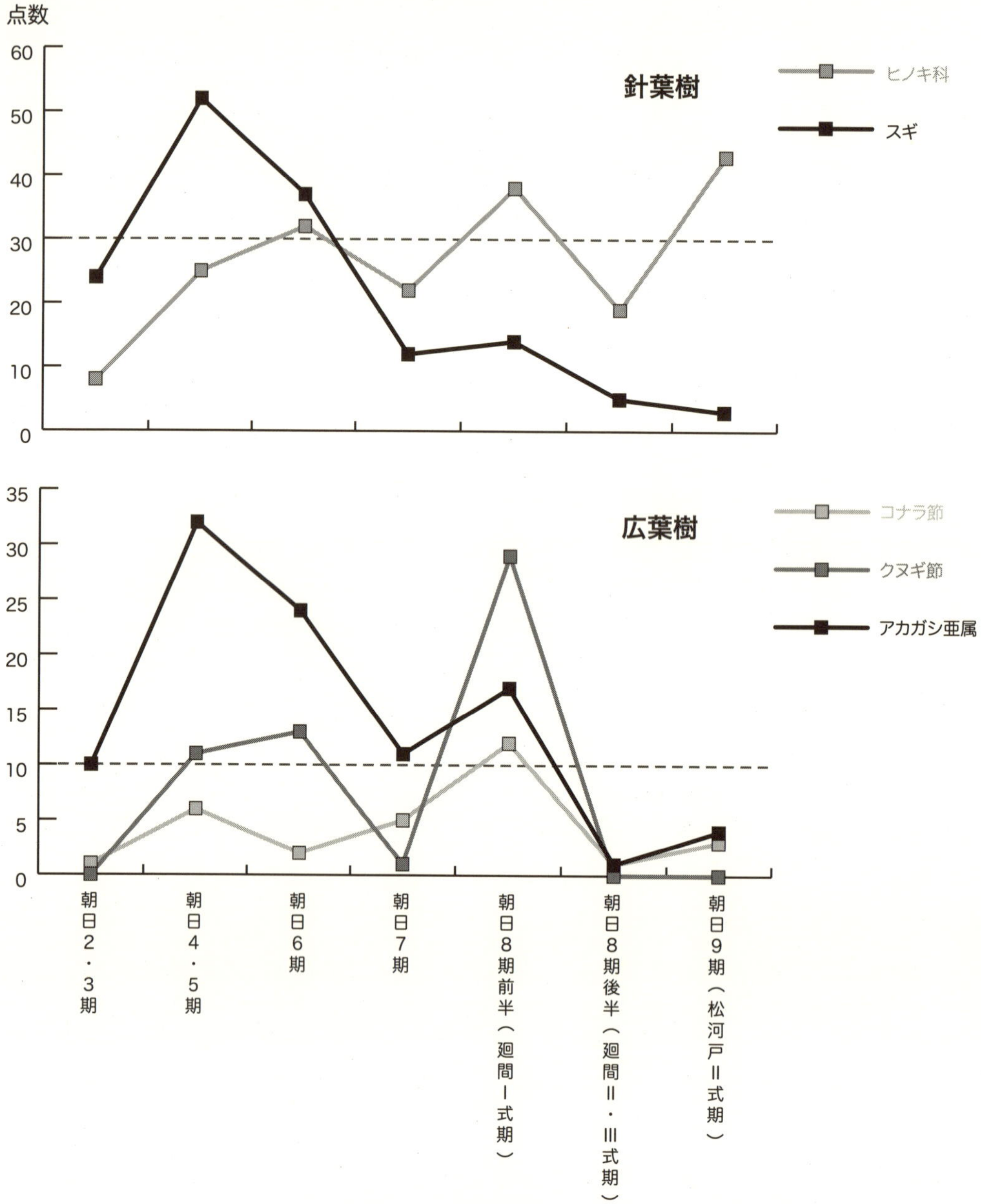

図66　主要樹種変遷グラフ

うになるが、8期後半以降は全くなくなる。それに対してコナラ節は、10点を上回るのは8期前半のみだが、それ以外の時期はほぼ1～5点の間を推移している状況である。

(2)　木取りと最大幅の相関関係の変遷

スギ・ヒノキ科とアカガシ亜属・クヌギ節・コナラ節で、それぞれ時期ごとに、木製品の木取りと最大幅の相関関係を確認する（図67～70）。

まず針葉樹の木取りをみていくと、スギには全時期を通じて芯持材がほとんどなく（グラフ

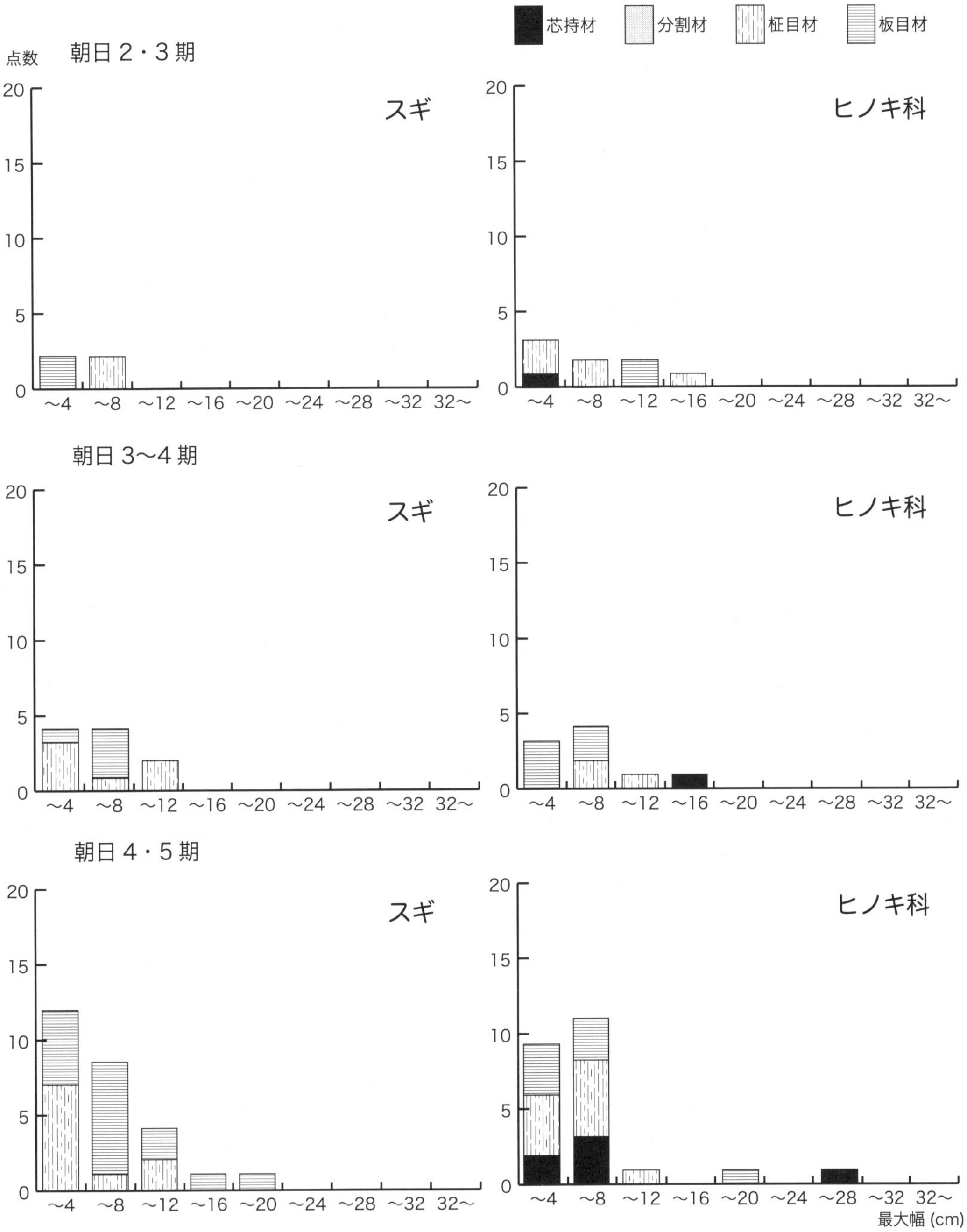

図 67　スギ–ヒノキ科　木取り / 最大幅相関グラフ -1

には現われないが、01Ab 区 SK192 の柱根（図 87-054）がある。時期は２〜６期と幅がある)、分割材もきわめて少ない。4・5 期以降、板目材優位が明確になる [5)]。一方ヒノキ科は、7・9 期以外は芯持材があり、分割材も少数だが７期に存在する。全時期を通じて柾目材が優勢だが、6 期以降は板目材の比率が増加し、9 期ではほぼ半数が板目材になる。すなわち、スギ・ヒノキ科ともに時期が下がるにつれて板目材が増加する傾向が認められる。

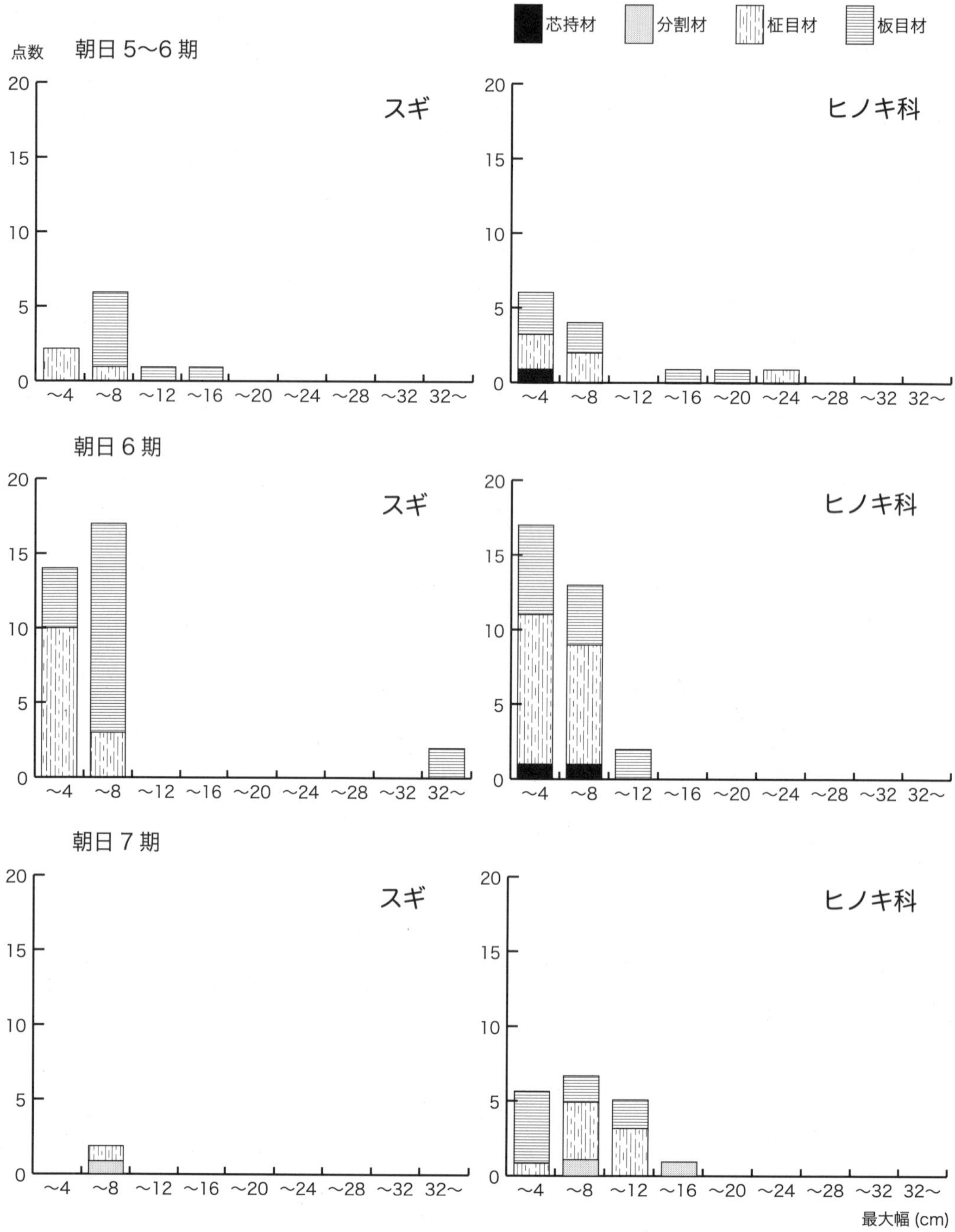

図 68　スギ–ヒノキ科　木取り / 最大幅相関グラフ -2

最大幅では、両者ともに 8cm 以下が多いが、ヒノキ科の方がより裾野が広く、幅広のものも少なからず存在する。スギは 7 期以降急激に減少するために、時間軸と最大幅の関連性がはっきりしないが、ヒノキ科は全時期を通じて、8cm 以下に明確なピークが認められるようになる。

丸太から板をとる際、柾目材をつくるには、通常木口（横断）面から放射方向に、2 分割・4 分割・8 分割・16 分割というように、ミカンの房状に割っていく。この方法によってできる板の幅は、

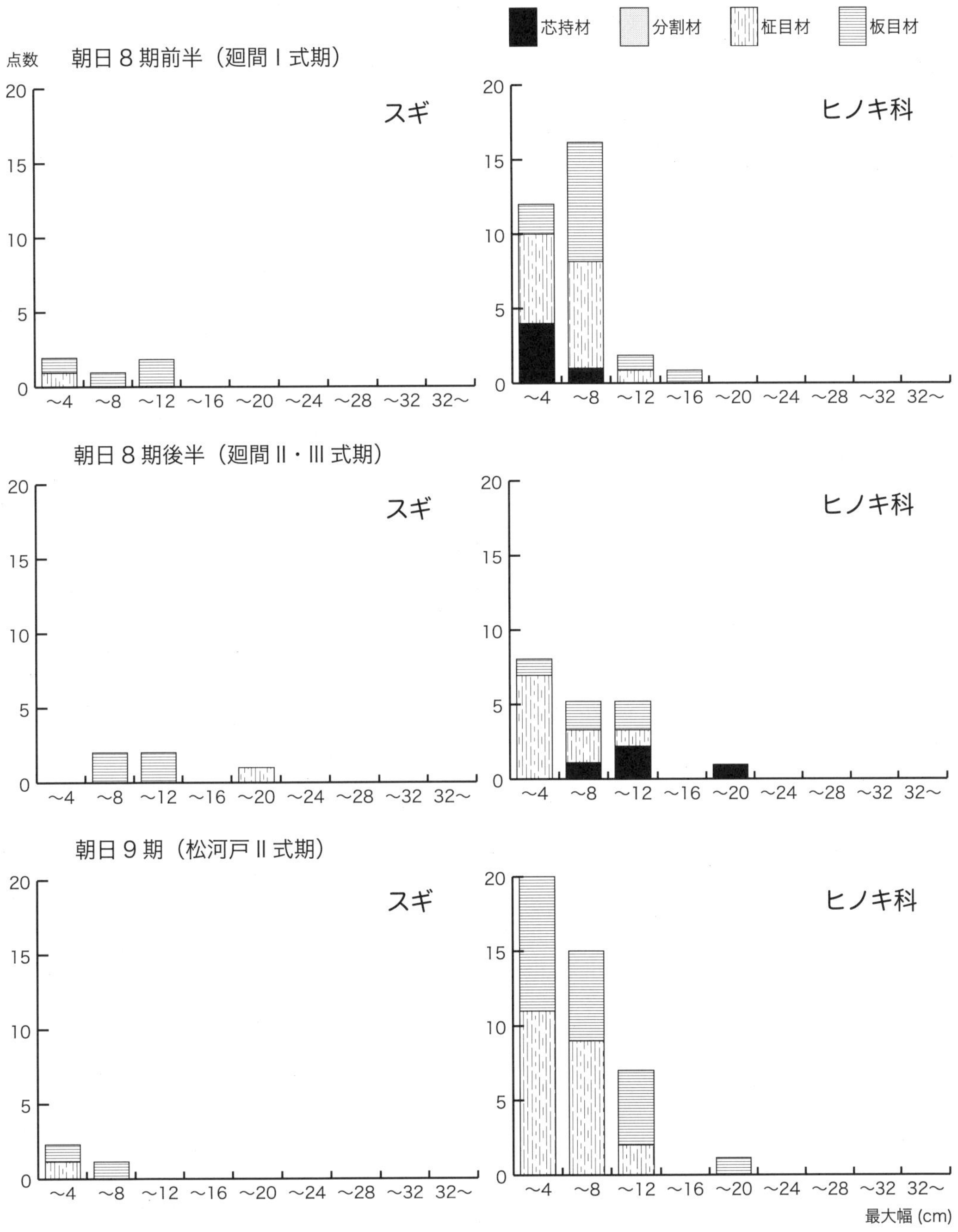

図69　スギ–ヒノキ科　木取り / 最大幅相関グラフ -3

丸太の直径に対して半分以下である。一方、丸太を接線方向に沿って縦割りにしていくと最大では丸太の直径そのままの幅で板を採ることが可能となる。これが板目材であり、板目材をつくる最大のメリットは、直径の細い丸太からでも比較的幅広の板が採れる点にある。

時代が下るにつれてスギ・ヒノキ科共に板目材の比率が高くなり、かつ最大幅が 8cm 以下に収斂されてくることは、朝日遺跡で製材・加工された両者の原材（丸太）の径が、時代を追うご

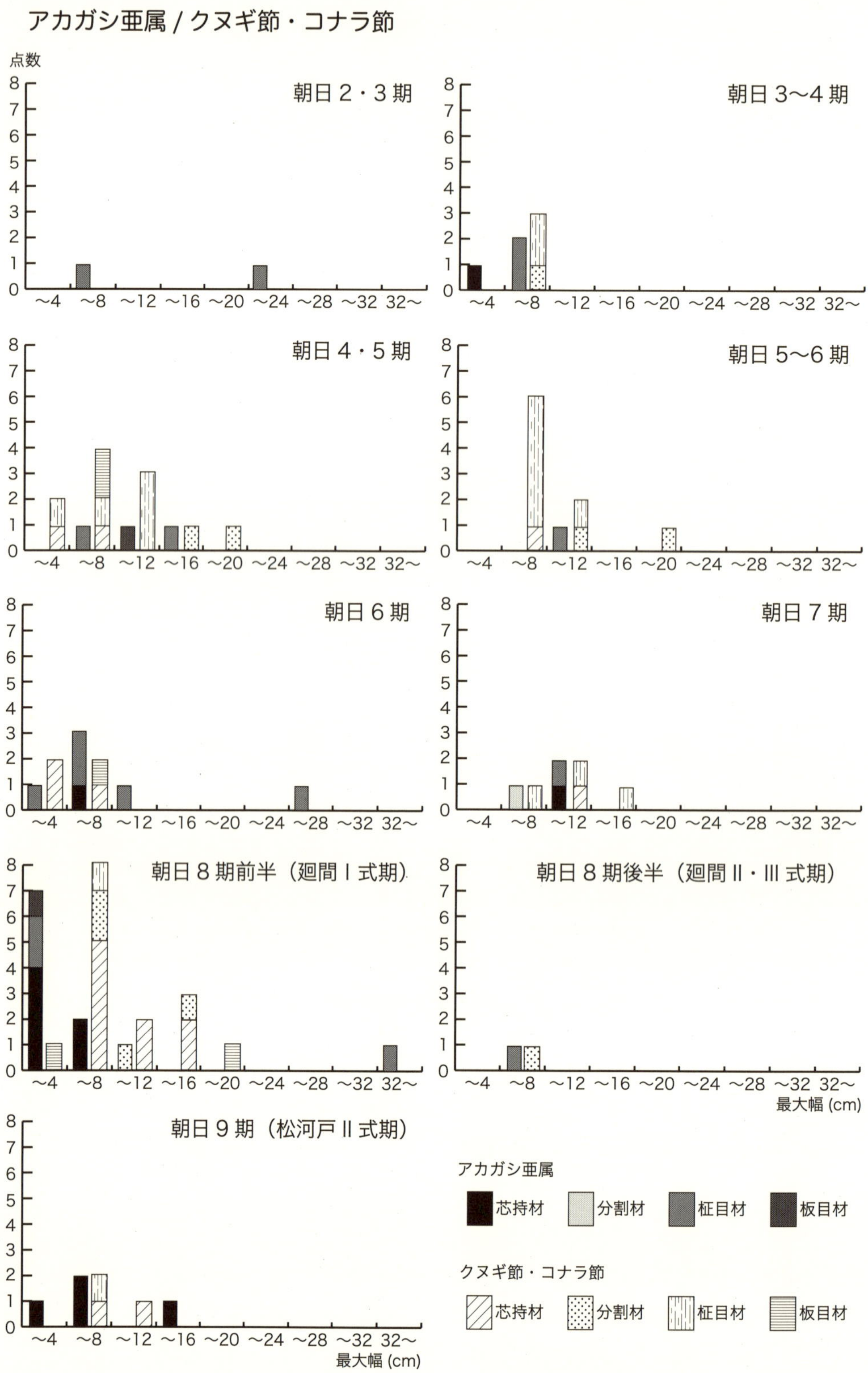

図 70　アカガシ亜属–クヌギ節・コナラ節　木取り / 最大幅相関グラフ

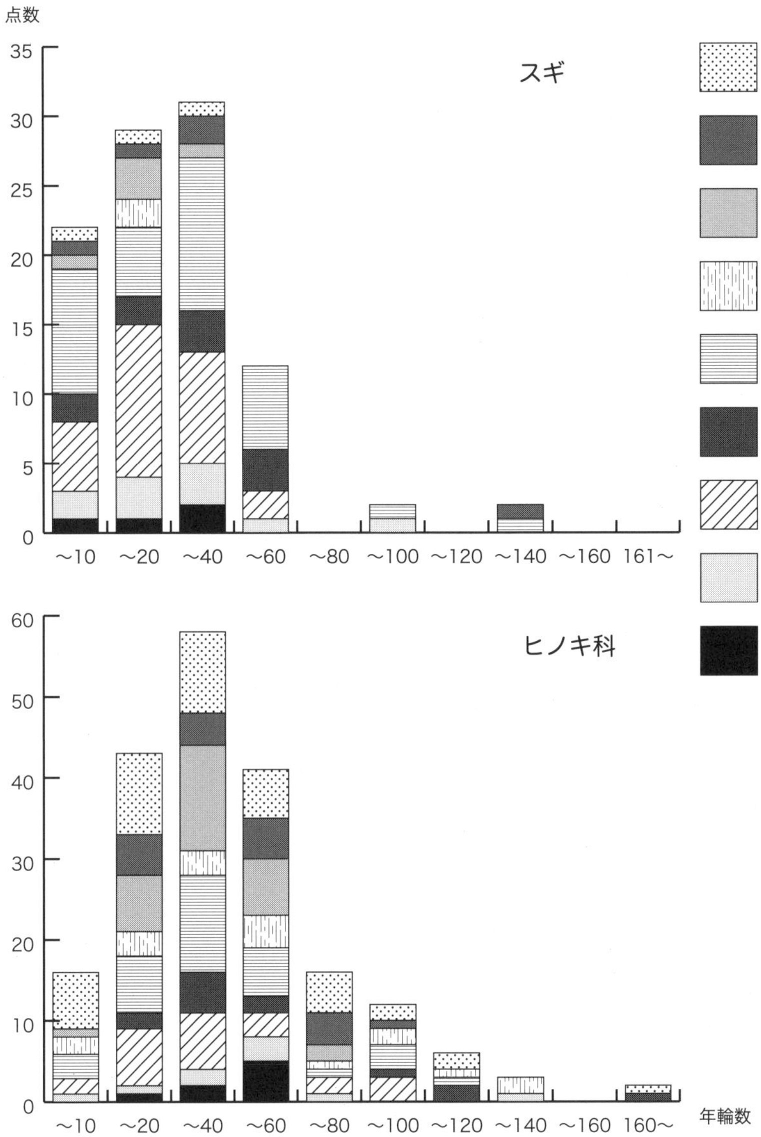

図71　スギ–ヒノキ科　年輪数変遷グラフ

とに細くなりつつあったことにほかならない。

次に広葉樹をみてみる。その際、数量的に劣り、かつアカガシ亜属の補完的な意味で同様の用途に使われているクヌギ節とコナラ節の数値を合計し、アカガシ亜属と比較してみる（図70）。

アカガシ亜属は、6期まで柾目材が多く、しかも最大幅が28cm以下まで幅広く分布している。ところが、8期前半には芯持材が急増するとともに、4cm以下に明確な出土量のピークが認められるようになる。9期もすべて芯持材である。なお、8期前半にある芯持材の大半は杭材である。

クヌギ節・コナラ節は、6期より前は柾目材ないしは分割材が多く、6期以降芯持材が増加する。また最大幅は、ほぼ一貫して4～8cmに出土量のピークが認められる。

アカガシ亜属とクヌギ節・コナラ節を比較すると、クヌギ節・コナラ節は木取りを問わず、最

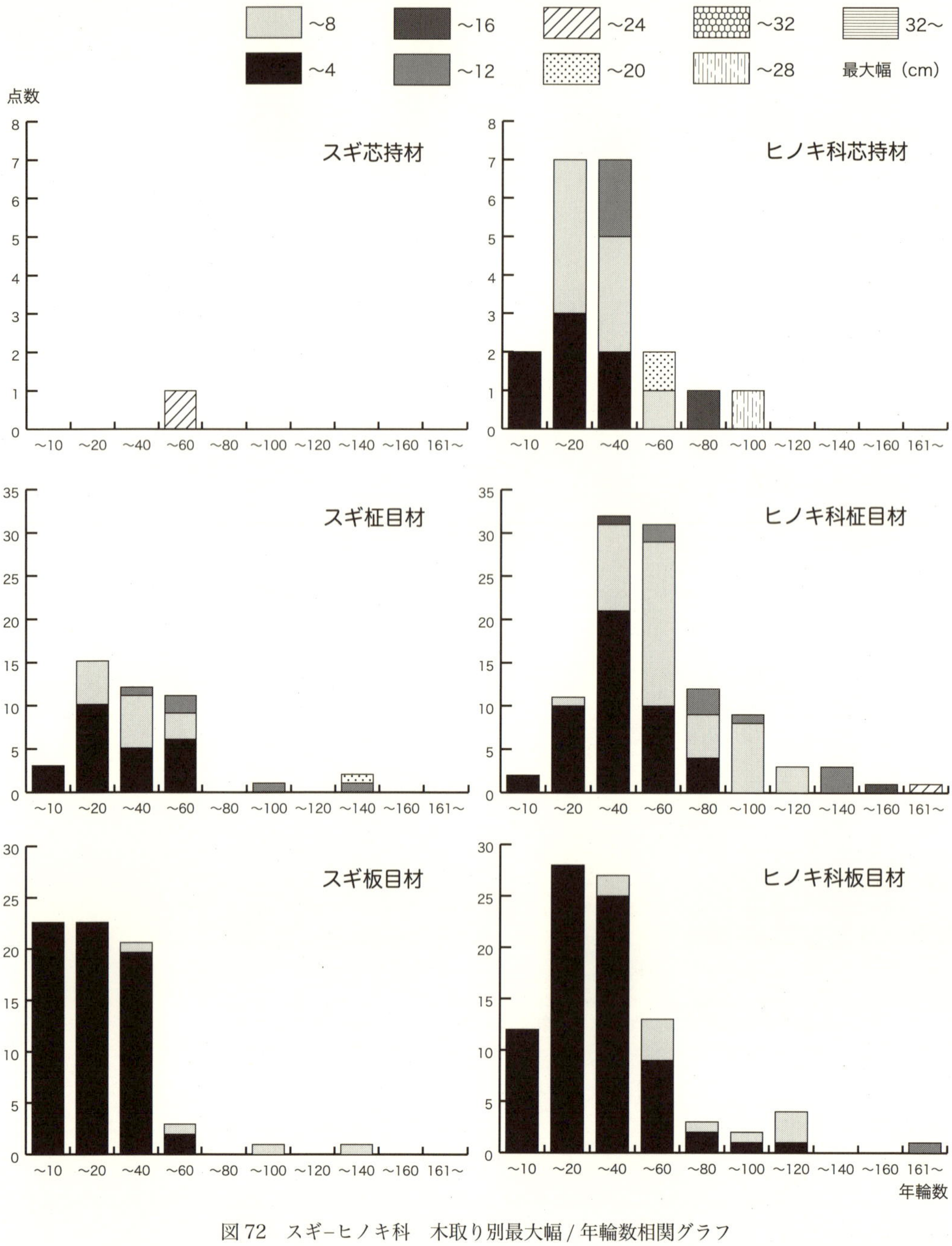

図 72　スギ–ヒノキ科　木取り別最大幅 / 年輪数相関グラフ

大幅がすべて 20cm 以下に収まっているのに対し、アカガシ亜属は柾目材で 20cm を超えるものがある点が明確に異なる。クヌギ節やコナラ節はアカガシ亜属に較べて成長は早いが、幹の直径が 40 ～ 50cm 以上にはなりにくい。一方、アカガシ亜属は成長こそ遅いが、幹の直径が 60 ～ 70cm の大径木に育つ。朝日遺跡から出土した、幅の広いアカガシ亜属の柾目材による木製品は、いずれも直柄平鍬ないしは泥除け具であり、これらの木製品の製作には原材（丸太）の径が太く、しかも緻密で堅いアカガシ亜属が必要不可欠であった。ただ後述するように、尾張低地

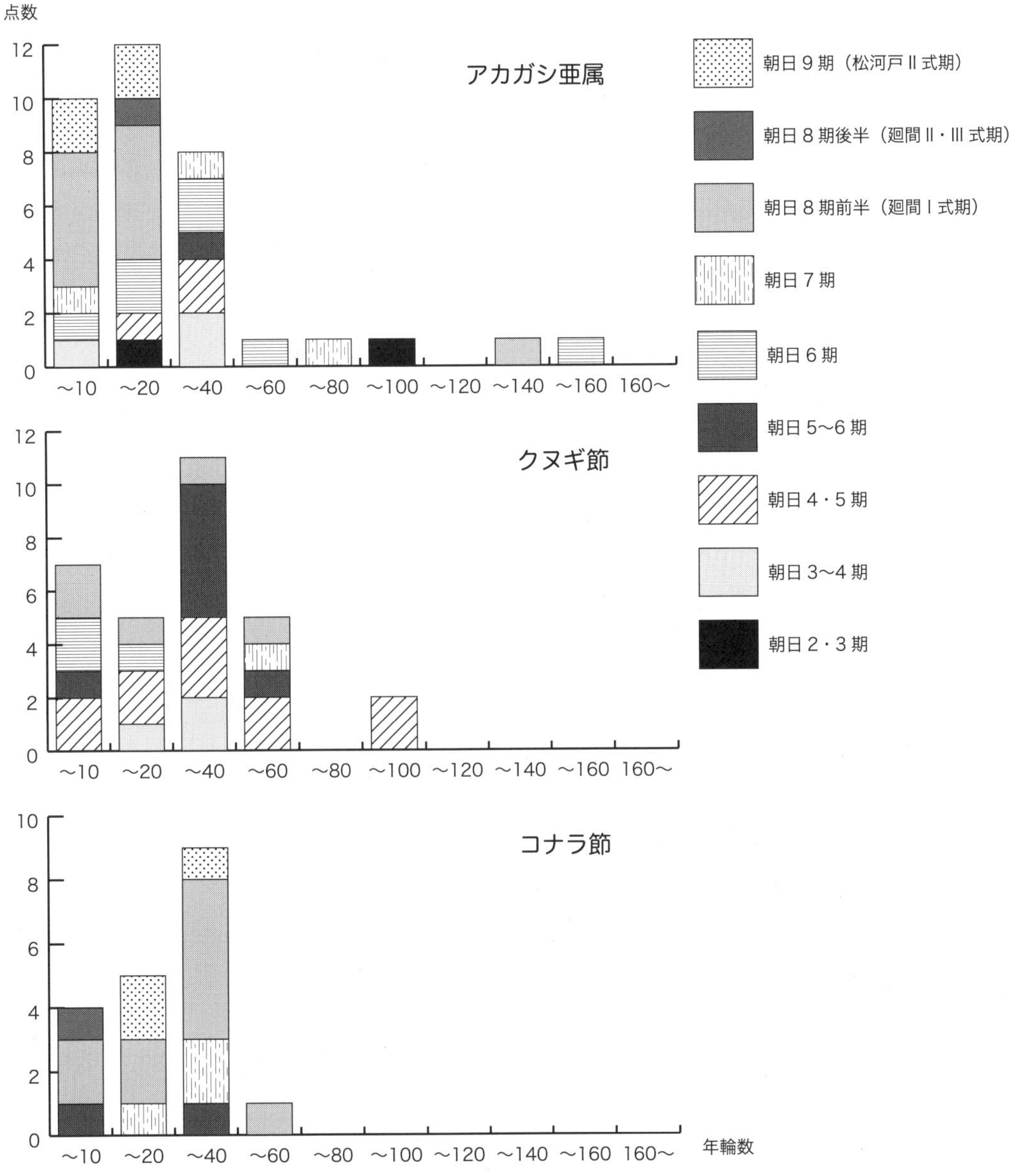

図73　アカガシ亜属-クヌギ節・コナラ節　年輪数変遷グラフ

部にはアカガシ亜属の大径木がほとんど存在しなかったために、曲柄平鍬のような刃幅が狭い掘削具には、材の径は細いが入手が容易なクヌギ節やコナラ節を多用し、分厚くつくることによって強度不足をおぎなっていた（樋上 2002c）。

5.　主要樹種の年輪数と太さの相関関係

　ここからは、前項であげた主要樹種について、計測した年輪数と所属時期、年輪数と木取り・最大幅との相関関係をみていく。

(1)　針葉樹

スギ・ヒノキ科ともに、全時期を通じてみると、年輪数20～40をピークとする正規分布を示す。ただ、スギは年輪数60以上が急激に減少するのに対し、ヒノキ科は年輪数60以上にもかなりの点数が認められる（図71）。

時期別にみると、スギでは6期が最も裾野が広く、年輪数90と125を数える木製品が各1点ずつ出土している。また、8期後半（廻間II式期）にも、年輪数127を数える木製品がある。

ヒノキ科では2・3期が、年輪数40～60にピークがくるが、4・5期以降はほぼ一貫して年輪数20～40をピークとして裾野も広く、年輪数が100を超える木製品が23点におよぶ。ヒノキ科の最大年輪数は5～6期の年輪数286で、9期の年輪数169がそれに次ぐ。

木取りごとの年輪数と最大幅の相関関係（図72）では、唯一のスギ芯持材（図87-054）が最大径20.5cmに対して年輪数は46である。スギは柾目材・板目材ともに年輪数60以下のものが多く、そのうちの大半が最大幅4cm以下である。

ヒノキ科も、おおむね最大幅と年輪数が比例している。ただ全般的に、スギよりも幅に対して年輪数が多いものが多数を占めることから、ヒノキ科の方が、概して年輪がよく詰まっていることがわかる。

(2)　広葉樹

広葉樹では、クヌギ節は年輪数80～100のものが2点ある以外はすべて年輪数60以下、コナラ節は年輪数40～60のもの1点を除くとすべて年輪数40以下であるのに対し、アカガシ亜属は60以上のものが4点を数える（図73）。また、クヌギ節・コナラ節では時期ごとの年輪数がバラつくのに対し、アカガシ亜属ではおおむね時期が下るほど年輪数が少ない方にシフトしている。

木取り別（図74）にみると、アカガシ亜属の芯持材はほとんどが直径8cm以下で、年輪数も20以下である。それに対し、クヌギ節・コナラ節の芯持材では、年輪数が直径に比例する一方で、アカガシ亜属よりも太く、年輪数が多いものも認められる。

クヌギ節・コナラ節は分割材が多く、直径も4.4cmから16.9cmまで広く分布し、年輪数も9から、93まで幅広い。それに対し、アカガシ亜属はわずか2点と少なく、幅12cm以下で年輪数も20以下のものしか認められない。

ところが柾目材では、アカガシ亜属は最大幅が28.5cm（8期前半）、年輪数は148（6期）を数えるような大径材をふくめて19点に急増する。それに対してクヌギ節・コナラ節は幅12.0cm、年輪数94（4期）が最大で、むしろ幅12cm以下、年輪数20から40の間に集中する。

板目材はアカガシ亜属とクヌギ節・コナラ節ともに少なく[6)]、ほとんどが幅4cm以下で年輪数も40以下にまとまる傾向を見せる。

これまでみてきた結果をまとめると、まずアカガシ亜属では、柾目材からつくられた木製品は8期前半以前に多く、しかもそのなかには直径60cm以上年輪数120以上の大径材を用いたことがわかる例が認められる。ところが、8期前半以降は芯持材が増加し、しかもそのほとんどは直径8cm以下で年輪数も20以下である。また、分割材がわずか2点で、しかも幅12cm以下、年輪数20以下の細い材であることも重要である。

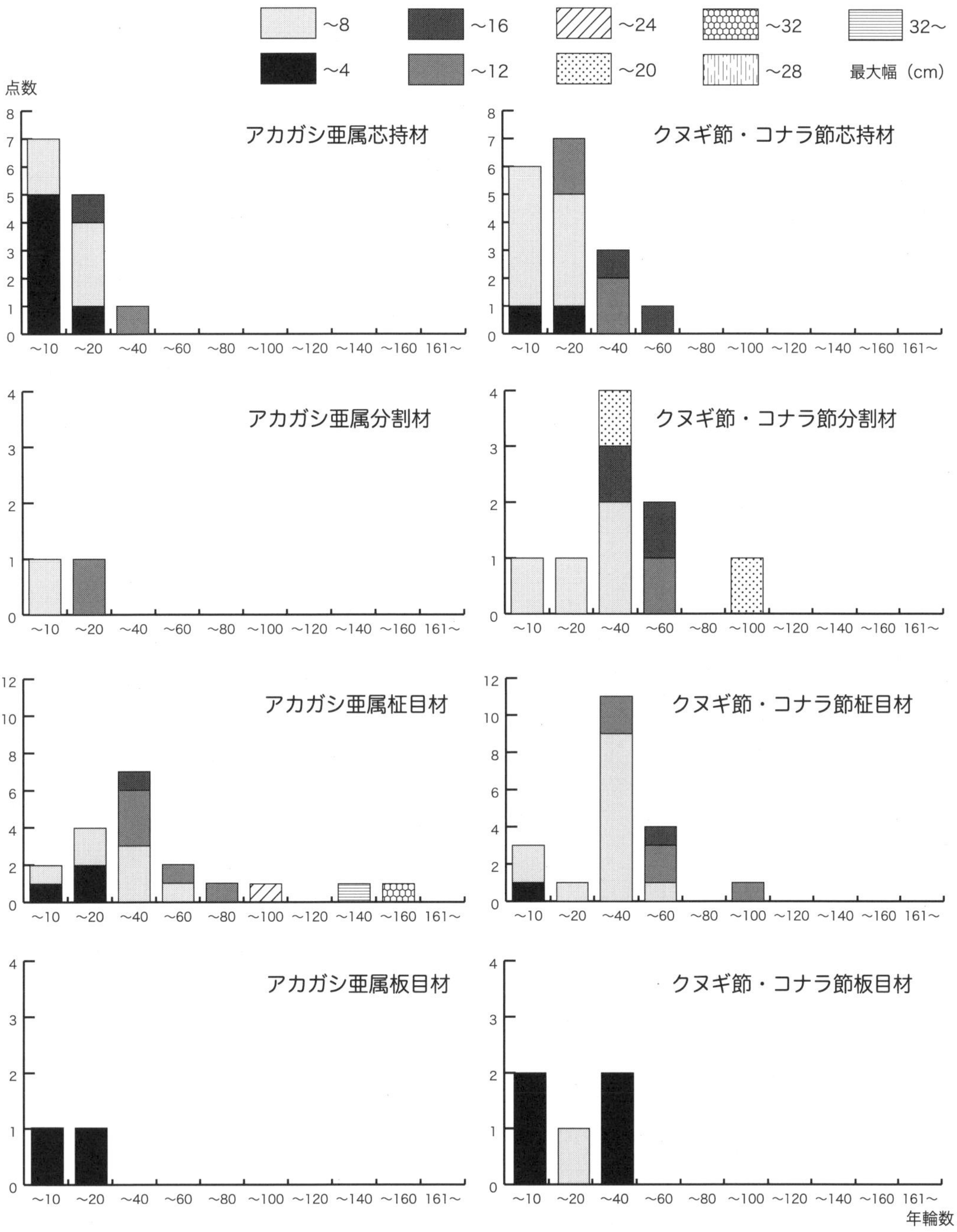

図74　アカガシ亜属–クヌギ節・コナラ節　木取り別最大幅/年輪数相関グラフ

それに対してクヌギ節・コナラ節は2・3期から9期まで、幅16cm以下で年輪数60以下の材をまんべんなく利用していることが特徴といえる。しかも8期前半までは、芯持材・分割材・柾目材のいずれもが一定量出土していることもアカガシ亜属とは好対照である。

表４　自然木・炭化材・種子・木製品の樹種変遷比較表（太字は量が多いもの）

	2・3期（弥生中期前葉）	4・5期（弥生中期中葉）	6期（弥生中期後葉）	7期（弥生後期）	8期前半（廻間Ⅰ式期）	8期後半（廻間Ⅱ・Ⅲ式期）	9期（松河戸Ⅱ式期）
自然木（岡田）		**ヒノキ(科)**・マツ属・マキ属・イヌガヤ	**マキ属**・モミ属・ヒノキ・マツ属		**ヒノキ(科)**		
		クヌギ節・クリ・ムクノキ	**コナラ節・クヌギ節・クリ**・ムクノキ・サカキ・エノキ属		**コナラ節・ケヤキ**・ナシ亜科		
自然木・炭化材（植田）			**ヒノキ(科)**・マツ属・マキ属・モミ属		**ヒノキ(科・根材)**・マツ属・モミ属		**ヒノキ(科・根材)**・カヤ・モミ属・スギ
			コナラ節・クヌギ節・ムクノキ・シイノキ属・カマツカ属		**アカガシ亜属(根材)**・コナラ節・クヌギ節・ムクロジ・コクサギ		**アカガシ亜属・ヤブツバキ**・ミズキ属・ヤナギ属・エゴノキ属・コナラ節・ケヤキ・シイノキ属
種子（新山）	**コナラ節・クリ**・エゴノキ属・エノキ属・ムラサキシキブ属	ムクノキ・キハダ	**コナラ節**・ムクノキ	**コナラ節**・エノキ属			
杭	ヒノキ	スギ・ヒノキ科	マキ属		**ヒノキ(科)**・コウヤマキ・イヌガヤ	ヒノキ・マツ属・イヌガヤ	
	エノキ属	**アカガシ亜属**・シイノキ属	クリ	アカガシ亜属・クリ	**クヌギ節・ヌルデ・アカガシ亜属**・コナラ節・サカキ・エノキ属	散孔材・環孔材	ヒサカキ・エゴノキ属・トチノキ
原材	スギ	スギ	イヌガヤ			ヒノキ	
	アカガシ亜属・サカキ・サクラ属・ムラサキシキブ属	**アカガシ亜属**・クヌギ節・コナラ節・クリ・カエデ属	アカガシ亜属	アカガシ亜属・エノキ属・エゴノキ属・ヤブツバキ・サクラ属・ミズキ属	**コナラ節**・ムクロジ・アカガシ亜属・クヌギ節・エノキ属・ムクノキ・カエデ属		**エノキ属**・コナラ節・アカガシ亜属・クリ・ヤブツバキ・ミズキ属
木製品（杭・原材をふくむ）	**スギ・ヒノキ(科)**・マツ属	**スギ・ヒノキ(科)**・マツ属・マキ属・イヌガヤ	**スギ・ヒノキ(科)・イヌガヤ**・マキ属・モミ属	**ヒノキ(科)・スギ**・モミ属・マキ属・マツ属・ツガ属	**ヒノキ(科)・スギ**・コウヤマキ・イヌガヤ・マツ属・モミ属	**ヒノキ(科)・スギ**・マツ属	**ヒノキ(科)**・スギ・モミ属・マキ属・コウヤマキ・ツガ属・カヤ
	アカガシ亜属・サカキ・ケヤキ	**アカガシ亜属・クヌギ節**・コナラ節・ケヤキ・サカキ・クワ属・サクラ属	**アカガシ亜属・クヌギ節**・サカキ・ムクノキ・コナラ節・シイノキ属・クスノキ科・ヒサカキ・カマツカ属	**アカガシ亜属・コナラ節**・エノキ属・クリ・エゴノキ属	**クヌギ節・アカガシ亜属・コナラ節**・ヌルデ・サカキ・ケヤキ・ヒサカキ・エノキ属・クリ・シイノキ属・カエデ属	アカガシ亜属・コナラ節・サカキ・エノキ属・ヌルデ	**エノキ属**・アカガシ亜属・コナラ節・トチノキ

6　朝日遺跡周辺の植生と用材選択

ここでは、これまでの検討とともに、朝日遺跡 VII の報告書でおこなった自然木・炭化材・種子の分析データ（表４）をふまえて、朝日遺跡周辺における植生の変遷と、木製品として利用された材が、いかなるかたちでどの程度の距離からもち込まれたのかを大胆に復元してみたい（カラー図版 13)。

朝日遺跡では、2・3 期から点数こそ少ないが、マツ属（二葉松）を継続して利用していることはすでに述べてきた。マツ属は土木具（土割）・工具（ヨコヅチ・鉄斧膝柄）・食事具（匙未成品）・紡織具（カセイ）・狩猟具（弓）・威儀具・建築部材（梯子）・杭など、多方面に使われている。全国的にマツ属の利用は古墳時代以降で、弥生時代にこれほどマツ属を用いる遺跡は他に例がない。このことは、いかに朝日遺跡の周辺でマツ属が入手しやすかった（あるいはマツ属しか利用できる木がなかった）かを示している。濃尾平野の形成過程を研究している鬼頭剛によると、木曽川による沖積作用が収まるのは縄紋晩期頃である。その時点での朝日遺跡周辺の自然植生に木本植物はなく、アシやヨシなど湿地に生える草本植物がほとんどであったとおもわれる。そういった環境にまず進出してきたのが裸地的環境に強いマツ属であった可能性が高い。おそらく弥生前期頃の朝日遺跡周辺は、微高地上に人間が利用できる程度の太さに成長したマツ属、そして川べりには湿地に強いヤナギ属などが生えていた程度であろう。

次いで、このマツ林に進出してきたのがクヌギ節やコナラ節を主体とする落葉広葉樹であった。本来、これらの落葉広葉樹は木曽川扇状地など、やや標高の高いところに自生していたとおもわれる（朝日遺跡から直線距離で３～５ｋm）。しかし、99Bb区NR01（谷A）で２・３期に属するコナラ節・クリなどの種子が認められ、４・５期以降はクヌギ節・コナラ節の自然木・炭化材が各所でクリ・エノキ属・ムクノキ・シイノキ属・カマツカ属などとともに出土していることから、弥生中期前葉にはこれらの樹種で構成される、いわゆるアカマツ・コナラ林（中西ほか 1983）が、朝日遺跡の周辺にも形成されつつあったことがわかる。

前項で検討したように、クヌギ節とコナラ節は（この両者の間で時期的な増減はあるにせよ）、必要に応じた太さ（ただし直径40cm以下）と長さの芯持材（すなわち丸太材）が、常に一定量、朝日遺跡に供給され続けて、掘削具・農具・工具・杭（あるいは燃料材）などさまざまな用途に使われている。クヌギ節・コナラ節は伐採しても切り株から傍芽再生し、比較的短い年数で一定の太さになる性質をもつ[7] ことから、2･3期以降、朝日遺跡の周辺には、常に利用可能なクヌギ・コナラ林が存在していた可能性が高い。

一方アカガシ亜属は、２・３期から７期まで、杭材・芯持材・分割材はあるが、いずれも径が細く、板材にも掘削具をつくりうるだけの幅広のものはない。さらに７期以前には、アカガシ亜属は自然木や炭化材・種子でも全く確認されていない（表４）ため、朝日遺跡の周辺にはほとんど自生していなかったとおもわれる。にもかかわらず、幅広のアカガシ亜属柾目材を用いた製品や未成品が多数出土していることから、別の集落である程度まで加工された半製品がもち込まれていた可能性が高い。用途は多方面に渡っている（カラー図版９）が、特に掘削具に集中するのは、幅30cm以上の柾目材でとれ（直径60cm以上）、しかも地面を掘削するだけの堅さと粘りをもった材はアカガシ亜属をおいて他になかったためだろう。

春日井市の鳥居松段丘面の縁辺に立地する勝川遺跡では、弥生中期後葉以降、古墳中期にいたるまで、アカガシ亜属の板材・未成品が一定量出土し続けている（樋上 2003a）。特に弥生中期後葉には、朝日遺跡にもみられないような、大規模な木製品製作工房区画が設けられていることから、鳥居松段丘や名古屋台地のような洪積台地上にはアカガシ亜属（あるいはクスノキ科）を主体とする常緑広葉樹林が広がっていたと推定される[8]。このカシ林は、マキ属・イヌガヤなどの針葉樹のほか、サカキ・ヤブツバキ・シイノキ属などの常緑広葉樹などで構成され、朝日遺跡までは直線距離で５～15kmを測る。このカシ林から朝日遺跡へは、前述のように原材（丸太）ではなく、洪積台地の縁辺にある集落で未成品（半製品）の状態まで加工されたうえでもち込まれたと考えている（樋上 2005a）。

しかし８期前半以降になると、朝日遺跡からアカガシ亜属の芯持材が急増し、杭材などに用いられる。そして、この時期から自然木でもアカガシ亜属の根材などがこの時期から出土するようになる（表４）。ただし、これらがいずれも直径16cm以下、年輪数20以下の若い木ばかりであることから、この頃より朝日遺跡の周辺に、若いアカガシ亜属を主体とする森林相が出現しつつあった可能性を示している。8期前半以降、環濠が埋没して朝日遺跡の居住者が激減したことがわかっている。これまで頻繁に伐採・更新されてきた朝日遺跡周辺のクヌギ・コナラ林に対する人間の関与が減ったため、徐々にアカガシ亜属主体の極相林へと遷移していったとおもわれる。一方、洪積台地上のカシ林は弥生前期以来数百年間におよぶアカガシ亜属大径木の伐採により、その範囲が徐々に丘陵側へと後退し、段丘縁辺付近はアカマツ・コナラ林（二次林）に侵食されつつあった可能性が高い。

スギ・ヒノキ科は、現在木曽谷など一部の地域でしか天然林が確認できないため、本来の分布域はよくわからない。近年、日本海側の沖積低地では縄紋前期にスギ林が発達していたことがあきらかになりつつあり、筆者もこれを受けて、朝日遺跡から大量に出土するスギ材から、朝日遺跡周辺の低地部にもスギが自生していた可能性を考えた（樋上 2005b）。しかし、鬼頭の研究成果にもあるように、濃尾平野では木曽川による沖積作用が沈静化するのが縄紋晩期である。朝日遺跡で出土したスギ材のうち、最も太い木を利用している6期（弥生中期後葉）の図98-254は、幅61.4cmで厚さ7.5cmをはかる板目材である。年輪からみると、この板は樹心からやや離れた部分を製材しており、この板をとるにはおそらく直径1m以上の大径材が必要であったとおもわれる。板に残された年輪数は125で、厚さの7.5cmで割ると、年輪1年分の平均値は0.6mmとなる。直径1m（半径50cm）の丸太と仮定した際の総年輪数は833となることから、254のスギ板には樹齢800年以上の木を使用したことになる[9)]。現在、AMS法による縄紋晩期の暦年較正値はB.C.1200～1000年頃で、このスギ板が出土した弥生中期後葉はB.C.1世紀頃とされている（春成・今村 2004）。この間およそ1000年で、木曽川の沖積作用が沈静化した直後に、濃尾平野低地部でもスギが生えだしていたとすれば、あり得ない数値ではない。しかし、先に検討したように、縄紋晩期から弥生前期にはせいぜいマツ属かヤナギ属程度の植生からスタートしていることを考えると、樹齢800年ものスギの大径木が弥生中期後葉の朝日遺跡周辺に自生していた可能性はきわめて低いといえる。

朝日遺跡における針葉樹の利用状況をみると、2・3期（弥生中期前葉）にはスギが卓越し、7期（弥生後期）を境に急激に減少していくのに対し、ヒノキ科は4・5期（弥生中期中葉）以降、9期（松河戸II式期）にいたるまで、出土量がほぼ安定している。つまり朝日遺跡が立地する尾張低地部では、スギの方がヒノキ科よりもまず利用しやすい地形環境に自生しており、かつヒノキ科の方が長期間継続して利用できるだけの供給量があったと考えられる。以上のことから、実証することは難しいが、濃尾平野周辺の丘陵高所から山地の奥深くにかけてヒノキ科が、そして丘陵の谷筋や洪積台地と接する低い位置にスギ林が形成されていたと想定したい（朝日遺跡から直線距離で15～20km）。また、モミ属・ツガ属・コウヤマキといった樹木もスギ林とヒノキ林の境界付近に小規模な群落を形成していた可能性が高い[10)]。ヒノキ科は2・3期より8期まで、少ないながらも芯持材（丸太）が出土している。スギはほとんどが板材だが、01Ab区SK192（2～6期）の柱（芯持材）には、搬送時に縄を掛けたとおもわれる幅広の溝がめぐっている。このことから、スギ・ヒノキ科ともに、製材・加工された板以外にも丸太の状態で朝日遺跡に持ち込まれていた可能性が高い。おそらくは筏に組んだ状態で河川を利用して流したものと推測される。そして、これらスギ・モミ属・コウヤマキも度重なる伐採により、徐々にその領域を狭めていった[11)]が、ヒノキ科のみは、材の直径がいくぶん細くなるだけで、後世まで尾張低地部に安定的にもたらされていた。

註

1) 鳥取市青谷上寺地遺跡（弥生中～後期）・鬼虎川遺跡（弥生中期前葉）ではクワ属が大半を占め、岡山市南方遺跡・兵庫県神戸市玉津田中遺跡（弥生中期）ではケヤキ・クワ属・サクラ属（・クスノキ科－玉津田中のみ）がほぼ拮抗している。石川県小松市八日市地方遺跡（弥生中期）では、高杯にはケヤキを用い、他の容器にはクワ属を多用する傾向がある（鳥取県埋蔵文化財センター 2005・東大阪市文化財協会 1987・岡山市教育委員会 2005・扇崎 2006・兵庫県教育委員会 1996・小松市教育委員会 2003a）。朝日遺跡より東の静岡県浜松市角江遺跡（弥生中期後葉）・神奈川県逗子市池子遺跡（弥生中期後葉）・千葉県君津市常代遺跡（弥生中期）ではケヤキが大半を占める（静岡県埋蔵文化財調査研究所 1996・かながわ考古学財団 1999b・君津郡市文化財センター 1996）。

2) ヒノキ科の弓に関しては、八日市地方遺跡（弥生中期）・島根県松江市西川津遺跡（古墳前期）・三重県伊賀市城之越遺跡（古墳中期）に類例がある（島根県教育委員会 1988・三重県埋蔵文化財センター 1992）。

3) 鬼虎川遺跡では弥生中期前葉、南方遺跡では弥生中期中葉からモミ属を用いるのに対し、八日市地方遺跡では弥生中期後葉までスギを使用している。青谷上寺地遺跡（弥生後期）では、大半がモミ属だが、わずかにスギが残る（鳥取県教育文化財団 2001）。

4) カラー図版 8 ～ 12 および表 2・3 は、これまでに朝日遺跡で報告された木製品について、すべてのデータを集積した数値である。図 66 ～ 74 のグラフは、今回の報告書で掲載した木製品で得られたデータのみを集計して作成している。また、図 71・73 は時期が限定できる木製品のみの集計であるのに対し、図 72・74 は時期幅が広い木製品もふくんでいるため、合計数が異なっている。第 IV 章第 2 節で詳述するように、朝日 2・3 期–弥生中期前葉、朝日 4・5 期–弥生中期中葉、朝日 6 期–弥生中期後葉、朝日 7 期–弥生後期、朝日 8 期–廻間 I ～ III 期、朝日 9 期–松河戸 II 式期である。なお、本節における朝日 3 ～ 4 期は弥生中期前葉後半～中期中葉前半、朝日 5 ～ 6 期は弥生中期後葉～後期と、木製品の所属時期が複数時期にまたがっているものを指している。

5) スギは年輪に沿って割裂しやすいために、板目材をとることが比較的容易な木材である。

6) これら広葉樹は年輪に対して放射方向に分割しやすく、逆に年輪に沿って分割させることは困難である。そのため元々板目にとることは難しい。

7) クヌギ節・コナラ節は 50 ～ 60 年で幹の直径が 20cm 程度に成長する。クリはさらに成長が早く、10 ～ 20 年で同じ太さに達する（山田 2003）。アカガシ亜属のデータはないが、おそらく 100 年近くかかるのではないかとおもわれる。

8) 勝川遺跡同様、鳥居松段丘縁辺に立地する春日井市松河戸遺跡では、弥生前期の全木製品中 4 分の 1 以上をアカガシ亜属が占めている（春日井市教育委員会 2001）ことから、弥生前期には洪積台地上にカシ林が成立していたことがわかる。

9) 仮に、最も樹心寄りを利用した場合でも樹齢 500 年以上となる。

10) 高橋敦・植田弥生のご教示による。

11) スギの利用が弥生後期以降、急激に減少したもう一つの要因として、スギに対するヒノキ科（特にヒノキ）の優位性（材としての優秀さ）がこの頃に確立したことも考えられる。

第 IV 章　木製品からみた弥生・古墳時代の集落像

第 1 節　出土木製品からみた勝川遺跡

1. はじめに

勝川遺跡は、愛知県春日井市勝川町・長塚町および町田町に所在している。

地理的には濃尾平野の東部を北東から南西に流れる庄内川の右岸に位置し、庄内川によって形成された標高約 11 mの沖積低地と、その北の鳥居松段丘面とよばれる標高約 13 mの洪積台地縁辺部に立地している（図 75）。

1969 年から 1990 年にかけて、春日井市教育委員会、愛知県教育サービスセンター埋蔵文化財調査部、そして愛知県埋蔵文化財センターによって発掘調査がおこなわれ、弥生中期から古墳後期にかけての集落跡、奈良～平安時代の古代寺院（勝川廃寺）、江戸から明治時代の宿場町など、複数の時代にわたる遺構が確認されている。

すでに春日井市教育委員会から『南東山古墳・南東山遺跡』、『勝川廃寺範囲確認調査概報』1 ～ 4 次、愛知県教育サービスセンターから『勝川』、愛知県埋蔵文化財センターから『勝川遺跡』・『勝川遺跡 III』・『勝川遺跡 IV』・『町田遺跡』が刊行され、上記の調査成果が公表されている。

本節では、勝川遺跡出土の木製品を時期別に概観・分析し、濃尾平野における勝川遺跡の位置づけを改めておこなうことを目的とする。

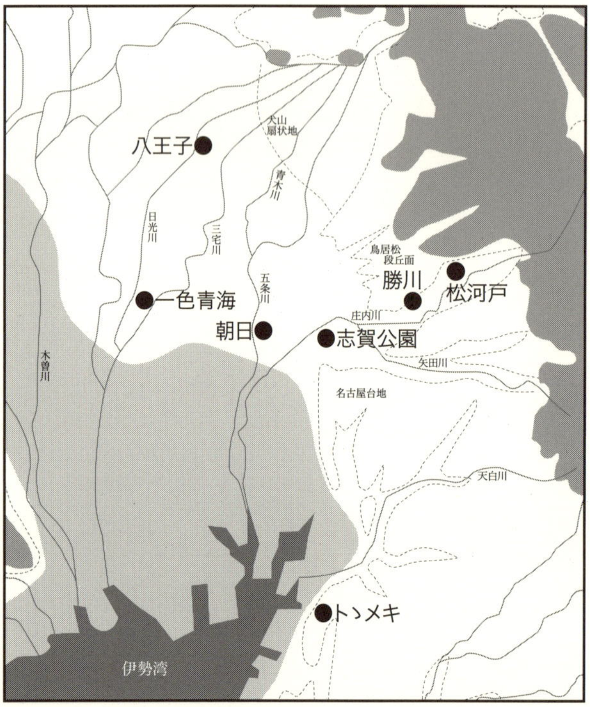

図 75　勝川遺跡とその周辺の遺跡

2. 勝川遺跡の概要

勝川遺跡は前述のように、濃尾平野東部の庄内川右岸に形成された沖積低地および洪積台地上に立地している。調査の都合上、洪積台地上の西半部を上屋敷地区、東半部を南東山地区、沖積低地部を苗田地区とよんでいる。また、段丘崖の縁辺部を北東から南西に流れる庄内川支流の地蔵川（現在は河川改修により、庄内川ではなく新川に流れ込む）をはさんだ東側は、町田遺跡と呼称しているが、本来は勝川遺跡と一連の集落として捉えられる。

町田遺跡以東、庄内川までの沖積

低地は松河戸遺跡として勝川遺跡群（勝川・町田遺跡）とは区別されている。松河戸遺跡では、縄紋中期・弥生前期・古墳中期の集落、中世の条里地割水田などが確認されている。特に弥生前期の環濠集落は愛知県下でも最大級の規模を誇り、環濠内および居住域を横断する自然流路から多数の木製品が出土している。また、古墳前期後半〜中期前半の標識遺跡として土器様式にその名をとどめている。

勝川遺跡はほぼ弥生中期後葉（高蔵期）に集落の形成が始まり、弥生後期（山中期）から古墳前期初頭（廻間Ｉ式前半期）へと継続するが、その後一旦途絶える。5 世紀後半から 6 世紀前半にかけて勝川古墳群を形成し、同時期の居住域も営まれるが、6 世紀後半以降、再度断絶する。8 世紀前半頃には上屋敷地区に藤原宮同笵瓦を有する勝川廃寺が造営され、9 世紀後半頃まで存続する。苗田地区では地蔵川の旧流路（NR01）において、8 世紀後半頃から断続的に祓の祭祀がおこなわれ、それに伴う人形・舟形・墨書土器などの祭祀遺物が出土している。この祭祀行為が断絶するのは 10 世紀代で、中世には条里型水田が施行されるようになる。

時期区分は『勝川遺跡 IV』に従い、

I 期：弥生中期後葉、

II-1 期：弥生後期〜古墳前期初頭、

II-2 期：5 世紀後半〜 6 世紀前半、

III-1 期：7 世紀末〜 8 世紀後半、

III-2 期：9 世紀前半〜 10 世紀後半、

とする。

以下、木製品出土地点を中心として各時期の遺構の変遷について簡単に記述をしていく。

3. 遺構の変遷

(1) Ｉ期

Ｉ期は、台地上の上屋敷地区東半部に墓域、南東山地区に居住域があり、この居住域は溝で区画されるが、居住域全体を囲む環濠となるか否かは不明である。居住域はこのほかに旧・地蔵川（NR01）をはさんだ南側の町田遺跡西端部とさらにその東の町田遺跡中央部にもあり、町田遺跡中央部の居住域には方形周溝墓も数基築造されている（図 76）。

台地上に位置する南東山地区の居住域と NR01 の間の沖積低地には、段丘崖に沿って NR01 から分流する幅約 7 mの溝（SD60）があり、その南に掘立柱建物群が展開する。この掘立柱建物群はおおむね 4 棟 1 組でコの字状に並び、数度の建て替えが認められる（図 77 下）。

57I 区西半部には 2.2m×0.8m 程度の長方形の土坑が 6 基あり、そのうち 2 基（SK43・47）には長さ約 1.8m、幅約 50cm、厚さ 5 〜 8cm のコウヤマキの板材が 5 枚、長辺を横にし、短辺を立てた状態で並べて埋納されていた。

62F 区 SD60 西端部付近には洋梨形を呈する土坑（SX01）が溝内に掘削され、その約 15 m下流には溝とは直交方向に杭が密集して打ち込まれている（SX18）。溝の水流方向は東から西であることから、SX18 には水を一定量せき止め、SX01 に溜める機能が想定できる（図 77 上）。

SX01 内およびその周辺からは『勝川遺跡 IV』に掲載したような多量の板材や鍬・斧柄・杓

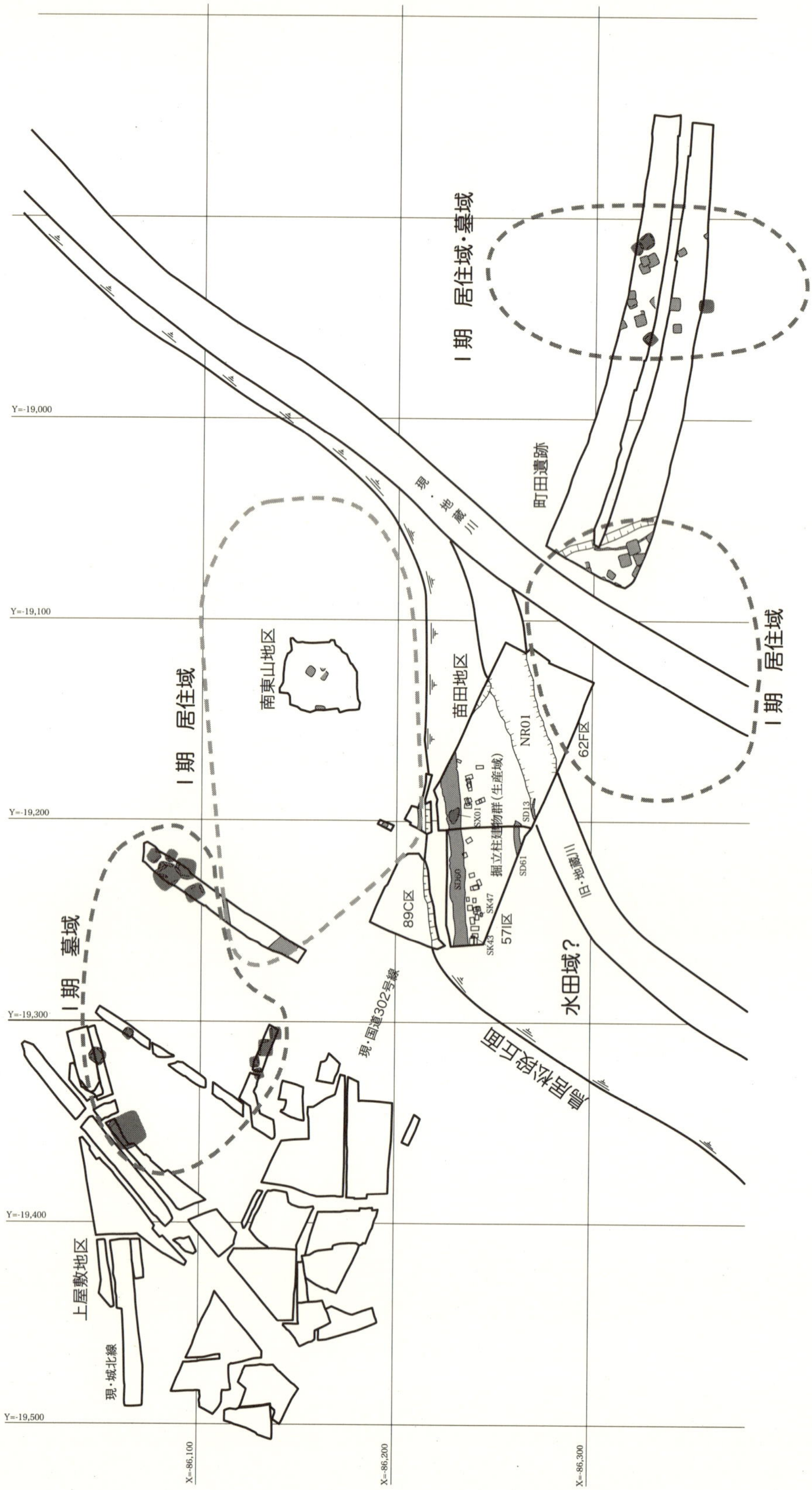

図76　勝川遺跡遺構配置図（Ⅰ期　S=1/3,500）

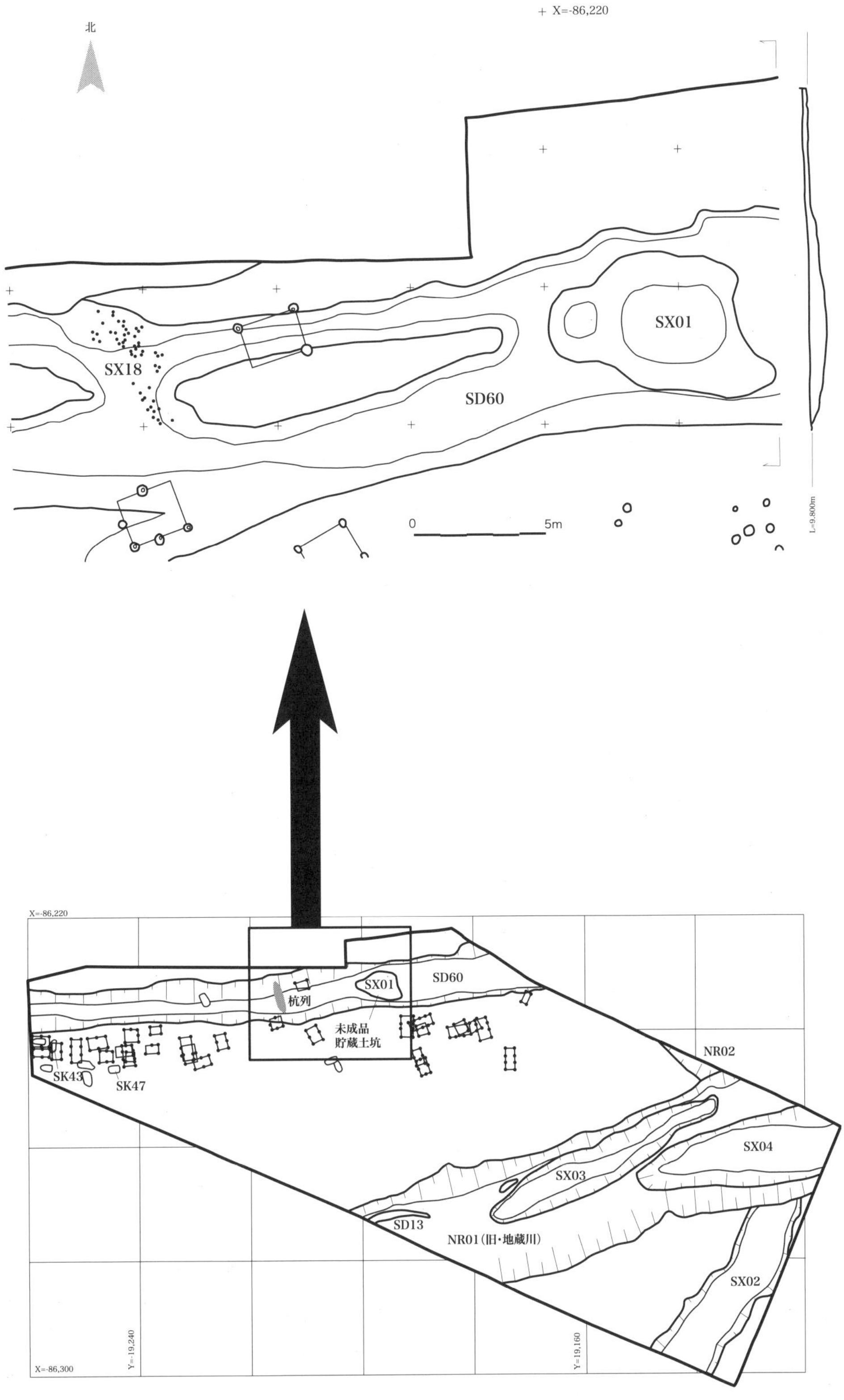

図77　勝川遺跡木製品製作関連施設遺構図（S=1/1,200　下）、同・拡大図（S=1/250　上）

子などの未成品とともに、これらを加工するための磨製石斧・砥石が集中して出土していることから、これら一連の遺構群は木製品の製作にかかわる施設である可能性がきわめて高い。前述のSK43・47は、方形周溝墓の埋葬施設に用いる棺材をあらかじめストックしていたものと考えられている（石黒 1984）。

このほか、玉の原材も数点出土していることから、この苗田地区は木製品を中心とする手工業生産の工房施設としての性格を担っていた。

また、NR01の北岸から西へのびる溝（SD13）もⅠ期に属する。この溝のなかからも若干の木製品と板材が出土している。この溝の先には水田域があった可能性も想定できる。

(2) II-1期

II-1期も基本的にはⅠ期の集落プランを継承するが、苗田地区のSX01・SD60および掘立柱建物群はNR01からとおもわれる洪水性の堆積により、すでに廃絶している（図78）。

上屋敷地区の墓域はⅠ期よりやや西に移動し、範囲も拡大する。南東山地区の居住域もやや西に広がる（89C区）が、NR01南岸や町田遺跡ではこの時期の竪穴建物を確認することはできない。ただ、NR01南岸において、NR01から南に派生する浅い溝状遺構（SD08）があり、ここからは一木平鍬が出土している。

苗田地区では、62F区NR01の東半部最下層（図80のD区遺物集中地点IV）およびNR02からこの時期に属する木製品が出土している。共伴している土器は山中式新段階～廻間Ⅰ式期前半で、主体は山中式新段階である。

(3) II-2期

II-2期は、前述のように勝川遺跡周辺に勝川古墳群が形成される時期である。調査区内では、南東山地区に直径約40 mの円墳である洲原山古墳（南東山古墳）が築かれる。

また、苗田地区の62F区NR01南岸から町田遺跡西端部の微高地上には推定全長約90 mの前方後円墳である勝川大塚古墳が存在したとされる。一部には古墳の存在を否定する意見もあるが、第2次大戦前までは墳丘とおぼしき小山があり、大塚とよばれていたということを筆者は発掘調査に参加された地元の作業員より伺ったことがある。苗田地区および町田遺跡西端付近から多量の須恵質埴輪片が出土していることからも、かつてこの地に古墳があった可能性は高い。

このほか、II-1期の墓域内にもこの時期の墳丘墓が4基認められる。居住域は89C区の段丘崖に接して竪穴建物1棟のみを確認しているが、一定の領域をもった集落として機能していたのか否かは不明である。

この時期の木製品は62F区NR01内の北岸に接して掘削された溝SX03から出土しており、特にC区の遺物集中地点IIIに集中している。

(4) III-1期

III-1期には上屋敷地区に勝川廃寺が造営される（図79）。寺域は溝で区画され、東西227 m、南北148 mを測る。寺域内にも区画溝があり、いくつかのブロックに分けられている。各区画内では多数の掘立柱建物を確認しているが、塔・金堂・講堂といった主要伽藍は未だ不明である。

ただ、「寺」とヘラ描きされた平瓦や、後述する62F区のNR01から9世紀後半に属する「寺」「別院」等の墨書土器の存在から、やはりこの施設は寺院であった可能性が高い。

また、89C区では、寺院と同時期の竪穴建物が1棟あり、さらに寺域内には寺院の造営に先行するとみられる竪穴建物群を2ヶ所で確認している。寺域外でも掘立柱建物があり、後述する律令祭祀関連の木製品や白米の荷札木簡が62F区のNR01より出土していることなどから、寺院とは別に官衙的な施設が付近に存在した可能性が高いと筆者は考えている。

苗田地区の62F区では、NR01内に掘削された溝SX04からこの時期の木製品が出土している。

これら木製品群と共伴する土器はほぼ8世紀後半頃で、このほか、A・B区の遺物集中地点Iからこの時期の土器が多数出土している。

(5) III-2期

III-2期においても、少なくとも9世紀後半頃までは何らかのかたちで勝川廃寺は維持されていたことが前述の「寺」と書かれた墨書土器の存在からわかっているが、10世紀以降には廃絶している可能性が高い。

89C区ではこの時期4棟の竪穴建物があるが、いずれも9世紀後半頃で、寺院が存続した期間に属し、10世紀以降の居住域の存在は全くわかっていない。

苗田地区62F区では、NR01上層において、C区遺物集中地点IIIを中心に多数の木製品が出土している。9世紀後半頃に属する。

このほか、A・B区の遺物集中地点Iで9世紀前半～10世紀中葉にかけての墨書土器が、B区の遺物集中地点IIで、9世紀後半と10世紀中葉の墨書土器がそれぞれ出土している。9世紀代は「寺」・「宅北」・「別院」・「井手」など勝川廃寺とその周辺にかかわる施設名が多いのに対し、10世紀代は「万」・「人万」・「太」・「南生」など人名あるいは吉祥句的な墨書が多くみられるようになる。

4. 出土木製品の概説

本項では、62F区から出土した木製品に対して、所属時期ごとに簡単な説明を加える。

(1) I期（図82）

1～4は直柄平鍬の未成品。うち1･2は、第I章第3節の筆者分類による直柄平鍬VI類、3･4はIもしくはII類に属する。5は直柄小型鍬。6は直柄多又鍬で、刃部を欠損するが、5本歯である。柄穴は横長の長方形で、隆起部は不明瞭。7は曲柄二又鍬で、軸部は筆者分類のA類（第I章第1節の図2を参照）。8は組合せ平鋤。

9は縦斧柄の未成品か。10は柱状片刃石斧、11は扁平片刃石斧の柄で、12はその未成品。

13は横杓子の未成品。14は石剣柄頭の未成品である可能性が高い。

15・16はアカガシ亜属の板材で、16は分割製材したままのミカン割り材で、15はさらに整形を進めた柾目板。いずれも全長が1m以上あることから、直柄平鍬が連続で2ないし3点採れる長さである。

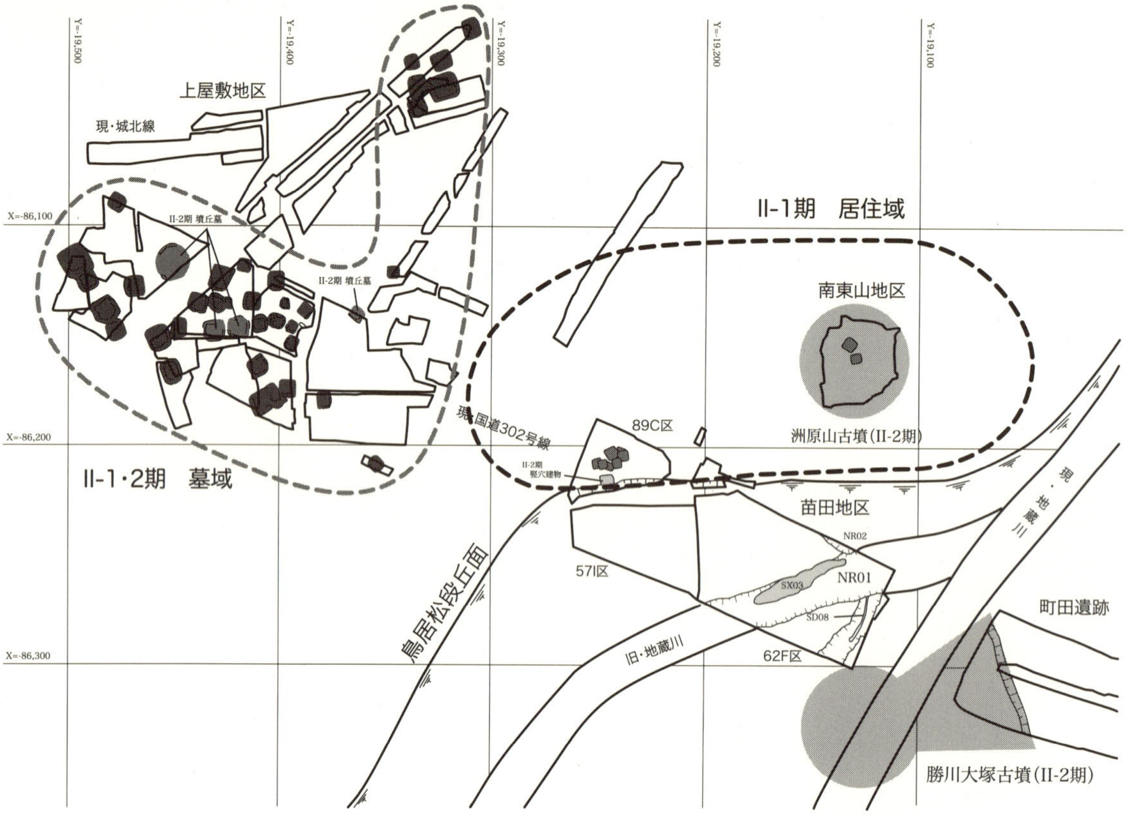

図 78　勝川遺跡遺構配置図（II 期　S=1/3,500)

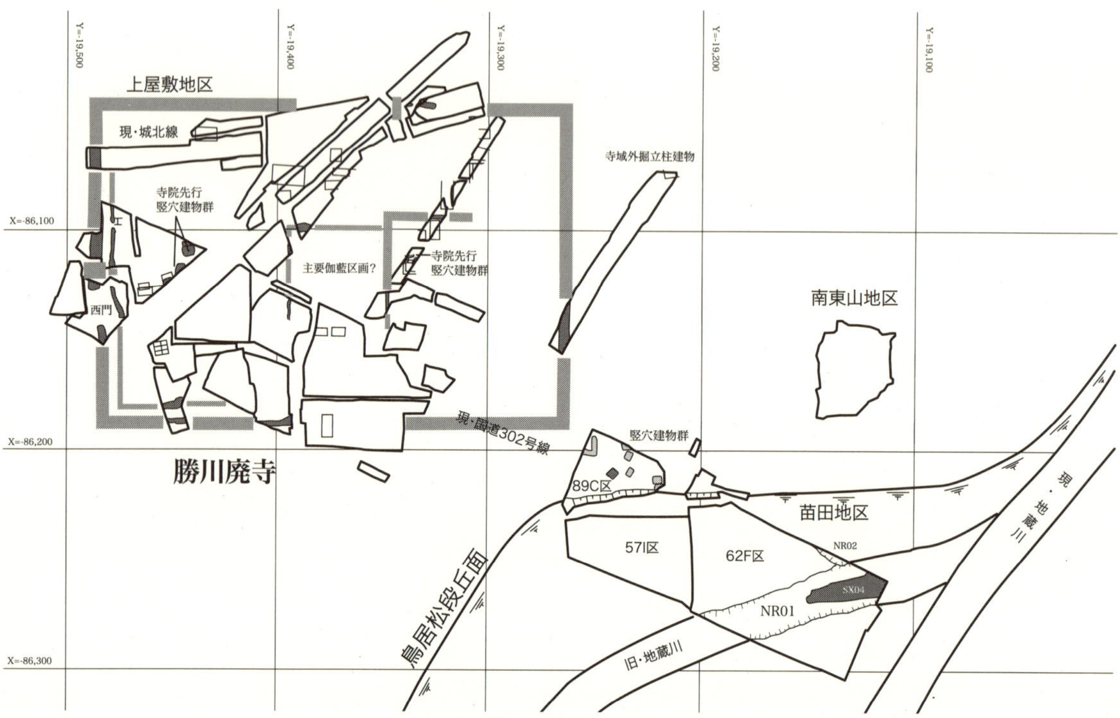

図 79　勝川遺跡遺構配置図（III 期　S=1/3,500)

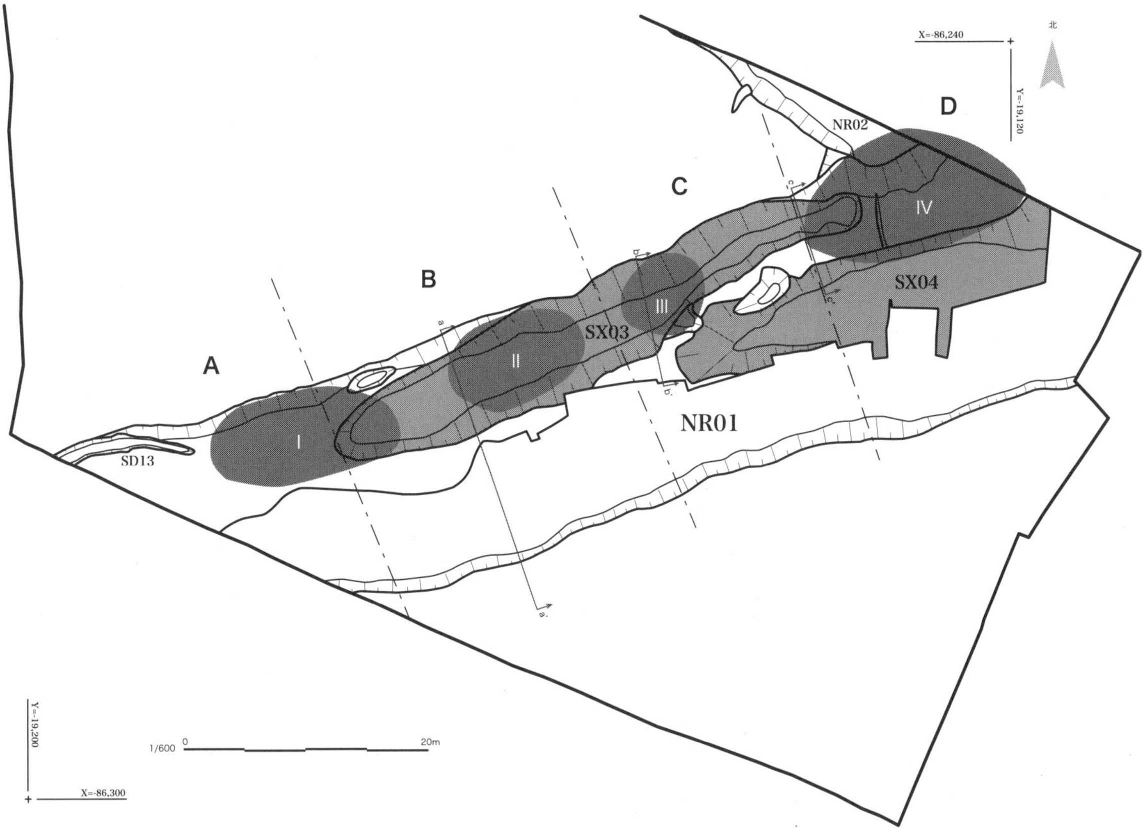

図 80　勝川遺跡 62F 区 NR01 内遺構配置図（ S=1/600）

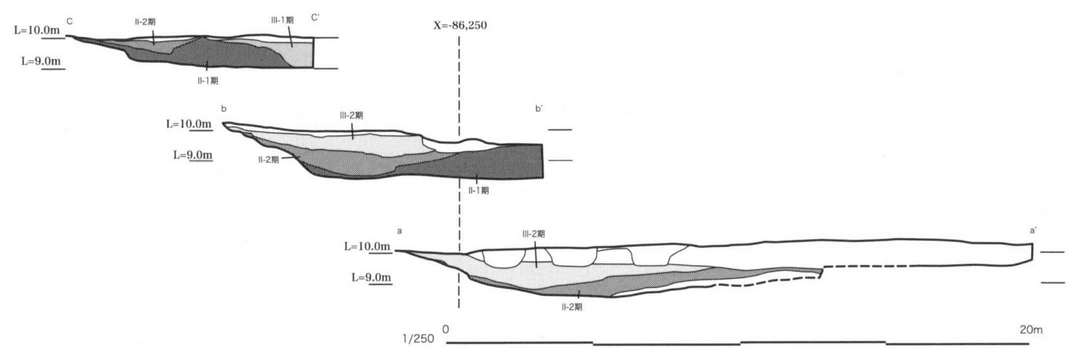

図 81　勝川遺跡 62F 区 NR01 土層断面図（ S=1/250）

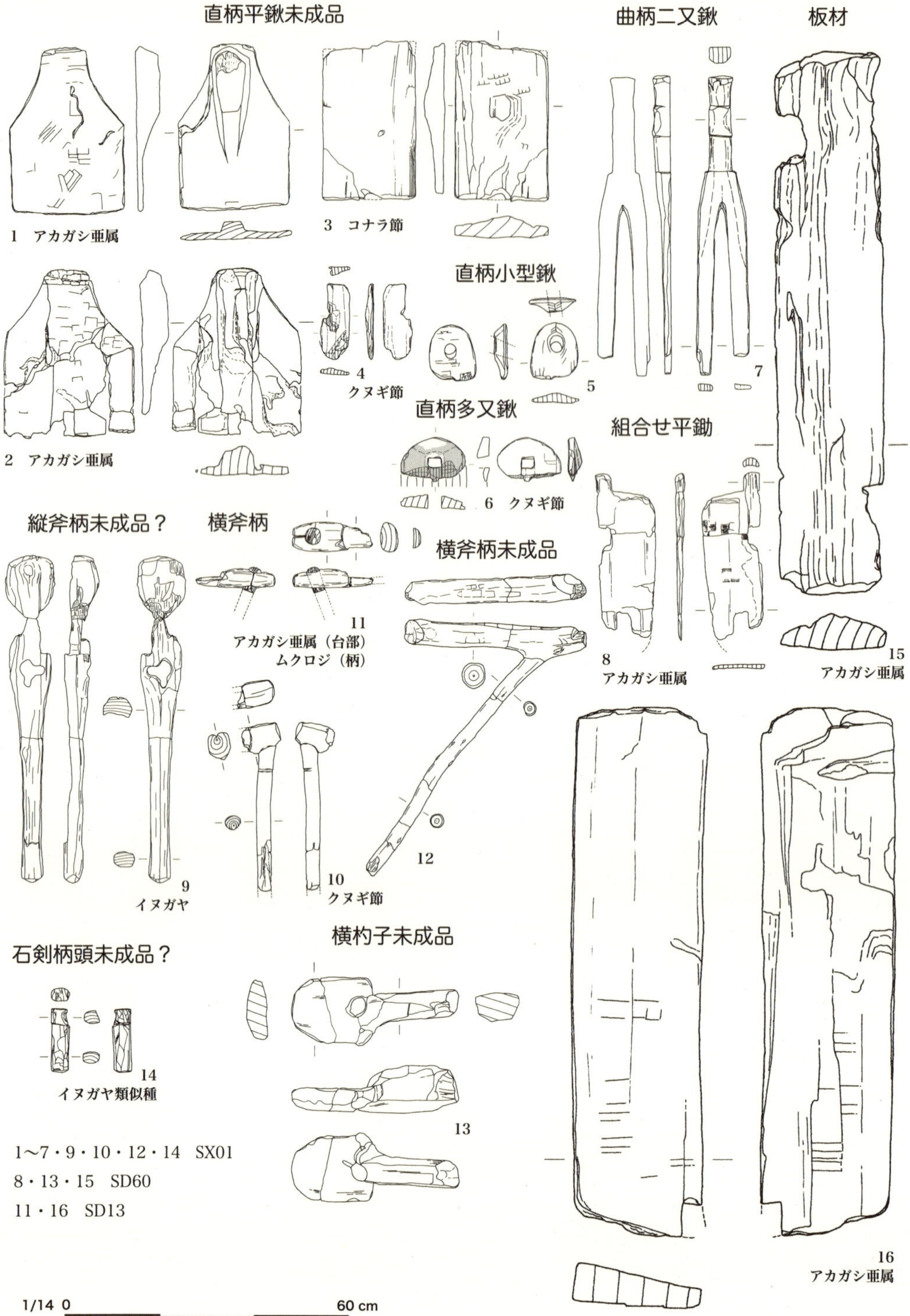

図82　勝川遺跡62F区 出土木製品-1（Ⅰ期　S=1/14）

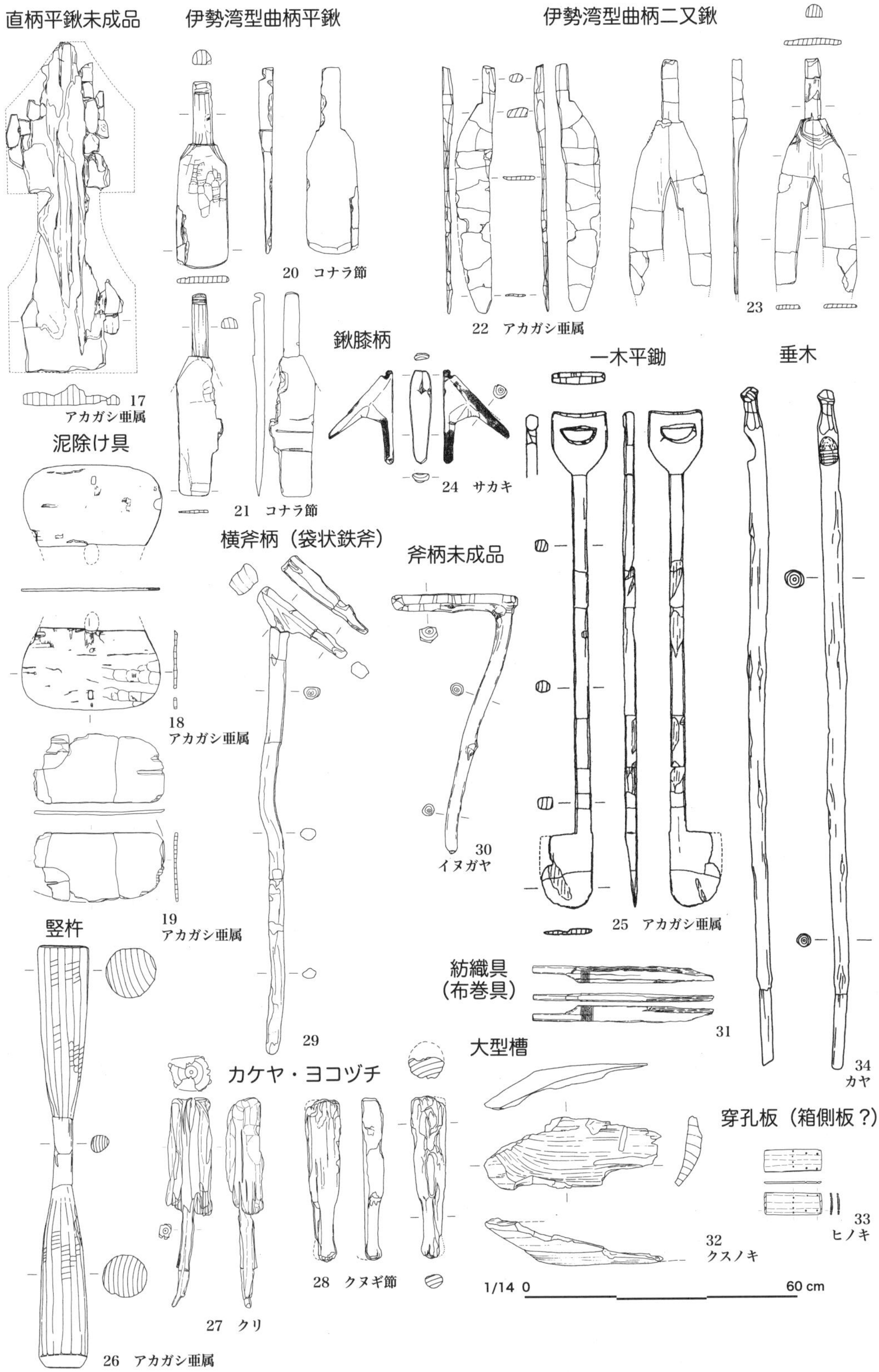

図 83　勝川遺跡 62F 区 出土木製品 -2（II-1 期　S=1/14）

この時期は、特に未成品率が高いことが特徴といえる。

(2) **II-1 期**（図 83）

17 は直柄平鍬 VI 類の未成品で、2 連の状態で出土した。18・19 は泥除け具。19 には下端中央付近の小孔がないことから、完成間近の製作途上品であった可能性もある。いずれも『木器集成図録　近畿原始篇（解説）』の泥除 III 式に属する。20・21 は伊勢湾型曲柄平鍬で、軸部はいずれも D 類で、刃部は I 類。22･23 は伊勢湾型曲柄二又鍬で、刃部は I 類。24 は曲柄鍬の膝柄で、下半部を欠損する。25 は一木平鋤で、身の左半部が片減りのために欠損している。

26 は竪杵で、搗き部側面には面取りが明瞭に残る。片側のみを使用。

27 はカケヤで、28 はヨコヅチ。29 は袋状鉄斧の柄で、30 はその未成品。

31 は組合せ式布巻具で、近畿地方に類例が多い（黒須・上本 2006）。身部の端には綾杉紋をほどこす。

32 は大型槽。33 は箱側板か。図面上の中央には縦方向に 4 ヶ所、右側約 4 分の 1 の位置と右側端部付近にそれぞれ上下 2 ヶ所小孔をあける。このうち中央列の下から 2 番目の孔には目釘とおもわれる木片が残る。左右両側縁には面取りをほどこす。

34 は垂木で、上端付近には棟木を受けるための抉りが入る。

(3) **II-2 期**（図 84）

35 は直柄平鍬 VIIIa 類の未成品で、やはり 2 連。この時期の鍬未成品はきわめて珍しい。36 は直柄平鍬 IX 類。柄が鈍角につき、柄穴周辺の隆起部が使用者側（前面側）につく。後面側の段は本来、泥除け具装着用の蟻溝の痕跡であるため、VIIIa 類からの転用とわかる。37 はナスビ形曲柄平鍬で、刃部先端がわずかに二又状になる。U 字形鉄刃を装着した痕跡が認められる。38 は、その膝柄。39 は組合せ平鋤。

40 は鎌柄の未成品で、鉄刃を挿入するためのスリットがまだ入っていない。41・42 は木錘。

43 は、丸太を製材するためのクサビ（箭）。

44 は大型槽。45 は楕円形の平面で、わずかに立ち上がりをもつ。立ち上がりの側面には小孔が多数あけられており、カゴの底板であった可能性が高い。

46 は楯の破片。外面には赤彩､内面には黒漆をほどこし､前面に糸かがりのための小孔があく。

47 は梯子で、48 は建築部材。横架材として用いられた可能性が高い。

49 は用途不明の穿孔板。

(4) **III-1 期**（図 85）

49 〜 51 は人形。49 は荷札木簡の転用で、顔は墨書ではなく線刻で表現する。51 は胸の位置に × 印の痕跡があり、何かに縛りつけられていた可能性がある。52 は舟形。

53 は馬鍬（代掻）で、約半分を欠損している。54 は枠型田下駄の枠木。

55 はカケヤで、56 はヨコヅチ。

57 は大型の曲物（折敷）の底板。58 は小型の曲物底板で、中央に焼き印が残る。

59 は机の天板で、このほかにもう 1 点時期の特定できない机天板がある。

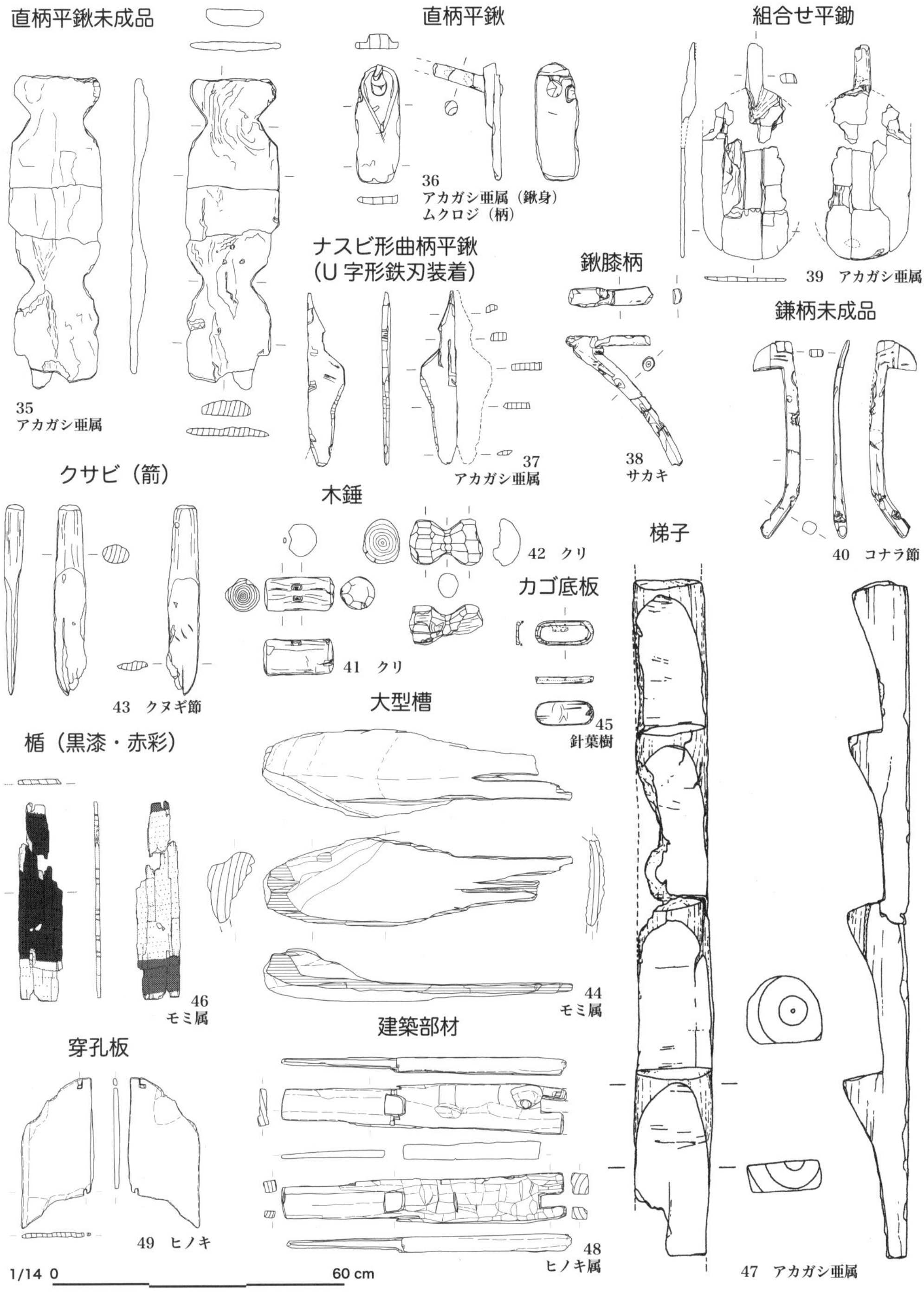

図 84　勝川遺跡 62F 区 出土木製品 -3（II-2 期　S=1/14）

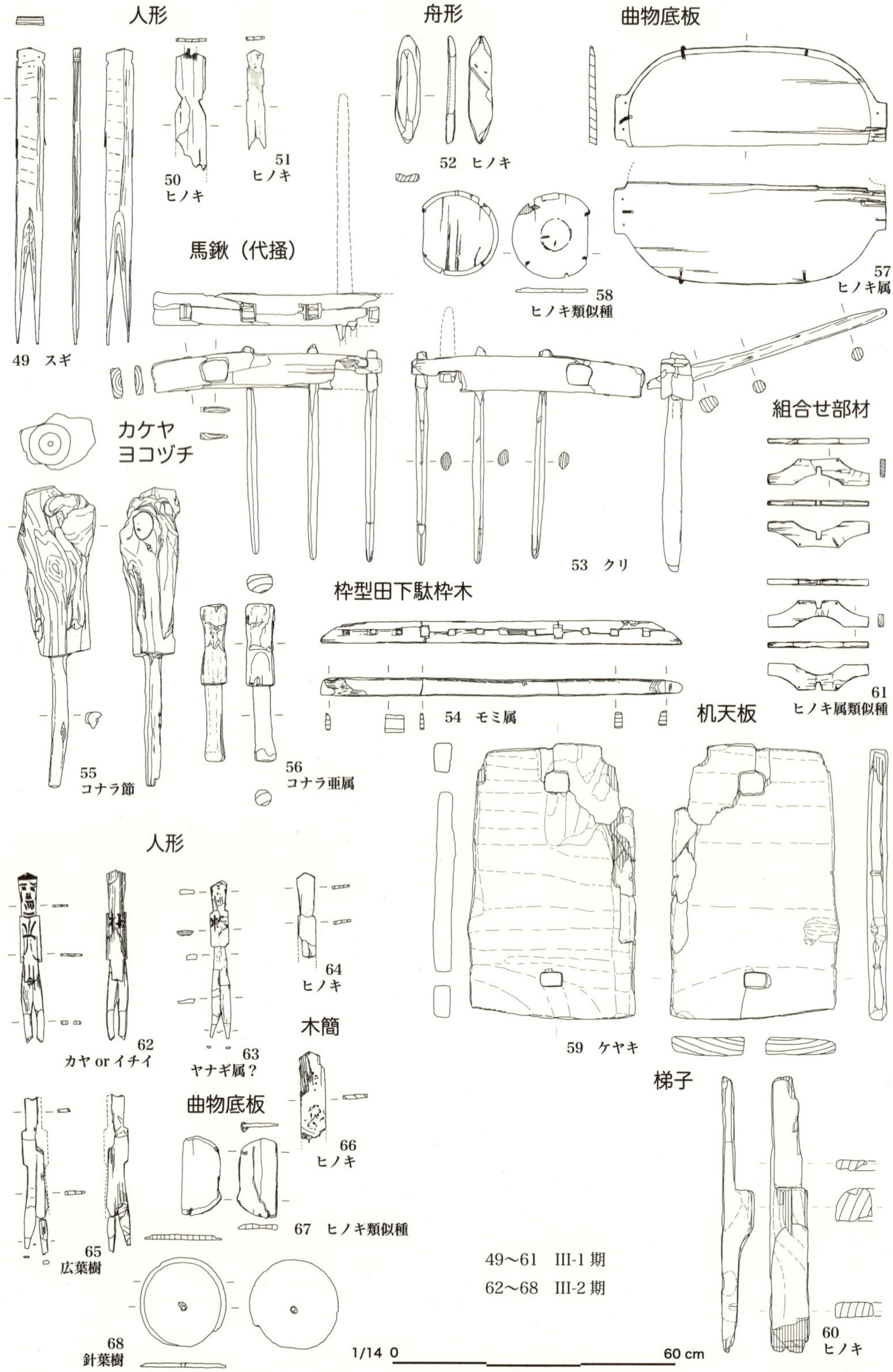

図 85 勝川遺跡 62F 区 出土木製品 -4（III-1・2 期 S=1/14）

60は梯子。

61は十字に組み合わせて使う台状の木製品。

(5) **III-2期**（図85）

62～65は人形。なかでも62・63は「柚？」・「楊？」という文字がそれぞれに書かれた2点の人形で注目される。62は背部に、63は胸部に書かれており、しかも62の樹種はカヤあるいはイチイ、63の樹種はヤナギ属？であることがわかっている。「楊」とはヤナギのことであり、人形に使用樹種名が書かれていたとすれば、いかなる意味をもっていたかは不明だが、きわめて興味深いことといえよう。

66は荷札木簡で、「白米五斗□」と書かれている。

67・68は小型の曲物底（蓋）板である。

5. 器種組成と使用樹種の検討

まず、勝川遺跡出土木製品すべてのデータを合わせたうえで、各時期の器種組成と使用樹種の変遷を検討してみる（カラー図版14・15)。

器種組成をみると、I～II-2期とIII-1期以降では器種組成が著しく異なる。

I～II-2期までは掘削具（鍬・鋤類）が10～20％程度を占めるのに対して、III-1期以降皆無となる。III-2期では、掘削具のみならず、農具・工具までもが姿を消している。

一方、III-1･2期に特徴的にみられるのは人形・舟形といった祭祀遺物である。

また、II-2期以前の容器は槽のような刳物容器が主体であったのが、III-1期以降は曲物容器に変わる。

勝川遺跡の特徴といえる木材加工の面に注目すると、I～II-2期には直柄広鍬の未成品が出土していること、さらにI期～III-1期には丸太材があり、II-1期からIII-1期までは少数ながらクサビとみられる器種が出土していること、そしてII-1期には半裁丸太、III-2期には残材があることから、各時期ともにこの遺跡において、何らかのかたちで木製品を製作していることは間違いない。

次に、各時期ごとに樹種の比較を試みる。(カラー図版16)。

I期では全体の4分の3近くが広葉樹材であるのに対して、II-1期では半数強にまで減少し、II-2期では針葉樹材が広葉樹材をしのぐようになる。III-1・III-2期ではついに針葉樹材が約7割を占めるようになる。

杭・板・棒・丸太における広葉樹材と針葉樹材の割合を時期ごとに比較すると、I期にはいずれも広葉樹材が半数を超え、特に杭材は約4分の3が広葉樹材で占められていたのに対し、II期以降は板・棒・丸太で針葉樹材が広葉樹材を逆転する（カラー図版17)。

各個別器種の使用樹種に関しては、かつて尾張地域の木製品の樹種を概観した際に、勝川遺跡についても分析をおこなっている（樋上2002c)。その際、勝川遺跡では各時期ともに使用されている樹種の数が朝日遺跡や八王子遺跡などと較べて少ないこと、さらにII-1～II-2期にはアカガシ亜属とともにコナラ節の使用量が特にめだつことなどを指摘した。以上のことは、勝川遺跡が洪積台地と沖積低地の境に立地する点に由来しているのではないかと筆者は考えている。

筆者の分析では、濃尾平野低地部にはハンノキ亜属やヤナギ属など湿地に生える樹木のほか、マツなどごく限られた樹木しか集落の周辺には自生していないため、朝日遺跡などではアカガシ亜属・コナラ亜属（コナラ節・クヌギ節）などのブナ科の広葉樹やコウヤマキ・スギ・ヒノキ科などの針葉樹は他地域からの搬入に頼らざるをえなかったとおもわれる。しかし、勝川遺跡の居住域と墓域がある鳥居松段丘上には、本来アカガシ亜属を主体とする豊富な森林が存在し、人間の手が加わることによってコナラ亜属を主体とする二次林化が進行していった可能性が高い。

特にⅠ期の杭については、コナラ亜属のなかでも、コナラ節以上にクヌギ節が多く、全体の約4割におよぶことがわかった。前稿では、八王子・トゝメキ遺跡における杭の樹種を検討した結果、それぞれヤナギ属・クヌギ節が半数近くを占めることから、杭材には集落の周辺で比較的入手しやすい樹種を用いていた可能性を指摘した。もしこの推定が正しいとするならば、Ⅰ期の勝川遺跡ではクヌギ節がそれに相当していたと考えられる。

以上のことから、Ⅰ期以来、勝川遺跡ではアカガシ亜属・コナラ亜属といったブナ科の樹木が集落の近辺に豊富にあり、その入手がきわめて容易であったために、朝日遺跡や八王子遺跡などに較べて、これら特定の樹種に偏る傾向が現われるのであろう。

おそらく針葉樹材に関しても庄内川水系を遡ることによって、山地に生えるコウヤマキ・スギ・ヒノキ科などが、濃尾平野低地部の各集落よりははるかに調達しやすい環境にあったのではなかろうか。

6. おわりに

以上、勝川遺跡出土の木製品について紹介するとともに、若干の考察をおこなってきた。

まず、勝川遺跡出土木製品の最大の特徴は、その時代幅の広さであろう。尾張地域で複数の時期に属する木製品が出土している遺跡としては、朝日・八王子・志賀公園遺跡があげられる。しかし、朝日遺跡では弥生中期前葉から古墳前期初頭までの木製品が出土しているが、それ以降のものはない。八王子遺跡では古墳前期初頭から古墳中期まで、志賀公園遺跡は5世紀後半から8世紀前半までである。勝川遺跡は弥生中期後葉に始まり、弥生後期〜古墳前期初頭、5世紀後半、8世紀後半、そして9世紀後半〜10世紀におよぶ。このように長期間にわたって木製品の器種組成の変遷が追える遺跡は、愛知県下はおろか、全国的にも数少ないといえる。

勝川遺跡では、集落ならびに墓域が立地する台地上に自生するブナ科を主体とする広葉樹材とともに、庄内川を通じて入手した針葉樹材を合わせて集落内の沖積低地に位置する苗田地区において製材・加工していたのであろう。そのなかで、自家消費分については完成品段階まで加工し、さらに庄内川水系の下流にある集落へは完成品とともに半裁の丸太やミカン割り材などの原材をも流通させていたと考えられる。

庄内川水系ではないが、朝日遺跡では、太径木の丸太材こそないものの、4分の1や8分の1に分割された一定の長さのミカン割り材が比較的多く出土している。おそらくこういったミカン割り材は、勝川遺跡のような原木の入手が容易な集落で伐採・製材し、河川を通じて朝日遺跡へと運ばれたのであろう。勝川遺跡は庄内川水系において、このような木材を媒介とする物流拠点的な性格をもった集落であった可能性が高い。

第２節　朝日遺跡出土木製品の分析

1.　はじめに

朝日遺跡では、1972～79年度の愛知県教育委員会および、1981年度の（財）愛知県教育サービスセンター、1985～89年度の（財）愛知県埋蔵文化財センターによる発掘調査で、これまで500点以上の木製品が出土している（愛知県教育委員会1982、愛知県埋蔵文化財センター1992c）。

本節では、1998～2003年度の調査で出土した646点の木製品について、時期（出土遺構）ごとに記述を進める。そして、既報告分もふくめて各時期における木製品（特に未成品）の出土地点、器種組成の変遷、さらには遺構別の器種組成に注目しつつ、そこから朝日遺跡における木製品の生産・消費のあり方を描きだすことに主眼をおきたいと考える。

2.　出土木製品の概要

(1)　朝日２・３期（弥生中期前葉）

2・3期に属する木製品は、本報告分で22点、既報告分と併せると70点になる。

今回報告分では、99Bb区NR01の13点、02Cf区SD03下層の6点が比較的まとまった出土量である。前者の遺構からは直柄平鍬未成品（001）・ヒノキ板目材（011）など、原材および製作途上品が出土している。99Bb区NR01（谷A）の北東側には、3期の銅鐸・玉・朱・ベンガラなどの製作工房の存在が想定されており、木製品もこの一連の工房施設内で製作されていた可能性が高い。

後者の遺構（南居住域南環濠）でも、サカキの丸太材やスギ・ヒノキの板材などがあり、既報告分では、60B区SDIVa（南居住域北環濠）で直柄平鍬、61A区SDIVaで横斧柄、SD364（北居住域内環濠）で匙などの未成品が出土していることから、99Bb区付近の工房施設に限らず、朝日遺跡集落域の各所で木製品の製作がおこなわれていたと考えられる（図123）。

このほか当該期の希少品としては、SD364（北居住域内環濠）から儀杖・高杯、SD180-I（南居住域区画大溝）からは儀杖・剣形、61E区SD20からは脚付鉢などが出土している。前述の匙未成品もふくめれば、北居住域周辺に希少品がやや集中する傾向が認められる。

(2)　朝日４・５期（弥生中期中葉）

4・5期に属する木製品は、本報告分で91点、既報告分と併せると、218点になる。

出土遺構別では、01Ad区SD15中・下層（4期）が14点、02Ad区SD09（4期）が6点、01Ad区SD11（5期）が16点、同SD13（5期）が12点、同SD15上層（5期）が13点、01Ae区SD05（5期）が11点が比較的まとまった出土例である。

本報告分での未成品・原材は、01Ac区でクヌギ節ミカン割り材（118）、01Ad区SD15中・下層で横斧柄（089）、同SD13で一木平鋤（136）、SD15上層で横斧柄（152）・クヌギ節ミカ

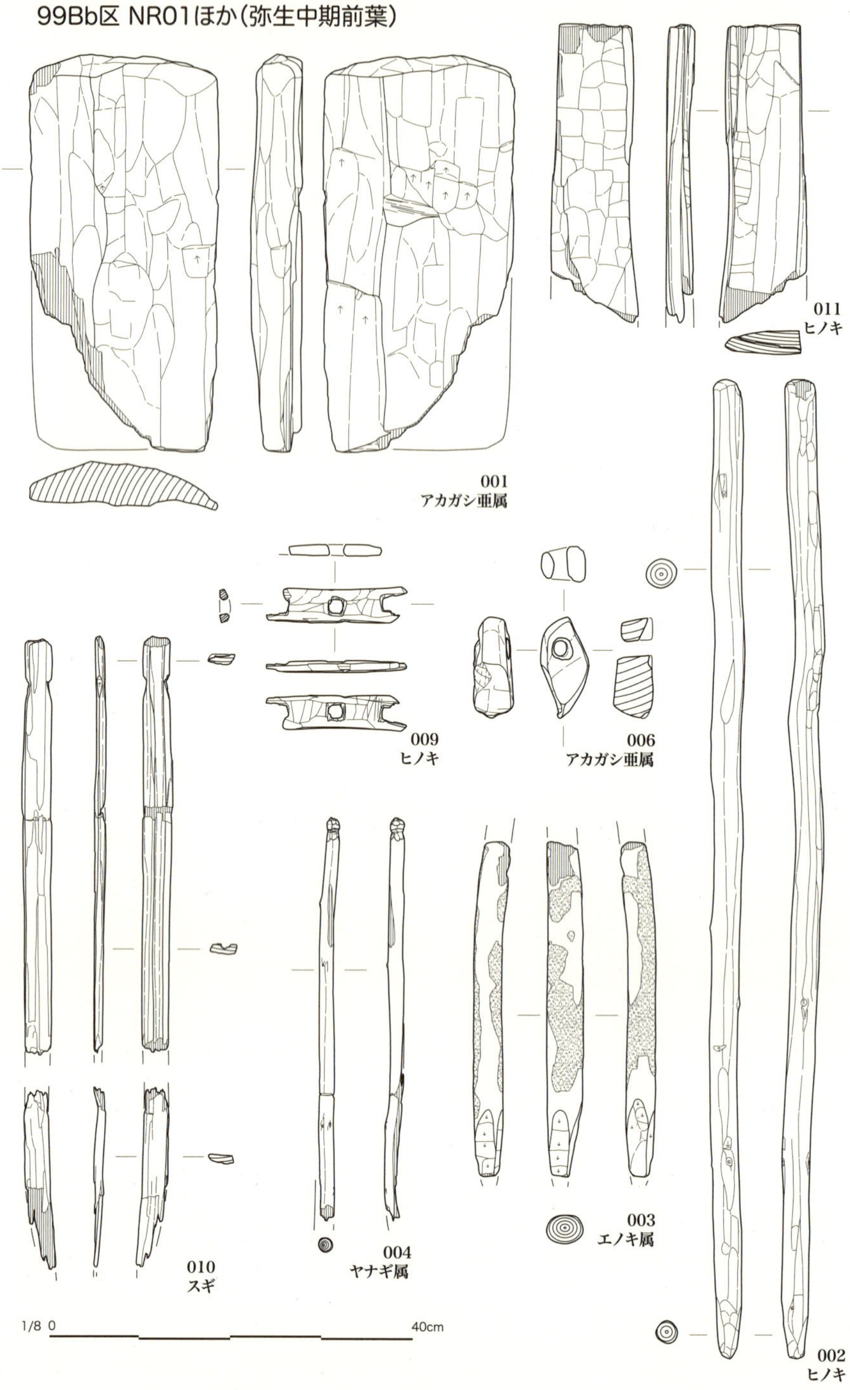

図 86　朝日遺跡出土木製品 -1（001 ～ 004・006・009 ～ 011）

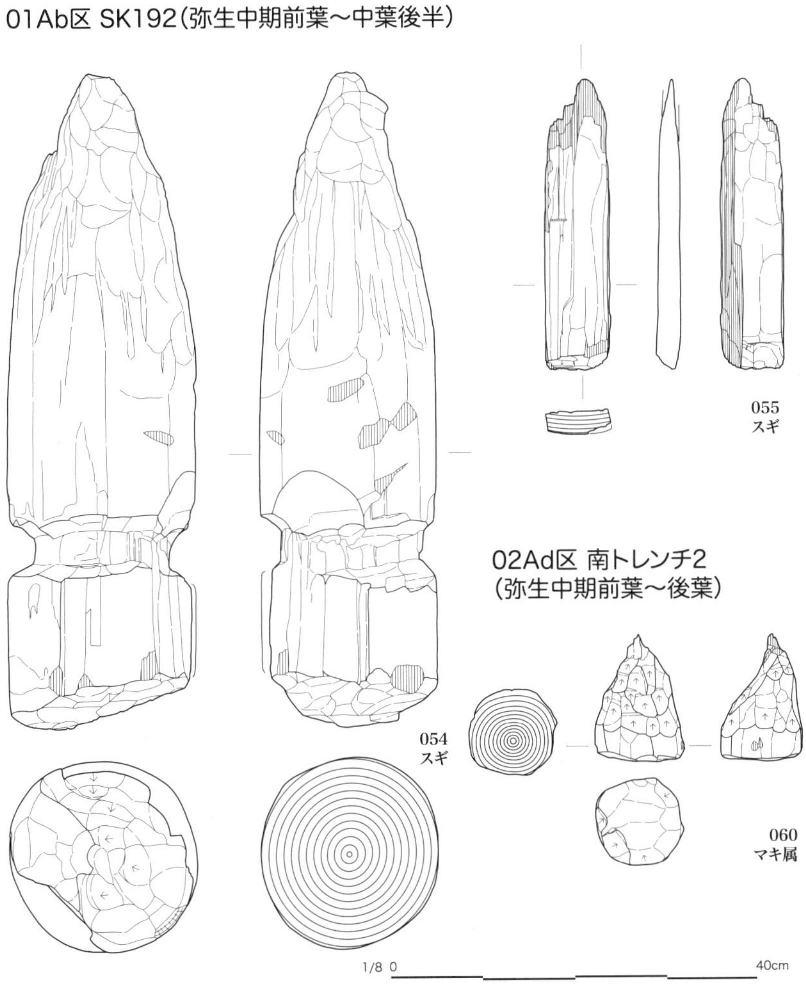

図 87　朝日遺跡出土木製品 -2（054・055・060）

ン割り材（163）・クリ板目材（164）、01Ae 区 SD05 でスギ・ヒノキの板目材（173・174）がある。これらはいずれも北居住域をめぐる環濠で、逆茂木を伴っていた。

過去の調査では、SD335（北居住域環濠）でコナラ節丸太材、SD363（北居住域内環濠）でアカガシ亜属ほかのミカン割り材・横斧柄、61A 区 SX02（北居住域外環濠）で広葉樹ミカン割り材・直柄平鍬２点、旧河道 C（谷 A）で直柄平鍬などの未成品・原材、61H 区 SDX（南居住域区画溝）で広葉樹？の板が、出土している。このほか加工具では、61A 区 SX02 と 63D 区 SD06（北居住域環濠）から横斧柄が出土している（図 124）。

このうち 61H 区の SDX を除くと、すべて谷 A に面した北居住域の環濠（ないしは谷 A 北岸）であり、南居住域周辺や東墓域周辺では完成品は出土しても未成品がほとんど出土しないことから、この時期の木製品生産は北居住域に接した谷 A の北岸周辺で集中的におこなわれていたようである。

特記すべき木製品として、まず前述のクヌギ節ミカン割り材２点（118・163）とクリ板目材

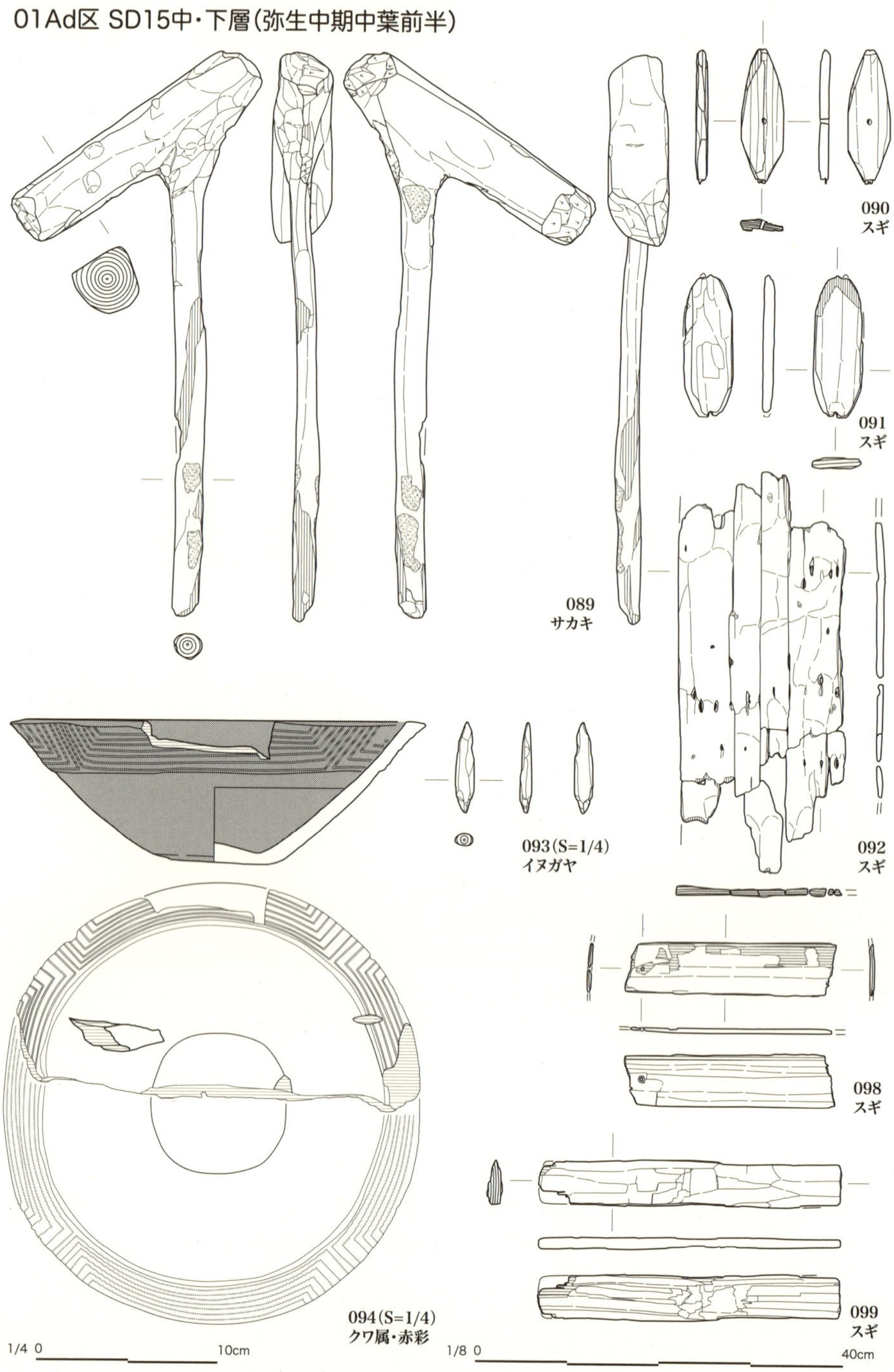

図 88　朝日遺跡出土木製品 -3（089 ～ 094・098・099）

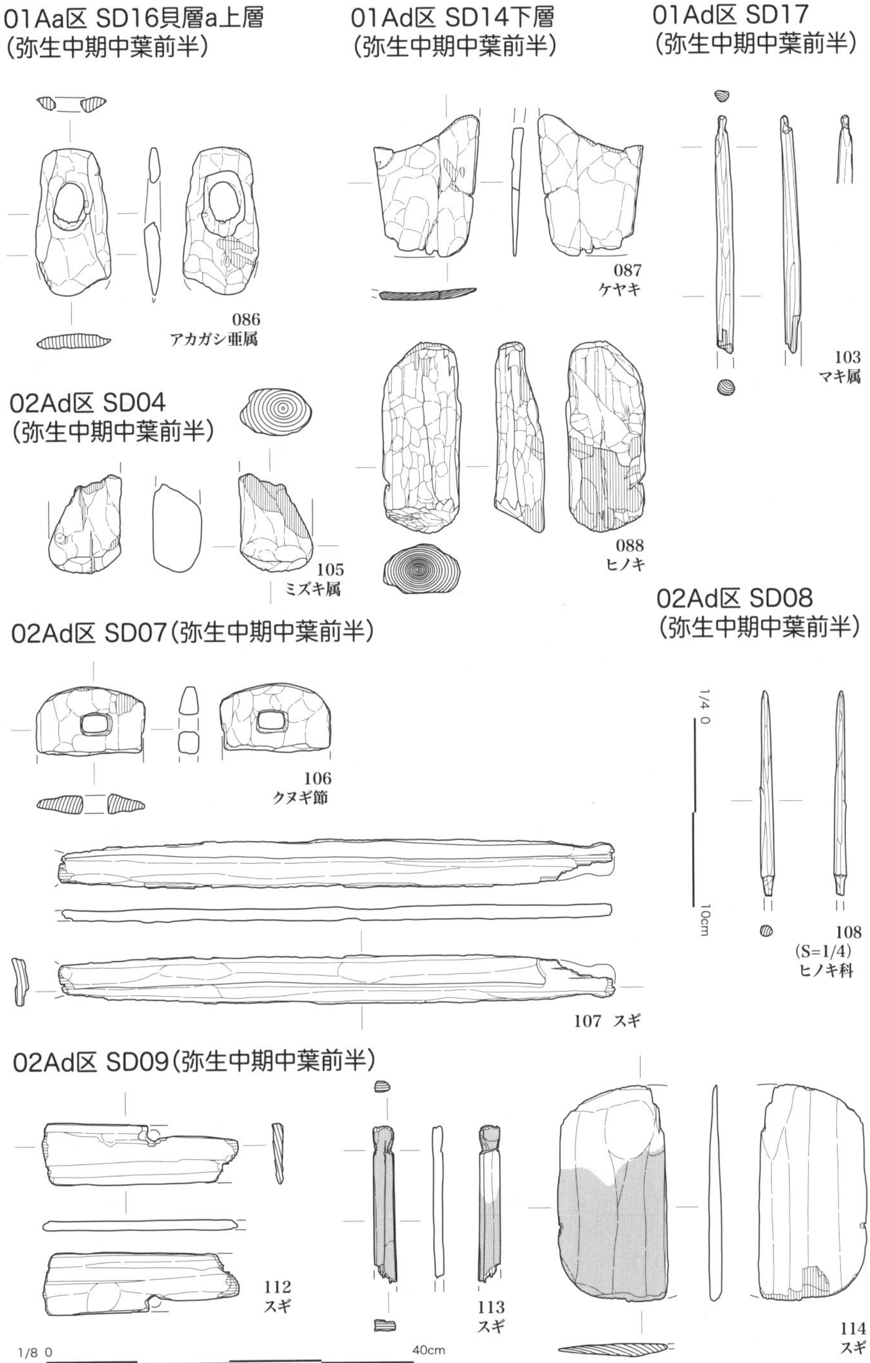

図 89 朝日遺跡出土木製品 -4 (086 ～ 088・103・105 ～ 108・112 ～ 114)

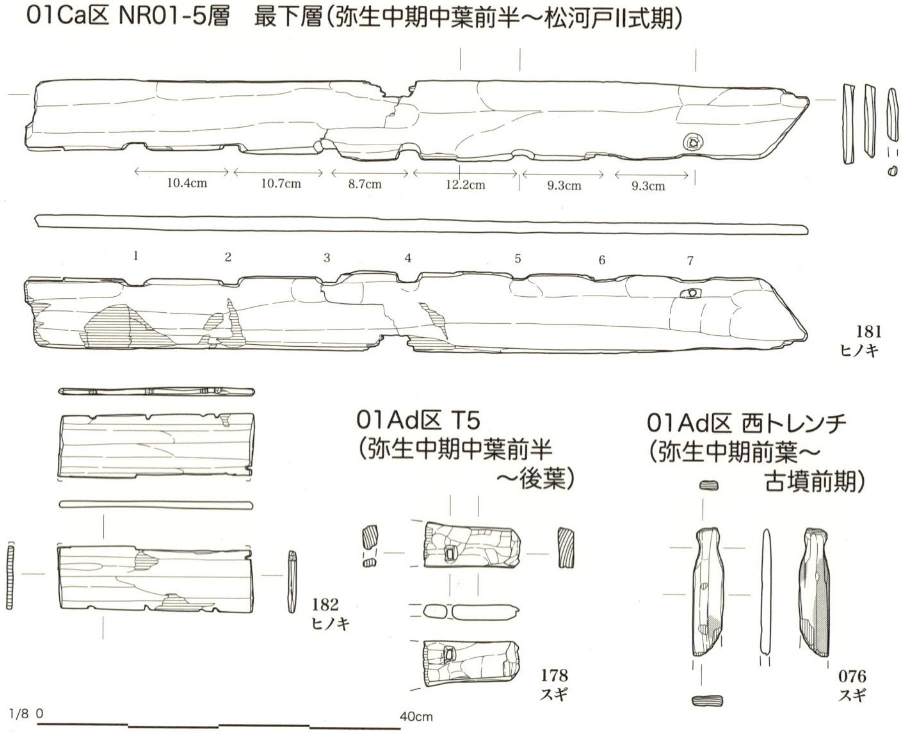

図 90　朝日遺跡出土木製品 -5（076・178・181・182）

（164）はいずれも全長が 80cm 前後と揃っている点が興味深い。これらの原材には、分割の際に用いたクサビ（箭）の痕跡が残っていた。01Ad 区 SD15 中･下層からは、スギ板目材の槽（092）、イヌガヤの木鏃（093）、内外面に赤彩をほどこしたクワ属の鉢（094）が出土している。このうち、鉢は口縁部外面付近に幅約 4cm の突帯をめぐらせ、ここに 4 単位で一周する凹字状の沈線を 6 ～ 7 条彫り込んでいる。同 SD15 上層からはクスノキ科の高杯あるいは鉢の口縁部（154）とアスナロの丸木弓（153）、01Ae 区 SD05 からはサワラとスギの武器形（167・168）が出土している。弓はこのほかにも 01Ad 区 SD17（103：4 期）と同 SD11（120：5 期）があり、うち 120 は樹皮を巻いた飾り弓である。02Ad 区 SD08（北居住域内環濠:4 期）からは木鏃（108）が出土している。

既報告分では、SD363（北居住域内環濠）で高杯脚部と赤彩の飾り弓、旧河道 C（谷 A 北岸）で赤彩の飾り弓、61A 区 SX02 でケヤキの鉢と透し入りの脚付鉢、61E 区 SD04（北居住域外環濠）から木鏃、同じく 61E 区 SX01 からケヤキの横杓子が出土しており、いわゆる優品も北居住域の周辺に多い。

（3）　朝日 6 期（弥生中期後葉）

6 期の木製品は、本報告分で 130 点、既報告分を併せると 185 点になる。

出土遺構別では、99Ae 区 SD02（NR01）で 14 点、99Ce 区 SD07 で 4 点、01Ad 区 NR02

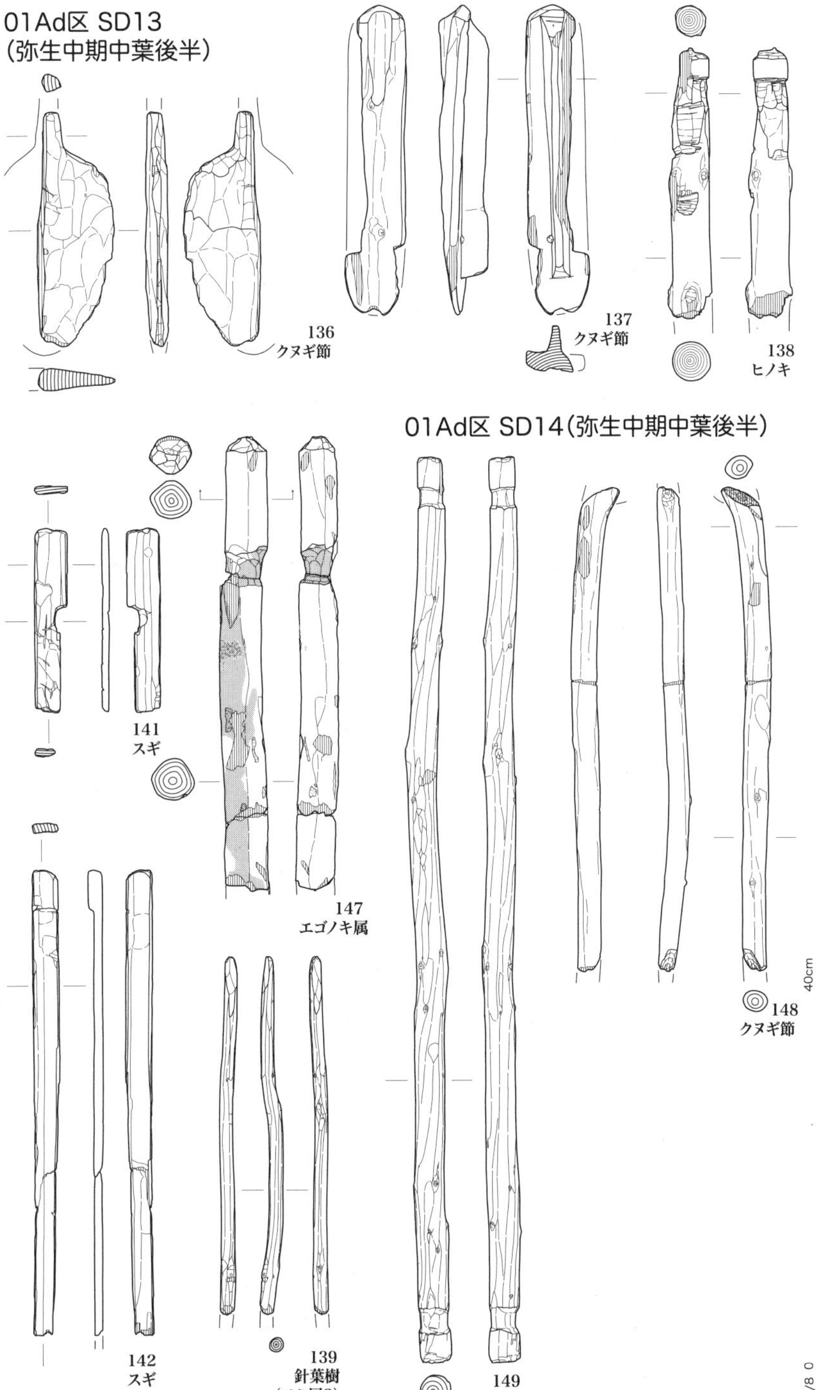

図 91　朝日遺跡出土木製品 -6（136 ～ 139・141・142・147 ～ 149）

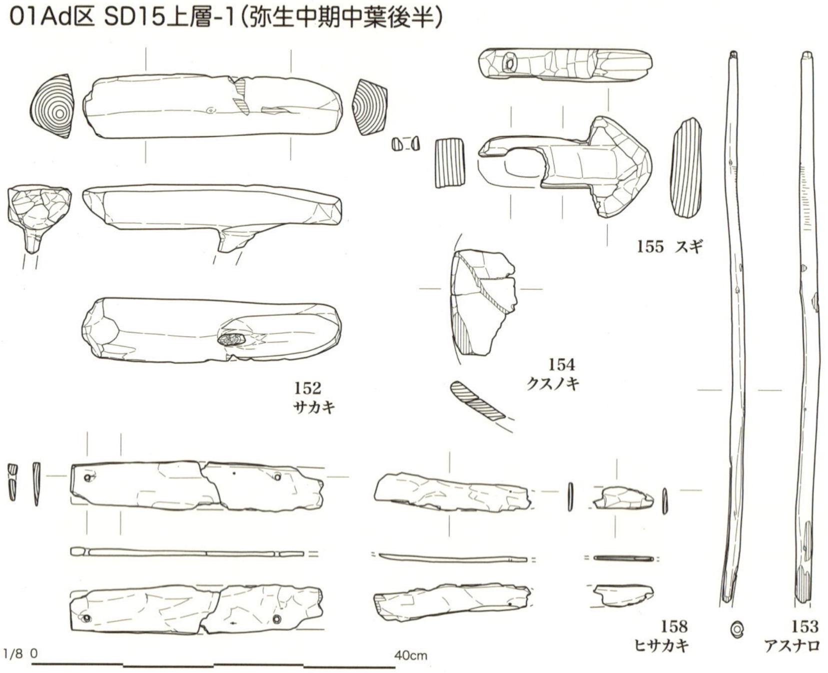

図 92　朝日遺跡出土木製品 -7（152 〜 155・158）

中層で 22 点、同 NR02 上層で 42 点、同 SK04 で 9 点などが比較的まとまった出土例である。

まず未成品・原材は、01Ad 区 NR02 中層から横斧柄（266）、同 NR02 上層から直柄平鍬（287）・一木櫂（296）、同 SD07 からサワラの板目材（339）、同 SK08 から直柄小型鍬（351）、01Ae 区 SD04 上層でスギの残材、02Cc 区 SD06 でアカガシ亜属の丸太材が出土している。うち 339 には、木口面に鉄製工具による加工痕が明瞭に遺存している。加工具でも、01Ad 区 NR02 上層と同 SK04 から袋状鉄斧の柄（295・340）が出土しており、この時期から鉄製工具が急速に普及したことを窺わせる。

過去の調査では、61A 区 SX03 で直柄平鍬未成品・広葉樹ミカン割り材と横斧柄 2 点、同谷 A で直柄平鍬未成品、60A 区谷 A で縦斧柄、60E 区谷 A で直柄平鍬未成品、61M 区谷 A から縦斧柄、61T 区 SZ301 北溝から直柄平鍬未成品 2 点など、谷 A を中心としつつもかなり広範囲で未成品・原材・加工具が出土している（図 125）。なかでも、61T 区 SZ301 北溝は 5 期に属する超大型方形周溝墓の周溝を利用していることから、4・5 期における北居住域南辺での集中的な木製品生産とは大きく様相が異なる。この時期、朝日遺跡では 4・5 期の環濠が埋没し、複数の小規模な居住域と墓域がセットになって谷 A の南北に展開する集落景観となる。未成品・原材・加工具出土地点のバラつきは、これら複数の居住域がそれぞれの集団ごとに木製品の製作をおこなっていた可能性を示唆している。また、この時期は直柄平鍬の柄孔をあける直前段階の未成品が比較的多く出土するが、さらにその前段階にあたるアカガシ亜属やコナラ節・クヌギ節のミカン割り材・板材が全くみられない点も重要である。

01Ad区 SD15上層-2(弥生中期中葉後半)

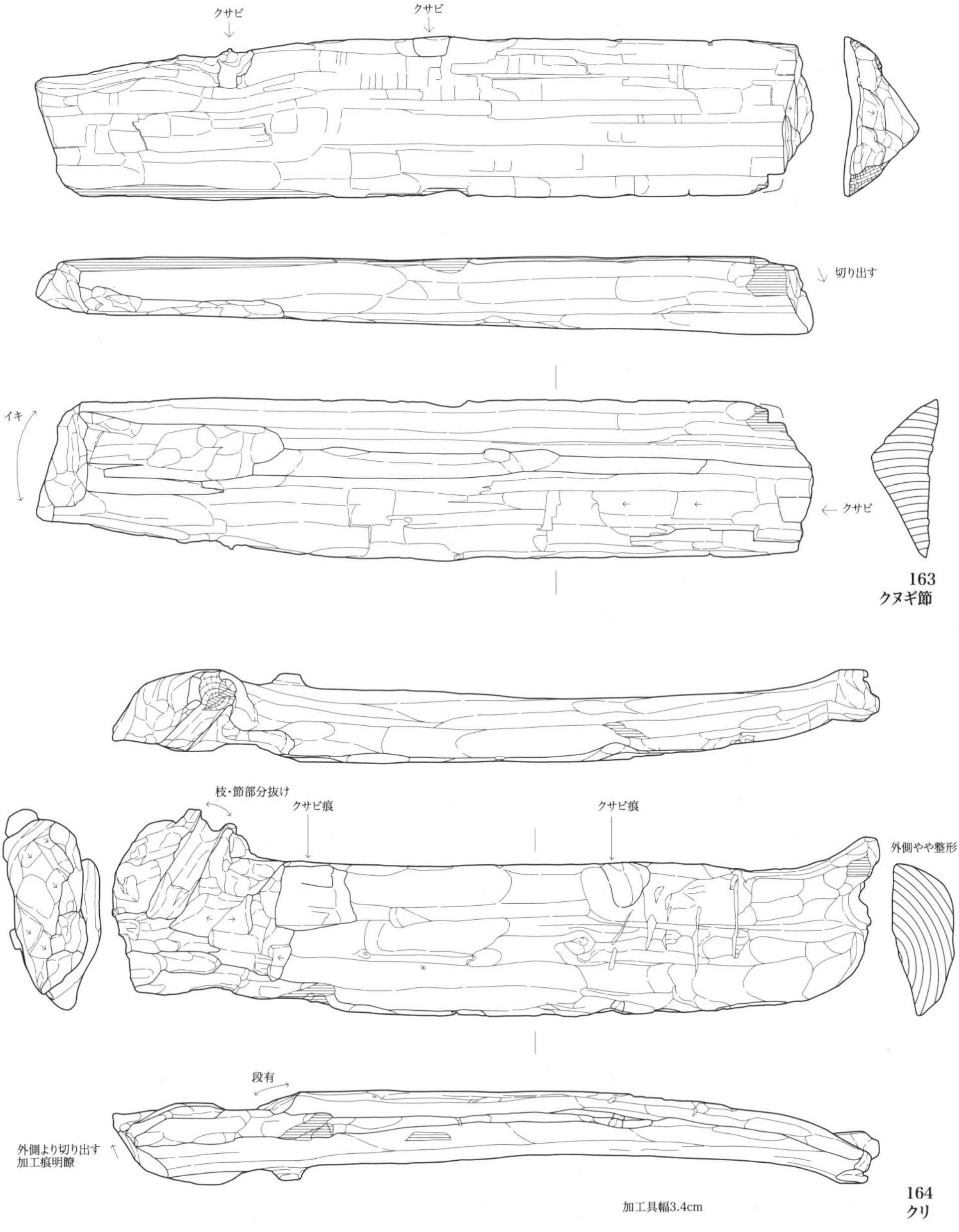

図 93　朝日遺跡出土木製品 -8（163・164）

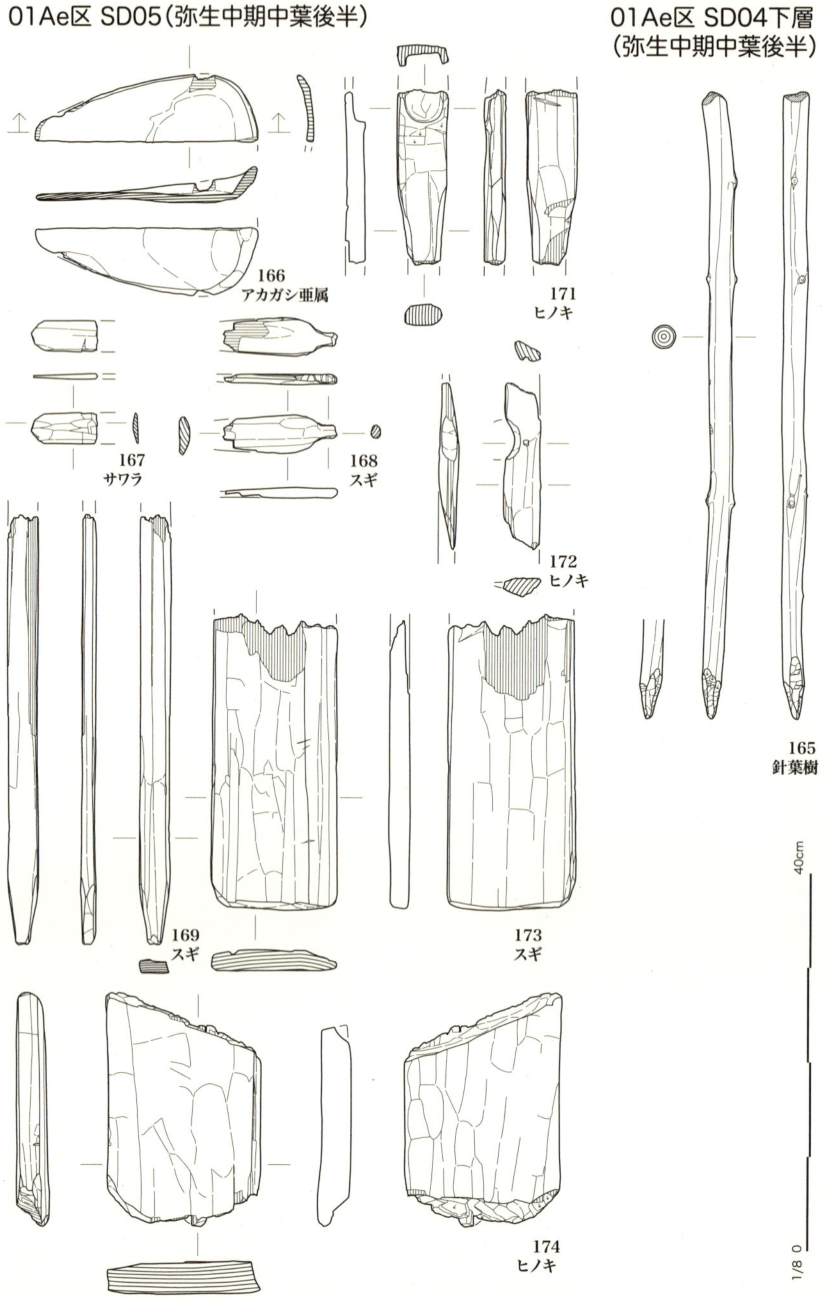

図 94　朝日遺跡出土木製品 -9（165 ～ 169・171 ～ 174）

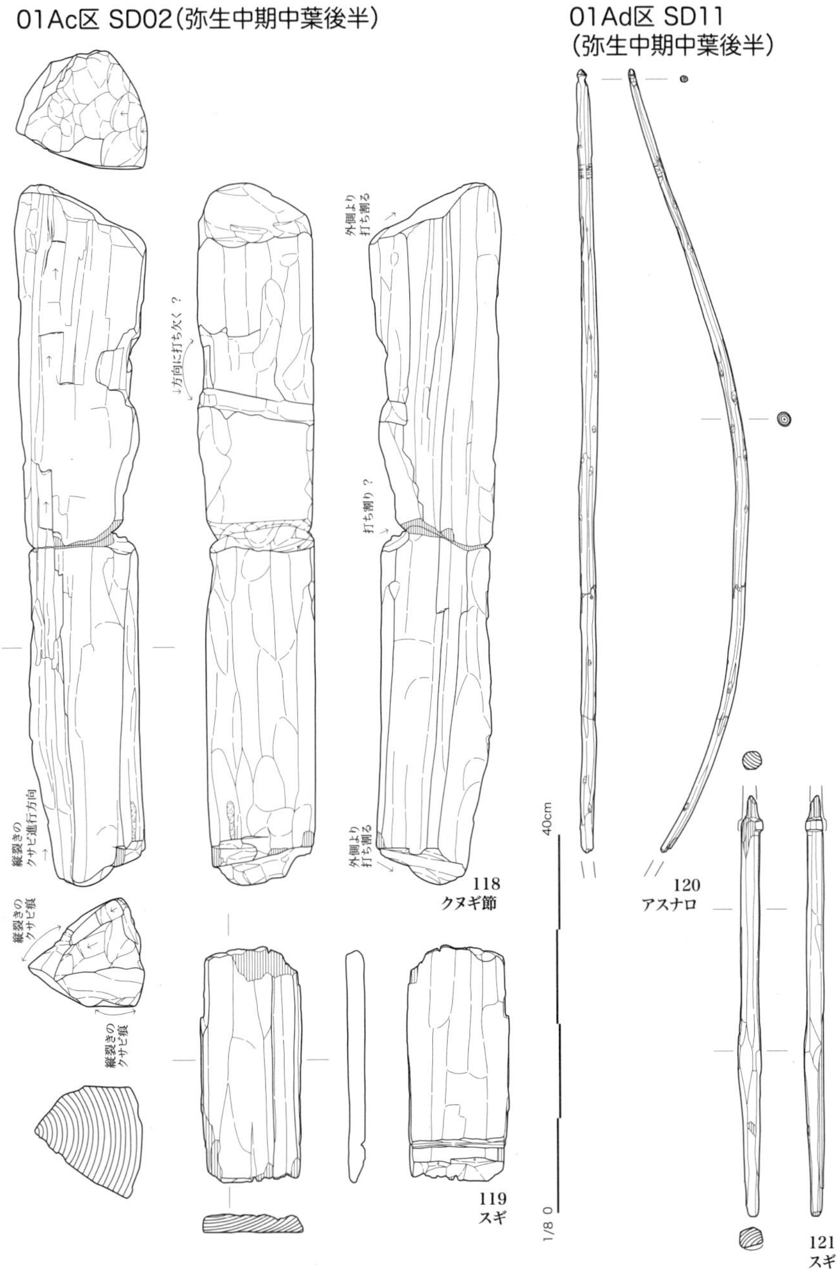

図 95　朝日遺跡出土木製品 -10（118 ～ 121）

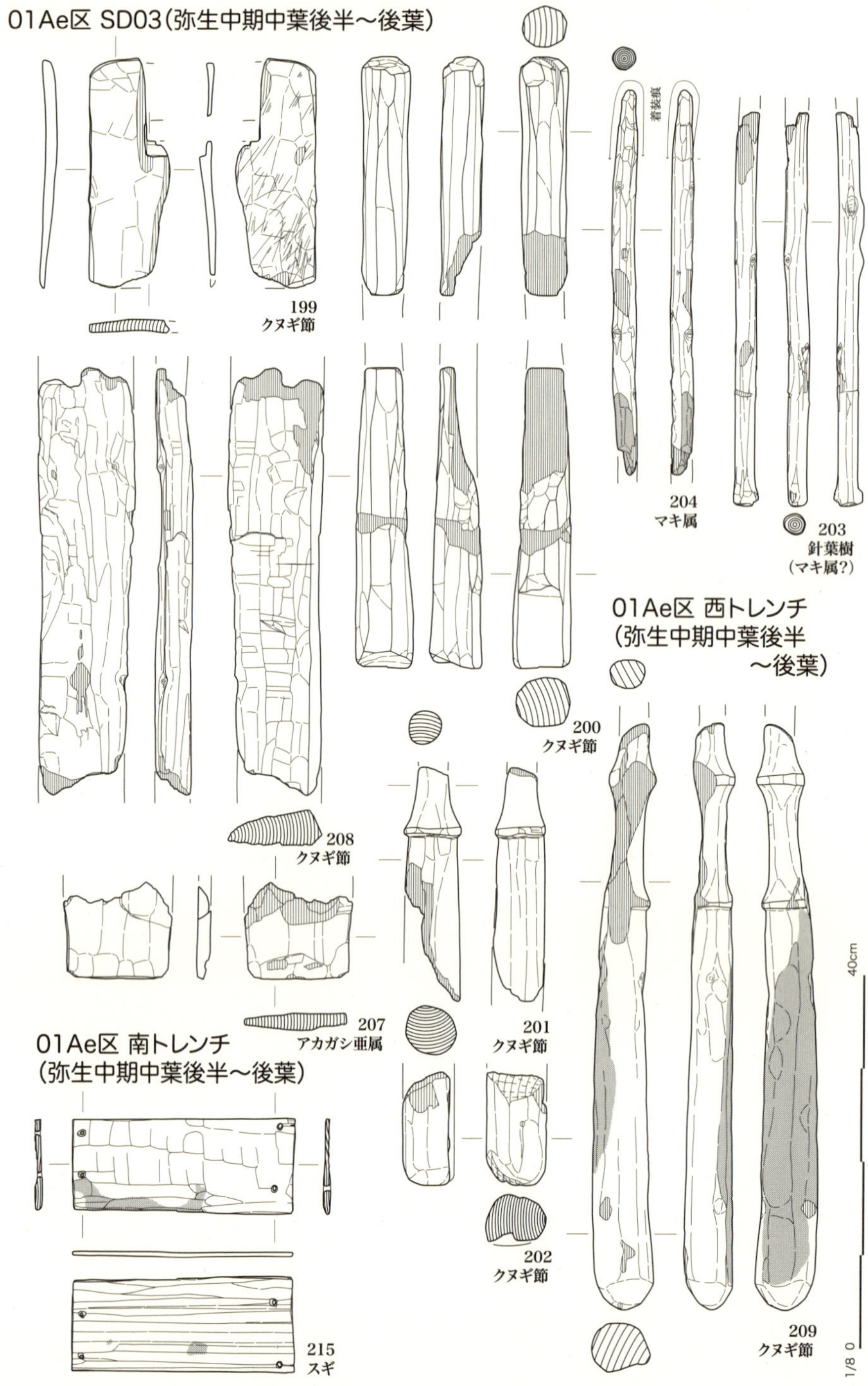

図 96　朝日遺跡出土木製品 -11（199 ～ 204・207 ～ 209・215）

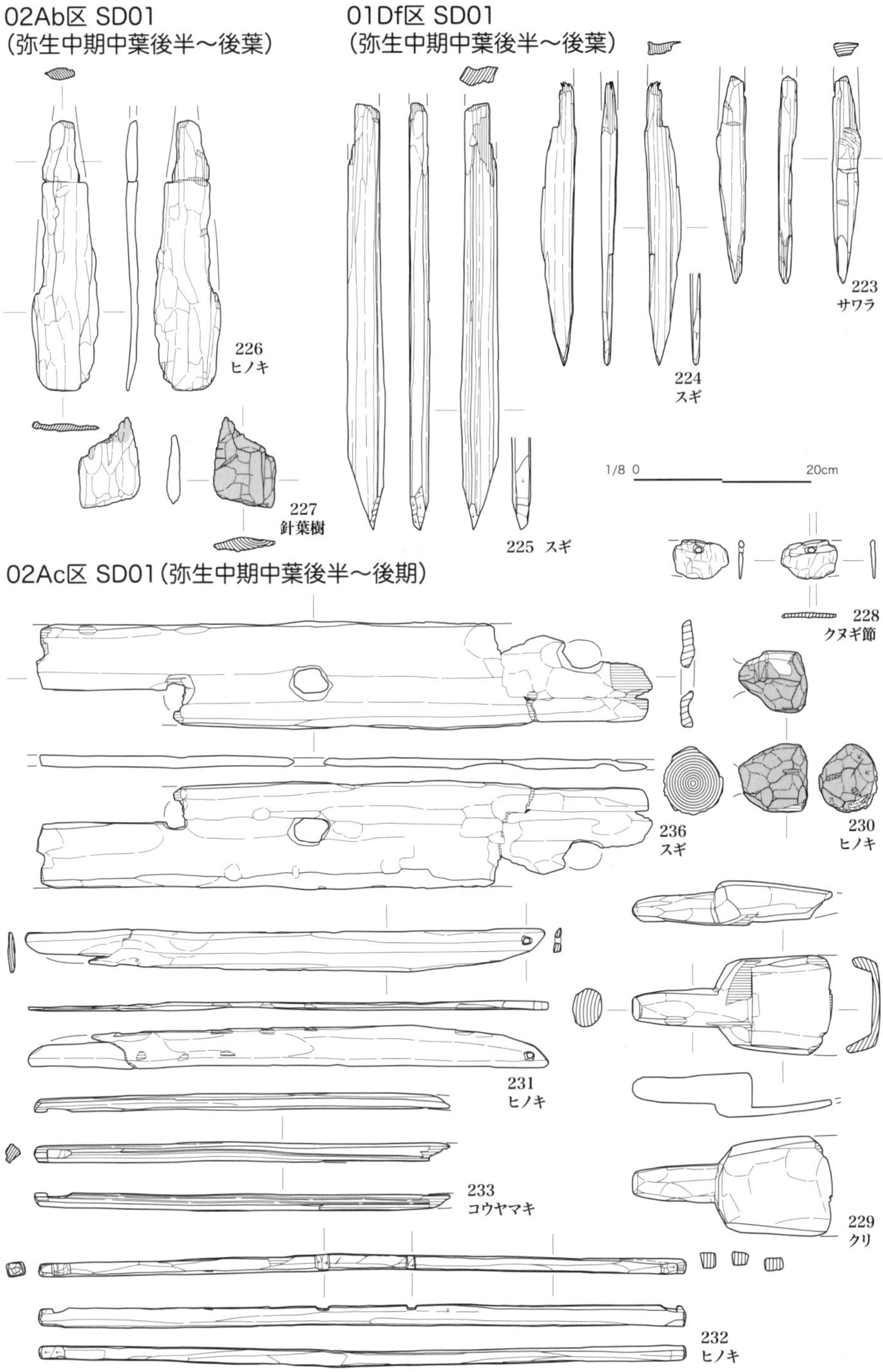

図 97　朝日遺跡出土木製品 -12（223 ～ 233・236）

99Ae区 SD02（弥生中期後葉）

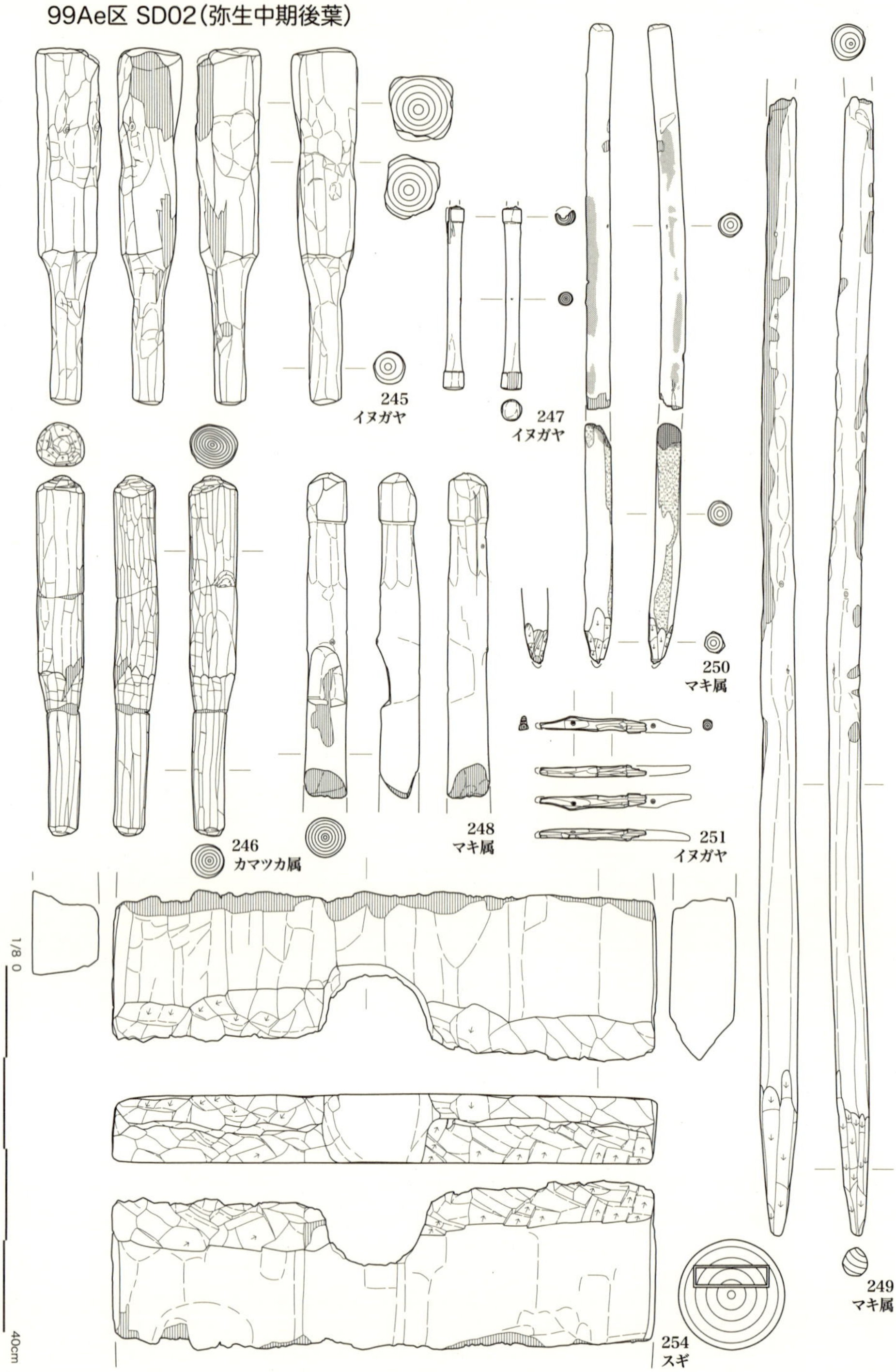

図 98　朝日遺跡出土木製品 -13（245 ～ 251・254）

99Ce区 SD07（弥生中期後葉）

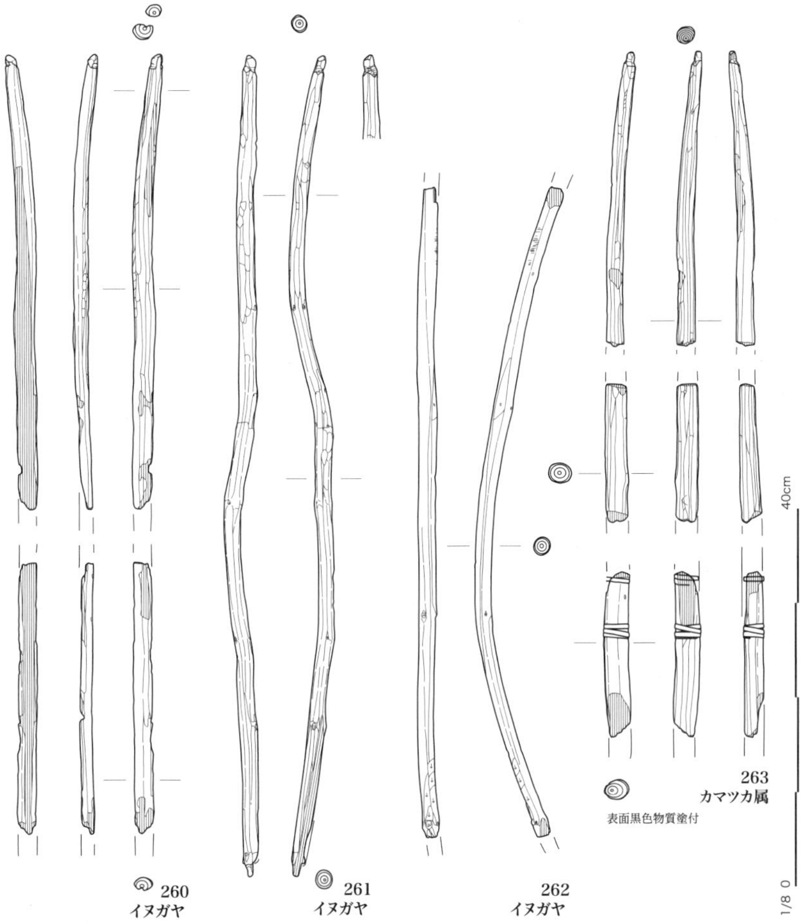

図 99　朝日遺跡出土木製品 -14（260 ～ 263）

この時期の特殊な木製品の出土事例としてまずあげるべきは、99Ce 区の SD07 から出土した一群である（260 ～ 263）。点数はわずか 4 点にすぎないが、すべてが弓である点はきわめて特異といえる。この 99Ce 区 SD07 は、複数の居住域・墓域群すべての南限を区画する溝であることから、当該期の集落群全体の防御にかかわる遺物群である可能性が考えられる。

99Ae 区 SD02 からは、威儀具あるいは武器の柄（247）と糸枠状の穿孔棒（251）が出土している。いずれも樹種はイヌガヤの芯持材である。247 は一見、古墳前期の団扇形木製品（鈴木 2003）に似ているが、上半部を欠損しているために全形は不明。251 は古墳中期以降に認められる糸枠（東村 2004）に平面形はきわめて似ているが、穿孔の方向や断面形が異なることから糸枠ではないと考えられる [1)]。

01Ad 区 NR02 上層からは、愛知県下で初めての戈形（298）が出土した。アスナロの板目材を用いている。このほかに、直柄小型鍬が 2 点出土している。うち 1 点（290）は身部下半の両

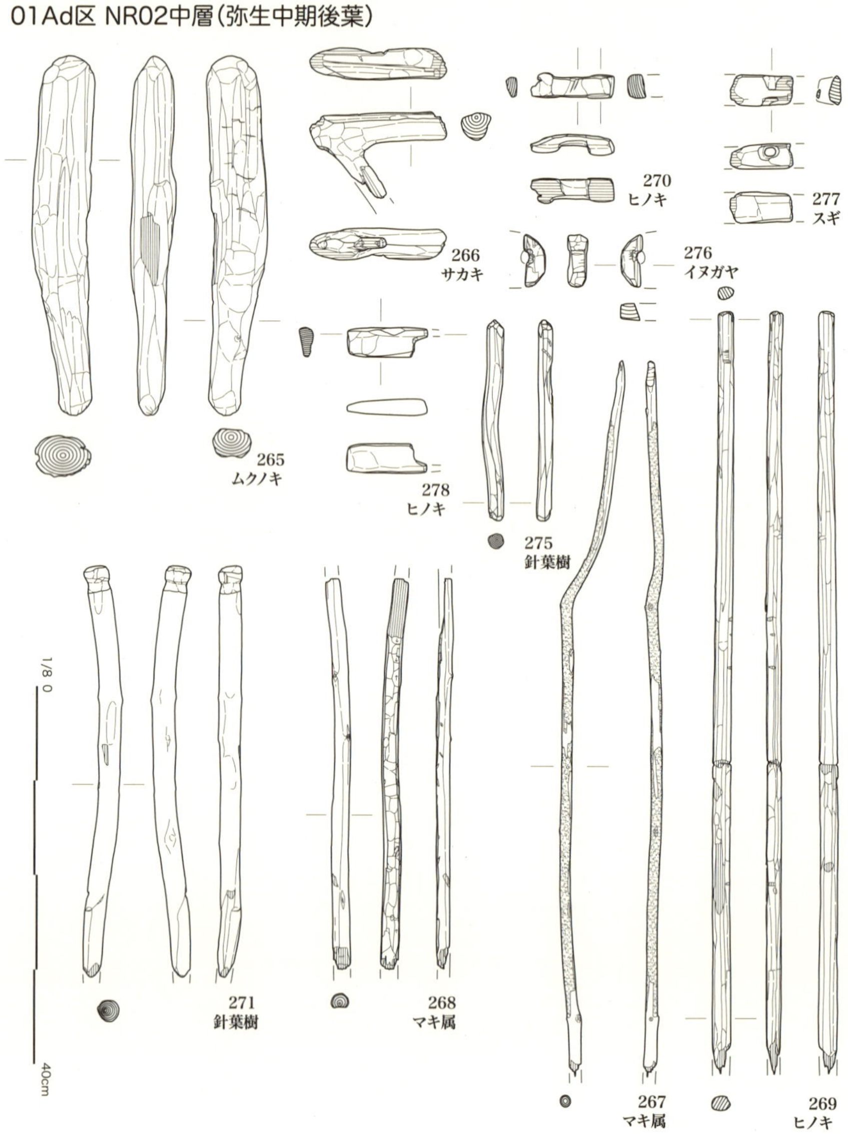

図 100　朝日遺跡出土木製品 -15（265 ～ 271・275 ～ 277）

側縁に段をつくりだしており、しかも通常の小型鍬（289）に較べてきわめて薄いつくりとなっている。おそらく、両端を折り曲げた方形の鉄刃を装着したものとおもわれる。

弓は 01Ad 区 NR02 中層（267 ～ 269）、同 NR02 上層（299 ～ 301）、同 SX01（356）、02Bg 区 NR03 上層（368）、03Bb 区 SD04（374）から出土しており、うち 374 と前述の 99Ce 区 SD07 出土の 263 は樹皮を巻いた飾り弓である。263 には黒色物質も塗布されている。

これまでの調査では、61A 区 SX03 から楯、61H 区の SE01・02・04 では大型の把手臼を穿孔して井戸枠としている。なかでも SE02 は、臼を 3 段重ねにし、直柄平鍬 1 点も補助に用いている。

01Ad区 NR02上層-1（弥生中期後葉）

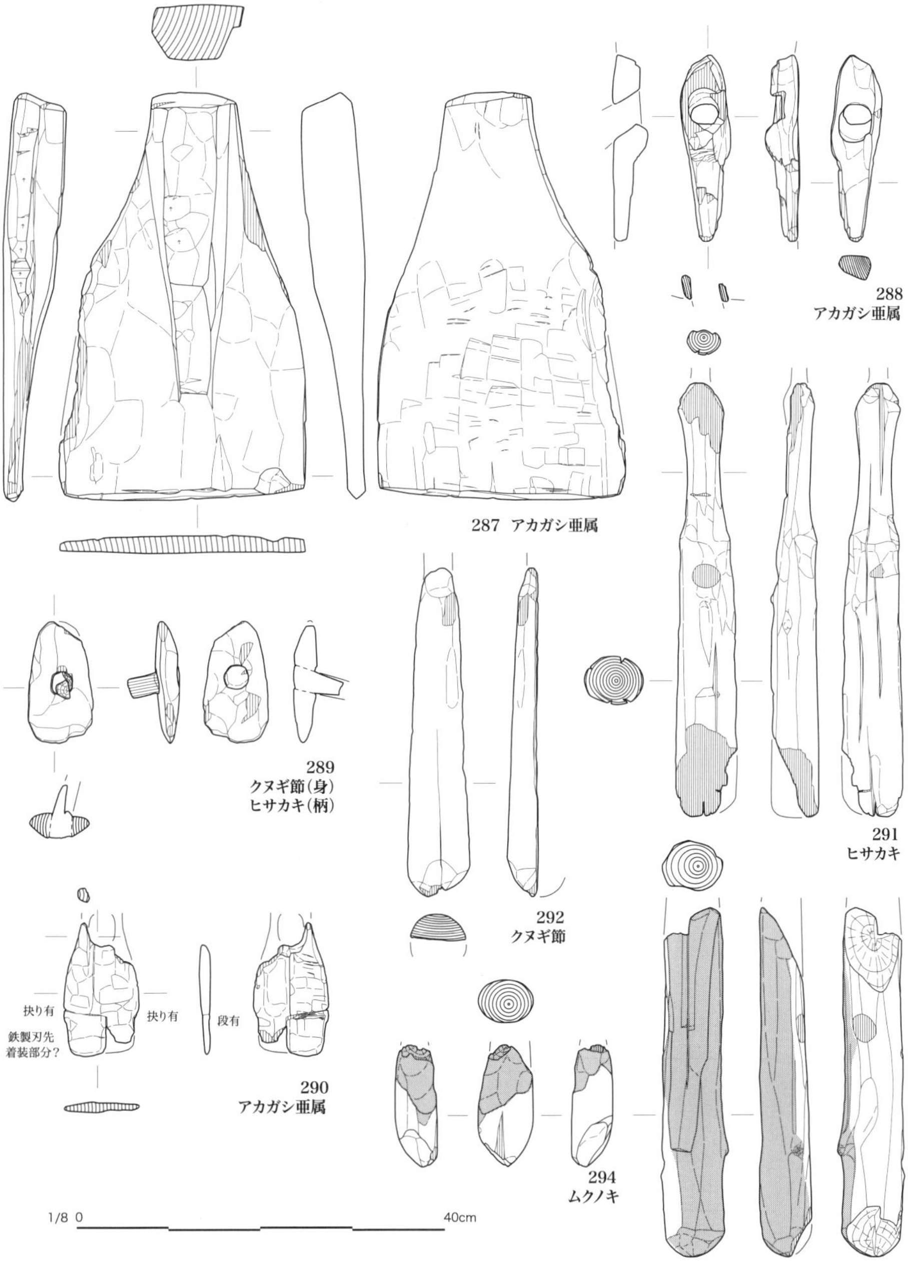

図 101　朝日遺跡出土木製品 -16（287 ～ 294）

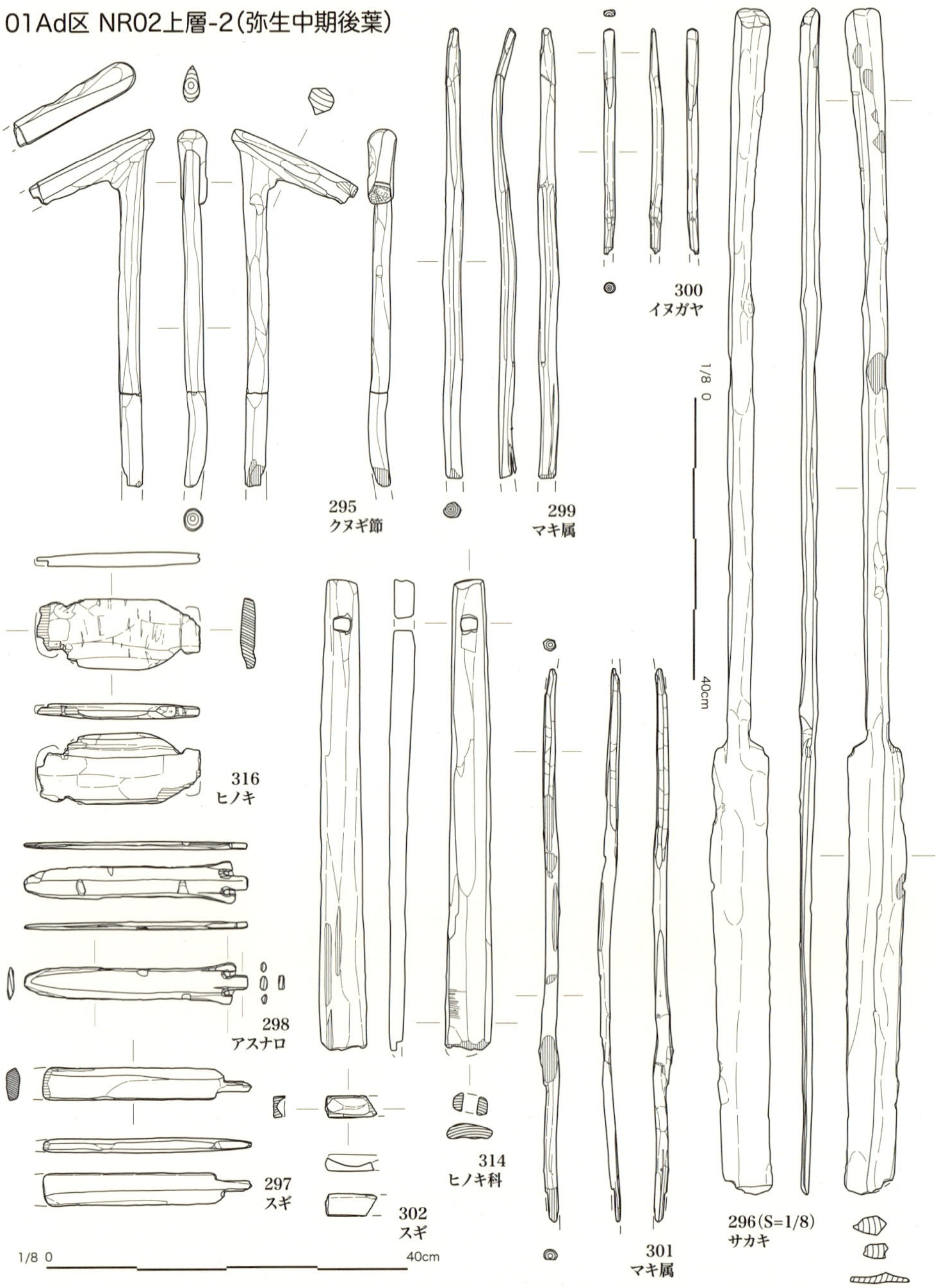

図 102　朝日遺跡出土木製品 -17（295 ～ 302・316）

当該期の木製品を出土地点ごとにみると、旧北居住域側の谷 A 付近（01Ad 区）に優品が多く、谷 A をはさんで対岸の 61A 区 SX03 がそれに次ぐ。これら出土地点における木製品の組成の優劣は、前述の各居住域（集団）間における力関係の差を示している可能性がある。

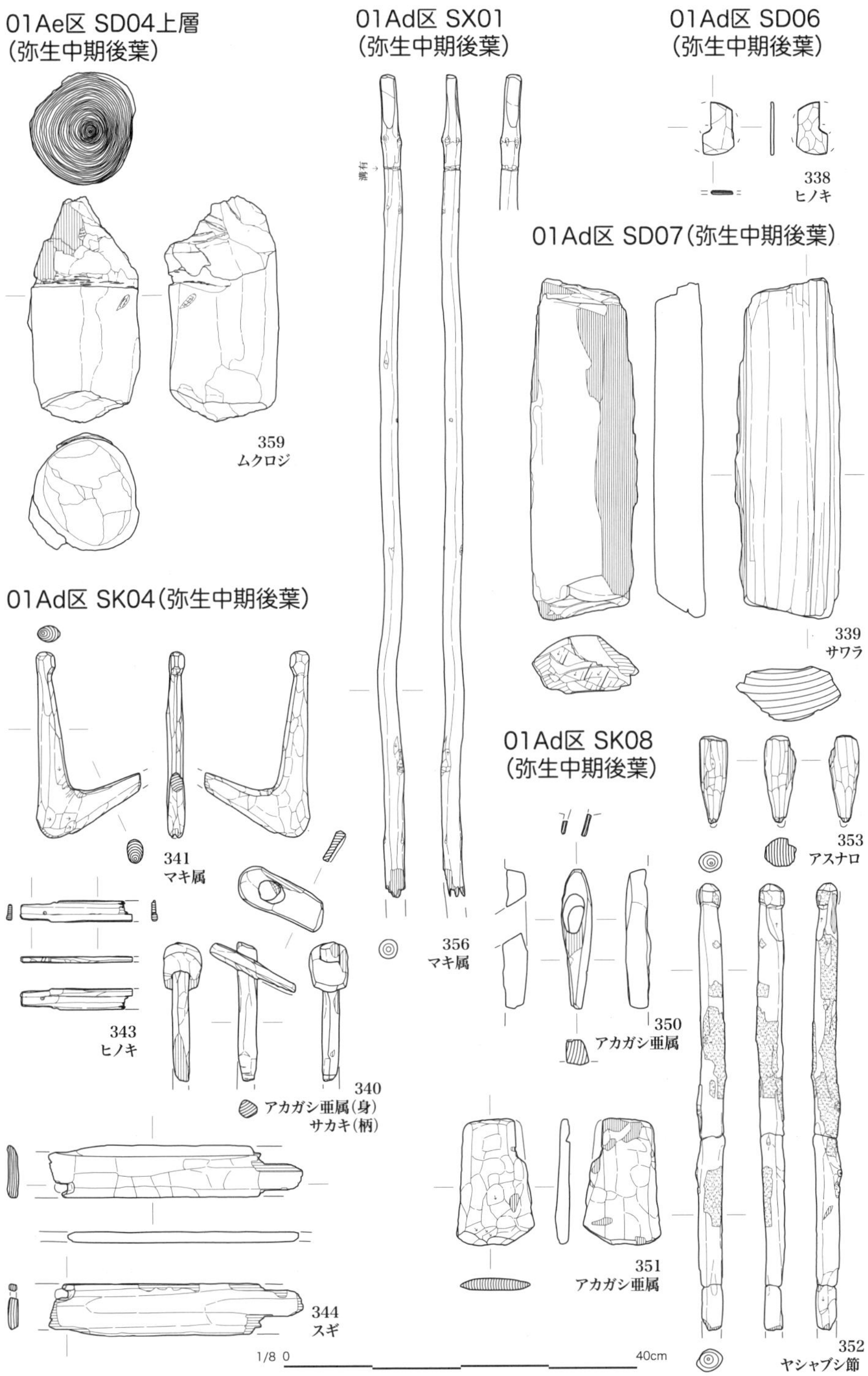

図 103　朝日遺跡出土木製品 -18（338 ～ 341・344・345・350 ～ 353・356・359）

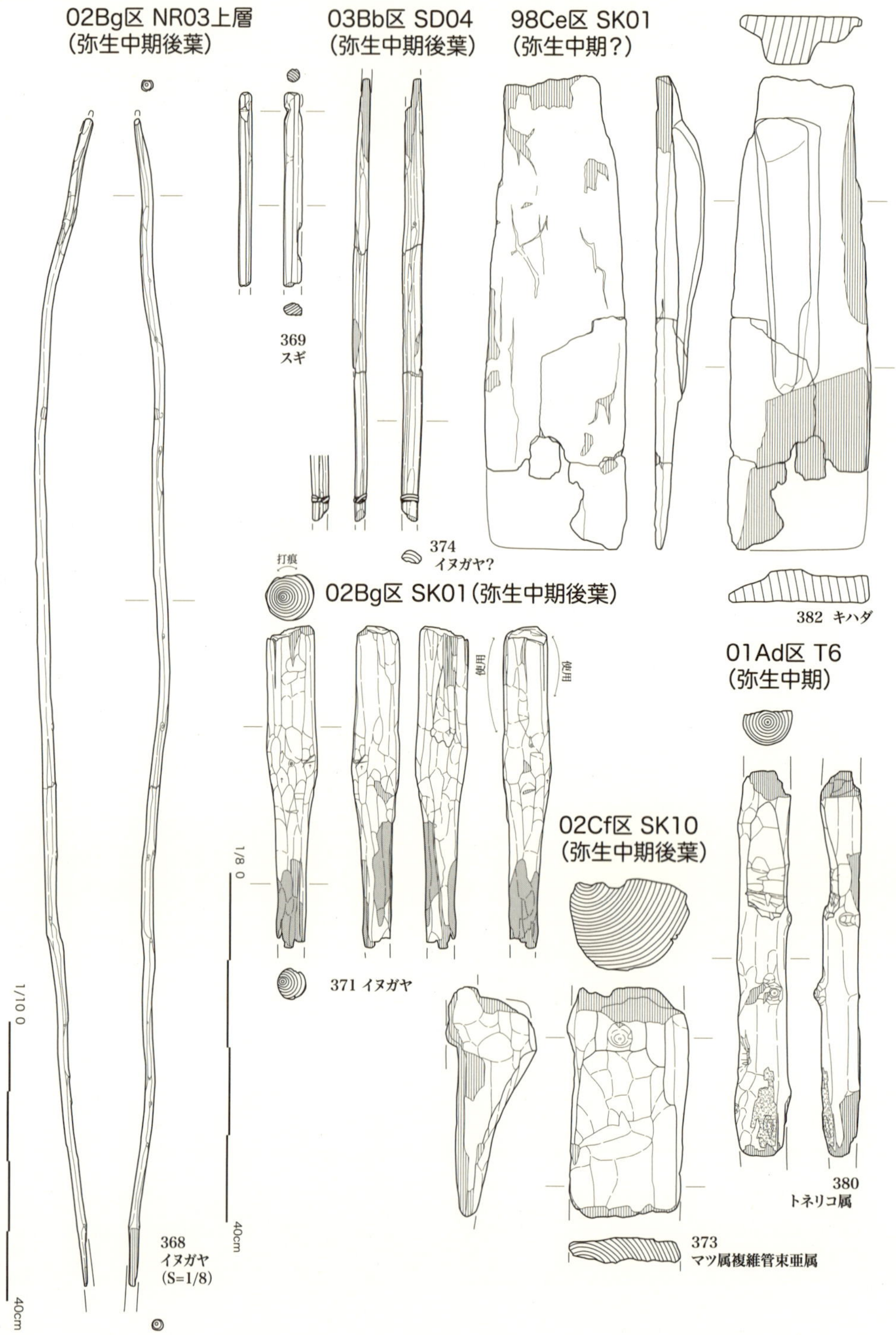

図104　朝日遺跡出土木製品-19（368・369・371・373・374・380・382）

(4) 朝日7期（弥生後期）

7期の木製品は、本報告分で45点、既報告分を併せると89点になる。

出土遺構別では、02Ag区SD01が14点で最も多く、02Bg区NR01から6点、01Ad区SD01下層ならびに同SD02から4点が出土している。

まず、未成品・原材などは、01Aa区SD08（北居住域溝）のヒノキ節板材、01Ad区SD02（北居住域環濠）のクヌギ節柾目材（386）、02Ag区SD01（北居住域環濠）のクリ板目材、アカガシ亜属半裁丸太材、ヤブツバキ・ミズキ属・アカガシ亜属・エノキ属・エゴノキ属の丸太材（403～407）、エゴノキ属・サクラ属の残材、同NR01中層のヒノキミカン割り材・コナラ節丸太材、02Bg区NR01（谷A）のヒノキの板、ヒノキ残材、同NR02（谷A）の一木掘り棒（420）など、再び北居住域の環濠および谷Aから集中的に出土するようになる。また、02Bg区SD01（北居住域外環濠）からは朝鮮半島産とみられる袋状鉄斧が出土している。この鉄斧には木質部が残存していたことから、実際に木製品の加工に使用されていたようである。

過去の調査では、SD367（北居住域環濠）からミカン割り材（樹種不明）と袋状鉄斧の柄、60E区谷Aから同じく袋状鉄斧の柄が2点、61A区の谷Aからコナラ節の板材（直柄平鍬未成品）と袋状鉄斧柄、61A区SDI（谷A南側の大溝）から一木平鋤の未成品が出土している（図126）。

以上、この時期の未成品・原材・加工具は、02Bg区を除けば、ほとんどが北居住域の環濠と谷Aから出土しており、4・5期と似たような状況を呈する。ただし、4・5期の未成品・原材は北居住域縁辺でも特に谷A北岸に集中するのに対し、この7期では、北居住域の環濠内からまんべんなく出土しているのが特徴といえる。

未成品・原材・加工具以外では、01Ad区SD02から泥除け具（383）、03Bb区SD03から輪カンジキ型田下駄の足板（068）が出土しており、この時期から掘削具・農具の組成が低湿地（湿田？）に対応するように変化したことがわかる。

過去の調査では、61E区SD22（北居住域環濠）から人形（木偶）、60B区SDI（谷A南側の大溝）から赤彩をほどこした楯2点が出土している。また、61A区SDIでは伊勢湾型曲柄平鍬（樋上2000a・b）、61H区谷Aでは同二又鍬が出土している。未成品・原材・加工具は北居住域に集中するが、木製品そのものは南居住域環濠や谷A東側（旧河道D）など、多くの地点で出土するが、量的には4・5期や6期にはおよばない。

(5) 朝日8期（廻間I～III式期）

廻間I式期の木製品は、本報告分で95点、既報告分を併せると182点となる。

出土遺構別では、03Ca区NR02が最も多く57点を数え、以下01Ae区SD01の17点、01Ad区NR01の8点が続く。

原材は、03Ca区NR02（谷B）でコナラ節・ムクノキの丸太材（516～518）、クヌギ節・コナラ節・アカガシ亜属・カエデ属のミカン割り材（509～512）、エノキ属の半裁丸太材（514）、ムクロジの板目材（503）、ヒノキ・ヒノキ科・サワラの残材（502・505）、01Ad区NR01でヒノキ柾目材・ヒノキ科板目材・イヌガヤ残材、01Ae区SD01（北居住域環濠）でクリ芯持材、ムクロジ丸太材、スギ・ヒノキ・モミ属・モクレン属板目材（438）、ヒノキ柾目材、ヒノキ残

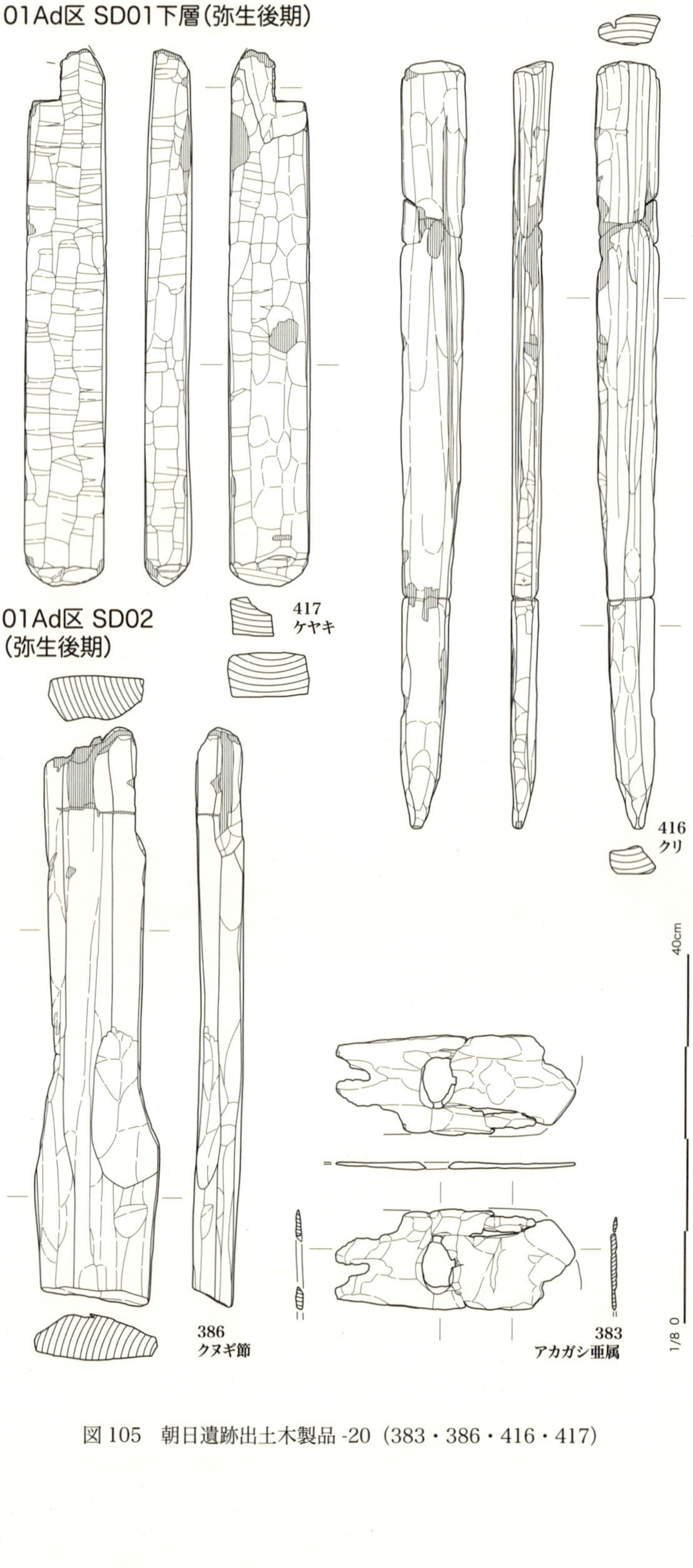

図 105　朝日遺跡出土木製品 -20（383・386・416・417）

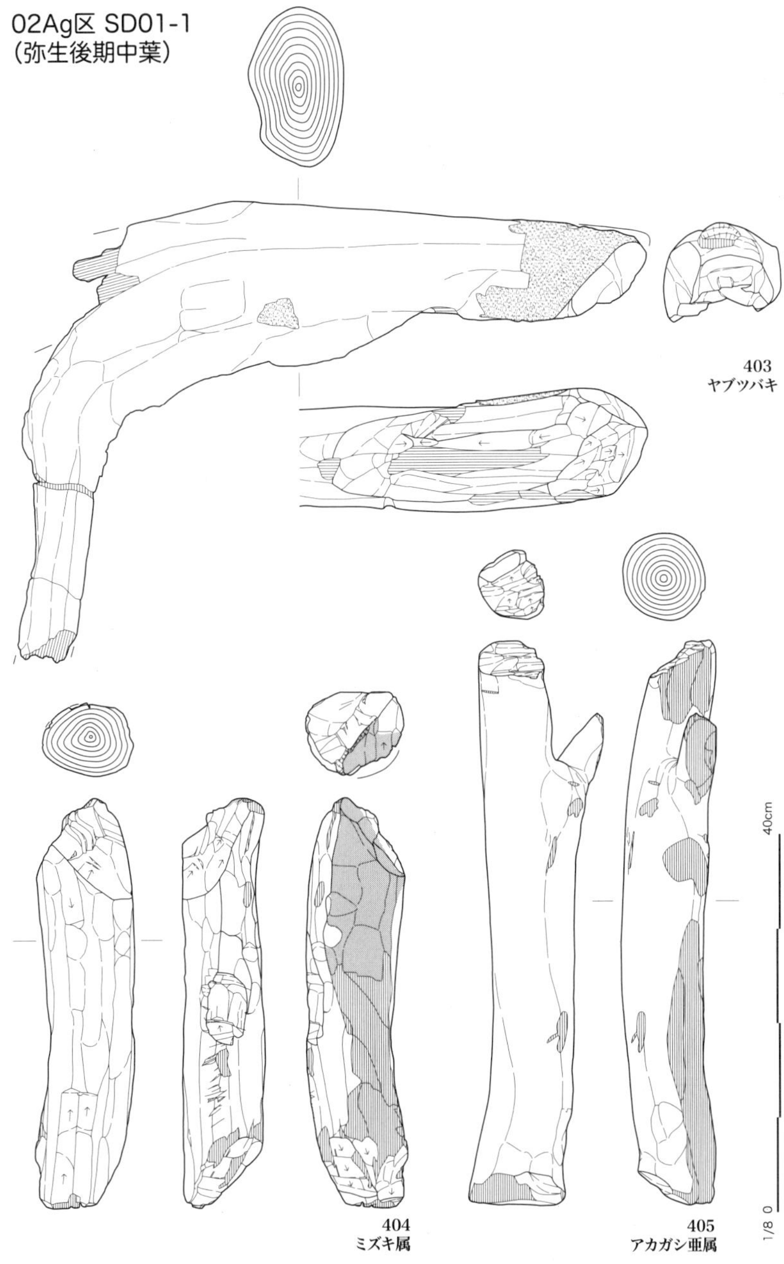

図106　朝日遺跡出土木製品-21（403～405）

材など、これまで木製品のなかった谷Bを中心に、大量に出土しているが、一方で未成品は全く認められない。

過去の調査では、加工具に61A区谷Aで袋状鉄斧の柄が1点あるのみで、未成品・原材の出土事例はない（図127）。

02Ag区 SD01-2(弥生後期中葉)

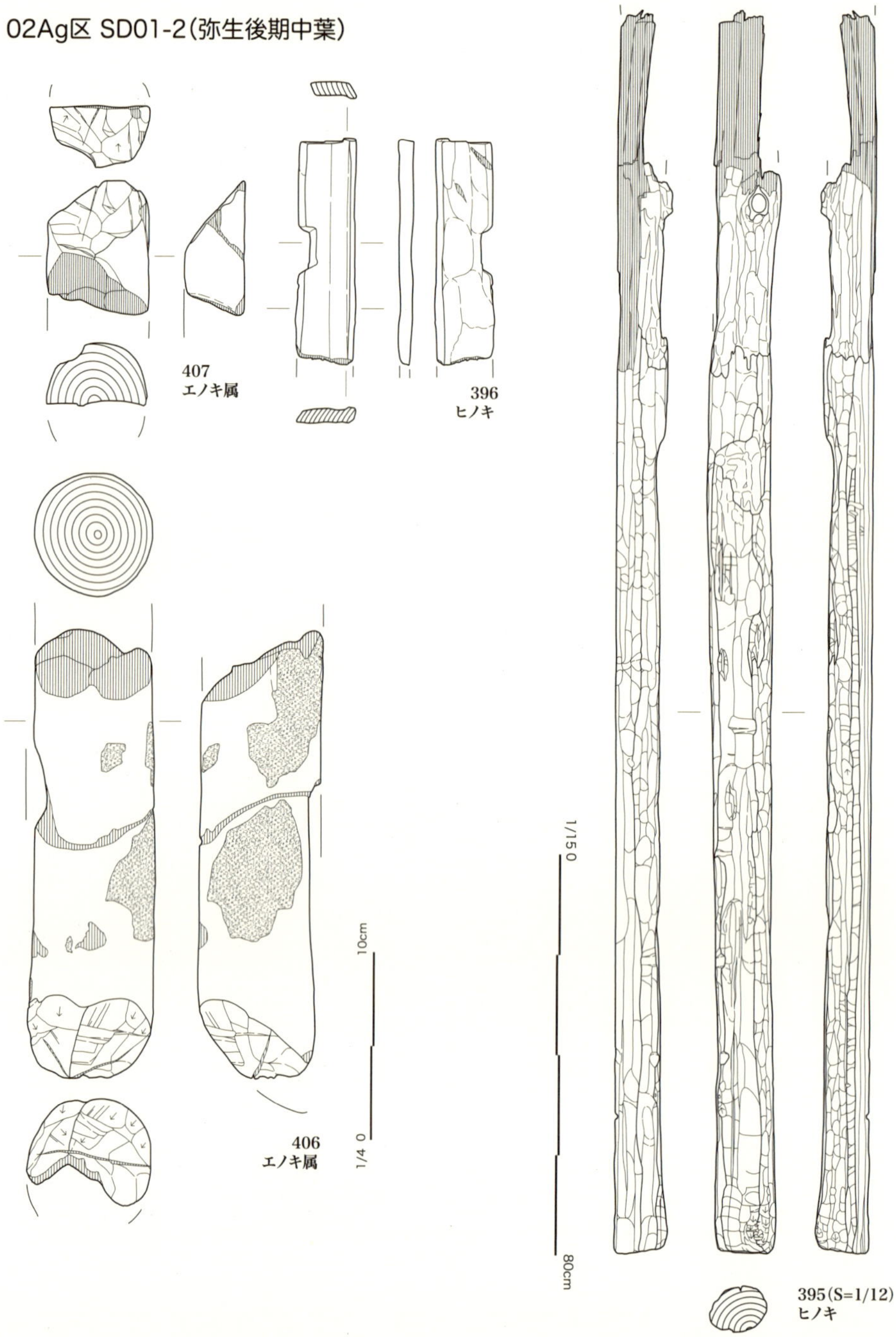

図 107　朝日遺跡出土木製品 -22（395・396・406・407）

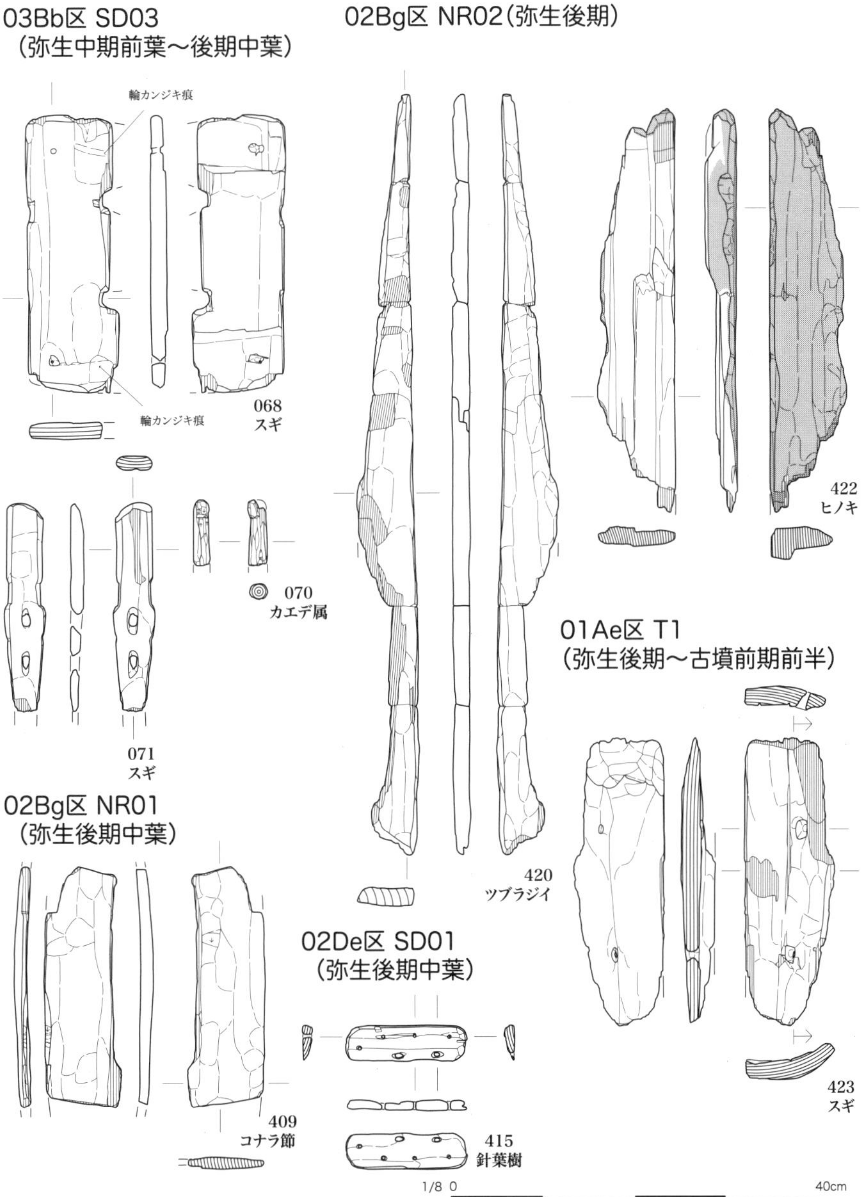

図 108　朝日遺跡出土木製品 -23（068 〜 071・409・415・420・422・423）

製品では、03Ca 区 NR02 で加工具の痕跡が明瞭に残る泥除け具の完形品（463）のほか、曲柄多又鍬刃部（465）、鍬膝柄（467）、弓（468）、建築部材？（513）と多数の杭（469 〜 477・479）があるほかは、01Ae 区 SD01 や 01Ca 区 NR01 などで杭が若干出土しているのみで、生活に関連する木製品は 61A 区 SX02 の赤彩をほどこした高杯以外にほとんどみられない。

廻間 II 式期の木製品は、本節に紹介したもののみで 36 点を数える。出土遺構は 01Ca 区 NR01 が 1 点で、他はすべて 01Ae 区 SD02 である（30 点）。

03Ca区 NR02-1(廻間Ⅰ式期)

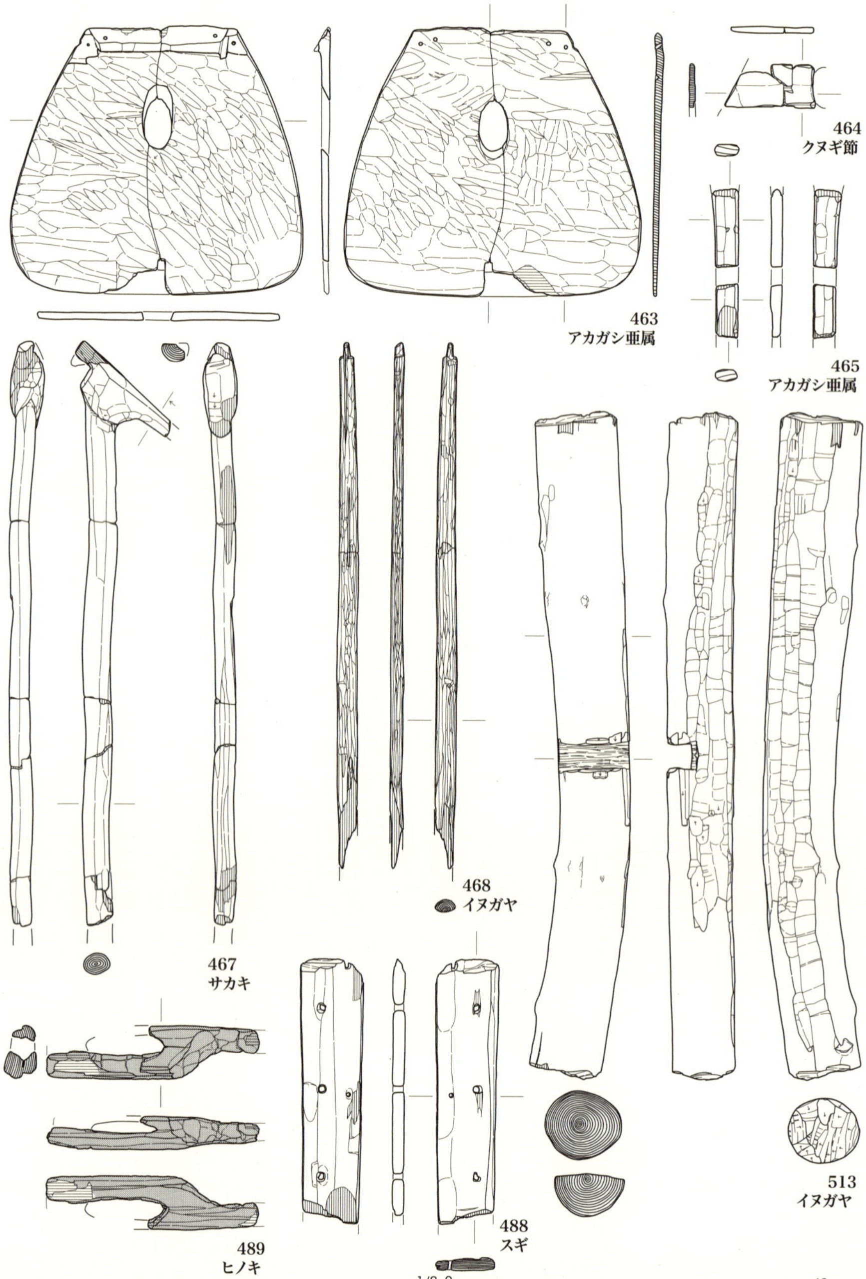

図 109　朝日遺跡出土木製品 -24（463 ～ 465・467・468・488・489・513）

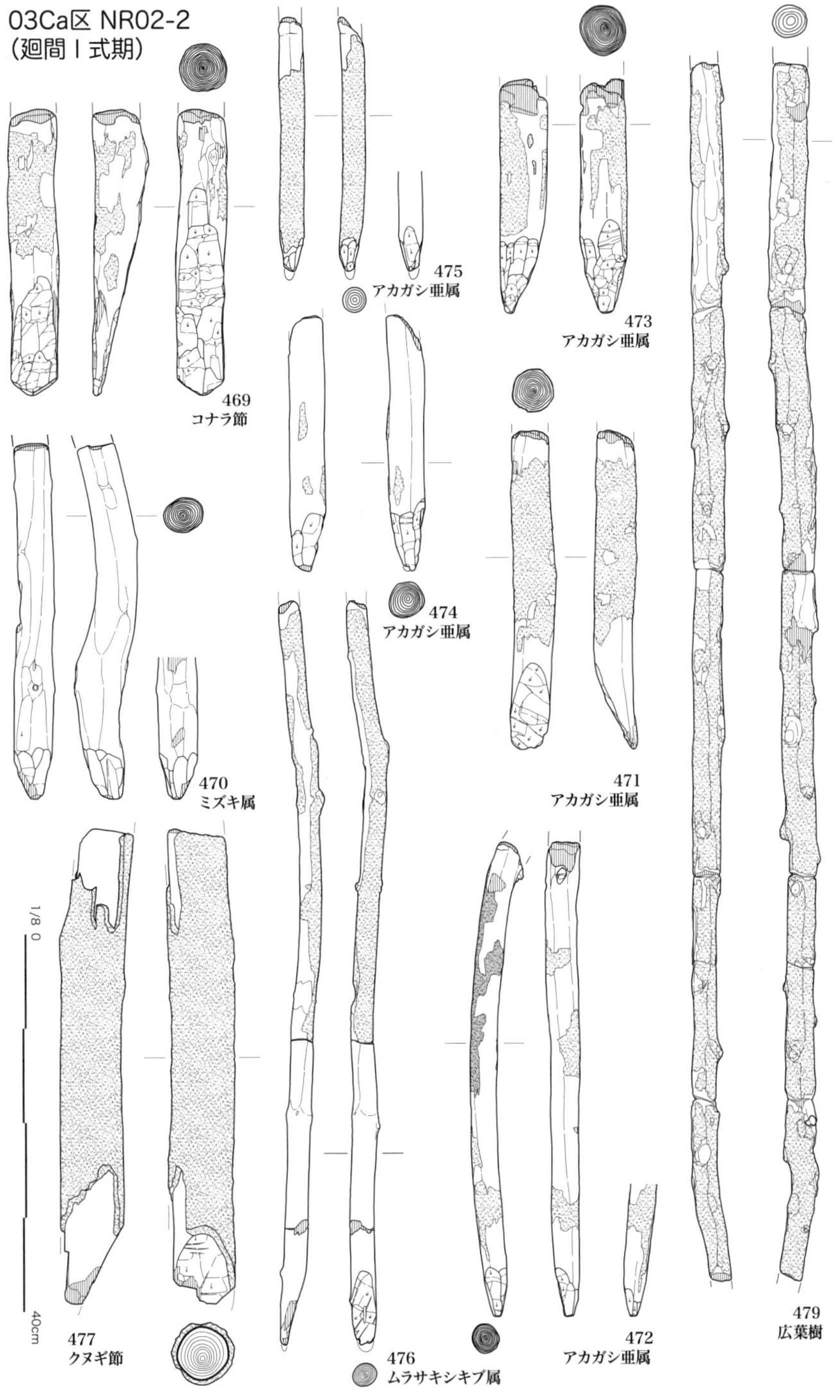

図 110　朝日遺跡出土木製品 -25（469 ～ 477・479）

03Ca区 NR02-3(廻間Ⅰ式期)

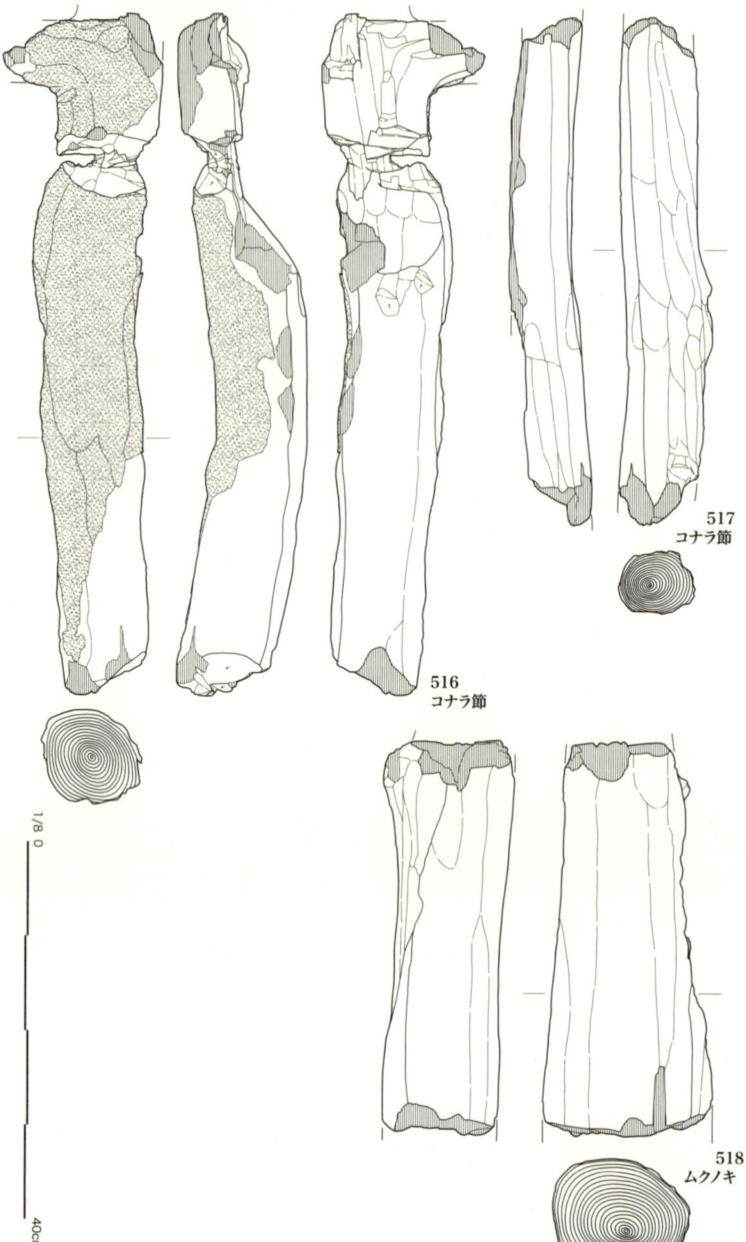

図 111 朝日遺跡出土木製品 -26 (516 ~ 518)

03Ca区 NR02-4（廻間Ⅰ式期）

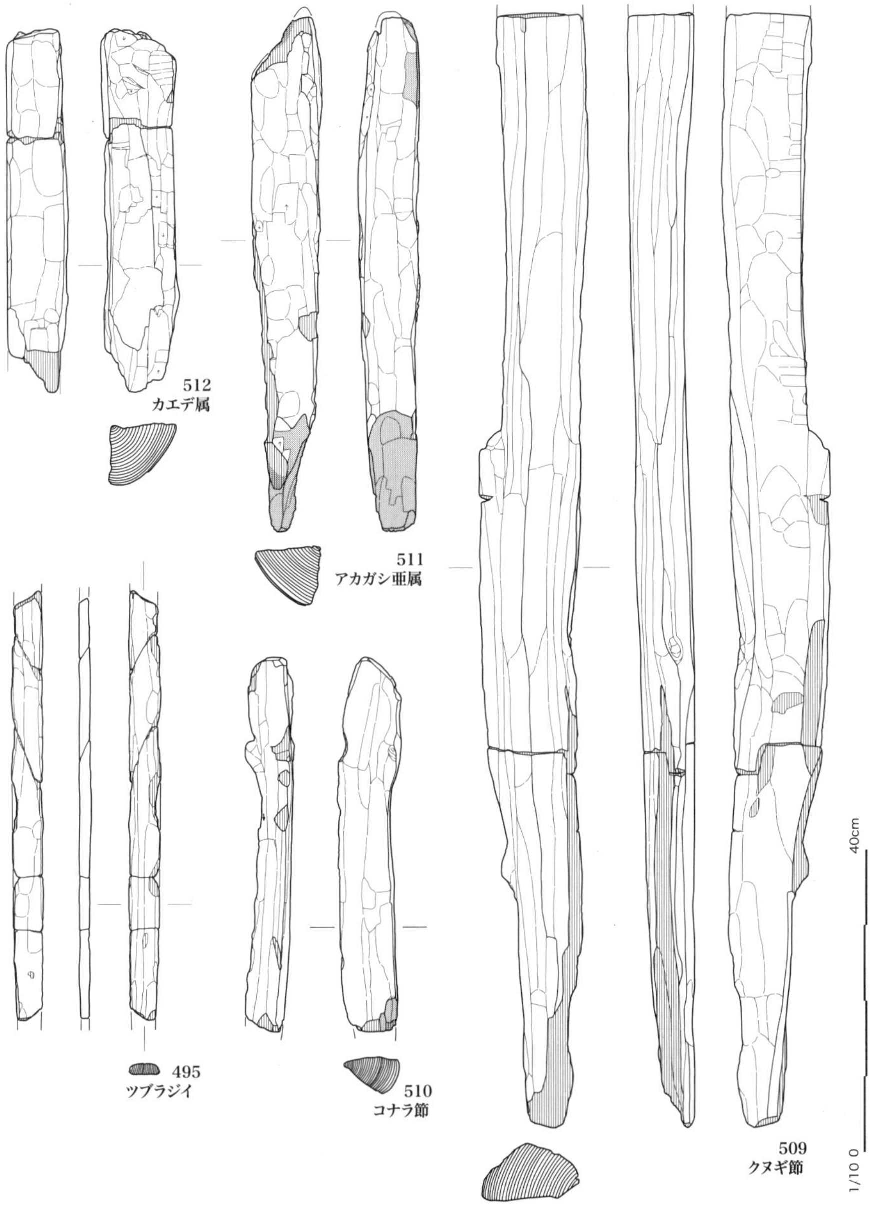

図 112　朝日遺跡出土木製品 -27（495・509 ～ 512）

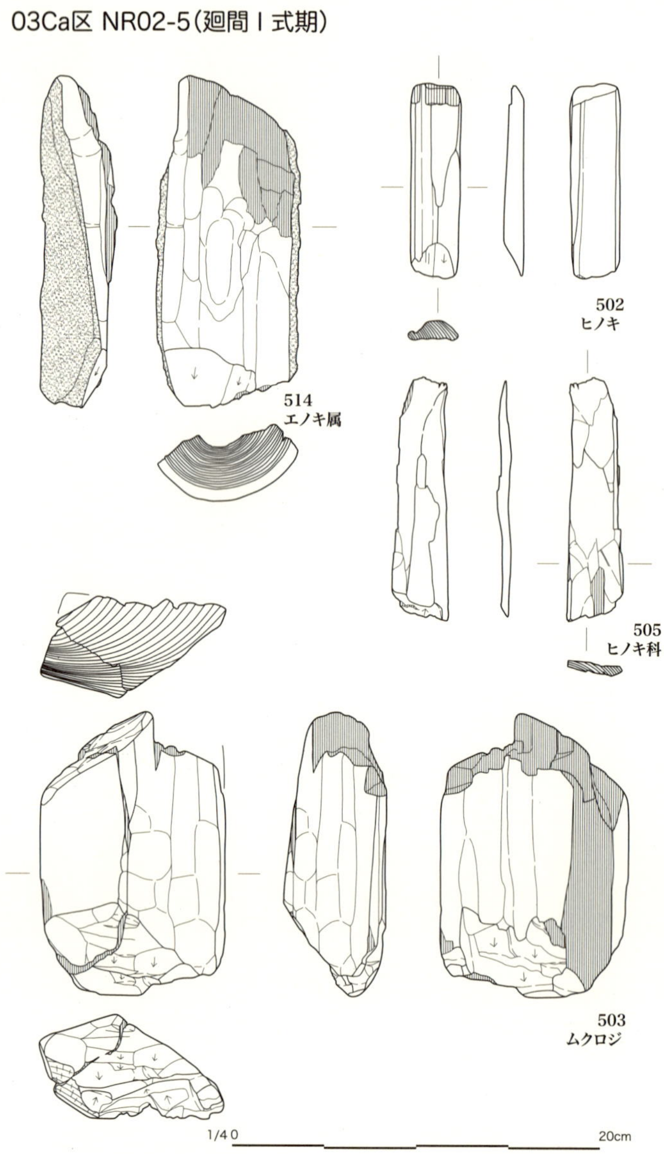

図 113　朝日遺跡出土木製品 -28（502・503・505・514）

未成品・加工具はなく、アスナロ・ヒノキ・コナラ節残材のほか、スギ・ヒノキ・クリなどの板や丸太材が 01Ae 区 SD02（谷 A を切る溝）から出土している。

この 01Ae 区 SD02 からは鍬膝柄（524）・槽（525）・穿孔板（541・543）・杭（528 ～ 535）などが、また 01Ca 区 NR01 からはコウヤマキの梯子（554）が出土している。

廻間 III 式期の木製品も本節のもののみで、01Ad 区 SD01 上層（7 期の北居住域環濠の上層）

01Ae区 SD01（廻間Ⅰ式期）

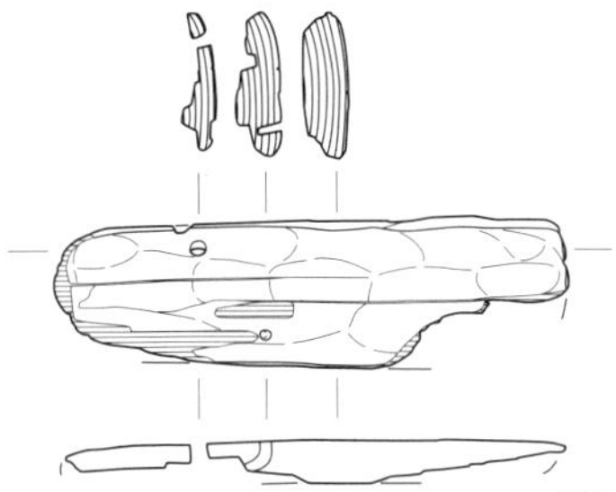

437
モミ属

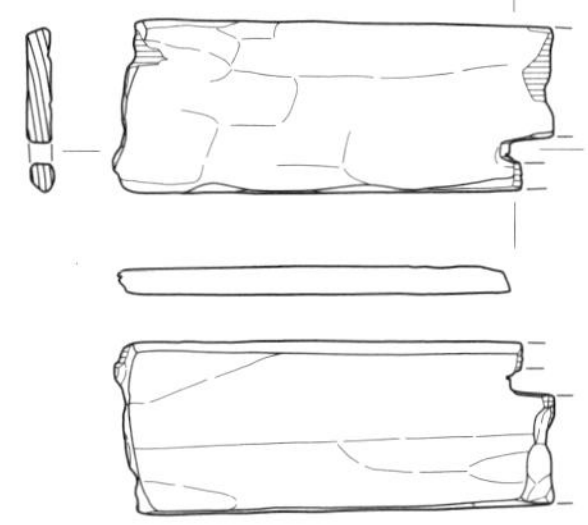

438
スギ

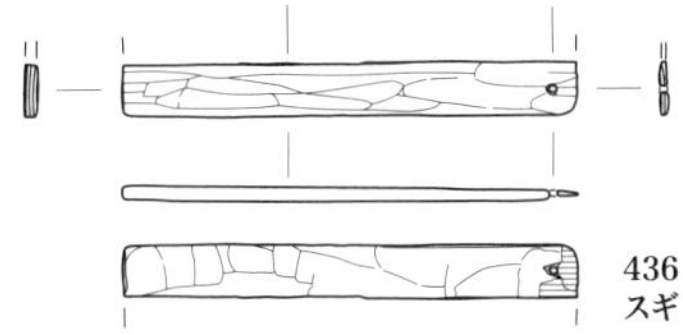

436
スギ

01De区 NR01（廻間Ⅰ～Ⅲ式期）

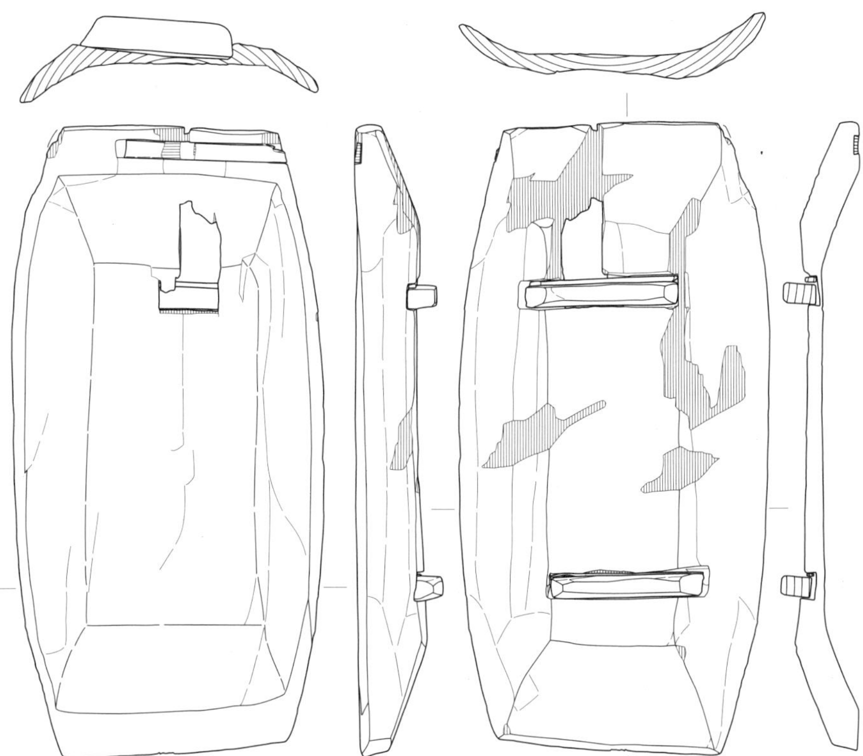

520
スギ(身・脚)
ヒノキ(補強材)

1/8 0 40cm

図114　朝日遺跡出土木製品 -29（436 ～ 438・520）

99Cd区 SD01（廻間Ⅰ～宇田式期）

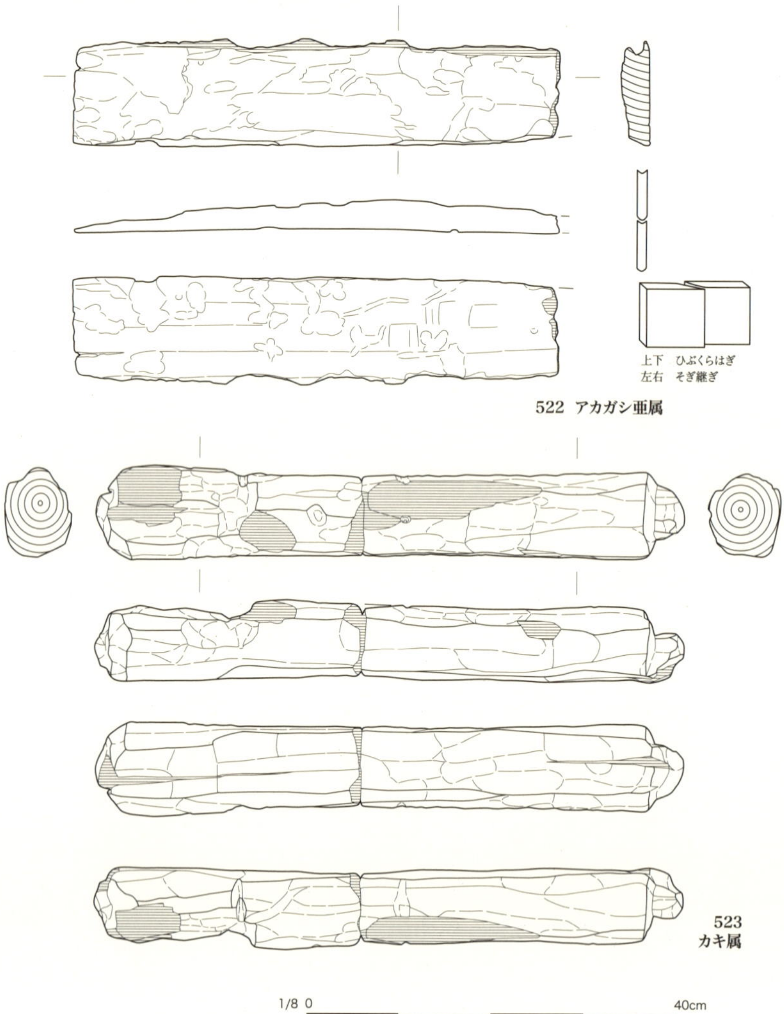

図115　朝日遺跡出土木製品 -30（522・523）

から7点出土している。一木掘り棒（555）・クサビ（556）・丁寧な加工痕のある薄板（557）・杭（558）などがある。

また、時期は限定できないが、01De区NR01から大型の槽（520）が出土している。スギの板目材で、底部に2条の蟻溝をほどこす。この蟻溝には、同じくスギの板目材を用いた低い脚がはめ込まれている。さらに身部の短辺上面には片側にのみ浅い蟻溝を入れて、ヒノキの薄板がはめ込まれている。使用時の破損などに伴う補強材とおもわれる。時期は廻間Ⅰ～Ⅲ式期。

(6)　朝日9期（松河戸Ⅱ式期）

9期の木製品は、本節のもののみで、79点出土している。

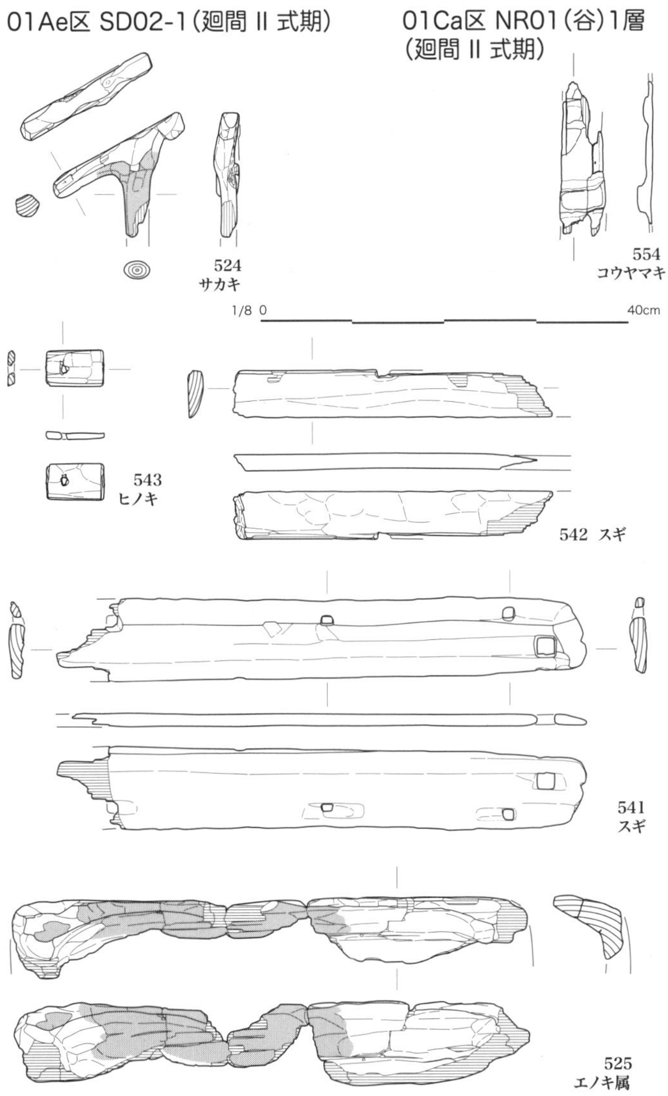

図116　朝日遺跡出土木製品 -31（524・525・541 ～ 543・554）

出土遺構別の内訳は 03Ca 区 NR01 が 47 点で最も多く、02Ba 区 SD01 が 13 点、02Ae 区 SD01 が 9 点、03Ca 区 NR02 が 6 点、02Bd 区 SD01 が 4 点となっている。

未成品・加工具はなく、原材は 03Ca 区 NR01（谷 B）でエノキ丸太材（634）、ヒノキ柾目材（617）、ヒノキ板目材（612）、ヒノキ・サワラ・アスナロ・イヌガヤ・モミ属・エノキ属の残材（618･620･621･630 ～ 632）、同 NR02（谷 B）でコナラ節丸太材（640）とヒノキ残材（635）、02Ba 区 SD01（旧北居住域北東側の溝）でアカガシ亜属・ヤブツバキ・エノキ属・ミズキ属の丸太材と樹種不明のミカン割り材、02Ae 区 SD01（旧北居住域北東側の溝）でコナラ節・クリの丸太材とヒノキ残材（568）、02Bd 区 SD01（7 期の北居住域環濠上層）でヒノキ残材が出土

01Ae区 SD02-2(廻間Ⅱ式期)

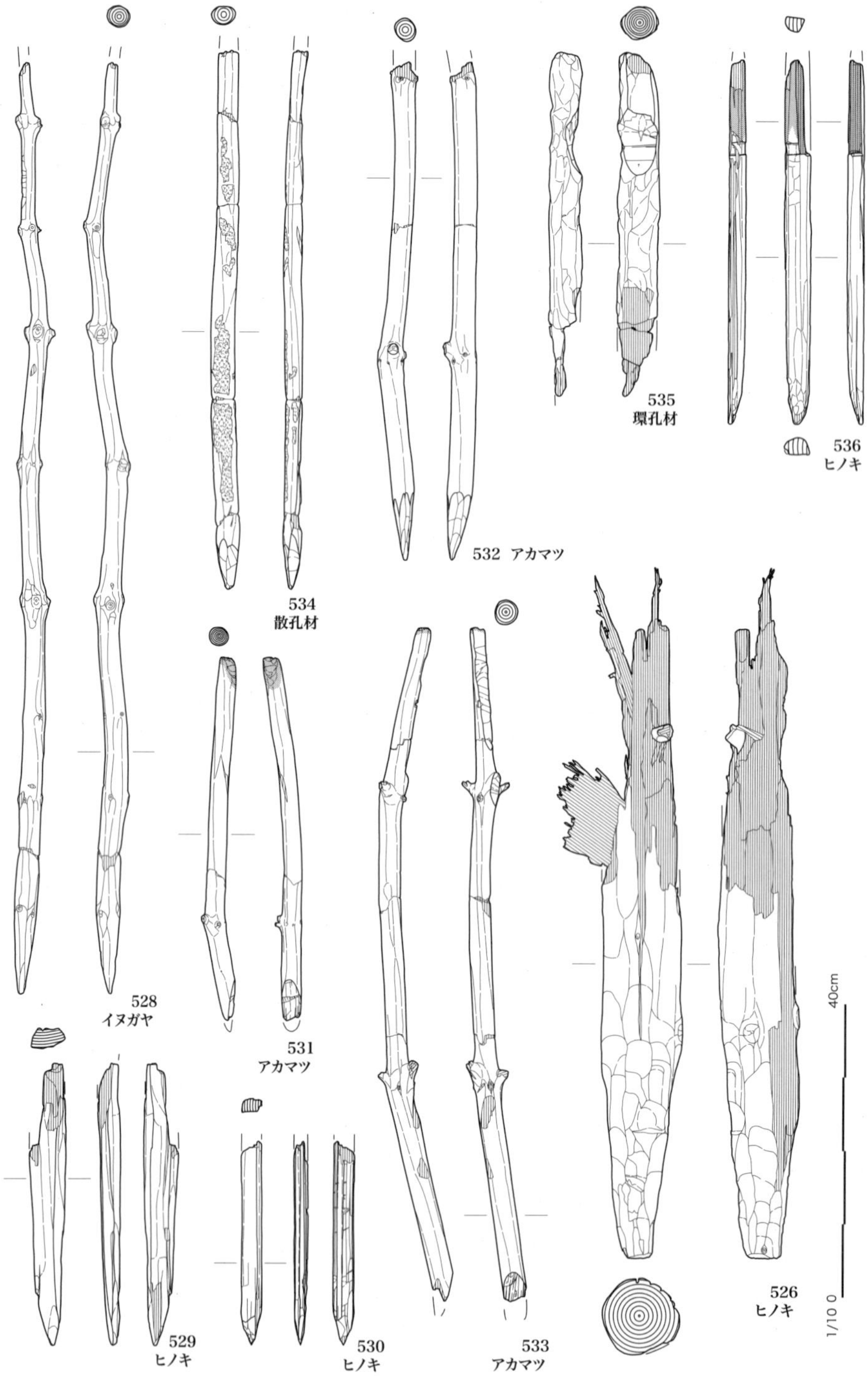

図 117　朝日遺跡出土木製品 -32（526・528 ～ 536）

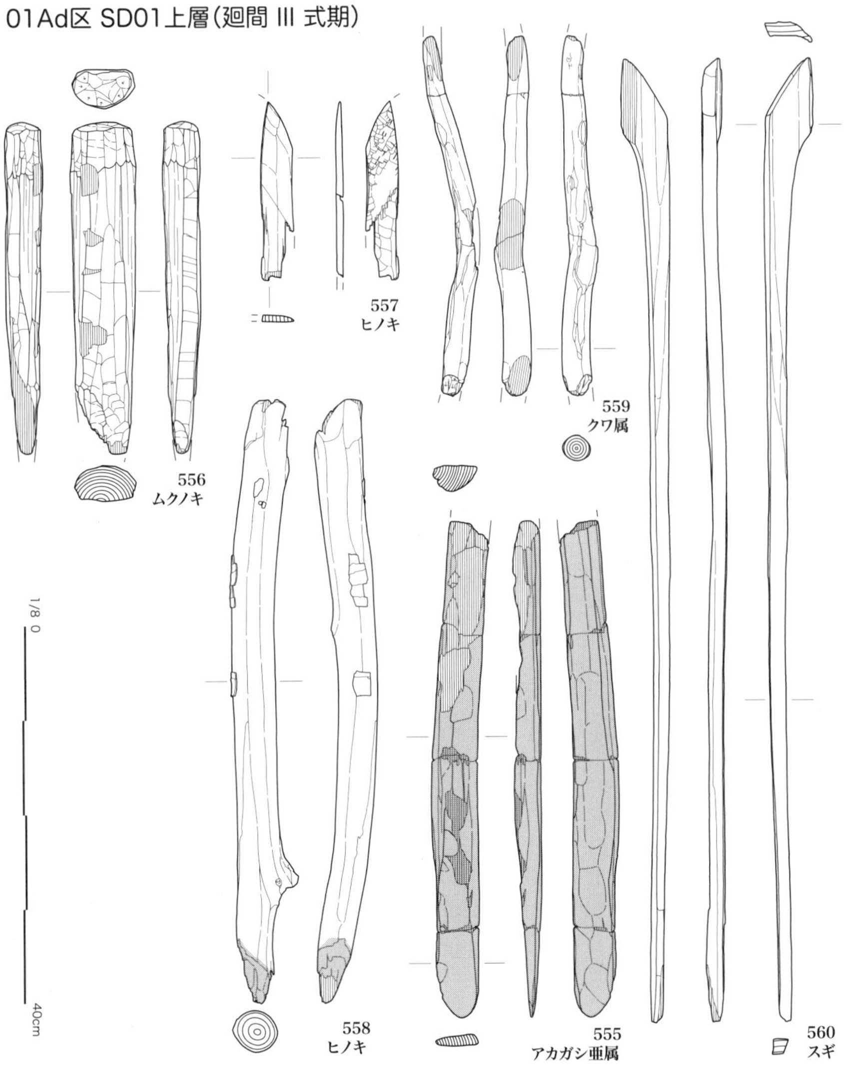

図 118　朝日遺跡出土木製品 -33（555 ～ 560）

している（図 128）。

製品では、03Ca 区 NR01 で田下駄枠木（588）、編台を転用した田下駄足板（589）、横杵搗き部（590）、有頭棒（596）、不明部材（591）、柱？（592）、杭（593 ～ 595）が、02Ba 区 SD01 からやはり転用材の輪カンジキ型田下駄足板（571）、02Bd 区 SD01 で鍬または掘り棒の身部（584）、02Ae 区 SD01 で有抉棒（562）がある。このほか、廻間 I 式期から宇田式期までのやや時期幅をもつ資料として 99Cb 区 SD01（谷 B）からヒノキの丸棒、99Cd 区 SD01（旧南居住域南東の溝）から壁板（522）と出ホゾをもつ建築部材（523）が出土している。

この時期の木製品出土地点は廻間 I 式期と同様に、広範囲に分布しており、ほぼすべての遺構に原材や残材が伴う点に特徴がある。また横杵のように、8 期後半（廻間 II・III 式期）にはな

03Ca区 NR01-1(松河戸 II 式期)

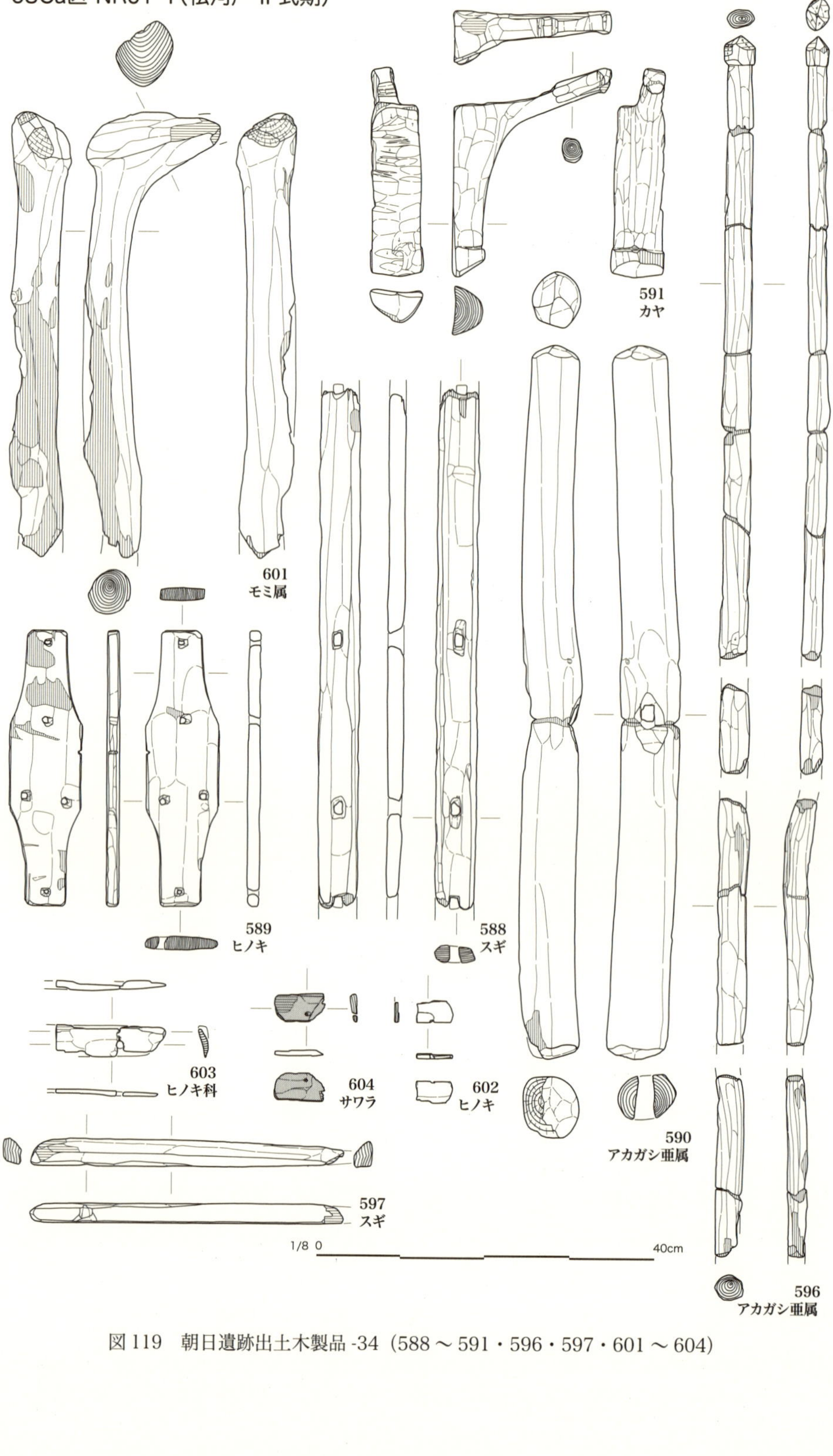

図 119　朝日遺跡出土木製品 -34（588 ～ 591・596・597・601 ～ 604）

03Ca区 NR01-2（松河戸 II 式期）

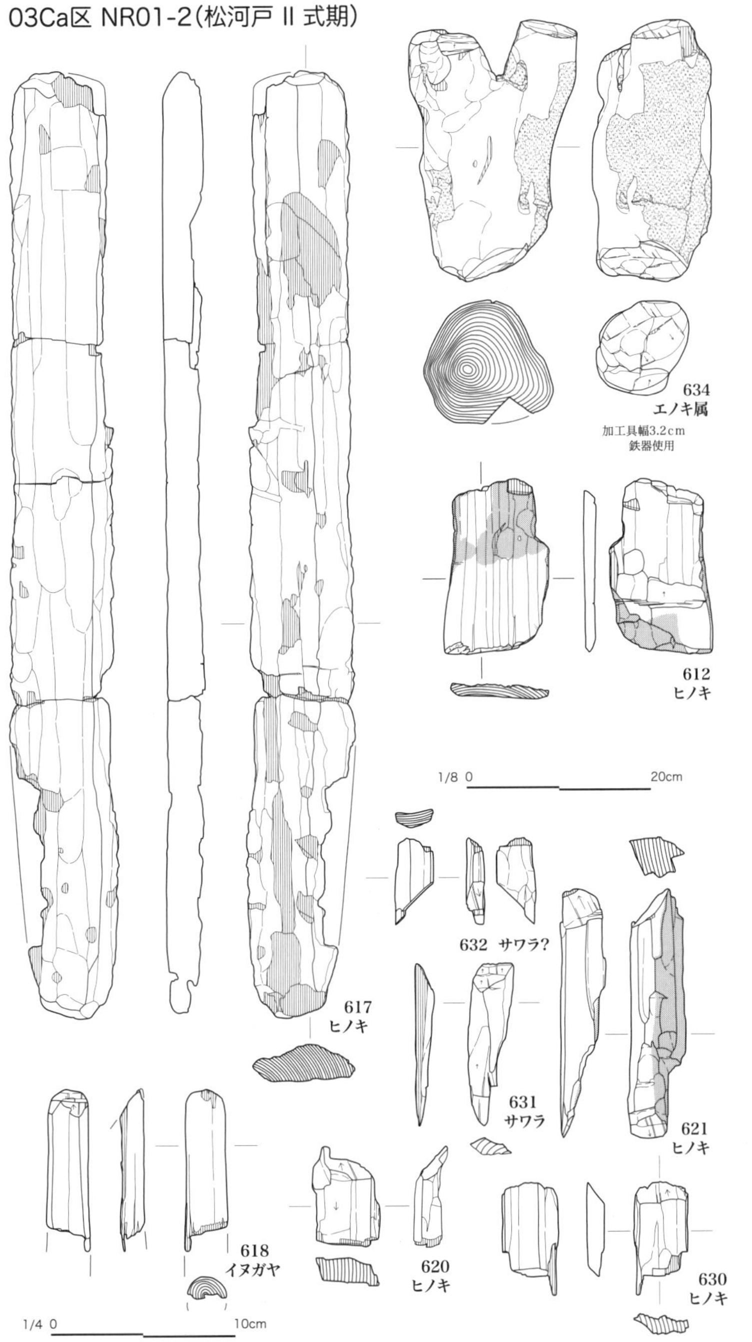

図120　朝日遺跡出土木製品 -35（612・617・618・620・621・630～632・634）

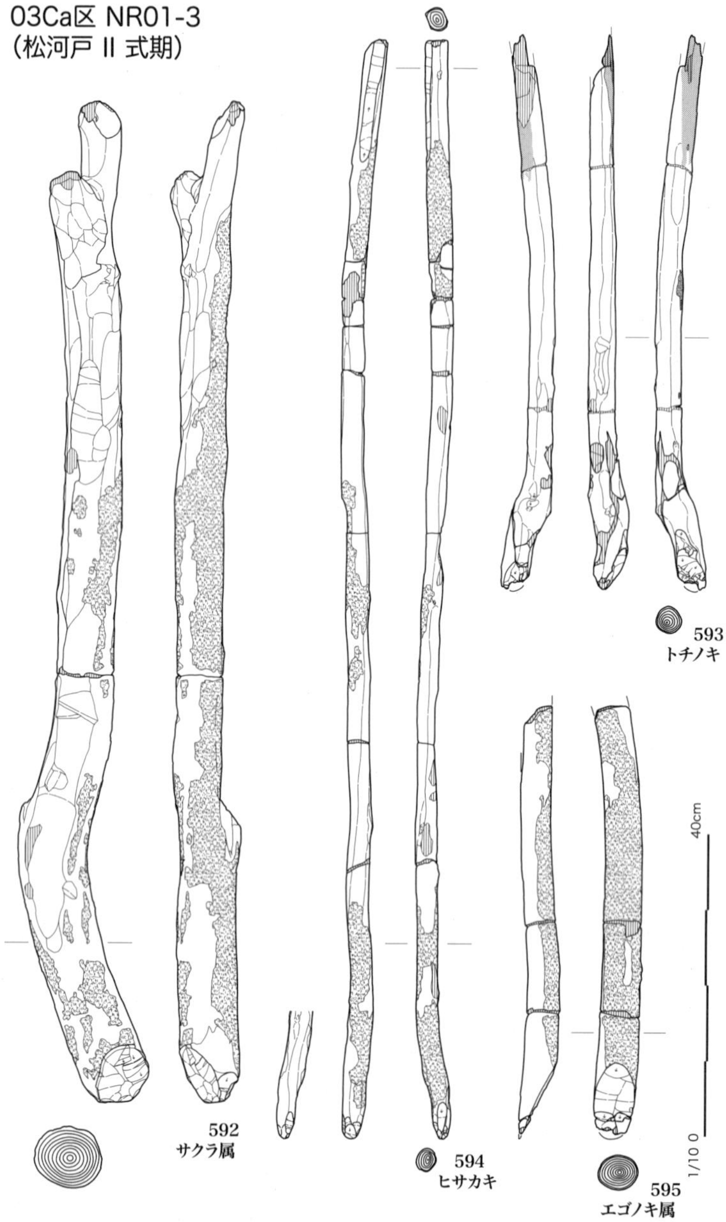

図121　朝日遺跡出土木製品 -36（592 ～ 595）

かった生活用具が認められる点は注意を要する。

（7）　時期不詳

ここまで触れてこなかった、時期が限定できない木製品について、特に重要とおもわれるもの

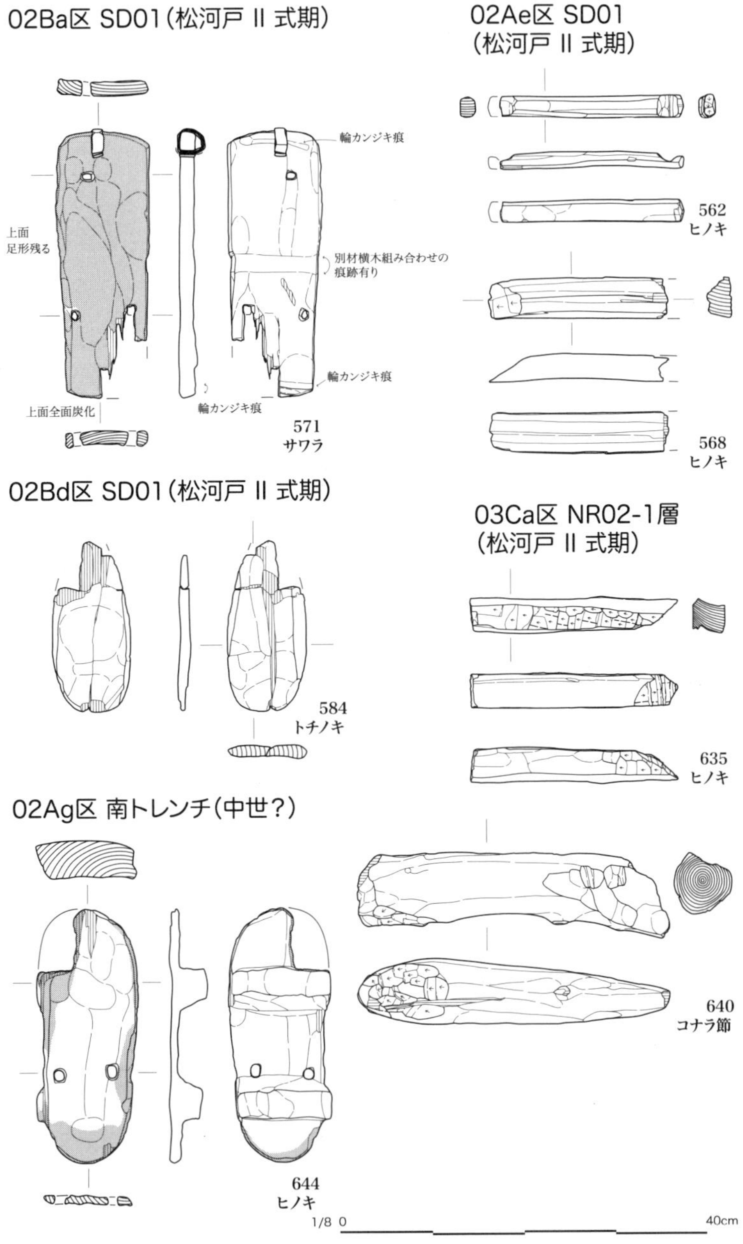

図 122　朝日遺跡出土木製品 -37（562・568・571・584・635・640・644）

のみ触れておく。

01Ab 区 SK192（2 ～ 6 期）から、スギの芯持材を用いた柱（054）が出土している。直径約 20cm で、下端部付近には、運搬時の細工とおもわれる幅広の溝がめぐっている。

01Ca 区 NR01（4 ～ 9 期）からは、残存長約 85cm の編台（181）が出土している。

01Ae 区 SD03（5〜6 期）からは、組合せ平鋤身（199）、竪杵未成品（200）、同製品（201・202）、クヌギ節ミカン割り材（208）が出土している。

02Ac 区 SD01（5〜7 期）からは、愛知県下初例となるクヌギ節の木庖丁（228）のほか、アカカキ（229）、木錘（230）、紡織具とみられる有抉棒（232・233）などが出土している。

98Ce 区 SK01（時期不明）では、キハダというきわめて異例の樹種を用いた直柄平鍬未成品（382）が出土している。身幅（14.6cm）に対して全長が長く（54.3cm）、厚みも通常のアカガシ亜属を用いた直柄平鍬よりも分厚い。平面形からみて弥生中期に属するとおもわれる。

01Ae 区 T1（7〜8 期）からは、船の部材とおもわれるスギの穿孔板（423）が出土している。

さらに中世以降の木製品として、02Ag 区南トレンチから右足用の下駄（644）、01Ae 区 SD02 および 01Df 区から縦挽き鋸の痕跡をもつ角材が出土している。

3. 朝日遺跡の集落変遷と木製品の生産・消費

まず、朝日遺跡における未成品・原材・残材の出土状況を今一度整理しておく。

弥生中期前葉（朝日 2・3 期）では谷 A の東墓域北方と北居住域の南側に集中し、南居住域の環濠からも散発的に出土している（図 123）。直柄平鍬に関しては、舟形隆起部に穿孔をほどこす直前のものや、そのさらに前の段階はあるが、アカガシ亜属の長い板材（ミカン割り材をふくむ）2 連や 3 連といった連続して外形をつくりだした段階のものはない。直柄平鍬以外では、匙（マツ属）と横斧柄（サカキ）の未成品がある。

弥生中期中葉（朝日 4・5 期）になると、北居住域環濠南辺とその南の谷 A にほぼ集中する（図 124）。広葉樹では、クワ属で全長約 90cm、直径約 9cm、コナラ節で直径 13cm の丸太材のほか、クヌギ節・クリで全長 80cm、幅 20cm 程度の分割材、アカガシ亜属でも全長 74cm、幅 10cm のミカン割り材がある。針葉樹では幅 15cm 程度のスギ・ヒノキの板材が認められる。未成品では直柄平鍬が多く、長さ 40cm で幅 15cm ほどの広葉樹ミカン割り材からアカガシ亜属やコナラ節の柄孔穿孔直前段階のものまであるが、連続成形のものはない。このほか、サカキを用いた横斧柄の未成品が認められる。

弥生中期後葉（朝日 6 期）は旧北居住域南方の谷 A 北岸以外に、谷 A 南方の土坑や 5 期の超大型方形周溝墓の周溝からも直柄平鍬未成品が出土している（図 125）。直柄平鍬はほとんどが穿孔直前段階か穿孔途中のもので、連続成形の未成品はおろか、平鍬 1 点分の大きさに相当するアカガシ亜属やコナラ節・クヌギ節のミカン割り材もない。アカガシ亜属の丸太材も皆無ではないが、柾目で直柄平鍬が製作できるような大径材（直径 70cm 程度）のものはない。このほか、未成品にはアカガシ亜属の直柄小型鍬とサカキの横斧柄がある。原材ではサワラの板目材があり、鉄製工具による加工痕が認められる。スギの残材や袋状鉄斧の柄も旧北居住域の南辺から出土している。

弥生後期（朝日 7 期）には、再び谷 A と北居住域の環濠に集中し、複数の環濠の各所から加工具（斧柄）とともにエノキ属・ミズキ属・ヤブツバキなどの丸太材やヒノキの板材が多く出土している（図 126）。その一方で、前段階まで多くみられた直柄平鍬未成品は著しく減少する。確実なのは 61A 区の谷 A からの 1 点のみで、このほかにも、南居住域北側の SDI で一木平鋤、

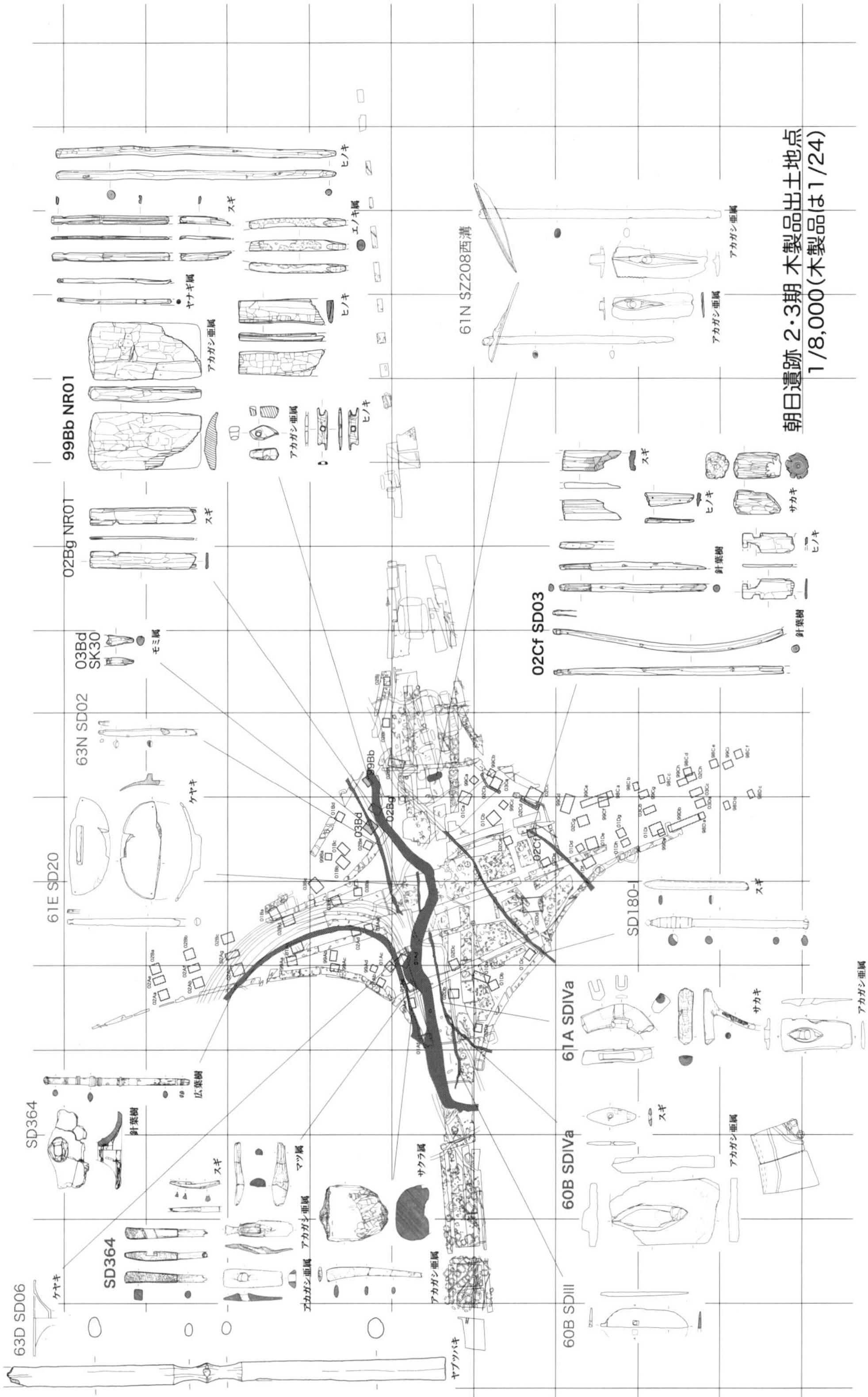

図123　朝日遺跡主要木製品出土分布図-1

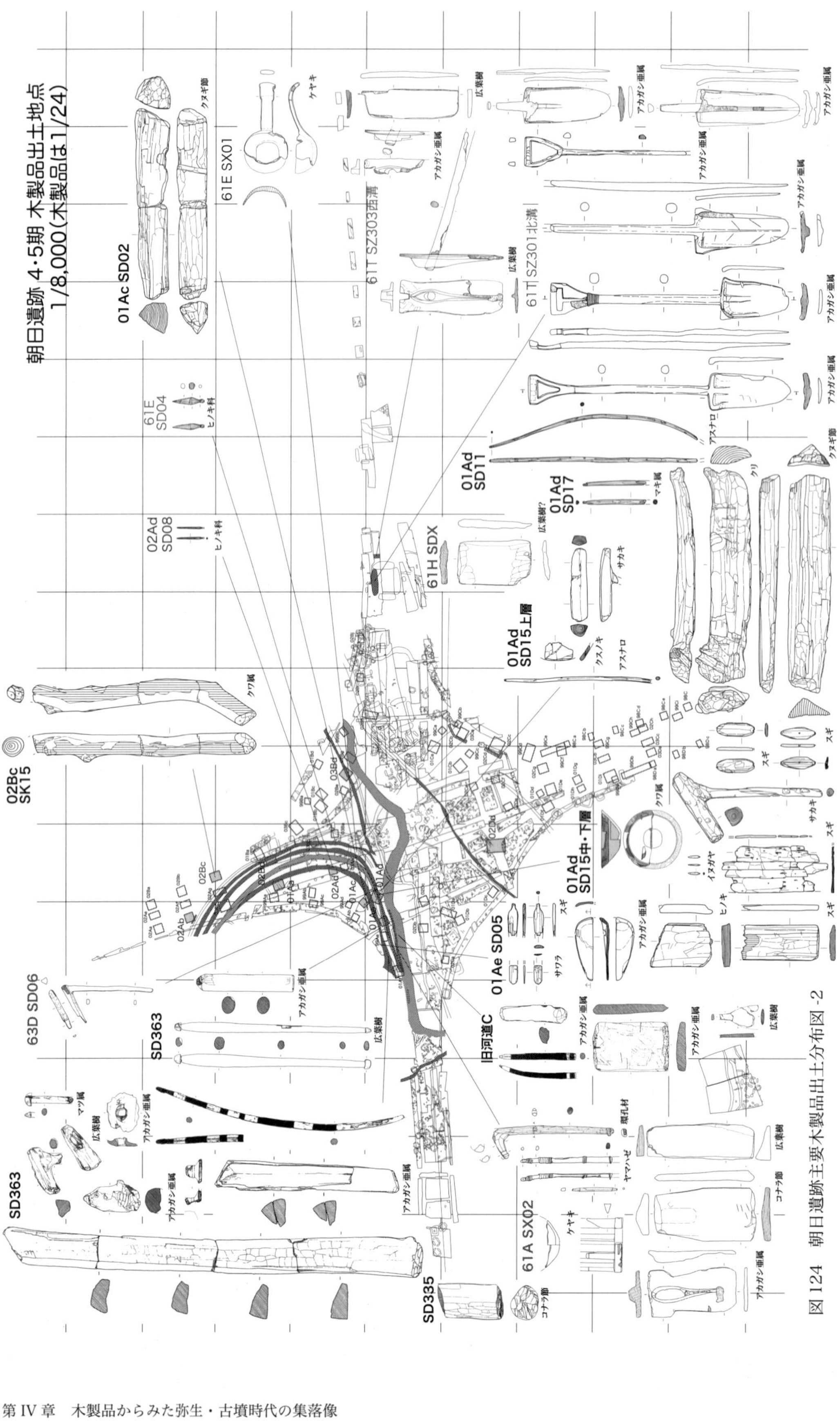

図124 朝日遺跡主要木製品出土分布図-2

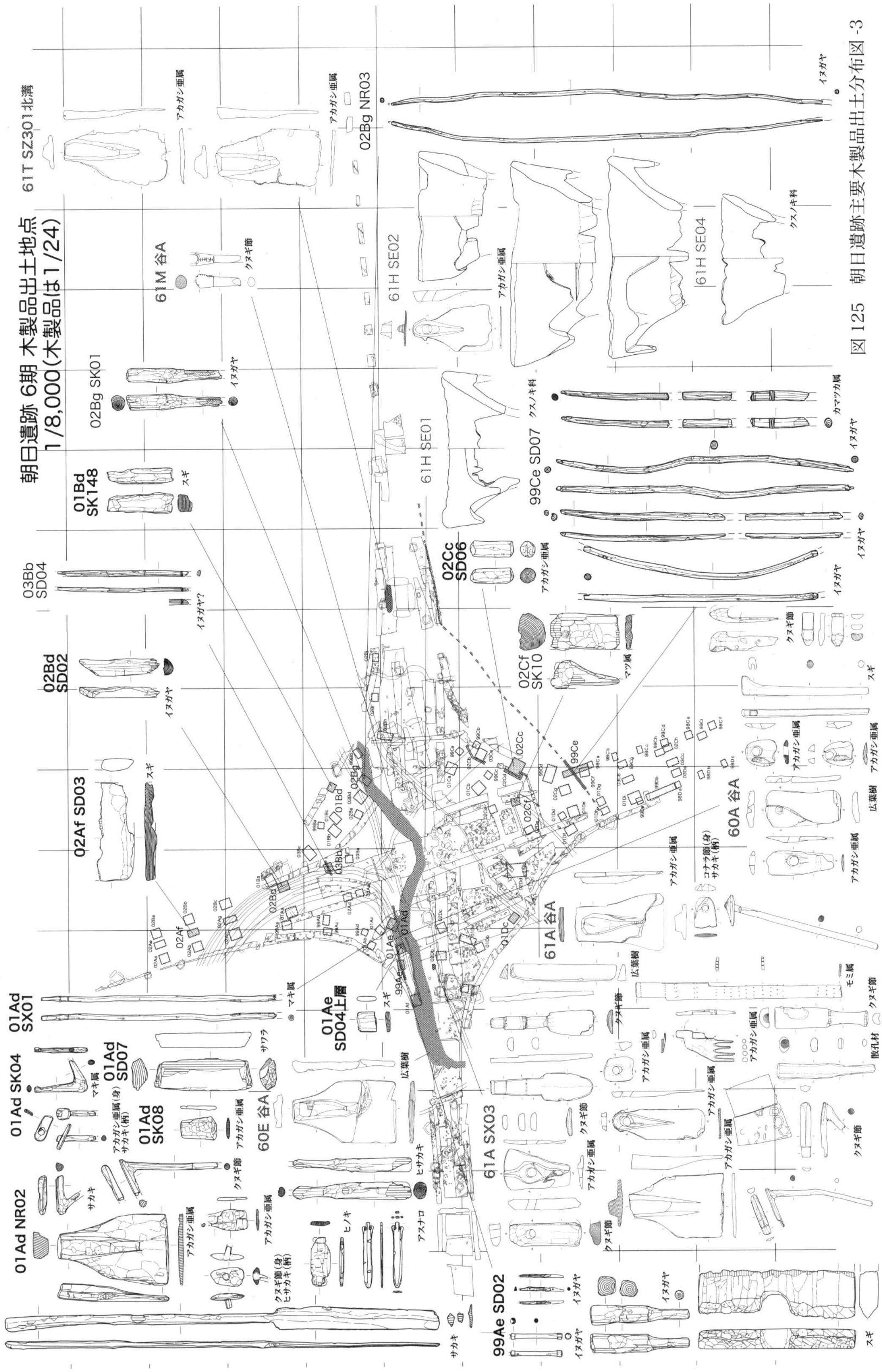

図125 朝日遺跡主要木製品出土分布図-3

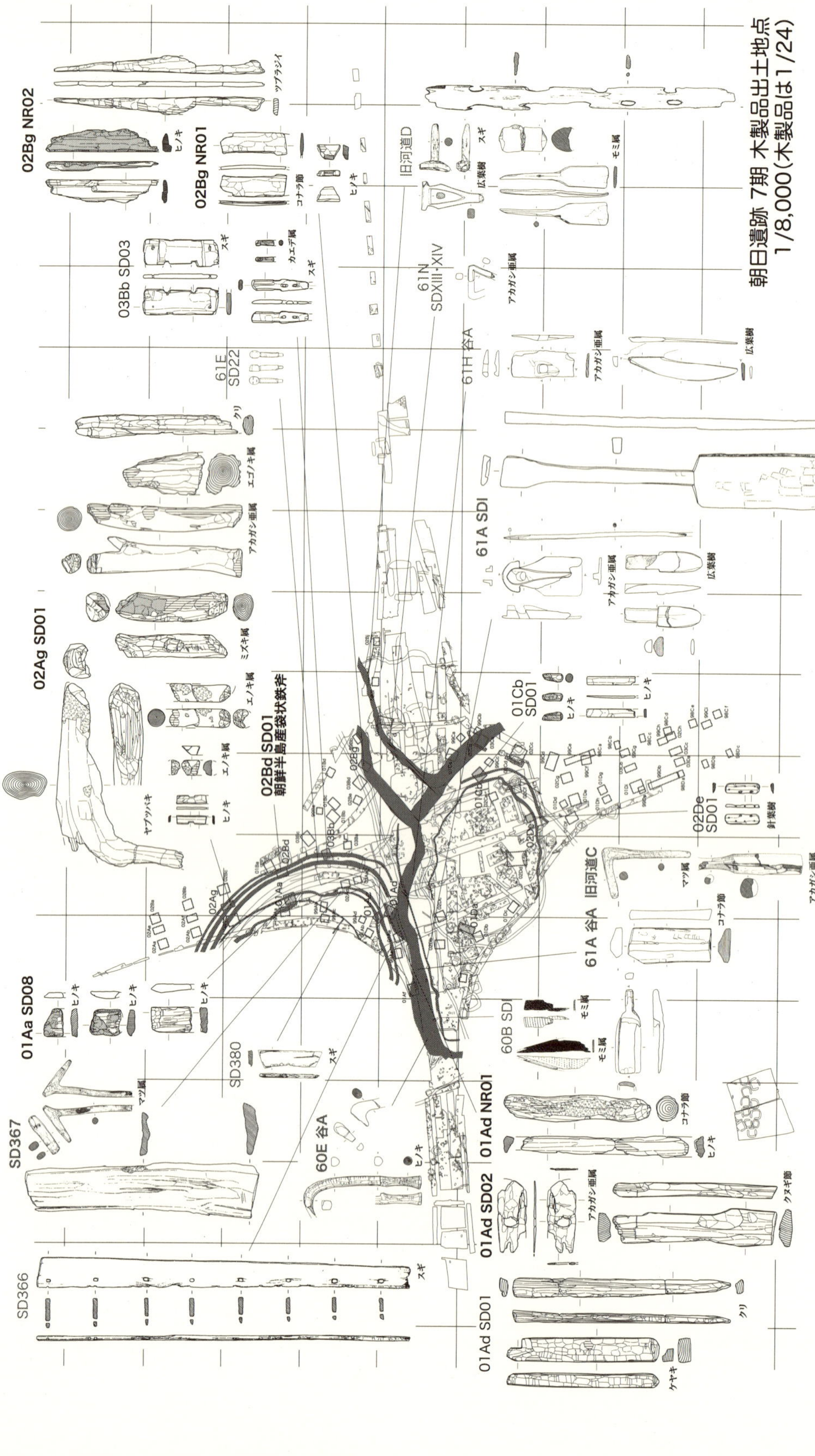

図126 朝日遺跡主要木製品出土分布図-4

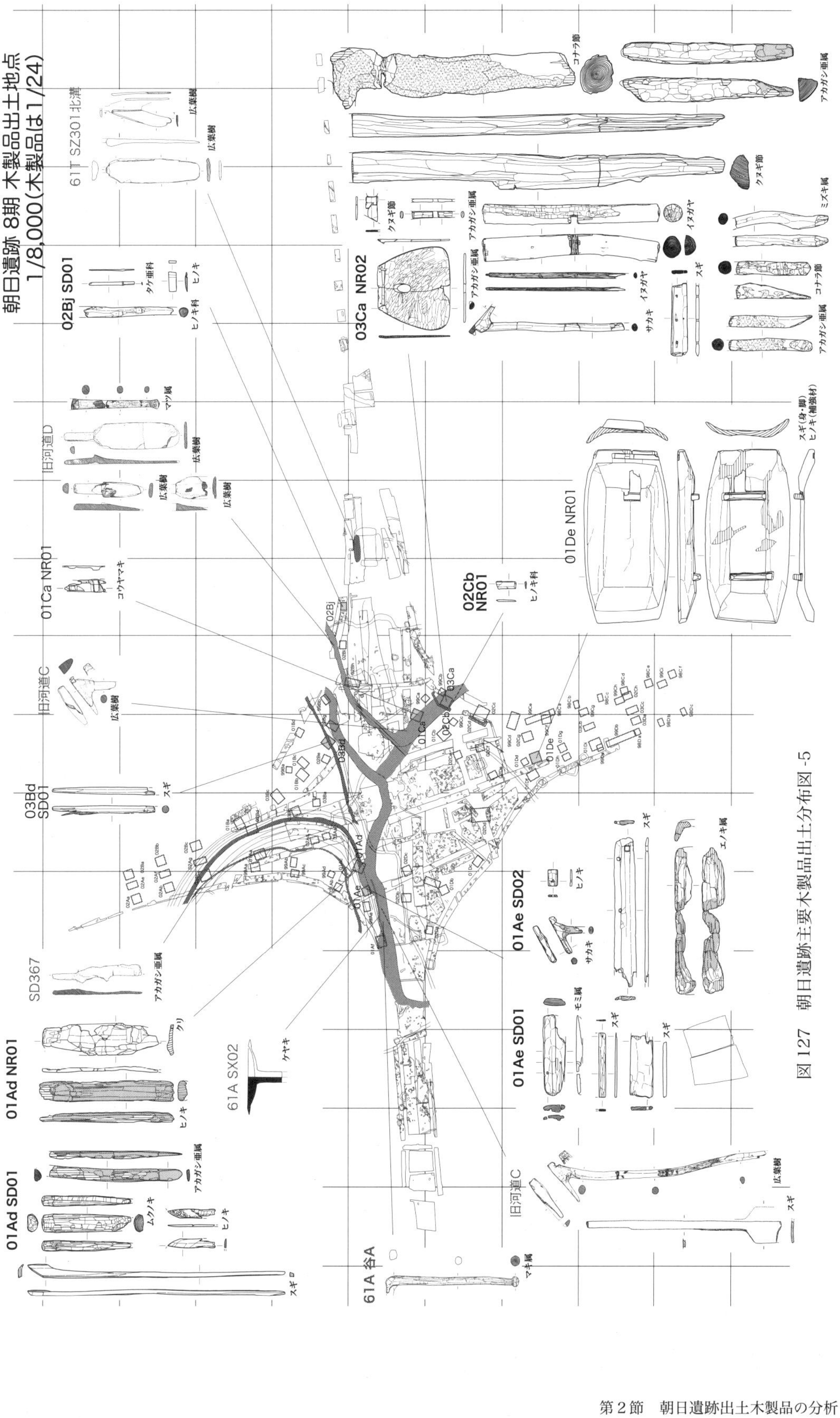

図127　朝日遺跡主要木製品出土分布図-5

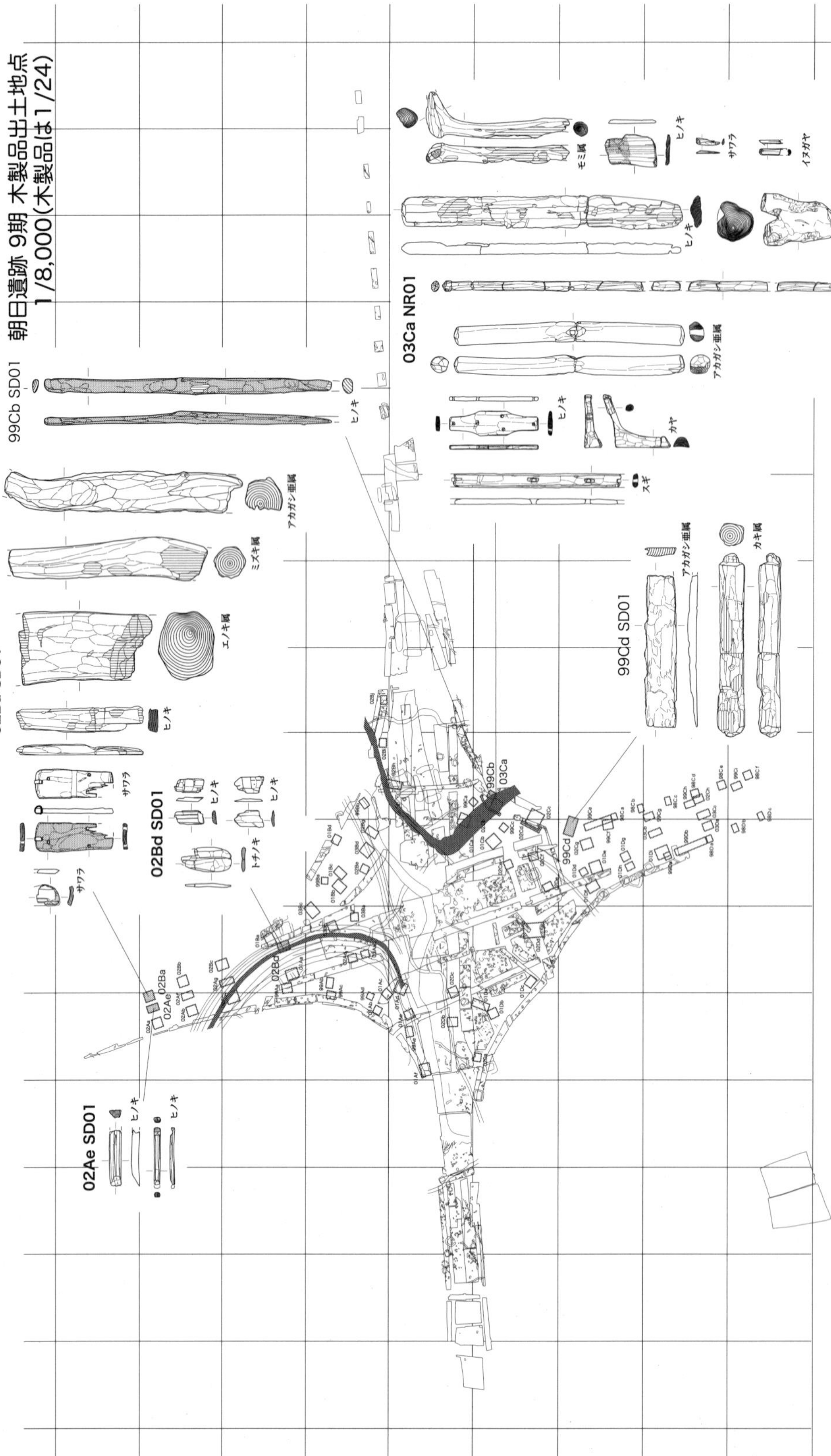

図 128　朝日遺跡主要木製品出土分布図 -6

東墓域近くの谷Aでシイノキ属の一木掘り棒未成品が出土している程度である。

廻間I式期以降（朝日8･9期）は、東側の谷Bを中心に、アカガシ亜属･コナラ節･クヌギ節･エノキ属・ミズキ属などの丸太材（樹皮つき）が大量に出土する（図127・128）が、そのほとんどが直径10cm程度の細い材である。杭も同様にアカガシ亜属・コナラ節・クヌギ節・ミズキ属などの芯持材（樹皮つき）を用いるが、やはりいずれも直径10cm以下である。このほか、ヒノキ（科）の板材・残材も多数出土しているが、これらの樹種を用いた未成品は皆無である。

以上の状況を簡単にまとめると、表6のようになる。これをみてもあきらかなように、針葉樹･広葉樹ともに大径材は皆無であり、全時期を通じて連続成形の未成品も存在しない。未成品そのものは弥生中期中葉～後葉（4～6期）に多く、後期（7期）には激減して廻間I式期（8期）以降なくなる。針葉樹板材は弥生中期中葉（4・5期）以降一定量出土し続け、廻間II・III式期（8期後半）に減少するが、松河戸II式期（9期）にはまた多量に出土するようになる。広葉樹板材は4・5期をピークに減少し、廻間II式期になくなるが松河戸II式期には再び少量だが出土するようになる。残材は、針葉樹・広葉樹ともに廻間I式期（8期前半）に最も多くなる。ただし、広葉樹の残材は廻間II式期以降、急激に減少するのに対して、針葉樹の残材は廻間II式期以降一旦なくなるが、松河戸II式期には再び多量に出土するようになる。

4. 器種組成の変遷とその特徴

弥生中期前葉（朝日2・3期）から松河戸II式期（朝日9期）までの器種組成の変遷は、表5およびカラー図版18～21に示したとおりである。

出土点数では、弥生中期中葉（朝日4・5期）・弥生中期後葉（朝日6期）・廻間I式期（朝日8期前半）が多く、廻間II・III式期（朝日8期後半）は極端に少ない（表5)。ただし、廻間I式期は杭が70点と多く、この時期の器種組成のうち40%近くを占めている（図129)。

表5　朝日遺跡出土木製品 器種組成変遷表

	朝日2･3期	朝日3～4期	朝日4･5期	朝日5～6期	朝日6期	朝日7期	朝日8期(廻間I)	朝日8期(廻間II)	朝日8期(廻間III)	朝日9期(松河戸II)	合計
掘削具	7	3	12	11	32	12	12		1	1	91
掘削具柄			1		2	2	3	1			9
農具	1	2	6	5	9	1				4	28
工具･雑具	1	5	9	7	22	7	3		1	1	56
容器	5	4	10	3	3	1	5	1			32
食事具	2	3	1				1				7
紡織具	1	5	6	4		2					18
運搬具･漁撈具	1		1		1	4					7
狩猟具･武具	3	7	16	3	10	3	1				43
服飾具		1									1
威儀具	4		2		1						7
祭祀具	1		3		2	1			1		8
建築部材	2	7	9	2	5	4	2	3		2	36
杭	2	1	16	5	3	2	70	8	1	3	111
土木材			2					1			3
不明部材	2	4	7	3	6		4			1	27
棒状品	14	11	39	11	34	10	20	5	2	12	158
板状品	17	17	55	20	47	26	38	15	1	26	262
残材		2		1	5	2	10	1		19	40
分割材		4	8	4	2	5	5			1	29
丸太	7	1	15	1	1	7	8	1		9	50
合計(杭以外)	70(68)	77(76)	218(202)	80(75)	185(182)	89(87)	182(112)	36(28)	7(6)	79(76)	1023(912)

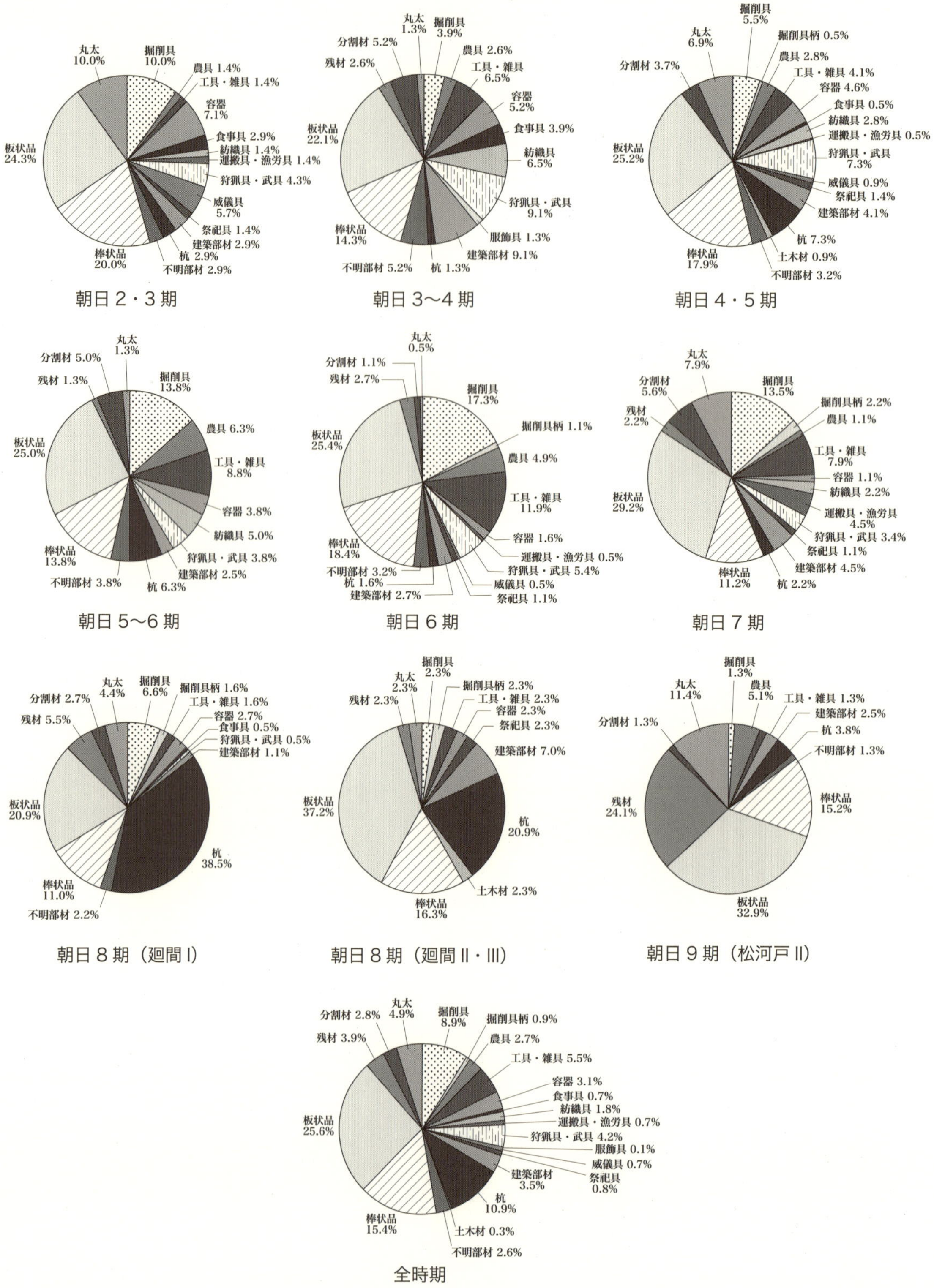

図 129　朝日遺跡出土木製品 器種組成変遷グラフ -1

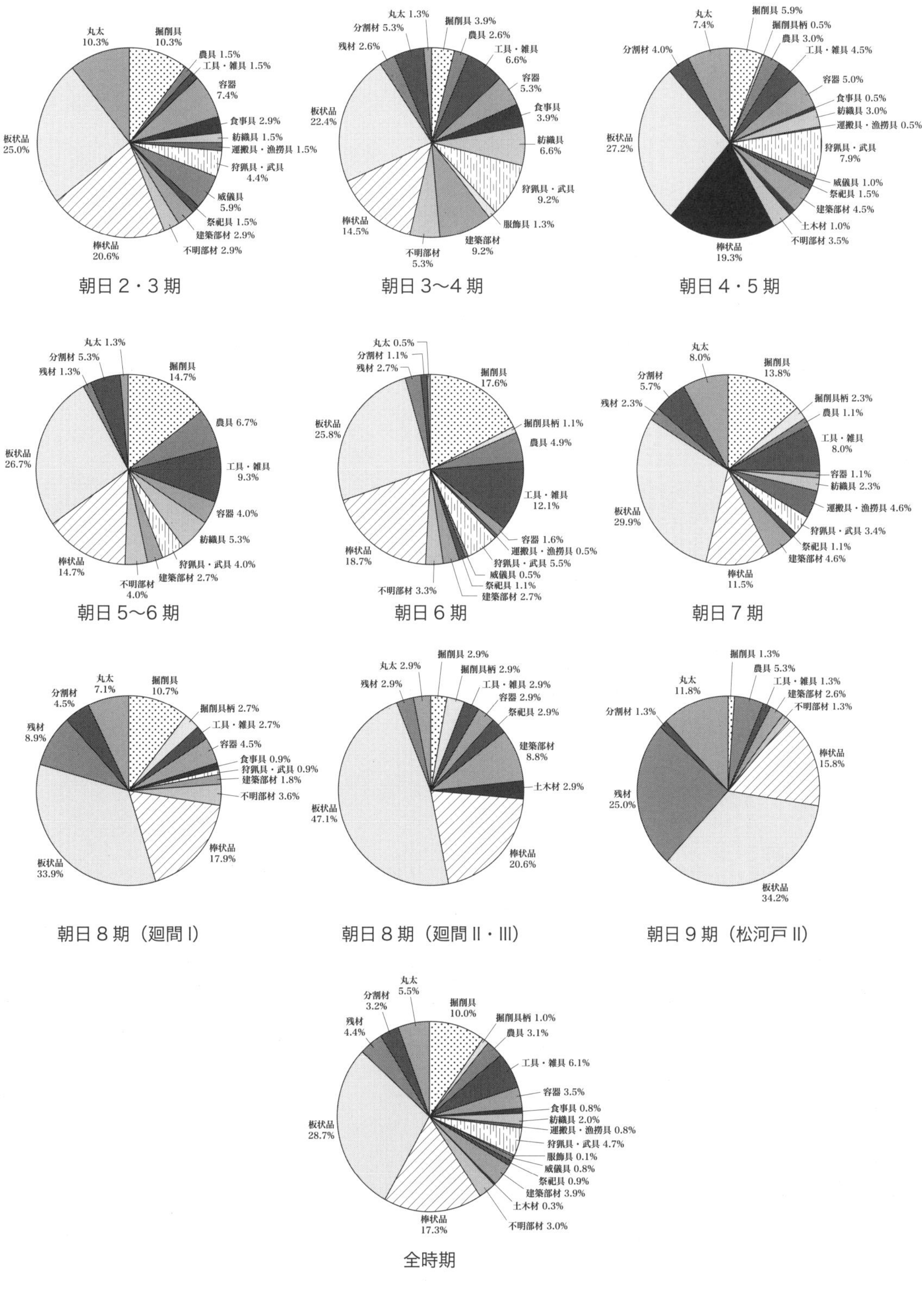

図 130　朝日遺跡出土木製品 器種組成変遷グラフ -2

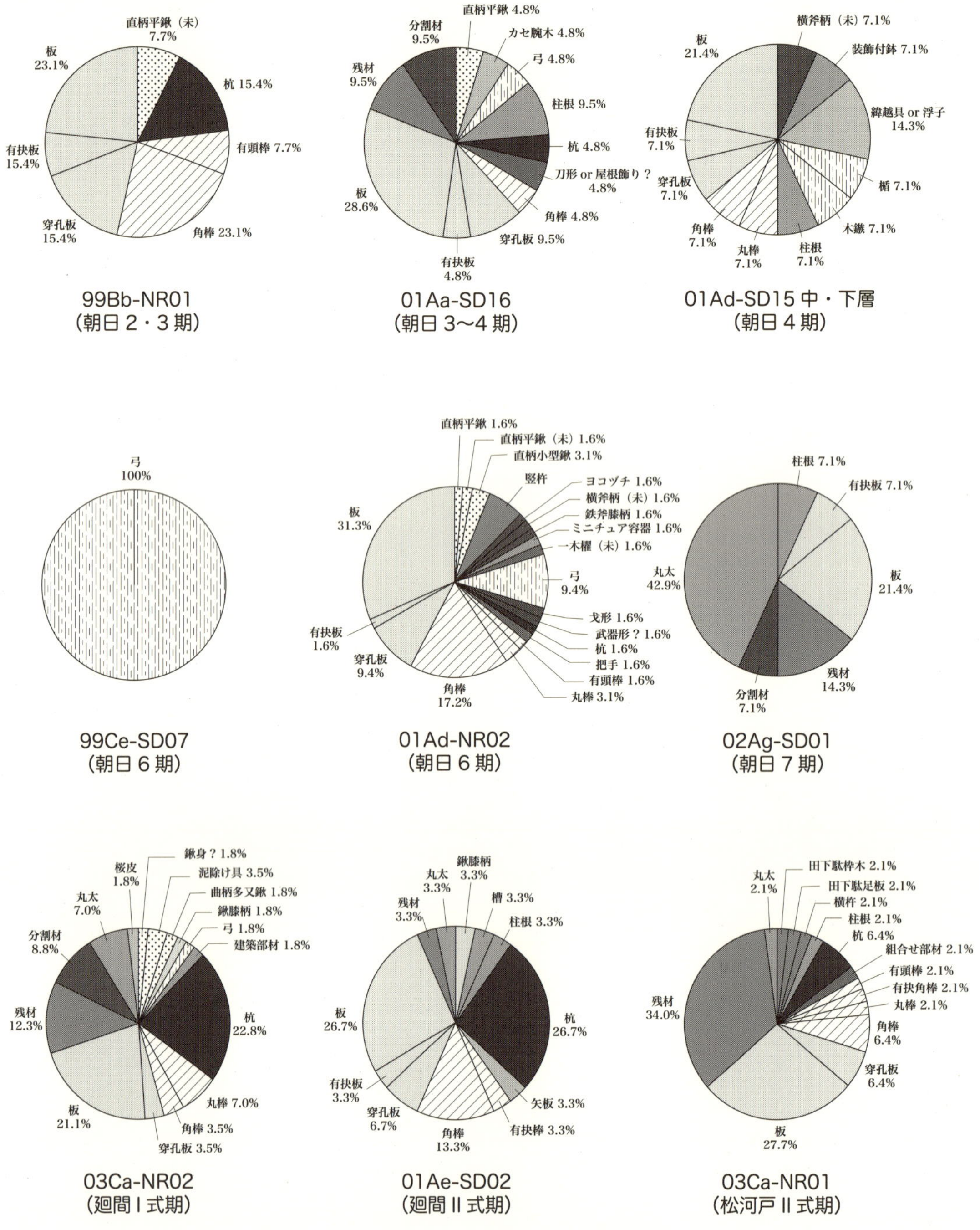

図131　朝日遺跡出土木製品 遺構別器種組成グラフ

図130は、各時期の全器種中、杭を除いた器種組成を示したグラフである[2)]。弥生中期前葉から後期までは、具体的な用途を特定できる木製品（掘削具〜建築部材）が40%以上を占めているのに対し、廻間Ⅰ式期以降は25%を切るようになり、松河戸Ⅱ式期にいたっては、10.5%

にまで下がっている。

また弥生後期までは、掘削具から建築部材まで、おおむね一通りに器種が揃っているのに対して、廻間Ⅰ式期以降は主要器種（農具・紡織具・祭祀具など）の欠落がめだつようになる。このことは、廻間Ⅰ式期を境に、朝日遺跡では大規模な人の集住がなくなったことを示している。

弥生後期以前では、朝日５～７期で掘削具（鍬・鋤類）や工具・雑具（加工具柄・ヘラ・火鑽臼など）の比率がそれ以前に対して高くなる。

各時期ごとの主要遺構単位での器種組成（図131）では、まず99Ce区SD07が際だって特徴的である。すでに前項で述べたように、この溝は朝日６期（弥生中期後葉）の集落全体における南限を区画する大溝であることから（図125）、これらの弓にはなんらかの防御的な意図が込められていた可能性が高い。

02Ag区SD01（弥生後期）・03Ca区NR02（廻間Ⅰ式期）・03Ca区NR01（松河戸Ⅰ式期）では、残材が全木製品のうちで10%を超えており、なかでも03Ca区NR01では34%におよぶ点は、それぞれの時期における木製品の生産のあり方を考える上で重要である。

5. まとめ

これらの状況を遺跡の消長などと関連づけると、次のような解釈が可能となる（表6）。

まず、２～５期にかけての製品・未成品・板材などの増加は、集落域の拡大や北・南居住域に環濠掘削が示すように、朝日遺跡への人口の集中とそれに伴う集落景観の整備などに大量の木製品が使用された結果といえる。

また、東墓域における超大型方形周溝墓（長軸20m以上）の出現は、２～５期に朝日遺跡のなかで首長層の存在が明確化したことを示している。これら首長層が使用したとみられる木製品による精製容器・食事具・威儀具（儀杖など）が、尾張地域では朝日遺跡にのみ集中することは、朝日遺跡が尾張地域における弥生集落の階層性で頂点にあることを意味し、かつそれらの出土地点が北居住域の周辺であることは、この時期の首長層が北居住域内で生活していたことを示すものとおもわれる。さらに、４・５期には未成品や原材の出土地点が北居住域の南側に集中することから、木製品生産が首長層による一定の管理の元におこなわれるようになった可能性を示している。

６期には環濠が埋没し、居住域・墓域が複数単位併存するというように、これまでとは集落のプランが大きく変化する。集落全域におよぶ大改変に伴って、この時期は特に掘削具が多用される。この直柄平鍬の未成品は、集落の各所で出土することから、４・５期とは異なり、小居住域単位で木製品の生産をおこなっていたとおもわれる。また、４・５期には多くみられた広葉樹のミカン割り材が著しく減少する一方で、前述の直柄平鍬未成品や広葉樹の残材がめだつようになる。これらの現象は、おそらく朝日遺跡での鉄製工具の導入や、春日井市勝川遺跡のように大規模な木製品生産工房を抱える集落が濃尾平野の丘陵縁辺に出現することと密接に関わっており（樋上 2003a）、この時期に木製品の生産・流通体制が濃尾平野全域で大きく変革した可能性がある[3)]。すなわちこの時期に、森林資源に近い丘陵縁辺の集落では原材の獲得から製材、さらには未成品の製作までをおこない、ここで製材された板や掘削具・容器など生活用具の未成品が、

表6　朝日遺跡出土木製品と集落変遷の対応関係

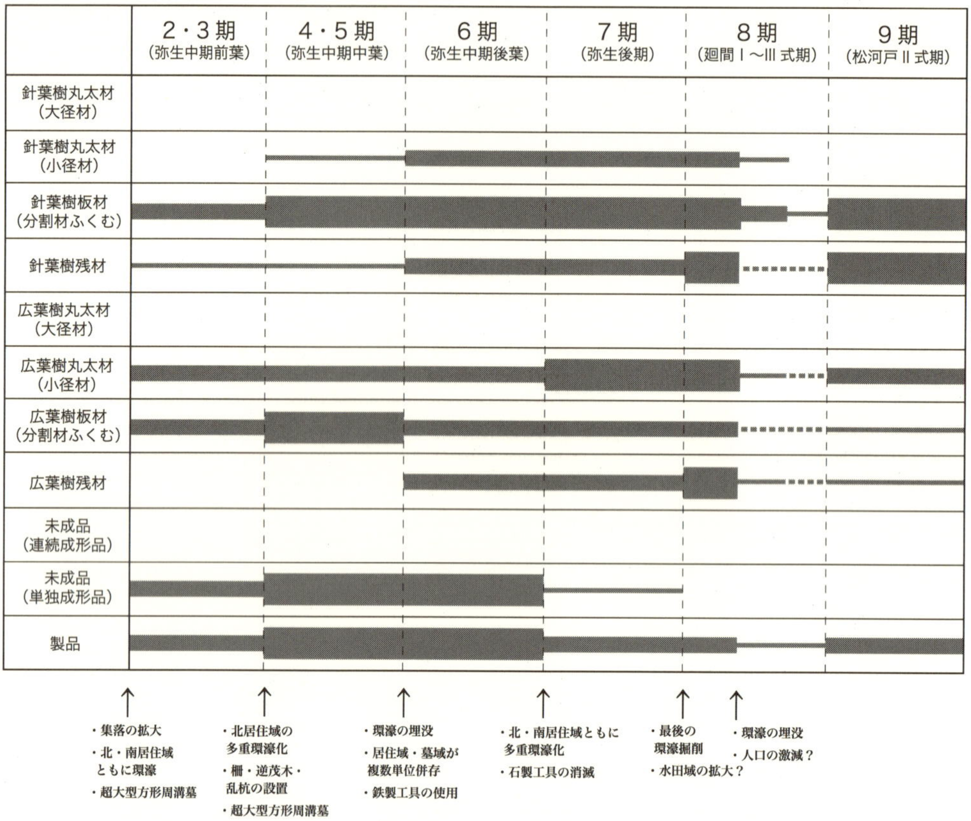

周辺に木製品をつくりうる大径木がない沖積低地の集落へと供給する体制が本格的に確立したと考えられる。そのため、丘陵縁辺に立地する勝川遺跡と沖積低地の朝日遺跡では、原材や未成品を保管するシステムや意味が全く異なっており、朝日遺跡から連続成形の直柄平鍬未成品や大型の丸太材・板材が出土しないのはそのためだとおもわれる。

7期には、再び北・南居住域に多重環濠が再掘削されて集住化が始まる。それに伴って掘削具が多用される傾向が認められる。掘削具のうち、直柄平鍬には泥除け具が装着されるようになり、田下駄の出土もこの時期から認められる。原材では、広葉樹の丸太材が特にめだつが、そのほとんどが直径10cm以下の小径材である。また、鉄製工具の普及により、未成品の出土はさらに減少する。これら鉄製工具とその柄、さらに原材・未成品の大半が北居住域の環濠内から出土していることから、この時期の木製品は北居住域でほぼ集中的に生産された可能性が高い。

8期前半（廻間Ⅰ式期）には、環濠が再度掘削され、その後は放棄される。北居住域の東側では、弥生中期までの墓域が水田化されており、水田域が急激に広がっている様子が窺える（名古屋市教育委員会2002）。これら集落の改変に伴って、この時期も掘削具が多く出土するが、直柄平鍬は少なく伊勢湾型曲柄平鍬が主体となる。また、北居住域の環濠内より赤彩をほどこした高杯が出土していることから、北居住域には首長層が居住していた可能性が高い。ただし木製品の生産拠点は北居住域周辺ではなく、南居住域東側の谷Bへと移る。ここからは、広葉樹の丸太材・

ミカン割り材とともに、針葉樹（ヒノキ主体）の板材や残材も多く出土している。

8期後半（廻間II・III式期）段階には、再び北居住域南辺から針葉樹の板やクサビ（箭）などが出土していることから、北居住域縁辺で木製品の生産がおこなわれていたようだが、出土量は少ない。この時期、すでに人口は減少して環濠は放棄されており、環濠の痕跡が凹みとなって残っている状況であった。その凹みを利用してのきわめて小規模な木製品生産であったと考えられる。

9期には再び谷Bから針葉樹（特にヒノキ）を主体とする多量の板材・残材が出土するようになる。丸太材はすべて広葉樹で、なかには直径25cm程度の材も認められるが、依然として未成品はない。製品も横杵を除けば生活関連品は少なく、8期後半から9期にこの地で木製品の生産をしていた人々の実態はよくわからない。また、未成品がないため、これらの原材で何を製作していたのかも不明である。ただ、7期（～8期前半）以前とでは、木製品の生産体制が全く異なっていることだけは確実にいえるだろう。

以上、本稿では朝日遺跡でこれまでに出土した弥生中期前葉から古墳前期におよぶ、1000点を超える木製品を、未成品・原材を主体として時期ごとに分析することにより、沖積低地に立地する巨大集落での木製品生産の変遷を描きだすことに主眼をおいてきた。8期前半（廻間I式期）までは集落の全体像がおおむね把握できているために、ほぼその目的は達成できたとおもわれるが、8期後半（廻間II・III式期）～9期については、まだその実態があきらかにできたとはいえない。

註

1) 東村純子のご教示による。

2) 今回の調査では、杭もすべて取りあげているが、かつての調査ではすべての杭をサンプリングしていない可能性があるため、杭の多寡が器種組成の比較に影響をおよぼすのを避けることを意図している。

3) 直柄平鍬を作り得るアカガシ亜属などの大径材は、それらが豊富にある丘陵部の縁辺に立地する集落（例えば勝川遺跡）で伐採され、板材ないしは柄孔をあける直前段階の未成品にまで仕上げて沖積低地の集落に供給するような体制がこの時期に成立した可能性を考えている。樋上2005aでは、このような体制は古墳前期に出現したとし、それまでは製材された板・丸太などが河川を通じて下流の集落へと供給するシステムの存在を想定していた。朝日遺跡では、すでに弥生中期後葉段階には未成品というかたちでの流通が存在していた可能性が高い。ただし朝日遺跡以外では、未だにデータが不足しており、この段階での未成品流通システムが濃尾平野低地部で一般化できるのか否かは不明である。

第３節　木製品からみた中部・北陸地方の弥生・古墳時代集落

１．はじめに

本節では、東海・北陸・中部高地における弥生・古墳時代集落の階層性について、おもに出土する木製品から考えてみたい。ここで扱う時代幅だが、規模や遺構密度、出土遺物などから集落の階層差を明確に認めうる弥生中期前葉からみていく。そして、弥生時代の大型集落（拠点集落）や古墳時代の首長居館と目される遺跡を中心に、その内部構造と出土遺物から、大型集落や首長居館と小型集落（一般集落）における階層性とその意義をあきらかにしていきたい。

２．弥生時代の集落構造と階層性

近年、全国的に沖積低地の大規模開発が進んだ結果、それぞれの地域で弥生中期～後期の拠点とみなされる大型集落遺跡の調査事例が増加し、それに伴って各地で集落研究も活発化しつつある。そこでは、おおむね各地域の中小河川の流域において、大型集落を核として、その周辺に複数の小型集落が取り囲むかたちで一定のエリアを形成するといったモデルが提示されている（広瀬編著 1997 など）。

ただし、ひとくちに大型集落や小型集落といっても、研究者間でイメージに開きがあり、かつ大型集落そのものの実態も各地で一様ではない。そこで、ここでは、当地域における弥生時代の大型集落から小型集落を大きく集落Ａ・集落Ｂ・集落Ｃとし、それぞれの分布する領域と内部構造の共通点について表７にまとめてみた。このうち、集落Ａと集落Ｂがおおむね一般にいわれる拠点集落に該当し、集落Ｃが一般集落にあたる。

集落Ａのうち、当地域では愛知県清須市の朝日遺跡（前期～後期）（愛知県教育委員会 1982、愛知県埋蔵文化財センター 1991b・1992c・2000・2007a・2009b）、石川県小松市の八日市地方遺跡（中期中葉～後葉）（小松市教育委員会 2003a）、長野県長野市の松原遺跡（中期後葉～後期）（長野県埋蔵文化財センター 2000）、静岡県浜松市伊場・梶子遺跡（中期後葉～後期）（浜松市教育委員会 2002、浜松市文化協会 1991 など）は特に集落規模・遺構密度・出土遺物の点で傑出している（図 133・134・136）。これらの集落の特徴は、環濠などによって居住域を複数の区画に分割し、その内部には木製品の加工場や玉作り工房、さらに後期には銅製品や鉄製品など、複数の手工業生産施設が存在している。また、集落の一般成員が居住する区域や手工業生産施設とは別に、この巨大集落を束ね、祭祀を主宰し、他集落とさまざまな交渉をおこなう役割を担った首長層のための居住スペースである大型竪穴建物や、祭祀を執行する場あるいは収穫した穀物を保管した倉庫と考えられる大型掘立柱建物[1]からなる特別な区画が存在していた。この首長の居住・祭祀空間は、中期後葉には一般成員の居住域内に収まっていたが、弥生後期の伊場・梶子遺跡や朝日遺跡の北居住域では、明確に一般成員の居住域から完全に独立している。これら首長並びに一般成員の居住域のさらに外側には大規模な墓域がとりまき、墓域のなかには首長層の墳墓とみられる墳丘の一辺が 20m を超えるような大型方形周溝墓が複数存在する。そして、集落周辺の微低地には水田域が広がっていたと推定される。これら集落Aは律令期の旧国単位で1遺跡からせいぜい3遺跡程度しか存在しなかったと推定される。

集落Bは前期の集落Aよりも規模・遺構の密集度の点で劣るが、なお、律令期の旧郡程度の領域を束ねたと推定される拠点集落である。ここでは、三重県四日市市菟上遺跡（中期後葉）（三重県埋蔵文化財センター 2005a）、愛知県春日井市勝川遺跡（中期後葉）（愛知県埋蔵文化財センター 1992b、樋上 2003a ほか）、愛知県稲沢市の一色青海遺跡（中期後葉）（愛知県埋蔵文化財センター 1998・2008）を例にあげる（図135）。

北勢地域の朝明川北側丘陵上に立地する菟上遺跡では、小枝谷をとりまくように竪穴建物主体の居住域があり、それとは別に独立棟持柱建物と大型竪穴建物が並ぶ集落中枢域が存在する。墓域も小規模に展開するが、墓域の本体は谷をはさんで南東側の丘陵上にある山村遺跡にある。竪穴建物120棟、掘立柱建物33棟で、竪穴建物には最大5回の重複が認められる。30～35棟程度の竪穴建物が同時併存していた可能性が指摘されている。集落中枢域には17.7×4.6m（81.4㎡）のSB311をはじめとする掘立柱

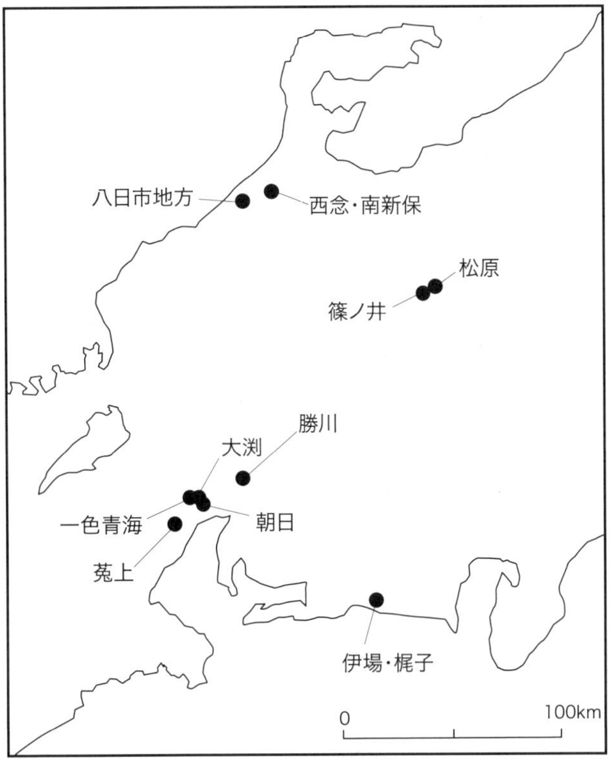

図132　弥生時代の関連遺跡

表7　弥生集落の分類

集落の分類	遺跡の分布	集落の内部構造	該当する遺跡
集落A	旧国で1～3遺跡程度	・環濠などにより、居住域を複数区画に分割 ・居住域の密集度高い ・首長層の祭儀・居住施設 ・複数の手工業生産施設 ・大型方形周溝墓を核とする大規模な墓域を複数形成 ・水田域	朝日 高蔵 西志賀 八日市地方 松原 伊場・梶子 など
集落B	旧郡に1遺跡程度	・複数の居住域 ・居住域の密集度やや低い ・首長層の祭儀・居住施設 ・手工業生産施設 ・大型方形周溝墓を核とする小規模な墓域を形成	勝川 一色青海 菟上 など
集落C	旧郡に数遺跡	・明確な区画施設なし ・竪穴住居10数棟と掘立柱建物数棟を散在的に配置 ・居住域の密集度低い ・小規模な方形周溝墓群 ・水田域	大渕など

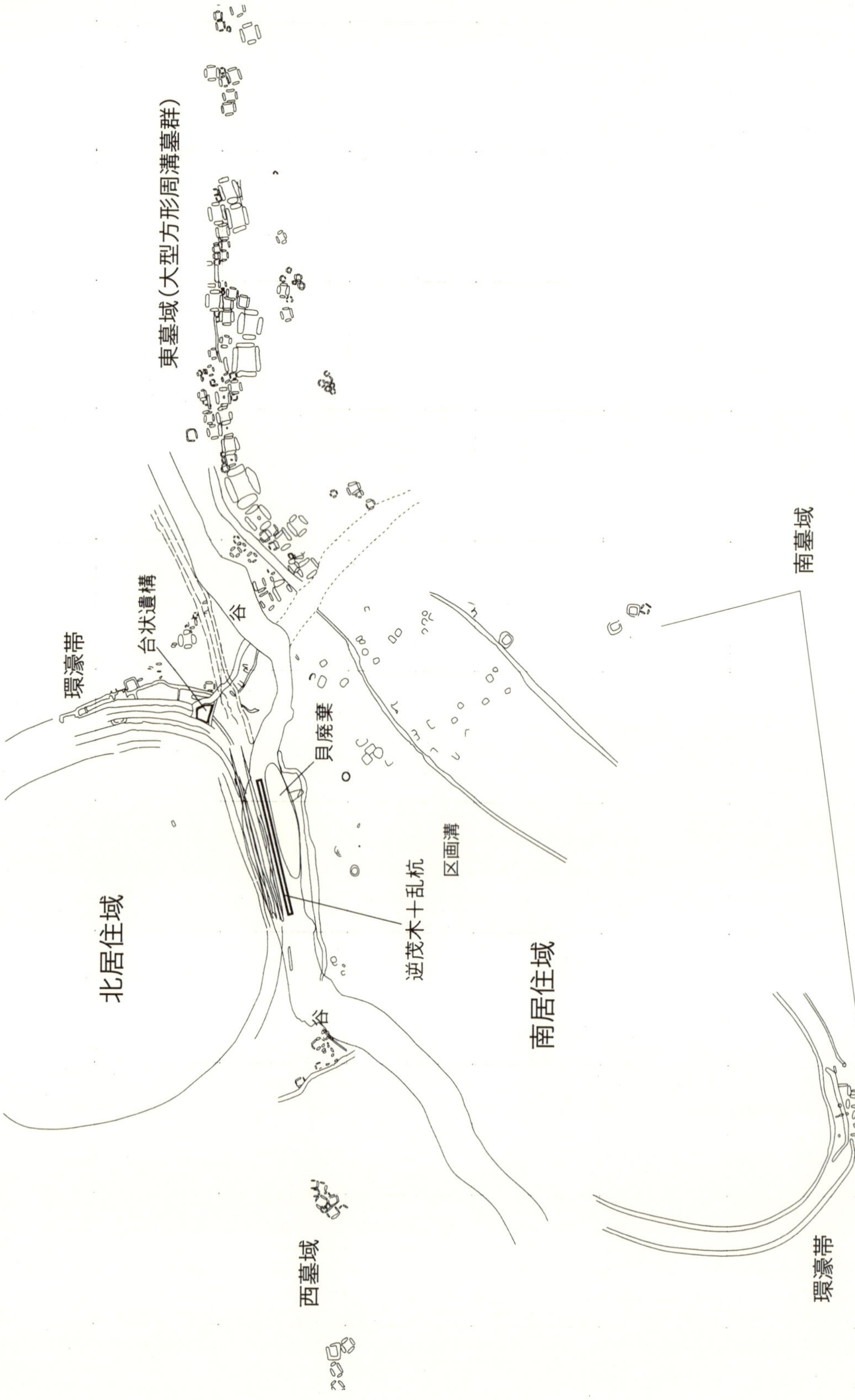

図 133　弥生中期の集落 A-1（愛知県清須市ほか朝日遺跡、S=1/5,000）

建物群と134㎡もの規模を誇る大型竪穴建物SH71などがある。

小枝谷からは木製品の未成品や原材が出土しており、周辺に木製品の工房区が存在した可能性を示唆している。また、ここではハイアロクラスタイトという石材を用いた磨製石斧が多数出土しており、このなかには敲打段階や剥離段階の未成品も認められている。員弁川沿いに北東へ十数kmさかのぼった位置にある宮山遺跡周辺で産出する、このハイアロクラスタイトという伊勢湾周辺地域の弥生集落で頻繁に利用される石材を用いた石斧生産において、この菟上遺跡は未成品の二次加工と周辺集落への分配という重要な役割を担っていたと推定されている。

勝川遺跡は、庄内川の支流である地蔵川に面する沖積低地と鳥居松面とよばれる洪積台地（春日井台地）の段丘崖が接する地点に立地している（樋上2003aなど、第IV章第1節参照)。総面積は18万㎡ほどで、隣接する町田遺跡をふくめて3ヶ所の居住域と2ヶ所の墓域、そして旧・地蔵川に面して工房区を有している。主たる居住域である南東山地区はすでに宅地化が進んでおり実態は不明だが、25,000㎡程度の面積であり、竪穴建物数棟が確認されている。

この勝川遺跡を特徴づけているのは、なんといっても約10,000㎡という広大な工房区である。段丘崖に沿って幅7mほどの溝SD60があり、そのなかに掘

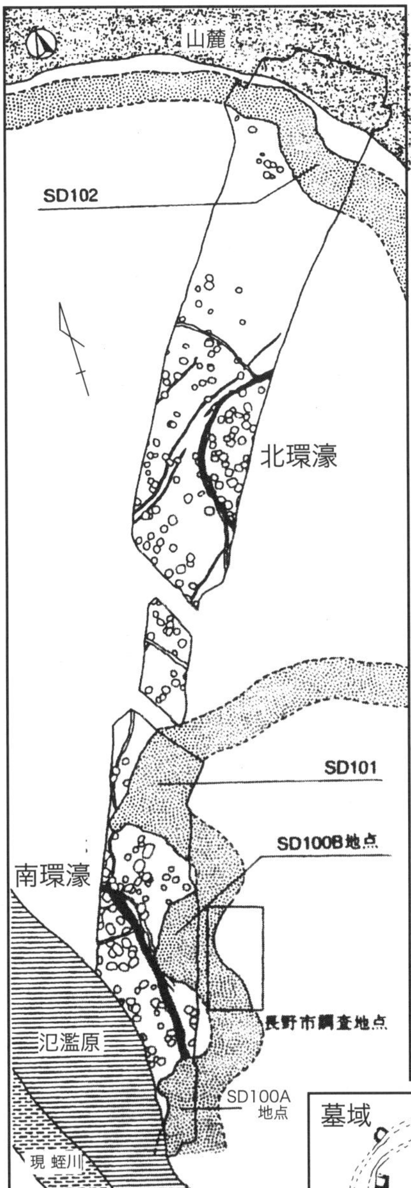

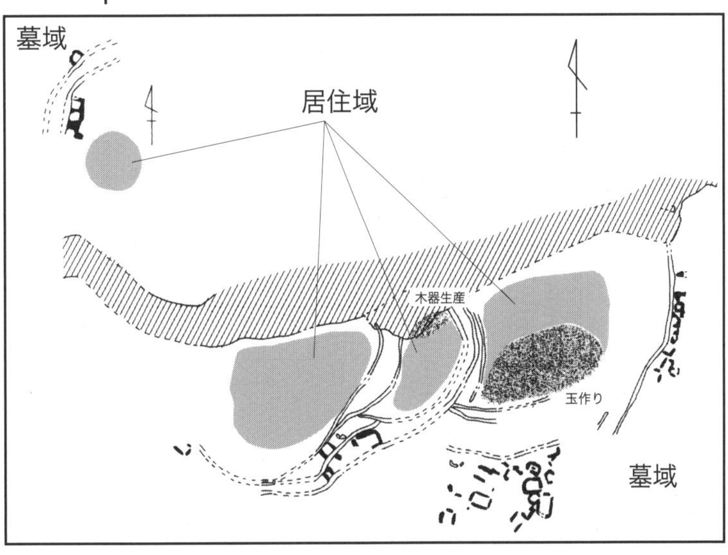

図134　弥生中期の集落A-2
（上−長野県長野市松原遺跡、下−石川県小松市八日市地方遺跡、S=1/5,000）

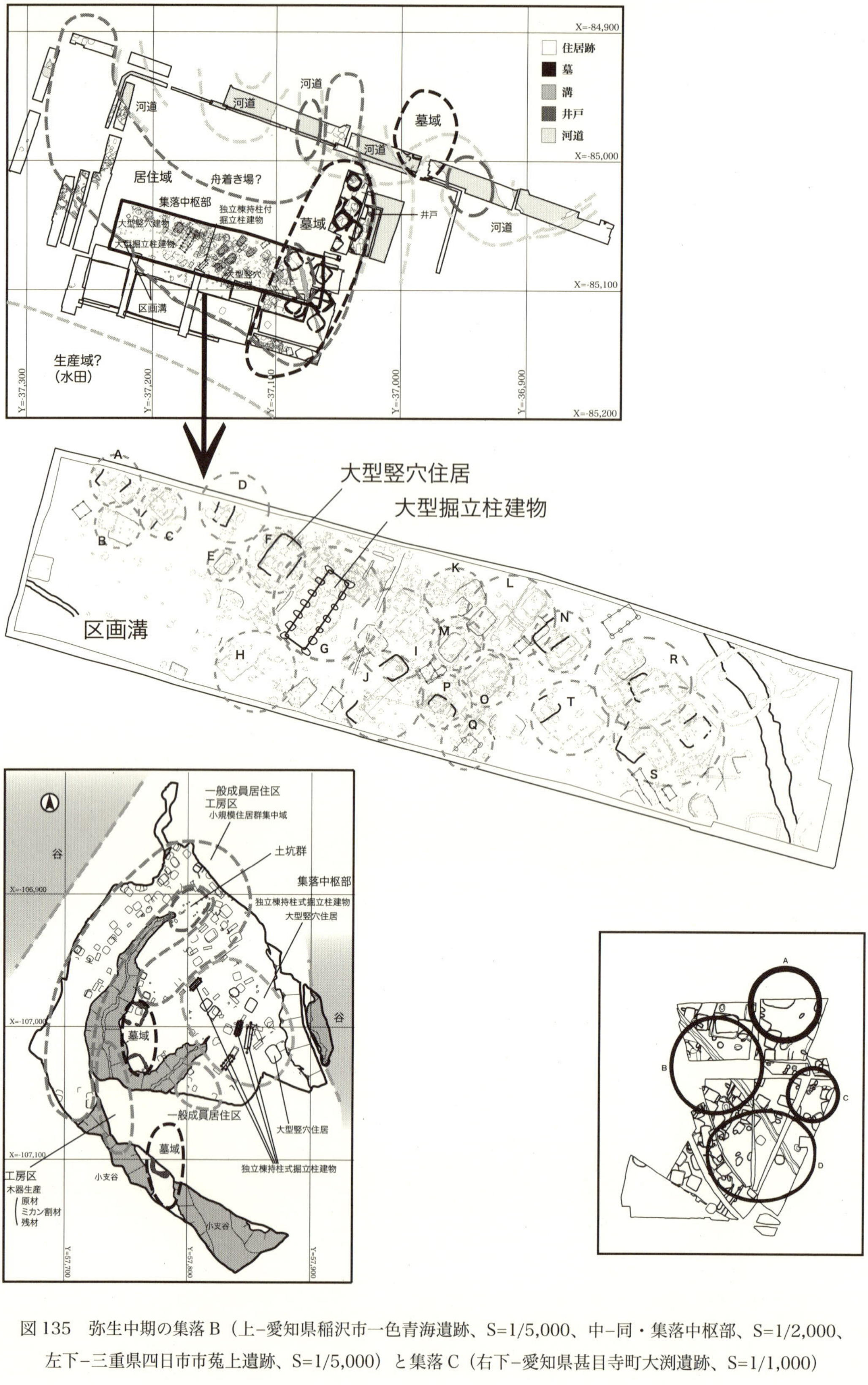

図 135　弥生中期の集落 B（上−愛知県稲沢市一色青海遺跡、S=1/5,000、中−同・集落中枢部、S=1/2,000、左下−三重県四日市市苑上遺跡、S=1/5,000）と集落 C（右下−愛知県甚目寺町大渕遺跡、S=1/1,000）

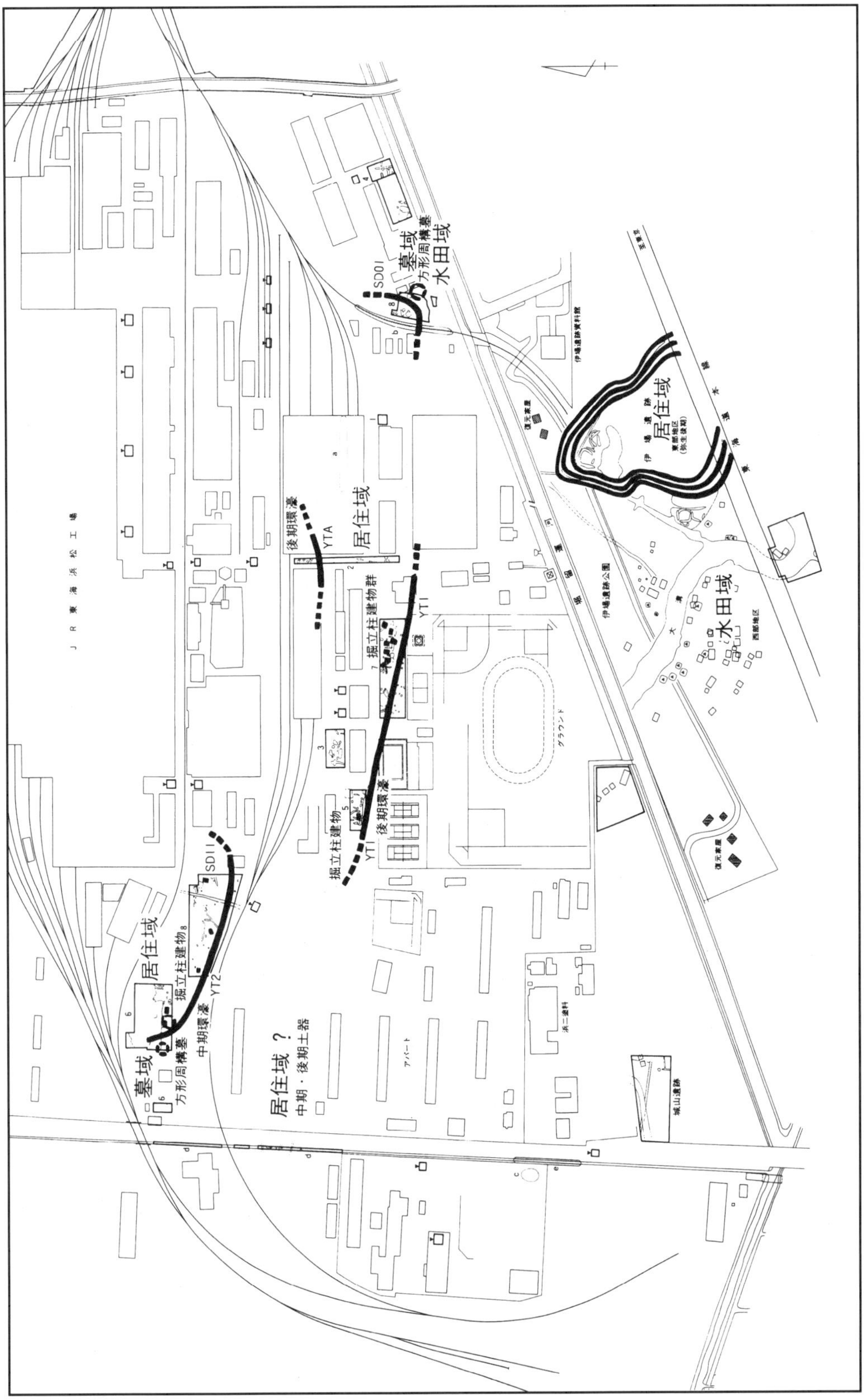

図136　弥生後期の集落A（静岡県浜松市伊場・梶子遺跡、S=1/5,000）

られた土坑SX01から多量の未成品・工具を主体とする木製品が出土している。このSD60の南には小規模な掘立柱建物が多数並んでおり、玉の原材なども出土している。居住域がのる洪積台地上は、かつては鬱蒼とした森林であり、勝川遺跡はこの森から伐り出した原木を貯蔵し、分割製材から各種木製品の製作までを一貫しておこない、庄内川を通じて下流の集落群へと原材・製品を分配する役割を担っていたと推定している。

一色青海遺跡も墓域は小規模で、大型方形周溝墓はない。最近の発掘調査で、東西約250m、南北約100mの居住域のほぼ中心に位置する東西約100mの範囲に、桁行16 m、梁間5mの大型掘立柱建物1棟と、その東に桁行7.5m、梁間3.5mの独立棟持柱をもつ掘立柱建物1棟、そして長軸9～10m、短軸5～6mの大型竪穴建物および小型の掘立柱建物数棟からなる建物群が確認された。これらの建物群はいずれもほぼ長軸方向を揃えて建てられているのが特徴である。この集落では、同一箇所で5～6回におよぶ竪穴建物の建て替え痕跡が認められることから、前述の建物群がすべて同時期に建っていた可能性はきわめて低く、また、これらの建物群を区画するような施設は認められていない。しかしながら、この一色青海遺跡や苑上遺跡の調査事例によって、弥生中期後葉には、中規模の拠点集落においても中枢部に、首長層の祭儀と居住の場とみられる大型掘立柱建物と大型竪穴建物が併存していたことがあきらかとなった（図135中）。

近年の集落研究は、もっぱらいわゆる拠点集落に該当する集落A・Bに対してであり、集落C（一般集落）に関してはほとんど研究の対象とはされていないため、意外にその実態はあきらかとなっていない。具体例についても、ここでは愛知県甚目寺町の大渕遺跡（中期後葉）（愛知県埋蔵文化財センター1991a）をあげうるにすぎない。発掘調査では墓域が確認されていないが、おおむね表7でまとめたように、明確な区画施設はなく、竪穴建物10数棟が散在的に配置されているにすぎない。そして遺構の密度も前述の集落A・Bよりも低い（図135右下）。

3．弥生時代集落の出土遺物と階層性

次に、集落A～Cの出土遺物をみていきたい。まず、これらの集落から出土する遺物群をその用途から「マツリの道具」「首長の所有物」「日常生活の道具」に分け、さらに素材別に「木製品」「石製品」「土製品」「骨角製品」「銅製品」「鉄製品」に分類する（表8）。このうち「マツリの道具」は、複数の集落が共同しておこなう祭祀と一集落で単独におこなわれる祭祀で用いられる器種を想定し、仮に前者を「上位のマツリの道具」、後者を「下位のマツリの道具」に分類した。すなわち弥生時代には、武器形・鳥形木製品や木偶、琴、線刻板、銅鐸、巴形銅器などはもっぱら集落Aかあるいは集落Bのうちでもごく限られた遺跡からしか出土しないのに対し、弥生後期の加飾された土器（パレススタイル土器）や銅鏃は、集落Bはもちろん集落Cの一部の遺跡からも出土例が認められる。

「首長の所有物」は祭祀の場などにおいて、首長がそれを身につけたり使用することによって、集落の一般成員に対して首長の地位の高さを示すことができるものを指す。なかでも、素材に希少性が認められるものや、精巧なつくりで装飾性が高いなど製作できる工人が限られる品々は、「上位の首長の所有物」と考えられ、ほぼ集落Aと考えられる遺跡からしか出土しない（図137）。なかでも匙やフォークなどの食事具は、『魏志倭人伝』に倭人は「手食す」と書かれてい

表8　弥生集落から出土する遺物の分類

		木製品	石製品	土製品	骨角製品	銅製品	鉄製品
マツリの道具	上位	武器形・鳥形・舟形 木偶 楽器（琴・筑状弦楽器など）				銅鐸 巴形銅器	
	下位			加飾高杯 加飾壷 器台 銅鐸形土製品		銅鏃	
首長の所有物	上位	精製容器類（高杯・鉢・桶など） 食事具（匙・フォーク） 武器（甲・剣鞘・飾り弓） 服飾具（竪櫛・カンザシ・木沓） 儀杖など	石剣		カンザシ 首飾り 腕輪 武器形	銅鏡	鉄剣
	下位		石小刀 勾玉 管玉 （ガラス玉）			銅釧	鉄釧
日常生活の道具		掘削具（鍬・鋤） 農具（田下駄・鎌・木庖丁・竪杵・ 臼・ヨコヅチ・木錘・編み台など） 工具（伐採斧・加工斧・クサビなど） 狩猟・漁撈具（弓・タモ枠・櫂など） 運搬具（船・背負子・ソリなど） 機織具 発火具（火鑽臼・火鑽杵）	穂摘具 石斧 砥石 石鏃 石錘	壷 甕 高杯 鉢 椀 土錘	骨鏃 モリ ヤス アワビオコシ 釣り針		鉄斧 刀子 ヤリガンナ

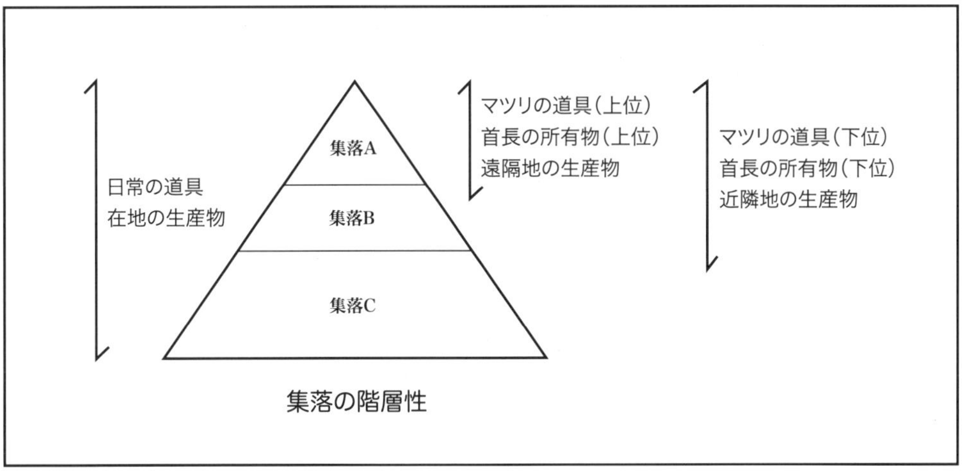

図137　弥生集落の階層性モデル

るように、古墳初頭においても、なお一般成員は手づかみで食事をしていたと推定されることから、きわめて限られた階層の人々の所有物であったことがわかる。八日市地方遺跡から出土しているきわめて精巧な食事具（弥生中期後葉）は、この集落を束ねた首長たちの美意識の高さと、それを支えた工人たちの木工技術の高さを示している。

弥生後期になると日本海側で木製容器の精製度がいっそう高くなる。石川県金沢市の西念・南新保遺跡（金沢市教育委員会 1996）出土の高杯は、ロクロを用いて整形し、外面には花弁の陽刻をつくりだすなどきわめて精巧につくられている（図140右）。これと全く同形の高杯が鳥取県鳥取市の青谷上寺地遺跡からも多数出土していることから、日本海ルートを通じてこ

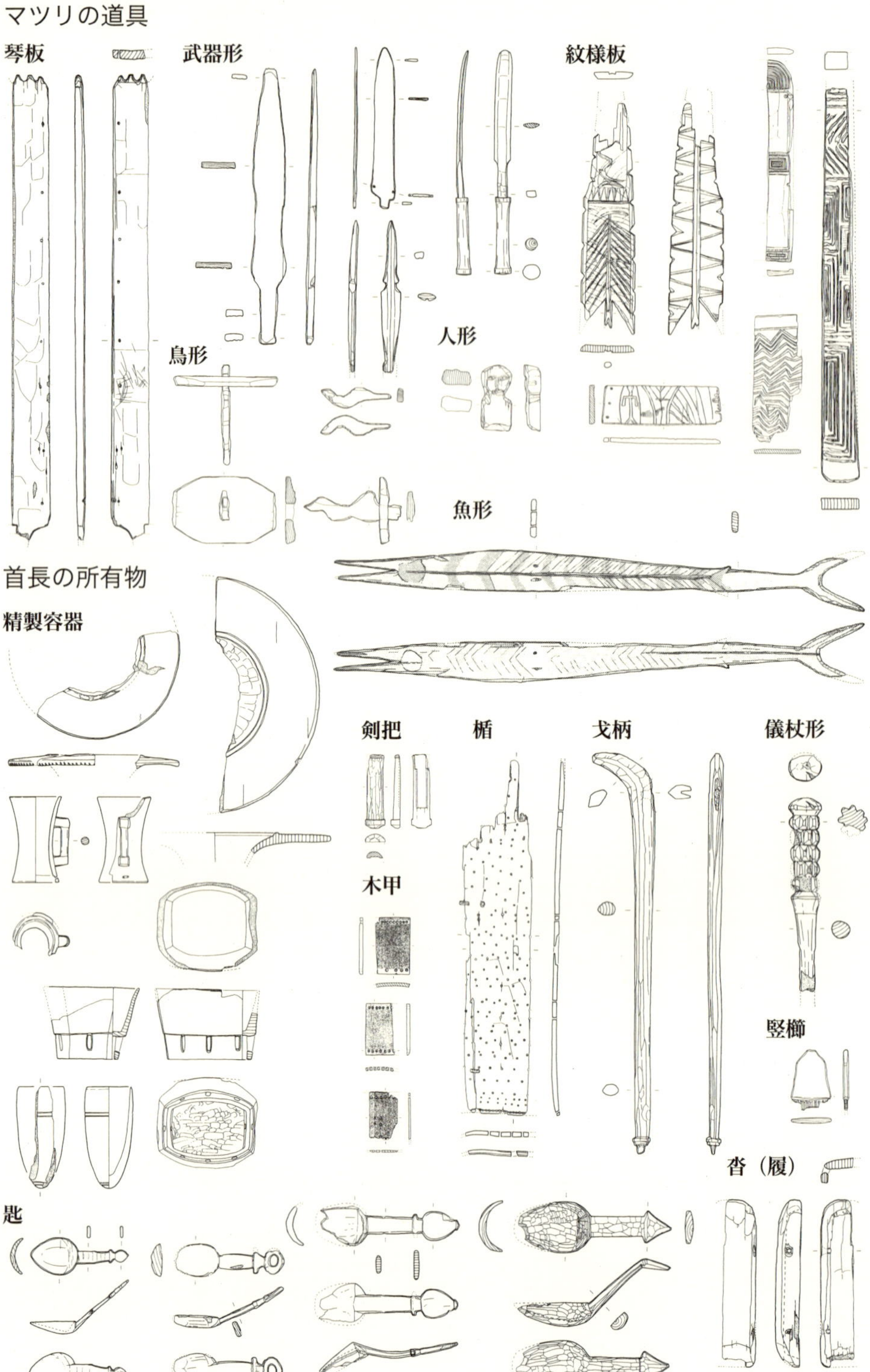

図138　マツリの道具と首長の所有物（八日市地方遺跡、S=1/12）

日常生活の道具

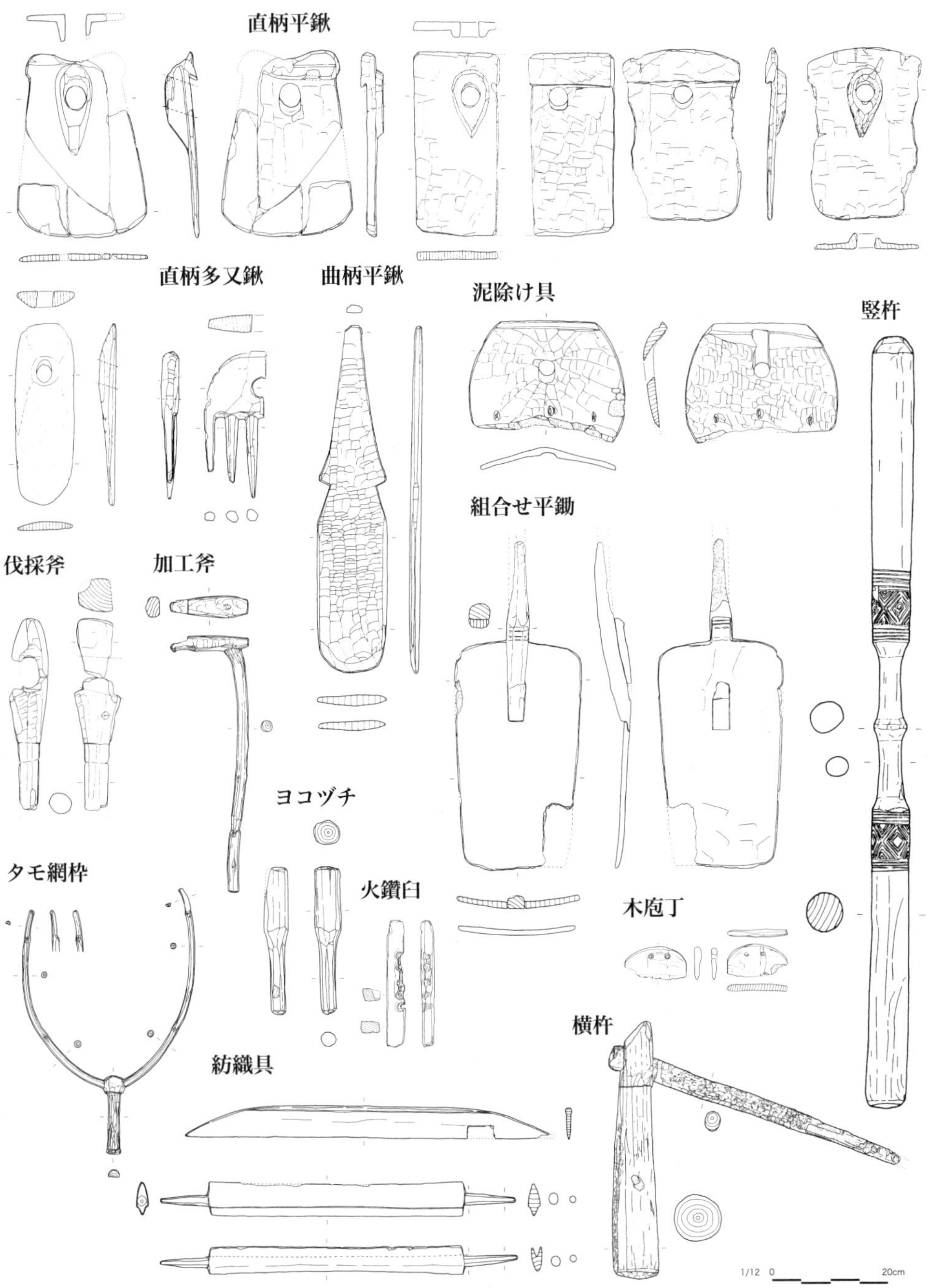

図 139　日常生活の道具（八日市地方遺跡、S=1/12）

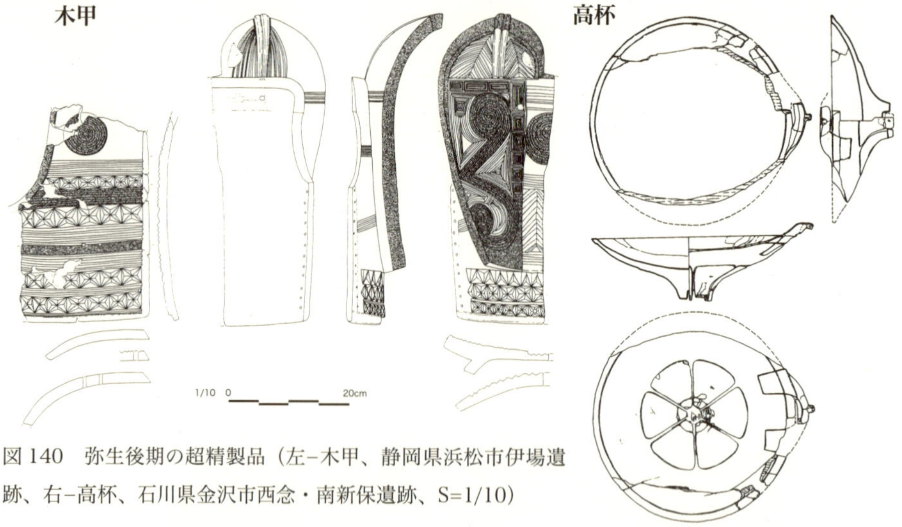

図140　弥生後期の超精製品（左–木甲、静岡県浜松市伊場遺跡、右–高杯、石川県金沢市西念・南新保遺跡、S=1/10）

ういった超精製容器類の製作技術が山陰地方から北陸地方へと伝播したと考えられる。八日市地方遺跡では、このほかに上端部に線刻をほどこした棍棒状の木製品が出土しており、首長が祭祀の場で手にした儀杖形木製品と考えられる。

太平洋側でも、伊場・梶子遺跡からは首長層の居住空間と想定される三重の環濠で囲まれた瓢箪形の居住域の一端から、見事な紋様と赤彩をほどこした木製甲が出土している（図140左）。朝日遺跡では、南居住域から銅鐸や巴形銅器などが出土しており、いずれもこの集落で製作されたと考えられている。

一方、「下位の首長の所有物」には、素材が比較的入手しやすく、製作が比較的容易なもの、あるいは首長が特別な祭祀の場以外にも身につけていたと考えられるもので、集落Bからもしばしば出土する。このうち、銅釧と鉄釧は長野県北部に位置する長野盆地（善光寺平）を中心に、東海地方東部から関東地方にかけて広く分布しており、長野盆地の首長層が東日本の各地域に配布したと考えられている（臼居 2000）。これらのうちの多くは墓や竪穴建物から出土しており、実際に首長層がふだんから身につけていたものと想像される。

「日常生活の道具」は、掘削具（鍬・鋤類）や農具、工具、狩猟・漁撈具、運搬具、機織具、発火具など、もっぱら集落の一般成員が日々の労働に際して用いた品々や、土器類のように文字どおり日常生活に使用した道具類を示している。これらの道具類は集落Aから集落Cまでのすべての階層の遺跡から出土するが、出土量に関しては、人口比の応じて集落Aがもっとも多く、集落Cからの出土量は決して多くない。そのため、「日常の道具」については上位・下位の概念は認めがたいが、ただ鉄製品のみ、弥生中期後葉までは集落AないしはBにしか存在しなかった可能性が高い。弥生後期には石製工具類はほぼ姿を消し、鉄製工具に置き換えられるが、特に朝鮮半島や中国大陸産の製品に関しては、集落Aにしか存在しなかった可能性が高く、朝日遺跡からは北居住域の環濠内から朝鮮半島製の鍛造鉄斧が出土している。

4．古墳時代の集落構造と階層性

弥生後期には、集落A・Bにおいて、区画を異にしつつも同一集落を形成していた首長層と一般成員が、古墳初頭には、明確に分離する。すなわち首長居館の誕生である。首長居館は、弥生時代の首長居住区の構造がさらに複雑化し、首長層の居住空間と祭祀空間が川などで明確に分離される（図142)。

愛知県一宮市八王子遺跡（愛知県埋蔵文化財センター2001c）は廻間Ｉ式期（古墳初頭）に突如として出現する、巨大首長居館である。遺跡の中央を北東から南西にのびる大溝の北には大型掘立柱建物１棟とそれを囲む方形区画があり、大溝の北岸には木組みをほどこした大規模な井戸（井泉）が築かれる。井泉の周辺からは夥しい量の小型精製土器群と武器形木製品、銅鏃、玉類が出土し、この北側の区画では大規模なマツリがおこなわれたことを示している。大溝の南方には柵で囲まれた小型の方形区画があり、そのまわりを竪穴建物と小規模な掘立柱建物数棟が囲む。掘立柱建物には独立棟持柱建物や、倉庫とみられる総柱建物などがあり、首長の居住空間と考えられる。

この八王子遺跡と同様の構造をもつのが石川県小松市千代・能美遺跡（古墳前期）（林2002、小松市教育委員会2003b）である。この遺跡では、川跡の南（図面では左）に祭祀空間があり、北に首長の居住空間が存在する。川跡からは透かしをもつ精巧な高杯や直弧紋をほどこした板、武器形など特殊な木製品が出土している。

また、三重県津市六大Ａ遺跡（古墳初頭～後期）（三重県埋蔵文化財センター2000・2002・2003）でも井泉を水源とする大溝があり、その周辺には大型の掘立柱建物数棟が配置されて一大祭祀空間を形成している。六大Ａ遺跡では大溝内から祭祀的な遺物群のほかに日常生活を窺わせる木製品が多数出土していることから、付近に首長層の生活空間が存在することは確実である。

このように、古墳初頭から前期にかけての首長居館とみなされる遺跡は、おおむね首長層の生活空間に首長が主宰する祭祀の場が近接している。また、これらの遺跡では、墓域および一般成員の居住域が付近に存

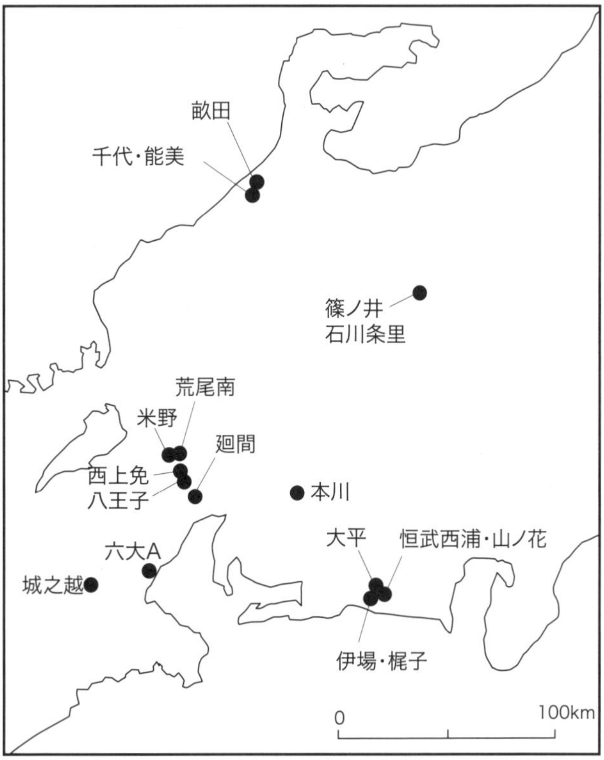

図141　古墳時代の関連遺跡

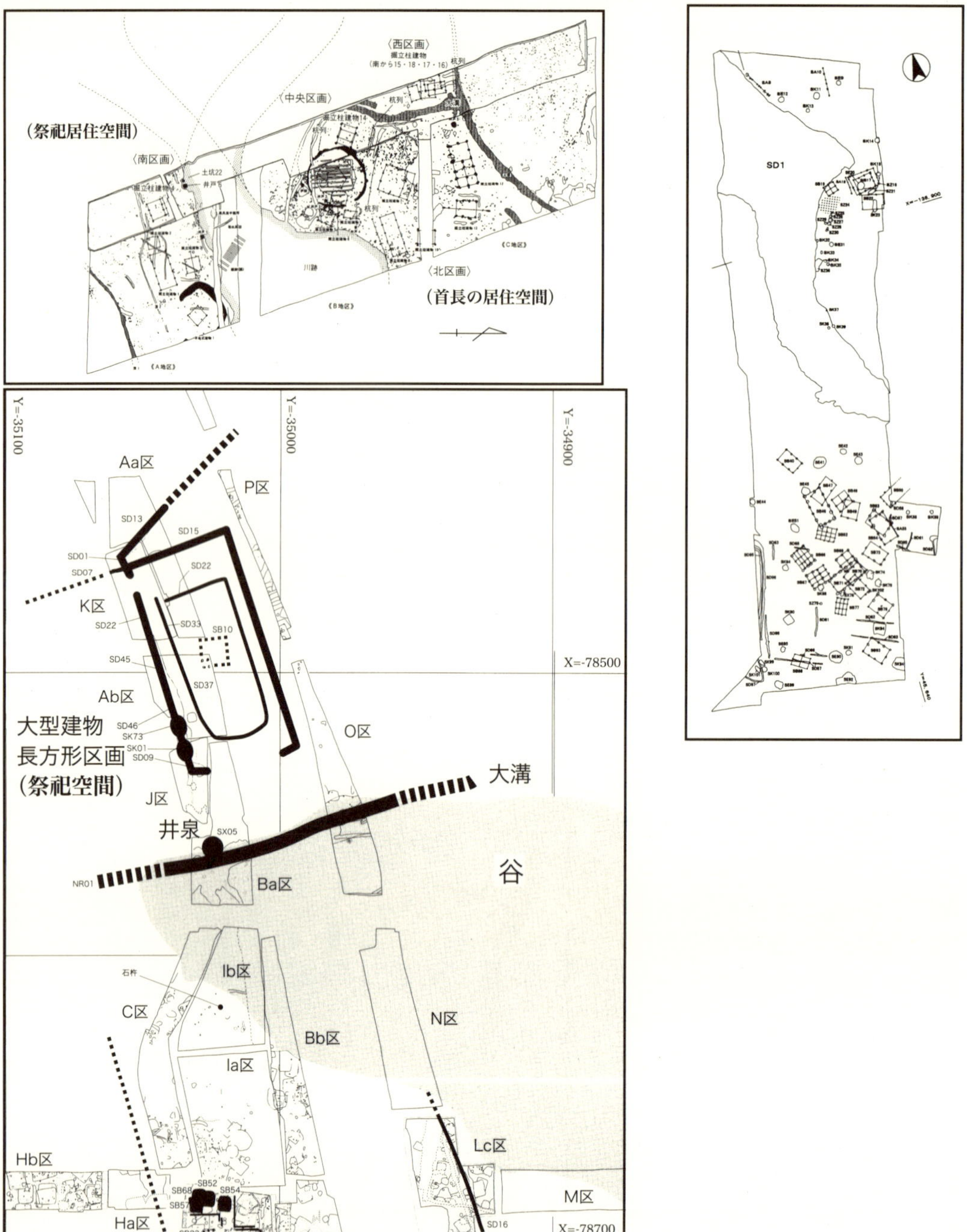

図142　古墳初頭～前期の首長居館（上－石川県小松市千代・能美遺跡、S=1/2,000、左下－愛知県一宮市八王子遺跡、S=1/2,500、右下－三重県津市六大A遺跡、S=1/2,000）

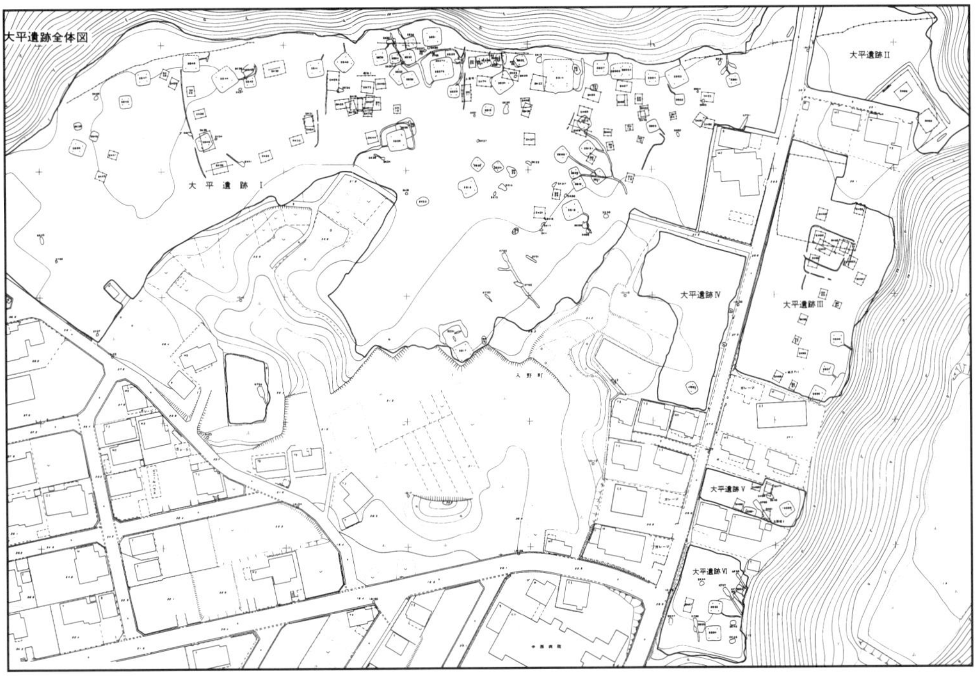

図 143　古墳前期の首長居館（静岡県浜松市大平遺跡、S=1/3,000）

在しないことでも共通しており､これらは全く異なる場所に築かれた可能性が高い。このように、古墳前期の首長居館は弥生時代の大型集落(集落Ａ･B)と著しく景観を異にしている。このほか、静岡県浜松市の大平遺跡（古墳前期）（浜松市文化協会 1992）では遺跡の東側に位置する複数の首長居館と、西側に東西に並んで展開する首長の一族による居住空間とみられる建物群が確認されており、弥生時代と比較して、首長層そのものの成員も著しく拡大している様子が窺えよう(図 143)。

さらに古墳前期後半から中期には、首長居館から祭祀空間のみが独立した遺跡が出現する。三重県伊賀市の城之越遺跡（三重県埋蔵文化財センター 1992、上野市教育委員会 1998）と長野県長野市の石川条里遺跡（長野県埋蔵文化財センター 1997）がそれである（図 144 上)。城之越遺跡では立石や石貼りをほどこした庭園の原形といえる大溝と大型掘立柱建物が２棟確認されている。この大溝からは掘削具など日常生活の痕跡を示す木製品が全く出土していないのが特徴である。

石川条里遺跡（古墳前期）では、幅 10 ～ 13m の大溝（SD1016）で囲まれた、北東側に突出部をもつ一辺 80 mほどの巨大な方形区画があり、区画内には祭祀的な遺物を廃棄した土坑群や井戸が多数確認されている。大溝内からも多量の木製品のほかに石釧・車輪石・銅鏡・銅鏃・玉類など、あたかも前期古墳の副葬品のような遺物が出土しており、報告書ではこの区画が善光寺平を治めた在地首長層による葬送儀礼の場と推定されている（市川 1997)。石川条里遺跡ではこの方形区画の東に接する低地部に水田域が広がり、さらに東方の微高地上には篠ノ井遺跡群とよばれる大集落が展開している。

以上のように、弥生中期後葉には大型集落の内部に包含されていた首長の居住空間と祭祀空間

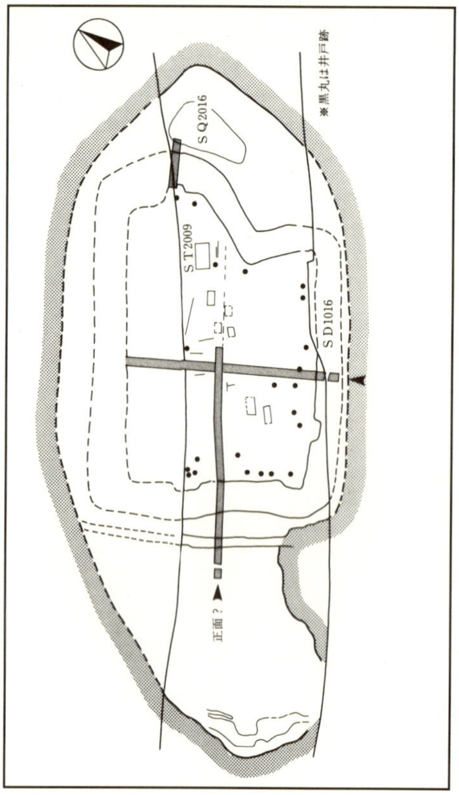

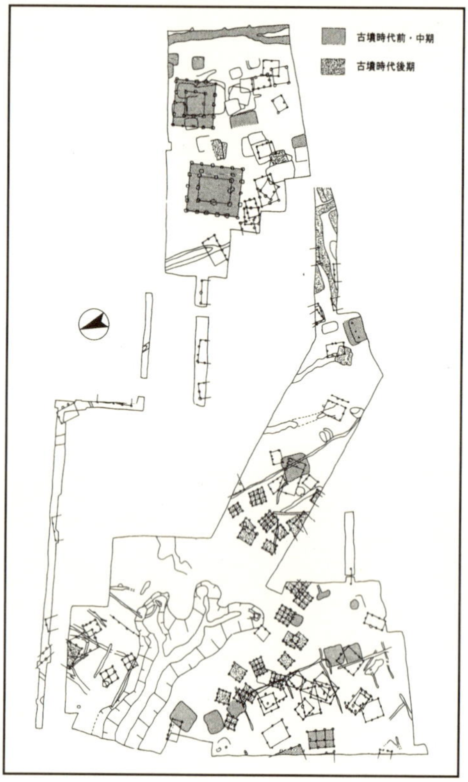

図144　古墳前期の祭祀空間（左上–長野県長野市石川条里遺跡、S=1/3,000、右上–三重県伊賀市城之越遺跡、S=1/3,000）と古墳初頭の一般集落（下–愛知県清須市廻間遺跡、S=1/3,000）

は、弥生後期に一般成員の居住域から突出し、さらに古墳初頭には首長居館として独立した施設を生みだした。そして古墳前期後半にはそこから祭祀空間のみが独立し、祭祀空間とは別の場所に首長の居住空間が営まれるようになったと考えられる（図145）。

最後に、古墳時代の一般集落の姿をみておく。愛知県清須市の廻間遺跡（古墳初頭）（愛知県埋蔵文化財センター 1990a）は幅200mほどの沖積微高地上に展開する集落である（図144下）。微高地の北東部には竪穴建物のみで構成される居住域が展開し、南西部には墓域が広がっている。竪穴建物にはやや大型のものもみられるが、おおむね一辺が5m前後の標準的な規模で、主軸の方位などにも一定の企画性は認められない。墓域には全長30mほどの前方後方形墳丘墓が1基存在するが、それ以外は弥生時代の方形周溝墓と規模・形態ともに大きくは変わらない。このような景観集落は愛知県一宮市西上免遺跡（古墳初頭）（愛知県埋蔵文化財センター 1997）においても同様で、西上免遺跡では居住域から地形的にやや下がった微低地で小規模な水田域が確認されている。また、愛知県豊田市本川遺跡（愛知県埋蔵文化財センター 2003）では古墳中期（4世紀後半）においても、遺構の密集度こそ高いもののやはり竪穴建物のみで構成される集落が確認されている。このように、沖積平野の微高地上には竪穴建物のみの居住域と小規模な墓域、そして微低地には小規模な水田域が営まれるという、古墳時代の一般集落にみられる構成要素は、弥生時代における一般集落（集落C）のそれとなんら変わりのないものといえよう。

ただしその一方で、古墳初頭の濃尾平野では、弥生時代には手つかずであった低湿地帯にも水田開発がおよんでおり、愛知県一宮市北部や岐阜県大垣市周辺では総延長数kmにおよぶ大規模

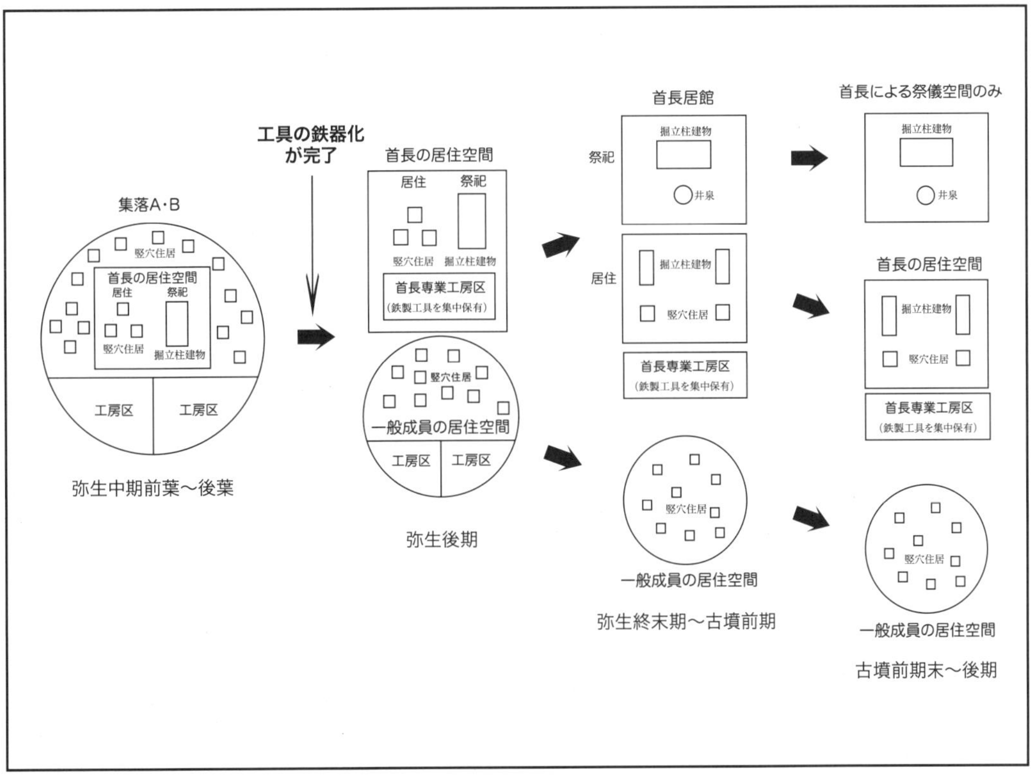

図145　弥生集落から首長居館への発展モデル

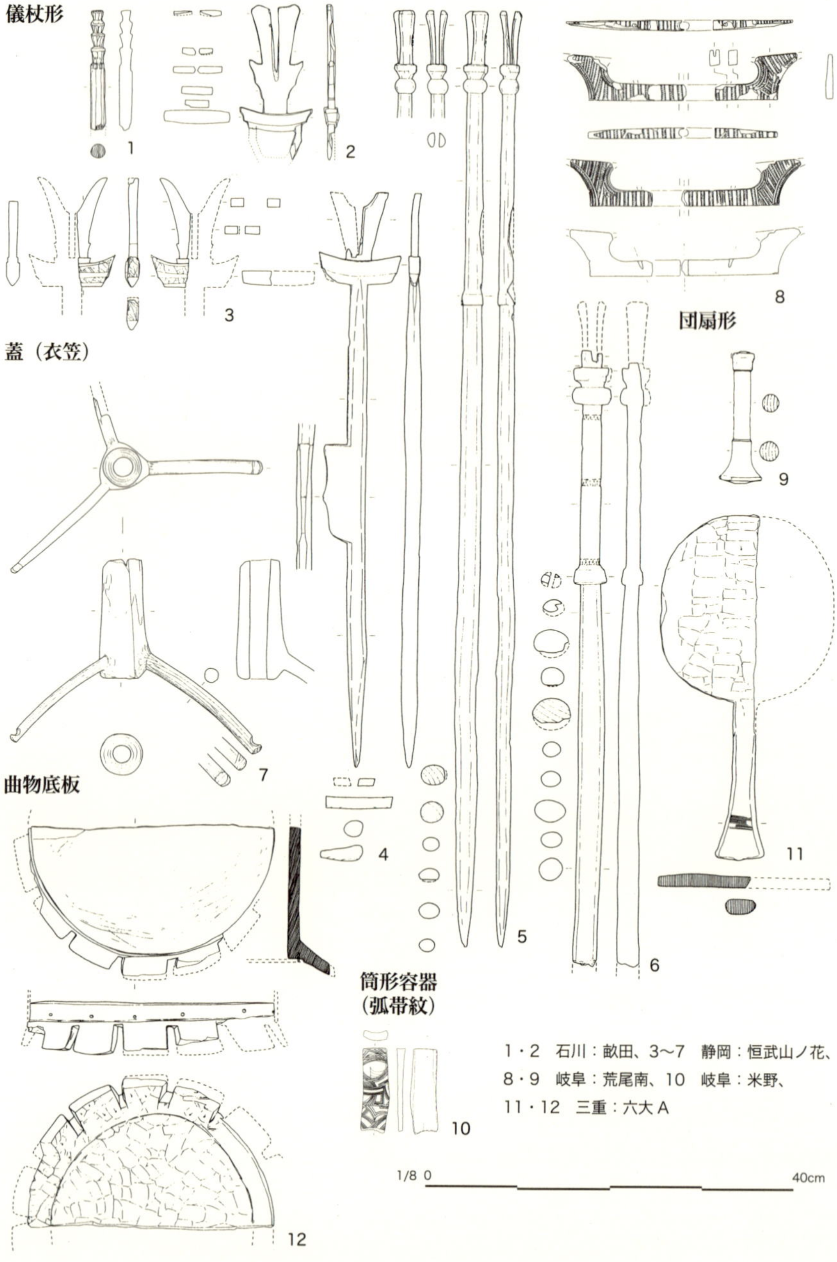

図146　古墳初頭〜中期の木製威儀具と精製容器（S=1/8）

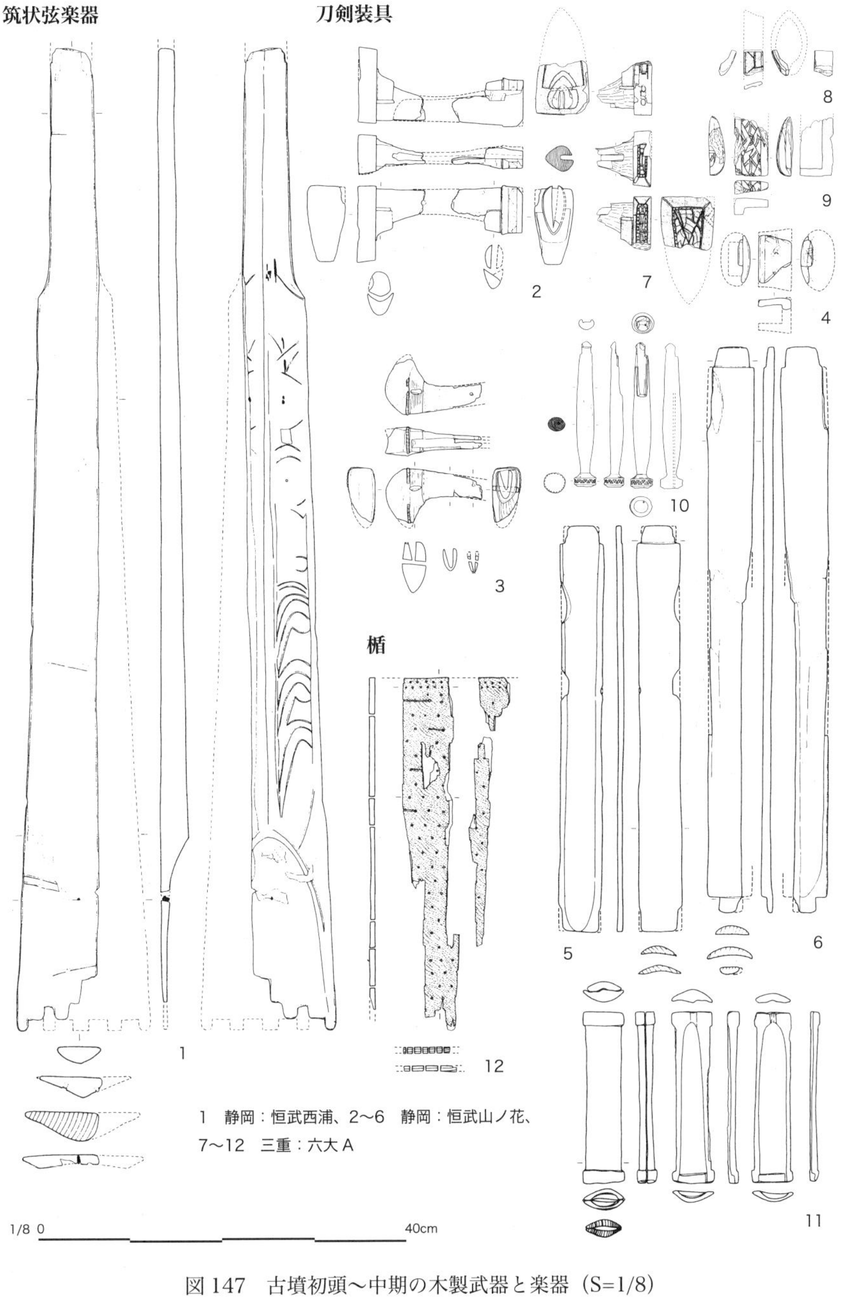

図147　古墳初頭～中期の木製武器と楽器（S=1/8）

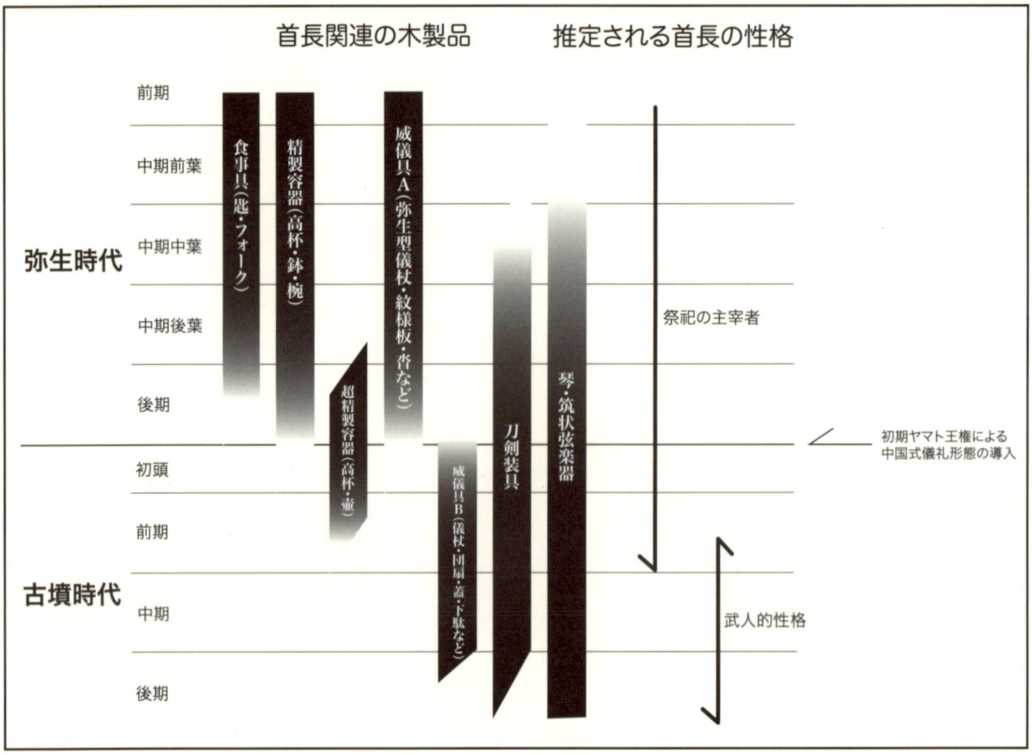

図 148　首長関連木製品とそこから推定される首長の性格

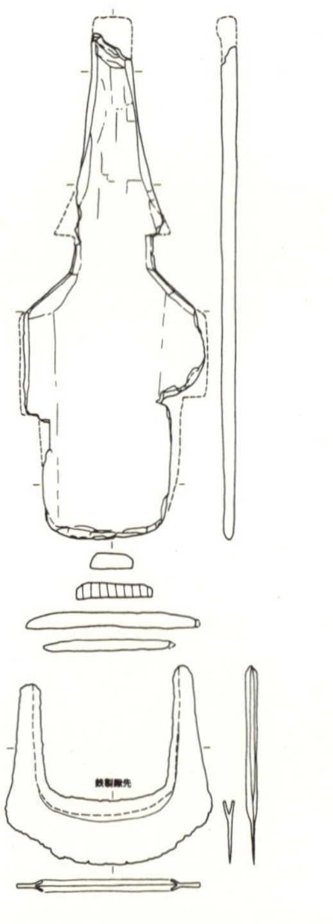

図 149　ナスビ形曲柄平鍬と U 字形鉄刃（静岡県浜松市伊場遺跡、7 世紀後半、S=1/8）

な水田域が広がっている。同様の景観は静岡県東部の静清平野などでも確認されており、おそらくこの時期には汎日本的に、在地首長層による新田開発がすさまじい勢いで進められたと考えられる。

5. 古墳時代集落の出土遺物と階層性

古墳初頭の首長居館からは、弥生時代の大型集落（集落A）にみられた木製の食事具・（超）精製容器・儀杖などが出土するが、このうち超精製容器を除く器種については前期前半には消滅する。超精製容器もまた古墳前期のうちにその姿を消す。これらにかわって新たに首長居館から出土するのが「団扇形木製品」「環形付木製品」「蓋（衣笠）形木製品」「儀杖形（杖形）木製品」「サシバ形木製品」「弧紋板」などの、いわゆる木製威儀具である（奈良県立橿原考古学研究所附属博物館 2000）。これらは弥生後期に近畿地方で出現し、古墳初頭には北陸～東海地方以西に広まる。「蓋形木製品」には黒漆、「儀仗形木製品」には黒漆や赤彩・直弧紋がほどこされるなど、装飾性が高く、大変精巧なつくりである。

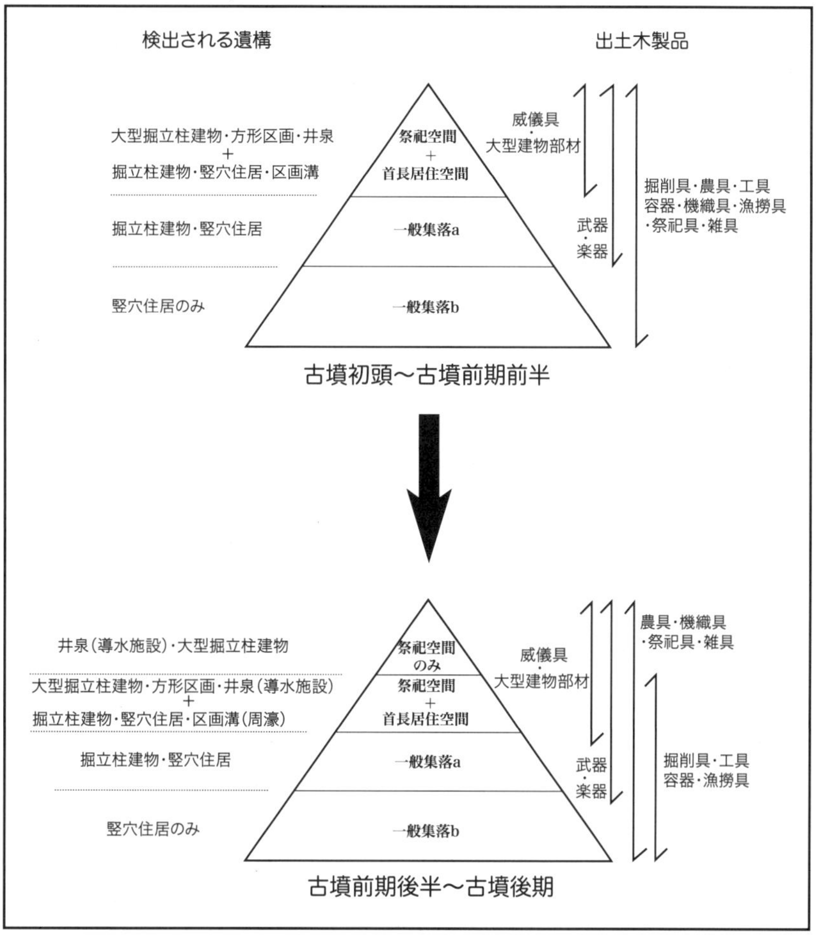

図150　出土木製品の組成と集落の階層性についてのモデル

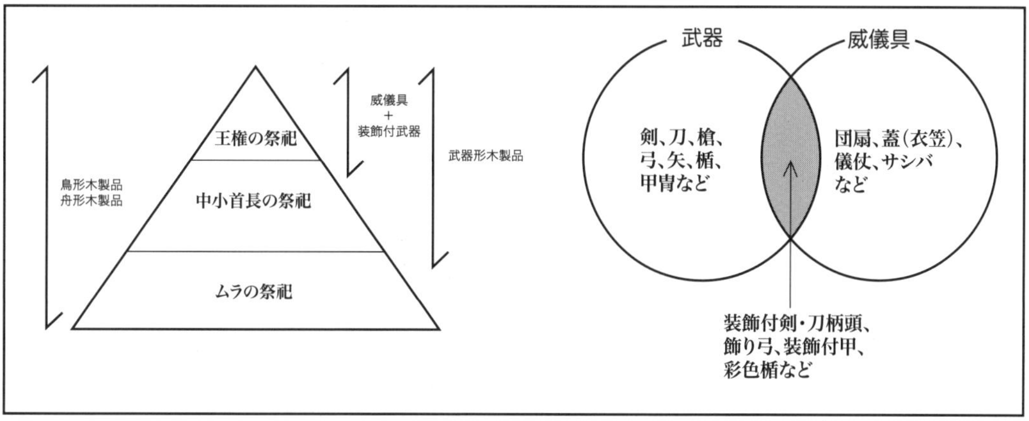

図151　木製祭祀具と祭祀の重層性（左）、武器と威儀具の関係モデル（右）

「儀杖形木製品」の先端の形状こそ翼状になる例（岐阜県大垣市荒尾南遺跡）（大垣市教育委員会2008）や玉杖形（石川県金沢市畝田遺跡・静岡県浜松市恒武山ノ花遺跡）（石川県立埋蔵文化財センター1991、浜松市文化協会1998）など、さまざまなパターンが認められるが、いずれもおおむね定型化している（図146）。

これらの木製威儀具は中国の後漢後期から魏晋期の古墳壁画に描かれた祭祀・儀礼の場面にしばしば登場することから、初期ヤマト王権が中国の権威を背景として全国にその勢力を拡大する際に、新たな儀礼形態の一環として導入したものと考えられている。そして、各地の首長居館で出土するこれらの木製威儀具は、在地の首長層がヤマト王権の支配下として新しい儀礼形態を受け入れた証とされている（鈴木裕明2001）。この点において、弥生中期と古墳初頭の儀杖形木製品は質的に全く異なるものである。そこで、本稿では弥生時代の儀杖形木製品を威儀具Aとし、古墳初頭に出現する中国式の威儀具一式を威儀具Bとして明確に分類しておく。なお、威儀具Bは古墳中期前半まで一部は残るが、おおむね前期のなかでその姿を消していく。

前述の威儀具Bや超精製木製容器にかわって古墳前期後半頃から首長居館や首長祭祀の場からしばしば出土するのが刀装具である。具体的には刀の柄頭・鞘・鞘尻で、黒漆をかけ、直弧紋をほどこすなど、精巧なつくりで高い装飾性をもつ。当然のことながら、首長層が直接腰に帯びていた大刀に装着されていたと考えられる（図147）。

弥生時代の大集落や古墳時代の首長居館から出土する、首長層に直接かかわる遺物群のなかで最も格が高いと考えられる木製品は、弥生中期には匙・フォークなどの食事具と高杯・鉢などの精製容器類、そして装飾付の棍棒（威儀具A）で、弥生後期には北陸地方を中心に、さらに精巧なつくりの超精製容器類が加わる。古墳初頭を境にしてこれらの器種は徐々に姿を消し、中国式の儀礼を背景にした新たな威儀具の一群（威儀具B）に置き換えられる。古墳中期には威儀具Bも消滅して刀剣装具が主体となる（図148）。

この変化は、そのまま各時期における首長層のもつ性格をストレートに反映した結果である。弥生時代の首長層は農耕儀礼などにおいて、祭祀の主宰者として集落の一般成員とともに装飾性の高い容器類に盛りつけた供物を神に捧げるとともに、装飾性の高い匙やフォーク類が用いて共食をおこなった考えられる。このような精製容器類を用いた祭祀形態は古墳初頭まで受け継がれるが、むしろ祭祀の主宰者たる首長が身に帯びることによってヤマト王権の権威を示すことができる木製威儀具の方がより重要視されるようになる。そして、古墳前期後半以降は刀装具が威儀具にかわって新たに高い地位を占めることによって、首長は武人的性格を強めていくこととなる。そして、これらの木製品に共通する要素は見せることにある。すなわち、祭祀や儀礼など多くの民衆が参集する場において、首長が手にし、身につけるなど、民衆に見せることによって、彼らに首長のもつ権威の高さをひと目で知らしめることができたという点こそが、なにより重要なのである。

ここまで、もっぱら古墳時代の首長居館から出土する木製品について述べてきたが、一般集落の出土遺物についてもみておきたい。まず、古墳時代の一般集落には、前述のように竪穴建物のみで構成される集落（一般集落b）のほかに、掘立柱建物と竪穴建物で構成される集落（一般集落a）も存在し、一般集落aのほうが一般集落bより居住者の階層性が高いと考えられる。そして、古墳初頭～前期前半には最上位に位置する首長居館からは、前述の威儀具をふくめたあらゆる階層の木製品が出土するが、一般集落aでは威儀具と大型建物の部材が欠落し、一般集落bではさらに武器や楽器が組成から欠落して「日常生活の道具」しか出土しなくなる。古墳前期後半〜後期には、首長居館より上位に祭祀空間のみの遺跡が位置するようになる。この祭祀に限定された遺跡では、「日常生活の道具」から掘削具・工具・容器・漁撈具が欠落するようになる（図150）。

木製品以外では、古墳中期（5世紀中葉）に一般集落a以上の遺跡から出土するU字形の鉄刃が重要である（図149）。弥生前期以降、古墳中期にいたるまで、開発の指向はもっぱら沖積低地であり、洪積台地は縁辺部しか手をつけることができなかった。しかし、U字形の鉄刃が普及することによって、5世紀中葉以降には名古屋台地の開発が一気に進められるようになるのである。

最後に、古墳時代における祭祀の重層性についてみておきたい（図151）。弥生時代には大集落（集落A）からしか出土しなかった鳥形木製品や舟形木製品などは一般集落bからも出土するようになる。一般集落bでこれらが用いられるのは「ムラの祭祀」ともいうべき小規模なものである。これに対し、小規模な首長居館や一般集落aでおこなわれた「中小首長の祭祀」では武器形木製品が品目に加わり、さらに上位の首長居館や祭祀空間では威儀具や華麗な装飾をほどこした武器類を用いた「王権の祭祀」がおこなわれたと想定される（樋上2003b）。

註

1) 遠隔地との交易の際に目印となる、ランドマークとしての機能も兼ね備えていた可能性が高いと考えている。

第Ⅴ章　木材・木製品の生産と流通

第1節　木工技術と地域社会

1．はじめに

弥生時代における木製品の研究は、1937年におこなわれた奈良県唐古（・鍵）遺跡の発掘調査に始まる。1943年に刊行された報告書では主要器種の樹種同定結果を記し、加工具・木取り・用途などが考察されており、木製品の報告書記載パターンがすでに完成されている（末永ほか1943）。

次いで、1947～50年度には静岡県登呂遺跡が日本考古学協会によって発掘調査され、弥生後期の木製品が大量に出土した（日本考古学協会編 1949・1954）。

その後、70年代にかけて静岡県山木遺跡、愛知県瓜郷・篠束遺跡、滋賀県大中の湖南遺跡、大阪府瓜生堂・池上（・曽根）遺跡など東海～近畿地方で多くの木製品が出土し、主として農耕具（鍬・鋤）類の機能論的研究が進められた（黒崎 1970、町田 1975、根木 1976など）。

80年代以降、沖積低地での大規模調査によって全国的に木製品の出土量が急増した。それらの集成作業（埋蔵文化財研究会 1983、奈良国立文化財研究所 1993、静岡県埋蔵文化財調査研究所 1994a）により、各地域単位での木製品（特に鍬・鋤類）の地域色を鮮明に描き出す研究が進んだ（山田 1982・1986、町田 1985 a・b、樋上 1989・1993・2000b、山口 1991、荒井 1992、黒崎 1996、中川 2000など）。さらには朝鮮半島南部と北部九州出土の農耕具との比較から、水稲耕作技術の伝播経路も明確にされてきた（山口 2000）。

現在では、それまでの農耕具偏重から、木製品のみがもつ器種（機能）の多様性を示すように、鍬・鋤類を除く農具・工具・容器・食事具・紡織具・武器（狩猟具）・威儀具・祭祀具・楽器・建築部材・樹種などさまざまな分野で新たな研究がおこなわれている[1)]。特に、加工具の変遷（石から鉄へ）・使用樹種と植生の関連・集落の階層差などを新たな視点として、木製品の生産・流通形態や製作工人の具体像が論じられるにいたっている（別府 1996・2003、穂積 2000、若林2001・2002、飯塚 2001・2003a・2004、山田 2003、中原 2005、樋上 2005aなど）。

本節では、これまでの研究成果を踏まえつつ、主として用材の選択と木製品製作工程および木製品出土遺跡の立地の類型化から、木製品の生産と流通の実態に迫ってみたい。

2．用材の選択と木製品の製作工程

環境破壊が叫ばれるようになった今日でもなお、国土の七割近くを森林が占める日本列島では、縄紋時代以前より近年にいたるまで、人々はその豊富な木材資源を長い年月にわたって利用してきた。木に対して経験的に豊富な知識を有する弥生時代の人々は、多様な樹種や太さの木を用途に応じて実に巧みに使い分けている。以下、用材の選択傾向と材の太さに応じた木製品の製作工程についてみていく。

(1) 用材の選択傾向

まず最初に、愛知県朝日遺跡出土木製品における、用途別の樹種組成グラフをみておきたい（図152）。

掘削具[2]（鍬・鋤類およびその柄）に使用された樹種はすべて広葉樹である。そのうちのほぼ半数をアカガシ亜属（アカガシ・シラカシ・イチイガシなど）が占め、クヌギ節（クヌギ・アベマキなど）・コナラ節（コナラ・ミズナラなど）がそれに次ぐ。朝日遺跡では、弥生中期前葉から後期にかけて、全木製品中の1割から1.5割を掘削具（・柄）が占めている。これは、用途不明の板・棒状品を除けば最も高い比率であり、弥生時代の木製品利用において掘削具が最も重要な位置を占めていたことは間違いない。この点は他の遺跡においても同様である。

農具では、竪杵にヤブツバキ・アカガシ亜属・クヌギ節など、臼にクスノキといった広葉樹を用い、田下駄の足板にはスギ・ヒノキ科（ヒノキ・サワラ）などの針葉樹を使い分けている。

工具では、縦斧柄（伐採斧）にはアカガシ亜属・クヌギ節など、横斧柄（加工斧）にはサカキを主として用いる。ヨコヅチ・カケヤは樹種がバラつく。

容器は木目が美しいケヤキが3割以上を占め、スギ・アカガシ亜属・クスノキ科がそれに次ぐ。朝日遺跡では少ないが、ケヤキのかわりにクワ属（ヤマグワ）を用いる遺跡が西日本には多い。

狩猟具・武具は、弓にはマキ属・イヌガヤなど弾力のある針葉樹を用い、楯にはスギ・モミ属などの板目材を使う。

建築部材はスギ・ヒノキ科・マキ属など針葉樹が4分の3を占め、広葉樹ではアカガシ亜属が多い。

以上のように、朝日遺跡では器種ごとに、最もその用途にふさわしい性質をもった樹種を用い

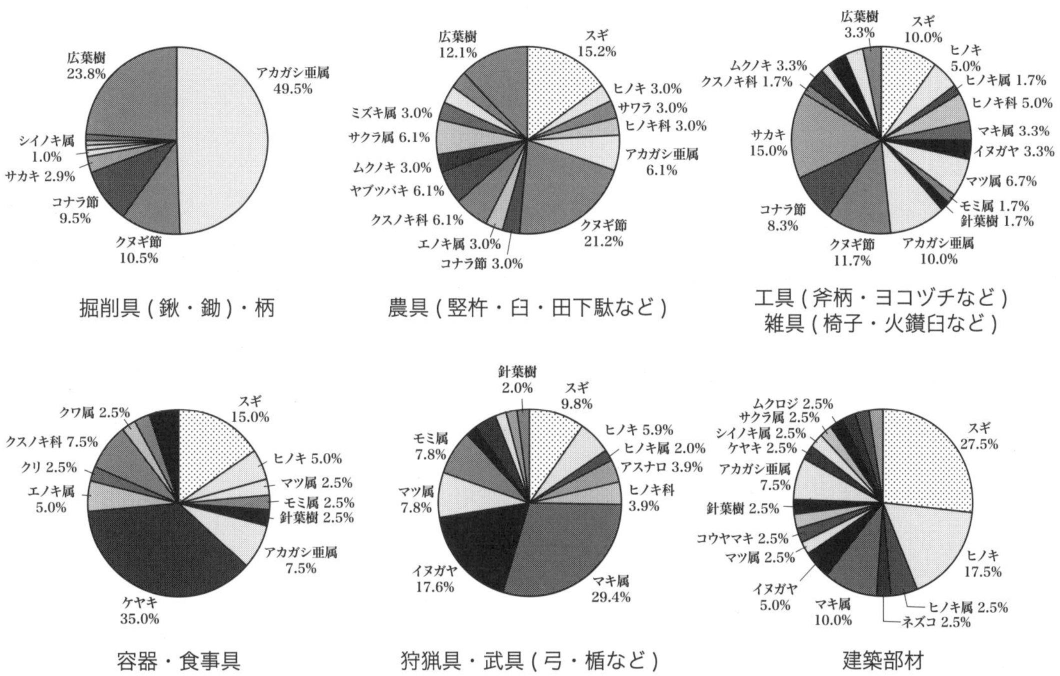

図152 愛知県朝日遺跡出土木製品の器種別使用樹種グラフ（樋上2007bより）

ていることがわかる。ヤブツバキ・ケヤキ・クスノキ・サカキ・イヌガヤといった樹種は比較的用途が限定されているのに対し、アカガシ亜属・クヌギ節・コナラ節・スギ・ヒノキ科・マキ属は多方面に利用される。なかでもアカガシ亜属はその用途の幅が非常に広い。

(2) 木材の太さと製材工程

木材はおおむねその直径から、大径木（直径60cm以上）・中径木（同20～60cm）・小径木（同20cm未満）に分けることができる。縦挽きの鋸がない弥生時代には、大・中径木は、箭（図156-7）を打ち込んで分割し、柾目板へと製材した（図153）。ただし、すべての製品を柾目板からつくったわけではなく、丸太材からつくるもの（臼・柱材など）、4分割材からつくるもの（竪杵・縦斧柄・ヨコヅチ・容器など）、さらには板目材（図154）から作るもの（楯など）がある。

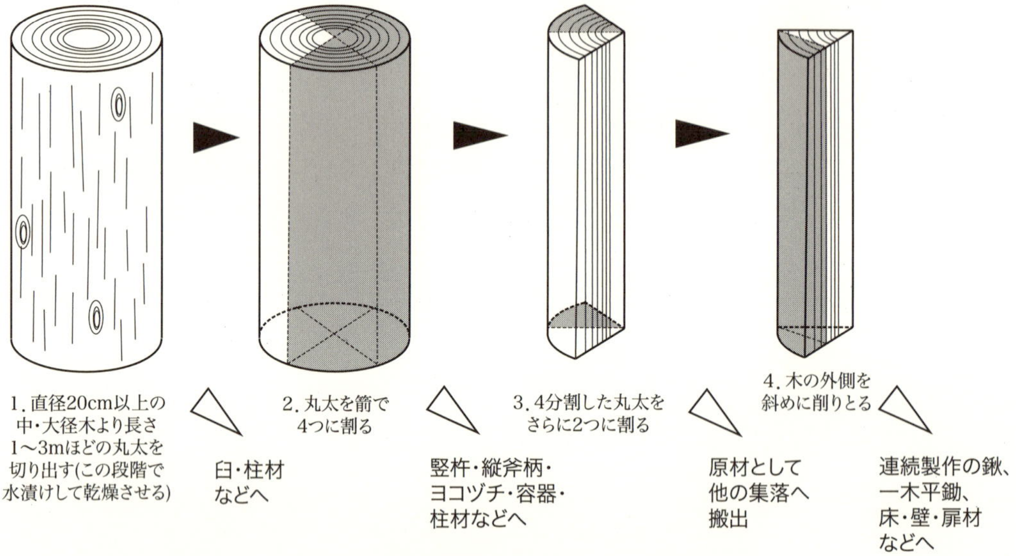

図153　広葉樹大・中径木から柾目板への製材工程

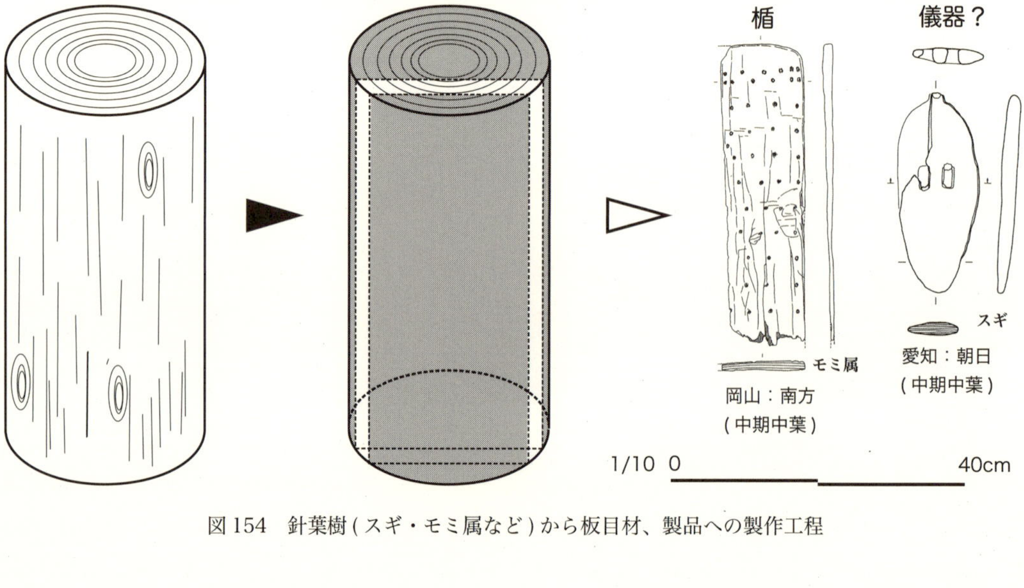

図154　針葉樹（スギ・モミ属など）から板目材、製品への製作工程

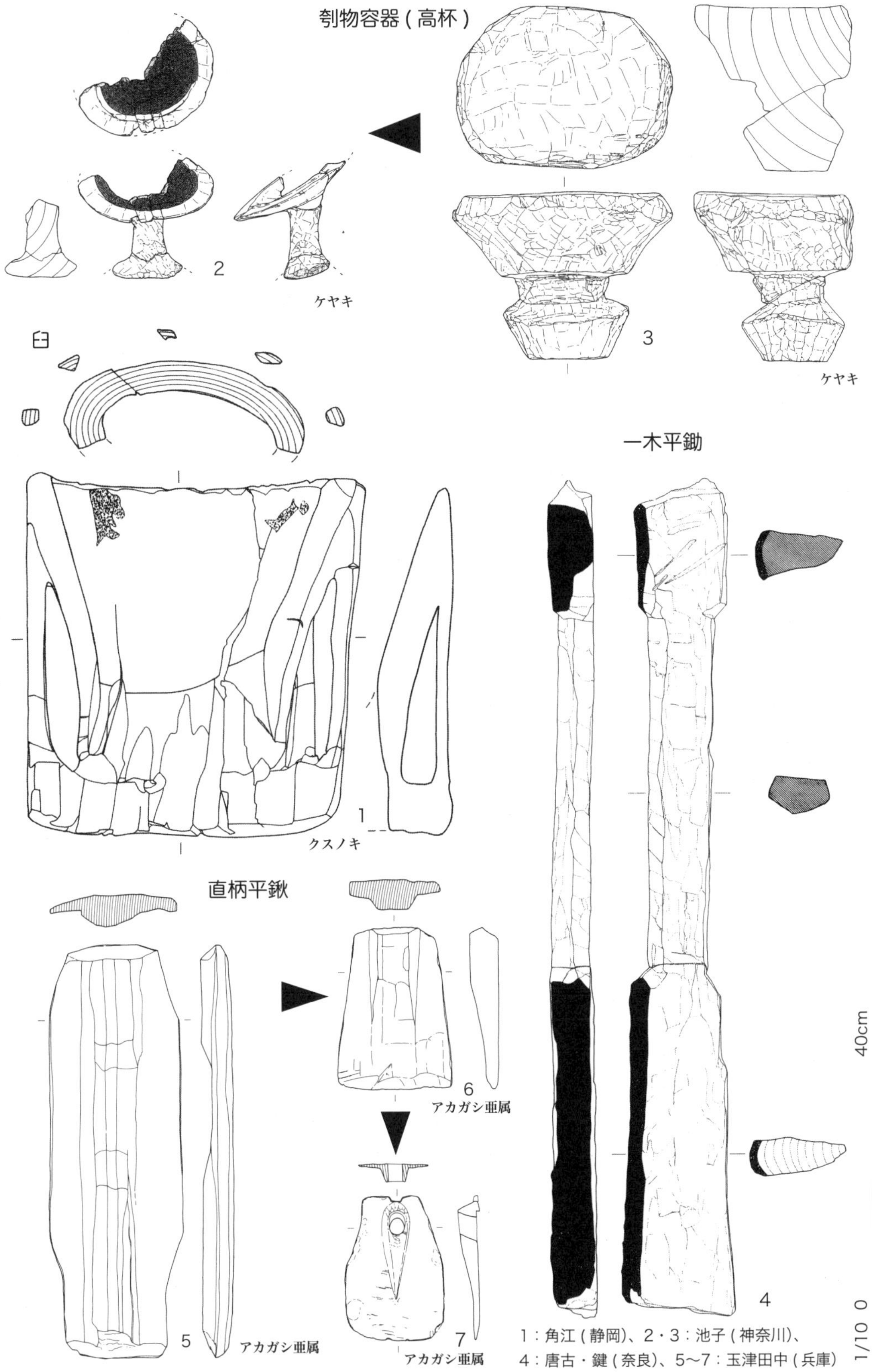

図155　広葉樹大径木(直径60cm以上)利用の木製品（S=1/10)

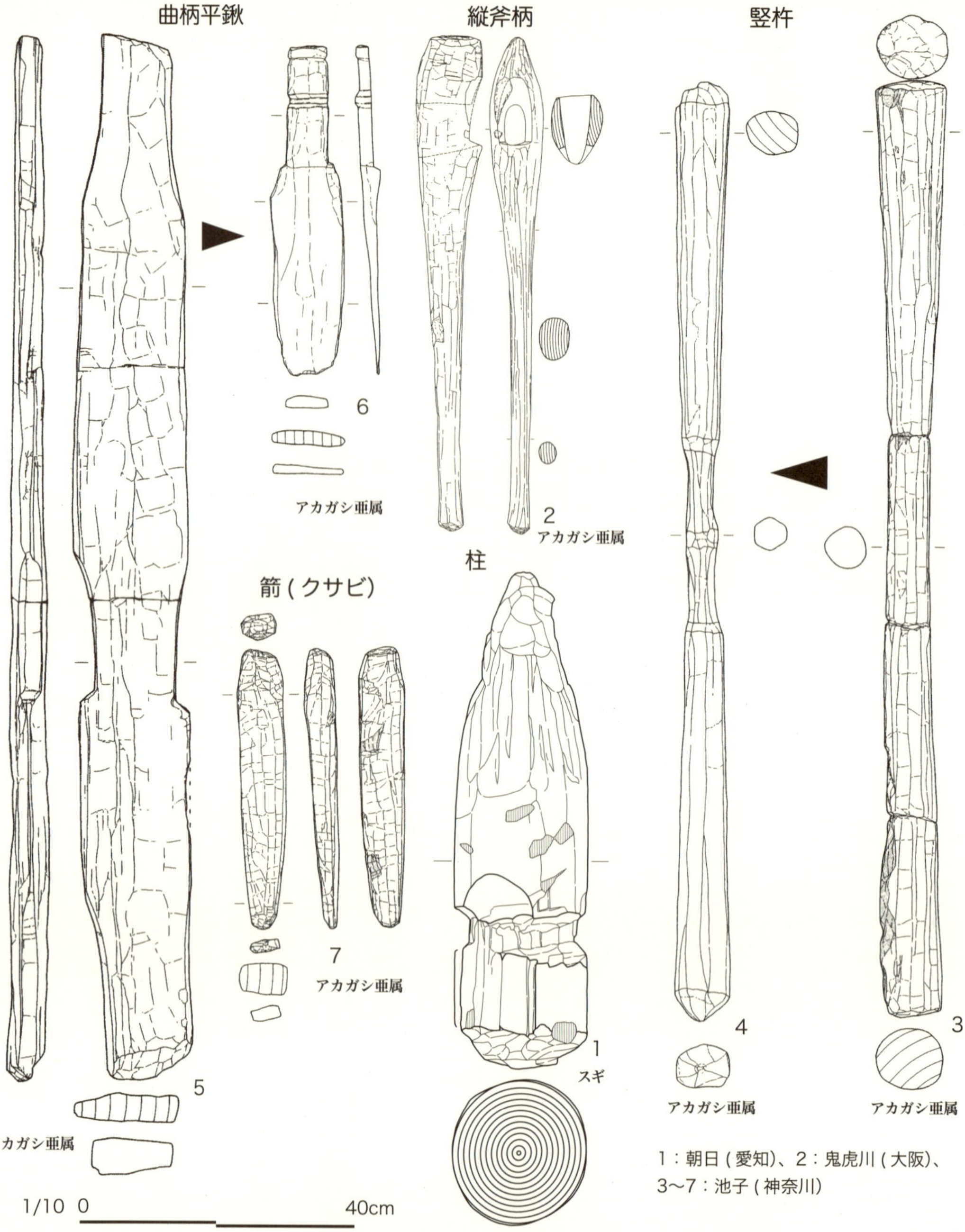

図156　針・広葉樹中径木(直径20〜60cm)利用の木製品（S=1/10)

広葉樹は丸太（芯持）材か柾目方向の分割材から製品をつくりだすことが多いが、スギ・モミ属など年輪界に沿ってはがれやすい針葉樹や、直径の細い広葉樹材から幅広の板を採る際には板目材を用いた。

大径木（図155）では、丸太材から臼（1)、4分割材から刳物容器（2・3)、8分割材から直柄平鍬（5〜7)・一木平鋤（4）など、特に身幅の広い大型の木製品が作られ、直柄平鍬では縦

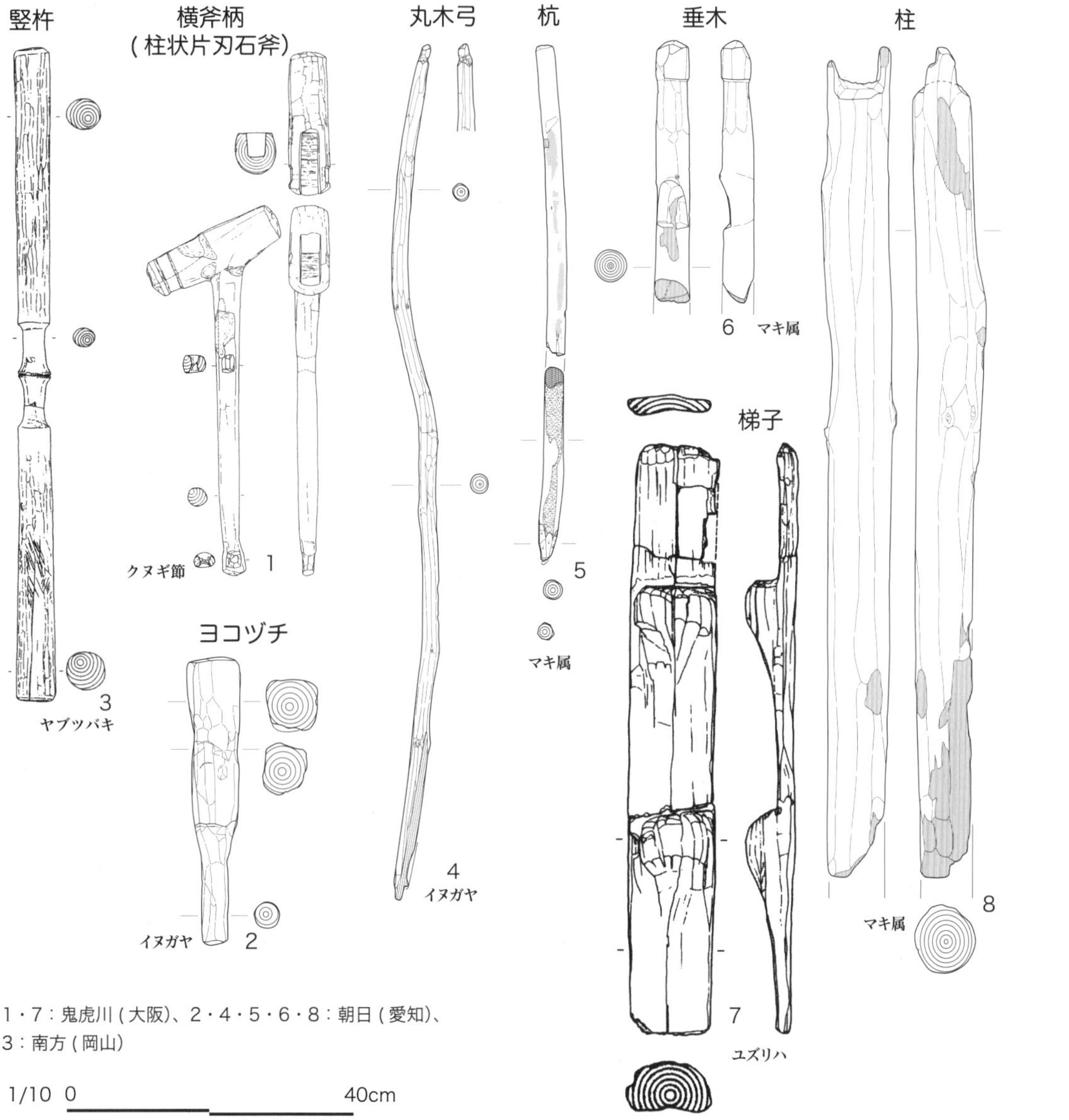

図 157　針・広葉樹小径木(直径 20cm 未満)利用の木製品（S=1/10）

に２～４個体を連続して製作することが多い。兵庫県玉津田中遺跡では、把手付杓子でも連続製作法が認められる（別府 1996）。大径木利用木製品の樹種は、アカガシ亜属・クスノキ・ケヤキ・クワ属などの広葉樹材が多く、針葉樹材ではヒノキ科（ヒノキ・サワラ・ネズコ・アスナロなど）・スギ・コウヤマキ・モミ属などを利用した建築部材（扉・ネズミ返し・壁材など）や船材・棺材・大型の琴などがある。このうち、特に船材にはスギが、棺材にはコウヤマキが多く用いられる。

中径木（図 156）では、丸太材から柱（1）、4 分割材から縦斧柄（2）・竪杵（3・4）、8 分割材から曲柄平鍬（5・6）・箭（7）などがつくられる。曲柄平鍬では直柄平鍬と同じく連続製作法が用いられている。図 156 に載せた木製品のうち、1 以外はすべてアカガシ亜属だが、中径木ではこのほかに、広葉樹ではコナラ節・クヌギ節・クリ・エノキ属・シイノキ属・サクラ属、針葉樹ではマキ属・マツ属などがしばしば利用される。

小径木からは、ほぼ丸太(芯持)材をそのまま利用した木製品がつくられる(図157)。このうち、横斧柄（1）は木の枝分かれ部分を利用している。ヤブツバキを用いた竪杵（3）は、図156-3・4のような分割材ではなく、芯持材を使用するのが一般的である。樹種としてはこのほかに、コナラ節・マツ属などがある。

以上、筆者がおこなってきた大径木・中径木・小径木の区分は、実はそれぞれの樹種がもつ性質（樹幹の太さと成長速度）に規定される要素が非常に大きい。弥生時代の人々は、それぞれの材の太さ・外観（木目の美しさ）・強度に応じて樹種を巧みに使い分け、木製品を製作していた。しかし、中・小径木はともかく、材の直径が60cmを超えるような、巨大なアカガシ亜属・クスノキ・ケヤキ・クワ属・ヒノキ科・スギ・コウヤマキ・モミ属などが、いかに弥生時代といえども、どの集落の近辺にも豊富にあったとは考えがたい。そこで次に、集落と森林資源との関係から、弥生時代における木製品の生産と流通の具体像に迫っていくことにする。

3. 集落の立地と木製品生産の相関関係

(1) 木製品生産・流通パターンの分類

まず、時期を弥生中期以降に限定し[3)]、集落の立地（森林との距離）、内部構造（木製品生産域の存在）、原材および未成品の有無、木製品以外の生業活動などから、弥生集落における木製品の生産・流通パターンをⅠ(・Ⅰ‘)・Ⅱ・Ⅲ・Ⅳの4類型に分類する（表9）。以下、各類型ご

表9　集落の立地と木製品生産に関する諸類型

類型	代表的な遺跡	木材を安定的に供給し得る森林からの距離	カシ等大径木の原材から完成品まで各段階の未成品の有無	集落内における木製品生産施設のゾーニング	想定し得る製品・未成品の供給先	木製品生産以外の生業活動
Ⅰ	勝川(中期後葉)	0	◎	◎	庄内川下流域の集落群	○
	鬼虎川・西ノ辻(前期～後期)	0	◎	◎?	瓜生堂ほか	○
	池子(中期後葉)	0	◎	◎	–	○
Ⅰ'	玉津田中(中期後葉)	0	◎	◎	新方?	◎
	唐古・鍵(中期前葉～後期)	0?	◎	◎	周辺の衛星集落	◎
	青谷上寺地(後期)	0	△	–	超精製容器類のみ、遠隔地へ供給?	◎
Ⅱ	青谷上寺地(中期後葉)	0	△	–	×	◎
	長野小西田(中期後葉～後期)	0	◎	◎	×	○
	西川津(前期～後期)	0	◎	◎	×	◎
	八日市地方(中期前葉～後葉)	2.5km	◎	◎	×	◎
Ⅲ	南方(中期中葉～後葉)	2km以上	○	–	×	◎
	朝日(中期前葉～中葉)	3.5km	○	○	×	◎
	朝日(中期後葉)	3.5km	△	△	×	◎
	朝日(後期)	3.5km	△	◎	×	◎
Ⅳ	瓜生堂(前期～後期)	3km	×	×	×	◎
	比恵・那珂遺跡群(中期前葉～後期)	3km以上	×	×	×	◎

とに具体例をあげていく。

I・I‘類型　I類型は、アカガシ亜属の大径木を主体とする大規模な森林が集落に近接しており、アカガシ亜属大径木からつくる原材・未成品が豊富に出土している遺跡である。

この類型の集落では、付近の丘陵や段丘上から各種原木の伐採・乾燥・製材・加工まで、すべての工程を集落内でおこなったと推定される。そのため、大阪府鬼虎川遺跡のように、木材運搬用とみられる大型のソリ（図159右）が大量に出土し、愛知県勝川遺跡（中期後葉）のように、木製品生産をおこなうエリアが明確に位置づけられており（図158）、大阪府西ノ辻遺跡（後期〜古墳中期）のように原木を貯蔵する溝（図159上）や奈良県唐古・鍵遺跡のような未成品を保管する土坑（図160右下）などが存在している点が特徴である。

そして、この類型の集落では、製材・加工した原材（板材）や各種未成品を、周辺の集落に供給することに力点が置かれていたことが、なによりも重要である。勝川遺跡では庄内川水系の下流域に位置する集落、大阪府鬼虎川・西ノ辻遺跡では、瓜生堂遺跡を始めとする河内湖南岸の集落群、唐古・鍵遺跡では清水風遺跡や法貴寺北遺跡など、唐古・鍵遺跡の衛星集落と考えられている集落群がその供給先と推定される。

唐古・鍵遺跡は現状でみる限り、丘陵からの距離は約4kmとやや遠いが、花粉分析などから、集落の近辺にも常緑広葉樹の森林が存在したと推定されている（唐古・鍵考古学ミュージアム2004）。

この類型に属する他の遺跡としては、神奈川県池子遺跡（中期後葉）、兵庫県玉津田中遺跡（中期後葉）、鳥取県青谷上寺地遺跡（後期）などがあげられる。ただし池子遺跡については、木製品の供給先が今一つ明確でない。また玉津田中遺跡は、南約2.5kmに位置する新方遺跡へ木製品を供給したとされているが（別府 1996）、新方遺跡で木製品生産が全くおこなわれていなかったのか、現状では不明である。青谷上寺地遺跡では、この集落で生産された木製品すべてというよりも、後述する一部の超精製容器類（図166−6・7・18など）が遠隔地の拠点集落へ供給された可能性がある。

I・I‘類型を分ける基準として、I類型は、アカガシ亜属などの大径木が周辺にない（後述するIII・IV類型）集落へ、木製品を供給する役割を担った集落を想定しており、I‘類型は、それとは異なる木製品の供給パターンをもつ集落を考えている。

II類型　II類型は、I類型の集落同様、アカガシ亜属などの大径木が豊富にある大規模な森林に隣接し、木製品生産施設を有し、原材・未成品が多く出土する集落である。ただ、ここで生産された製品や未成品の供給先がないことがI類型と大きく異なる。

嵩山と白鹿山の間を流れる朝酌川によって形成された小平野に立地する島根県西川津遺跡では、杭を楕円形に打ち込んで、そのなかに原材や未成品を貯蔵した、木製品水漬け遺構が多数確認されている（図161）。ここでは、弥生前期から後期にかけての木製品・原材・未成品が大量に出土していることから、大規模な木製品製作工房跡として知られている。しかし、この朝酌川下流域には、西川津遺跡と地形環境がほぼ同じタテチョウ遺跡が隣接しているのみである。しかも、このタテチョウ遺跡からも同様に多量の原材・未成品が出土しており、両集落間での分業の痕跡は確認できない。このほかに宍道湖東岸には弥生集落がないため、基本的に自給自足的な木製品生産であったと考えられる。

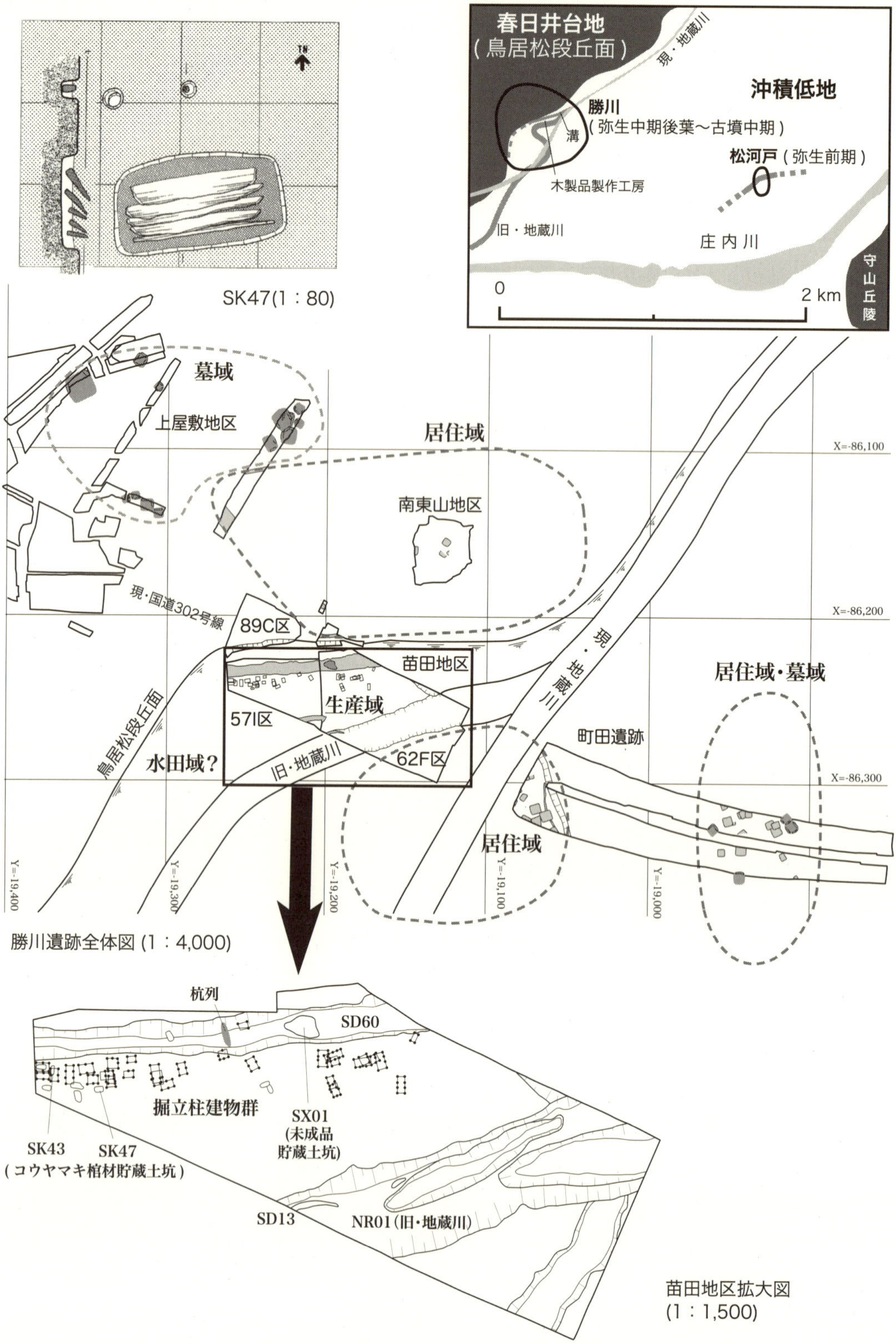

図 158　愛知県勝川遺跡の遺構全体図および木製品製作工房施設

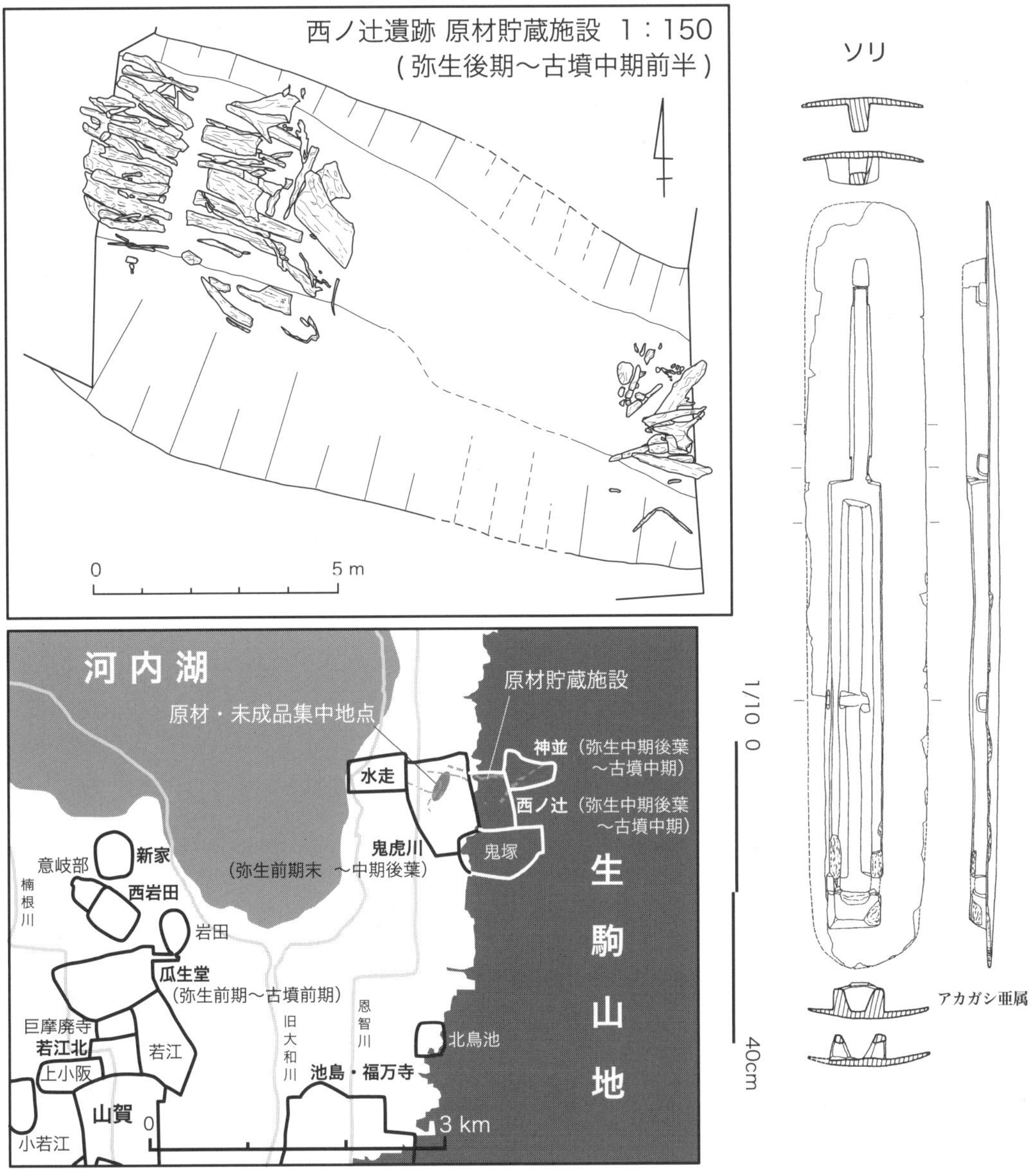

図 159　河内平野の遺跡分布（下）と大阪府西ノ辻遺跡の原木貯蔵施設（上）および鬼虎川遺跡出土のソリ（右）

次に福岡県長野小西田遺跡をあげる、西に周防灘を控えた北九州市南東部にあるこの遺跡は、曽根平野の南、竹馬川の支流である長野川によって形成された小規模な谷に面する丘陵斜面に位置している。集落自体は小規模で、竪穴建物と数棟の掘立柱建物、貯蔵穴、ドングリの水さらし遺構と、矢板列で囲われた複数の木製品水漬け遺構からなっている。木製品水漬け遺構からは原材のほか、掘削具を主体に多数の未成品が出土している。同様の木製品水漬け遺構をもつ遺跡が同じ小谷内に、複数同時併存しており（長野フンデ・長野角屋敷遺跡）、小丘陵を隔てた西側にも同じように、金山・上清水・カキ遺跡といった遺跡群がある。これらの集落はそれぞれにほぼ同内容の木製品を製作しており、小集落ごとに異なる器種を製作するような分業体制は認められず、竹馬川の下流域には供給先となるような集落はない。とすれば、ここで製作された木製品は、

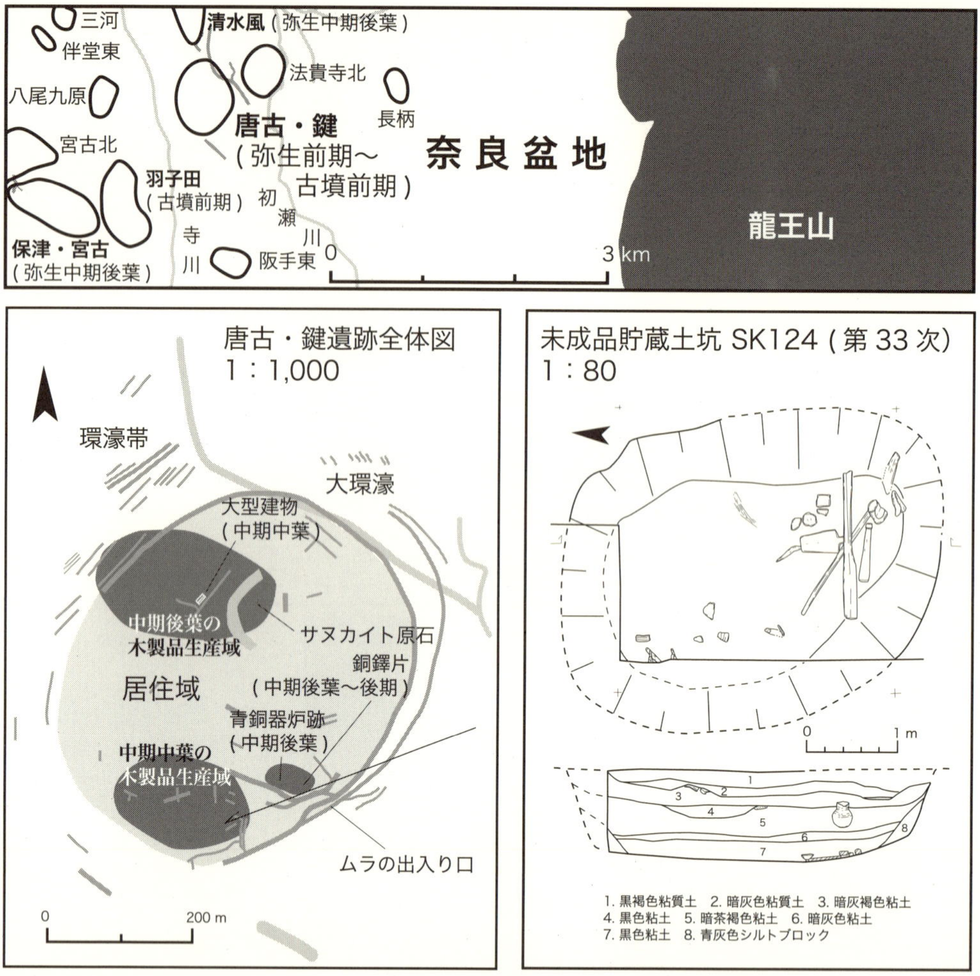

図 160　奈良県唐古・鍵遺跡の遺構全体図および木製品貯蔵施設

基本的に各集落単位で自給自足的に消費されたものと考えるのが妥当であろう[4]。

このほか、中期後葉までの青谷上寺地遺跡や石川県八日市地方遺跡など、大半の弥生集落における木製品生産はこのII類型に属する。この 2 遺跡も西川津遺跡同様、大量の製品・未成品・原材が出土しているが、周辺に供給先となる遺跡がない。青谷上寺地遺跡は超精製容器生産を開始する後期より以前は、決して突出した集落ではなく、そこで製作されていた木製品も自給自足の範囲内であった。すなわち、供給先の集落が存在しなければ、いかに大量の原材・未成品が出土していたとしても、その集落の規模の大きさ（人口・消費量の多さ）を示しているにすぎない。

III 類型　III類型は、集落の周辺に大規模な森林が存在しないが、I 類型の集落より原材や未成品の供給を受けて木製品生産をおこなっていたと想定されるパターンである。

岡山県南方遺跡（図 162 左上）は岡山平野北部の旭川右岸に位置し、北には半田山丘陵を控える。しかし半田山丘陵と南方遺跡の間には、南方遺跡が全盛期を迎える中期中葉以前に形成された津島岡大・津島江道・津島遺跡など、縄紋晩期から弥生前期の集落が、網状に流れる旭川の旧河道間の微高地上に密集しており、半田山丘陵上の広葉樹大径木は、すでにほとんど採りつく

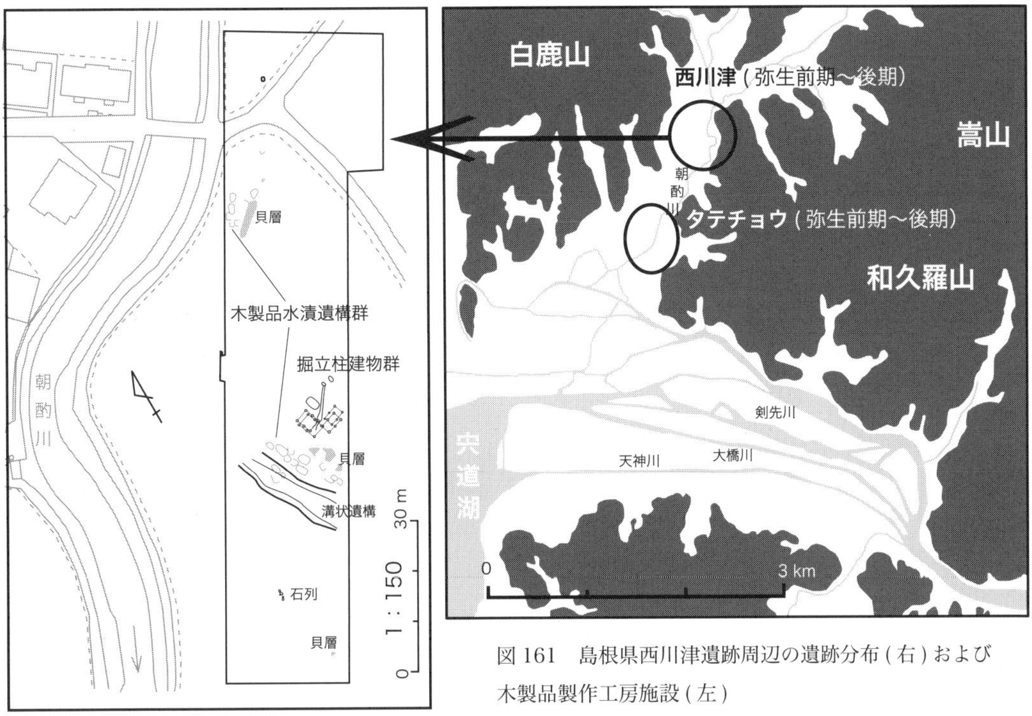

図161　島根県西川津遺跡周辺の遺跡分布（右）および木製品製作工房施設（左）

されていた可能性が高い。そのためか南方遺跡では、広葉樹大径材から作る直柄平鍬や刳物容器類の未成品は出土しているものの、連続製作の未成品や幅広の原材はきわめて少ない。おそらくこれらの未成品は、旭川をさらに遡った山地から運び込まれた可能性が高い。

愛知県朝日遺跡に代表される濃尾平野低地部の集落（阿弥陀寺・一色青海遺跡など）も同様である（図162下）。朝日遺跡周辺の沖積低地は、木曽川による沖積作用が沈静化する縄紋晩期からようやく樹木が生えだしたとみられ、弥生前期頃にマツ属とヤナギ属、中期前葉頃からクヌギ節・コナラ節・ケヤキなどの落葉広葉樹が進出してきたと考えている（樋上 2007b）。アカガシ亜属やサカキ・クスノキなどの常緑広葉樹は小牧・春日井・名古屋台地にしかなく、おそらくはこれら丘陵・台地の縁辺に立地する集落から供給を受けていた。特に中期後葉段階は、原材よりも定型化した直柄平鍬の未成品が多いため、未成品の状態で流通していた可能性がある。

中期後葉はこれら未成品が集落域の各所で出土するため、明確な木製品の生産域は形成されていなかったようだが、後期には北居住域の環濠周辺に落葉広葉樹を主体とする丸太材・ヒノキの残材・工具柄が集中する傾向があり、北居住域に住む人々（首長層か？）に木製品生産が統括されていた形跡がある。

なお、南方遺跡・朝日遺跡ともに、中期後葉には確実に鉄斧を使用していたことが判明している（図162-1・2）が、石斧柄も同時に出土していることから、鉄器化は一気に進んだのではなく、長期にわたって石器と併用されていたようである。おそらくは北部九州を除く西日本から関東地方にいたるまで、同様の状況であったとおもわれる[5)]。

Ⅳ類型　Ⅳ類型は、原材はおろか未成品もほとんど出土しない、つまり自前では木製品を製作していない集落の類型である。比恵・那珂遺跡群に代表される福岡平野の集落群や瓜生堂遺跡に

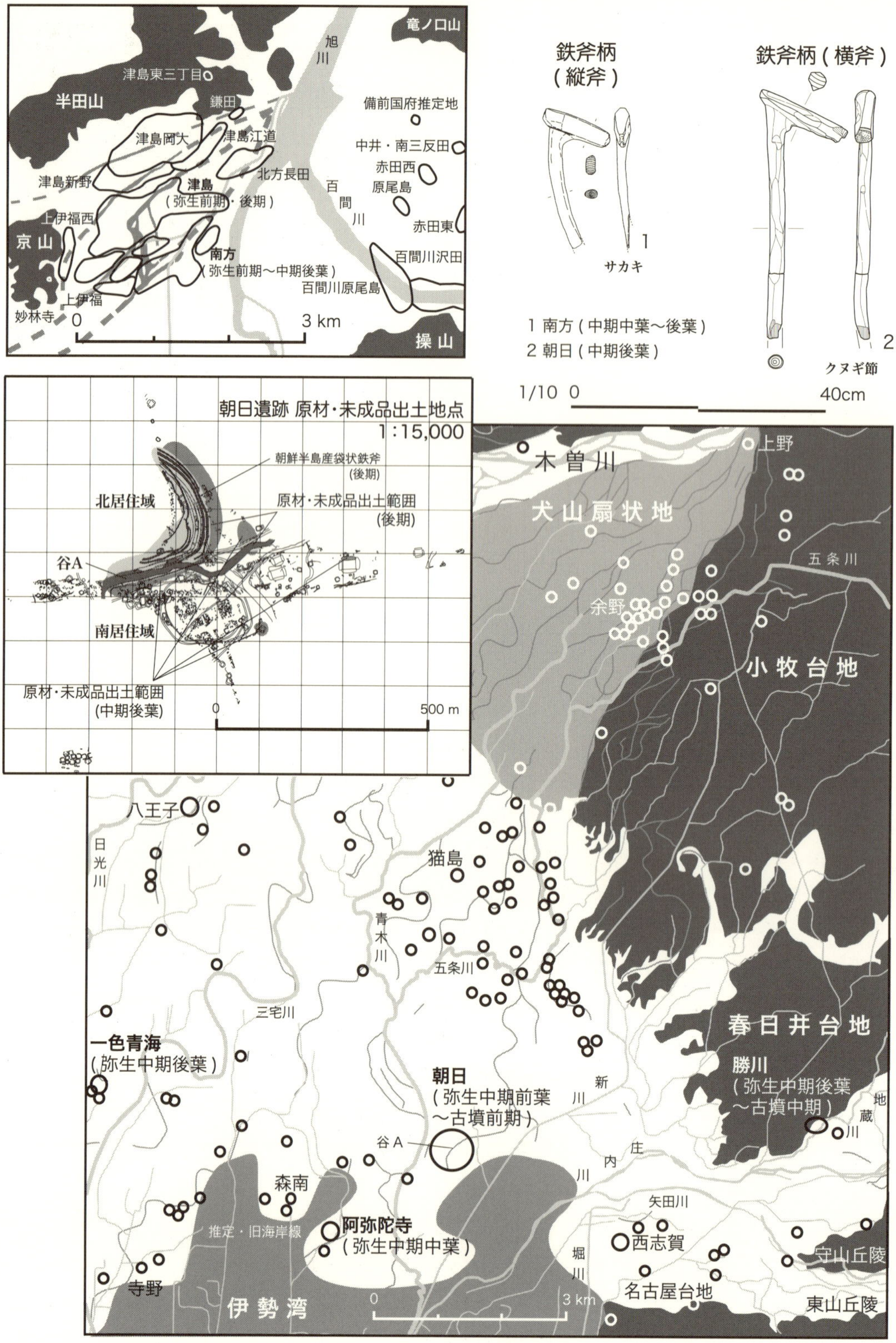

図 162 岡山県南方遺跡(左上)・愛知県朝日遺跡(下)周辺の遺跡分布と朝日遺跡全体図、出土鉄斧柄(右上)
(朝日遺跡周辺の遺跡分布図は石黒 2006 を再トレースして作成)

代表される河内湖南岸の集落群がそれにあたる。

福岡平野は御笠川と那珂川によって形成された南北に長い平野で、南・東・西側に丘陵を控える（図 163)。ただし、それらの丘陵は小規模で、岡山平野同様、縄紋晩期から弥生前期の開発により、アカガシ亜属などの大径木はほぼ全滅した可能性が高い。そのため山口譲治は中期以降，春日丘陵よりもはるか南の佐賀平野から木製品が運び込まれたと考えている。ただしごく微量だが、下月隈C遺跡では一木平鋤や刳物容器の未成品が出土しており、木製品の製作・加工技術や道具類を全く保持していなかったわけではない。那珂君休遺跡などの大規模な堰の構築に用いた土木用材や竪穴建物の建築部材・燃料材などは、周辺の丘陵部から小径木を切りだして自給していたとおもわれる。

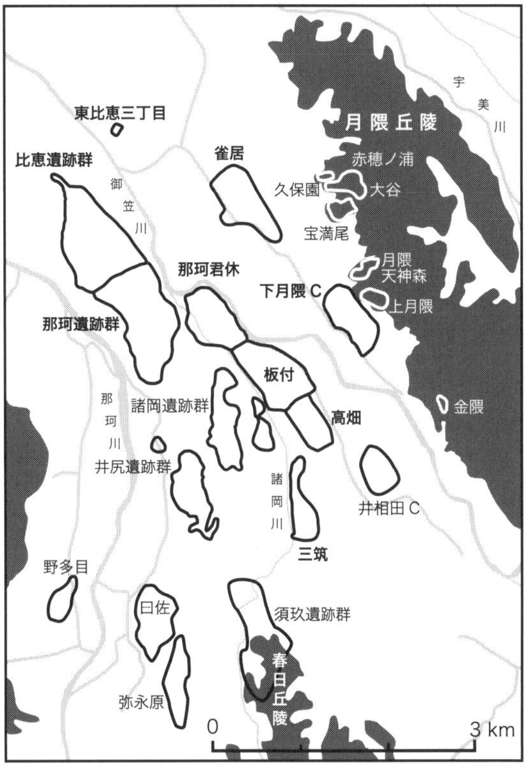

図 163　福岡平野の遺跡分布

瓜生堂遺跡もかつて田代克己が「木器をつくらないむら」とよんだ（田代 1986）ように、原材や未成品はほとんど出土していないが、最低限の木製品製作技術は保持していたと最近では考えられている（中原・秋山 2004)。ただ、やはり周辺にアカガシ亜属などの大径木はなく、基本的には鬼虎川・西ノ辻遺跡群からの供給に頼っていたようだ。

(2)　水漬け保管の意義と木製品生産・流通システムの復元

次に、弥生前期から中期にかけてしばしばみられる、未成品の水漬け保管の意義について整理しておく。これについては、生木の細胞内にあるセルロースを水に置き換え、さらにこれを乾燥させることによってひび割れや狂いを防ぐという考え方と、石製工具で加工する際に表面を柔らかくするためという、大きく２つの考え方がある。

鉄器化がほぼ完了する弥生後期以降、連続製作の直柄平鍬未成品など製作途中の未成品が急激に減少することを重視すれば、後者の説が有利となる。しかし、西ノ辻遺跡（図 159 上）のように、長さをほぼ切り揃え、枝を払った丸太材が河道や溝からまとまって出土する例は、古墳前期以降でもしばしば認められる。おそらくセルロースを水に置換する作業がこれにあたり、主としてⅠ・Ⅱ類型の集落でおこなわれていたようだ[6)]。丸太状態で充分に乾燥させてから分割・製材し、製品へと加工を進めていく際に、加工具の主体が石器であった弥生中期までは、表面の加工を容易にするために、分割材から完成直前まで常に水に漬けながら、少しずつ製作していたのが、鉄器化が普及した後期以降は、一気に製品へと仕上げるために、途中段階での水漬けの必要

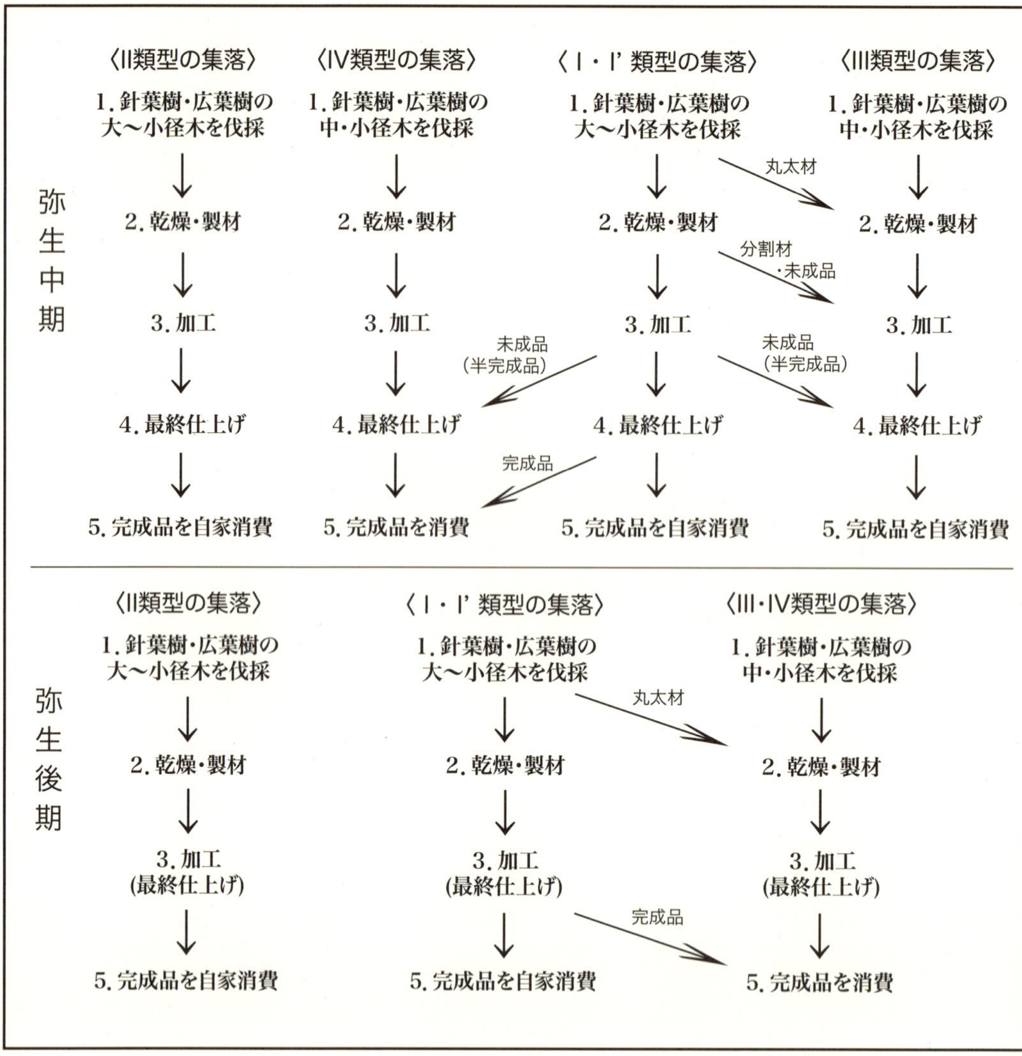

図 164　原木の伐採から木製品完成までの生産・流通工程模式図

性がなくなったのであろう。古墳前期以降でもわずかながら連続製作法による直柄平鍬の未成品が勝川遺跡などで認められるが、これらは製作途中での破損などにより、廃棄されたものである可能性が高い（渡辺 1983）。

弥生時代の直柄平鍬には、刃先を尖らせ、柄孔をあけて柄を通す直前段階の未成品が非常に多く、中期後葉段階の朝日遺跡では、この状態で流通していた可能性がある。ではなぜここで製作工程が中断されるのかを考えてみたい。以前、筆者は伊勢湾周辺地域の直柄平鍬について、完成品の刃部幅と柄孔装着角度の相関関係を調べてみた（樋上 2006a）。その結果、弥生時代の鍬はバラつきが著しく、民具学（農学）でいう「打ち鍬・引き鍬・打引き鍬」のような相関関係は存在しないのに対し、古墳前期以降は刃部幅と柄孔の装着角度が非常にきれいに揃うことを確認した。そして、弥生時代の鍬は「製作者≒使用者」の関係であったのが、古墳時代以降は製作者と使用者が切り離されて、鍬の完成品のみが流通する社会となったと考えた。おそらく弥生時代の鍬は、使用者が自分の身体や癖に合わせて最終仕上げ（柄の装着と刃先の研ぎだし）をするために、未成品状態で流通していたとおもわれる。とすれば、未成品がほとんど出土しないⅣ類型の集落でも最終仕上げのみは、集落内で使用者自らがおこなっていた可能性がある。

以上、弥生時代における木製品の生産・流通システムを整理すると次のようになる（図164）。中期後葉まで、広葉樹の大・中径木は原則としてⅠ類型集落で製材・加工し、分割材・未成品・完成品をⅢ・Ⅳ類型集落へ搬出するのに対し、後期以降は鉄製工具の導入により、ほぼ完成した木製品のみが流通するようになる。それに対し、ヒノキ科・スギ・コウヤマキ・モミ属など針葉樹の大・中径木は、朝日遺跡の柱根（図156-1）に刻まれた縄掛けの溝が示すように、丸太材のままで筏に組み、河川を使って下流の集落へと運びだしていたようだ。

ただし、どの類型の集落においても、木製品生産以外に、水稲耕作や石器・土器・骨角器・玉・青銅器生産など、複数の生業活動をおこなっていたことは重要である。一見、Ⅰ類型集落はいかにも木製品生産の専業集団のようにおもわれがちだが、あくまでもその地理的条件から木製品生産が突出して見えるだけで、決してそれのみに特化していたわけではないのである。

4. 精製木製品の流通

図165～167は、弥生中期から古墳前期にかけての精製木製品群である。これらは、どの遺跡（集落）にでもあるのではなく、ほとんどは第Ⅳ章第3節で分類した弥生集落A（と集落Bの一部）や古墳前期の首長居館からの出土に限られる。すなわち、それぞれの地域における上位の階層に属する人々が居住していたと考えられる遺跡でのみ必要とされる品々であったとみてよい。

それぞれの遺跡では、これらが単独で出土するのではなく、時期ごとに、ほぼ似通った組成を示す点に特徴がある。つまり、大型集落や居館に住まう首長層が執りおこなうさまざまな祭祀や儀礼の場で、彼（彼女）らが身に着ける服飾具や威儀具・武器類、そして、供物などを盛りつけるための容器類などがその主体をなしている。ただ、その組み合わせは、前節で検討したように、時期を追って少しずつ変化しており、そのことが首長の性格の変化を示している可能性が高い。

これら精製木製品群は、いずれも吟味された素材を用い、紋様や彩色をほどこし、現代の技術をもってしても復元が困難なほど丁寧に製作されている。ただ、弥生中期までは、未成品などの出土状況から、ほぼ使用（廃棄）された集落内で製作していたと考えられる。つまり、本節で分類をおこなったⅣ類型の福岡平野を除けば、原材の調達範囲を考慮しても、せいぜい3～4km程度の距離の移動にとどまっている。そして、日常生活に関わる木製品との比率からみれば、次節（第Ⅴ章第2節）で検討するように、集落内に居住する一般成員（のうち、特に腕利きの人）が、必要に応じて製作していた程度のものであろう。

ところが弥生後期になると、鉄製工具の普及と相まって、状況が大きく変化する。図168・169に示すように、単に似通った木製品ではなく、ほぼ同一の製作者（集団）によるとみられる（超）精製高杯が、300～400kmもの距離を隔てて出土するようになる。

石川ゆずはがすでに指摘しているように、弥生後期～古墳前期の超精製高杯には、「花弁紋様を杯部外面に陽刻する広葉樹製のもの（刻紋精製高杯–花弁高杯）」と「透かし孔を穿つ針葉樹

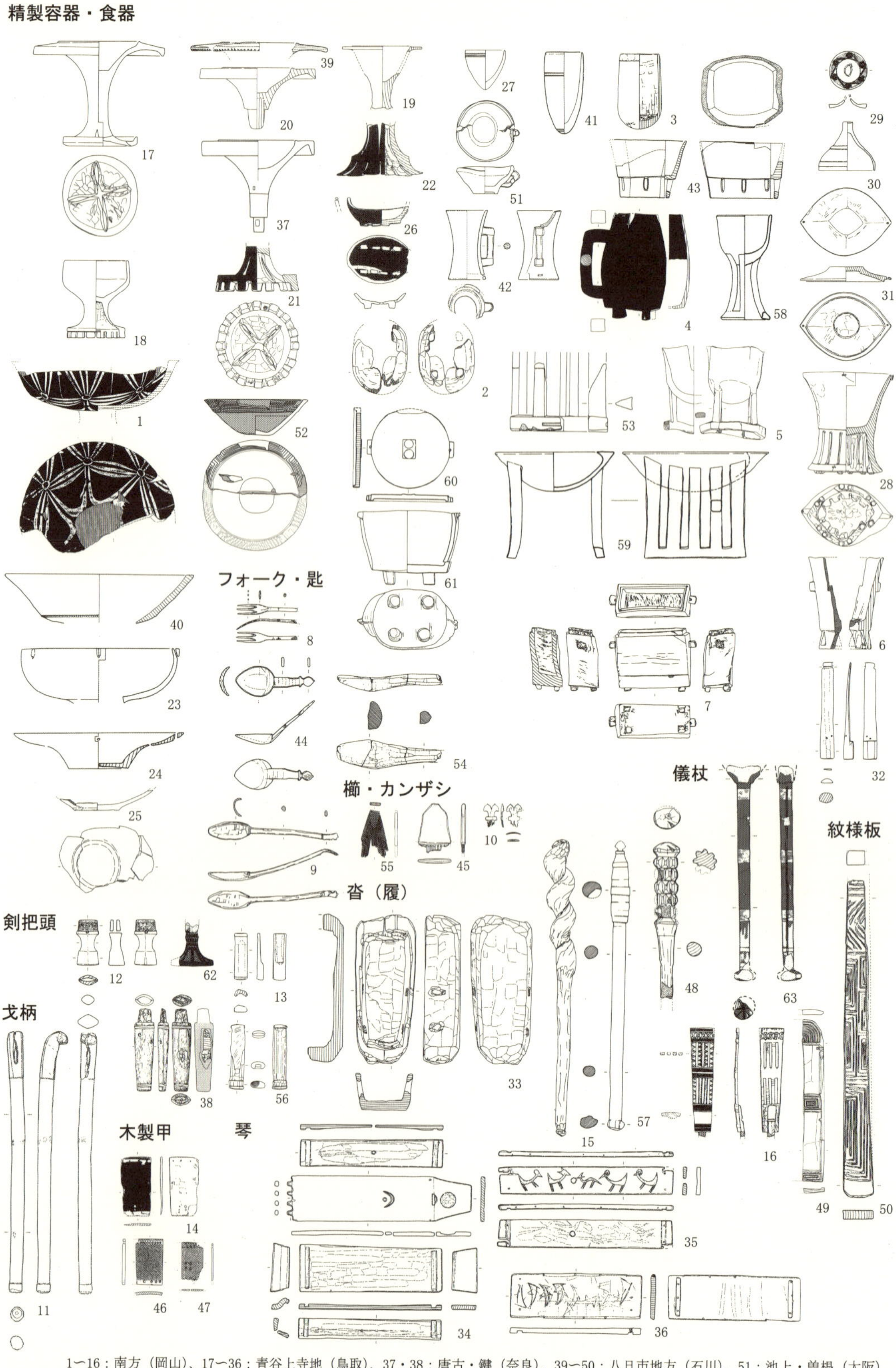

1〜16：南方（岡山）、17〜36：青谷上寺地（鳥取）、37・38：唐古・鍵（奈良）、39〜50：八日市地方（石川）、51：池上・曽根（大阪）、52〜57：朝日（愛知）、58：土生（佐賀）、59：宮ヶ久保（山口）、60：鬼虎川（大阪）、61：亀井（大阪）、62：坪井（奈良）、63：高田Ｂ（宮城）

図165　弥生中期の精製木製品（S=1/14）

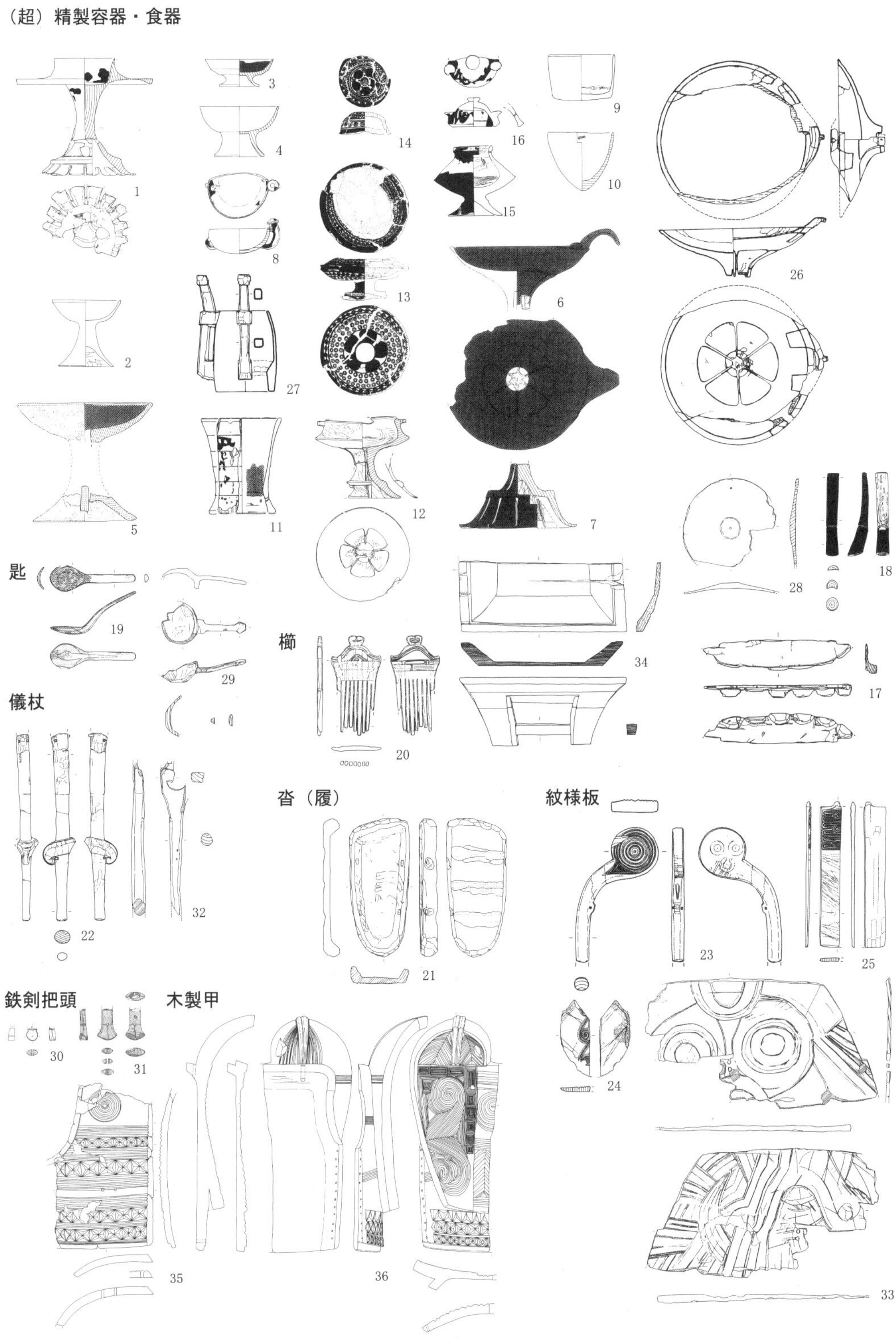

1～25：青谷上寺地（鳥取）、26：西念・南新保（石川）、27：猫橋（石川）、28～33：津島（岡山）、34：江上A（富山）、35・36：伊場（静岡）

図 166　弥生後期の精製木製品（S=1/14）

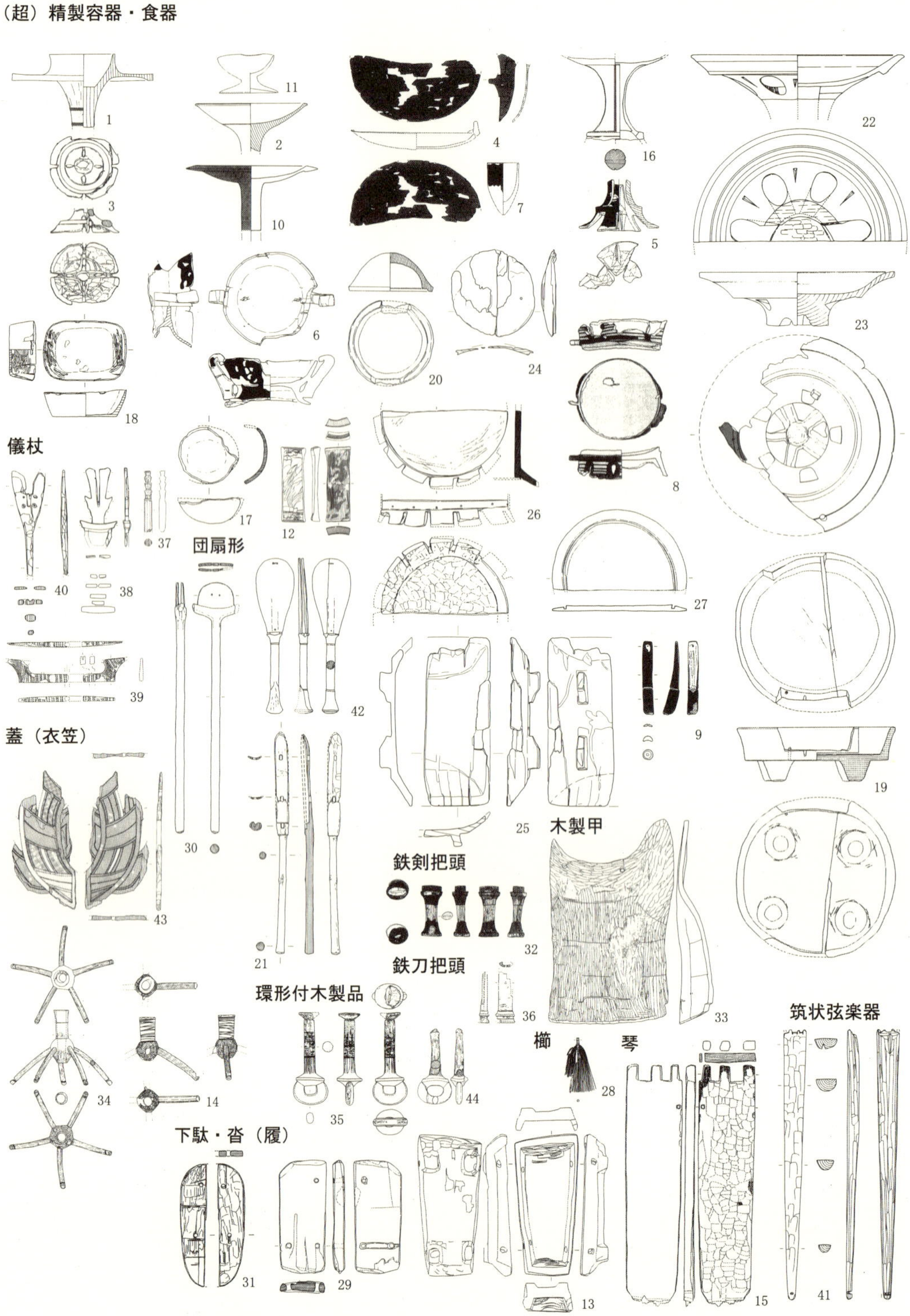

1〜9：青谷上寺地（鳥取）、10：朝日（愛知）、11〜15：国府関（千葉）、16〜21：姫原西（島根）、22：纒向（奈良）、23：入江内湖（滋賀）、24・25：八王子（愛知）、26：六大A（三重）、27〜30：乙木・佐保庄（奈良）、31：下長（滋賀）、32〜35：下田（大阪）、36〜38：畝田（石川）、39：荒尾南（岐阜）、40・41：角江（静岡）、42：勝山古墳（奈良）、43：八ノ坪（滋賀）、44：戸石・辰巳前（奈良）

図167　弥生終末期〜古墳前期の精製木製品（S=1/14）

製のもの（透紋精製高杯）」がある（久田・石川 2005）。うち、前者の花弁高杯は山陰から北陸地方にかけて、後者は北陸から近畿地方にかけて分布しているが、ほとんどの遺跡では1点ずつしか出土しておらず、未成品も認められない。しかし唯一、青谷上寺地遺跡においてのみ、杯部外面の陽刻花弁数が4～6花弁とさまざまなタイプの刻紋精製高杯がまとまった量出土している。さらには製作途上の未成品もふくまれる（鳥取県教育文化財団 2001）ことから、他の遺跡から出土したものすべてか否かは不明だが、本遺跡において集中製作されたものの多くが他地域へと運ばれていったことは間違いなかろう。

弥生後期の青谷上寺地遺跡では、これら花弁を陽刻した超精製高杯（花弁高杯）とともに、漆塗りや赤彩をほどこした木製の脚付壺と蓋が出土している。この木製脚付壺・蓋は、花弁高杯とは異なり、他の遺跡からは全く出土せず、また、青谷上寺地遺跡においてもスタンプ紋を描いた漆塗りのものと赤彩をほどこしたものの各1セットずつしか出土していない、いわば「1点モノ」といえる超精製木製容器である。ただ、これらは紋様のモチーフや器形が土製容器（土器）に写されるという特徴がある。それに対し、前述の花弁高杯は、青谷上寺地遺跡内で紋様・器形が土器に写されることはなかった。

これら「1点モノ」の超精製木製容器には、首長などごく限られた階層の人々がマツリの場で使用し、それを一般の人々に見せびらかすことによって、首長層の権威の高さを示すという点にその意味があると筆者は考えている。とすれば、そのかたちや紋様が土製容器に写されるという現象は、上位階層の流行が、社会的により下位の階層へと滴下していく「トリクル・ダウン現象」（坂井 1999）とみることができる。

逆に、同じ超精製の木製容器でありながら、青谷上寺地遺跡内ではある程度まとまった量が製作され、かつ土製容器に写されることがなかった花弁高杯は、青谷上寺地遺跡において消費されることが目的ではなく、他地域（出雲・但馬・加賀など）に搬出することに主眼が置かれていた可能性が高くなる。このようなあり方から、花弁高杯の伝播パターンは文化人類学でいうところの「威信財システム」にあたると考えている。文化人類学での「威信財」とは、1. 本来、実用的な意味をもたないが、一般の民衆に対して首長の権威を示すものであり、2. その社会のなかでは生産されず、長距離交易で首長が外部の社会から入手するもので、3. それを手に入れた首長は、さらに再分配することで自らの権威を得る、というものである[7]（石村 2004・2008）。

つまり、この花弁高杯は、青谷上寺地遺跡で使用されるものではなく、日本海側諸地域の首長層に分配することによって、青谷上寺地遺跡を統括する首長の権威を高めるアイテムであったといえる。

さらに、この「威信財」には、「ホームランド効果」というものがある（石村 2005）。これは、「威信財」の発信元が、それを受け入れる側（特に上位層）にとっての「故郷」であったことを「威信財」を通じて強く意識させるというものである。花弁高杯が青谷上寺地遺跡から日本海側諸地域に発信された弥生後期には、山陰地方特有の墓制である「四隅突出型墳丘墓」もまた北陸地方へと伝播していったことがわかっている。すなわち、北陸地方の首長のなかには、山陰地方に出自をもつ人々が少なからずおり、そのつながりが花弁高杯を受け入れる素地になった可能性があ高い。

透紋精製高杯については、奈良県纒向遺跡、滋賀県柳遺跡、石川県千代・能美遺跡から、全く

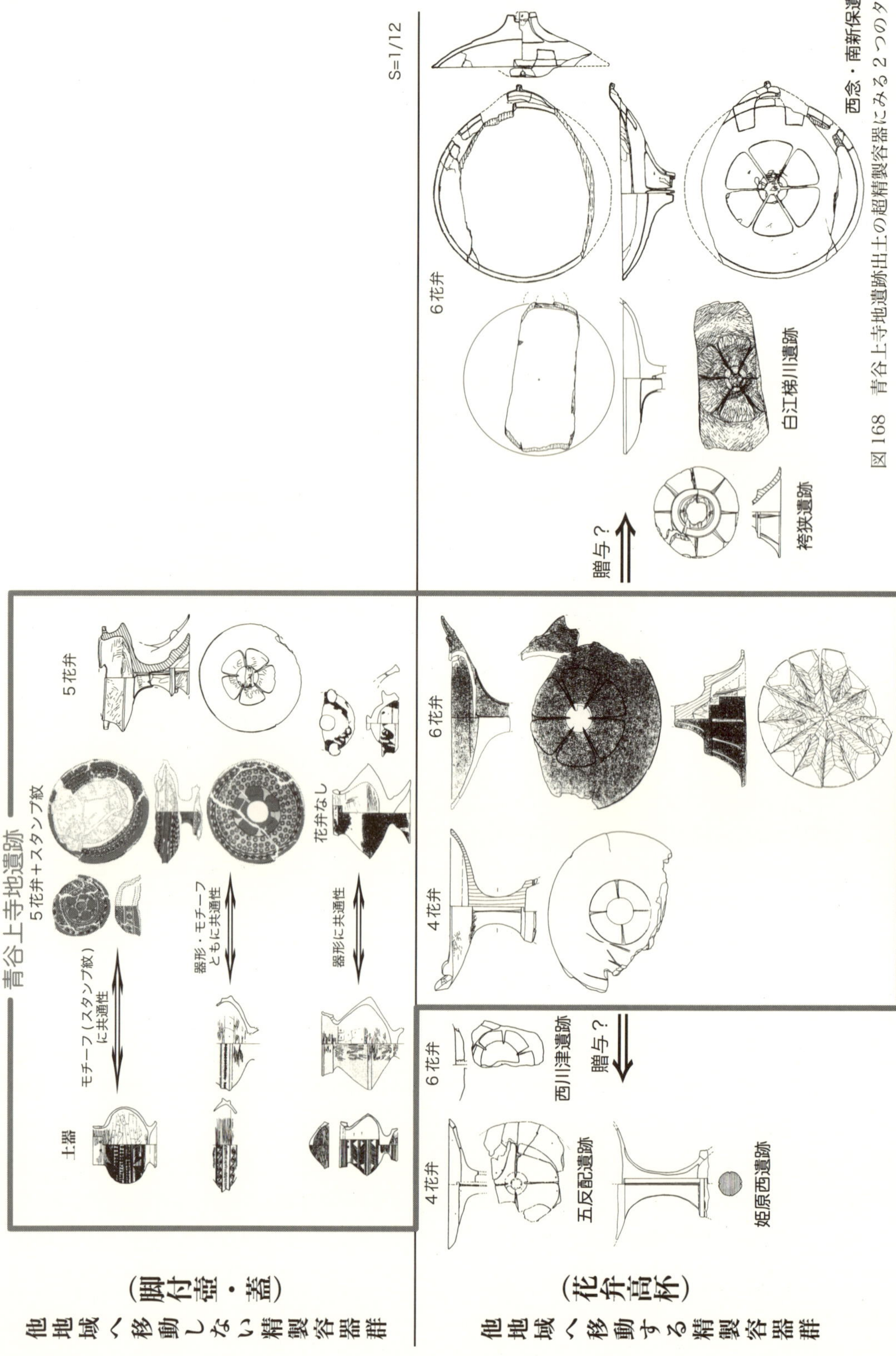

図168　青谷上寺地遺跡出土の超精製容器にみる２つのタイプ
（S=1/12、樋上2008aより）

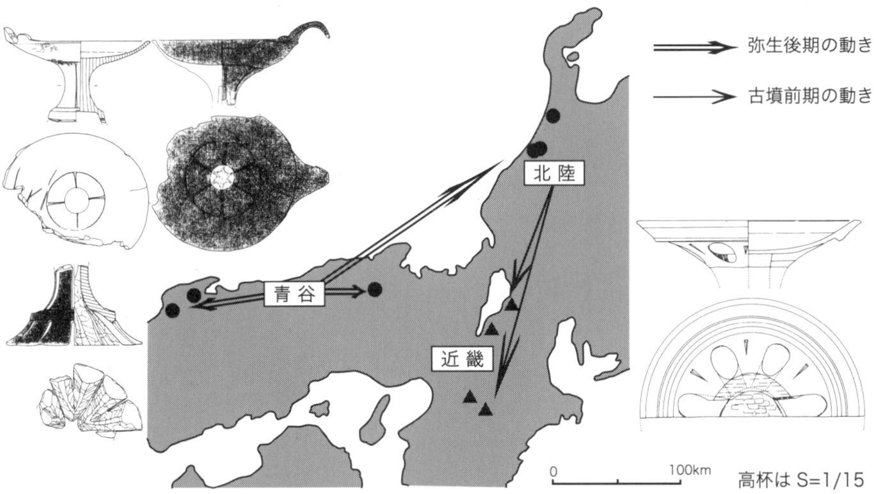

図 169　弥生後期〜古墳前期における「威信財」としての精製木製高杯の動き

同一モチーフのものが出土している。こちらは古墳前期を中心に、加賀平野で製作されたものが、滋賀県湖東地方や近畿地方（奈良盆地）へとやはり「威信財」として運ばれていった可能性が高い。

このような「威信財」の遠距離交易が盛んになるのは、統一的な国家が形成される前段階の特徴である。それゆえ、古墳時代の前段階としての弥生後期社会のあり方を真に理解するためには、この「威信財」である花弁高杯を集中的に製作していた青谷上寺地遺跡の実態を解明することこそが重要といえる。

5. まとめにかえて

弥生後期の青谷上寺地遺跡では、鍬・鋤類の出土はごくわずかであり、立地からみても、農耕への比重は決して高いとはいえない。この遺跡では、弥生後期には（超）精製容器・武器・楽器類などの木製品生産のほか、金属製品、骨角器など、さまざまな素材において、首長層が使用するための精製品が生産されている。おそらくここに居住する人の多くは、一般的な農耕集落から切り離された、文字どおり首長層お抱えの工人集団であったと考えられる。その点において、他地域（北陸〜伊勢湾以西）の集落 A と比較してもさほど大きな差がない弥生中期までの青谷上寺地遺跡と、弥生後期以降の青谷上寺地遺跡では、全く別の集落と考えてよいほど、その性格を異にしていた可能性が高い。

自給自足を基本としつつ、せいぜい原材の調達範囲が最大移動距離であるように、弥生中期までの木製品生産は比較的狭いエリアでの流通が特徴であった。それに対して弥生後期には、首長層のみが必要とする精製木製品が「威信財」として広範囲でやり取りされる社会が生みだされつつあった。この広域的な相互交流が頻繁になるにつれ、木製品に限らずさまざまな素材において、精製品をつくりだすことのできる人材を確保することが、首長層にとって重要な課題となっていたことは想像に難くない。日常的な農耕作業などを免除し、質の良い工具を豊富に与えるなど、さまざまな便宜を図ることによって、首長層は腕利きの技術者たちを抱え込み、それぞれの分野における専業工人へと変貌させていったのであろう。今後は、この青谷上寺地遺跡に代表される弥生後期の手工業生産をさらに分析することによって、弥生中期から後期、そして古墳時代へと複雑に階層化していく社会の姿をより具体的に描きだすことが可能になるとおもわれる[8)]。

註

1) 記述が煩雑になるため、本稿では各個別器種に関する研究成果は割愛した。なお、木製品の実測図は各報告書および奈良国立文化財研究所 1993『木器集成図録 近畿原始篇』から採った。

2) 鍬・鋤類は農具あるいは農耕具とよばれることが多い。しかし、実際の用途としては、田畑の耕作以外に、環濠・溝・竪穴建物の掘削など土木具的な要素も強くもっていることから、農耕作業に限定されない掘削具という呼称を筆者は用いている。

3) 弥生前期については、河内平野や福岡平野を始め、どの集落でも未成品が出土することから、基本的に各集落単位で木製品生産をおこなっていたと考えている。

4) 山口譲治は、この集落群で製作された掘削具が、大分・宮崎など九州東岸の集落へ流通したと考えている。とすれば、I 類型となるが、現状では確証がなく、一応、本稿ではII類型に分類しておく。また、I 類型とした池子遺跡は供給先が不明だが、集落規模があまりに小さく、それに比して出土木製品の量が膨大なため、他に供給先が存在したと考えざるをえない。

5) 青谷上寺地遺跡では、弥生後期でも鉄製工具と石製工具を併用していることがわかっている（鳥取県埋蔵文化財センター 2006）。

6) 大径木を 1 本伐採すると大量の木材が採れるが、これを一度に使い切れるとは限らない。必要なときに必要な樹種・サイズの木材を利用するために丸太のままストックされていた可能性も高い。

7) 本来「威信財システム」は文化人類学の用語でありながら、考古学者はこのように厳密な定義のもとに使用ていない。それゆえ、首長制社会が確立しているか否か不明である縄紋前期の木の葉紋浅鉢形土器から 18 世紀後半のしめなわ紋茶碗にいたるまで、単に「非日常的な権威の象徴」という程度の意味で、幅広く（便利に?）用いられている（樋上 2008e）。

8) このことについては、別稿（樋上 2009f）に詳述したので、そちらを参照されたい。

第２節　木製品専業工人の出現と展開

～伊勢湾周辺地域における木製品の生産と流通をめぐって～

１．はじめに

木製品の生産と流通に関する研究は、1970 ～ 80 年代にかけての黒崎直(1970)・町田章(1975・1985a・b)・根木修（1976）・渡辺昇（1983）・田代克己（1986）・山田昌久（1986）らによる先駆的な業績ののち、一旦は下火となった。しかし 90 年代後半以降は、沖積低地の大規模開発に伴う出土木製品の急激な増加により、工藤哲司（1996）・飯塚武司（1999・2001・2003a・b・2004）・穂積裕昌（2000）・山口譲治（2000）・若林邦彦（2001・2002）・別府洋二（2003）らによる新たな研究成果が相次いで発表されている。

筆者もかつて濃尾平野を中心に木製品（および木材）の生産と流通に関する論考を書いたことがある（樋上 2002b・c）。しかし、その後の資料の増加により、さらに具体的な姿を描くこと

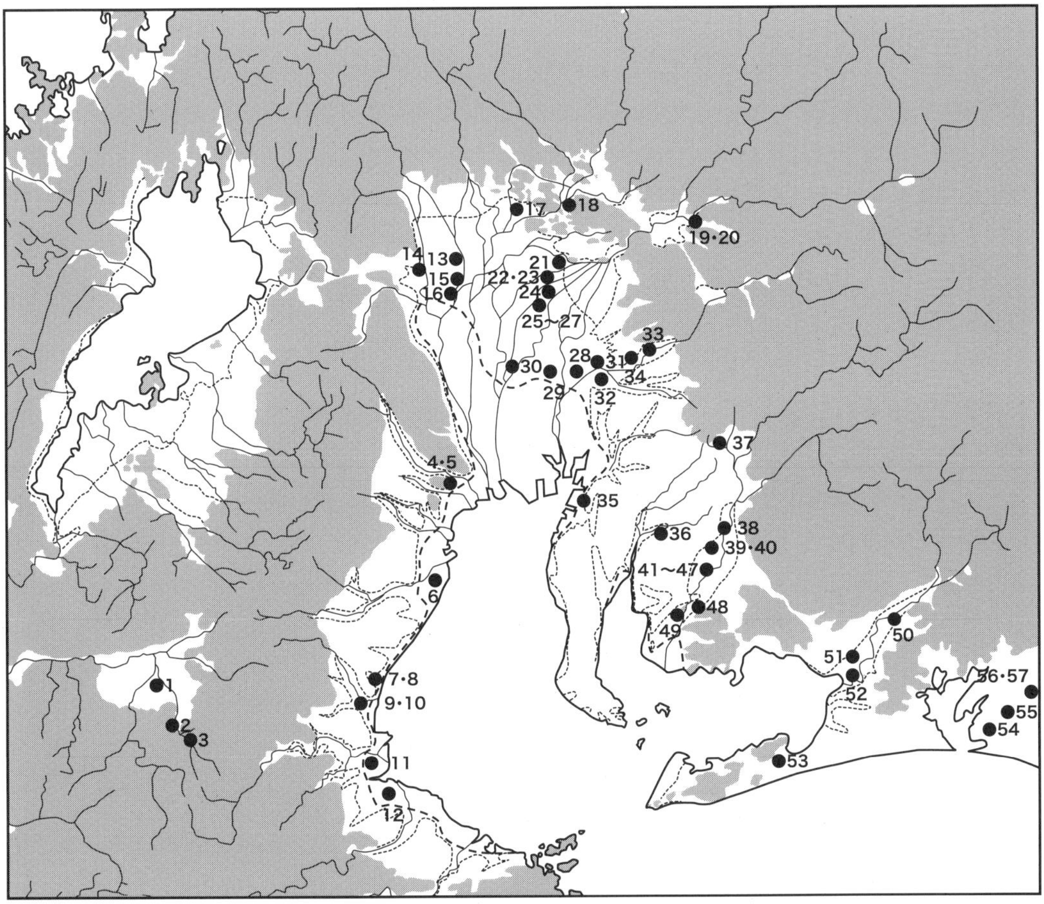

図 170　関連遺跡位置図（図の番号は、表 10・11 の遺跡名に一致する）

が可能となってきたことから、今回あらためて分析を試みることとした。対象とする地域は、弥生～古代を通じて土器・石器など木製品以外の素材においても一定の流通網を保持していたと考えられる（石黒 1997・2002・2004）伊勢湾周辺地域（伊賀・伊勢・美濃・尾張・三河・西遠江）とし、弥生前期から古代（9 世紀代）までを見通していく。

2．資料の分析

現在、伊勢湾周辺地域で弥生～古代の木製品が出土しているのは 56 遺跡である（図 170、表 10・11）。このうち、いくつかの遺跡では複数の時期におよぶ木製品があることから、さらに時期ごとに分けるとのべ 81 もの遺跡からきわめて多くの木製品が出土していることがわかる。表 10・11 では、この多種多様な木製品を「集落の生業にかかわる木製品」（掘削具・工具・農具・漁撈具・紡織具・運搬具）、「集落の格を示す木製品」（容器・食事具・服飾具・武器・狩猟具・馬具・祭祀具・威儀具・楽器・雑具）、その他（建築部材・原材・板材）に分類し、さらにそれぞれを製品（完成品）と未成品に分けて示した（○は 10 点未満で、◎は 10 点以上の出土をあらわす。以下の表とも同じ）。

まず目につくのは、弥生終末期～古墳初頭（廻間Ⅰ～Ⅱ式期）以降の木製品出土遺跡の多さである。次いで注目すべきは、弥生時代前期から古代にかけて、多くの遺跡で何がしかの未成品ないしは原材（板材）が出土していることである。これまで木製品の生産にかかわる研究では、弥生後期以降、未成品の出土がなくなることから、これを製作工具の鉄器化と連動させ、原材・未成品での流通から製品での流通への変化とみてきた（穂積 2000、若林 2001 など）。確かに弥生後期以前はほぼすべての遺跡で未成品（特に掘削具・工具・農具）が出土しているのに対して、弥生終末期以降は未成品・原材の出土しない遺跡が増加する。しかし、各時期ともに半数以上の遺跡で何がしかの未成品（原材）が出土していることは、弥生後期以降でも多くの集落で木製品の生産は続けられていたことを示している。

ただし、おおまかにみれば、弥生終末期以降は 1 遺跡から出土する未成品の品目が、一部の遺跡を除けば徐々に減少していく傾向は認められる。また、弥生中期後葉の角江遺跡のように複数の器種で未成品の出土量が 10 点を超える遺跡は、弥生後期以降なくなる。

また、本来有用な森林資源（アカガシ亜属を主体とした広葉樹林）が存在したと考えられる丘陵・段丘・扇状地から遺跡までの距離では、弥生後期まではめだった差は見受けられない。しかし、弥生終末期以降では森林に近い遺跡（勝川・荒尾南・柿田遺跡など）で特に掘削具の未成品がめだつ傾向が認められる。

次に、各器種ごとに、未成品が出土している遺跡を取りあげ、それぞれの遺跡にどのような未成品があるのかをより具体的にみていきたい。

(1)　**掘削具**（表 12）

現在、43 遺跡で掘削具の未成品が出土しており、この地域における未成品出土遺跡のおよそ半数におよぶ。器種ごとにみていくと、直柄広鍬の未成品は 26 遺跡で、特に弥生中期後葉まではすべての遺跡で認められる。弥生終末期～古墳初頭でも半数以上の遺跡で直柄広鍬未成品は出

表 10　木製品出土遺跡一覧表 -1

時期	番号	遺跡名	所在地	集落立地	丘陵・段丘・扇状地からの距離	集落規模	出土遺構	集落の生業にかかわる木製品												集落の格をしめす木製品																その他				文献
								掘削具		工具		農具		漁撈具		紡織具		運搬具		容器		食事具		服飾具		武器・狩猟具・馬具		祭祀具		威儀具		楽器		雑具		建築部材		原材・板材		
								製	未	製	未	製	未	製	未	製	未	製	未	製	未	製	未	製	未	製	未	製	未	製	未	製	未	製	未	製	未	広	針	
弥生前期	10	納所	三重県津市	沖積低地	0.7km	−	河道	○	○	○	○	○		○		○				○	○	○	○	○		○						○								1
	33	松河戸	愛知県春日井市	沖積低地	0.8km	180×120m	環濠・河道	○	○	○	○	○						○			○	○				○												○		2
弥生中期前葉	28	朝日	愛知県清須市ほか	沖積低地	4.5km	300×290m（北居住域） 580×260m（南居住域）	方形周溝墓・環濠・溝	○	○		○	○				○				○		○	○					○		○						○		○	○	3
弥生中期中葉	10	納所	三重県津市	沖積低地	0.7km	1000×500m（墓域含む）	河道	○	○	○																														1
	28	朝日	愛知県清須市ほか	沖積低地	4.5km	280×240m（北居住域） 600×280m（南居住域）	環濠	○	○	○	○	○	○			○				○		○				◎		○		○						○		◎	○	3
	29	阿弥陀寺	愛知県甚目寺町	沖積低地	8km	430×220m	環濠	○								○				○														○		○		○	○	4
	47	岡島	愛知県西尾市	沖積低地	0.8km	280×270m	河道	○	○											○																○		○		5
	51	瓜郷	愛知県豊橋市	沖積低地	1.4km	430×250m	河道？	○	○	○		○				○										○														6
	54	伊場・梶子	静岡県浜松市	沖積低地	0.2km	700×600m（墓域・水田域含む）	河道	○	○	○	○	○	○			○		○		○						○		○						○		○		○	○	7
弥生中期後葉	4	菟上	三重県四日市市	中位段丘	−	300×250m	谷	○	○		○					○				○						○		○						○		○		○	○	8
	28	朝日	愛知県清須市ほか	沖積低地	4.5km	1000×500m（墓域含む）	土坑・河道	◎	◎	○	○	○	○			○			○	○						○		○						○		○		○	◎	3
	30	一色青海	愛知県稲沢市	沖積低地	12km	350×100m	河道	○	○		○	○							○	○																		○		9
	34	勝川	愛知県春日井市	低位段丘 沖積低地	−	450×300m（生産域含む）	溝・土坑	○	○	○	○	○		○									○				○											◎	◎	10
	36	西中神明社南	愛知県知立市	中位段丘 沖積低地	−	−	溝・土坑	○	○	○	○		○								○					○												○		11
	39	川原	愛知県豊田市	沖積低地	0.2km	150×110m	河道					○																								○				12
	42	上橋下	愛知県安城市	沖積低地	0.5km	250×200m	河道	○		○		○								○																◎		◎		13
	51	篠束	愛知県小坂井町	沖積低地	0.8km	100×100m	河道？	○		○						○		○		○		○	○			○										○				14
	54	角江	静岡県浜松市	砂堤 沖積低地	0.25km	250×150？m	方形周溝墓・河道	◎	◎	◎	◎	◎	○	◎		○		◎		◎		○	○			◎		○				○				◎		○		15
弥生後期	28	朝日	愛知県清須市ほか	沖積低地	4.5km	200×200m（北居住域） 200×130m（南居住域）	環濠・河道	○	○	○		○				○		○		○						○								○		○		○	○	3
	39	川原	愛知県豊田市	沖積低地	0.2km	150×110m（墓域のみ）	大溝	○	○																											○		○		12
	55	伊場・梶子	静岡県浜松市	沖積低地	0.2km	700×600m（墓域・水田域含む）	環濠・河道	○	○			○				○		○		○						○										○		○		7
弥生終末～古墳初頭（2～3世紀）	5	辻子	三重県朝日町	低位段丘 沖積低地	−	400×100m	溝・土坑・包含層	○	○			○	○							○														○	○	○				16
	7	六大A	三重県津市	低位段丘 斜面	−	350×250m	大溝・井泉	◎	○	○	○	◎	○	○		◎		○		◎	○	○		○		◎		◎		○		○		◎		◎		○	○	17
	9	太田	三重県津市	沖積低地	0.2km	260×180m	大溝	○		○		○				○				○														○		○		○	◎	18
	14	荒尾南	岐阜県大垣市	沖積低地	0.4km	550×300m（墓域含む）	大溝	○	○	○	○	◎				○				○						○		○		◎				○		◎				19
	15	今宿	岐阜県大垣市	沖積低地	5km	300×200m	水田・溝	○												○								○												20
	16	米野	岐阜県大垣市	沖積低地	4.5km	220×90m	大溝	○				○						○		○								○		○				○		○				21
	18	砂行	岐阜県関市	丘陵	−	200×110m	大溝		○																			○												22
	20	柿田	岐阜県可児市	沖積低地	0.4km	600×600m	竪穴住居・溝・土坑・井戸・水田・河道	○	○	○	○	○				○		○		○		○						○								○		○	○	23
	21	北道手	愛知県一宮市	沖積低地	0.5km	250×150m	土坑	○								○																								24
	23	門間沼	愛知県木曽川町	沖積低地	3km	1000×250m（水田域含む）	溝	○												○																				25
	24	西上免	愛知県一宮市ほか	沖積低地	5km	250×250m	土坑（泉？）																					○												26
	25	八王子	愛知県一宮市	沖積低地	5km	400×110m	大溝・井泉	◎	○	○		○				○				◎	○					○	○	○	○					○	○	○		○	◎	27
	26	南木戸	愛知県一宮市	沖積低地	6km	150×100m	河道？	○				○				○																				○				28
	27	苗代	愛知県一宮市	沖積低地	6.5km	300×150m	河道？	○																		○														29
	28	朝日	愛知県清須市ほか	沖積低地	4.5km	−	河道	○		○								○		○		○						○								○		○	○	3
	34	勝川	愛知県春日井市	低位段丘 沖積低地	−	270×110m	河道内大溝	◎	○	○	○	○				○				○						○										○		◎	◎	10
	37	伊保	愛知県豊田市	洪積台地 縁辺部	−	460×300m	井戸状土坑	○	○							○																						○		30
	40	本川	愛知県豊田市	沖積低地	0.15km	110×100m	大溝	○												○																○		○	○	31
	41	坂戸	愛知県岡崎市	沖積低地	0.6km	500×300m（墓域含む）	河道？	○												○																○				32
	43	釈迦山	愛知県安城市	沖積低地	−	250×70m	河道	○	○	○		○				○		○		○				○		○		○						○		○				33
	44	桜林	愛知県安城市	沖積低地	−	−	溝	○																																34
	45	中狭間	愛知県安城市	沖積低地	−	300×200m	大溝	○	○			○								○								○								○				35
	46	宮下	愛知県安城市	沖積低地	−	400×200m	溝	○	○			○								○																○				36
	47	下懸	愛知県安城市	沖積低地	−	300×100？m	河道	○	○			○	○			○		○		○	○					○		○						○		○	○	◎	◎	37
	49	住崎	愛知県西尾市	中位段丘 縁辺部	−	350×230m	河道？	○		○										○								○												38
	54	角江	静岡県浜松市	砂堤 沖積低地	0.25km	250×150？m	河道	◎	○	○	○	◎		○		○		◎		◎	○			○		◎		○	○			○				◎		○	○	15
弥生終末～古墳中期	20	柿田	岐阜県可児市	沖積低地	0.4km	600×600m	竪穴住居・溝・土坑・井戸・水田・河道	◎	◎	○		◎				○		○		◎	○	○		○		○		◎				○		○		◎		○	◎	23

表 11　木製品出土遺跡一覧表 -2

時期	番号	遺跡名	所在地	集落立地	丘陵・段丘・扇状地からの距離	集落規模	出土遺構	集落の生業にかかわる木製品												集落の格を示す木製品																				その他				文献
								掘削具		工具		農具		漁撈具		紡織具		運搬具		容器		食事具		服飾具		武器・狩猟具・馬具		祭祀具		威儀具		楽器		雑具		建築部材		原材・板材		
								製	未	製	未	製	未	製	未	製	未	製	未	製	未	製	未	製	未	製	未	製	未	製	未	製	未	製	未	製	未	広	針	
古墳前期（4世紀）	1	北堀池	三重県伊賀市	沖積低地	0.5km	500×250m(水田域含む)	水田・大溝	◎	○		○	○	○			○				○						○		○						○		○			◎	39
	3	城之越	三重県伊賀市	丘陵縁辺部	－	300×300m	大溝・井泉			○		○				○		○								○		○						○		○				40
	11	宮ノ腰	三重県三雲町	沖積低地	2.3km	400×200m	河道	○																																41
	13	曽根八千町	岐阜県大垣市	沖積低地	1km	260×120m	溝or河道	○																												○				42
	19	瀬戸南	岐阜県御嵩町	沖積低地	0.4km	100×100？m	溝	◎	○	○		○						○		○										○		○				◎				43
	20	柿田	岐阜県可児市	沖積低地	0.4km	600×600m	竪穴住居・溝・土坑・井戸・水田・河道	○	○		○	○						○		○								○						○		○		○	○	23
	25	八王子	愛知県一宮市	沖積低地	5km	150×80m	大溝	○		○		○				○				○								○								○			○	27
	28	朝日	愛知県清須市ほか	沖積低地	4.5km	－	河道					○																								○		○	○	3
	31	月縄手	愛知県名古屋市	沖積低地	1.6km	200×150m	土坑	○												○																				44
	35	トゝメキ	愛知県東海市	沖積低地	－	130×130m	河道？	○	○			○						○						○														○	○	45
	38	水入	愛知県豊田市	中位段丘 沖積低地	－	250×150m	大溝	○	○			○								○																○				46
	39	川原	愛知県豊田市	沖積低地	0.2km	150×110m（墓域のみ）	溝			○																						○								11
	40	本川	愛知県豊田市	沖積低地	0.15km	110×100m	大溝	○		○		○				○				○	○							○				○		○		○		○	○	30
古墳中～後期（5・6世紀）	2	高賀	三重県伊賀市	丘陵端部	－	300×200m	大溝	○	○							○		○		○						○		○						○		○				47
	6	河田宮ノ北	三重県鈴鹿市	沖積低地	0.55km	350×250m	河道	◎	○	○	○	○	○			○		○		○				○		○		○		○						◎			○	48
	7	六大A	三重県津市	低位段丘斜面	－	350×250m	大溝・井泉	◎	○	○		◎		○		◎	○	○		◎		○		◎		◎		◎		○		○		◎		◎		○	○	17
	8	橋垣内	三重県津市	沖積低地	0.1km	250×250m	河道	○	○			○									○			○		○		○								○				49
	17	宇田	岐阜県岐阜市	丘陵縁辺部	－	－	湿地	○				○				○				○								○												50
	18	砂行	岐阜県関市	丘陵	－	200×110m	大溝	○																				○												22
	19	瀬戸南	岐阜県御嵩町	沖積低地	0.4km	100×？m	溝	○		○		○				○		○		○								○					○	○		◎				43
	20	柿田	岐阜県可児市	沖積低地	0.4km	600×600m	竪穴住居・溝・土坑・井戸・水田・河道	○	○	○		◎				○				◎		○		○		○								○		◎		○	○	23
	23	門間沼	愛知県木曽川町	沖積低地	3km	300×100m	溝																									○								25
	32	志賀公園	愛知県名古屋市	沖積低地	1.8km	300×150m	溝・河道	○				○																								○				51
	34	勝川	愛知県春日井市	低位段丘 沖積低地	－	270×110m	河道内大溝	○	○	○		○	○			○				○						○								○		○		◎	◎	10
	37	伊保	愛知県豊田市	洪積台地縁辺部	－	460×300m	河道？	○	○			○																										○	○	30
	56	恒武山ノ花	静岡県浜松市	沖積低地	4km	800×600m（恒武遺跡群としての規模）	河道	◎		○		◎				◎	○	○		◎		○	○	○		◎		◎		◎	○	○		◎		◎			○	52
	57	恒武西浦	静岡県浜松市	沖積低地	4km	800×600m（恒武遺跡群としての規模）	河道	◎	○	○		◎	○	○		○		○	○	◎				○		○		◎	○	○		◎	○	◎		◎			○	53
古代（7～9世紀）	8	橋垣内	三重県津市	沖積低地	0.1km	250×250m	大溝													◎				○		○		○						○						49
	12	杉垣内	三重県松阪市	扇状地扇端部	－	－	河道	○				○				○				○		○		○				○												54
	20	柿田	岐阜県可児市	沖積低地	0.4km	600×600m	溝・土坑・井戸・水田・河道	○	○	○		◎				○				◎		○		○		○		◎						◎		◎		○	○	23
	22	大毛沖	愛知県一宮市	沖積低地	2.5km	200×200m	河道																			○														55
	32	志賀公園	愛知県名古屋市	沖積低地	1.8km	300×150m	河道	○		○		○						○		◎	○			○		○		◎				○		○		◎		○	◎	51
	34	勝川	愛知県春日井市	低位段丘 沖積低地	－	225×150m（寺院）	河道内大溝	○		○		○				○				◎		○						○						○		○		○	○	10
	50	山西	愛知県豊川市	洪積台地縁辺部	－	－	谷	○				○								○						○														56
	53	山崎	愛知県田原市	沖積低地	－	500×180m	包含層？	◎		○		◎				○				○				○		○	○	○						○		○				57
	55	伊場・梶子	静岡県浜松市	沖積低地	0.2km	700×600m	大溝	◎		◎		◎		○		◎		◎		◎		◎		◎		○		◎				○		○		○			○	7

表 12　掘削具未成品出土遺跡一覧表

時期	番号	遺跡名	所在地	集落立地	丘陵・段丘・扇状地からの距離	直柄諸手鍬		直柄広鍬		直柄狭鍬		直柄横鍬		直柄小型鍬		直柄払い鍬		直柄多又鍬		エブリ・サラエ		泥除け具		曲柄平鍬		曲柄二又鍬		曲柄多又鍬		ナスビ形曲柄平鍬		ナスビ形曲柄二又鍬		ナスビ形曲柄多又鍬		膝柄		反柄		一木平鋤		一木多又鋤		組合せ平鋤		組合せ多又鋤		一木掘り棒		組合せ掘り棒		馬鍬		広葉樹原材・板材
						未	製	未	製	未	製	未	製	未	製	未	製	未	製	未	製	未	製	未	製	未	製	未	製	未	製	未	製	未	製	未	製	未	製	未	製	未	製	未	製	未	製	未	製	未	製	未	製	
弥生前期	10	納所	三重県津市	沖積低地	0.7km		○	○	○		○								○																										○									
	33	松河戸	愛知県春日井市	沖積低地	0.8km			○	○		○												○																		○													
弥生中期前葉	28	朝日	愛知県清須市ほか	沖積低地	4.5km			○	○		○																																		○									○
弥生中期中葉	10	納所	三重県津市	沖積低地	0.7km			○														○	○				○													○	○				○		○								
	28	朝日	愛知県清須市ほか	沖積低地	4.5km			○	○		○		○		○				○																															◎
	47	岡島	愛知県西尾市	沖積低地	0.8km			○						○	○			○									○																											○
	51	瓜郷	愛知県豊橋市	沖積低地	1.4km			○	○																○																													
	54	伊場・梶子	静岡県浜松市	沖積低地	0.2km			○	○		○								○						○												○				○				○				○					○
弥生中期後葉	4	菟上	三重県四日市市	中位段丘	–			○																																				○									○
	28	朝日	愛知県清須市ほか	沖積低地	4.5km			◎	○		○			○	○				○						○															○	○				○		○								○
	30	一色青海	愛知県稲沢市	沖積低地	12km			○	○																																												○
	34	勝川	愛知県春日井市	低位段丘 沖積低地	–			○	○	○					○				○								○																	○									◎
	36	西中神明社南	愛知県知立市	中位段丘 沖積低地	–			◎																○																						○								○
	54	角江	静岡県浜松市	砂堤 沖積低地	0.25km			◎	○	○	○				○				◎					◎	◎		○									◎	○				○				○		○								○
弥生後期	28	朝日	愛知県清須市ほか	沖積低地	4.5km																		○		○		○													○								○	○						○
	39	川原	愛知県豊田市	沖積低地	0.2km			○																○	○												○											○	○						○
	55	伊場・梶子	静岡県浜松市	沖積低地	0.2km																				○											○																		○
弥生終末～古墳初頭（2～3世紀）	5	辻子	三重県朝日町	低位段丘 沖積低地	–				○													○	○		○		○						○										○	○										
	7	六大A	三重県津市	低位段丘 斜面	–			○	◎		○	○	○				○				○	◎	◎	○	◎		○				○		◎				○		○	○	○			○	○		○								○
	14	荒尾南	岐阜県大垣市	沖積低地	0.4km			○	○			○										◎	○												○				○	○	○			○					○						
	18	砂行	岐阜県関市	丘陵	–				○													○																																
	20	柿田	岐阜県可児市	沖積低地	0.4km			○	○																○												○																	○
	25	八王子	愛知県一宮市	沖積低地	5km				○													○	○		○		○		○								○							○							○			○
	34	勝川	愛知県春日井市	低位段丘 沖積低地	–			○														○	○		○		○										○			○														◎
	37	伊保	愛知県豊田市	洪積台地	–			○				○										○			○																													○
	43	釈迦山	愛知県安城市	沖積低地	–																			○	○		○										○																	
	45	中狭間	愛知県安城市	沖積低地	–																				○		○																○											
	46	宮下	愛知県安城市	沖積低地	–														○					○	○																						○						
	47	下懸	愛知県安城市	沖積低地	–								○												○		○		○											○														◎
	54	角江	静岡県浜松市	砂堤 沖積低地	0.25km			○	○										○					○	◎		○		○							○	◎				○							○								○
弥生終末～古墳中期	20	柿田	岐阜県可児市	沖積低地	0.4km			○	○			○	○									○	○	○	○		○		○		○				○	○				○	○												○
古墳前期（4世紀）	1	北堀池	三重県伊賀市	沖積低地	0.5km			○	○													○	○		○				○				○		○						○													
	19	顔戸南	岐阜県御嵩町	沖積低地	0.4km			○	○				○										○		○			○	○																	○							
	20	柿田	岐阜県可児市	沖積低地	0.4km				○													○	○		○		○				○																						○
	35	トヽメキ	愛知県東海市	沖積低地	–																			○	○																○								○						○
	38	水入	愛知県豊田市	中位段丘 沖積低地	–																					○																												
古墳中～後期（5・6世紀）	2	高賀	三重県伊賀市	丘陵端部	–																	○													○																			
	6	河田宮ノ北	三重県鈴鹿市	沖積低地	0.55km								○								○										○								○	○					○									
	7	六大A	三重県津市	低位段丘 斜面	–				○				○						○		○		○								○		○				○		○	○	○													○
	8	橋垣内	三重県津市	沖積低地	0.1km				○				○									○									○		○				○				○													
	20	柿田	岐阜県可児市	沖積低地	0.4km				○				○							○		◎	○	○	○	○		○		○					○					○											○	○
	34	勝川	愛知県春日井市	低位段丘 沖積低地	–			○			○																			○						○								○									◎
	37	伊保	愛知県豊田市	洪積台地	–			○																	○																													
	57	恒武西浦	静岡県浜松市	沖積低地	4km								○								○				○						○		○				○		○	○			○				○		○					
古代（7～9世紀）	20	柿田	岐阜県可児市	沖積低地	0.4km				○													○	○															○															○

土しているが、1 遺跡で 10 点を超える例はなくなり、古墳中期以降は勝川遺跡でしか確認できなくなる。ただし、製品そのものは古代の柿田遺跡からも出土していることから、直柄広鍬という器種そのものが消滅するわけではない。

次いで未成品が多いのは泥除け具（14 遺跡）である。弥生中期中葉の納所遺跡例を除けば、すべて弥生終末期以降に属する。一木平鋤の未成品は弥生中期中葉から古墳後期までまんべんなく 11 遺跡に存在する。曲柄平鍬の未成品は弥生中期後葉以降の 10 遺跡で認められる。

若林は近畿地方の未成品の分析により、弥生後期以降、直柄広鍬が激減するのに対して泥除け具と曲柄平鍬が増加することから、曲柄平鍬にも泥除け具が装着された可能性を指摘している（若林 2001・2002）。しかし、伊勢湾周辺地域の例をみる限り、製品・未成品を問わず泥除け具が出土している遺跡で直柄広鍬が出土していないのは古墳中期の高賀遺跡のみであり、ここでは曲柄平鍬も伴っていない。一方、泥除け具に曲柄平鍬が共伴しない例は 6 遺跡もある。また、泥除け具には鍬本体と接合するために蟻ホゾとよばれる、断面が逆台形を呈する突出部をほぼ例外なく設けている。そして弥生終末期以降の直柄広鍬・直柄横鍬には基本的に泥除け具装着のための蟻溝が刻まれているのに対し、曲柄平鍬に蟻溝がほどこされた例は皆無である。これらのことから、原則的に泥除け具は直柄広鍬か直柄横鍬に装着されたというこれまでの考え方が正しいことをあらためて確認しておきたい[1)]。

表 13　木製工具出土遺跡一覧表

時期	番号	遺跡名	所在地	集落立地	丘陵・段丘・扇状地からの距離	縦斧（石斧）柄		横斧（石斧）柄		縦斧（鉄斧）柄		横斧（鉄斧）柄		鉄斧柄		刀子柄		カケヤ	作業台	クサビ
						製	未	製	未	製	未	製	未	製	未	製	未			
弥生前期	10	納所	三重県津市	沖積低地	0.7km	○	○	○												
	33	松河戸	愛知県春日井市	沖積低地	0.8km		○	○												
弥生中期前葉	28	朝日	愛知県清須市ほか	沖積低地	4.5km				○											
弥生中期中葉	10	納所	三重県津市	沖積低地	0.7km			○	○											
	28	朝日	愛知県清須市ほか	沖積低地	4.5km			○												
	52	瓜郷	愛知県豊橋市	沖積低地	1.4km	○													○	
	55	伊場・梶子	静岡県浜松市	沖積低地	0.2km	○		○	○											
弥生中期後葉	28	朝日	愛知県清須市ほか	沖積低地	4.5km	○	○	○	○			○		○						
	30	一色青海	愛知県稲沢市	沖積低地	12km		○													
	34	勝川	愛知県春日井市	洪積台地 沖積低地	−		○?	○	○											
	36	西中神明社南	愛知県知立市	中位段丘 沖積低地	−	○		○	○											
	42	上橋下	愛知県安城市	沖積低地	0.5km	○														
	51	篠東	愛知県小坂井町	沖積低地	0.8km	○		○										○		
	54	角江	静岡県浜松市	砂堤 沖積低地	0.25km	○	○	○	◎											
弥生後期	28	朝日	愛知県清須市ほか	沖積低地	4.5km							○	○	○						○
弥生終末〜古墳初頭（2〜3世紀）	7	六大A	三重県津市	低位段丘 斜面	−					○		○	○							
	9	太田	三重県津市	沖積低地	0.2km							○								
	14	荒尾南	岐阜県大垣市	沖積低地	0.4km										○			○		○
	25	八王子	愛知県一宮市	沖積低地	5km					○		○						○		
	28	朝日	愛知県清須市ほか	沖積低地	4.5km									○						○
	34	勝川	愛知県春日井市	低位段丘 沖積低地	−							○	○					○		○
	43	釈迦山	愛知県安城市	沖積低地	−							○							○	
	49	住崎	愛知県西尾市	中位段丘 縁辺部	−					○				○						
	54	角江	静岡県浜松市	砂堤 沖積低地	0.25km			○?				○			○					
弥生終末〜古墳中期	20	柿田	岐阜県可児市	沖積低地	0.4km													○		○
古墳前期（4世紀）	1	北堀池	三重県伊賀市	沖積低地	0.5km										○			○		
	3	城之越	三重県伊賀市	丘陵縁辺部	−							○								
	19	顔戸南	岐阜県御嵩町	沖積低地	0.4km							○								
	20	柿田	岐阜県可児市	沖積低地	0.4km						○									
	25	八王子	愛知県一宮市	沖積低地	5km					○		○								
	39	川原	愛知県豊田市	沖積低地	0.2km														○	
	40	本川	愛知県豊田市	沖積低地	0.15km						○									
古墳中〜後期（5・6世紀）	6	河田宮ノ北	三重県鈴鹿市	沖積低地	0.55km										○					
	7	六大A	三重県津市	低位段丘 斜面	−					○		○				○				
	19	顔戸南	岐阜県御嵩町	沖積低地	0.4km													○		
	20	柿田	岐阜県可児市	沖積低地	0.4km					○										
	34	勝川	愛知県春日井市	低位段丘 沖積低地	−															○
	56	恒武山ノ花	静岡県浜松市	沖積低地	4km					○		○						○	○	
	57	恒武西浦	静岡県浜松市	沖積低地	4km					○										
古代（7〜9世紀）	20	柿田	岐阜県可児市	沖積低地	0.4km					○										○
	32	志賀公園	愛知県名古屋市	沖積低地	1.8km					○										
	32	勝川	愛知県春日井市	低位段丘 沖積低地	−															○

報告書に広葉樹の原材ないしは板材が掲載されている遺跡は 27 例を数える。特に弥生後期以前にはほぼ例外なく共伴するのに対し、弥生終末期以降は必ずしも掘削具の未成品に広葉樹の原材（板材）が伴わなくなることは重要である。

(2)　木製工具（表 13）

木製工具に関しては、未成品のみならず、製品についても出土遺跡を一覧表に掲載した（42 遺跡）。ここで特に重要視したいのは、縦斧（伐採斧）と横斧（加工斧）が伴う遺跡である。弥生前期〜弥生中期後葉では 14 遺跡中、8 遺跡で両者が揃うのに対し、弥生後期以降では 28 遺跡中わずか 5 遺跡を数えるにすぎなくなる。特に弥生終末期以降で両者が揃う遺跡は六大 A 遺跡・八王子遺跡・恒武山ノ花遺跡で、これらはいずれも首長居館に分類される（樋上 2003b・2004）ことは重要である。

また、工具の鉄器化という観点では、弥生中期後葉に属する朝日遺跡の鉄斧柄（図 174-21）を除けば、弥生後期の朝日遺跡（図 176）から一気に鉄器化が進行したように見受けられる。なお後述するように、弥生後期の朝日遺跡では、朝鮮半島産とみられる鍛造の袋状鉄斧が出土している（樋上 2007a）。

表 14　生業関連木製品の未成品出土遺跡一覧表

時期	番号	遺跡名	所在地	集落立地	農具																		漁撈具					
					田下駄		鍬柄		竪杵		横杵		臼		小型臼		ヨコヅチ		木錘		編み台		タモ網枠		浮子		ヤス	
					未	製	未	製	未	製	未	製	未	製	未	製	未	製	未	製	未	製	未	製	未	製	未	製
弥生中期中葉	28	朝日	愛知県清須市ほか	沖積低地						○					○	○	○	○				○						○
	54	伊場・梶子	静岡県浜松市	沖積低地		○		○	○							○		○										
弥生中期後葉	28	朝日	愛知県清須市ほか	沖積低地					○	○				○		○		○										
	30	一色青海	愛知県稲沢市	沖積低地																								
	36	西中神明社南	愛知県知立市	中位段丘 沖積低地					○	○																		
	54	角江	静岡県浜松市	砂堤 沖積低地				○		○				◎	○			○						○				
弥生終末～古墳初頭（2～3世紀）	5	辻子	三重県朝日町	低位段丘 沖積低地					○	◎							○											
	7	六大A	三重県津市	低位段丘 斜面		◎		○	○					○				○	○	◎		○		○				
	25	八王子	愛知県一宮市	沖積低地				○	○	○		○						○		○								
	47	下懸	愛知県安城市	沖積低地					○	○										○								
古墳前期（4世紀）	1	北堀池	三重県伊賀市	沖積低地						○							○	○										
古墳中～後期（5・6世紀）	6	河田宮ノ北	三重県鈴鹿市	沖積低地		○			○	○								○		○								
	7	六大A	三重県津市	低位段丘 斜面		◎		○		◎		○						○		◎		○		○		○		
	34	勝川	愛知県春日井市	低位段丘 沖積低地			○													○								
	56	恒武山ノ花	静岡県浜松市	沖積低地		○		◎		○								○		◎		○						
	57	恒武西浦	静岡県浜松市	沖積低地		○		○		○							○	○	○	○		○				○		

時期	番号	遺跡名	所在地	集落立地	紡織具																運搬具									
					刀杼		緯越具		緯打具		布巻具		綜絖		糸巻（カセ）		タタリ台		紡錘車		舟		櫂		天秤棒		背負子		軛	
					未	製	未	製	未	製	未	製	未	製	未	製	未	製	未	製	未	製	未	製	未	製	未	製	未	製
弥生中期中葉	28	朝日	愛知県清須市ほか	沖積低地				○		○		○				○														
	54	伊場・梶子	静岡県浜松市	沖積低地								○										○		○						
弥生中期後葉	28	朝日	愛知県清須市ほか	沖積低地								○											○							
	30	一色青海	愛知県稲沢市	沖積低地																			○							
	36	西中神明社南	愛知県知立市	中位段丘 沖積低地																										
	54	角江	静岡県浜松市	砂堤 沖積低地		○		○														○		◎						
弥生終末～古墳初頭（2～3世紀）	5	辻子	三重県朝日町	低位段丘 沖積低地																										
	7	六大A	三重県津市	低位段丘 斜面								○				◎				○		○				○		○		
	25	八王子	愛知県一宮市	沖積低地								○				○														
	47	下懸	愛知県安城市	沖積低地								○										○								
古墳前期（4世紀）	1	北堀池	三重県伊賀市	沖積低地								○																		
古墳中～後期（5・6世紀）	6	河田宮ノ北	三重県鈴鹿市	沖積低地																				○						
	7	六大A	三重県津市	低位段丘 斜面								○				◎	○					○				○				○
	34	勝川	愛知県春日井市	低位段丘 沖積低地																										
	56	恒武山ノ花	静岡県浜松市	沖積低地		○						○		○		○	○	○		○				○		○				
	57	恒武西浦	静岡県浜松市	沖積低地														○		○			○	○		○				

クサビは弥生後期以降の８遺跡で認められ、おおむね丘陵・段丘・扇状地に近い遺跡に多い印象をもつが、クサビそのものの認識が進んだのはつい最近のこと（村上 2002）であるため、今後さらに多くの遺跡で確認される可能性が高い。

カケヤもまたその形状からヨコヅチと明確に分離することは難しいが、現状で確認する限りでは、弥生中期後葉以降も散発的に出土している。特に弥生終末期～古墳初頭の勝川遺跡、弥生終末期～古墳中期の柿田遺跡ではクサビとの共伴例が認められる。

(3)　生業関連の木製品（表 14）

生業に関連する未成品が出土している遺跡は 16 例ある。このうち、複数器種の未成品が共伴する例は５遺跡にすぎない。また、未成品の大半は竪杵・ヨコヅチ・木錘などの農具類である。特に竪杵とヨコヅチは弥生中期中葉から古墳後期以降まで未成品が認められることから、比較的どこの集落でもつくられていた可能性が高い。

(4)　集落の格を示す木製品（表 15）

ここでは、弥生前期から古代まで 19 遺跡で未成品が出土している。弥生前期段階での集落間

表 15　集落の格を示す木製品の未成品出土遺跡一覧表

番号	遺跡名	所在地	集落立地	集落規模	容器																									
					蓋		鉢		椀		高杯		皿		盤		筒形		箱		槽		把手付槽		組合せ箱		四方転び箱		曲物（把手）	
					未	製	未	製	未	製	未	製	未	製	未	製	未	製	未	製	未	製	未	製	未	製	未	製	未	製
10	納所	三重県津市	沖積低地	–			○																							
33	松河戸	愛知県春日井市	沖積低地	180×120m	○				○	○		○				○								○						
28	朝日	愛知県清須市ほか	沖積低地	300×290m（北居住域） 580×260m（南居住域）		○						○																		
34	勝川	愛知県春日井市	低位段丘 沖積低地	450×300m（生産域含む）																										
36	西中神明社南	愛知県知立市	中位段丘 沖積低地	–					○																					
51	篠束	愛知県小坂井町	沖積低地	–				○				○																		
54	角江	静岡県浜松市	砂堤 沖積低地	250×150？m			○	○				◎				○						○								
7	六大A	三重県津市	低位段丘 斜面	350×250m											○				○			◎				○		○		○
25	八王子	愛知県一宮市	沖積低地	400×110m	○	○								○								◎		○		○		○		○
47	下懸	愛知県安城市	沖積低地	300×100？m																	○	○				○				
54	角江	静岡県浜松市	砂堤 沖積低地	250×150？m									○									○								
20	柿田	岐阜県可児市	沖積低地	600×600m			○	○		○						○						○		○		○				◎
40	本川	愛知県豊田市	沖積低地	110×100m													○					○								
6	河田宮ノ北	三重県鈴鹿市	沖積低地	350×250m																						○				
19	颪戸南	岐阜県御嵩町	沖積低地	100×100？m												○										○				
56	恒武山ノ花	静岡県浜松市	沖積低地	800×600m（恒武遺跡群としての規模）																		○		○		○				○
57	恒武西浦	静岡県浜松市	沖積低地	800×600m（恒武遺跡群としての規模）														○				○		○		○				○
32	志賀公園	愛知県名古屋市	沖積低地	300×150m																			○	○		○				○
53	山崎	愛知県田原市	沖積低地	500×180m																				○		○				○

番号	遺跡名	食事具						武器・狩猟具・馬具																			
		杓子		匙		箸		石剣柄頭		楯		弓		甲		鉄刀剣鞘		鉄刀剣柄頭・鞘尻		鉄鉾柄		刀子柄		鞍		壺鐙	
		未	製	未	製	未	製	未	製	未	製	未	製	未	製	未	製	未	製	未	製	未	製	未	製	未	製
10	納所	○			○								○														
33	松河戸				○								○														
28	朝日			○									○														
34	勝川	○						○																			
36	西中神明社南																										
51	篠束			○	○								○														
54	角江			○	○						○		◎														
7	六大A												○				○		○		○						
25	八王子										○					○											
47	下懸														○												
54	角江										○		○														
20	柿田		○		○		○																				
40	本川																										
6	河田宮ノ北												○			○	○		○								
19	颪戸南																										
56	恒武山ノ花	○		○	○								○				○		○				○				
57	恒武西浦												○				○		○								
32	志賀公園																										○
53	山崎												○												○	○	

番号	遺跡名	所在地	集落立地	集落規模	服飾具										祭祀具															
					竪櫛		横櫛		カンザシ		沓		下駄		舟形		鳥形		武器形		農具形		馬形		人形		斎串		線刻板	
					未	製	未	製	未	製	未	製	未	製	未	製	未	製	未	製	未	製	未	製	未	製	未	製	未	製
10	納所	三重県津市	沖積低地	–		○																								
33	松河戸	愛知県春日井市	沖積低地	180×120m																										
28	朝日	愛知県清須市ほか	沖積低地	300×290m（北居住域） 580×260m（南居住域）																○										
34	勝川	愛知県春日井市	低位段丘 沖積低地	450×300m（生産域含む）																										
36	西中神明社南	愛知県知立市	中位段丘 沖積低地	–																										
50	篠束	愛知県小坂井町	沖積低地	–																										
53	角江	静岡県浜松市	砂堤 沖積低地	250×150？m												○				○										○
7	六大A	三重県津市	低位段丘 斜面	350×250m				○						○		○		○		◎		○		○						
25	八王子	愛知県一宮市	沖積低地	400×110m													○	○	○	○										○
46	下懸	愛知県安城市	沖積低地	300×100？m												○				○										
53	角江	静岡県浜松市	砂堤 沖積低地	250×150？m								○			○	○				○										
20	柿田	岐阜県可児市	沖積低地	600×600m				○						○		○				○						○		◎		
39	本川	愛知県豊田市	沖積低地	110×100m														○												
6	河田宮ノ北	三重県鈴鹿市	沖積低地	350×250m																○										
19	颪戸南	岐阜県御嵩町	沖積低地	100×100？m																		○								
55	恒武山ノ花	静岡県浜松市	沖積低地	800×600m（恒武遺跡群としての規模）		○				○				○		◎				◎		○						○		○
56	恒武西浦	静岡県浜松市	沖積低地	800×600m（恒武遺跡群としての規模）		○									○	○				◎										○
32	志賀公園	愛知県名古屋市	沖積低地	300×150m										○		○				○		○		○				○		
52	山崎	愛知県田原市	沖積低地	500×180m										○		○				○								○		

番号	遺跡名	威儀具						楽器								雑具							
		儀杖		サシバ		キヌガサ		筑状弦楽器		琴		琴柱		ササラ		机天板		椅子脚部		椅子座板		火鑽臼	
		未	製	未	製	未	製	未	製	未	製	未	製	未	製	未	製	未	製	未	製	未	製
10	納所																						
33	松河戸																						
28	朝日		○																				
34	勝川																						
36	西中神明社南																						
50	篠束																						
53	角江								○		○												
7	六大A		○								○						○		○		○		
25	八王子																	○	○		○		○
46	下懸																				○		○
53	角江										○												
20	柿田												○				○				○		○
39	本川										○												
6	河田宮ノ北				○																		
19	颪戸南											○											
55	恒武山ノ花	○	◎				○				○		○										
56	恒武西浦							○			○				○		◎		○		○		
32	志賀公園										○		○										
52	山崎																						

格差の有無は不明だが、弥生中期以降で、複数器種の未成品が認められる遺跡はいずれも拠点的な集落（第Ⅳ章第３節表７の集落Ａ・Ｂ）ないしは首長居館や官衙的な遺跡であることは重要である。すなわち、ここにあげたような品目の多くは、こういった拠点集落ないしは首長が直接関与する遺跡でつくられていた可能性がきわめて高い。

３．主要遺跡の実態

ここでは、複数の未成品が出土する遺跡のうち、筆者が特に重要と認識する遺跡について、具体的に未成品および工具の共伴例をみていくこととする。

(1) 製作工程の復元

木製品の製作工程に関しては、飯塚が詳しく工程を示している（飯塚 2001）。掘削具では、1. 伐採、2. 製材（伐採した原木にクサビを打ち込み、ミカン割り材を採る）、3. 乾燥、4. 加工ⅰ（ミカン割り材を加工して断面が横長の二等辺三角形になる板材にする）、5. 加工ⅱ（板材の中央部にあたる最も厚い部分を加工して着柄のための隆起部を連続した状態につくりだす）、6. 加工ⅲ（長い板材のまま、鍬１点ずつの大きさの着柄隆起をつくりだす）、7. 加工ⅳ（長い板材のままで、１点ずつの鍬の平面形をつくりだす）、8. 加工ⅴ（ほぼ鍬の形ができた板材から鍬１点ずつを切り離し、柄穴を穿孔して刃をつくりだす）、9. 仕上げ、となる。

次に容器・食事具の製作工程では、まず単品製作と連続製作に大きく分けられる。大型の槽・盤や縦杓子は単品で製作され、1. 伐採、2. 製材、3. 乾燥、4. 加工ⅰ（把手部を大きくつくりだす）、5. 加工ⅱ（原形をつくりだす）、6. 加工ⅲ（さらに細かく加工を進め、中も刳る）、7. 仕上げ（器面を平滑にする）、となる。横杓子などは連続製作され、並加工品では、1. 伐採、2. 製材、3. 乾燥、4. 加工ⅰ（横木取りで、おおまかに二連の形をつくりだす）、5. 加工ⅱ（２個体の原形をつくりだす、中は刳り貫かない）、6. 加工ⅲ（切断して、個々に整形を進める）、7. 加工ⅳ（中を刳り貫き、整形を進める）、8. 仕上げ、となる。つくりの丁寧な精製品では、6. 加工ⅲ（接続した状態でさらに加工を進める）、7. 加工ⅳ（中を刳り貫かない状態で切断し、個々に整形を進める）、8. 加工ⅴ（中を刳り貫き、把手を貫通させて加工を進める）、9. 仕上げ、となる。以下に記述する加工ⅰ～ⅴは、基本的にこの飯塚の研究成果に準拠している。

ただし掘削具に関しては、本稿では加工ⅲを長い板材のままで鍬１点ずつの平面形および隆起部をつくりだした状態までとし、次の加工ⅳが鍬１点ずつを切り離す段階まで、そして加工ⅴは１点ずつの鍬に穿孔をほどこし、刃部をつける作業に限定することとしたい。

(2) 弥生前期

納所遺跡（図 171） 納所遺跡からは、三連の直柄広鍬（加工ⅲ段階）が２点（1・2）と加工ⅳ段階の直柄広鍬が４点（3 ～ 6）、穿孔直前段階の縦斧柄（7・8）、加工ⅱ段階の鉢（9）と縦杓子（10）がある。加工用の石斧柄には縦斧柄（11・12）と横斧柄（柱状片刃石斧、13・14）がそれぞれ２点ずつ出土している。

同じく弥生前期に属する松河戸遺跡からも、直柄広鍬の未成品（加工ⅳ段階）のほか、縦斧柄・

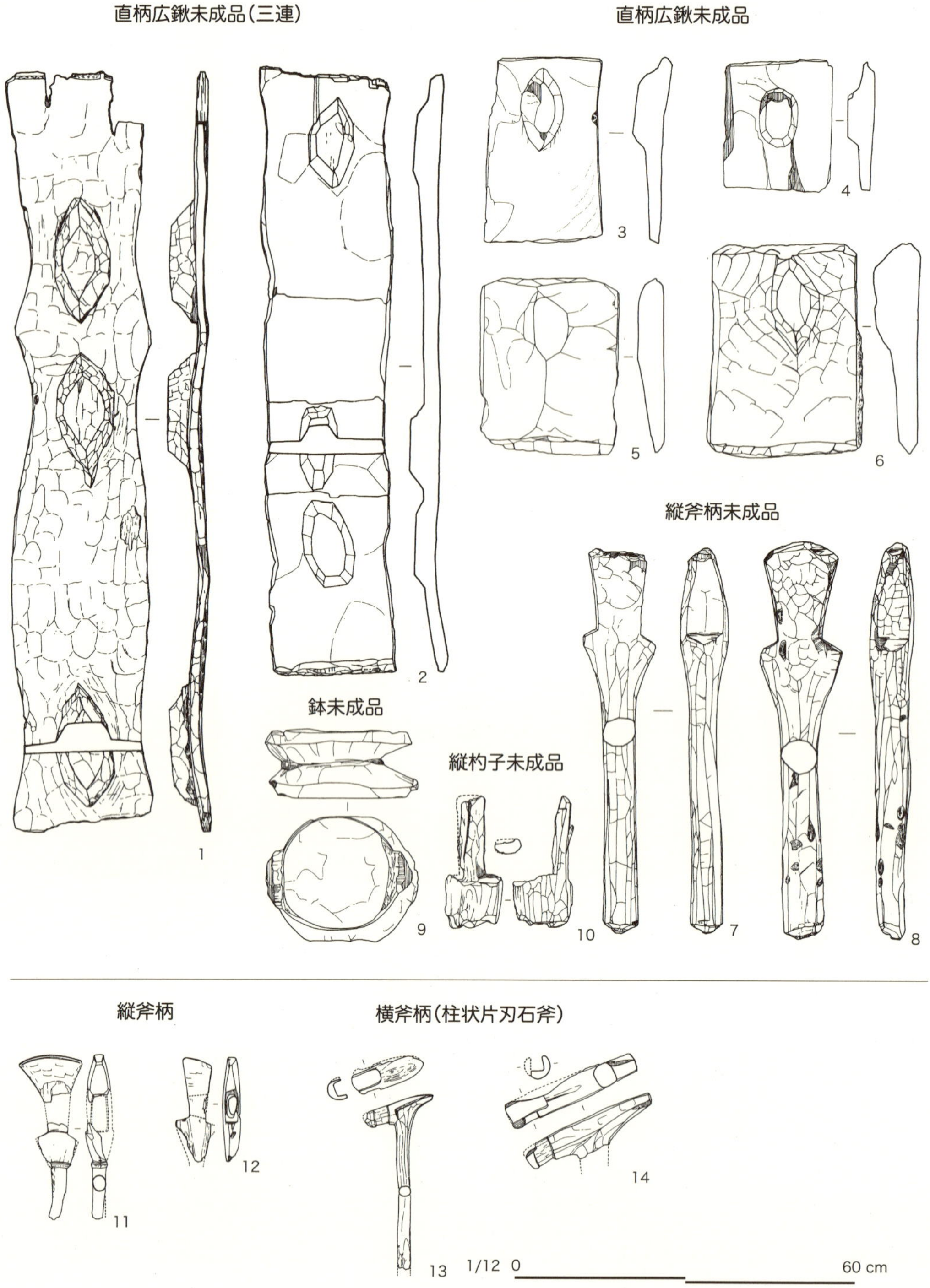

図 171　納所遺跡出土未成品・工具（弥生前期）

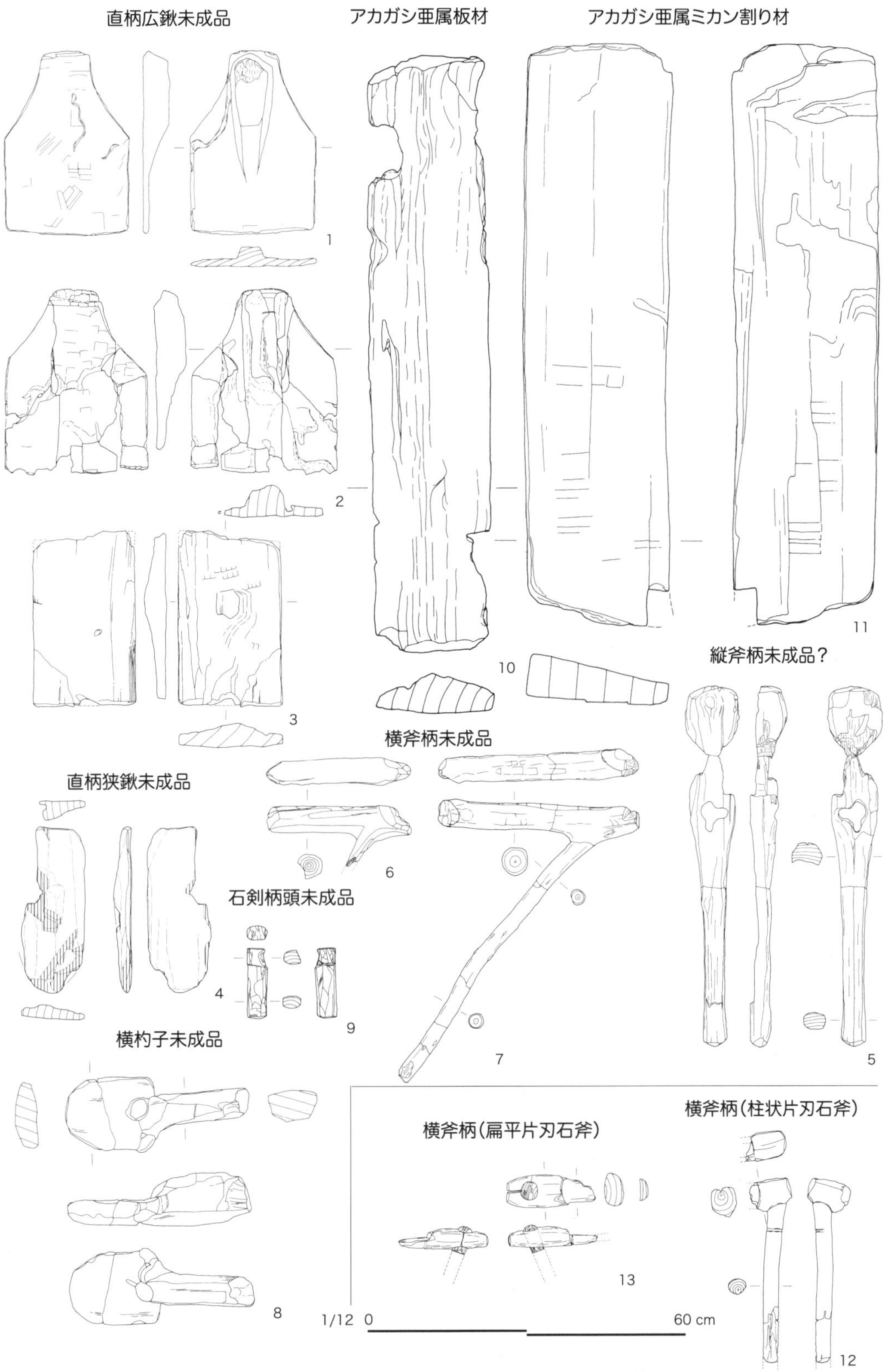

図 172　勝川遺跡出土未成品・工具（弥生中期後葉）

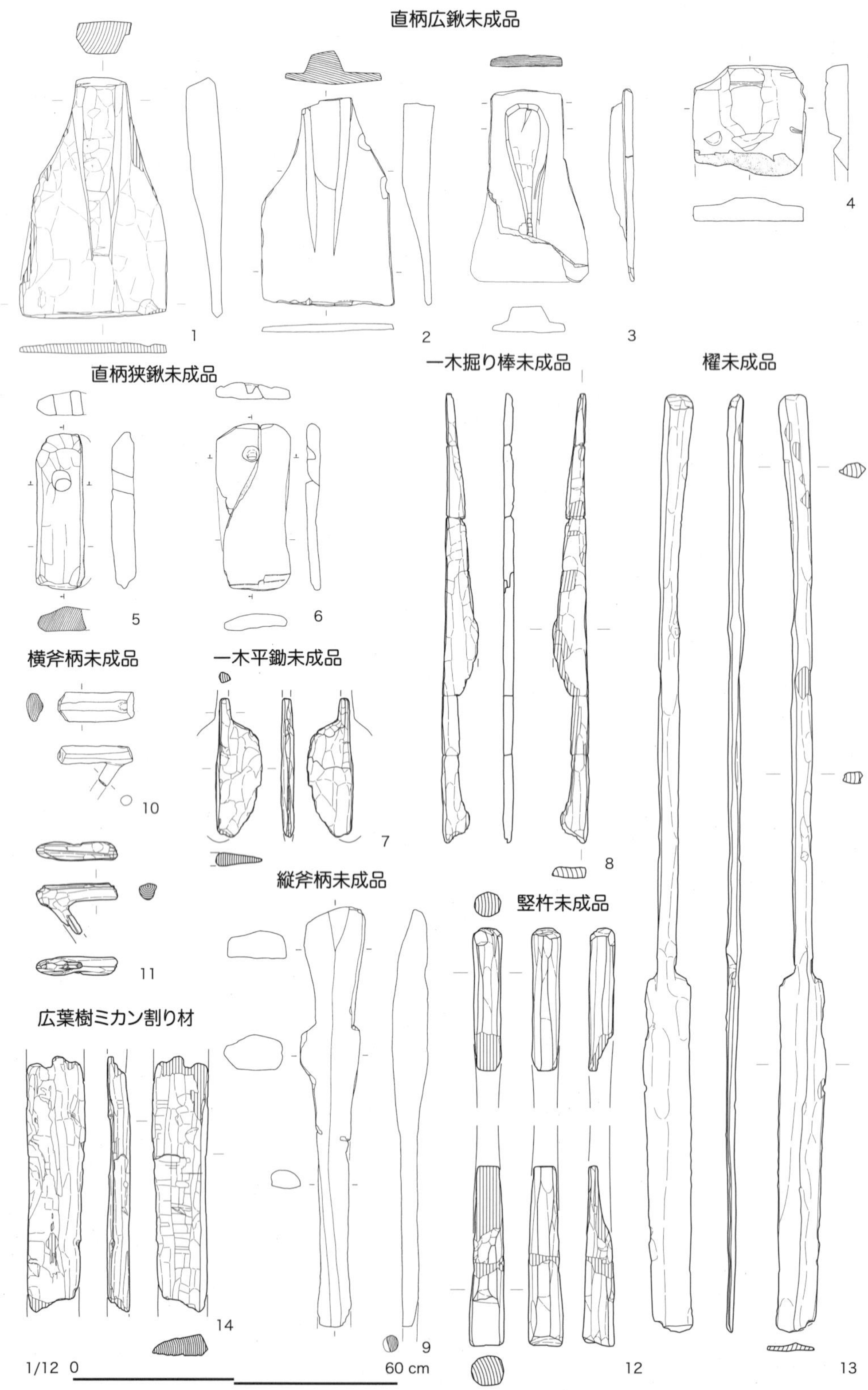

図 173　朝日遺跡出土未成品（弥生中期後葉）

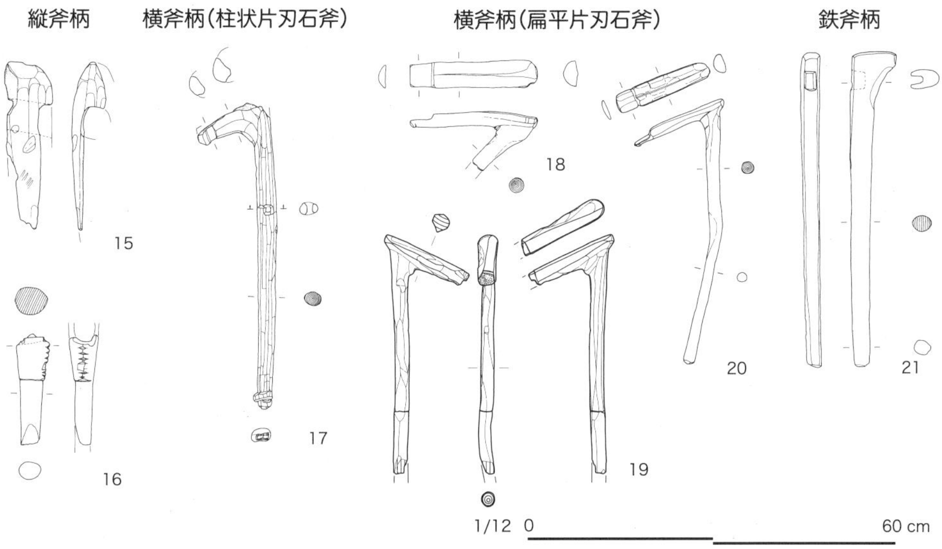

図 174　朝日遺跡出土工具（弥生中期後葉）

蓋（加工 ii 段階）・椀の未成品などがあるため、弥生前期の集落では基本的にすべての木製品を自らの集落内で製作していたと考えられる。

(3)　弥生中期後葉

勝川遺跡（図 172）　勝川遺跡（Ⅰ期）は第Ⅳ章第 1 節図 76 のように、低位段丘面である鳥居松段丘の縁辺に立地し、段丘面には墓域と東西 200m、南北 100m の居住域があり、段丘下の沖積面にも 2 ヶ所の小規模な居住域と墓域がある。

そしてこの集落を特徴づけているのは、段丘崖直下から旧・地蔵川（庄内川の支流）までの東西約 150m、南北約 70m の範囲に展開する生産域である。段丘直下には地蔵川（NR01）から分岐させた幅約 5m、深さ約 1m の溝（SD60）があり、その南には 4 棟 1 組の小規模な掘立柱建物群が展開する。SD60 の中ほどには溝の水流を弱めるための杭列が溝に直交して打ち込まれており、杭列の約 5m 上流には不整形の土坑（SX01）が溝内に掘りくぼめられていた。このSX01 のなかからは加工 iv 段階の直柄広鍬 3 点（1 ～ 3）、直柄狭鍬（4）、縦斧（5）、横斧（6・7）、加工 iii 段階の横杓子（8）、石剣柄頭（9）のほか、加工 i 段階のアカガシ亜属板材（10）などが出土しており、加工用の石斧柄（12・13）が伴っている。NR01 の北肩付近にも並行する小溝 SD13 があり、ここからもアカガシ亜属のミカン割り材（11）などが出土している。そのほか、調査区西端部にある土坑 SK43・47 からは、方形周溝墓の棺材となる長さ約 180cm、幅約 50cm、厚さ 5 ～ 8cm を測るコウヤマキの板材がそれぞれ 5 枚ずつ、長辺を横にし、短辺を立てた状態で埋納されていた。これらの施設群は、鳥居松段丘面に豊富に存在したとみられるアカガシ亜属の広葉樹材を主体に伐採し、より奥の山地（愛知・岐阜県境あたりか）から切りだした針葉樹材も併せて製材・乾燥し、加工 i ～ v を経て製品化までをおこなう木製品生産工房であったと想定している（樋上 2003a）。

朝日遺跡（図173・174）　弥生中期後葉の朝日遺跡からは、第Ⅳ章第2節図125の谷A北岸を中心に木製品が出土している。この時期は特に掘削具が多く、未成品も多数認められる。加工ⅳ段階の直柄広鍬（1～4）、加工ⅴの途中段階の直柄狭鍬（5･6）、一木平鋤（7）、縦斧柄（9）、横斧柄（10・11）、竪杵（12）、櫂（13）などのほか、広葉樹のミカン割り材（14）がある。14は幅が狭いため、直柄広鍬にはなりえないが、直柄狭鍬への加工は可能な大きさである。

工具には、縦斧柄（15・16）、横斧柄には柱状肩刃石斧柄（17）、扁平片刃石斧柄（18～20）と、鉄斧柄（21）が認められる。

一色青海遺跡（図175）　一色青海遺跡では、居住域の北側を蛇行する河道から木製品が出土している。未成品では、加工ⅳ段階の直柄広鍬が3点（1～3）と縦斧柄（4）、櫂（5・6）、アカガシ亜属のミカン割り材（7）が出土している。直柄広鍬のうち、3に関しては、隆起部の仕上げが不完全で、断面がミカン割り材に近い状態であるため、これまでみてきたような長い板材から二・三連の鍬をつくりだす連続製作ではなく、あらかじめ1個の長さの板から鍬をつくりだす単品製作によるのものかもしれない。

ここで、勝川遺跡・朝日遺跡・一色青海遺跡と、アカガシ亜属などの広葉樹材の供給地と想定される丘陵・段丘・扇状地からの距離を比較すると、勝川遺跡は段丘崖に接し、朝日遺跡が直線距離で約4.5km、一色青海遺跡は約12kmにおよぶ。朝日遺跡ではこの時期、直柄広鍬を連続製作できるような大型の板材はほとんど出土していないが、直柄狭鍬をつくりうる板材（図173-14）があり、勝川遺跡と一色青海遺跡ではアカガシ亜属のミカン割り材（図172-11・図175-7）が認められる。またいずれの遺跡からも、加工ⅳ段階の直柄広鍬未成品が出土していることから、それぞれの遺跡でミカン割り材から加工ⅳ段階までの作業をおこなっていたことが推測できる。さらに、勝川遺跡では横杓子や石剣柄頭、朝日遺跡と一色青海遺跡では、1点ずつではあるが形態の異なる縦斧柄や、櫂の未成品などさまざまな未成品が出土していることから、直柄広鍬以外の木製品製作も各集落でおこなわれていたことは疑いない。

つまり弥生中期後葉の尾張低地部では、直柄広鍬をつくりうる直径70cm以上をはかるアカガシ亜属の大径木が採れる森林からの距離にかかわらず、少なくとも各集落で加工ⅰ段階からの木製品製作をおこなっていた。ただし、朝日遺跡や一色青海遺跡では原木（丸太）そのものはほとんど出土していないことから、勝川遺跡で確認されたような、豊富な森林資源に近接した集落にある木製品生産工房で製材・乾燥を経たミカン割り材などが、河川を通じて下流の各集落へと供給された可能性が高い。

ただし、低地に生えるハンノキ亜属やヤナギ属・ケヤキのほか、コナラ節・クヌギ節・クリなどの落葉広葉樹、ニヨウマツ・イヌガヤ・イヌマキなどの針葉樹材の小径木はわずかながらも存在した可能性があり、これらの小径木はそれぞれの集落の周辺から切りだして杭材その他に利用していたと考えられる。

ここにあげた3遺跡の事例は、いずれも筆者の分類による集落A・Bに相当する。集落Cでの木製品の出土例は知られていないために実態は不明である。しかし上記3遺跡と同じく尾張低地部に立地し、集落Cに分類できる海部郡甚目寺町の大渕遺跡（愛知県埋蔵文化財センター1991a）や森南遺跡（甚目寺町教育委員会1990）からは、少なからぬ石製工具類（太型蛤刃石斧・扁平片刃石斧）が出土していることから、集落Cにおいてもなんらかの木製品製作をおこなっ

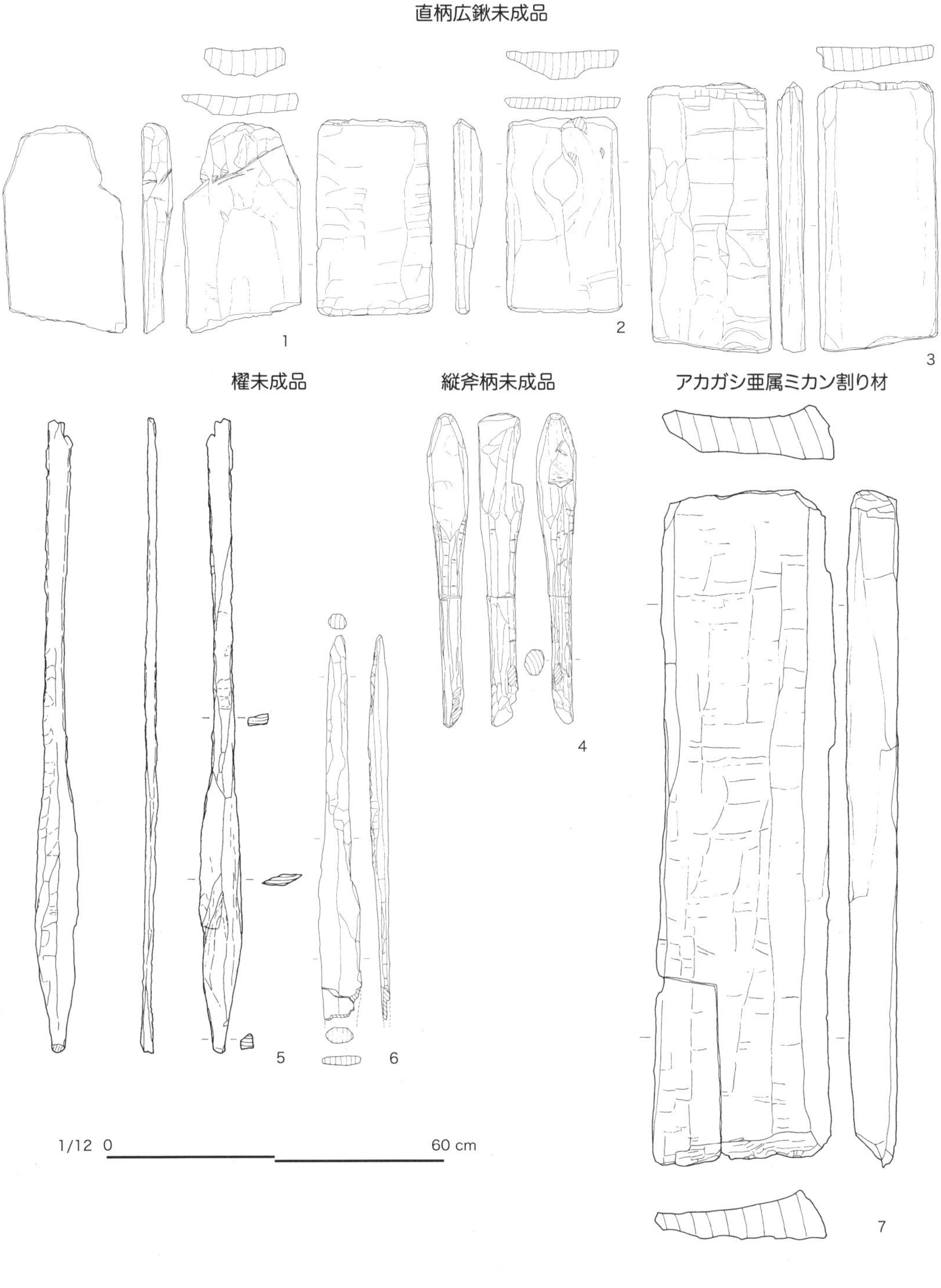

図 175　一色青海遺跡出土未成品（弥生中期後葉）

ていたことは確実である。また集落Bの一色青海遺跡では、完成品もふくめた木製品の出土量が朝日遺跡（集落A）や勝川遺跡（集落B）ほど多くないことから、完成品を他の集落に供給するほどの生産規模であったとも考えにくい。以上のことから、集落A～Cともに、原材の供給は丘陵に近い他の集落から受けるものの、基本的に自己消費分の木製品は自らの集落内で製作していた可能性が高い。

この時期、近畿地方では瓜生堂遺跡のように未成品がほとんどない集落があるのに対し、鬼虎川遺跡や玉津田中遺跡のように、自己消費分以上の木製品生産をおこなったと考えられる集落が存在し、すでに木製品に関してはある程度の集落間分業が成立していた可能性が指摘されている（田代 1986、別府 2003、中原・秋山 2004）。一方南関東では、拠点集落・小規模集落ともに一応の工具組成が揃うことから基本的に集落間分業はなかったと想定されている（飯塚 2003a）。濃尾平野では、製品の流通という意味での分業がないという点では南関東に近いが、前述のように丘陵縁辺部の集落から大径木がない低地部の集落への原材供給がおこなわれていた可能性が高く、近畿と南関東の中間的な様相を示している。

(4) 弥生後期

朝日遺跡（図176） 弥生後期の朝日遺跡から出土した未成品は一木平鋤1点のみである（1）。身部の右側縁には樹皮を残し、把手の穿孔はおこなっていない。谷Aの南岸を並行して走るSD I とされる大溝から出土した。

工具に関しては、谷Aの北岸および北居住域の環濠内から出土している。斧類はすべて袋状鉄斧を装着した痕跡が認められる。また、同じく北居住域の環濠内からは朝鮮半島産とみられる鍛造の袋状鉄斧が出土している。柄は遺存していなかったが、木質部がわずかに残っていたことから、柄がついた状態で遺棄されたことがわかっている。弥生後期の朝日遺跡における北居住域は、すでに一般成員の居住域ではなく、首長層の居住・祭儀空間であった可能性がある。とすれば、これら鉄製工具とその柄がいずれも北居住域の縁辺から出土していることは、これらの工具を使用する場（木製品生産工房）が、一般成員の居住域（南居住域）から分離された首長の居住空間周辺に存在した可能性を示唆している。

(5) 弥生終末期～古墳初頭

勝川遺跡（図177） 弥生終末期～古墳初頭の勝川遺跡（Ⅱ-1期）では、旧・地蔵川（NR01）の流路内に掘削された溝状の土坑内SX03から多くの木製品が出土している。そのうち未成品としては、加工iii段階にあたる二連の直柄広鍬（1）、柄穴穿孔直前の加工v段階の泥除け具（2）と横斧柄(3)がある。また工具には、袋状鉄斧を装着した痕跡をとどめる横斧柄(4)とカケヤ(5)が出土している。

二連の直柄広鍬のほかに直柄広鍬単品や平鋤の未成品、さらに広葉樹の半截丸太や板材も多数出土している（樋上 2003a）ことから、この時期においても製材段階から木製品の製作をおこなっていたことは確実である。ただし、この時期に属する板材のうち、約半数は針葉樹材が占めることから、本集落および庄内川水系の下流域に位置する諸集落における針葉樹材の需要が以前にも増して高まってきたことを示している。

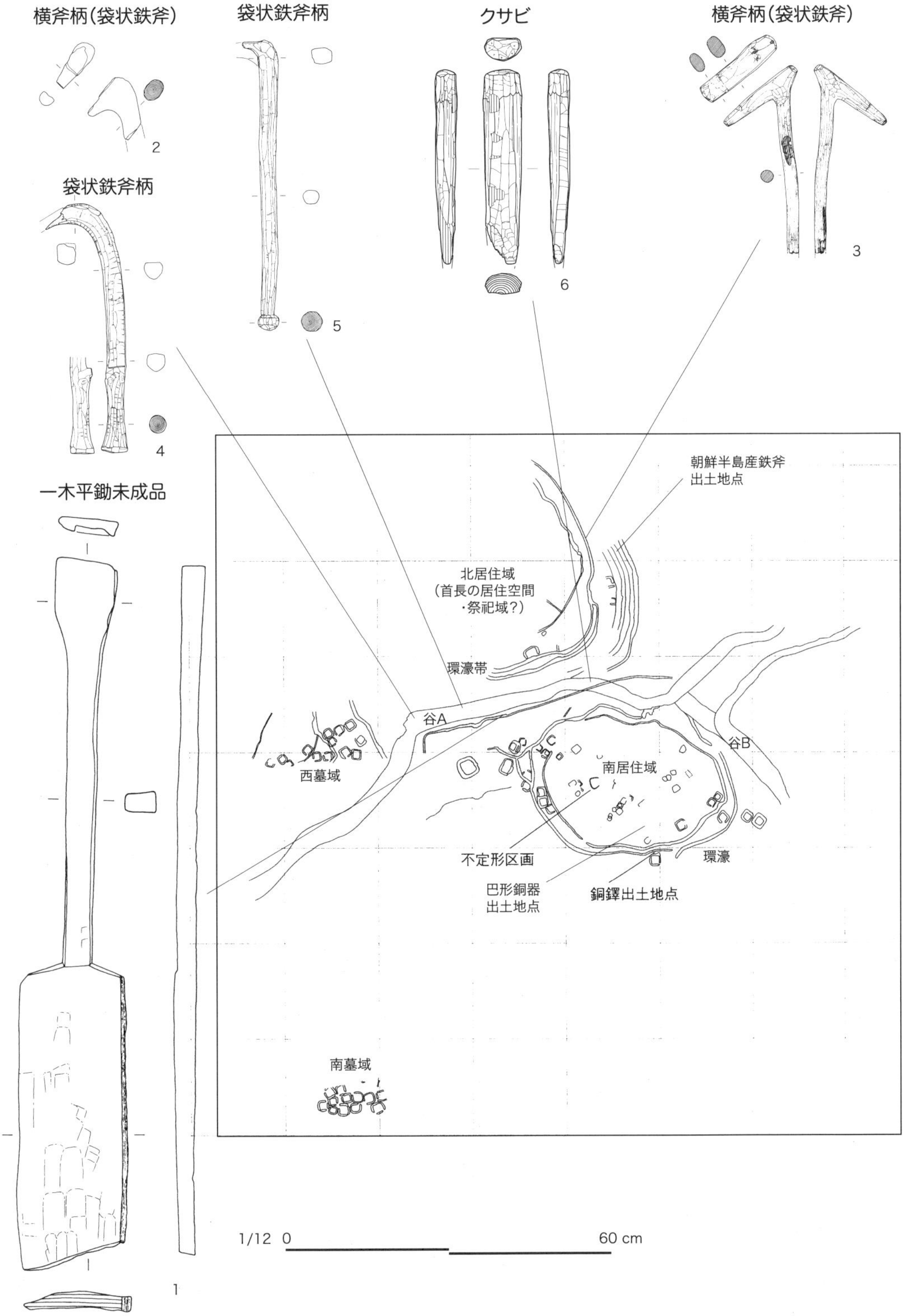

図 176　朝日遺跡遺構図（S=1/7,000）、出土未成品・工具（弥生後期）

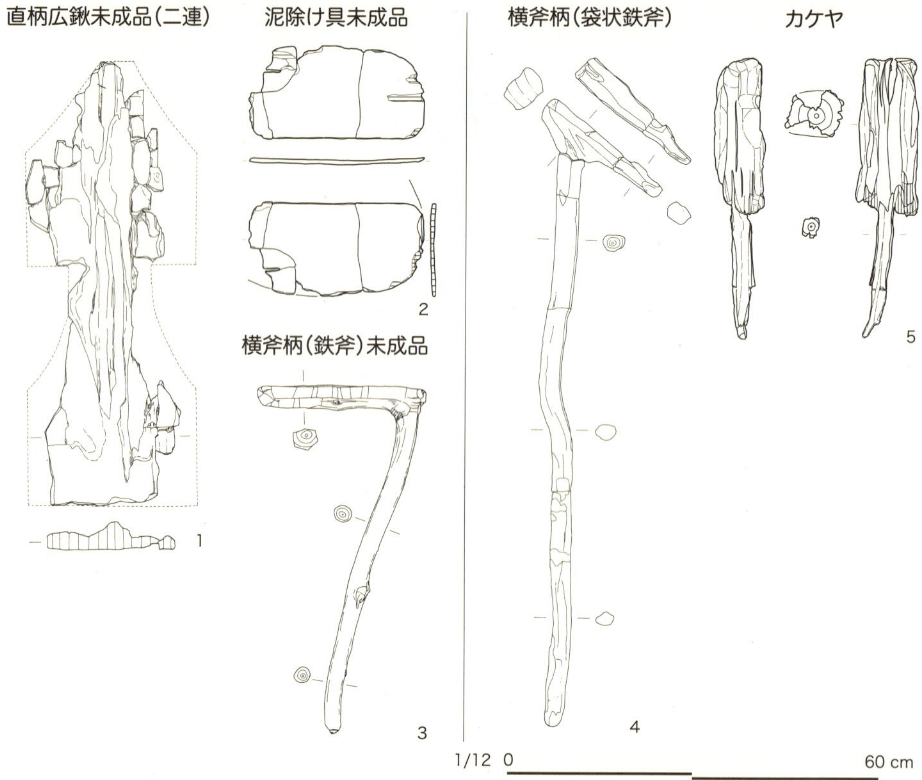

図 177　勝川遺跡出土未成品・工具（弥生終末期〜古墳初頭）

荒尾南遺跡（図 178）　荒尾南遺跡は西美濃地方で弥生中期後葉から古墳初頭まで継続する拠点的な集落（集落 A ないしは B）である。この時期には儀杖の立ち飾りや団扇などが出土しており、首長居館としての性格を有していたことがわかっている（鈴木元 1999）。また、地形的には大垣市西北部の丘陵からのびる低位段丘に近接した沖積低地に立地している。

これまでの調査で多量の木製品が出土している。加工 iv 段階の直柄広鍬（1）・泥除け具（2）のほか、加工 iii 段階にあたる四連と二連の泥除け具（3・4）や身部の仕上げを残すのみの一木平鋤（5）などが出土している。中でも注目すべきは連続製作途上の泥除け具で、直径 70cm 以上、長さ 240cm 以上はあるアカガシ亜属の大径材を用いていることがわかる。おそらくは集落のすぐ北に隣接する段丘上に、豊富に存在したであろう常緑広葉樹主体の森林資源をふんだんに利用し、前述の勝川遺跡と同様に下流の集落へと木材を供給する性格を担っていた可能性が高い。

六大 A 遺跡（図 179）　六大 A 遺跡は津市の北部に位置し、志登茂川によって形成されたゆるやかな段丘斜面に立地している。調査区の中央には南から北へのびる大溝があり、その周辺には多くの掘立柱建物が確認されている。大溝内には弥生終末期から古代にかけて、多数の井泉（儀礼用の聖なる井戸）が築かれ、その周辺からはさまざまな祭祀遺物とともに、多量の木製品が出土している。木製品のなかには、表 15 のように、容器・武器・服飾具・祭祀具・威儀具・楽器・大型建築部材など、この時期の一般集落ではみられない品々が多数認められることから、首長居館の一部であることは疑いない。

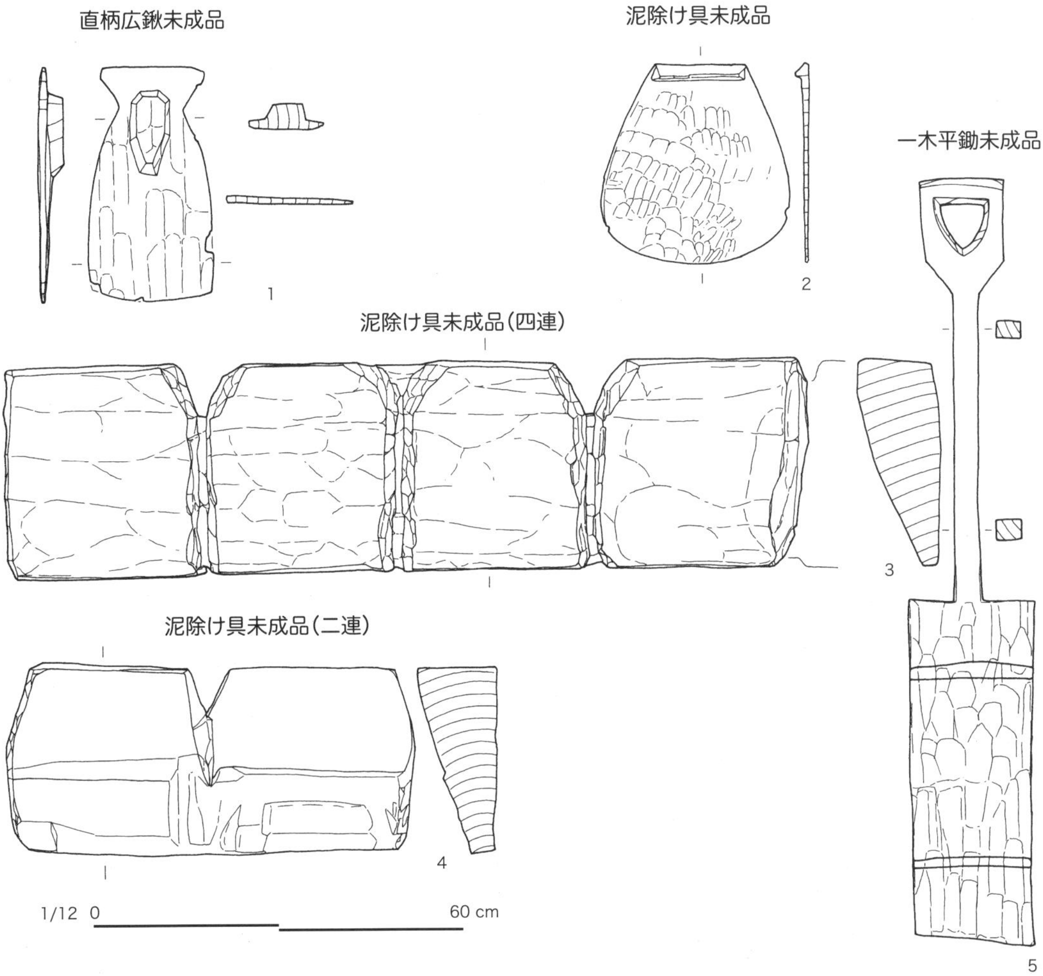

図 178　荒尾南遺跡出土未成品（弥生終末期〜古墳初頭）

未成品には、加工 iv 段階の直柄広鍬（1 〜 4）・直柄横鍬（5 〜 7）・泥除け具（9）、加工 v 段階の泥除け具 (8) や曲柄平鍬 (10)、一木平鋤 (11) などの掘削具のほか、横斧柄などの工具 (12)、竪杵（13・14）・木錘（15）などの農具、刳物盤（16）・箱（17）などの容器、アカガシ亜属の板材（18・19）などが出土している。また工具には袋状鉄斧を装着した痕跡をもつ縦斧柄（20）と横斧柄（21）がある。

出土した未成品の品目をみる限り、弥生中期後葉の朝日遺跡や前述の荒尾南遺跡などと大きな差はないが、加工 iii 段階の掘削具未成品が認められないこと、アカガシ亜属の板材が直柄広鍬や直柄横鍬 1 個体分の長さしかないこと、その一方でモミ属（16）・マキ属（17）など針葉樹の大径材を利用した容器類の未成品が伴うことは重要である。

八王子遺跡（図 180）　八王子遺跡は朝日遺跡同様、丘陵・段丘・扇状地から約 5km 離れた沖積低地に立地している。遺跡の中央を北東から南西に走る幅約 10m、深さ約 1m の大溝をはさんで、北には大型掘立柱建物を中心とする方形区画があり、南には小型の掘立柱建物や竪穴住居数棟が展開している。大溝の北岸には直径約 5m をはかる大規模な木組みの井泉があり、井泉周

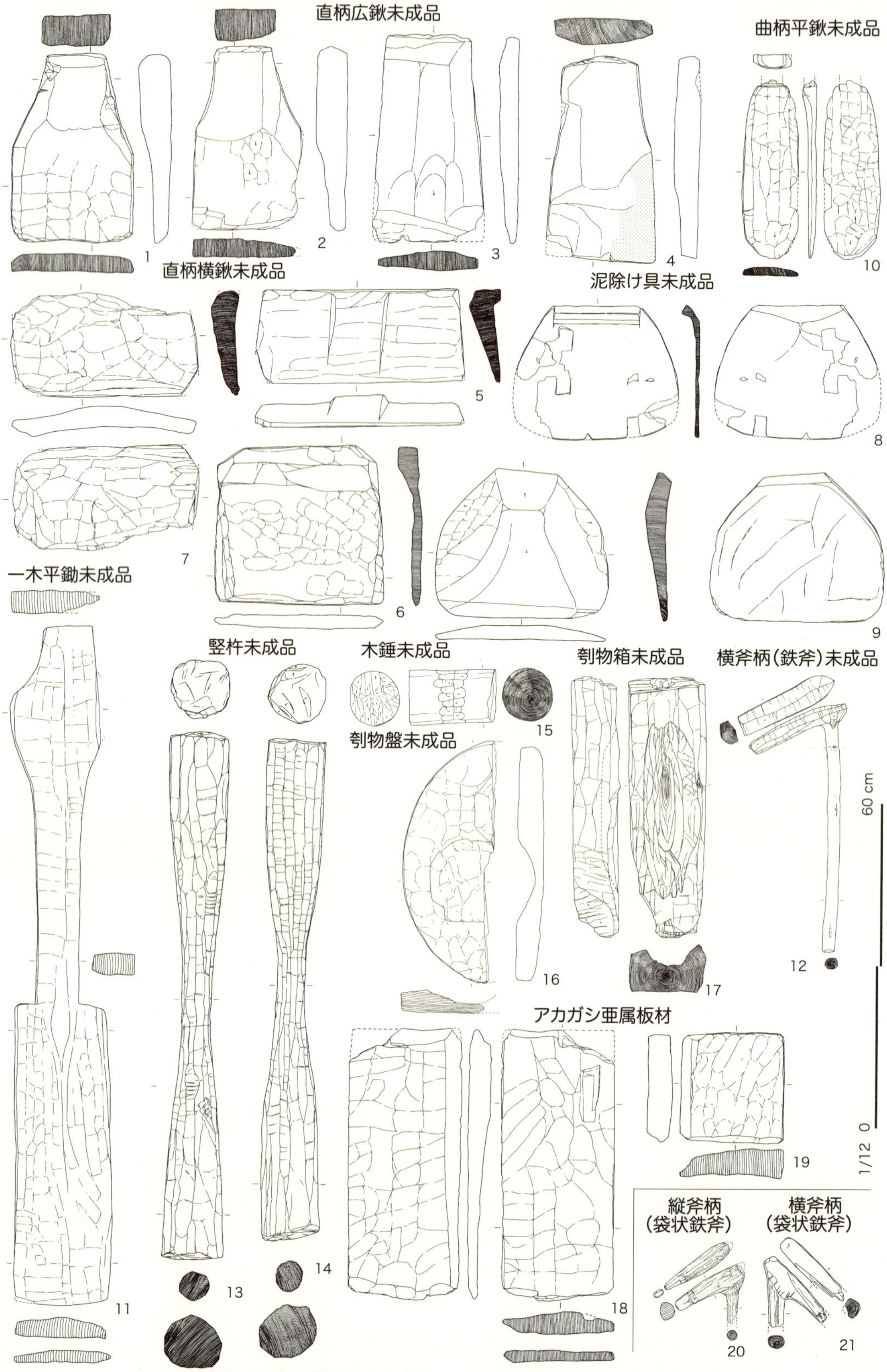

図 179　六大Ａ遺跡出土未成品・工具（弥生終末期〜古墳初頭）

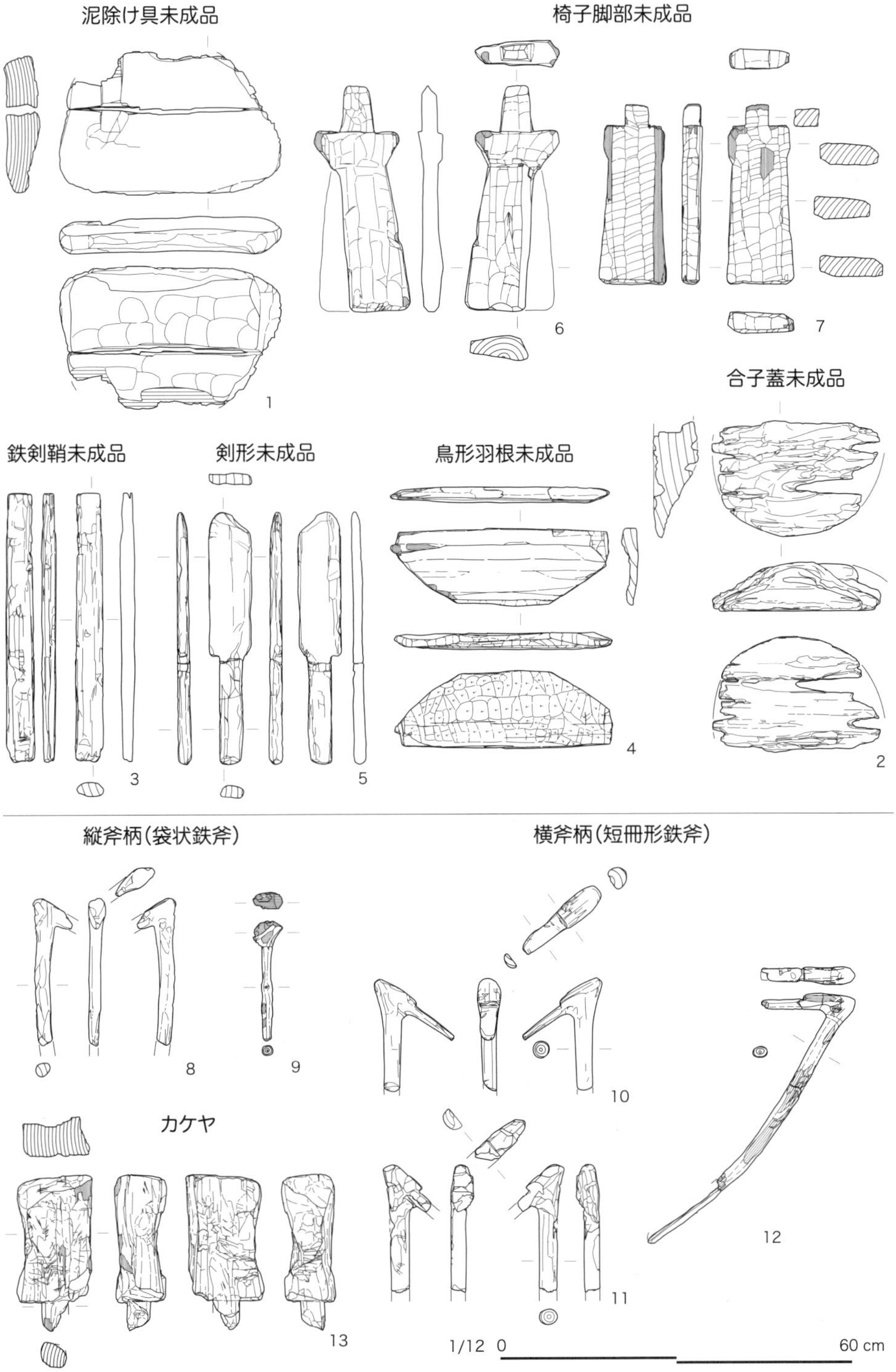

図 180　八王子遺跡出土未成品・工具（弥生終末期〜古墳初頭）

辺の大溝内からは多量の小型精製土器群のほか、銅鏃やガラス玉など祭祀的な遺物が多く出土している。木製品にも武器形や鳥形、大型容器類など祭祀にかかわるものが多数あり、大溝の北側は首長を主宰者とする大規模な祭儀空間で、南側は首長層の居住空間と推定している。

未成品には加工iv段階の泥除け具（1）のほか、加工ii段階の合子蓋（2）、鉄剣の鞘（3）、鳥形の羽根（4）、剣形（5）、椅子脚部（6・7）がある。工具には袋状鉄斧を装着痕をもつ縦斧柄（8・9）、短冊形鉄斧を装着したとみられる横斧柄（10～12）、カケヤ（13）が認められる。

八王子遺跡では、掘削具の未成品がわずか泥除け具1点にすぎず、他はすべて針葉樹材からつくる容器・武器・祭祀具・雑具である。板材に関しても広葉樹材はごくわずかで、針葉樹材がほとんどである。また、同時期の他の集落に較べて工具類が充実している。以上のことから、この居館に居住する首長層に従属し、首長がさまざまな祭祀や日常生活の場で使用する品々を、針葉樹材から作りだすことが主たる仕事であった、弥生時代とは異なる木製品製作者の姿が浮かび上がってくる。前述の六大A遺跡の木製品製作者も同様の性格を担っていたと考えられる。

(6) 古墳中期

勝川遺跡（図181） 勝川遺跡（II-2期）では、古墳中期（5世紀後半）においてもなお、NR01を利用して木製品の製作をおこなっていた。未成品には、二連の直柄広鍬（1、加工iii段階）のほか、鉄鎌柄（2）があり、工具としてはクサビ（3）が出土している。

付近に洲原山古墳や勝川大塚古墳などの大型古墳が築かれ（第IV章第1節図78）、製品には赤彩をほどこした楯などの武器類も認められることから、この時期は六大A遺跡や八王子遺跡同様、有力な首長層に従属した木製品の生産がおこなわれていた可能性も考えられる。いずれにせよ、古墳中期段階で加工iii段階の直柄広鍬未成品が出土することはきわめて稀であり、この

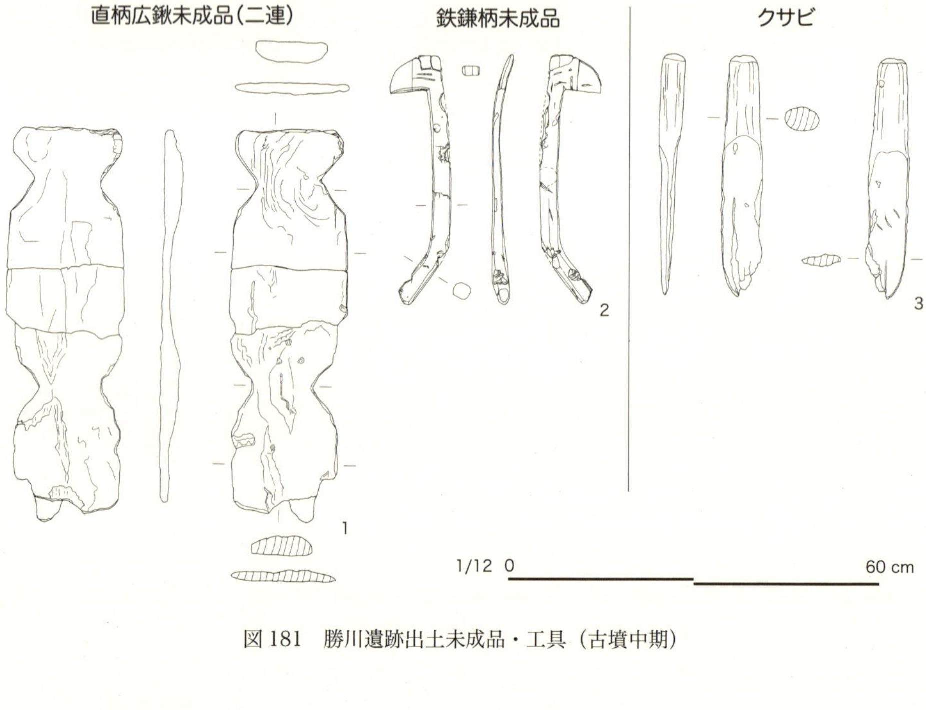

図181 勝川遺跡出土未成品・工具（古墳中期）

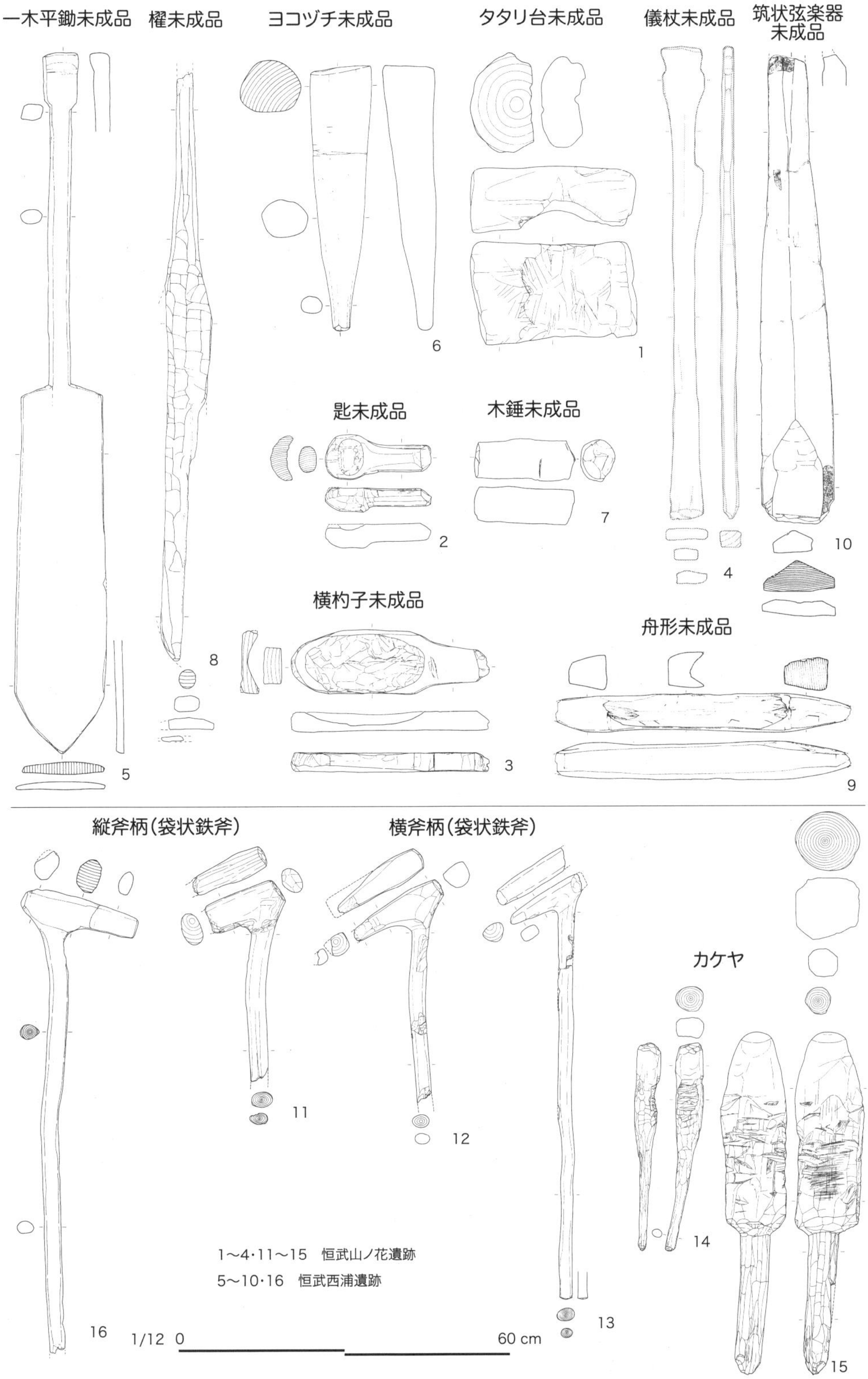

図 182　恒武遺跡群出土未成品・工具（古墳中期）

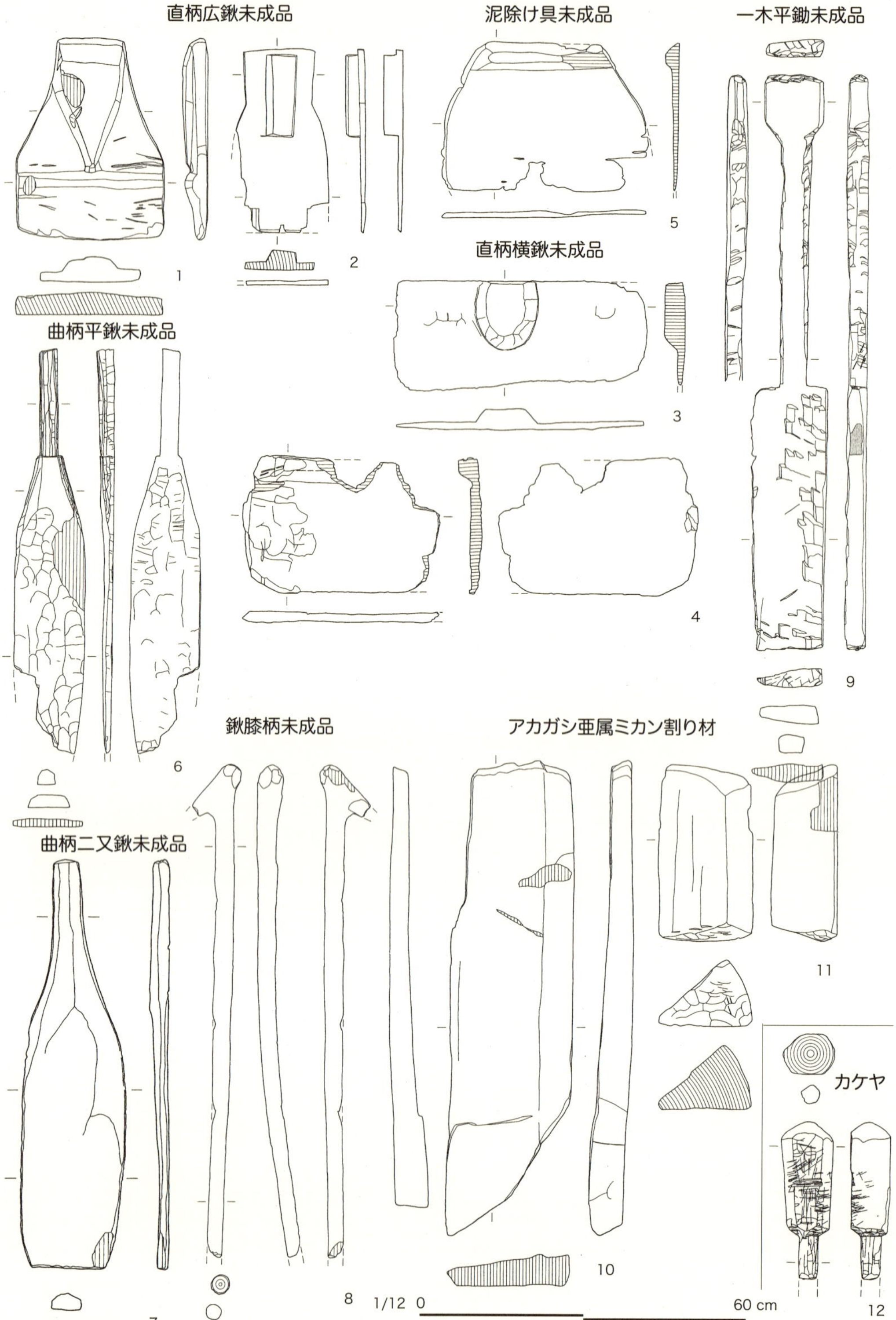

図 183　柿田遺跡出土未成品・工具（弥生終末期～古墳中期）

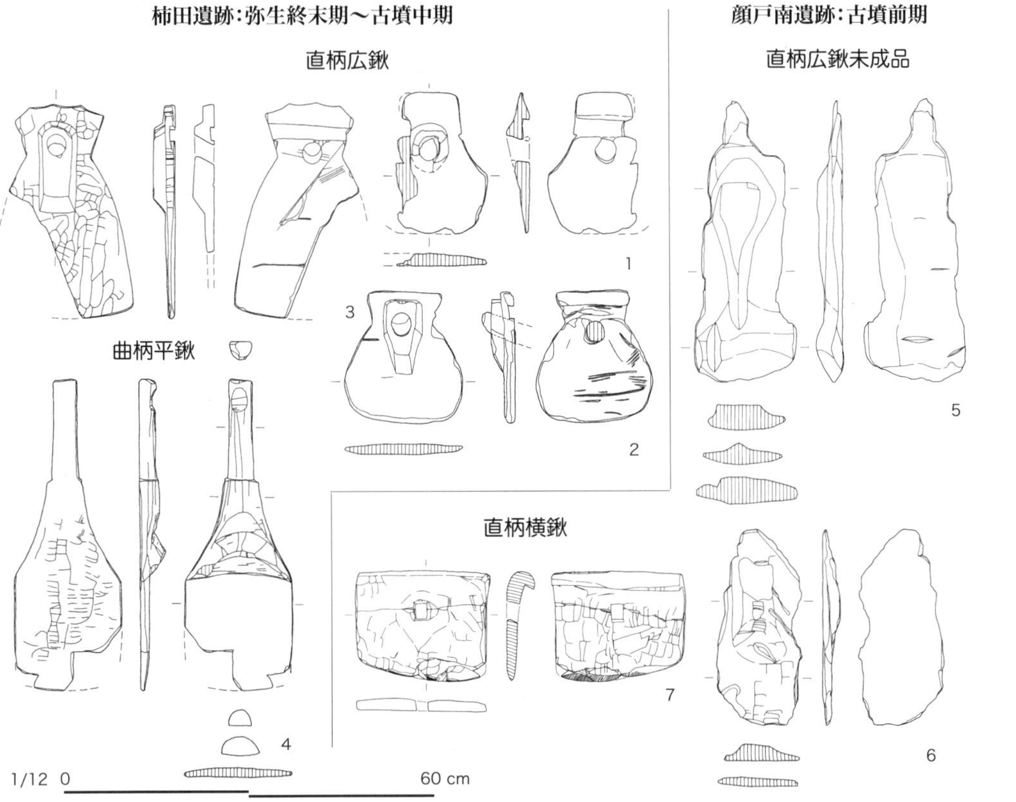

図 184　柿田遺跡・顔戸南遺跡出土掘削具

集落がいかに木製品生産において好立地を得ていたかということが、ここからも窺い知れる。

恒武遺跡群（恒武山ノ花・西浦遺跡、図 182）　恒武遺跡群は、天竜川の右岸に位置し、天竜川によって形成された沖積平野に立地している。遺跡は行政的に、恒武山ノ花遺跡・恒武西浦遺跡・恒武西宮遺跡の３遺跡に分けて調査されているが、同一遺跡と考えて差し支えない。特に恒武山ノ花遺跡と恒武西浦遺跡でそれぞれ確認された河道は同じ流路で、所属時期もおおむね５世紀中葉前後におさまる。この河道からは、表 11 〜 15 にみるように各種木製品が大量に出土している。特に容器・食事具・武器・服飾具・祭祀具・威儀具は充実しており、かなり上位の首長居館が付近に存在することを窺わせている。

未成品には、一木平鋤（5)、ヨコヅチ（6)、木錘（7)、櫂（8)、タタリ台（1)、匙（2)、横杓子（3)、舟形（9)、儀杖（4)、筑状弦楽器（10）などさまざまな品目が揃う。工具も袋状鉄斧の装着痕をもつ縦斧柄（11・16）と横斧柄（12・13)、カケヤ（14・15）と充実している一方で、広葉樹の板材が皆無であるのが特徴といえる。

この恒武遺跡群も六大Ａ遺跡や八王子遺跡同様、首長に従属した木製品生産工房の一部とみることができる。特に儀杖の未成品は、製品が出土している荒尾南遺跡や六大Ａ遺跡にはなかったものであり、この工房では針葉樹材からなるほとんどの品目が製作されていた可能性が高い。

(7) 山間部での未成品出土遺跡

柿田・顔戸南遺跡（弥生終末期～古墳中期：図 183・184） 柿田遺跡および顔戸南遺跡は岐阜県可児市から御嵩町の山間部に開けた小盆地に立地する一連の遺跡である。ここでは弥生終末期から中世にいたる大量の木製品が出土している。本稿では、特に弥生終末期～古墳中期に属する柿田遺跡出土の製品・未成品・工具と古墳前期の顔戸南遺跡の製品・未成品からこの集落における木製品生産の特徴をみておきたい。

まず弥生終末期～古墳中期の柿田遺跡出土未成品では、加工 iv 段階の直柄広鍬（図 183-1・2）・直柄横鍬（図 183-3・4）・泥除け具（図 183-5）のほか、曲柄平鍬（図 183-6）・曲柄二又鍬（図 183-7）・鍬膝柄（図 183-8）・一木平鋤（図 183-9）の未成品と、アカガシ亜属のミカン割り材（図 183-10・11）が出土しており、工具にはカケヤ（図 183-12）が認められる。この遺跡にみられる未成品の品目はすべて掘削具であり、二連の直柄広鍬が製作可能な板材（図 183-10）の存在も見逃せない。そして製品では、濃尾平野低地部で一般にみられる鍬のかたち（図 183-1 など）を模しつつも、図 184-1・3 の直柄広鍬や、図 184-4 の曲柄平鍬のような独特の形状を有する掘削具を生みだしている。顔戸南遺跡の直柄広鍬未成品（加工 iv 段階、図 184-5・6）や、製品の直柄横鍬（図 184-7）もきわめて在地的な姿をしている。

集落のすぐ南に丘陵を控えるこの遺跡では、集落の周辺で木材を伐採し、掘削具を主体とした木製品の製作、そして基本的に集落内で消費されるという、自己完結的（弥生的）な木製品生産の色彩が濃い。そのため、鍬の基本的なかたちの共通性などから、木曽川の下流に位置する尾張低地部の諸集落（八王子遺跡など）とは何らかの情報の交換はあったが、原材・未成品・完成品を通じて木製品そのものの直接的な交流はほとんどなかったものとおもわれる。そして伊賀・美濃・三河・遠江などの山間部には、この遺跡のように自己完結的な木製品生産をおこなっていた集落が多数存在していた可能性が高い。

(8) 墳丘墓の築造に伴う木製品生産

川原遺跡（弥生後期～古墳初頭：図 185） 最後に、やや特殊な事例の木製品生産遺跡を紹介する。川原遺跡は矢作川中流域右岸の沖積低地に所在し、遺跡のすぐ西には碧海台地が迫っている。弥生後期初頭から古墳初頭にかけてのこの遺跡は、東西 150m、南北 110m ほどの狭い微高地上に 6 基の墳丘墓（SZ01 ～ 05）のみが立地し、微高地の南を北東から南西に流れる旧河道に NR03 と名づけられた大溝が接続している。墳丘墓には多数の埋葬施設があり、弥生後期初頭から古墳初頭まで長期間にわたって埋葬行為が継続している。

木製品は大溝 NR03 とその北岸にある溝 SD10 から出土しており、大きく 3 時期に分けられる。弥生後期初頭には、NR03 の下層から一木掘り棒の未成品（1）と曲柄平鍬（破損品）、弥生後期中葉には NR03 中層から一木掘り棒（2）と加工 v 段階の直柄広鍬（3）の未成品のほか、鍬膝柄と梯子が出土している。古墳初頭になると、NR03 上層からコナラ節の板材（4）のほか、曲柄鍬・一木掘り棒の破損品と鍬膝柄があり、SD10 から曲柄平鍬未成品（5）が出土している。3 時期ともにこの微高地上には居住施設がなく、集落は西の碧海台地上にあったと想定されている。各時期ともに掘削具（および梯子）の破損品と未成品（原材）が少量ずつある点が重要で、おそらくは新たな埋葬施設の掘削ないしは大溝の浚渫をおこなう際に、付近の森から切りだして

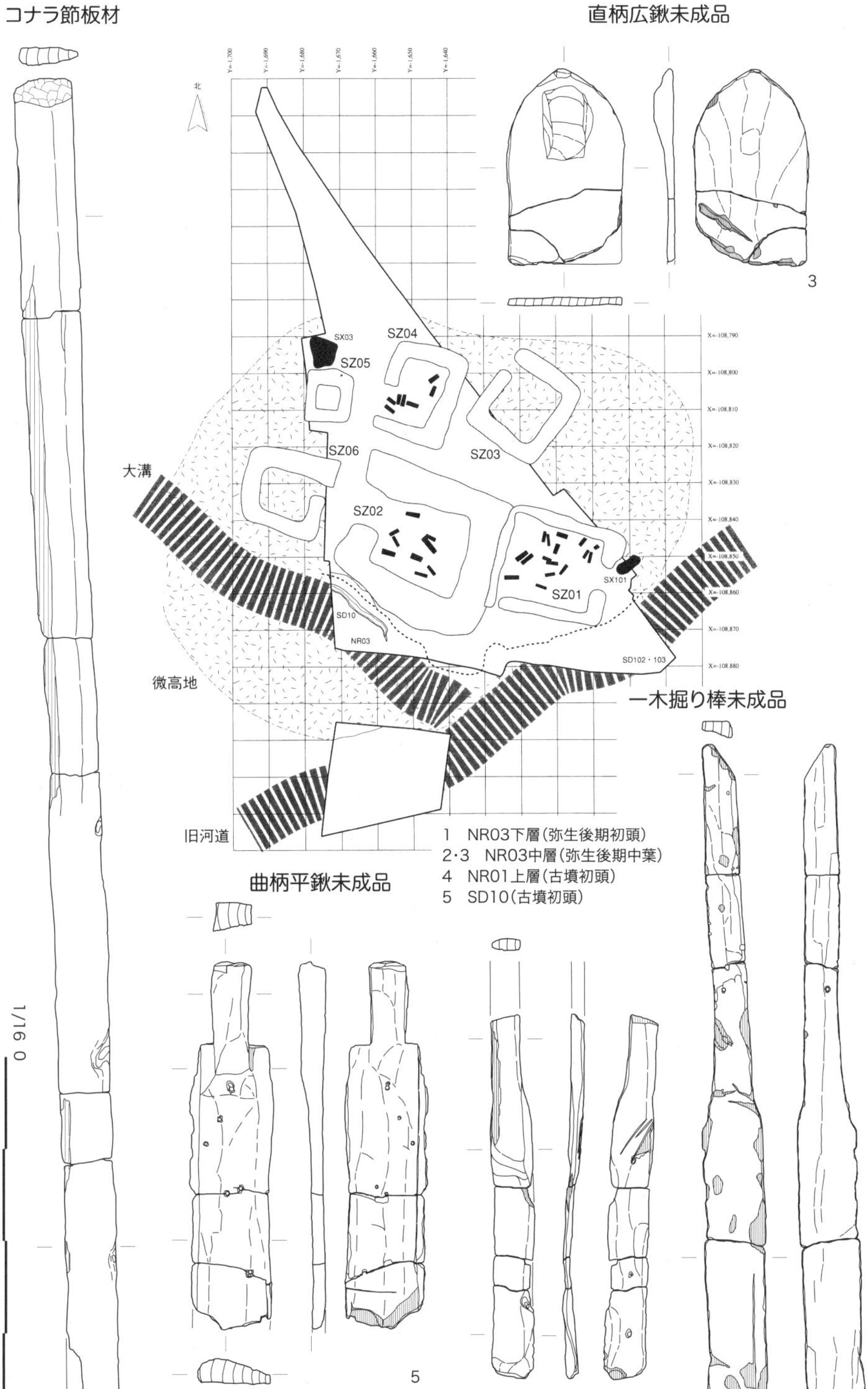

図 185 川原遺跡遺構図 (1/2,000)、出土未成品 (弥生後期〜古墳初頭)

きた木材で必要最低限の道具だけをこの場で作っては使用し、廃棄している姿が読みとれる（樋上 2001b）。さらに興味深いのは、弥生後期中葉まではすべての掘削具にアカガシ亜属を用いていたが、古墳初頭には一木掘り棒の破損品のみがアカガシ亜属で、他の掘削具と板材はすべてコナラ節に変わっていたことである。おそらく、集落が立地する碧海台地縁辺部の森林に自生していたアカガシ亜属を主体とする一次林の伐採が古墳初頭にはかなり進行し、コナラ節主体の二次林へと遷移していたことを示している。

この川原遺跡の事例は、集落における日常生活にかかわる木製品生産とは異なる、限られた場所での限られた器種だけの小規模な木製品生産のあり方を示している。のちに近畿地方を中心とする大型古墳の築造にかかわる掘削具や祭祀具（木製葬具）の生産と消費のあり方は、このさらに大規模な例といえるだろう。

4．集落の階層性と木製品の生産・流通

(1)　弥生〜古墳時代集落の階層性と出土木製品

まずは弥生時代における集落の階層差と出土木製品の関連性について整理しておく（樋上 2004）。弥生時代の集落から出土する遺物を、まずその用途から「マツリの道具」「首長の所有物」「日常生活の道具」に分け、さらにそれらを素材別にして一覧表にまとめたものが第Ⅳ章第３節の表８である。ここでいう「マツリの道具」の上位は、複数の集落が共同でおこなうマツリに用いられる品目を指し、下位は単独の集落でのマツリに使う器種である。「首長の所有物」の上位・下位は希少性（出土する頻度の低さ）を示している。「日常生活の道具」における木製品は本節表 10・11 の生業にかかわる木製品と共通する。この表で重要なのは、木で表現された「マツリの道具」と「首長の所有物」はいずれもその上位にあてられることである。これを、第Ⅳ章第３節の表７で整理した弥生集落の階層差（集落Ａ〜Ｃ）にあてはめたものが第Ⅳ章第３節の図 137 となる。

次に、古墳初頭から古墳後期にかけての首長居館・上位の一般集落（一般集落 a）・下位の一般集落（一般集落 b）でおのおの検出される遺構と出土遺物の対比を示したのが第Ⅳ章第３節の図 150 である。

そして、弥生〜古墳時代の出土木製品のうち、特に首長とのかかわりを示す木製品を時期ごとに整理し、そこから推定される首長の性格をあらわしたのが第Ⅳ章第３節の図 148 である。弥生中期前葉から後期には食事具と精製容器類が数ある木製品のなかで最上位を占め、弥生中期中葉以降は威儀具Ａ（弥生的な儀杖）がそれに伴う。弥生後期には精製容器にかわってさらに装飾性の高い超精製容器が出現し、古墳前期まで続く。古墳初頭にはヤマト王権が新たに導入したとみられる中国式の威儀具Ｂ（蓋・サシバ・団扇・儀杖）一式が出現して超精製容器類が下火となる。さらに古墳中期には威儀具Ｂにかわって直弧紋をほどこし、黒漆を塗った刀装具が出土するようになる。

これらはすべて弥生時代の集落Ａおよび古墳時代の首長居館でしかみられないものであり、いずれも首長が身につけ、手にもって一般の民衆に見せつけることによって首長の権威の高さを示すのに用いられた品々であった。弥生〜古墳前期の首長関連木製品群は基本的に祭祀の場で、

その主宰者たる首長が手にしたものばかりであるのに対し、古墳中期以降の刀装具は首長の武人的性格を示すものであり、古墳前期までと古墳中期以降では木製品を通して首長の性格が大きく変貌を遂げたことが明確に読みとれる。

(2) 木製品の生産と流通の変遷

ここではまず、弥生前期から古代にかけて、広葉樹材と針葉樹材からそれぞれどのような木製品が作られたのかを確認しておく（表16）。

弥生前期にはすべての器種が広葉樹材で作られているのに対し、弥生中期で広葉樹と針葉樹がほぼ拮抗し、弥生後期以降は針葉樹材を用いた器種が広葉樹材から作られる器種の数を上回っていることがわかる。それに呼応して、原材や板材も広葉樹優位から弥生後期以降、針葉樹優位へと変わっていく（表10・11）。この傾向は、特に首長居館的な性格の遺跡に顕著であり（八王子遺跡、河田宮ノ北遺跡、恒武遺跡群など）、その萌芽は弥生中期後葉の朝日遺跡にはやくも認められる。一方、同じく首長居館とみられる六大A遺跡では完成直前段階の各種掘削具類が多数出土している（穂積2000）。

このことから、弥生終末期～古墳中期の首長居館では、針葉樹材から作る容器・武器・祭祀具・威儀具・大型建築部材などに生産の比重を移しつつも、掘削具や農具類・工具類については半完成品の最終的な仕上げのみをしていた。そして、これらの作業は首長居館に付属する木製品の生産工房でおこなわれていた可能性が高い。

ここで伊勢湾周辺地域における、木材および木製品の流通のあり方をあらためて整理してみる（図186）。弥生前期～中期中葉には基本的に、各集落ともに自給自足で木製品の製作をおこなっていた。しかし、尾張低地部など森林資源の乏しい沖積低地の集落では、勝川遺跡のような丘陵・段丘・扇状地の縁辺に立地する集落で、製材・乾燥を経た広葉樹ならびに針葉樹の大径木のミカン割り材や角材などの供給を受けて加工し、さまざまな製品をつくりだして、基本的に自らの集落内で消費していた。さらに、集落の近辺にある広葉樹・針葉樹の小径木も杭材や小型品などで積極的に利用し、伐採から製材・加工、消費まで一貫した作業をおこなっていた。

また、沖積低地の集落群とは木材の需給関係をもたない山間部の集落では、木材の伐採から製材・乾燥、加工、消費までのサイクルが自己完結的になされていた。

弥生後期以降、首長居館（およびその前段階の独立した首長居住空間）が成立し（樋上

表16　広葉樹・針葉樹使用木製品の変遷

	弥生前期	弥生中期	弥生後期	弥生終末～古墳初頭	古墳前～後期	古代
広葉樹	掘削具・工具・農具・容器・食事具・武器（狩猟具）・建築部材	掘削具・工具・農具・容器・食事具・威儀具・楽器・建築部材	掘削具・工具・農具・容器・建築部材	掘削具・工具・農具・容器・食事具・威儀具・建築部材	掘削具・工具・容器・服飾具・武器（馬具）・威儀具・建築部材	掘削具・工具・農具・漁撈具・運搬具・建築部材
針葉樹		漁撈具・紡織具・運搬具・食事具・武器（狩猟具）・祭祀具・楽器・雑具・建築部材	工具・漁撈具・紡織具・運搬具・容器・武器（狩猟具）・建築部材	工具・農具・漁撈具・運搬具・食事具・容器・服飾具・武器・祭祀具・威儀具・楽器・雑具・建築部材	工具・農具・漁撈具・紡織具・運搬具・容器・食事具・武器・祭祀具・威儀具・楽器・雑具・建築部材	工具・農具・漁撈具・紡織具・運搬具・容器・食事具・武器（馬具）・祭祀具・威儀具・楽器・雑具・建築部材

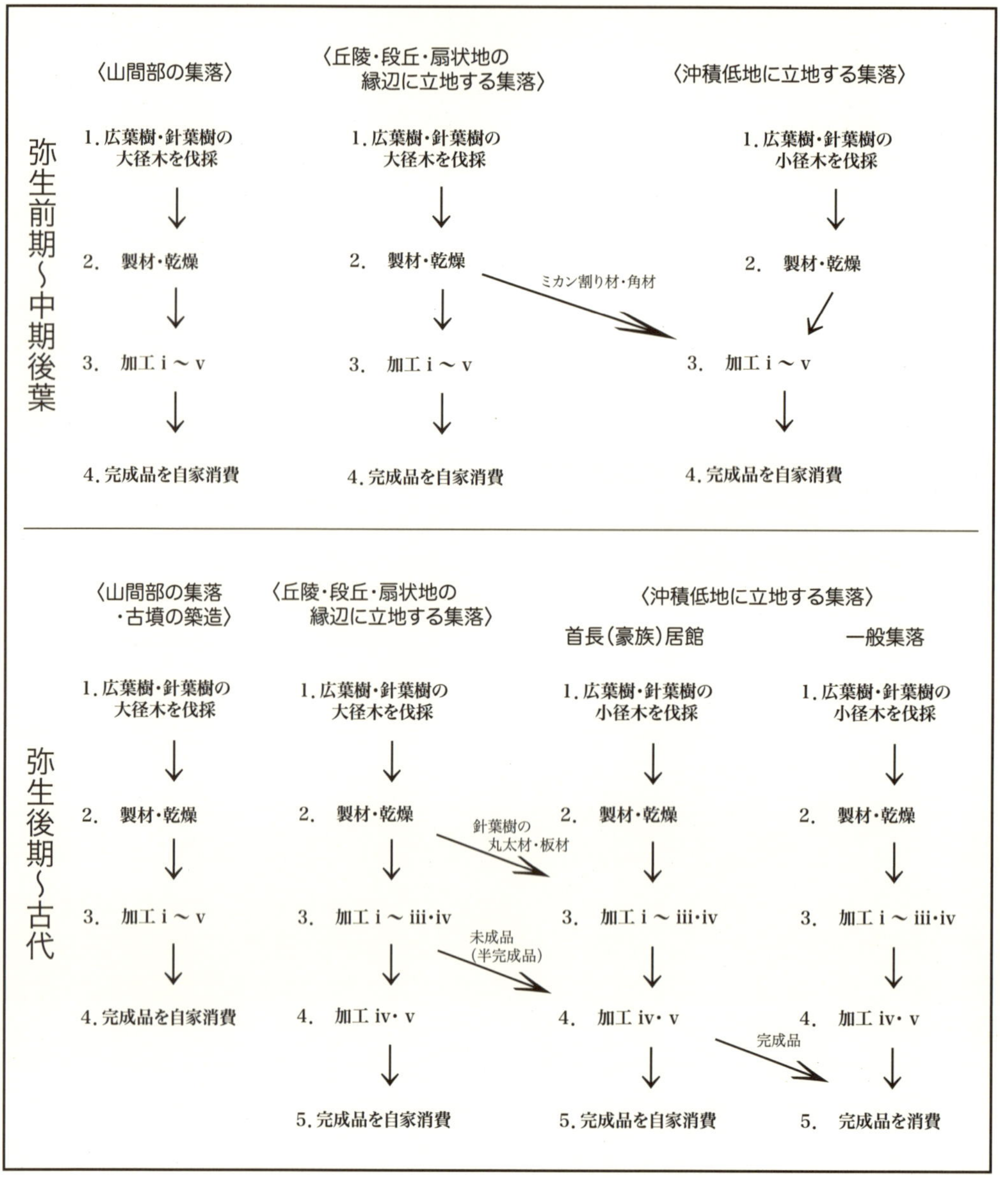

図186　木製品・木材の生産・流通モデル

2004)、居館内あるいは周辺には木製品生産工房が設けられた。そこでは首長が祭祀や日常生活で必要とする品々を調達するために、丘陵・段丘・扇状地縁辺部の集落から送られてくる針葉樹の丸太材や板材を用いて容器・威儀具・祭祀具・楽器などを製作していた。広葉樹材からつくる掘削具・農具・工具類は、加工 iv 段階までを丘陵・段丘・扇状地縁辺部の集落でおこない、刃部の削り出し・穿孔・柄の取りつけなどの最終仕上げのみが居館の付属工房でなされていたと推定できる。

そして沖積低地に立地する一般集落では、集落の近辺にある広葉樹や針葉樹の小径木からつくりうる器種のみを自前で製作し、おそらくは首長居館で最終仕上げがなされた日常の生業道具を製品のかたちで入手していた可能性が高い。

一方、山間部の集落では、弥生前期以来の自給自足の木製品生産を依然としておこなっていた。そして墳丘墓や古墳築造の場もまた、山間部の集落と同様に木製品の生産と消費が一体化した状況にあった。

5．まとめにかえて〜木製品専業工人の出現過程〜

最後に、ここまでみてきた弥生〜古墳時代の木製品生産状況と工具組成から、木製品の専業工人が出現する過程を復元してみたい（第Ⅳ章第3節図145・本節表17）。

木製品製作工人の専業化は、弥生中期の精製容器・食事具類から始まった。弥生前期には普遍的にみられた（可能性のある）精製容器・食事具は弥生中期前葉以降、ほぼ前述の集落Aからしか出土しなくなる。この集落Aの代表格である朝日遺跡では、表10・11にあるように、集落の生業にかかわる木製品のみならず、容器・食事具・武器・祭祀具・威儀具といった、「マツリの道具」や「首長の所有物」にあたる木製品が多数出土している。このうち未成品には、弥生中期中葉の匙や、時期不明の椀などの精製容器・食事具類があり、ほぼ弥生時代を通じて朝日遺跡のなかで製作されていたことは間違いない。これらは一般の生業関連用具とは異なり、特に仕上げが丁寧で、表面に黒漆や赤彩をほどこしたものも多いため、その生産にあたっては、特に木製品の製作や漆の使用に熟練した人々が従事していた可能性が高い（工楽1994）。ただし、これらは一般の生業用具ほど日常的な需要がないため、製作者の性格は定時専業工人（パートタイム・スペシャリスト）段階にとどまっていたとおもわれる[2)]。

一方、日常の生業用具類に関しては、集落Aから集落C（古墳時代では首長居館から一般集落b）まで出土量が異なるだけで、ほぼ同じものが使われており、少なくとも弥生時代にはすべての集落で製作されていることから、それぞれの集落に居住する一般成員が農閑期にその生産に従事し

表17　木製品専業工人の出現過程

〈萌芽期〉 弥生中期前葉〜後葉	〈展開期〉 弥生後期	〈定着期〉 弥生終末〜古墳初頭
・集落A・B(・C)に木製品などの工房区が出現 ・掘削具・農具など生業に関連する木製品は一般成員が製作 ・特に優れた技術を有する人々は、集落Aにおいて儀礼に関わる精製品（容器・食事具・祭祀具・威儀具）の製作を担う	・首長居住空間が一般成員の居住域から独立 ・工具の鉄器化に伴い、有力首長の元に鉄製工具が集中 ・集落Aにおいて精製品を製作していた集団が専業化し、首長の集中管理する鉄製工具を使用 ・一般成員の居住域とは別に、首長の居住空間付近には木製品の製作工房が置かれる	・首長居館が完全に独立 ・首長居館の内部に木製品の製作工房が置かれ、首長が工人集団を囲い込む ・首長の管理下に置かれた工人集団は、主として針葉樹材から容器・食事具・服飾具・武器（馬具）・祭祀具・威儀具などを製作する ・その傍らで丘陵縁辺の集落から送られる掘削具・農具などの半完成品の最終仕上げもおこなう

ていた可能性が高い。

弥生後期には石製工具がほぼ消滅して鉄製工具の普及が進む。この時期の朝日遺跡では、一般成員から独立した首長居住空間の可能性がある北居住域の周辺に、鉄製工具とその柄が集中していることから、鉄製工具類はもっぱら首長層の管理下にあったと考えられる。

また、工具の鉄器化に伴って、日本海側（山陰・北陸地方）を中心に、木製容器類の超精製化が進行する（鳥取県青谷上寺地遺跡や石川県西念・南新保遺跡出土の高杯など）。そしてこれらの超精製容器類は威信財として首長間で広域に流通していた可能性が高い（樋上 2002b）。

これらを重ねあわせると、この時期の首長層は、需要を増しつつあった超精製容器類や、自らが主宰する祭祀や日常生活で使用する品々、武器類、さらには古墳への副葬品[3]などをつくらせるために、鉄素材の流通経路である自らの元に集中管理していた鉄製工具を、弥生中期以来、特に集落Aで精製容器・食事具などの製作にあたっていた熟練製作者に与えることにより、彼らを専業工人化させていった。そして、一般成員の居住域内にある工房区とは別に、首長の居住空間内（あるいはその周辺）に彼ら専用の新たな木製品製作工房を設置して、一般成員から独立させたと考えられる。

さらに弥生終末期以降、首長居館が成立するとともに、首長層の元に囲い込まれた木製品専業工人たちは首長居館の周辺に工房を構え、首長層の管理下のもと、要求される品目の生産に従事したものと推定される（町田 1975）。それを示すのが六大A遺跡や八王子遺跡、恒武遺跡群など首長居館から出土する、さまざまな容器・祭祀具・武器・威儀具類（特に未成品）と各種工具類である。ただし、特に成立期の首長居館からは未だ加工 iv 段階の掘削具や農具・工具の未成品も出土していることから、勝川遺跡のような丘陵・段丘・扇状地の縁辺に立地する集落でつくられたこれらの半完成品を入手して、その最終仕上げをもおこなっていたようである。ただし、あくまでも木製品生産の主体が針葉樹材から作る前述の品々であることは、首長居館から出土する原材や板材が針葉樹中心であることからもあきらかであろう。

そして古墳後期以降も、首長（豪族）居館の大小に従って、つくられる品目に差はあるものの、こういった首長層に従属する木製品生産のあり方は継続されていったものとおもわれる。そして律令国家の成立に伴い、豪族層の管理下にある工人集団は再編成され、新たに成立した地方官衙（国衙・郡衙）の付属工房へと組み込まれていくのである。

註

1) 若林が近畿地方出土の未成品として一覧表に掲載したのは 42 遺跡 230 点で、このうち 32 遺跡 214 点は弥生後期以前に属する。一方、弥生終末期以降の資料はわずか 10 遺跡で 16 点にすぎない。取りあげる遺跡数が少なければ直柄広鍬の資料数も少なくなるのは当然であり、このごくわずかな資料数から導きだされた結論を単純に鵜呑みにすることはできない。近年、滋賀県などで弥生終末期〜古墳初頭の木製品が急増しており、これらの資料を統計に加えれば、おのずと異なる結論が得られることとおもわれる。

2) 都出比呂志 1968 および森岡秀人 2002 を参考にした。なお、木製品生産に関しても、すべての器種につて早くから集落内での分業体制が成立していたとする考え方（町田 1985a など）もあるが、筆者は都出と同様に、「生産用具生産での分業」と「祭祀・武器・特殊装身具生産での分業」を分け、首長が強く関与する後者により早く集落内での分業体制が芽生えたと考えている。

3) 近年、古墳の埋葬施設には木製品などの有機物が多数副葬されていたことがあきらかとなってきた（雪野山古墳など）。これら古墳への副葬品のうち、舶載鏡や土器類（特に須恵器）以外の多くは首長居館に付属する工房施設で作られていたことは間違いないだろう。

一覧表引用文献

1. 三重県教育委員会 1980『納所遺跡　遺構と遺物』。
2. 春日井市教育委員会 2000『松河戸遺跡－安賀地区発掘調査の概要－』。
　春日井市教育委員会 2001『松河戸遺跡展』図録。
3. 愛知県教育委員会 1982『朝日遺跡 II（本文篇 2・図版篇）』。
　愛知県埋蔵文化財センター 1992c『朝日遺跡 III 』。
　愛知県埋蔵文化財センター 2007a『朝日遺跡 VII』。
　名古屋市教育委員会 2002『朝日遺跡第 12 次発掘調査報告書』。
4. 愛知県埋蔵文化財センター 1990b『阿弥陀寺遺跡』。
5. 愛知県埋蔵文化財センター 1990c『岡島遺跡』。
　愛知県埋蔵文化財センター 1993『岡島遺跡 II・不馬入遺跡』。
6. 豊橋市教育委員会 1963『瓜郷』。
7. 浜松市教育委員会 1978『伊場遺跡遺物編 1 』。
　浜松市文化協会 1991『梶子遺跡 VIII 』。
　浜松市文化協会 1994『梶子遺跡 IX 』。
　浜松市文化協会 1997『梶子北遺跡　木器編』。
　浜松市教育委員会 2002『伊場遺跡遺物編 8（木製品 II・金属器・骨角器）』。
8. 三重県埋蔵文化財センター 2005a『菟上遺跡発掘調査報告 』。
9. 愛知県埋蔵文化財センター 1998『一色青海遺跡』。
10. 愛知県教育サービスセンター 1984『勝川』。
　愛知県埋蔵文化財センター 1992b『勝川遺跡 IV 』。
　樋上　昇 2003a「春日井市勝川遺跡出土木製品の再検討」『研究紀要』第 4 号、10-33 頁、愛知県埋蔵文化財センター。
11. 知立市教育委員会 1992『西中神明社南遺跡発掘調査報告書』。
12. 愛知県埋蔵文化財センター 2001b『川原遺跡』。
13. 愛知県埋蔵文化財センター 2007b『上橋下遺跡・鹿乗川流域遺跡群』。
14. 小坂井町教育委員会 1960『篠束　第 1 次調査報告書』。
　小坂井町教育委員会 1961『篠束　第 2 次調査報告書』。
15. 静岡県埋蔵文化財調査研究所 1996b『角江遺跡 II　遺物編 2（木製品）』。
16. 三重県埋蔵文化財センター 2004b『辻子遺跡発掘調査報告』。
17. 三重県埋蔵文化財センター 2000『六大 A 遺跡発掘調査報告（木製品編）』。
18. 三重県埋蔵文化財センター 1993『松ノ木遺跡・森山東遺跡・太田遺跡発掘調査報告』。
19. 岐阜県文化財保護センター 1998a『荒尾南遺跡』。
　鈴木　元 1998「荒尾南遺跡」『大垣市埋蔵文化財調査概要　平成 8 年度』、11-15 頁、大垣市教育委員会。
　鈴木　元 1999「大垣市荒尾南遺跡出土の『儀杖』について」『美濃の考古学』第 3 号、60-67 頁、美濃の考古学刊行会。
　大垣市教育委員会 2001『荒尾南遺跡 I 』。
　大垣市教育委員会 2003『荒尾南遺跡 II 』。
　大垣市教育委員会 2008『荒尾南遺跡 III』。
20. 岐阜県文化財保護センター 1998b『今宿遺跡』。

21. 大垣市教育委員会 2007『米野遺跡』。
22. 岐阜県文化財保護センター 2000b『砂行遺跡』。
23. 岐阜県教育文化財団 2005『柿田遺跡』。
24. 愛知県埋蔵文化財センター 1996b『北道手遺跡』。
25. 愛知県埋蔵文化財センター 1999『門間沼遺跡』。
26. 愛知県埋蔵文化財センター 1997『西上免遺跡』。
27. 愛知県埋蔵文化財センター 2001c『八王子遺跡』。
28. 一宮市史編さん室 1967「南木戸遺跡」『新編　一宮市史　資料編二』。
29. 一宮市史編さん室 1967「苗代遺跡」『新編　一宮市史　資料編二』。
30. 愛知県埋蔵文化財センター 2003『本川遺跡』。
31. 岡崎市教育委員会 1975『坂戸遺跡』。
32. 安城市教育委員会 2001『釈迦山遺跡』。
33. 安城市教育委員会 1998『桜林遺跡』。
34. 安城市教育委員会 1999『中狭間遺跡』。
35. 安城市教育委員会 2003『宮下遺跡』。
36. 愛知県埋蔵文化財センター 2009a『下懸遺跡』。
37. 西尾市教育委員会 1996『住崎遺跡』。
38. 三重県教育委員会 1981『北堀池遺跡発掘調査報告　第 1 分冊』。
39. 三重県埋蔵文化財センター 1992『城之越遺跡』。
40. 三重県埋蔵文化財センター 1997a『宮ノ腰遺跡発掘調査報告 I 』。
41. 大垣市教育委員会 1997『曽根八千町遺跡』。
42. 岐阜県文化財保護センター 2000a『顔戸南遺跡』。
43. 愛知県埋蔵文化財センター 1994『貴生町遺跡 II・III・月縄手遺跡 II 』。
44. 東海市教育委員会 1988『トゝメキ遺跡』。
45. 愛知県埋蔵文化財センター 2005『水入遺跡』。
46. 三重県教育委員会・三重県埋蔵文化財センター 1991「浮田・高賀遺跡」『平成 2 年度農業基盤整備事業地域　埋蔵文化財発掘調査報告－第 3 分冊－』、1-86 頁。
47. 三重県埋蔵文化財センター 2004a『河曲の遺跡　河田宮ノ北遺跡・宮ノ前遺跡・八重垣神社遺跡（第 1 ～ 3 次）発掘調査報告』。
48. 三重県埋蔵文化財センター 1997b『橋垣内遺跡発掘調査報告』。
49. 岐阜市教育委員会 1975『宇田遺跡発掘調査報告書』。
50. 愛知県埋蔵文化財センター 2001a『志賀公園遺跡』。
愛知県埋蔵文化財センター 2004『志賀公園遺跡 II 』。
51. 浜松市文化協会 1998『山ノ花遺跡　木器編（図版）』。
52. 静岡県埋蔵文化財調査研究所 2000『恒武西宮・西浦遺跡』。
53. 三重県教育委員会 1989「松阪市深長町杉垣内遺跡」『昭和 61 年度農業基盤整備事業地域　埋蔵文化財発掘調査報告 I －本文編－』、53-134 頁。
54. 愛知県埋蔵文化財センター 1996a『大毛沖遺跡』。
55. 豊川市教育委員会 1988『山西遺跡』。
56. 田原町教育委員会 1993『山崎遺跡』。

あとがき

本書は、2008（平成20）年度に首都大学東京へ提出した学位論文を骨子としている。本書に掲載した各論文の初出と元の論文名は、以下のとおりである。

序章　　　　　木製品研究の現状と本研究の目的　書き下ろし。

第I章第1節　東海系曲柄鍬の波及と展開　「3～5世紀の地域間交流−東海系曲柄鍬の波及と展開−」『日本考古学』第10号、日本考古学協会、2000年に加筆修正。

第I章第2節　木製農耕具と耕作の技術　「木製農具と耕作の技術」『弥生時代の考古学6　弥生社会のハードウェア』、同成社、2009年に加筆修正。

第I章第3節　鍬の機能に関する基礎的研究（元論文名どおり）『研究紀要』第7号、愛知県埋蔵文化財センター、2006年に加筆修正。

第II章第1節　木製容器の行方（元論文名どおり）石黒立人編『中部の弥生時代研究』、2009年に加筆修正。

第II章第2節　儀杖の系譜（元論文名どおり）『考古学研究』第52巻第4号、考古学研究会、2006年に加筆修正。

第III章第1節　中部地方における弥生時代の木材利用　「弥生時代の木材利用」、石黒立人編『中部の弥生時代研究』、2009年に加筆修正。

第III章第2節　朝日遺跡出土木製品の樹種組成と周辺の古植生（元論文名どおり）『朝日遺跡VII（第3分冊　総括）』、愛知県埋蔵文化財センター、2007年に加筆修正。

第IV章第1節　出土木製品からみた勝川遺跡　「春日井市勝川遺跡出土木製品の再検討」『研究紀要』第4号、愛知県埋蔵文化財センター、2003年に加筆修正。

第IV章第2節　朝日遺跡出土木製品の分析　「出土遺物の分析−3　木製品」『朝日遺跡VII（第2分冊　出土遺物）』、愛知県埋蔵文化財センター、2007年に加筆修正。

第IV章第3節　木製品からみた中部・北陸地方の弥生・古墳時代集落　「集落・居館・都市的遺跡と生活用具−中部」『考古資料大観 第10巻　弥生・古墳時代　遺跡・遺構』、小学館、2004年に加筆修正。

第V章第1節　木工技術と地域社会（元論文名どおり）『講座　日本の考古学 第5巻　弥生時代（上）』、青木書店、2010年に加筆修正。

第V章第2節　木製品専業工人の出現と展開　「木製品専業工人の出現と展開−伊勢湾周辺地域における木製品の生産と流通をめぐって−（上・下）」『古代学研究』第168・169号、古代学研究会、2005年に加筆修正。

首都大学東京での学位論文審査にあたっては、主査の山田昌久先生、副査の小野昭先生ならびに石川日出志先生より、有益なご教示と暖かい励ましをいただいたことを感謝いたします。

私が出土木製品の研究に興味を抱くようになったのは、1987（昭和62）年に愛知県埋蔵文化財センターへ就職し、最初に担当した春日井市勝川遺跡から大量の木製品が出土したことがきっかけである。もともと奈良市出身で平城宮跡のすぐ近くで育ったこともあり、関西大学在学中は都城制に最も興味を抱いていた。できれば大学卒業後も奈良に残って研究を続けたかったのだが、「大学を卒業したら、とにかく家を出るべし」という両親の強い後押しもあって、縁もゆかりもない愛知県を就職先に選んだ。このことが木製品研究に転向する契機になった点で、両親には大変感謝している。本センターに就職が決まった際に、恩師である故・佐原眞先生から「君の望んだところではないかもしれないが、とりあえずおめでとう」と、祝福されているのかよくわからない励ましを受けたことをよく覚えている。

勝川遺跡では、「東海系曲柄鍬」が多数出土し、これを「ナスビ形曲柄鍬」と比較した論文を本センターの年報（昭和63年度）にまとめたのが、木製品について書いた最初の論文である。その際、最初の構想を現・調査課長である赤塚次郎さんに話すと、大変興味をもっていただき、赤塚さんによる東海系文物の伝播にかかわる研究では、必ずといってよいほど引用してもらっている。また佐原先生には、最初の原稿をもって当時の奈良国立文化財研究所に伺った際に、事細かく指導を受け、「君のいいたいのはこういうことだろう」と、ほとんど佐原先生が書いたに等しいほど手直しをしていただいた。図版についても「このように組みなさい」と、さまざまなテクニックを伝授された。まず挿図を考え、レイアウトしてから、それに合わせて文章を書くという論文執筆法は、大学4年の授業で佐原先生に教わって以来、今もって私の習慣となっている。

1993（平成5）年の、私の結婚披露宴で、主賓としてお招きした佐原先生からワーグナーの結婚行進曲の独唱とともにスピーチで、「これからの木製品研究を背負っていく人材」のようなことを（リップサービスで）いっていただき、大変面はゆかったことも良い思い出である。ただ、佐原先生は2002（平成14）年に急逝されたために、本書をお見せすることができないことが唯一の心残りである。

逆さに埋まっていた銅鐸がみつかったことで話題となった一宮市八王子遺跡の報告書を作成するために、一宮事務所（当時）で整理作業をおこなっていた1999（平成11）年のある日、職場の先輩である石黒立人さんからふと、「このまま愛知の樋上で終わるか、全国区になるかは、今が正念場だな」というようなことをいわれた。子供ができたりさまざまなことで、研究が中だるみな状態が続いていた時期であることを察せられたのだろうとおもう。その言葉に奮起して書いたのが、2000（平成12）年に発表した3本の論文である。

その後は、本センターの調査によって県内各地で出土した木製品の大半を整理・報告するチャンスに恵まれた。そのおかげで、木製品を通して遺跡の性格・階層性・植生の復元・生産と流通などを考えるという研究視点を得るとともに、ほぼ毎年のように研究成果を世に出すことができた。本書に掲載した論文はすべて、この2000年以降に発表したものである。はたして石黒さんのいう「全国区」になれたのかどうか、自分ではよくわからないが、メジャーな研究書で木製品の項目をいくつか書かせていただけるようになったことから、少しは評価されているのであろう。

出土木器研究会への参加は、1995（平成7）年の第2回研究会（福岡県前原市）からである。私の木製品研究に関しては、出土木器研究会の方々とともに数多くの資料を実見し、議論を重ねたことから多くのインスピレーションを得ていることをここに記しておきたい。特に、盟友の穂積裕昌さんからは、温泉旅行とグルメ会のたびに、強い刺激を与えていただいている。

また、本書の編集・出版に際しては、雄山閣編集部の桑門智亜紀さんには大変御世話になった。

最後になったが、つねに私の研究を支えて、的確な助言を授けてくれている妻・佐知子には大いに感謝している。

参考文献

愛知県教育委員会 1982『朝日遺跡 II（本文篇 2・図版篇）』。
愛知県教育サービスセンター 1984『勝川』。
愛知県埋蔵文化財センター 1988『勝川遺跡』。
愛知県埋蔵文化財センター 1989『町田遺跡』。
愛知県埋蔵文化財センター 1990a『廻間遺跡』。
愛知県埋蔵文化財センター 1990b『阿弥陀寺遺跡』。
愛知県埋蔵文化財センター 1990c『岡島遺跡』。
愛知県埋蔵文化財センター 1991a『大渕遺跡』。
愛知県埋蔵文化財センター 1991b『朝日遺跡 I』。
愛知県埋蔵文化財センター 1992a『勝川遺跡 III』。
愛知県埋蔵文化財センター 1992b『勝川遺跡 IV』。
愛知県埋蔵文化財センター 1992c『朝日遺跡 III』。
愛知県埋蔵文化財センター 1993『岡島遺跡 II・不馬入遺跡』。
愛知県埋蔵文化財センター 1994『貴生町遺跡 II・III　月縄手遺跡 II』。
愛知県埋蔵文化財センター 1996a『大毛沖遺跡』。
愛知県埋蔵文化財センター 1996b『北道手遺跡』。
愛知県埋蔵文化財センター 1997『西上免遺跡』。
愛知県埋蔵文化財センター 1998『一色青海遺跡』。
愛知県埋蔵文化財センター 1999『門間沼遺跡』。
愛知県埋蔵文化財センター 2000『朝日遺跡 VI』。
愛知県埋蔵文化財センター 2001a『志賀公園遺跡』。
愛知県埋蔵文化財センター 2001b『川原遺跡』。
愛知県埋蔵文化財センター 2001c『八王子遺跡』。
愛知県埋蔵文化財センター 2003『本川遺跡』。
愛知県埋蔵文化財センター 2004『志賀公園遺跡 II』。
愛知県埋蔵文化財センター 2005『水入遺跡』。
愛知県埋蔵文化財センター 2007a『朝日遺跡 VII』。
愛知県埋蔵文化財センター 2007b『上橋下遺跡・鹿乗川流域遺跡群』。
愛知県埋蔵文化財センター 2008『一色青海遺跡 II』。
愛知県埋蔵文化財センター 2009a『下懸遺跡』。
愛知県埋蔵文化財センター 2009b『朝日遺跡 VIII』。
阿東町教育委員会 1998『宮ヶ久保遺跡』。
尼崎市教育委員会 2003『東園田遺跡（第 29 次発掘調査現地説明会資料)』。
安城市教育委員会 1998『桜林遺跡』。
安城市教育委員会 1999『中狭間遺跡』。
安城市教育委員会 2001『釈迦山遺跡』。
安城市教育委員会 2003『宮下遺跡』。
石川県考古学研究会 1999『石川県考古資料調査・集成事業報告書　農工具』。
石川県考古学研究会 2001『石川県考古資料調査・集成事業報告書　補遺編』。
石川県教育委員会ほか 2004『八日市地方遺跡』。
石川県立埋蔵文化財センター 1991『畝田遺跡』。
一宮市史編さん室 1967『新編　一宮市史　資料編二』。
犬山市教育委員会 2005『史跡東之宮古墳調査報告書』。
磐田市教育委員会 1987『鎌田・鍬影遺跡発掘調査報告書』。
磐田市教育委員会 1991『御殿・二之宮遺跡　市立二之宮保育園建設に伴う発掘調査報告書』。
上野市教育委員会 1998『城之越遺跡（2 次）発掘調査報告』。
瓜生堂遺跡調査会 1981『瓜生堂遺跡 III』。
京都大学生存圏研究所第 26 回シンポジウム資料集。
大分県教育委員会 1989『下郡桑苗遺跡』。
大垣市教育委員会 1993『長塚古墳−範囲確認調査報告書−』。
大垣市教育委員会 1997『曽根八千町遺跡』。
大垣市教育委員会 2001『荒尾南遺跡 I』。
大垣市教育委員会 2003『荒尾南遺跡 II』。
大垣市教育委員会 2007『米野遺跡』。
大垣市教育委員会 2008『荒尾南遺跡 III』。
大阪府教育委員会 1994『田井中遺跡発掘調査概要・IV』。
大阪府教育委員会 2002『讃良郡条里（蔀屋北遺跡）発掘調査概要・IV』。
大阪府立弥生文化博物館 2004『大和王権と渡来人 -3・4 世紀の倭人社会』展覧会図録。
大阪府埋蔵文化財調査研究センター 1996『下田遺跡』。
大阪文化財センター 1978『池上遺跡　木器編』。
大阪文化財センター 1983a『西岩田』。
大阪文化財センター 1983b『亀井』。
大阪文化財センター 1984『亀井遺跡 II』。
岡崎市教育委員会 1975『坂戸遺跡』。
岡山県教育委員会 2001『下庄遺跡・上東遺跡』。
岡山県文化財保護協会 1974『山陽新幹線建設に伴う調査 II（岡山以西)』。
岡山県文化財保護協会 1984『百間川原尾島遺跡 2』。
岡山県文化財保護協会 2003『津島遺跡 4』。
岡山市教育委員会 2005『南方（済生会）遺跡−木器編−』。
香川県教育委員会ほか 1993『林・坊城遺跡』。
香川県埋蔵文化財研究会 1999『多肥松林遺跡』。
香川県埋蔵文化財研究会 2000『鴨部・川田遺跡 II』。
鹿児島県立埋蔵文化財センター 2003『楠元・城下遺跡』。
鹿児島県立埋蔵文化財センター 2005『京田遺跡』。
春日井市教育委員会 1970『南東山古墳・南東山遺跡』。
春日井市教育委員会 1981『尾張　勝川廃寺範囲確認調査概報』。
春日井市教育委員会 1982『尾張　勝川廃寺範囲確認調査概報』第 2 次。
春日井市教育委員会 1983『尾張　勝川廃寺範囲確認調査概報』第

3次。
春日井市教育委員会 1984『尾張 勝川廃寺範囲確認調査概報』第4次。
春日井市教育委員会 2000『松河戸遺跡−安賀地区発掘調査の概要−』。
春日井市教育委員会 2001『松河戸遺跡展』図録。
かながわ考古学財団 1999a『池子遺跡群 IX』。
かながわ考古学財団 1999b『池子遺跡群 X』。
金沢市教育委員会 1996『西念・南新保遺跡Ⅳ』。
上市町教育委員会 1984『北陸自動車道遺跡調査報告−上市町木製品・総括編−』。
唐古・鍵考古学ミュージアム 2004『唐古・鍵考古学ミュージアム展示図録』。
菊川町教育委員会ほか 1986『耳川遺跡（II）』。
北九州市教育文化財団 埋蔵文化財調査室 1983『長行遺跡』。
北九州市教育文化事業団 埋蔵文化財調査室 2000『長野小西田遺跡』。
北九州市教育文化事業団 埋蔵文化財調査室 2001『長野小西田遺跡 2』。
岐阜市教育委員会 1975『宇田遺跡発掘調査報告書』。
岐阜県教育文化財団 2005『柿田遺跡』。
岐阜県文化財保護センター 1998a『荒尾南遺跡』。
岐阜県文化財保護センター 1998b『今宿遺跡』。
岐阜県文化財保護センター 2000a『顔戸南遺跡』。
岐阜県文化財保護センター 2000b『砂行遺跡』。
京都国立博物館 1982『富雄丸山古墳・西宮山古墳出土遺物』、便利堂。
京都府埋蔵文化財調査研究センター 1988『古殿遺跡』。
君津郡市文化財センター 1996『常代遺跡群』。
国東町教育委員会 1989『安国寺遺跡』。
倉敷考古館 1959『金蔵山古墳』、木耳社。
群馬県教育委員会ほか 1982『日高遺跡』。
群馬県教育委員会ほか 1986『新保遺跡 I』。
群馬県教育委員会ほか 1988『三ツ寺 I 遺跡』。
群馬県埋蔵文化財調査事業団 1994『元総社寺田遺跡 II』。
小牛田町教育委員会 1976『山前遺跡』。
高知県文化財団埋蔵文化財センター 2003a『居徳遺跡群 IV』。
高知県文化財団埋蔵文化財センター 2003b『居徳遺跡群 V』。
高知県文化財団埋蔵文化財センター 2004『居徳遺跡群 VI』。
国立光州博物館 1997『光州新昌洞低湿地遺跡 I』。
国立光州博物館 2001『光州新昌洞低湿地遺跡 II』。
小坂井町教育委員会 1960『篠束 第1次調査報告書』。
小坂井町教育委員会 1961『篠束 第2次調査報告書』。
小松市教育委員会 2003a『八日市地方遺跡 I』。
小松市教育委員会 2003b『千代・能美遺跡』。
埼玉県埋蔵文化財調査事業団 1991『小敷田遺跡』。
佐賀県教育委員会 2003『梅白遺跡』。
桜井市教育委員会 1991『桜井市 城島遺跡外山下田地区発掘調査報告』。
桜井市文化財協会ほか 1996『上之庄遺跡第4次発掘調査現地説明会資料』。
滋賀県教育委員会ほか 1992『松原内湖遺跡発掘調査報告書 II』。
滋賀県教育委員会ほか 2008『柳遺跡 IV』。
滋賀県立安土城考古博物館 2005『王権と木製威儀具−華麗なる古代木匠の世界−』展覧会図録。
静岡県教育委員会ほか 1968「小笠郡菊川町白岩遺跡発掘調査概報」『東名高速道路関係埋蔵文化財発掘調査報告書』。
静岡県教育委員会 1983『有東遺跡』。
静岡県埋蔵文化財調査研究所 1991『長崎遺跡 I（遺構編）』。
静岡県埋蔵文化財調査研究所 1992『長崎遺跡 II（遺構編）』。
静岡県埋蔵文化財調査研究所 1994a『古代における農具の変遷 - 稲作技術史を農具から見る -』資料集。
静岡県埋蔵文化財調査研究所 1994b『瀬名遺跡Ⅲ（遺物編 I）』。
静岡県埋蔵文化財調査研究所 1994c・1996a『川合遺跡 遺物編 3』。
静岡県埋蔵文化財調査研究所 1996b『角江遺跡 II 遺物編 2（木製品）』。
静岡県埋蔵文化財調査研究所 1997『曲金北遺跡（遺物・考察編）』。
静岡県埋蔵文化財調査研究所 2000『恒武西宮・西浦遺跡』。
静岡県埋蔵文化財調査研究所 2004『瀬名川遺跡 II』。
島根県教育委員会ほか 1988『西川津遺跡発掘調査報告書 IV』。
島根県教育委員会ほか 1989『西川津遺跡発掘調査報告書 V』。
島根県教育委員会ほか 1990『タテチョウ遺跡発掘調査報告 III』。
島根県教育委員会ほか 1999『姫原西遺跡』。
島根県教育庁古代文化センター・島根県教育庁埋蔵文化財調査センター 2006『島根県における弥生時代・古墳時代の木製品集成』。
甚目寺町教育委員会 1990『森南遺跡発掘調査報告書』。
下田遺跡調査団・六甲山麓遺跡調査会 1998『下田遺跡』。
下稗田遺跡調査指導委員会 1985『下稗田遺跡』。
仙台市教育委員会 1996『中在家南遺跡他』。
仙台市教育委員会ほか 2000『高田 B 遺跡』。
仙台市教育委員会 2002『中在家南遺跡（第3・4次）・押口遺跡（第3次）』。
第7回東海考古学フォーラム三重大会 2000『S 字甕を考える』資料集。
田原町教育委員会 1993『山崎遺跡』。
長生郡市文化財センター 1993『国府関遺跡群』。
知立市教育委員会 1992『西中神明社南遺跡発掘調査報告書』。
東海市教育委員会 1988『トヽメキ遺跡』。
東義大学校博物館 2000『金海良洞里古墳文化』東義大学校博物館学術叢書 7。
同志社大学文学部文化学科 1990『園部垣内古墳』。
鳥取県教育文化財団 2001『青谷上寺地遺跡 3』。
鳥取県教育文化財団 2002『青谷上寺地遺跡 4』。
鳥取県埋蔵文化財センター 2003『青谷上寺地遺跡 6』。
鳥取県埋蔵文化財センター 2004『青谷上寺地遺跡 7』。
鳥取県埋蔵文化財センター 2005『青谷上寺地遺跡出土品調査研究

報告1　木製容器・かご』。
鳥取県埋蔵文化財センター 2006『青谷上寺地遺跡 8』。
鳥取県埋蔵文化財センター 2008a『青谷上寺地遺跡 9』。
鳥取県埋蔵文化財センター 2008b『弥生の至宝～花弁高杯とその背景』資料集。
豊川市教育委員会 1988『山西遺跡』。
豊田市教育委員会 1996『神明遺跡』。
豊橋市教育委員会 1963『瓜郷』。
長野県埋蔵文化財センター 1994『栗林遺跡・七瀬遺跡』。
長野県埋蔵文化財センター 1997『石川条里遺跡』。
長野県埋蔵文化財センター 1999『榎田遺跡』。
長野県埋蔵文化財センター 2000『松原遺跡　弥生総論1　弥生中期・遺構本文』。
名古屋市教育委員会 2002『朝日遺跡第 12 次発掘調査報告書』。
名古屋市教育委員会 2006『朝日遺跡（第 13・14・15 次）』。
奈良県教育委員会 1961『桜井茶臼山古墳』奈良県史跡名勝天然記念物調査報告 第 19 冊。
奈良県教育委員会 1969『マエ塚古墳』奈良県史跡名勝天然記念物調査報告 第 24 冊。
奈良県立橿原考古学研究所編 1977『メスリ山古墳』奈良県史跡名勝天然記念物調査報告 第 35 冊。
奈良県立橿原考古学研究所編 1997『島の山古墳調査概報』、学生社。
奈良県立橿原考古学研究所編 1999『黒塚古墳調査概報』、学生社。
奈良県立橿原考古学研究所 2000『大和木器資料Ⅰ』。
奈良県立橿原考古学研究所附属博物館 2000『権威の象徴−古墳時代の威儀具−』展覧会図録。
奈良国立文化財研究所 1993『木器集成図録　近畿原始篇』。
西尾市教育委員会 1996『住崎遺跡』。
新田町教育委員会 2000『新田東部遺跡群 II』。
日本考古学協会編 1949『登呂　前編』、東京堂出版。
日本考古学協会編 1954『登呂　本編』、東京堂出版。
日本住宅公団 1973『鹿部山遺跡』。
沼津市教育委員会 1990『雌鹿塚遺跡発掘調査報告書Ⅱ』。
能登川町教育委員会 2005『石田遺跡』。
八王子市石川天野遺跡調査会 1986『東京・八王子市石川天野遺跡 1984 年度調査』。
浜松市教育委員会 1978『伊場遺跡遺物編1』。
浜松市教育委員会 1979『国鉄東海道線路敷内埋蔵文化財調査報告書 - 伊場遺跡第 12 次の 1 期調査報告書』。
浜松市教育委員会 2002『伊場遺跡遺物編 8 （木製品 II・金属器・骨角器）』。
浜松市文化協会 1991『梶子遺跡 VIII』。
浜松市文化協会 1992『佐鳴湖西岸遺跡群　本文編Ⅰ・Ⅱ』。
浜松市文化協会 1994『梶子遺跡Ⅸ』。
浜松市文化協会 1997『梶子北遺跡　木器編』。
浜松市文化協会 1998『山ノ花遺跡　木器編（図版）』。
東大阪市文化財協会 1987『鬼虎川の木質遺物』。
兵庫県教育委員会 1996『玉津田中遺跡　第 5・6 分冊』。
福井県教育庁埋蔵文化財調査センター 2006『糞置遺跡』。
福岡市教育委員会 1981『原深町遺跡』。
福岡市教育委員会 1984『田村遺跡 II』。
福岡市教育委員会 1986『比恵遺跡』。
福岡市教育委員会 1987『那珂久平遺跡 II』。
福岡市教育委員会 1989『板付周辺遺跡発掘調査報告書（15）』。
福岡市教育委員会 1991a『今宿五郎江遺跡 II』。
福岡市教育委員会 1991b『比恵遺跡 (10)』。
福岡市教育委員会 1993『拾六町ツイジ遺跡』。
福岡市教育委員会 1995『雀居遺跡 3』。
福岡市教育委員会 1998『福岡外環状道路関係埋蔵文化財調査報告 -5-』。
福岡市教育委員会 2003a『雀居 8』。
福岡市教育委員会 2003b『雀居 9』。
福岡市教育委員会 2004『比恵 33』。
福岡市埋蔵文化財センター 1985『収蔵資料目録 第 1 集　西区拾六町ツイジ遺跡Ⅰ』。
袋井市教育委員会 1985『土橋遺跡−基礎資料編−』。
藤枝市教育委員会ほか 1981a『上薮田・モミダ遺跡、上薮田・川の丁遺跡、鳥内遺跡』。
藤枝市教育委員会ほか 1981b『宮塚遺跡、潮城跡』。
細江町教育委員会 1986『細江町史』資料編 6 。
埋蔵文化財研究会 1983『木製農具について』第 14 回研究集会資料。
埋蔵文化財研究会 1996『古代の木製食器−弥生期から平安期にかけての木製食器−』、第 39 回研究集会資料。
三重県教育委員会 1980『納所遺跡　遺構と遺物』。
三重県教育委員会 1981『北堀池遺跡発掘調査報告　第 1 分冊』。
三重県教育委員会 1989「松阪市深長町杉垣内遺跡」『昭和 61 年度年度農業基盤整備事業地域　埋蔵文化財発掘調査報告Ⅰ−本文編−』、53-134 頁。
三重県教育委員会・三重県埋蔵文化財センター 1991「浮田・高賀遺跡」『平成 2 年度農業基盤整備事業地域　埋蔵文化財発掘調査報告−第 3 分冊−』、1-86 頁。
三重県埋蔵文化財センター 1992『城之越遺跡』。
三重県埋蔵文化財センター 1993『松ノ木遺跡・森山東遺跡・太田遺跡発掘調査報告』。
三重県埋蔵文化財センター 1997a『宮ノ腰遺跡発掘調査報告Ⅰ』。
三重県埋蔵文化財センター 1997b『橋垣内遺跡発掘調査報告』。
三重県埋蔵文化財センター 2000『六大 A 遺跡発掘調査報告（木製品編）』。
三重県埋蔵文化財センター 2002『六大 A 遺跡発掘調査報告』。
三重県埋蔵文化財センター 2003『六大 A 遺跡発掘調査報告 - 資料分析・遺物観察表・写真図版編 -』。
三重県埋蔵文化財センター 2004a『河曲の遺跡　河田宮ノ北遺跡・宮ノ前遺跡・八重垣神社遺跡（第 1 ～ 3 次）発掘調査報告』。
三重県埋蔵文化財センター 2004b『辻子遺跡発掘調査報告』。
三重県埋蔵文化財センター 2005a『菟上遺跡発掘調査報告』。
三重県埋蔵文化財センター 2005b『石山古墳』第 24 回三重県埋蔵

文化財展図録。
三重県埋蔵文化財センター 2009『橋垣内遺跡（A～C地区）発掘調査報告』、研究紀要第18-3号。
三日月町教育委員会 1996『石木中高遺跡』。
三日月町教育委員会 1998『土生遺跡Ⅰ』。
三日月町教育委員会 2005『赤司・土生・戊・深川南・赤司東』。
宮城県教育委員会 1994『山王遺跡Ⅰ』。
守山市教育委員会 2001『下長遺跡発掘調査報告書 VIII』。
八尾南遺跡調査会 1981『八尾南遺跡』。
山形県埋蔵文化財センター 2004『服部遺跡・藤治屋敷遺跡　第2次発掘調査報告書』。
雪野山古墳発掘調査団 1996『雪野山古墳の研究』。
米子市教育委員会ほか 1986『目久美遺跡』。
赤塚次郎・中司照世・中井正幸 1988「親ヶ谷古墳」『古代』第86号、72-83頁、早稲田大学考古学会。
赤塚次郎 1990「廻間式土器」『廻間遺跡』、愛知県埋蔵文化財センター、50-109頁。
赤塚次郎 1992「東海系のトレース」『古代文化』第44巻第6号、35-49頁、古代學協会。
赤塚次郎 1994「松河戸様式の設定」『松河戸遺跡』、84-103頁、愛知県埋蔵文化財センター。
赤塚次郎 1996a「前方後方墳の定着」『考古学研究』第43巻第2号、20-35頁、考古学研究会。
赤塚次郎 1996b「弥生時代から古墳時代への社会変動と地域開発」『月刊　文化財』No.398、14-19頁、第一法規。
赤塚次郎 1998「東海」『中期古墳の展開と変革』第44回埋蔵文化財研究集会資料集、175-189頁、埋蔵文化財研究会。
赤塚次郎 1999「容器形石製品の出現と東海地域」『月刊 考古学ジャーナル 453号　古墳時代の石製品』、6-11頁、ニューサイエンス社。
赤塚次郎・早野浩二 2001「松河戸・宇田様式の再編」『研究紀要』第2号、13-32頁、愛知県埋蔵文化財センター。
赤塚次郎 2005「第2節　石製品」『愛知県史 資料編3　古墳』、745-749頁、愛知県史編さん委員会。
浅岡俊夫 1990「きぬがさの検討」『播磨考古学論叢』、193-213頁、今里幾次先生古稀記念論文集刊行会。
荒井　格 1992「東北地方の木製農耕具−古墳時代以前の様相−」加藤稔先生還暦記念『東北文化論のための先史学歴史学論集』、809-832頁。
飯塚武司 1999「東日本における古墳出現期の木工集団（上・下）」『古代文化』第51巻第5号、19-39頁、第51巻第6号、24-31頁、古代学協会。
飯塚武司 2001「農耕社会成立期の木工技術の伝播と変容」『古代学研究』第155号、20-32頁、古代学研究会。
飯塚武司 2003a「弥生時代中期後半の南関東における木工生産」『考古学研究』第49巻第4号、59-74頁、考古学研究会。
飯塚武司 2003 b「仮器・宝器になった木製容器」『法政考古学』第30号、171-187頁、法政考古学会。
飯塚武司 2004「弥生時代の木器生産を巡る諸問題」『考古学研究』第51巻第1号、34-54頁、考古学研究会。
飯塚武司 2006「古墳時代中期の木器生産体制変革の予察」『古代学研究』第172号、39-53頁、古代学研究会。
飯沼二郎・堀尾尚志 1976『農具』『ものと人間の文化史 19』、法政大学出版局。
石川ゆずは 2005「弥生時代中期～古墳時代前期にかけての木製容器−小型容器・刳物桶を中心に−」『富山考古学研究　紀要』第8号、19-28頁、富山県文化振興財団　埋蔵文化財調査事務所。
石黒立人 1984「勝川遺跡出土の大型板材について」『勝川』、126-127頁、愛知県教育サービスセンター。
石黒立人 1997「手工業生産と弥生社会をめぐるラフスケッチ−伊勢湾地方を中心として−」『考古学フォーラム 8』、1-27頁、考古学フォーラム。
石黒立人 2002「弥生時代の生産と流通～伊勢湾地方を中心として～」『川から海へ 1−人が動く・モノが運ばれる−』展覧会図録、7-14頁、一宮市博物館。
石黒立人 2004「中部地方における凹線紋系土器期以前の認識」『考古学フォーラム 16』、17-36頁、考古学フォーラム。
石黒立人 2006「伊勢湾周辺地域における弥生時代の平野地形について」『研究紀要』第7号、33-45頁、愛知県埋蔵文化財センター。
石村　智 2004「威信財システムからの脱却」『文化の多様性と比較考古学』、279-288頁、考古学研究会50周年記念論文集。
石村　智 2005「適応としてのラピタ人の拡散戦略」前川和也・岡村秀典編『国家形成の比較研究』、260-281頁、学生社。
石村　智 2008「威信財交換と儀礼」設楽博己・藤尾慎一郎・松木武彦編『弥生時代の考古学 7　儀礼と権力』、127-139頁、同成社。
市川隆之 1997「第4章　考察」『石川条里遺跡　第2分冊』、360-384頁、長野県埋蔵文化財センター。
今村仁司 2000『交易する人間−贈与と交換の人間学』講談社選書メチエ。
今村仁司・今村真介 2007『儀礼のオントロギー−人間社会を再生産するもの』講談社。
植田弥生 1999「若狭湾沿岸低地の完新世木材化石群」『国立歴史民俗博物館研究報告』第81集、387-397頁、国立歴史民俗博物館。
上原眞人 1991「農具の変遷−鍬と鋤−」『季刊考古学 第37号　稲作農耕と弥生文化』、46-52頁、雄山閣。
上原眞人 1993『木器集成図録　近畿原始篇（解説）』、奈良国立文化財研究所史料第36冊。
上原眞人 1994「入れもの」『季刊考古学 第47号　先史時代の木工技術』、18-23頁、雄山閣。
上原眞人 2000「農具の変革」佐原真・都出比呂志編『古代史の論点 1　環境と食料生産』、220-242頁、小学館。
臼居直之 2000「再生される銅釧」『研究紀要 8』、22-38頁、長野県埋蔵文化財センター。
扇崎　由 2006「弥生時代の木の利用：岡山県南方遺跡」『木の文

化と科学 V−先人に学ぶ木の利用−』、29-32 頁、京都大学生存圏研究所。
大谷弘幸 2004「木製農具の変遷と若干の問題」『研究紀要 23』、55-106 頁、千葉県文化財センター。
大場磐雄・乙益重隆 1980『上総菅生遺跡』中央公論美術出版。
奥田　尚 1991「城島遺跡外山下田地区・第 5 トレンチ出土の土器胎土」『桜井市　城島遺跡外山下田地区発掘調査報告』、39-43 頁、桜井市教育委員会。
小田富士雄・韓　炳三編 1991『日韓交渉の考古学　弥生時代篇』、六興出版。
小野山　節 1987「古墳時代の装身具と武器」『日本原始美術大系 5　武器 装身具』、講談社。
川口雅之 2002「南九州における稲作文化と木製品−最新の調査成果から−」『月刊 文化財 11 月号』、38-43 頁、第一法規。
楠　正勝 1996「木器」『西念・南新保遺跡Ⅳ』、428-434 頁、金沢市教育委員会。
楠　正勝 1999「木製農耕具」『石川県考古資料調査・集成事業報告書　農工具』、4 -23 頁、石川考古学研究会。
工藤哲司 1996「中在家南遺跡・押口遺跡出土の木製品類について」『中在家南遺跡他　第 2 分冊　分析・考察編』、279-337 頁、仙台市教育委員会。
工楽善通 1989「弥生時代の器」『古代史復元 5　弥生人の造形』、81-108 頁、講談社。
工楽善通 1994「木工と漆」『季刊考古学 第 47 号　先史時代の木工文化』、62-65 頁、雄山閣。
黒崎　直 1970「木製農耕具の性格と弥生社会の動向」『考古学研究』第 16 巻第 3 号、21-42 頁、考古学研究会。
黒崎　直 1985「くわとすき」『弥生文化の研究 5　道具と技術Ⅰ』、77-84 頁、雄山閣。
黒崎　直 1988「西日本における弥生時代農具の変遷と展開」日本考古学協会設立 40 周年記念シンポジューム『日本における稲作農耕の起源と展開−資料集−』、451-459 頁、日本考古学協会静岡大会実行委員会・静岡県考古学会。
黒崎　直 1995「農耕具研究の諸問題」考古学研究会 40 周年記念論集『展望　考古学』、94-100 頁、考古学研究会。
黒崎　直 1996「古代の農具」『日本の美術 No.357』、至文堂。
黒須亜希子・上本志保 2006「讃良郡条里遺跡出土の木製品について」『大阪文化財研究』第 29 号、73-84 頁、大阪府文化財センター。
小林　正 2004「群馬県における弥生時代後期から古墳時代前期の木製品」『研究紀要 22』、185-202 頁、群馬県埋蔵文化財調査事業団。
近藤　敏 2004「五所四反田遺跡について」『市原市八幡地区の遺跡と文化財』市原市地方史研究連絡協議会。
坂井素思 1999「贅沢消費論 - ジンメルとヴェブレン消費理論の趣味論的解釈」『放送大学研究年報』、放送大学。
清水真一 1999「城島遺跡出土の木製品のもつ意義」『光陰如矢』、荻田昭次先生古稀記念論集、159-164 頁、「光陰如矢」刊行会。
末永雅雄・小林行雄・藤岡謙二郎 1943『大和唐古弥生式遺跡の研究』、京都帝国大学文学部考古学研究報告 第 16 冊。
鈴木　元 1998「荒尾南遺跡」『大垣市埋蔵文化財調査概要　平成 8 年度』、11-15 頁、大垣市教育委員会。
鈴木　元 1999「大垣市荒尾南遺跡出土の『儀杖』について」『美濃の考古学』第 3 号、60-67 頁、美濃の考古学刊行会。
鈴木敏則 1999「遠江における原始・古代の紡織具」『浜松市博物館報』第 12 号、23-54 頁、浜松市博物館。
鈴木裕明 2000「古墳時代の翳」『博古研究』第 21 号、11-23 頁、博古研究会。
鈴木裕明 2001「団扇形木製品と麈尾」『日本考古学の基礎研究』、330-355 頁、茨城大学考古学研究室 20 周年記念論文集。
鈴木裕明 2003「古墳時代前期の団扇形木製品の展開とその背景」『初期古墳と大和の考古学』、361-371 頁、学生社。
鈴木裕明 2005「石見型木製品について」『古代文化』第 57 巻 7 号、1-22 頁、古代学協会。
鈴木三男 2002『日本人と木の文化』、八坂書房。
鈴木　裕 2001「下懸遺跡」『平成 12 年度　年報』、52・53 頁、愛知県埋蔵文化財センター。
田崎博之 1999「夜臼式・板付式土器と農耕文化」考古学研究会岡山例会委員会編『論争 吉備　シンポジウム記録 1』、145-163 頁、考古学研究会。
田崎博之 2002「朝鮮半島の初期水田稲作−初期水田遺構と農具の検討−」西谷正編『韓半島考古学論叢』、51-87 頁、すずさわ書店。
田代克己 1986「石器・木器をつくるむら、つくらないむら」『弥生文化の研究 7　弥生集落』、102-107 頁、雄山閣。
都出比呂志 1968「考古学からみた分業の問題」『考古学研究』第 15 巻第 2 号、43-54 頁、考古学研究会。
角山幸洋 19991「織物」『古墳時代の研究 5　生産と流通Ⅱ』、157 -169 頁、雄山閣。
内藤　晃・市原寿文 1968『小笠郡菊川町白岩遺跡発掘調査概報』。
中井　均 1991「木製日常什器」『古墳時代の研究 3　生活と祭祀』、62-71 頁、雄山閣。
中川　寧 2000「出雲における木製耕起具の変遷について」『島根県考古学会誌』第 17 集、73-98 頁、島根県考古学会。
長友朋子 2005「弥生時代から古墳時代への食事様式の変化とその歴史的意義」待兼山考古学論集 - 都出比呂志先生退任記念 -』、353-382 頁、大阪大学考古学研究室。
中西　哲・大場達之・武田義明・服部　保 1983『日本の植生図鑑〈Ⅰ〉』森林、保育社。
中原　計・秋山浩三 2004「樹種からみた集落環境と弥生木器生産」『瓜生堂遺跡 I−考察・分析・写真図版編−』、609-632 頁、大阪府文化財センター。
中原　計 2005「出土状況からみた弥生時代木製品の製作」『待兼山考古学論集−都出比呂志先生退任記念−』、175-198 頁、大阪大学考古学研究室。
中原　計 2006「弥生時代中期〜後期の木製品の出土動向と高地性集落」『古代文化』第 58 巻第Ⅱ号、42-50 頁、古代学協会。

西谷真治 1970「古墳出土の盒」『考古学雑誌』第 55 巻第 4 号、1-27 頁、日本考古学会。
丹羽　博 1984「苗田地区の弥生時代建物群」『勝川』、120-125 頁、愛知県教育サービスセンター。
根木　修 1976「木製農耕具の意義」『考古学研究』第 22 巻第 4 号、93-116 頁、考古学研究会。
禰冝田佳男 1999「伐採石斧の柄」『国家形成期の考古学』、69-94 頁、大阪大学考古学研究室。
林　大智 2002「千代・能美遺跡」『石川県埋蔵文化財情報』第 7 号、石川県埋蔵文化財センター。
原口正三・西谷　正 1967「弁天山古墳 C1 号墳」『弁天山古墳の調査』、47-130 頁、大阪府教育委員会。
春成秀爾・今村峯雄編 2004『弥生時代の実年代』、学生社。
東村純子 2004「古代日本の紡織体制」『史林』87 巻 5 号、41-79 頁、史学研究会。
樋上　昇 1989「木製農耕具の地域色とその変遷−勝川遺跡出土資料を中心として−」『年報　昭和 63 年度』、92-125 頁、愛知県埋蔵文化財センター。
樋上　昇 1990「弥生時代中期における木製農耕具の器種組成について」『岡島遺跡』、80-97 頁、愛知県埋蔵文化財センター。
樋上　昇 1993「木製農耕具研究の一視点−ナスビ形農耕具の出現から消滅まで−」『考古学フォーラム 3』、33-51 頁、考古学フォーラム。
樋上　昇 1994「耕作のための道具」『季刊考古学 第 47 号　先史時代の木工技術』、24-28 頁、雄山閣。
樋上　昇 2000a「東海系曲柄鍬再論」『考古学フォーラム 12』、2-27 頁、考古学フォーラム。
樋上　昇 2000b「3 ～ 5 世紀の地域間交流−東海系曲柄鍬の波及と展開−」『日本考古学』第 10 号、41-70 頁、日本考古学協会。
樋上　昇 2000c「『木製農耕具』ははたして『農耕具』なのか−新たな機能論的研究の展開を考える−」『考古学研究』第 47 巻第 3 号、97-109 頁、考古学研究会。
樋上　昇・永井邦仁・木川正夫 2 000「豊田地区出土の木製品について」『研究紀要』第 1 号、19-28 頁、愛知県埋蔵文化財センター。
樋上　昇 2001a「98K 区 NR07 出土の木製品群について」『志賀公園遺跡』、155-166 頁、愛知県埋蔵文化財センター。
樋上　昇 2001b「川原遺跡出土の木製品群について」『川原遺跡第 2 分冊』、100-112 頁、愛知県埋蔵文化財センター。
樋上　昇 2001c「八王子遺跡出土の木製品について」『八王子遺跡考察編』、63-74 頁、愛知県埋蔵文化財センター。
樋上　昇 2002a「曲柄鍬の伝播と流通」『月刊 考古学ジャーナル 486 号　木製農具研究の課題』、11-14 頁、ニューサイエンス社。
樋上　昇 2002b「『生活の道具』と『王の所持品』～木製品からみた生産と流通～」『川から海へ 1−人が動く・モノが運ばれる−』展覧会図録、29-36 頁、一宮市博物館。
樋上　昇 2002c「樹種からみた尾張地域の木製品」『考古学フォーラム 15』、2-28 頁、考古学フォーラム。
樋上　昇 2003a「春日井市勝川遺跡出土木製品の再検討」『研究紀要』第 4 号、10-33 頁、愛知県埋蔵文化財センター。
樋上　昇 2003b「出土木製品からみた本川遺跡～古墳前・中期集落の階層性について～」『本川遺跡』、132-160 頁、愛知県埋蔵文化財センター。
樋上　昇 2004「集落・居館・都市的遺跡と生活用具−中部」『考古資料大観 第 10 巻　弥生・古墳時代　遺跡・遺構』、283-298 頁、小学館。
樋上　昇 2005a「木製品専業工人の出現と展開−伊勢湾周辺地域における木製品の生産と流通をめぐって−（上・下）」『古代学研究』第 168 号、1-18 頁・第 169 号、21-37 頁、古代学研究会。
樋上　昇 2005b「愛知県朝日遺跡出土木製品の樹種と周辺の植生」『日本植生史学会 第 20 回大会講演要旨集』、25・26 頁、日本植生史学会。
樋上　昇 2006a「鍬の機能に関する基礎的研究」『研究紀要』第 7 号、46-61 頁、愛知県埋蔵文化財センター。
樋上　昇 2006b「儀杖の系譜」『考古学研究』第 52 巻第 4 号、32-52 頁、考古学研究会。
樋上　昇 2007a「出土遺物の分析 -3　木製品」『朝日遺跡 VII（第 2 分冊　出土遺物）』、168-244 頁、愛知県埋蔵文化財センター。
樋上　昇 2007b「朝日遺跡出土木製品の樹種組成と周辺の古植生」『朝日遺跡 VII（第 3 分冊　総括）』、35-60 頁、愛知県埋蔵文化財センター。
樋上　昇 2007c「木製威儀具と出土遺跡の性格」『月刊 考古学ジャーナル 565 号　古墳の木製祭祀具』、7-10 頁、ニューサイエンス社。
樋上　昇 2008a「関東地方における儀杖形木製品の展開」菅谷文則編『王権と武器と信仰』、216-225 頁、同成社。
樋上　昇 2008b「木製農具の研究略史と鍬の伝播経路」『季刊考古学 第 104 号　弥生・古墳時代の木製農具』、14-18 頁、雄山閣。
樋上　昇 2008c「花弁高杯の果たした役割」『弥生の至宝～花弁高杯とその背景～』、青谷上寺地遺跡フォーラム資料集、24-25 頁、鳥取県埋蔵文化財センター。
樋上　昇 2008d「精製容器と粗製容器」『弥生の至宝～花弁高杯とその背景～』、青谷上寺地遺跡フォーラム資料集、26 頁、鳥取県埋蔵文化財センター。
樋上　昇 2008e「威信財」『日本考古学協会 2008 年度愛知大会研究発表資料集』、434 頁、日本考古学協会 2008 年度愛知大会実行委員会。
樋上　昇 2009a「弥生後期～古墳初頭の下懸遺跡出土木製品に対する評価」『下懸遺跡』、123-134 頁、愛知県埋蔵文化財センター。
樋上　昇 2009b「木製容器」『朝日遺跡 VIII　総集編』、108-111 頁、愛知県埋蔵文化財センター。
樋上　昇 2009c「木製農具と耕作の技術」『弥生時代の考古学 6　弥生社会のハードウェア』、64-74 頁、同成社。
樋上　昇 2009d「弥生時代の木材利用」石黒立人編『中部の弥生時代研究』、215-228 頁、中部の弥生時代研究刊行委員会。
樋上　昇 2009e「木製容器の行方」石黒立人編『中部の弥生時代研究』、255-265 頁、中部の弥生時代研究刊行委員会。

樋上　昇 2009f「木製容器からみた弥生後期の首長と社会～青谷上寺地遺跡と朝日遺跡からの素描～」『木・ひと・文化～出土木器研究会論集～』、61-76 頁、出土木器研究会。

樋上　昇編 2008『季刊考古学 第 104 号　弥生・古墳時代の木製農具』、雄山閣。

久田正弘・石川ゆずは 2005「白江梯川遺跡出土の木製高杯について－資料提示と問題点提起－」『石川県埋蔵文化財情報』第 14 号、39-46 頁、石川県埋蔵文化財センター。

広瀬和雄編著 1997『縄紋から弥生への新歴史像』、角川書店。

深澤芳樹 1987「弥生人の美意識」『弥生文化の研究 8　祭と墓と装い』、215-224 頁、雄山閣。

深堀　茜 1999「北陸の木製農耕具集成（1）」『富山考古学研究』第 2 号、85-97 頁、富山県文化振興事業団埋蔵文化財調査事務所。

別府洋二 1996「弥生時代中期の木製品生産について」『玉津田中遺跡　第 6 分冊（総括編）』、314-325 頁、兵庫県教育委員会。

別府洋二 2003「弥生時代の木器の製作」『山口大学考古学論集』、109-122 頁、近藤喬一先生退官記念事業会。

北條芳隆 1996「雪野山古墳の石製品」『雪野山古墳の研究　考察篇』、309-350 頁、雪野山古墳発掘調査団。

北條芳隆 2002「古墳時代前期の石製品」『考古資料大観 第 9 巻　弥生・古墳時代　石器・石製品・骨角器』、321-330 頁、小学館。

穂積裕昌 2000「弥生時代から古墳時代の木器生産体制について～三重県内の木器出土遺跡からの素描～」『研究紀要』第 9 号、23-32 頁、三重県埋蔵文化財センター。

町田　章 1975「木工技術の展開」『古代史発掘 4　稲作の始まり』、117-127 頁、講談社。

町田　章 1985a「木器の生産」『弥生文化の研究 5　道具と技術Ⅰ』、27-35 頁、雄山閣。

町田　章 1985b「木製容器」『弥生文化の研究 5　道具と技術Ⅰ』、197-206 頁、雄山閣。

町田　章 1993「桜井茶臼山古墳の五輪塔形石製品について」『古文化談叢』第 30 集（下）、1347-1351 頁、九州古文化研究会。

宮腰健司 2002「尾張低地部における小規模古墳の様相」『研究紀要』第 3 号、57-67 頁、愛知県埋蔵文化財センター。

宮本常一 1979『民具学の提唱』、未來社。

村上由美子 2002「木製楔の基礎的論考」『史林』第 85 巻第 4 号、6-75 頁、史学研究会。

村木　誠 2000「屈折脚高杯がもたらしたもの－名古屋市域の事例研究－」『研究紀要』第 2 号、9-26 頁、名古屋市見晴台考古資料館。

村木　誠 2004「人を序列化するしくみ－パレススタイル土器群の検討－」『考古学研究』第 51 巻第 2 号、55-75 頁、考古学研究会。

森岡秀人 2002「分業と流通 - 縄紋・古墳時代との比較」『古代を考える　稲・金属・戦争－弥生－』、167-208 頁、吉川弘文館。

山口譲治 1991「弥生文化成立期の木器」『横山浩一先生退官記念論文集 II －日本における初期弥生文化の成立』、418-441 頁、横山浩一先生退官記念事業会。

山口譲治 1994「出土木製農具の分類」『牟田裕二君追悼論集』、127-132 頁。

山口譲治 2000「弥生時代の木製農具－韓国新昌洞遺跡出土農具から－」『韓国古代文化의変遷과交渉』、587-622 頁、伊世英教授停年記念論叢刊行委員会。

山田昌久 1982「木工技術の変化と特徴的な着柄鋤・鍬について」『日高遺跡』、群馬県教育委員会・群馬県埋蔵文化財事業団。

山田昌久 1986「くわとすきの来た道」『新保遺跡Ⅰ　本文編』、168-188 頁、群馬県教育委員会・群馬県埋蔵文化財調査事業団。

山田昌久 1991「日本における木材利用史 - 人間・植物関係史の視点から」『植生史研究』第 8 号、3-12 頁、植生史研究会。

山田昌久 1993「日本列島における木質遺物出土遺跡文献集成 - 用材から見た人間・植物関係史」『植生史研究』特別第 1 号、植生史研究会。

山田昌久 1997「考古資料の曲げ物研究を器具研究にするために」『人類誌集報 1997』、24-26 頁、東京都立大学。

山田昌久 1998「風呂鍬類の成立と展開－考古資料の整理を通して－」『人類誌集報 1998』、168-175 頁、東京都立大学。

山田昌久 1999「縄文時代の鍬鋤類について」『人類誌集報 1999』、222-230 頁、東京都立大学。

山田昌久 2003『考古資料大観 第 8 巻　弥生・古墳時代　木・繊維製品』、小学館。

山田昌久 2007「弥生時代平野スギ大径木利用構想－静岡県登呂遺跡出土材からの用材法復元－」『平成 19 年度青谷上寺地遺跡出土木製品専門検討会』資料、5-22 頁、鳥取県埋蔵文化財センター。

山田昌久 2008「『弥生時代』の権力表示器具類について考える」『弥生の至宝～花弁高杯とその背景～』、鳥取県埋蔵文化財センター。

米田文孝 1991「石製品」『古墳時代の研究 8　古墳Ⅱ　副葬品』、146-160 頁、雄山閣。

若林邦彦 2001「弥生～古墳時代における製作途上木製品の出土傾向～鉄器普及との関連～」『大阪文化財研究』第 20 号、41-50 頁、大阪府文化財調査研究センター。

若林邦彦 2002「弥生時代の物資交換に関する一視点」『大阪文化財論集 II －財団法人大阪府文化財センター設立 30 周年記念論集－』、69-82 頁、大阪府文化財センター。

渡辺　外 2007「神奈川県域における弥生時代木器農工具にみる地域相と変遷－逗子市池子遺跡群の木器農工具出土事例を中心に－」『研究紀要 12　かながわの考古学』、107-128 頁、かながわ考古学財団。

渡辺　昇 1983「集落ごとの木器保有形態」『関西大学考古学研究室開設 30 周年記念　考古学論叢』、741-758 頁、関西大学考古学研究室。

渡辺　誠 1984「ヨコヅチの考古・民具学的研究」『考古学雑誌』第 70 巻第 3 号、52-93 頁、日本考古学会。

著者紹介

樋上　昇（ひがみ　のぼる）

1964（昭和39）年9月2日、奈良市生まれ。
1987（昭和62）年3月、関西大学文学部史学・地理学科卒業。
同年4月、㈶愛知県埋蔵文化財センターに就職。
2008（平成20）年9月18日、首都大学東京にて博士（考古学）学位取得。
現在、（公益）愛知県教育・スポーツ振興財団愛知県埋蔵文化財センター調査研究専門員。
趣味はクラシック音楽・オペラ鑑賞、サッカー観戦、温泉めぐり、食べ歩き。

主要論文
「木製農耕具の地域色とその変遷」『年報　昭和63年度』愛知県埋蔵文化財センター（1989）
「木製農耕具研究の一視点」『考古学フォーラム　3』考古学フォーラム（1993）
「東海系曲柄鍬再論」『考古学フォーラム　12』考古学フォーラム（2000）
「3～5世紀の地域間交流」『日本考古学』第10号、日本考古学協会（2000）
「『木製農耕具』ははたして『農耕具』なのか」『考古学研究』第47巻第3号、考古学研究会（2000）
「樹種からみた尾張地域の木製品」『考古学フォーラム　15』考古学フォーラム（2002）
「集落・居館・都市的遺跡と生活用具－中部」『考古資料大観』第10巻、小学館（2004）
「木製品専業工人の出現と展開」『古代学研究』第168・169号、古代学研究会（2005）
「儀杖の系譜」『考古学研究』第52巻第4号、考古学研究会（2006）
「木製農具と耕作の技術」『弥生時代の考古学　6』同成社（2009）
「木製容器からみた弥生後期の首長と社会」『木・ひと・文化～出土木器研究会論集～』出土木器研究会（2009）
「木製『筒形容器』考」『古代学研究』第183号、古代学研究会（2009）
ほか、多数。

木製品(もくせいひん)**から考**(かんが)**える地域社会**(ちいきしゃかい)**　—弥生**(やよい)**から古墳**(こふん)**へ—**

2010年5月20日　発行

著　者　樋上　昇
発行者　宮田哲男
発行所　株式会社 雄山閣
〒102-0071 東京都千代田区富士見2-6-9
TEL　03-3262-3231㈹　FAX　03-3262-6938
URL　http://www.yuzankaku.co.jp
e-mail　info@yuzankaku.co.jp
印　刷　亜細亜印刷株式会社
製　本　協栄製本株式会社

Ⓒ Noboru Higami 2010
ISBN 978-4-639-02139-1 C3021